民法典
侵权责任编一本通

程啸　编著

法律出版社
LAW PRESS·CHINA

图书在版编目(CIP)数据

民法典侵权责任编一本通 / 程啸编著. -- 北京 : 法律出版社, 2021
ISBN 978 -7 -5197 -4980 -4

Ⅰ. ①民… Ⅱ. ①程… Ⅲ. ①侵权法－汇编－中国 Ⅳ. ①D923.79

中国版本图书馆 CIP 数据核字(2020)第 182957 号

民法典侵权责任编一本通
MINFADIAN QINQUAN ZERENBIAN YIBENTONG

程　啸 编著

责任编辑 黄倩倩
装帧设计 臧晓飞

出版发行 法律出版社
编辑统筹 学术 · 对外出版分社
责任校对 李景美
责任印制 陶　松
经　　销 新华书店

开本 A5
印张 20.5　　**字数** 640 千
版本 2021 年 7 月第 1 版
印次 2021 年 7 月第 1 次印刷
印刷 三河市龙大印装有限公司

地址:北京市丰台区莲花池西里 7 号(100073)
网址:www.lawpress.com.cn
投稿邮箱:info@lawpress.com.cn
举报盗版邮箱:jbwq@lawpress.com.cn

销售电话:010 -83938349
客服电话:010 -83938350
咨询电话:010 -63939796

书号:ISBN 978 -7 -5197 -4980 -4
定价:68.00 元

凡购买本社图书,如有印装错误,我社负责退换。电话:010 -83938349

编者简介

程啸，男，法学博士，清华大学法学院副院长、教授、博士生导师，教育部长江学者青年学者，德国联邦总理奖学金获得者、洪堡学者；兼任最高人民法院执行特邀咨询专家、最高人民检察院民事行政诉讼监督案件专家委员会委员、云南省委法律顾问、中国婚姻法学研究会常务理事、中国消费者协会专家委员会专家、中国银行间市场交易商协会第三届法律专业委员会副主任委员、北京仲裁委员会/北京国际仲裁中心仲裁员、北京市不动产法研究会副会长等。

2008 年 5 月至 2009 年 9 月，荣获德国联邦总理奖学金，在奥斯纳布吕克大学欧洲法研究所进行学术研究。2012 年 6 月至 9 月，获德国洪堡基金会的资助，在柏林自由大学法学院进行学术研究。

先后出版《侵权责任法》《担保物权研究》《不动产登记法研究》等个人独著十余部，在《中国社会科学》《中国法学》《法学研究》等权威核心期刊发表论文一百余篇。参与民法典、物权法、侵权责任法、不动产登记法、个人信息保护法等重大立法和司法解释的起草论证工作，并主持国家社科基金重大项目、国家社科基金重点项目、最高人民法院司法研究重大课题等国家和省部级课题多项。

前　言

本书的前身是《侵权责任法一本通》,自 2016 年在法律出版社印行第一版以来,深受读者欢迎,并于 2018 年推出了第二版。

2020 年 5 月 28 日第十三届全国人民代表大会第三次会议审议通过了《中华人民共和国民法典》(以下简称《民法典》),这是我国民商事领域最重要、最基本的法律。整部法典共计 7 编、1260 条,各编依次为总则、物权、合同、人格权、婚姻家庭、继承、侵权责任,以及附则。其中,《民法典》第七编"侵权责任"正是在《中华人民共和国侵权责任法》等法律,以及最高人民法院《关于审理人身损害赔偿案件适用法律若干问题的解释》《关于确定民事侵权精神损害赔偿责任若干问题的解释》等司法解释的基础上,增删修改而成的。

我国《民法典》已于 2021 年 1 月 1 日起正式施行。在《民法典》施行前,为贯彻实施《民法典》,最高人民法院全面完成了司法解释的清理工作,并制定了与民法典配套的第一批共 7 件新的司法解释。其中清理的司法解释分为三类:一是与民法典规定一致的司法解释共 364 件,未作修改,继续适用;二是对标民法典,需要对名称和部分条款进行修改的共 11 件,经修改颁布后自 2021 年 1 月 1 日施行;三是决定废止的司法解释及相关规范性文件共 116 件,自 2021 年 1 月 1 日失效。此外,最高人民法院还对 2011 年以来发布的 139 件指导性案例进行了全面清理,决定 2 件案例(第 9 号、第 20 号)不再参照适用。

为了更好地满足广大法律实务工作者和研究者掌握我国侵权责任法法律规范体系的需要,以便在实践中准确地适用相关侵权法规范,笔者在原《侵权责任法一本通》的基础上,依据《民法典》第七编

“侵权责任”，花费数周，对该编各条文进行了精要性的注解说明，同时全面归纳整理我国现行法律法规规章、司法解释中侵权责任的相关规范以及相关经典案例，编成本书。其中每条方头括号中的内容为作者总结的该条条旨，便于读者理解和使用。希望本书能够对广大读者有所帮助，也衷心希望广大读者不吝赐教，以使本书不断完善。

程　啸

2021 年 1 月 8 日于清华园

目　　录

民法典侵权责任编

民法典侵权责任编

(《中华人民共和国民法典》于2020年5月28日由第十三届全国人民代表大会第三次会议通过;自2021年1月1日起施行)

目　　录

第一章 一般规定

第一千一百六十四条 【本编调整范围】本编调整因侵害民事权益产生的民事关系。

法条评释：本条是侵权责任编的调整范围的规定。申言之，侵权责任编调整的是因侵害民事权益产生的民事关系，即平等主体的自然人、法人和非法人组织之间因侵害民事权益而产生的侵权责任法律关系。至于不平等主体之间因侵害民事权益而产生的法律关系，则往往由公法加以调整。

因侵害民事权益产生的民事关系的主体为侵权人与被侵权人，其具体内容为被侵权人有权依法请求侵权人承担侵权责任，而侵权人应当承担侵权责任的法律关系。所谓侵权人，是指应当承担侵权责任的主体。被侵权人，是指民事权益受到侵害，有权要求侵权人承担侵权责任的主体。被侵权人请求侵权人承担的侵权责任不仅包括赔偿损害，也包括其他侵权责任的承担方式，如停止侵害、消除危险、排除妨碍。

相关司法解释规定

《最高人民法院关于适用〈中华人民共和国民法典〉时间效力的若干规定》(法释〔2020〕15号)

第二十四条 侵权行为发生在民法典施行前，但是损害后果出现在民法典施行后的民事纠纷案件，适用民法典的规定。

第一千一百六十五条 【过错责任原则】行为人因过错侵害他人民事权益造成损害的，应当承担侵权责任。

依照法律规定推定行为人有过错，其不能证明自己没有过错的，应当承担侵权责任。

法条评释：本条第1款是侵权法中最重要的一款，属于侵权行为的一般条款，因为该款规定的是过错责任原则。过错责任原则是迄今为止侵权法领域最基本的、最重要的原则。在处理侵权案件时，应当先看《民法典》和其他法律对于该侵权行为是否规定了特殊的归责原则，如果没有规定，都应当适用本条第1款的过错责任原则。

本条第2款是对过错推定责任的规定。过错推定本质上仍然属于过错责任原则，即以过错作为侵权责任的成立要件之一。与过错责任所不同的是，在过错推定责任中，被侵权人无须证明行为人具有过错，而是由行为人证明自己没有过错，即法律上推定行为人有过错。法律上并不凭空推定行为人的过错，而往往是以典型的社会生活经验事实作为基础的。

需要注意的是，本条与原《侵权责任法》第6条最大的区别就在于：本条区分了侵害与损害（有侵害未必有损害，有损害一定是侵害民事权益所致），从而明确了无论是过错责任原则还是过错推定责任，都只是损害赔偿的归责原则。至于侵权损害赔偿责任之外的侵权责任承担方式，如停止侵害、返还原物、排除妨碍、消除危险，属于绝对权保护请求权，不以过错和损害为要件。

一、相关法律条文

1.《中华人民共和国慈善法》（2016年9月1日起施行）对慈善组织者的过错侵权责任，作出了如下规定：

第一百零六条　慈善服务过程中，因慈善组织或者志愿者过错造成受益人、第三人损害的，慈善组织依法承担赔偿责任；损害是由志愿者故意或者重大过失造成的，慈善组织可以向其追偿。

志愿者在参与慈善服务过程中，因慈善组织过错受到损害的，慈善组织依法承担赔偿责任；损害是由不可抗力造成的，慈善组织应当给予适当补偿。

2.《中华人民共和国公证法》（2017年9月1日修正）对公证机构的过错侵权责任，作出了如下规定：

第四十三条　公证机构及其公证员因过错给当事人、公证事项的利害关系人造成损失的，由公证机构承担相应的赔偿责任；公证机构赔偿后，可以向有故意或者重大过失的公证员追偿。

当事人、公证事项的利害关系人与公证机构因赔偿发生争议的，可以向人民法院提起民事诉讼。

3.《中华人民共和国电子签名法》（2019年4月23日修正）对电子签名人的过错侵权责任以及电子认证服务提供者的过错推定责任，作出了如下规定：

第二十七条 电子签名人知悉电子签名制作数据已经失密或者可能已经失密未及时告知有关各方、并终止使用电子签名制作数据，未向电子认证服务提供者提供真实、完整和准确的信息，或者有其他过错，给电子签名依赖方、电子认证服务提供者造成损失的，承担赔偿责任。

第二十八条 电子签名人或者电子签名依赖方因依据电子认证服务提供者提供的电子签名认证服务从事民事活动遭受损失，电子认证服务提供者不能证明自己无过错的，承担赔偿责任。

4.《中华人民共和国保险法》（2015年4月24日修正）对保险经纪人的过错赔偿责任，作出了如下规定：

第一百二十八条 保险经纪人因过错给投保人、被保险人造成损失的，依法承担赔偿责任。

5.《中华人民共和国旅游法》（2018年10月26日修正）对旅行社的过错赔偿责任，作出了如下规定：

第七十四条 旅行社接受旅游者的委托，为其代订交通、住宿、餐饮、游览、娱乐等旅游服务，收取代办费用的，应当亲自处理委托事务。因旅行社的过错给旅游者造成损失的，旅行社应当承担赔偿责任。

旅行社接受旅游者的委托，为其提供旅游行程设计、旅游信息咨询等服务的，应当保证设计合理、可行，信息及时、准确。

6.《中华人民共和国证券法》（2019年12月28日修订）对基于过错推定的连带责任，作出了如下规定：

第二十四条 国务院证券监督管理机构或者国务院授权的部门对已作出的证券发行注册的决定，发现不符合法定条件或者法定程序，尚未发行证券的，应当予以撤销，停止发行。已经发行尚未上市的，撤销发行注册决定，发行人应当按照发行价并加算银行同期存款利息返还证券持有人；发行人的控股股东、实际控制人以及保荐人，应当与发行人承担连带责任，但是能够证明自己没有过错的除外。

股票的发行人在招股说明书等证券发行文件中隐瞒重要事实或者编造重大虚假内容，已经发行并上市的，国务院证券监督管理机构可以责令发行人回购证券，或者责令负有责任的控股股东、实际控制人买回证券。

第八十五条　信息披露义务人未按照规定披露信息,或者公告的证券发行文件、定期报告、临时报告及其他信息披露资料存在虚假记载、误导性陈述或者重大遗漏,致使投资者在证券交易中遭受损失的,信息披露义务人应当承担赔偿责任;发行人的控股股东、实际控制人、董事、监事、高级管理人员和其他直接责任人员以及保荐人、承销的证券公司及其直接责任人员,应当与发行人承担连带赔偿责任,但是能够证明自己没有过错的除外。

第一百六十三条　证券服务机构为证券的发行、上市、交易等证券业务活动制作、出具审计报告及其他鉴证报告、资产评估报告、财务顾问报告、资信评级报告或者法律意见书等文件,应当勤勉尽责,对所依据的文件资料内容的真实性、准确性、完整性进行核查和验证。其制作、出具的文件有虚假记载、误导性陈述或者重大遗漏,给他人造成损失的,应当与委托人承担连带赔偿责任,但是能够证明自己没有过错的除外。

7.《中华人民共和国公司法》(2018 年 10 月 26 日修正)对承担资产评估、验资或者验证的机构的过错推定责任,作出了如下规定:

第二百零七条　承担资产评估、验资或者验证的机构提供虚假材料的,由公司登记机关没收违法所得,处以违法所得一倍以上五倍以下的罚款,并可以由有关主管部门依法责令该机构停业、吊销直接责任人员的资格证书,吊销营业执照。

承担资产评估、验资或者验证的机构因过失提供有重大遗漏的报告的,由公司登记机关责令改正,情节较重的,处以所得收入一倍以上五倍以下的罚款,并可以由有关主管部门依法责令该机构停业、吊销直接责任人员的资格证书,吊销营业执照。

承担资产评估、验资或者验证的机构因其出具的评估结果、验资或者验证证明不实,给公司债权人造成损失的,除能够证明自己没有过错的外,在其评估或者证明不实的金额范围内承担赔偿责任。

8.《中华人民共和国律师法》(2017 年 9 月 1 日修正)对律师事务所的过错赔偿责任,作出了如下规定:

第五十四条　律师违法执业或者因过错给当事人造成损失的,由其所在的律师事务所承担赔偿责任。律师事务所赔偿后,可以向有故意或者重大过失行为的律师追偿。

9.《中华人民共和国注册会计师法》(2014年8月31日修正)对注册会计师事务所的过错赔偿责任,作出了如下规定:

第四十二条 会计师事务所违反本法规定,给委托人、其他利害关系人造成损失的,应当依法承担赔偿责任。

二、相关司法解释规定

1.《最高人民法院关于审理涉及公证活动相关民事案件的若干规定》(法释〔2014〕6号)(2020年12月23日修正)对公证机构的过错侵权责任,作出了如下规定:

第一条 当事人、公证事项的利害关系人依照公证法第四十三条规定向人民法院起诉请求民事赔偿的,应当以公证机构为被告,人民法院应作为侵权责任纠纷案件受理。

第二条 当事人、公证事项的利害关系人起诉请求变更、撤销公证书或者确认公证书无效的,人民法院不予受理,告知其依照公证法第三十九条规定可以向出具公证书的公证机构提出复查。

第三条 当事人、公证事项的利害关系人对公证书所公证的民事权利义务有争议的,可以依照公证法第四十条规定就该争议向人民法院提起民事诉讼。

当事人、公证事项的利害关系人对具有强制执行效力的公证债权文书的民事权利义务有争议直接向人民法院提起民事诉讼的,人民法院依法不予受理。但是,公证债权文书被人民法院裁定不予执行的除外。

第四条 当事人、公证事项的利害关系人提供证据证明公证机构及其公证员在公证活动中具有下列情形之一的,人民法院应当认定公证机构有过错:

(一)为不真实、不合法的事项出具公证书的;

(二)毁损、篡改公证书或者公证档案的;

(三)泄露在执业活动中知悉的商业秘密或者个人隐私的;

(四)违反公证程序、办证规则以及国务院司法行政部门制定的行业规范出具公证书的;

(五)公证机构在公证过程中未尽到充分的审查、核实义务,致使公证书错误或者不真实的;

(六)对存在错误的公证书,经当事人、公证事项的利害关系人申请仍不予纠正或者补正的;

（七）其他违反法律、法规、国务院司法行政部门强制性规定的情形。

第五条　当事人提供虚假证明材料申请公证致使公证书错误造成他人损失的，当事人应当承担赔偿责任。公证机构依法尽到审查、核实义务的，不承担赔偿责任；未依法尽到审查、核实义务的，应当承担与其过错相应的补充赔偿责任；明知公证证明的材料虚假或者与当事人恶意串通的，承担连带赔偿责任。

第六条　当事人、公证事项的利害关系人明知公证机构所出具的公证书不真实、不合法而仍然使用造成自己损失，请求公证机构承担赔偿责任的，人民法院不予支持。

2.《最高人民法院关于审理涉及会计师事务所在审计业务活动中民事侵权赔偿案件的若干规定》（法释〔2007〕12号）对会计师事务所的过错推定责任，作出了如下规定：

第四条　会计师事务所因在审计业务活动中对外出具不实报告给利害关系人造成损失的，应当承担侵权赔偿责任，但其能够证明自己没有过错的除外。

会计师事务所在证明自己没有过错时，可以向人民法院提交与该案件相关的执业准则、规则以及审计工作底稿等。

第七条　会计师事务所能够证明存在以下情形之一的，不承担民事赔偿责任：

（一）已经遵守执业准则、规则确定的工作程序并保持必要的职业谨慎，但仍未能发现被审计的会计资料错误；

（二）审计业务所必须依赖的金融机构等单位提供虚假或者不实的证明文件，会计师事务所在保持必要的职业谨慎下仍未能发现其虚假或者不实；

（三）已对被审计单位的舞弊迹象提出警告并在审计业务报告中予以指明；

（四）已经遵照验资程序进行审核并出具报告，但被验资单位在注册登记后抽逃资金；

（五）为登记时未出资或者未足额出资的出资人出具不实报告，但出资人在登记后已补足出资。

3.《最高人民法院关于审理房屋登记案件若干问题的规定》(法释〔2010〕15号)对错误登记中房屋登记机构过错的认定,作出了如下规定:

第十二条 申请人提供虚假材料办理房屋登记,给原告造成损害,房屋登记机构未尽合理审慎职责的,应当根据其过错程度及其在损害发生中所起作用承担相应的赔偿责任。

4.《最高人民法院关于审理旅游纠纷案件适用法律若干问题的规定》(法释〔2010〕13号)(2020年12月23日修正)对旅游经营者、旅游辅助服务者的注意义务,作出了如下规定:

第八条 旅游经营者、旅游辅助服务者对可能危及旅游者人身、财产安全的旅游项目未履行告知、警示义务,造成旅游者人身损害、财产损失,旅游者请求旅游经营者、旅游辅助服务者承担责任的,人民法院应予支持。

旅游者未按旅游经营者、旅游辅助服务者的要求提供与旅游活动相关的个人健康信息并履行如实告知义务,或者不听从旅游经营者、旅游辅助服务者的告知、警示,参加不适合自身条件的旅游活动,导致旅游过程中出现人身损害、财产损失,旅游者请求旅游经营者、旅游辅助服务者承担责任的,人民法院不予支持。

第十七条 旅游者在自行安排活动期间遭受人身损害、财产损失,旅游经营者未尽到必要的提示义务、救助义务,旅游者请求旅游经营者承担相应责任的,人民法院应予支持。

前款规定的自行安排活动期间,包括旅游经营者安排的在旅游行程中独立的自由活动期间、旅游者不参加旅游行程的活动期间以及旅游者经导游或者领队同意暂时离队的个人活动期间等。

5.《最高人民法院关于审理著作权民事纠纷案件适用法律若干问题的解释》(法释〔2002〕31号)(2020年12月23日修正)对著作权侵权责任中出版者过错的认定,作出了如下规定:

第二十条 出版物侵害他人著作权的,出版者应当根据其过错、侵权程度及损害后果等承担赔偿损失的责任。

出版者对其出版行为的授权、稿件来源和署名、所编辑出版物的内容等未尽到合理注意义务的,依据著作权法第四十九条的规定,承担赔偿损失的责任。

出版者应对其已尽合理注意义务承担举证责任。

6.《最高人民法院关于审理证券市场因虚假陈述引发的民事赔偿案件的若干规定》(法释〔2003〕2号)对于证券市场虚假陈述侵权责任中侵权人过错和因果关系的认定,作出了如下规定:

第十七条　证券市场虚假陈述,是指信息披露义务人违反证券法律规定,在证券发行或者交易过程中,对重大事件作出违背事实真相的虚假记载、误导性陈述,或者在披露信息时发生重大遗漏、不正当披露信息的行为。

对于重大事件,应当结合证券法第五十九条、第六十条、第六十一条、第六十二条、第七十二条及相关规定的内容认定。

虚假记载,是指信息披露义务人在披露信息时,将不存在的事实在信息披露文件中予以记载的行为。

误导性陈述,是指虚假陈述行为人在信息披露文件中或者通过媒体,作出使投资人对其投资行为发生错误判断并产生重大影响的陈述。

重大遗漏,是指信息披露义务人在信息披露文件中,未将应当记载的事项完全或者部分予以记载。

不正当披露,是指信息披露义务人未在适当期限内或者未以法定方式公开披露应当披露的信息。

第十八条　投资人具有以下情形的,人民法院应当认定虚假陈述与损害结果之间存在因果关系:

(一)投资人所投资的是与虚假陈述直接关联的证券;

(二)投资人在虚假陈述实施日及以后,至揭露日或者更正日之前买入该证券;

(三)投资人在虚假陈述揭露日或者更正日及以后,因卖出该证券发生亏损,或者因持续持有该证券而产生亏损。

第十九条　被告举证证明原告具有以下情形的,人民法院应当认定虚假陈述与损害结果之间不存在因果关系:

(一)在虚假陈述揭露日或者更正日之前已经卖出证券;

(二)在虚假陈述揭露日或者更正日及以后进行的投资;

(三)明知虚假陈述存在而进行的投资;

(四)损失或者部分损失是由证券市场系统风险等其他因素所导致;

(五)属于恶意投资、操纵证券价格的。

第二十条　本规定所指的虚假陈述实施日,是指作出虚假陈述或者发生虚假陈述之日。

虚假陈述揭露日，是指虚假陈述在全国范围发行或者播放的报刊、电台、电视台等媒体上，首次被公开揭露之日。

虚假陈述更正日，是指虚假陈述行为人在中国证券监督管理委员会指定披露证券市场信息的媒体上，自行公告更正虚假陈述并按规定履行停牌手续之日。

第二十一条 发起人、发行人或者上市公司对其虚假陈述给投资人造成的损失承担民事赔偿责任。

发行人、上市公司负有责任的董事、监事和经理等高级管理人员对前款的损失承担连带赔偿责任。但有证据证明无过错的，应予免责。

第二十二条 实际控制人操纵发行人或者上市公司违反证券法律规定，以发行人或者上市公司名义虚假陈述并给投资人造成损失的，可以由发行人或者上市公司承担赔偿责任。发行人或者上市公司承担赔偿责任后，可以向实际控制人追偿。

实际控制人违反证券法第四条、第五条以及第一百八十八条规定虚假陈述，给投资人造成损失的，由实际控制人承担赔偿责任。

第二十三条 证券承销商、证券上市推荐人对虚假陈述给投资人造成的损失承担赔偿责任。但有证据证明无过错的，应予免责。

负有责任的董事、监事和经理等高级管理人员对证券承销商、证券上市推荐人承担的赔偿责任负连带责任。其免责事由同前款规定。

第二十四条 专业中介服务机构及其直接责任人违反证券法第一百六十一条和第二百零二条的规定虚假陈述，给投资人造成损失的，就其负有责任的部分承担赔偿责任。但有证据证明无过错的，应予免责。

第二十五条 本规定第七条第(七)项规定的其他作出虚假陈述行为的机构或者自然人，违反证券法第五条、第七十二条、第一百八十八条和第一百八十九条规定，给投资人造成损失的，应当承担赔偿责任。

7.《最高人民法院关于审理期货纠纷案件若干问题的规定》(法释〔2003〕10号)(2020年12月23日修正)对期货纠纷中的过错侵权责任，作出了如下规定：

第三条 人民法院审理期货侵权纠纷和无效的期货交易合同纠纷案件，应当根据各方当事人是否有过错，以及过错的性质、大小，过错和损失之间的因果关系，确定过错方承担的民事责任。

第五十二条 期货交易所、期货公司故意提供虚假信息误导客户下单的，由此造成客户的经济损失由期货交易所、期货公司承担。

第五十三条　期货公司私下对冲、与客户对赌等不将客户指令入市交易的行为，应当认定为无效，期货公司应当赔偿由此给客户造成的经济损失；期货公司与客户均有过错的，应当根据过错大小，分别承担相应的赔偿责任。

第五十四条　期货公司擅自以客户的名义进行交易，客户对交易结果不予追认的，所造成的损失由期货公司承担。

第五十五条　期货公司挪用客户保证金，或者违反有关规定划转客户保证金造成客户损失的，应当承担赔偿责任。

8.《最高人民法院关于审理铁路运输损害赔偿案件若干问题的解释》(法发〔1994〕25 号)对何为"重大过失"进行界定，相关规定如下：

铁路法第十七条中的"重大过失"是指铁路运输企业或其受雇人、代理人对承运的货物、包裹、行李明知可能造成损失而轻率地作为或者不作为。

三、相关文件规定

《最高人民法院关于林木香诉中国工商银行福州支行仓山办事处、中国农业银行闽侯县支行、闽侯县闽江信用社赔偿案件如何适用法律问题的复函》(〔1991〕民他字第 31 号)

福建省高级人民法院：

你院闽法民他字(1990)第 16 号请示报告收悉。关于林木香诉中国工商银行福州支行仓山办事处、中国农业银行闽侯县支行、闽侯县闽江信用社(以下简称三被告)赔偿案件如何适用法律问题，经研究认为：三被告的经办人未按《中国人民银行储蓄存款章程》第八条和《中国人民银行储蓄管理办法》第五十九条的规定，对林有垒所持户口簿进行认真核对，致使林有垒持缺页且未盖户籍警章的户口簿冒领了林木香的存款，三被告有过错，应承担民事责任。林木香的存款被林有垒盗窃并冒领存款与林木香委托林有尧代管房屋权限不明没有必然的因果关系，因此，林木香不应承担民事责任。

四、相关指导案例

第 142 号指导案例"刘明莲、郭丽丽、郭双双诉孙伟、河南兰庭物业管理有限公司信阳分公司生命权纠纷案"(最高人民法院审判委员会讨论通过；2020 年 10 月 9 日发布)认为，行为人为了维护因碰撞而受伤害一方的合法权益，劝阻另一方不要离开碰撞现场且没有超过合理限度的，属于合法行为。被劝阻人因自身疾病发生猝死，其近亲属请求行为人承担侵权责任的，人民法院不予支持。相关裁判摘要如下：

本案争议的焦点问题是被告孙伟是否实施了侵权行为；孙伟阻拦郭某离开的行为与郭某死亡的结果之间是否有因果关系；孙伟是否有过错。

第一，郭某骑自行车与年幼的罗某相撞之后，罗某右颌受伤出血并倒在地上。郭某作为事故一方，没有积极理性处理此事，执意离开。对不利于儿童健康、侵犯儿童合法权益的行为，任何组织和个人有权予以阻止或者向有关部门控告。罗某作为未成年人，自我保护能力相对较弱，需要成年人对其予以特别保护。孙伟见到郭某与罗某相撞后，为保护罗某的利益，让郭某等待罗某的母亲前来处理相撞事宜，其行为符合常理。根据案发当晚博士名城业主群聊天记录中视频的发送时间及孙伟拨打110、120的电话记录等证据证实，可以确认孙伟阻拦郭某的时间为8分钟左右。在阻拦过程中，虽然孙伟与郭某发生言语争执，但孙伟的言语并不过激。孙伟将手放在郭某的自行车车把上，双方没有发生肢体冲突。孙伟的阻拦方式和内容均在正常限度之内。因此，孙伟的劝阻行为是合法行为，且没有超过合理限度，不具有违法性，应予以肯定与支持。

第二，郭某自身患脑梗、高血压、心脏病、糖尿病、继发性癫痫等多种疾病，事发当月曾在医院就医，事发前一周应其本人及家属要求出院。孙伟阻拦郭某离开，郭某坐在石墩上，倒地后因心脏骤停不幸死亡。郭某死亡，令人惋惜。刘明莲、郭丽丽、郭双双作为死者郭某的近亲属，心情悲痛，提起本案诉讼，可以理解。孙伟的阻拦行为本身不会造成郭某死亡的结果，郭某实际死亡原因为心脏骤停。因此，孙伟的阻拦行为与郭某死亡的后果之间并不存在法律上的因果关系。

第三，虽然孙伟阻拦郭某离开，诱发郭某情绪激动，但是，事发前孙伟与郭某并不认识，不知道郭某身患多种危险疾病。孙伟阻拦郭某的行为目的是为了保护儿童利益，并不存在侵害郭某的故意或过失。在郭某倒地后，孙伟拨打120急救电话予以救助。由此可见，孙伟对郭某的死亡无法预见，其对郭某的死亡后果发生没有过错。

五、相关裁判摘要

• **2018 年第 10 期《中华人民共和国最高人民法院公报》**刊登的“**青岛中金渝能置业有限公司与青岛中金实业股份有限公司与滨州市中金豪运置业有限责任公司财产保全损害责任纠纷上诉案**”判决，对申请财产保全错误的赔偿责任性质上属于侵权责任，应以申请保全人存在故意或重大过失为要件等问题进行了分析，相关裁判摘要如下：

申请财产保全错误的赔偿在性质上属于侵权责任。判断申请财产保全是否错误，不仅要看申请保全人的诉讼请求最终是否得到支持，还要看其是否存在故意或重大过失。判断申请保全人是否存在故意或重大过失，要根据其诉讼请求及所依据的事实和理由考察其提起的诉讼是否合理，或者结合申请保全的标的额、对象及方式等考察其申请财产保全是否适当。关于赔偿数额的确定，如系冻结资金，有合同等证据证明存在借贷利息损失的，应赔偿的实际损失为该合同约定的利息损失，但该利息损失与被冻结资金的银行利息之和不能超过民间借贷司法解释规定的年利率 24% 上限，否则，赔偿的资金利息损失参照中国人民银行同期贷款基准利率或民间借贷司法解释规定的年利率 6% 的标准确定；若系查封房屋或其他存在市场价值变化的资产，如因被保全人未请求处分变现或请求不当未获准许的，被保全财产因市场变化产生的价值贬损风险由其自行承担，与申请财产保全行为没有直接的因果关系；如申请财产保全人阻碍被保全人行使处分权的，则被保全财产的价值贬损与申请保全人的行为有直接因果关系，申请保全人应赔偿的数额为被保全财产在保全开始与保全结束两个时点的价差以及开始时的价款对应的资金利息损失。为财产保全提供的担保系司法担保，第三人在其担保承诺的范围承担责任，而非因共同侵权而承担连带责任。

• **2017 年第 8 期《中华人民共和国最高人民法院公报》**刊登的“**伊立军与中国工商银行股份有限公司盘锦分行银行卡纠纷案**”判决对商业银行依法对储户存款负有的高度的注意义务进行了详细的分析，相关裁判摘要如下：

首先，《中华人民共和国商业银行法》第六条规定：“商业银行应当保障存款人的合法权益不受任何单位和个人的侵犯。”银行对储户存款具有安全保障的法定义务。在信息化、电子化、科技化时代背景下，社会得以迅猛发展，社会分工越来越精细，社会关系越来越复杂，社会公众对专业化的依赖程度越来越高。现代商业银行作为吸收公众存款、发放贷款、办理结算等业务的企业法人，专门的金融机构，其不仅具有传统的经济功能，而且承担了大量的社会功能；借力科技，开拓了许多新业务，既提高了自身的竞争力，又服务了社会和客户，在普通的社会公众中享有极高的信赖度和诚信度，进而享有极高的信誉和声誉。普通的储户到银行办理储蓄业务，营业的环境、规范的服务、科技的手段，一方面让缺乏金融知识的普通客户获得了安全感，相应的注意义务也会降低，另一方面普通客户在繁琐的流程、大量的专业化术语、复杂的科技化服务面前，再加上可能身后还有许多客户在等待办理业务的情形下，普通客户想尽到最大的注意义务，客观条件也难以允许，更多时候只能是被动地听从银行工作人员的安排，按照银行工作人员指示的流程办理业务。更多的义务意味着更大的责任，银行应该尽到更多的注意义务，对储户的存款负有严格的安全保障义务，应当制定完善的业务规范，加强内部管理；在银行与普通储户办理业务过程中，银行工作人员代表银行应该更加严格地遵守工作流程和操作规范。本案中，对于 2011 年 4 月 26 日伊立军的网上银行业务未经伊立军本人申请和 2011 年 6 月 28 日工行盘锦分行的工作人员违规操作擅自办理 U 盾业务，将 U 盾交给他人，这些严重违规的事实，直接导致案涉存款损失，工行盘锦分行应该对案涉存款损失承担主要的、绝大部分的责任。其次，李某在工行盘锦分行工作期间，利用其工作身份，编造高息揽储谎言，诱使伊立军将案涉款项存入工行盘锦分行，并利用工作便利从同事赵某处拿走 U 盾，导致案涉款项损失。以上事实能够证明工行盘锦分行内部管理出现漏洞，工作人员操作严重违规，工行盘锦分行应对造成的案涉损失承担管理不力的责任。在银行工作人员参与金融诈骗案件犯罪时有发生的背景下，银行更应预防此类案件的发生，强化内部管理，为客户提供更加优质安全放心的服务。再次，伊立军作为具有完全民事行为能力的自然人，在工行盘锦分行工作人员李某高息揽储的诱惑下，听信犯罪分子李某的谎言，到工行盘锦分行柜台办理开户、开卡并开通网银业务，并将总计 1450 万元巨额资金存入账户。在犯罪分子利用网络进行诈骗，涉银行卡诈骗案件频发，公安机关在银行营业场所等公众场所进行广泛宣传防止犯罪分子利用银行卡进行诈骗的背景下，伊立军作为完全民事行为能力的自然人在享有高回报、涉及巨额资金的存款时，应当尽到最大的注意义务，但其不仅没有尽到最大的注意义务，反而降低了风险防范意识，放松了对账户内资金安全的注意义务，导致其在2011年6月28日开户和办理网银业务时，没有认真仔细阅读开通网银申请书的提示，没有向银行主动索要U盾，导致犯罪分子利用该U盾将其卡内的存款转走造成案涉存款损失，其在办理该次开户、存款业务中，没有尽到相应的、合理的、谨慎的注意义务，应该承担对2011年6月28日自开户日起至2011年11月11日先后九次向该账户内存款共计850万元款项被转走的次要的、小部分的责任。

综上，本院认为，银行作为办理金融业务的专业机构，在为自然人办理储蓄等业务时，居于明显的、支配的优势地位，而自然人则处于相对的、被支配的弱势地位，故银行工作人员在为客户办理业务时，理应严格遵守工作流程和业务操作规范，尽到最大的注意和风险提示义务。

• **2016年第6期《中华人民共和国最高人民法院公报》**刊登的“**江苏中江泓盛房地产开发有限公司诉陈跃石损害责任纠纷案**”判决认为，因财产保全引起的损害赔偿纠纷，适用侵权法规定的过错责任原则。相关裁判摘要如下：

因财产保全引起的损害赔偿纠纷，应当适用侵权责任法规定的过错责任归责原则。财产保全制度的目的在于保障将来生效判决的执行，因此只有在申请人对出现财产保全的错误存在故意或重大过失的情况下，方可认定为申请人的申请有错误，不能仅以申请保全标的额超出生效裁判支持结果作为判断标准。

在盐城中院(2012)盐民初字第0232号一案中，被上诉人陈跃石以创迎公司(二建公司)对上诉人中江泓盛公司的工程款债权受让人身份起诉，其向中江泓盛公司主张权利的依据也是创迎公司与中江泓盛公司签订的备案合同。虽然备案合同经法院审查后被最终认定无效并以四方协议作为结算工程价款的最终依据，并直接导致陈跃石的诉讼请求没有完全得到法院的支持，但是备案合同客观上是经过相关招投标程序并经相关管理部门认可的，目前未有证据且生效判决也未认定陈跃石为创迎公司承建工程的实际施工人，亦无证据证明陈跃石知晓存在四方协议。在存在两份合同的情形下，作为创迎公司工程款债权受让人，即使陈跃石清楚创迎公司在申请拨付工程款时按照866元每平方米结算，其在诉讼中选择依据债权转让通知书中载明的备案合同主张权利，并无明显重大过错，未违反普通人的注意义务。加之中江泓盛公司在诉讼中认为工程款支付条件未成就并不同意支付工程款，而生效判决并未采纳其抗辩意见，因此，综合案件实际情况，不能认定陈跃石在盐城中院(2012)盐民初字第0232号一案中的财产保全申请有错误，一审法院未支持中江泓盛公司要求陈跃石赔偿损失的诉讼请求并无不当。

• **2014年第12期《中华人民共和国最高人民法院公报》**刊登的“**秦智渊诉清远市江山电子有限公司、上海亦隆小商品市场经营管理有限公司侵犯著作权纠纷案**”判决就如何判断市场管理者是否履行了保护他人知识产权不受侵犯的注意义务进行了分析。相关裁判摘要如下：

商品交易市场的市场管理公司本质上是以提供服务、获得场地租金为目的的经济组织。法院认为，并不能根据侵权行为发生在商品交易市场内就推定市场管理公司是销售者，实际销售侵权产品的应是租用市场内经营场地的商户。市场管理公司与商户之间并不是简单的租赁合同关系，而是一种包括提供场地、提供物业服务、信息服务、物流服务以及金融服务等的综合性服务关系。因此，市场管理公司并不是“实际销售者”，也并不仅仅是提供经营场地的“房东”，而是一类特殊的综合性服务公司。本案中法院认为被告亦隆公司属于市场经营管理者，其为场内经营的个体经营业户开具普通发票的行为亦属其履行市场管理职能，而非实际的销售行为。

认定被告亦隆公司是否应承担侵权责任的前提是分析其是否负有保护他人知识产权的注意义务。亦隆公司作为市场管理公司负有市场准入前的审查义务、日常管理中的巡查义务，以及明知侵权后的补救义务。本案中，亦隆公司向法院提供了其与实际销售者签订的商铺使用管理合同以及实际销售者的个体工商户营业执照，尽到了市场准入前的注意义务。权利人发现市场内存在的侵权行为后并没有向亦隆公司发出要求制止侵权行为的通知，原告秦智渊也没有提供其他证据证明亦隆公司对市场内的侵权行为是明知的，因此，亦隆公司并不负有明知侵权后的补救义务。因此，本案的关键是审查被告亦隆公司是否违反日常管理中的巡查义务，是否应当知道原告诉称的侵权行为。对此，法院结合涉案知识产权的知名度、涉案知识产权的使用方式以及侵权行为的持续时间、规模等因素进行综合考量。

第一，从涉案知识产权的知名度看，本案中受到侵犯的是原告拍摄的《浦江两岸》摄影作品，该摄影作品并非十分知名，社会公众对作品的来源也没有形成普遍的认知。由于对摄影作品运用的拍摄技巧缺乏专业知识，一般公众无法轻易的判断作品到底是销售者自己拍摄，还是销售者使用了他人的作品。因此，侵权行为并非十分明显。对于被告亦隆公司而言，其并非专业的摄影师，而且市场内有 10 万余种商品在进行销售，其没有能力对每一个产品都进行审核；即使其对涉案产品进行审核，由于作品缺乏知名度，其也没有能力判断涉案产品使用的作品是否侵权。

第二，从涉案知识产权的使用方式看，本案中受到侵犯的摄影作品是作为数码信息历的背景进行使用，而且信息历并不是仅仅使用了原告的摄影作品，还有其他摄影作品，让市场管理公司发现信息历中的某张背景图片涉嫌侵犯他人知识产权显然是对市场管理公司的过高要求。

第三，从侵权行为的持续时间、规模等情节看，如果侵权行为的持续时间特别长，侵权产品的销售规模十分庞大，市场管理公司在日常巡查中发现上述侵权行为的难度便会相对降低。如果市场管理公司在此种情况下仍然没有发现侵权行为，可以认定其违反注意义务。但本案中原告并没有对侵权行为的持续时间、销售规模等侵权情节进行举证证明。

综上，虽然市场管理公司基于开办市场的先行行为负有保护他人知识产权不受侵犯的注意义务，但本案中被告亦隆公司并没有违反该注意义务，无需承担相应的民事责任。

• **2014 年第 10 期《中华人民共和国最高人民法院公报》**刊登的**“上海普鑫投资管理咨询有限公司诉中银国际证券有限责任公司财产损害赔偿纠纷案”**判决对侵权责任中的因果关系的认定进行了分析。相关裁判摘要如下：

中银国际另称，其行为与普鑫公司债权受损之间不存在因果关系。对此，二审认为，侵权法意义上的因果关系的成立，应同时具备以下两项要件：其一，若无此行为，即不会产生损害；其二，依社会通念判断，若有此行为,则通常均会产生此种损害后果。就本案观察,一方面,若中银国际能协助一中院进行保全,则普鑫公司的债权不至于执行无着;另一方面,中银国际妨害保全的行为,依社会通念判断,足可造成债务人转移隐匿财产,或者该财产被其他权利人保全等各种危及债权人实现权利的情况,本案中唯美特公司的证券也正是在普鑫公司保全不成后,遭他人轮候查封,最终导致普鑫公司遭受损害。综上,中银国际的行为与普鑫公司受到损害之间,存在侵权法意义上的因果关系。故对中银国际的该项意见,不予采信。

• **2012 年第 6 期《中华人民共和国最高人民法院公报》**刊登的“**许景敏等诉徐州市圣亚国际旅行社有限公司人身损害赔偿纠纷案**”判决对旅行社违反安全保障义务的侵权责任中过错、因果关系等要件的认定进行了分析。相关裁判摘要如下:

一、被上诉人圣亚国际旅行社是否存在过错。周继德在下海游泳过程中溺水,事故发生后游泳场所未采取急救措施,后被送至医院抢救无效死亡。圣亚国际旅行社将原旅游合同中约定的旅游场所由日照第三海滨浴场变更为太公岛浴场,而当时的太公岛浴场正处于维修阶段,系非正常营业的场所。圣亚国际旅行社根据其签订的《江苏省国内旅游合同》及行程安排,有义务向包括周继德在内的旅游合同相对人安排至具备正常营业资格的场所接受其旅游服务,因此,圣亚国际旅行社违反了上述义务,对周继德在接受旅游服务时应当享有的正常营业性旅游场所所具备的安全保障利益造成损害。结合海滨浴场场所的具体情况,旅游者在具备提供旅游服务功能的海滨浴场所享有的安全保障利益应当包括溺水后获得浴场范围内被施以紧急救助的利益。因圣亚国际旅行社提供的太公岛浴场处于非正常营业期间,故对于周继德在溺水后未能获得浴场急救,应当认定圣亚国际旅行社变更旅游场所的行为存在过失,侵犯了周继德应当享有的场所安全保障利益。

二、被上诉人圣亚国际旅行社的行为与周继德的死亡后果之间是否存在因果关系。周继德溺水后在未采取浴场急救措施的情况下被送至医院抢救无效死亡,在这一事故过程中,浴场急救行为对阻却溺水事故损害后果的发生存在一定的可能性概率。因圣亚国际旅行社的过错行为导致浴场急救行为的缺失，使得阻却溺水损害后果的可能性概率不当降低，故不应否认圣亚国际旅行社的过失行为与周继德溺水死亡后果之间存在一定的因果关系。考虑到浴场急救行为仅对阻却溺水事故损害后果的发生存在可能性概率，却并非导致溺水事故损害后果的唯一原因，故不应认定圣亚国际旅行社的过失行为与周继德溺水死亡后果之间存在全部原因关系。

三、太公岛海水浴场游客须知以及友情提示中明确显示该海水浴场“停止营业，海上因无任何防护设施，严禁游客下海游泳冲浪”等内容，周继德系成年人，应当对下海游泳行为的危险性有合理认知，亦应当根据太公岛海水浴场的告知内容对自己下海游泳行为作出合理判断，因此，周继德选择下海游泳的行为与导致溺水事故后果亦有一定因果关系，其对事故后果亦应当承担相应责任。

● **2011 年第 11 期《中华人民共和国最高人民法院公报》**刊登的“**范茂生等诉淮安电信分公司淮阴区电信局、淮安市淮阴区公路管理站人身损害赔偿纠纷案**”判决认为，所有人或者管理人应及时、主动地关注自身所有或管理之物的变化状况及其对他人权利的影响，并对因违反管理和注意义务致人损害的后果承担民事侵权责任，除非其能够证明自己对损害的发生没有过错。相关裁判摘要如下：

本案中，上诉人范茂生、纪美华、何素改、范轩齐的亲属范玉金晚上醉酒后驾车，车辆驶入道路北侧，撞上路边电杆，经医院抢救无效死亡。范玉金本人未能在确保安全的原则下通行，是造成此事故的直接和主要原因，对损害后果应当承担主要责任。根据有关规定，在公路、公路用地范围内禁止设置电杆及其他类似设施。上诉人电信局作为涉案电杆的产权单位，在区委、区政府召开公路建设的有关会议上，确定将 12 米路基范围的供电、邮电、广电杆线由供电、邮电、广电部门各自负责迁移，该责任界分符合谁所有、谁管理、谁收益、谁负责的精神，符合权利义务相一致和公平的法律原则，故而不论与其管理规范是否矛盾，均能够作为判定本案的事实依据；且在公路通车后，电信局明知该涉案电杆位于公路用地范围内，应及时迁移而未迁移存在危害人民利益的安全隐患，却怠于履行义务，这无疑也是造成范玉金死亡的原因，其应当承担相应的民事赔偿责任。原审依据查明的案件事实，结合过错程度及原因力大小，确定双方的民事责任并无不当。

• **2008年第10期《中华人民共和国最高人民法院公报》**刊登的**"王春生诉张开峰、江苏省南京工程高等职业学校、招商银行股份有限公司南京分行、招商银行股份有限公司信用卡中心侵权纠纷案"**判决对信用卡中心在办理信用卡中的合理审查义务进行了分析。相关裁判摘要如下：

被告信用卡中心在涉案信用卡申办、发放过程中没有尽到合理审查义务，对于原告王春生被侵权的后果具有过错，应当承担相应的法律责任。

根据本案事实，被告张开峰在实施涉案侵权行为时虽系被告工程学校的教师，但张开峰在本案中的行为并非受工程学校指派而为的职务行为，而是其个人行为，与工程学校无关。故工程学校对于原告王春生被侵权的后果不应承担法律责任。

被告张开峰将其伪造的原告王春生收入证明等信用卡申请资料交给其网上认识的朋友李可，李可又将该申请资料交给被告招行南京分行的职员孙葵，孙葵又将该申请资料以邮寄方式提交给被告信用卡中心。孙葵虽系招行南京分行的员工，但其接受和转递涉案信用卡申请资料是出于为朋友帮忙，完全是其个人行为，并非履行招行南京分行交办工作的职务行为。虽然孙葵出于对朋友李可的信赖，没有对涉案信用卡申请资料进行审核，即直接将该申请资料提交给信用卡中心，但考虑到孙葵仅是为朋友帮忙，没有审核的义务，且其个人行为与招行南京分行无关，故对于王春生被侵权的后果，招行南京分行不应承担法律责任。

被告信用卡中心是接受客户申请，为客户开办信用卡的专门机构，负有审核客户提交的信用卡申请资料的义务。根据本案事实，涉案信用卡并非客户本人持有效的身份证件到柜台办理，而是以邮寄资料方式申请开办信用卡。作为专业的信用卡开办机构，信用卡中心完全应当了解现实生活中存在盗用、假冒他人姓名申办信用卡的情况，在客户本人未到柜台的情况下，应当针对申请资料进行合理、有效的审查。但信用卡中心仅仅通过电话方式进行了所谓的核实，即批准并发放了户主为原告王春生、卡号为4392258309444083的涉案信用卡。正是由于信用卡中心没有尽到合理的审查义务，才导致被告张开峰侵犯王春生姓名权的行为得以最终实施成功。因此，信用卡中心对于王春生被侵权的后果存在过错。

• **2005年第11期《中华人民共和国最高人民法院公报》**刊登的**"陈丽华等23名投资人诉大庆联谊公司、申银证券公司虚假陈述侵权赔偿纠纷案"**判决就证券市场虚假陈述侵权责任中如何认定因果关系中断的问题进行了分析。相关裁判摘要如下：

《证券赔偿案件规定》第十九条第(四)项规定，被告举证证明原告的损失或者部分损失是由证券市场系统风险等其他因素所导致的，人民法院应当认定虚假陈述与损害结果之间不存在因果关系。此条虽将系统风险作为免除民事责任的条件之一，但对系统风险这一概念未作明确定义，双方当事人也对系统风险有不同的理解，故应依据通常理解确定系统风险的含义。证券业通常理解，系统风险是指对证券市场产生普遍影响的风险因素，其特征在于系统风险因共同因素所引发，对证券市场所有的股票价格均产生影响，这种影响为个别企业或行业所不能控制，投资人亦无法通过分散投资加以消除。上诉人大庆联谊公司上诉认为，原判未考虑系统风险对造成被上诉人损失的影响，并为此提交了相关股票价格和上证指数变动等证据支持自己的这一主张。大庆联谊公司既然提出这一主张，首先应当举证证明造成系统风险的事由存在，其次应当证明该事由对股票市场产生了重大影响，引起全部股票价格大幅度涨跌，导致了系统风险发生。但纵观大庆联谊公司向一审和二审法院提交的所有证据，并不能证明1999年4月21日至2000年4月27日期间，证券市场存在着足以影响所有股票价格下跌的合理事由，更不能证明该事由与股市价格波动的逻辑关系。对虚假陈述行为和所谓系统风险如何影响股价变动以及各自影响的程度，大庆联谊公司也没有提出具体的区分判断标准和有说服力的理由。经考察，1999年4月21日至2000年4月27日期间，股票市场的大盘走势图反映股票交易比较平稳，上证综合指数并未发生大幅度下跌。在此期间，大庆联谊公司欺诈上市虚假陈述行为持续影响着股票价格，股民在信息不对称的情况下继续投资购买大庆联谊公司股票，由此形成的投资损失，当然与虚假陈述行为之间存在因果关系。至于大庆联谊公司在二审提交的其他法院关于虚假陈述侵权赔偿案民事判决，不仅因该判决尚未发生法律效力，而且因该案投资人股票交易时间段、虚假陈述行为对投资人影响程度均与本案不同，不能作为处理本案的依据。由于大庆联谊公司提交的证据不能证明系统风险确实存在，原判以证据不足为由，否决大庆联谊公司关于存在系统风险，应当免除赔偿责任的抗辩主张，并无不当。

• **2004 年第 2 期《中华人民共和国最高人民法院公报》**刊登的“**中国银行江西分行诉南昌市房管局违法办理抵押登记案**”的最高人民法院(2002)行终字第 6 号行政赔偿判决书就房屋登记机构是否违反注意义务的问题进行了分析。相关裁判摘要如下:

南昌市房管局作为负责办理房产抵押登记的行政主管部门,在办理房产抵押登记过程中,对当事人的申请应当以高度负责的态度认真履行必要的注意义务,对于抵押房产及其权属证书的真伪有条件加以核对与识别。然而,南昌市房管局在本案中违反职业规范,未尽必要的注意义务,为持有假房产证实施诈骗的天龙公司办理抵押登记手续,并明示信托公司可以办理贷款。信托公司基于对房产登记机关所办抵押登记行为的信赖,为天龙公司发放贷款,致使信托公司遭受了财产损失。虽然本案贷款人天龙公司是造成信托公司财产损失的直接责任人,但是南昌市房管局的违法行为客观上为天龙公司骗取贷款提供了条件,其违法出具他项权利证明的行为与信托公司财产损失之间存在法律上的利害关系和因果关系。根据《中华人民共和国国家赔偿法》第四条第(四)项、第七条第四款、第二十八条第(七)项和《最高人民法院关于审理行政赔偿案件若干问题的规定》第二十九条的规定,南昌市房管局对其违法办理抵押登记而酿成信托公司财产损失的后果,在天龙公司无法偿还贷款的情况下,应当承担相应的过失赔偿责任。一审判决认定南昌市房管局应当承担补充赔偿责任不当,应予纠正。南昌市房管局承担行政赔偿责任后,有权就其承担的数额向天龙公司行使追偿权。

第一千一百六十六条 【无过错责任】行为人造成他人民事权益损害,不论行为人有无过错,法律规定应当承担侵权责任的,依照其规定。

法条评释:本条是对无过错责任的规定。无过错责任是一种非常严格的责任,故此属于法律保留事项。只有全国人民代表大会及其常务委员会颁布的法律,才能设立无过错责任,行政法规、地方性法规、司法解释等均无权规定哪些侵权行为适用无过错责任。本条的功能与第 1165 条第 2 款相同,即限制无过错责任的适用。本条并非独立的请求权基础,法官也无法仅依据本条裁判案件。令人遗憾的是,在我国《民法典》中对于无过错责任未有如同过错推定责任那样清晰的表述，学术界只能依据学理和相关法律条文中是否出现过错的字样来判断某一侵权行为是否适用无过错责任。

第一千一百六十七条　【预防性侵权责任请求权】侵权行为危及他人人身、财产安全的，被侵权人有权请求侵权人承担停止侵害、排除妨碍、消除危险等侵权责任。

法条评释：本条是对预防性侵权责任承担方式的规定。《民法典》本条规定来自原《侵权责任法》第 21 条，但是有两个变化：一是用词改变。本条将原《侵权责任法》第 21 条中的“被侵权人可以请求侵权人”修改为“被侵权人有权请求侵权人”，凸显了被侵权人享有的是请求权。二是位置调整。原《侵权责任法》第 21 条被放在第二章“责任构成和责任方式”当中，位置在侵害民事权益的财产损害赔偿的条文之后。但是，《民法典》将之调整到侵权责任编第 1 章“一般规定”，放在对过错责任原则、过错推定责任和无过错责任的规定之后。这种位置的调整也凸显了第 1165 条和第 1166 条是对于损害赔偿的归责事由的规定，而第 1167 条是对性质上作为绝对权的侵权责任承担方式的规定。

由此产生的问题就是，《民法典》第 995 条已经规定了人格权请求权，第 235 条和第 236 条已经规定了物权请求权，为何还要在第 1167 条作此规定，况且该条只是使用了“危及他人人身、财产安全”的表述？这两条应如何适用？从《民法典》的体系来看，由于第二编和第四编是对物权、人格权等具体民事权利尤其是绝对权的规定，侵权责任编是第七编，属于对所有民事权益的兜底性的保护规定。因此，在侵害物权、人格权而发生绝对权保护请求权的适用时，应当适用物权编和人格权编的规定。但是，如果对于其他的民事权益，包括民法典和其他法律规定的民事权益，则可以适用本条的规定。

相关裁判摘要

• **2014 年第 10 期《中华人民共和国最高人民法院公报》**刊登的**“杨季康（笔名杨绛）与中贸圣佳国际拍卖有限公司、李国强诉前禁令案”**是我国法院作出的首例保护著作人格权的临时禁令，也是《民事诉讼法》在 2012 年修订实施后针对侵害著作权行为作出的首例临时禁令。相关案情和裁判结果摘要如下：

本案系因已故著名学者钱钟书书信手稿拍卖引发的纠纷。申请人杨季康称:钱钟书(已故)与杨季康系夫妻,二人育有一女钱瑗(已故)。钱钟书、杨季康及钱瑗与李国强系朋友关系,三人曾先后致李国强私人书信百余封,该信件本由李国强收存,但是2013年5月间,中贸圣佳公司发布公告表示其将于2013年6月21日举行"也是集——钱钟书书信手稿"公开拍卖活动,公开拍卖上述私人信件。为进行该拍卖活动,中贸圣佳公司还将于2013年6月8日举行相关研讨会,2013年6月18日至20日举行预展活动。杨季康认为,钱钟书、杨季康、钱瑗分别对各自创作的书信作品享有著作权。钱瑗、钱钟书先后于1997年3月4日、1998年12月19日病故。钱钟书去世后,其著作权中的财产权由杨季康继承,其著作权中的署名权、修改权和保护作品完整权由杨季康保护,发表权由杨季康行使。钱瑗去世后,其著作权中的财产权由杨季康与其配偶杨伟成共同继承,其著作权中的署名权、修改权和保护作品完整权由杨季康与杨伟成保护,发表权由杨季康与杨伟成共同行使;鉴于杨伟成明确表示在本案中不主张权利,故杨季康依法有权主张相关权利。杨季康主张,中贸圣佳公司及李国强即将实施的私人信件公开拍卖活动,以及其正在实施的公开展览、宣传等活动,将侵害杨季康所享有和继承的著作权,如不及时制止上述行为,将会使杨季康的合法权益受到难以弥补的损害,故向法院提出申请,请求法院责令中贸圣佳公司及李国强立即停止公开拍卖、公开展览、公开宣传杨季康享有著作权的私人信件。

北京市第二中级人民法院依据修改后民事诉讼法关于行为保全的规定作出了禁令裁决:中贸圣佳国际拍卖有限公司在拍卖、预展及宣传等活动中不得以公开发表、展览、复制、发行、信息网络传播等方式实施侵害钱钟书、杨季康、钱瑗写给李国强的涉案书信手稿著作权的行为。裁定送达后,被申请人中贸圣佳公司随即发表声明,"决定停止2013年6月21日'也是集——钱钟书书信手稿'的公开拍卖。"

第一千一百六十八条 【共同加害行为】二人以上共同实施侵权行为,造成他人损害的,应当承担连带责任。

法条评释:本条是对最典型的一类共同侵权行为即共同加害行为的规定,该条来自原《侵权责任法》第8条,没有任何变化。我国《民法典》侵权责任编对多数人侵权责任作出了详细的规定。多数人侵权责任可以分为共同侵权行为与无意思联络的数人侵权,而共同侵权行为又可以分为共同加害行为、教唆帮助行为、共同危险行为。

学术界对于本条中的"共同"一词的含义有不同的理解:一种观点认为,这个"共同"是指"共同过错",既包括共同故意,也包括共同过失;另一种观点认为,共同加害行为的主观要件只能是共同故意,不包括共同过失。

一、相关行政法规

《信息网络传播权保护条例》(2013 年 1 月 30 日修订)对侵害信息网络传播权的共同侵权责任,作出了如下规定:

第二十三条　网络服务提供者为服务对象提供搜索或者链接服务,在接到权利人的通知书后,根据本条例规定断开与侵权的作品、表演、录音录像制品的链接的,不承担赔偿责任;但是,明知或者应知所链接的作品、表演、录音录像制品侵权的,应当承担共同侵权责任。

二、相关司法解释规定

1.《最高人民法院关于适用〈中华人民共和国保险法〉若干问题的解释(四)》(法释〔2018〕13 号)(2020 年 12 月 23 日修正)对责任保险中被保险人因共同侵权承担连带责任时的保险金的赔付问题,作出了如下规定:

第十六条　责任保险的被保险人因共同侵权依法承担连带责任,保险人以该连带责任超出被保险人应承担的责任份额为由,拒绝赔付保险金的,人民法院不予支持。保险人承担保险责任后,主张就超出被保险人责任份额的部分向其他连带责任人追偿的,人民法院应予支持。

2.《最高人民法院关于审理医疗损害责任纠纷案件适用法律若干问题的解释》(法释〔2017〕20 号)(2020 年 12 月 23 日修正)

第十九条　两个以上医疗机构的诊疗行为造成患者同一损害,患者请求医疗机构承担赔偿责任的,应当区分不同情况,依照民法典第一千一百六十八条、第一千一百七十一条或者第一千一百七十二条的规定,确定各医疗机构承担的赔偿责任。

第二十二条　缺陷医疗产品与医疗机构的过错诊疗行为共同造成患者同一损害,患者请求医疗机构与医疗产品的生产者、销售者、药品上市许可持有人承担连带责任的,应予支持。

医疗机构或者医疗产品的生产者、销售者、药品上市许可持有人承担赔偿责任后,向其他责任主体追偿的,应当根据诊疗行为与缺陷医疗产品造成患者损害的原因力大小确定相应的数额。

输入不合格血液与医疗机构的过错诊疗行为共同造成患者同一损害的，参照适用前两款规定。

3.《最高人民法院关于审理环境侵权责任纠纷案件适用法律若干问题的解释》（法释〔2015〕12号）（2020年12月23日修正）对环境污染责任中的共同加害行为，作出了如下规定：

第二条 两个以上侵权人共同实施污染环境、破坏生态行为造成损害，被侵权人根据民法典第一千一百六十八条规定请求侵权人承担连带责任的，人民法院应予支持。

4.《最高人民法院关于审理涉及公证活动相关民事案件的若干规定》（法释〔2014〕6号）（2020年12月23日修正）对公证机构与提供虚假材料的当事人的共同侵权责任，作出了如下规定：

第五条 当事人提供虚假证明材料申请公证致使公证书错误造成他人损失的，当事人应当承担赔偿责任。公证机构依法尽到审查、核实义务的，不承担赔偿责任；未依法尽到审查、核实义务的，应当承担与其过错相应的补充赔偿责任；明知公证证明的材料虚假或者与当事人恶意串通的，承担连带赔偿责任。

5.《最高人民法院关于审理食品药品纠纷案件适用法律若干问题的规定》（法释〔2013〕28号）（2020年12月23日修正）对食品药品侵权赔偿中的共同加害行为，作出了如下规定：

第十二条 食品、药品检验机构故意出具虚假检验报告，造成消费者损害，消费者请求其承担连带责任的，人民法院应予支持。

食品、药品检验机构因过失出具不实检验报告，造成消费者损害，消费者请求其承担相应责任的，人民法院应予支持。

第十三条 食品认证机构故意出具虚假认证，造成消费者损害，消费者请求其承担连带责任的，人民法院应予支持。

食品认证机构因过失出具不实认证，造成消费者损害，消费者请求其承担相应责任的，人民法院应予支持。

6.《最高人民法院关于审理侵害信息网络传播权民事纠纷案件适用法律若干问题的规定》（法释〔2012〕20号）（2020年12月23日修正）对侵害信息网络传播权的共同侵权行为，作出了如下规定：

第四条　有证据证明网络服务提供者与他人以分工合作等方式共同提供作品、表演、录音录像制品，构成共同侵权行为的，人民法院应当判令其承担连带责任。网络服务提供者能够证明其仅提供自动接入、自动传输、信息存储空间、搜索、链接、文件分享技术等网络服务，主张其不构成共同侵权行为的，人民法院应予支持。

第五条　网络服务提供者以提供网页快照、缩略图等方式实质替代其他网络服务提供者向公众提供相关作品的，人民法院应当认定其构成提供行为。

前款规定的提供行为不影响相关作品的正常使用，且未不合理损害权利人对该作品的合法权益，网络服务提供者主张其未侵害信息网络传播权的，人民法院应予支持。

第六条　原告有初步证据证明网络服务提供者提供了相关作品、表演、录音录像制品，但网络服务提供者能够证明其仅提供网络服务，且无过错的，人民法院不应认定为构成侵权。

7.《最高人民法院关于审理房屋登记案件若干问题的规定》（法释〔2010〕15号）对房屋登记机构工作人员与第三人的共同加害行为，作出了如下规定：

第十三条　房屋登记机构工作人员与第三人恶意串通违法登记，侵犯原告合法权益的，房屋登记机构与第三人承担连带赔偿责任。

8.《最高人民法院关于审理侵犯专利权纠纷案件应用法律若干问题的解释》（法释〔2009〕21号）对侵害专利权的共同侵权行为，作出了如下规定：

第十二条　将侵犯发明或者实用新型专利权的产品作为零部件，制造另一产品的，人民法院应当认定属于专利法第十一条规定的使用行为；销售该另一产品的，人民法院应当认定属于专利法第十一条规定的销售行为。

将侵犯外观设计专利权的产品作为零部件，制造另一产品并销售的，人民法院应当认定属于专利法第十一条规定的销售行为，但侵犯外观设计专利权的产品在该另一产品中仅具有技术功能的除外。

对于前两款规定的情形，被诉侵权人之间存在分工合作的，人民法院应当认定为共同侵权。

9.《最高人民法院关于审理技术合同纠纷案件适用法律若干问题的解释》(法释〔2004〕20号)(2020年12月23日修正)对侵害技术秘密的共同侵权行为,作出了如下规定:

第十二条 根据民法典第八百五十条的规定,侵害他人技术秘密的技术合同被确认无效后,除法律、行政法规另有规定的以外,善意取得该技术秘密的一方当事人可以在其取得时的范围内继续使用该技术秘密,但应当向权利人支付合理的使用费并承担保密义务。

当事人双方恶意串通或者一方知道或者应当知道另一方侵权仍与其订立或者履行合同的,属于共同侵权,人民法院应当判令侵权人承担连带赔偿责任和保密义务,因此取得技术秘密的当事人不得继续使用该技术秘密。

10.《最高人民法院关于审理涉及会计师事务所在审计业务活动中民事侵权赔偿案件的若干规定》(法释〔2007〕12号)对会计师事务所与被审计单位的共同侵权行为,作出了如下规定:

第五条 注册会计师在审计业务活动中存在下列情形之一,出具不实报告并给利害关系人造成损失的,应当认定会计师事务所与被审计单位承担连带赔偿责任:

(一)与被审计单位恶意串通;

(二)明知被审计单位对重要事项的财务会计处理与国家有关规定相抵触,而不予指明;

(三)明知被审计单位的财务会计处理会直接损害利害关系人的利益,而予以隐瞒或者作不实报告;

(四)明知被审计单位的财务会计处理会导致利害关系人产生重大误解,而不予指明;

(五)明知被审计单位的会计报表的重要事项有不实的内容,而不予指明;

(六)被审计单位示意其作不实报告,而不予拒绝。

对被审计单位有前款第(二)至(五)项所列行为,注册会计师按照执业准则、规则应当知道的,人民法院应认定其明知。

11.《最高人民法院关于审理证券市场因虚假陈述引发的民事赔偿案件的若干规定》(法释〔2003〕2号)对证券市场虚假陈述侵权责任中的共同侵权行为,作出了如下规定:

第二十七条 证券承销商、证券上市推荐人或者专业中介服务机构,知道或者应当知道发行人或者上市公司虚假陈述,而不予纠正或者不出具保留意见的,构成共同侵权,对投资人的损失承担连带责任。

第二十八条 发行人、上市公司、证券承销商、证券上市推荐人负有责任的董事、监事和经理等高级管理人员有下列情形之一的,应当认定为共同虚假陈述,分别与发行人、上市公司、证券承销商、证券上市推荐人对投资人的损失承担连带责任:

(一)参与虚假陈述的;

(二)知道或者应当知道虚假陈述而未明确表示反对的;

(三)其他应当负有责任的情形。

12.《最高人民法院关于审理劳动争议案件适用法律问题的解释(一)》(法释〔2020〕26号)对劳动争议中共同侵权纠纷的诉讼主体,作出了如下规定:

第二十七条 用人单位招用尚未解除劳动合同的劳动者,原用人单位与劳动者发生的劳动争议,可以列新的用人单位为第三人。

原用人单位以新的用人单位侵权为由提起诉讼的,可以列劳动者为第三人。

原用人单位以新的用人单位和劳动者共同侵权为由提起诉讼的,新的用人单位和劳动者列为共同被告。

13.《最高人民法院关于审理行政赔偿案件若干问题的规定》(法发〔1997〕10号)对行政机关共同侵权的诉讼主体,作出了如下规定:

第十七条 两个以上行政机关共同侵权,赔偿请求人对其中一个或者数个侵权机关提起行政赔偿诉讼,若诉讼请求系可分之诉,被诉的一个或者数个侵权机关被告;若诉讼请求系不可分之诉,由人民法院依法追加其他侵权机关为共同被告。

三、相关文件规定

《最高人民法院关于审理虚假陈述侵权纠纷案件有关问题的复函》(〔2003〕民二他字第22号)对证券市场虚假陈述侵权责任中的共同侵权行为,作出了如下规定:

一、关于承销商的责任问题

申银万国证券有限责任公司(下称申银万国)承销大庆联谊石化股

份有限公司(下称大庆联谊)的股票发行时,因未尽到审核义务,且其编制的上市材料中含有虚假信息,而被中国证监会予以行政处罚。申银万国作为承销商,应当知道大庆联谊是否存在虚假陈述的情况,而其没有对最初源于大庆联谊的虚假陈述予以纠正或出具保留意见,并且自己也编制和出具了虚假陈述文件,故根据本院《关于审理证券市场因虚假陈述引发的民事赔偿案件的若干规定》(下称《规定》)第二十七条内容,申银万国的虚假陈述与大庆联谊的虚假陈述构成共同侵权,对因此给投资人的损失,两者应互为承担连带责任。

申银万国没有尽到责任(并编制虚假上市材料),使得含有虚假信息的大庆联谊股票得以发行和上市,其虚假行为影响了广大投资人。在大庆联谊的虚假陈述行为没有被揭露或者更正之前,发行市场的虚假陈述必然对交易市场产生影响,包括对交易市场的投资人进行投资时的影响。故同意你院第一种意见。

你院对《规定》第二十三、二十七条内容的理解是正确的。

……

四、关于中介服务机构民事责任承担问题

《规定》第二十四条内容,是从归责角度对中介服务机构及其直接责任人作出过错推定责任承担总的规定,无论故意或过失,只要行为人主观具有过错,客观给他人造成了损失,该类虚假陈述行为人就其负有责任的部分承担民事责任。《规定》第二十七条内容,是从共同侵权角度对承担过错推定责任的各类虚假陈述行为人,如何判断其与发行人、上市公司构成共同侵权并承担连带责任作出的规定。当发行人或者上市公司存在虚假陈述行为时,上述负有特定义务的各类行为人如没有对虚假陈述内容予以纠正或保留意见,又没有证据证明其无过错(包括故意和过失),则其与发行人或者上市公司构成共同侵权,对投资人因此造成的损失承担连带责任。但专业中介服务机构及其直接责任人的民事责任限定于其负有责任的部分。

四、相关指导案例

1. 第130号指导案例"重庆市人民政府、重庆两江志愿服务发展中心诉重庆藏金阁物业管理有限公司、重庆首旭环保科技有限公司生态环境损害赔偿、环境民事公益诉讼案"(最高人民法院审判委员会讨论通过;2019年12月26日发布)就生态环境污染中的共同侵权行为进行了分析。相关裁判摘要如下:

关于藏金阁公司与首旭公司是否构成共同侵权

首旭公司是明知1号废水调节池池壁上存在120mm口径管网并故意利用其违法排污的直接实施主体,其理应对损害后果承担赔偿责任,对此应无疑义。本争议焦点的核心问题在于如何评价藏金阁公司的行为,其与首旭公司是否构成共同侵权。法院认为,藏金阁公司与首旭公司构成共同侵权,应当承担连带责任。

第一,我国实行排污许可制,该制度是国家对排污者进行有效管理的手段,取得排污许可证的企业即是排污单位,负有依法排污的义务,否则将承担相应法律责任。藏金阁公司持有排污许可证,必须确保按照许可证的规定和要求排放。藏金阁公司以委托运行协议的形式将废水处理交由专门从事环境治理业务(含工业废水运营)的首旭公司作业,该行为并不为法律所禁止。但是,无论是自行排放还是委托他人排放,藏金阁公司都必须确保其废水处理站正常运行,并确保排放物达到国家和地方排放标准,这是取得排污许可证企业的法定责任,该责任不能通过民事约定来解除。申言之,藏金阁公司作为排污主体,具有监督首旭公司合法排污的法定责任,依照《委托运行协议》其也具有监督首旭公司日常排污情况的义务,本案违法排污行为持续了1年8个月的时间,藏金阁公司显然未尽监管义务。

第二,无论是作为排污设备产权人和排污主体的法定责任,还是按照双方协议约定,藏金阁公司均应确保废水处理设施设备正常、完好。2014年8月藏金阁公司将废酸池改造为1号废水调节池并将地下管网改为高空管网作业时,未按照正常处理方式对池中的120mm口径暗管进行封闭,藏金阁公司亦未举证证明不封闭暗管的合理合法性,而首旭公司正是通过该暗管实施违法排放。也就是说,藏金阁公司明知为首旭公司提供的废水处理设备留有可以实施违法排放的管网,据此可以认定其具有违法故意,且客观上为违法排放行为的完成提供了条件。

第三,待处理的废水是由藏金阁公司提供给首旭公司的,那么藏金阁公司知道需处理的废水数量,同时藏金阁公司作为排污主体,负责向环保部门缴纳排污费,其也知道合法排放的废水数量,加之作为物业管理部门,其对于园区企业产生的实际用水量亦是清楚的,而这几个数据结合起来,即可确知违法排放行为的存在,因此可以认定藏金阁公司知道首旭公司在实施违法排污行为,但其却放任首旭公司违法排放废水,同时还继续将废水交由首旭公司处理,可以视为其与首旭公司形成了默契,具有共同侵权的故意,并共同造成了污染后果。

第四,环境侵权案件具有侵害方式的复合性、侵害过程的复杂性、侵害后果的隐蔽性和长期性,其证明难度尤其是对于排污企业违法排污主观故意的证明难度较高,且本案又涉及到对环境公益的侵害,故应充分考虑到此类案件的特殊性,通过准确把握举证证明责任和归责原则来避免责任逃避和公益受损。综上,根据本案事实和证据,藏金阁公司与首旭公司构成环境污染共同侵权的证据已达到高度盖然性的民事证明标准,应当认定藏金阁公司和首旭公司对于违法排污存在主观上的共同故意和客观上的共同行为,二被告构成共同侵权,应承担连带责任。

2. 第19号指导案例"赵春明等诉烟台市福山区汽车运输公司卫德平等机动车交通事故责任纠纷案"(最高人民法院审判委员会讨论通过;2013年11月8日发布)对机动车交通事故中的共同侵权行为进行了分析,相关裁判要点如下:

机动车所有人或者管理人将机动车号牌出借他人套牌使用,或者明知他人套牌使用其机动车号牌不予制止,套牌机动车发生交通事故造成他人损害的,机动车所有人或者管理人应当与套牌机动车所有人或者管理人承担连带责任。

五、相关裁判摘要

- **2019年第6期《中华人民共和国最高人民法院公报》**公布的"**南京市高淳县飞达教育技术装备有限责任公司诉南京市高淳区隆兴农村小额贷款有限公司、江苏金创信用再担保股份有限公司侵权责任纠纷案**"的判决,就债权人和债务人共同实施侵害担保人的共同侵权行为进行了分析。相关裁判摘要如下:

关于第一个争议焦点:两被告在雨花法院与原告飞达公司的9案诉讼中是否共同侵害了原告的合法权益,法院认为,本案讼争应为一般侵权,两被告存在共同侵害原告合法权益的事实,应承担相应赔偿责任。

首先,从侵权责任的构成要件分析是否构成侵权。1. 南京中院终审判决认定,隆兴小贷公司于2016年3月分四次给付金创公司的1800万元系代偿款,案涉债务已清偿,两被告对此应当知晓。金创公司明知案涉债务已清偿的情形下,仍起诉飞达公司9案要求其承担连带清偿责任,系滥用诉讼权利,侵害飞达公司合法权益的行为。2. 飞达公司一审败诉,二审胜诉，为不当诉讼支出律师费，存在损害事实。3. 金创公司起诉及隆兴小贷公司消极应诉的行为，与飞达公司为不当诉讼支出律师代理费之间存在因果关系。

其次，从两被告意思表示、行为及后果分析是否构成共同侵权。1. 从两被告意思表示来看，雨花法院 9 案诉讼过程中，隆兴小贷公司一审不抗辩不举证，二审中承认金创公司关于 1800 万元代偿款系支付另一合同保证金的主张，二者意思表示指向一致；2. 从客观行为表现来看，金创公司与隆兴小贷公司均明知案涉债务已清偿，且隆兴小贷公司持有飞达公司胜诉的关键证据（财务记账凭证及付款回单），而其在诉讼中对债务已清偿事实不抗辩也不提供证据，系造成飞达公司一审败诉的主要原因；从实现债权目的而言，金创公司作为专业服务于江苏省小额贷款公司的担保/再担保业务平台，本身担负着防范金融风险的职能，其在雨花法院所起诉 9 案所涉反担保合同中还有其他反担保人，诉请全部反担保人承担责任显然更为合理，也是其职能要求，而其所起诉反担保人中除王界民、甘仲贵为履职责任人外，仅诉请飞达公司承担责任，金创公司对不起诉其他反担保人之原因未向法院作出合理解释；3. 从案件处理结果来看，原告败诉对隆兴小贷公司与金创公司均有利益，即前一份授信合同（有飞达公司担保）金创公司将额外受偿，后一份授信合同（无飞达公司担保）将额外增加保证金，金创公司与隆兴小贷公司共同受益，二者存在共同不当利益。

再次，从两被告有无法律上的义务分析。飞达公司为隆兴小贷公司的经营业务无偿向金创公司提供反担保，两被告均有诚信履行反担保合同义务，且隆兴小贷公司作为反担保合同受益一方更有维护反担保人合法权益的义务，而两被告在明知债务已清偿事实情况下，金创公司起诉追偿，隆兴小贷消极应诉，二者起诉行为与消极应诉行为相结合致飞达公司一审败诉，共同损害了原告合法权益。

• **2014 年第 11 期《中华人民共和国最高人民法院公报》**刊登的**“林承恩与李江山等损害公司利益纠纷案”**的最高人民法院（2012）民四终字第 15 号民事判决书对损害公司利益的共同侵权行为进行了分析。相关裁判摘要如下：

关于李江山、涂雅雅、华通公司的行为是否构成单独或者共同侵权，从而剥夺了香港新纶公司的商业机会，进而损害了香港新纶公司的合法权益。这一问题，首先，取决于案涉 700 亩土地使用权是否应当认定专属于香港新纶公司的商业机会……其次,要审查香港新纶公司或者林承恩为获取该商业机会是否做出了实质性的努力……最后,要审查李江山、涂雅雅、华通公司在本案中是否采取了剥夺或者谋取行为。本案中,要构成剥夺或者谋取香港新纶公司的商业机会,李江山、涂雅雅或者华通公司应当单独或者共同采取欺骗、隐瞒或者威胁等不正当手段,使林承恩或者香港新纶公司在不知情的情况下放弃该商业机会,或者在知情的情况下不得不放弃该商业机会。但综观本案事实,林承恩对香港新纶公司可能获得700亩土地使用权的商业机会是明知的,李江山、涂雅雅、华通公司没有隐瞒这一商业机会,也没有采取欺骗手段骗取林承恩放弃该商业机会。林承恩是在获知该商业机会之后不仅没有采取积极行为为香港新纶公司获取该商业机会创造条件,反而要求李江山退还其已投入香港新纶公司并通过香港新纶公司转投江西新纶公司注册资金的投资款,林承恩的保本撤资行为必然使香港新纶公司面临对中方违约的境地,李江山为避免违约并继续经营内地投资项目,也必然要寻找其他投资者或者合作者。因此,李江山、涂雅雅、华通公司在本案中的行为,不但不应被认定为侵权行为,反而应当定性为为避免香港新纶公司违约而采取的合法补救行为,更是各方为维护其自身权益而采取的正当经营或者交易行为。林承恩无权在自己拒绝继续投资、放弃投资项目且拒绝承担任何经济和法律责任的情况下,要求李江山停止继续经营内地投资项目。林承恩没有提供充分证据证明李江山、涂雅雅、华通公司单独或者共同采取了欺骗、隐瞒或者威胁等不正当手段剥夺或者谋取了本属于香港新纶公司的商业机会,故其有关李江山、涂雅雅、华通公司构成共同侵权、损害香港新纶公司合法权益的诉讼请求依法不能成立,本院不予支持。

• **2012年第3期《中华人民共和国最高人民法院公报》**刊登的“**茅德贤、成县茨坝须弥山实业有限公司、甘肃有色地质勘查局106队、成县恒兴矿业有限公司与白银有色金属公司采矿权纠纷案**”的最高人民法院(2011)民二终字第22号民事判决书对侵害他人采矿权的共同加害行为进行了分析。相关裁判摘要如下:

关于本案侵权损失的民事责任承担问题。从本院二审查明的事实看,须弥山公司、黄渚选矿厂与106队自1999年10月以来签订数份联合探矿合同,合同内容证明各方合作关系经历了联合探矿、探采结合到正规开采这样一个不断推进“直至开采闭坑为止”的过程。因此,该三方关系并非单纯的联合探矿关系，而是联合探矿发展到联合采矿的长期合作关系。甘肃省地方政府就本次非法越界开采行为的认定与处理表明，该三方当事人多年来实际按照上述合同约定内容履行了合同，各方亦获得了收益；对此，各方当事人在本案一、二审中均予认可。因此，须弥山公司、黄渚选矿厂与106队实际不仅联合探矿，亦实际联合采矿，106队提供自用矿硐、技术力量，获取收益，为本次越界开采提供条件并奠定了基础。该三方当事人就联合探矿与联合采矿存在共同的意思联络与风险共担的合意，在本案中存在共同的侵权行为，该共同侵权行为与白银公司合法采矿权的损失之间存在直接的因果关系，根据《中华人民共和国民法通则》第一百一十七条关于"侵占国家、集体的财产或者他人财产的，应当返还财产，不能返还财产的，应折价赔偿"和第一百三十条关于"二人以上共同侵权造成他人损害的，应当承担连带责任"之规定，须弥山公司、黄渚选矿厂与106队应对本案侵权造成的损失承担连带赔偿责任。

• **2009年第3期《中华人民共和国最高人民法院公报》**刊登的"**广东唱金影音有限公司与中国文联音像出版社、天津天宝文化发展有限公司、天津天宝光碟有限公司、河北省河北梆子剧院、河北音像人音像制品批销有限公司著作权纠纷案**"的最高人民法院(2008)民三终字第5号民事判决书就侵害著作权中的共同侵权行为进行了分析。相关裁判摘要如下：

《音像制品管理条例》第二十三条规定，音像复制单位接受委托复制音像制品的，应当按照国家有关规定，验证音像制品复制委托书及著作权人的授权书。据此，如果音像复制单位未能充分履行上述行政法规规定的验证义务，复制了侵犯他人合法权利的音像制品，应当与侵权音像制品的制作者、出版者等承担共同侵权责任。本案中，天宝光碟公司仅验证了涉案剧目主要演员的授权，显然未满足上述条例规定的注意义务，故一审法院判令其与文联音像出版社、天宝文化公司共同承担侵权责任并无不当。其与文联音像出版社签订的《录音录像制品复制委托书》虽有关于责任承担的约定，但该约定仅对双方当事人有效，不能以此对抗权利受侵犯的第三人。天宝光碟公司关于《音像制品管理条例》中规定的注意义务过高、《复制委托书》不仅仅是当事人之间的合同等上诉理由缺乏法律依据，本院不予支持。

• **2007年第10期《中华人民共和国最高人民法院公报》**刊登的**"雅马哈发动机株式会社与浙江华田工业有限公司、台州华田摩托车销售有限公司等商标侵权纠纷案"**的最高人民法院(2006)民三终字第1号民事判决书就侵害商标权的共同加害行为进行了分析。相关裁判摘要如下:

浙江华田公司生产侵权产品后销售给台州嘉吉公司、台州华田销售公司并通过其对外销售,浙江华田公司、台州嘉吉公司、台州华田销售公司对被控侵权产品的生产、销售和流转过程主观上知道或应当知晓,共同实施了生产、销售的侵权行为,根据《民法通则》第一百三十条的规定:"二人以上共同侵权造成他人损害的,应当承担连带责任。"台州嘉吉公司、台州华田销售公司应就其销售行为与浙江华田公司承担共同侵权责任。

• **2005年第11期《中华人民共和国最高人民法院公报》**刊登的**"陈丽华等23名投资人诉大庆联谊公司、申银证券公司虚假陈述侵权赔偿纠纷案"**判决就证券市场虚假陈述侵权责任中的共同侵权行为的构成及程序法问题进行了分析。相关裁判摘要如下:

根据《证券赔偿案件规定》,对发行人或者上市公司的上市文件,证券承销商、证券上市推荐人或者专业中介服务机构都有责任审核,都可能对发行人或者上市公司的虚假陈述行为承担连带责任。以上述主体为被告的诉讼,属于普通共同诉讼。在一审诉讼中,原告基于其诉讼利益的判断而选择其中某些人当被告,不违反法律规定。法院根据原告的请求确定诉讼参加人,是尊重当事人的诉讼选择权,并无不当。在虚假陈述行为被完全揭露前,即使其他信息披露义务人后续披露了其他虚假信息,也不能排除投资人对在先披露信息的信赖。投资人进行股票交易以期获取收益,是合法行为;投资人的投资动机,并非法定的免除损害赔偿责任的条件。虚假陈述行为给从事合法股票交易的投资人造成损失,不能因投资人交易动机的不同而免除虚假陈述行为人的赔偿责任。上诉人申银证券公司作为证券经营机构,推荐并承销上诉人大庆联谊公司股票发行,是法定的信息披露义务人。申银证券公司未尽到法律所要求的勤勉、审慎注意义务,没有对源于大庆联谊公司的虚假陈述予以纠正或出具保留意见,而且自己还编制和出具了虚假陈述文件。同时,申银证券公司没有向法院证明其存在法定的免责事由。申银证券公司违法行为的内容和性质,已被中国证监会的行政处罚予以确认。申银证券公司就原判认定其“未经认真审核、致使申报材料含有重大虚假信息”提出的异议，与已经生效的行政处罚相矛盾，明显不能成立。原判依据《证券赔偿案件规定》第二十七条的规定，判令申银证券公司承担共同侵权的连带责任，并无不当。

• **2005 年第 12 期《中华人民共和国最高人民法院公报》**刊登的“**博内特里公司诉上海梅蒸公司等商标侵权和不正当竞争纠纷案**”判决对侵害商标权的共同加害行为进行了分析。相关裁判摘要如下：

被告甘传飞、甘传猛两兄弟利用在香港注册的便利，注册了含有原告博内特里公司“梦特娇”注册商标的企业名称，成立了被告梦特娇梅蒸公司。梦特娇梅蒸公司成立后不久，甘传猛就又在上海设立被告上海梅蒸公司。与此同时，梦特娇梅蒸公司通过商标授权等合法形式，将“梅蒸”商标授权给上海梅蒸公司独占使用。上海梅蒸公司获得授权后，就委托被告常熟豪特公司生产针对博内特里公司知名品牌商品的侵权服装。常熟豪特公司不仅为上海梅蒸公司提供侵权服装，还自行销售。这一系列商标侵权和不正当竞争行为，是由梦特娇梅蒸公司、上海梅蒸公司在中国内地有计划、有目的实施的。作为服装经营者，常熟豪特公司应当知道博内特里公司的服装是知名品牌商品，应当知道其受委托加工的服装侵权，仍不仅大量生产和供应，还自行销售。三名被告的行为构成共同侵权，应当连带承担侵权的民事责任。博内特里公司关于停止侵权、赔偿损失的诉讼请求符合法律规定，应予支持。

• **2003 年第 6 期《中华人民共和国最高人民法院公报》**刊登的“**张林英等 4 人诉广元公司、革命博物馆、工美集团侵犯著作权纠纷案**”判决对侵害著作权的共同加害行为进行了分析。相关裁判摘要如下：

被告广元公司在与被告革命博物馆就制作发行《开国大典》金箔画一事签订的合作协议中，明确约定了双方承担的责任、制作产品的数量及规格、利益分配等具体事宜，在公开销售的金箔画所附“收藏证书”中亦标明是联合发行。上述事实表明，广元公司与革命博物馆是基于共同的商业目的，实施了制作、发行《开国大典》金箔画的行为。革命博物馆和广元公司构成共同侵权，应承担连带责任。革命博物馆提出其仅负责监制，广元公司应负主要责任的辩解理由，缺乏法律依据，不能成立。

• **2000年第6期《中华人民共和国最高人民法院公报》**刊登的“**铁岭市取暖设备厂诉周成福、铁岭市电信局侵害名称权纠纷案**”判决对侵害法人名称权的共同加害行为进行了分析。相关裁判摘要如下：

电话号码“8857848”和传呼号码“129－7559523”分别为第三人曹亚军、周永昌合法使用。曹亚军、周永昌作为被告周成福的子女，在不知道周成福准备修改原告取暖设备厂广告内容的情况下，为帮助周成福销售锅炉，同意将他们使用的号码刊登在电话号簿上。曹亚军、周永昌没有与周成福共同侵权的故意，不应承担侵权的民事责任。

第一千一百六十九条　【教唆、帮助侵权行为】教唆、帮助他人实施侵权行为的，应当与行为人承担连带责任。

教唆、帮助无民事行为能力人、限制民事行为能力人实施侵权行为的，应当承担侵权责任；该无民事行为能力人、限制民事行为能力人的监护人未尽到监护职责的，应当承担相应的责任。

法条评释：本条是对教唆、帮助侵权行为的规定，与原《侵权责任法》第9条的规定完全一致，未做修改。教唆、帮助侵权行为属于共同侵权行为，教唆人、帮助人应当与行为人承担连带责任。教唆人主观上应当是故意的，过失不会构成教唆。帮助人主观上也必须是故意的，如果某人过失行为在客观上构成对他人实施侵权行为的帮助，则不构成帮助行为。如果该人的行为构成侵权行为，应当依据其行为是否足以造成全部损失，分别依据《民法典》第1171条或第1172条，与侵权人承担连带责任或按份责任。

本条第2款的“相应的责任”就是按份责任，即监护人与教唆人、帮助人向被侵权人承担按份责任，而非连带责任。此外，该款中的监护人并非承担无过错责任，而是承担过错责任，即没有尽到监护责任时才需要承担相应的责任。这与《民法典》第1188条关于监护人责任的规定有所不同。

一、相关法律条文

《中华人民共和国反不正当竞争法》（2019年4月23日修正）

第八条　经营者不得对其商品的性能、功能、质量、销售状况、用户评价、曾获荣誉等作虚假或者引人误解的商业宣传，欺骗、误导消费者。

经营者不得通过组织虚假交易等方式，帮助其他经营者进行虚假或者引人误解的商业宣传。

第九条　经营者不得实施下列侵犯商业秘密的行为：

（一）以盗窃、贿赂、欺诈、胁迫、电子侵入或者其他不正当手段获取权利人的商业秘密；

（二）披露、使用或者允许他人使用以前项手段获取的权利人的商业秘密；

（三）违反保密义务或者违反权利人有关保守商业秘密的要求，披露、使用或者允许他人使用其所掌握的商业秘密；

（四）教唆、引诱、帮助他人违反保密义务或者违反权利人有关保守商业秘密的要求，获取、披露、使用或者允许他人使用权利人的商业秘密。

经营者以外的其他自然人、法人和非法人组织实施前款所列违法行为的，视为侵犯商业秘密。

第三人明知或者应知商业秘密权利人的员工、前员工或者其他单位、个人实施本条第一款所列违法行为，仍获取、披露、使用或者允许他人使用该商业秘密的，视为侵犯商业秘密。

本法所称的商业秘密，是指不为公众所知悉、具有商业价值并经权利人采取相应保密措施的技术信息、经营信息等商业信息。

二、相关司法解释规定

1.《最高人民法院关于审理侵犯专利权纠纷案件应用法律若干问题的解释（二）》（法释〔2016〕1号）（2020年12月23日修正）

第二十一条　明知有关产品系专门用于实施专利的材料、设备、零部件、中间物等，未经专利权人许可，为生产经营目的将该产品提供给他人实施了侵犯专利权的行为，权利人主张该提供者的行为属于民法典第一千一百六十九条规定的帮助他人实施侵权行为的，人民法院应予支持。

明知有关产品、方法被授予专利权，未经专利权人许可，为生产经营目的积极诱导他人实施了侵犯专利权的行为，权利人主张该诱导者的行为属于民法典第一千一百六十九条规定的教唆他人实施侵权行为的，人民法院应予支持。

2.《最高人民法院关于审理侵害信息网络传播权民事纠纷案件适用法律若干问题的规定》(法释〔2012〕20号)(2020年12月23日修正)

第七条 网络服务提供者在提供网络服务时教唆或者帮助网络用户实施侵害信息网络传播权行为的,人民法院应当判令其承担侵权责任。

网络服务提供者以言语、推介技术支持、奖励积分等方式诱导、鼓励网络用户实施侵害信息网络传播权行为的,人民法院应当认定其构成教唆侵权行为。

网络服务提供者明知或者应知网络用户利用网络服务侵害信息网络传播权,未采取删除、屏蔽、断开链接等必要措施,或者提供技术支持等帮助行为的,人民法院应当认定其构成帮助侵权行为。

三、相关文件规定

1.《最高人民法院关于充分发挥知识产权审判职能作用推动社会主义文化大发展大繁荣和促进经济自主协调发展若干问题的意见》(法发〔2011〕18号)

7.妥善处理好技术中立与侵权行为认定的关系,实现有效保护著作权与促进技术创新、产业发展的和谐统一。既要准确把握技术作为工具手段所具有的价值中立性和多用途性,又要充分认识技术所反映和体现的技术提供者的行为与目的。既不能把技术所带来的侵权后果无条件地归责于技术提供者,窒息技术创新和发展;也不能将技术中立绝对化,简单地把技术中立作为不适当免除侵权责任的挡箭牌。对于具有实质性非侵权商业用途的技术,严格把握技术提供者承担连带责任的条件,不能推定技术提供者应知具体的直接侵权行为的存在,其只在具备其他帮助或者教唆行为的条件下才与直接侵权人承担连带责任;对于除主要用于侵犯著作权外不具有其他实质性商业用途的技术,可以推定技术提供者应知具体的直接侵权行为的存在,其应与直接侵权人承担连带责任……

2.《最高人民法院关于对帮助他人设立注册资金虚假的公司应当如何承担民事责任的请示的答复》(〔2001〕民二他字第4号)

上海市高级人民法院:

你院〔2000〕沪高经他字第23号关于帮助他人设立注册资金虚假

的公司应当如何承担民事责任的请示收悉。经研究，答复如下：

……

二、砖桥贸易城的不当行为，虽然没有直接给当事人造成损害后果，但由于其行为，使得鞍福公司得以成立，并从事与之实际履行能力不相适应的交易活动，给他人造成不应有的损害后果。因此，砖桥贸易城是有过错的。砖桥贸易城应在鞍福公司注册资金不实的范围内承担补充赔偿责任。

四、相关裁判摘要

• **2010 年第 10 期《中华人民共和国最高人民法院公报》**刊登的“**拉科斯特股份有限公司与上海龙华服饰礼品市场经营管理有限公司注册商标专用权纠纷案**”判决认为，商品市场的管理者对市场内商铺销售假冒注册商标商品的行为未尽合理注意义务，为侵权行为提供便利条件的，属于帮助侵权的行为，应当和销售假冒注册商标商品的商铺承担连带责任。相关裁判摘要如下：

被告龙华公司虽然不是侵权商品的直接销售者，但仍需承担侵犯注册商标专用权的侵权责任。本案中，被告作为龙华市场的管理方，虽没有行政执法权，但根据被告与承租商铺经营者的合同及其附件之约定，对于承租商铺经营者出售侵犯注册商标专用权商品的行为具有限期整改、扣减保证金、解除合同直至清退出场的权利，在原告拉科斯特公司多次发函告知在其管理的市场内存在出售侵犯原告注册商标专用权商品的情况下，理应对相关商铺加强监管。但被告仅要求相关商铺经营者出具书面保证书，主观上没有尽到善良管理人的合理注意义务，尤其是原告多次发函后，仍能在同一商铺购买到侵权产品，充分说明被告制止侵权措施不力，客观上为侵权行为提供了便利条件，导致侵权行为反复发生。因此，被告的行为构成帮助相关商铺销售侵权商品的行为，故被告与销售侵权商品的相关商铺经营者应承担连带赔偿责任。

• **2010 年第 6 期《中华人民共和国最高人民法院公报》**刊登的“**宝马股份公司诉深圳市世纪宝马服饰有限公司、傅献琴、家润多商业股份有限公司侵犯注册商标专用权及不正当竞争纠纷案**”判决就侵害商标权与不正当竞争中的教唆、帮助行为进行了分析。相关裁判摘要如下：

本案中，被告世纪宝马公司指定全国各地加盟店、专卖店将加盟金及货款汇入以“傅献琴”名义设立的中国工商银行、中国农业银行、中国交通银行、中国建设银行的银行卡中。被告傅献琴作为世纪宝马公司财务人员，应当知道企业的货款必须通过企业的账号进行收支，但仍将自己开设的银行账号提供给被告世纪宝马公司使用，因而对世纪宝马公司利用其银行账号收取货款的事实是明知的。而宝马（BMW）商标、宝马公司在相关公众中具有非常高的知名度，被告傅献琴作为世纪宝马公司的工作人员，也应当明知世纪宝马公司所从事的经营活动存在侵犯他人合法权益的情况，却仍以自己名义设立银行账户为世纪宝马公司收取货款，因而傅献琴主观上存在过错。被告傅献琴提供银行账号供被告世纪宝马公司使用，为世纪宝马公司实施商标侵权和不正当竞争行为提供了极其重要的便利条件，使被告世纪宝马公司通过侵权行为获得的非法利益更为隐蔽。因此，被告傅献琴的行为同样构成对原告宝马公司的商标侵权和不正当竞争，应当对其提供帮助侵权的行为承担停止侵权、赔偿损失的法律责任。

第一千一百七十条 【共同危险行为】二人以上实施危及他人人身、财产安全的行为，其中一人或者数人的行为造成他人损害，能够确定具体侵权人的，由侵权人承担责任；不能确定具体侵权人的，行为人承担连带责任。

法条评释：本条是对共同危险行为的规定，与原《侵权责任法》第10条的规定相同，没有变化。共同危险行为人之间不存在共同故意，往往是都具有过失，或者有些人故意、有些人过失，但是他们的行为具有的共同特征在于都是“危及他人人身、财产安全的行为”，然而并非所有的人的行为都实际造成了他人损害，而是只有一人或数人造成了他人损害。由于该一人或数人隐藏在共同危险行为人中，而共同危险行为人从事的行为本身也是法律予以否定性评价的行为，因此，为了保护受害人，减轻其因果关系上的举证困难，法律上就将全部的共同危险行为人作为一个整体，从而使其行为整体与损害之间的因果关系得以确立，进而令共同危险行为人承担连带责任。

需要注意：首先，由于共同危险行为人要承担连带责任，故此对于何为“危及他人人身、财产安全的行为”要严格判断，不能仅以行为具有造成损害的危险可能就认定构成共同危险行为，而是必须达到相当高的危险程度才可以。其次，共同危险行为人可以通过证明损害并非其行为所致而不承担责任，尽管本条并未对这一免责事由作出规定，但是从该条中“能够确定具体侵权人的，由侵权人承担责任”的表述，可以得出肯定的结论。

一、相关司法解释规定

1.《最高人民法院关于审理医疗损害责任纠纷案件适用法律若干问题的解释》（法释〔2017〕20号）（2020年12月23日修正）

第十九条　两个以上医疗机构的诊疗行为造成患者同一损害，患者请求医疗机构承担赔偿责任的，应当区分不同情况，依照民法典第一千一百六十八条、第一千一百七十一条或者第一千一百七十二条的规定，确定各医疗机构承担的赔偿责任。

2.《最高人民法院关于审理道路交通事故损害赔偿案件适用法律若干问题的解释》（法释〔2012〕19号）（2020年12月23日修正）

第十条　多辆机动车发生交通事故造成第三人损害，当事人请求多个侵权人承担赔偿责任的，人民法院应当区分不同情况，依照民法典第一千一百七十条、第一千一百七十一条、第一千一百七十二条的规定，确定侵权人承担连带责任或者按份责任。

二、相关文件规定

《最高人民法院关于充分发挥审判职能作用切实维护公共安全的若干意见》（法发〔2015〕12号）

8.依法妥善审理与重大责任事故有关的赔偿案件。对当事人因重大责任事故遭受人身、财产损失而提起诉讼要求赔偿的，应当依法及时受理，保障当事人诉权。对两人以上实施危及他人人身、财产安全的行为，其中一人或者数人的行为造成他人损害，能够确定具体责任人的，由责任人承担赔偿责任，不能确定具体责任人的，由行为人承担连带责任……

第一千一百七十一条　【承担连带责任的无意思联络数人侵权】二人以上分别实施侵权行为造成同一损害，每个人的侵权行为都足以造成全部损害的，行为人承担连带责任。

法条评释：本条以及第1172条都是对无意思联络数人侵权的规定，与原《侵权责任法》第11条和第12条的规定相同，没有变化。依据本条规定，二人以上分别实施侵权行为造成同一损害，如果每个人的侵权行为都足以造成全部损害的，就意味着每个行为人都要向被侵权人就全部的损害承担赔偿责任。依据禁止得利原则，被侵权人就同一损害只能得到一次赔偿，而不能取得多次赔偿，因此，侵权人之间应当承担连带责任。考虑到我国司法实践中对此存有不同的认识，故而《民法典》本条作出了明确的规定。本条适用中最大的疑难点就是如何判断"每个人的侵权行为都足以造成全部损害"。对此，需要注意的是，立法者使用的是"足以"而非"实际"，也就是只要每个人的侵权行为都具有造成全部损害的原因力即可，无论每个人的行为事实上是否都造成了全部损害（如果做此种要求，则本条根本不可能被适用）。

一、相关司法解释规定

1.《最高人民法院关于审理医疗损害责任纠纷案件适用法律若干问题的解释》（法释〔2017〕20号）（2020年12月23日修正）

第十九条 两个以上医疗机构的诊疗行为造成患者同一损害，患者请求医疗机构承担赔偿责任的，应当区分不同情况，依照民法典第一千一百六十八条、第一千一百七十一条或者第一千一百七十二条的规定，确定各医疗机构承担的赔偿责任。

2.《最高人民法院关于审理环境侵权责任纠纷案件适用法律若干问题的解释》（法释〔2015〕12号）（2020年12月23日修正）

第三条 两个以上侵权人分别实施污染环境、破坏生态行为造成同一损害，每一个侵权人的污染环境、破坏生态行为都足以造成全部损害，被侵权人根据民法典第一千一百七十一条规定请求侵权人承担连带责任的，人民法院应予支持。

两个以上侵权人分别实施污染环境、破坏生态行为造成同一损害，每一个侵权人的污染环境、破坏生态行为都不足以造成全部损害，被侵权人根据民法典第一千一百七十二条规定请求侵权人承担责任的，人民法院应予支持。

两个以上侵权人分别实施污染环境、破坏生态行为造成同一损害，部分侵权人的污染环境、破坏生态行为足以造成全部损害，部分侵权人的污染环境、破坏生态行为只造成部分损害，被侵权人根据民法典第一千一百七十一条规定请求足以造成全部损害的侵权人与其他侵权人就共同造成的损害部分承担连带责任，并对全部损害承担责任的，人民法院应予支持。

3.《最高人民法院关于审理道路交通事故损害赔偿案件适用法律若干问题的解释》(法释〔2012〕19号)(2020年12月23日修正)

第十条 多辆机动车发生交通事故造成第三人损害，当事人请求多个侵权人承担赔偿责任的，人民法院应当区分不同情况，依照民法典第一千一百七十条、第一千一百七十一条、第一千一百七十二条的规定，确定侵权人承担连带责任或者按份责任。

二、相关裁判摘要

● **2013年第2期《中华人民共和国最高人民法院公报》**刊登的“**张春英与中国工商银行股份有限公司昌吉回族自治州分行、新疆证券有限责任公司、杨桃、张伟民财产损害赔偿纠纷案**”的最高人民法院(2011)民提字第320号民事判决书，对构成连带责任的无意思联络数人侵权问题进行了分析。相关裁判摘要如下：

银行作为发放银行卡的专业机构负有谨慎审核办卡人身份及在他人代办时审查授权合法性的义务，本案中，工行昌吉州分行在杨桃以张春英名义办理银行卡过程中，未按照规程审核其代理手续、未按要求审查代理人签名，具有过失，为杨桃实施侵权行为提供了条件，并造成了杨桃通过该银行卡非法取得盗卖股票所得的91,270元的损害后果。因此，工行昌吉州分行虽与杨桃无共同的故意或过失，但工行昌吉州分行的过失行为与杨桃的故意行为直接结合，共同造成受害人张春英91,270元的损失，工行昌吉州分行、杨桃和新疆证券公司应当对该91,270元的损失承担连带责任。对于超出91,270元之外的其他损失，因工行昌吉州分行的过失行为导致的损失只能是杨桃利用银行卡盗卖股票的价金损失，而被盗卖股票的其他损失是因股票被盗卖所产生的，而与工行昌吉州分行的过失行为并无因果关系，工行昌吉州分行对此部分损失不应承担责任。

> • **2008 年第 11 期《中华人民共和国最高人民法院公报》**刊登的**“李忠平诉南京艺术学院、江苏振泽律师事务所名誉权侵权纠纷案”**判决认为，律师事务所未经审查即接受当事人委托发布侵害他人名誉权的律师声明，构成共同侵权，应当承担连带侵权责任。相关裁判摘要如下：
>
> 律师事务所或者律师在接受委托人的委托，对外公开发布律师声明时，对于声明所涉及的事实应当尽到必要的审查义务。律师事务所或者律师未尽必要的审查义务，即按照委托人的要求发布署名律师声明，如果该律师声明违背事实，侵犯他人名誉权，律师事务所或者律师构成共同侵权，应承担连带侵权责任。
>
> 根据本案事实，被告振泽律师事务所及其律师仅依据被告艺术学院的单方陈述，未作必要审查，未经向原告李忠平进行必要的调查、核实，即发布内容失实的涉案律师声明，存在过错，构成共同侵权，应当承担连带侵权责任。

第一千一百七十二条　【承担按份责任的无意思联络数人侵权】二人以上分别实施侵权行为造成同一损害，能够确定责任大小的，各自承担相应的责任；难以确定责任大小的，平均承担责任。

法条评释：本条规定的无意思联络数人侵权，是指二人以上分别实施侵权行为造成同一损害，每个人的行为都不足以造成全部损害，只有结合在一起才能造成。例如，环境污染损害责任，每个污染者排放的污染物都不足以造成全部损害，但是，因为数个污染者都在排污，结合起来就造成了损害。所以，各个污染者应当承担按份责任。但如果是二人分别实施侵权行为造成同一损害，其中一个人的行为只能造成部分损害，另一个人的行为足以造成全部损害，此时，足以造成全部损害的人应当就全部损害承担责任，只能造成部分损害的人需要就该部分损害承担责任，二者之间就相互重叠的损害部分应当承担连带责任。对此，《最高人民法院关于审理环境侵权责任纠纷案件适用法律若干问题的解释》第 3 条第 3 款有相应的规定，可供参考。

一、相关司法解释规定

1.《最高人民法院关于审理环境侵权责任纠纷案件适用法律若干问题的解释》(法释〔2015〕12号)(2020年12月23日修正)

第三条　两个以上侵权人分别实施污染环境、破坏生态行为造成同一损害,每一个侵权人的污染环境、破坏生态行为都足以造成全部损害,被侵权人根据民法典第一千一百七十一条规定请求侵权人承担连带责任的,人民法院应予支持。

两个以上侵权人分别实施污染环境、破坏生态行为造成同一损害,每一个侵权人的污染环境、破坏生态行为都不足以造成全部损害,被侵权人根据民法典第一千一百七十二条规定请求侵权人承担责任的,人民法院应予支持。

两个以上侵权人分别实施污染环境、破坏生态行为造成同一损害,部分侵权人的污染环境、破坏生态行为足以造成全部损害,部分侵权人的污染环境、破坏生态行为只造成部分损害,被侵权人根据民法典第一千一百七十一条规定请求足以造成全部损害的侵权人与其他侵权人就共同造成的损害部分承担连带责任,并对全部损害承担责任的,人民法院应予支持。

2.《最高人民法院关于审理食品药品纠纷案件适用法律若干问题的规定》(法释〔2013〕28号)(2020年12月23日修正)

第十二条　食品、药品检验机构故意出具虚假检验报告,造成消费者损害,消费者请求其承担连带责任的,人民法院应予支持。

食品、药品检验机构因过失出具不实检验报告,造成消费者损害,消费者请求其承担相应责任的,人民法院应予支持。

第十三条　食品认证机构故意出具虚假认证,造成消费者损害,消费者请求其承担连带责任的,人民法院应予支持。

食品认证机构因过失出具不实认证,造成消费者损害,消费者请求其承担相应责任的,人民法院应予支持。

3.《最高人民法院关于审理道路交通事故损害赔偿案件适用法律若干问题的解释》(法释〔2012〕19号)(2020年12月23日修正)

第十条　多辆机动车发生交通事故造成第三人损害,当事人请求多个侵权人承担赔偿责任的,人民法院应当区分不同情况,依照民法典第一千一百七十条、第一千一百七十一条、第一千一百七十二条的规定,确定侵权人承担连带责任或者按份责任。

4.《最高人民法院关于审理涉及会计师事务所在审计业务活动中民事侵权赔偿案件的若干规定》(法释〔2007〕12号)

第六条 会计师事务所在审计业务活动中因过失出具不实报告,并给利害关系人造成损失的,人民法院应当根据其过失大小确定其赔偿责任。

注册会计师在审计过程中未保持必要的职业谨慎,存在下列情形之一,并导致报告不实的,人民法院应当认定会计师事务所存在过失:

(一)违反注册会计师法第二十条第(二)、(三)项的规定;

(二)负责审计的注册会计师以低于行业一般成员应具备的专业水准执业;

(三)制定的审计计划存在明显疏漏;

(四)未依据执业准则、规则执行必要的审计程序;

(五)在发现可能存在错误和舞弊的迹象时,未能追加必要的审计程序予以证实或者排除;

(六)未能合理地运用执业准则和规则所要求的重要性原则;

(七)未根据审计的要求采用必要的调查方法获取充分的审计证据;

(八)明知对总体结论有重大影响的特定审计对象缺少判断能力,未能寻求专家意见而直接形成审计结论;

(九)错误判断和评价审计证据;

(十)其他违反执业准则、规则确定的工作程序的行为。

第十条 人民法院根据本规定第六条确定会计师事务所承担与其过失程度相应的赔偿责任时,应按照下列情形处理:

(一)应先由被审计单位赔偿利害关系人的损失。被审计单位的出资人虚假出资、不实出资或者抽逃出资,事后未补足,且依法强制执行被审计单位财产后仍不足以赔偿损失的,出资人应在虚假出资、不实出资或者抽逃出资数额范围内向利害关系人承担补充赔偿责任。

(二)对被审计单位、出资人的财产依法强制执行后仍不足以赔偿损失的,由会计师事务所在其不实审计金额范围内承担相应的赔偿责任。

(三)会计师事务所对一个或者多个利害关系人承担的赔偿责任应以不实审计金额为限。

二、相关文件规定

1.《最高人民法院办公厅关于印发〈关于审理公司登记行政案件若干问题的座谈会纪要〉的通知》(法办〔2012〕62号)

因申请人隐瞒有关情况或者提供虚假材料导致登记错误引起行政赔偿诉讼,登记机关与申请人恶意串通的,与申请人承担连带责任;登记机关未尽审慎审查义务的,应当根据其过错程度及其在损害发生中所起作用承担相应的赔偿责任;登记机关已尽审慎审查义务的,不承担赔偿责任。

2.《最高人民法院关于郑某与宽城满族自治县电力局、宽城满族自治县孛罗台乡孛罗台村等损害赔偿一案的复函》(〔2002〕民监他字第1号)

河北省高级人民法院:

你院请示收悉,经研究,答复如下:

宽城电力分公司在变压器安装验收时,明知台高不符合标准,且没有防护栏的情况下却违规送电,应承担郑某人身损害的主要责任;孛罗台村对供电设施疏于管理也是造成郑某人身损害的原因之一,应当承担相应责任;郑某的监护人未尽监护义务亦应承担一定责任。三者按照70%、20%、10%的比例承担责任是适当的,精神损害抚慰金50,000元的分担也是适当的。

3.《最高人民法院关于金融机构为企业出具不实或者虚假验资报告资金证明如何承担民事责任问题的通知》(法〔2002〕21号)

一、出资人未出资或者未足额出资,但金融机构为企业提供不实、虚假的验资报告或者资金证明,相关当事人使用该报告或者证明,与该企业进行经济往来而受到损失的,应当由该企业承担民事责任。对于该企业财产不足以清偿债务的,由出资人在出资不实或者虚假资金额范围内承担责任。

二、对前项所述情况,企业、出资人的财产依法强制执行后仍不能清偿债务的,由金融机构在验资不实部分或者虚假资金证明金额范围内,根据过错大小承担责任,此种民事责任不属于担保责任。

三、未经审理,不得将金融机构追加为被执行人。

四、企业登记时出资人未足额出资但后来补足的,或者债权人索赔所依据的合同无效的,免除验资金融机构的赔偿责任。

4.《最高人民法院关于金融机构不履行其义务是否应当承担责任问题的复函》[法(经)函〔1991〕131号]

江苏省高级人民法院:

你院苏法经上字〔1991〕第21号请示报告收悉。经研究,答复如下:

据你院报告称:江苏省盐城市生产资料公司与深圳市上博联合企业公司在签订购销化肥合同时,曾经要求上博公司提供担保。当上博公司的开户银行深圳发展银行发展大厦支行站前分理处向盐城市生产资料公司的开户行盐城市工商银行具函,证明上博公司"完全可以承担你们的业务项目",并承诺"你行款到我行后,由我行负责专款专用,并监督使用"后,盐城市生产资料公司才在合同上加盖了公章。汇票开出后,盐城市生产资料公司又派人向深圳发展银行站前分理处了解上博公司的情况,站前分理处主任承认该函为分理处所出,并表示对函的内容负责,盐城市生产资料公司才将盐城市工商银行开出的汇票交给上博公司,上博公司在入账时曾告知分理处负责人,该汇票系购买化肥款。据此,我们认为:深圳发展银行站前分理处虽未向盐城市生产资料公司作出担保合同履行或者承担连带责任的意思表示,但深圳发展银行站前分理处承诺对盐城市工商银行的汇款负责监督专款专用后,并未履行自己的义务,致使款到8日内被挪作他用。根据《民法通则》第一百零六条第一款关于"公民、法人违反合同或者不履行其他义务时,应当承担民事责任"的规定,深圳发展银行站前分理处应当承担与其过错相适应的责任。

三、相关裁判摘要

• **2019年第5期《中华人民共和国最高人民法院公报》**刊登的**"赵淑华与沈阳皇朝万鑫酒店管理有限公司、沈阳中一万鑫物业管理有限公司财产损害赔偿纠纷案"**的最高人民法院(2018)最高法民再206号民事判决书,对承担按份责任的无意思联络数人侵权进行了分析。相关裁判摘要如下:

生效刑事判决和案涉火灾事故认定书认定,案外人燃放烟花构成失火罪,系造成万鑫大厦火灾的主要原因。万鑫公司铺设易燃物品引燃外墙建筑材料,进而形成立体燃烧,导致火势扩大、蔓延是损失发生的过程。即,本案的火灾是多因一果的结果,侵权行为、致害原因前后接继而非叠加。案涉各方对火灾的发生均有重大过失,但均非故意追求损害后果,万鑫公司过错亦不足以造成全部损失,不应对受害人全部损失承担赔偿责任,万鑫公司毕竟并非主动积极的行为致赵淑华权益受损,亦不应承担主要责任。中一公司在物业安全防范方面没有尽责,存在管理疏漏,具有过错,但其行为并未直接导致火灾发生。因万鑫公司等侵权导致赵淑华的民事权益受损,由万鑫公司等首先承担赔偿责任,中一公司应当在其预见和能够防范的范围内承担相应的补充责任。

综上,案涉侵权各方没有共同故意或者共同过失,而是各方在不同时期的数个行为密切结合致使火灾发生,进而造成赵淑华的损失。《侵权责任法》第十二条规定,二人以上分别实施侵权行为造成同一损害,能够确定责任大小的,各自承担相应的责任,故本院酌定万鑫公司对赵淑华的损失承担40%的赔偿责任,中一公司在赵淑华全部损失不超过30%的范围内承担补充责任。

• **2019年第1期《中华人民共和国最高人民法院公报》**刊登的"**刘天珍诉孙仁芳、李霞健康权纠纷案**"判决对承担按份责任的无意思联络数人侵权进行了分析。相关裁判摘要如下:

上诉人孙仁芳作为个体店主,其联系被上诉人刘天珍到该店接受服务,作为召集人和指导场地的提供者,对被上诉人李霞在其店内进行的所谓治疗的合法性、适当性应有基本的审查义务。孙仁芳不仅对李霞的仪器未行审查,且提供烧水的辅助性服务,主观存在一定过错,客观上其行为与刘天珍的损害后果亦有关联,其所称的理疗仪器非自身经营对判断其承担相应责任没有影响,原审据此认定孙仁芳承担次要赔偿责任依据充分。

• **2016年第3期《中华人民共和国最高人民法院公报》**刊登的"**仪征市兴成塑业包装有限公司诉仪征市新城镇新华村村民委员会、郭玉年财产损害赔偿纠纷案**"判决对承担按份责任的无意思联络数人侵权进行了分析。相关裁判摘要如下:

房屋出租人明知承租人生产易燃产品而将不符合消防安全要求或未经消防验收合格的房屋出租给承租人用于生产,租赁期间因房屋不符合消防安全要求导致火灾发生或扩大的,出租人存在过错,应依法承担相应的赔偿责任。

• **2008年第10期《中华人民共和国最高人民法院公报》**刊登的"**王春生诉张开峰、江苏省南京工程高等职业学校、招商银行股份有限公司南京分行、招商银行股份有限公司信用卡中心侵权纠纷案**"判决对承担按份责任的无意思联络数人侵权进行了分析。相关裁判摘要如下：

正是由于信用卡中心没有尽到合理的审查义务，才导致被告张开峰侵犯王春生姓名权的行为得以最终实施成功。因此，信用卡中心对于王春生被侵权的后果存在过错。信用卡中心虽然与张开峰不存在共同侵权的故意，但其未尽合理注意义务的过错行为与王春生姓名权被侵犯的后果之间存在因果关系。鉴于信用卡中心与张开峰在本案侵权过程中既无共同的主观故意，也不存在其他的意思联络，双方也不存在统一的、不可分割的共同利益，故双方应按照各自过错程度的大小，分别承担赔偿责任。根据本案中王春生姓名权被侵犯的实际情况，酌定由张开峰承担80%的赔偿责任，由信用卡中心承担20%的赔偿责任。

• **2006年第6期《中华人民共和国最高人民法院公报》**刊登的“**吴文景、张恺逸、吴彩娟诉厦门市康健旅行社有限公司、福建省永春牛姆林旅游发展服务有限公司人身损害赔偿纠纷案**”判决对承担按份责任的无意思联络数人侵权进行了分析。相关裁判摘要如下：

一审认定导游坚持带游客冒险进入林区的错误行为、上诉人牛姆林公司管理不善致使马尾松折断伤人、事件发生后牛姆林公司未尽最大救助努力等三个因素均是导致张渊死亡后果发生的原因，并无不当。牛姆林公司和康健旅行社的侵权行为间接结合，并直接导致张渊的死亡，一审判令牛姆林公司和康健旅行社根据各自的过错及原因力比例分别承担相应的民事责任正确。

第一千一百七十三条 【过失相抵】被侵权人对同一损害的发生或者扩大有过错的，可以减轻侵权人的责任。

法条评释：本条是对过失相抵（也称受害人的过错、受害人共同责任）的规定。本条与原《侵权责任法》第26条相比，最大的一个修改就是明确了被侵权人必须是对“同一”损害的发生或者扩大有过错的，才可以减轻侵权人的责任。如果受害人的过错行为导致的不是同一损害的发生或者扩大，而是另外一个损害的发生或者与加害人无关的损害的扩大，则不属于过失相抵，不应当减轻侵权人的责任。

所谓被侵权人对损害的发生也有过错的，既包括被侵权人对损害的发生存在过失，也包括被侵权人对损害的发生存在故意。也就是说，即便受害人是故意给自己造成损害如自杀或自残，但是如果侵权人对于损害的发生存在过错，也只是减轻侵权人的责任，而非完全免除其责任。除非损害完全是受害人的故意所致，侵权人并无过错，此时应当适用《民法典》第1174条的规定，免除侵权责任。

一、相关法律条文

1.《中华人民共和国道路交通安全法》（2021年4月29日修正）

第七十六条　机动车发生交通事故造成人身伤亡、财产损失的，由保险公司在机动车第三者责任强制保险责任限额范围内予以赔偿；不足的部分，按照下列规定承担赔偿责任：

（一）机动车之间发生交通事故的，由有过错的一方承担赔偿责任；双方都有过错的，按照各自过错的比例分担责任。

（二）机动车与非机动车驾驶人、行人之间发生交通事故，非机动车驾驶人、行人没有过错的，由机动车一方承担赔偿责任；有证据证明非机动车驾驶人、行人有过错的，根据过错程度适当减轻机动车一方的赔偿责任；机动车一方没有过错的，承担不超过百分之十的赔偿责任。

交通事故的损失是由非机动车驾驶人、行人故意碰撞机动车造成的，机动车一方不承担赔偿责任。

2.《中华人民共和国电力法》（2018年12月29日修正）

第六十条　因电力运行事故给用户或者第三人造成损害的，电力企业应当依法承担赔偿责任。

电力运行事故由下列原因之一造成的，电力企业不承担赔偿责任：

（一）不可抗力；

（二）用户自身的过错。

因用户或者第三人的过错给电力企业或者其他用户造成损害的，该用户或者第三人应当依法承担赔偿责任。

3.《中华人民共和国水污染防治法》（2017年6月27日修正）

第九十六条　因水污染受到损害的当事人，有权要求排污方排除危害和赔偿损失。

由于不可抗力造成水污染损害的，排污方不承担赔偿责任；法律另有规定的除外。

水污染损害是由受害人故意造成的，排污方不承担赔偿责任。水污染损害是由受害人重大过失造成的，可以减轻排污方的赔偿责任。

水污染损害是由第三人造成的，排污方承担赔偿责任后，有权向第三人追偿。

4.《中华人民共和国民用航空法》(2021 年 4 月 29 日修正)

第一百六十一条 依照本章规定应当承担责任的人证明损害是完全由于受害人或者其受雇人、代理人的过错造成的，免除其赔偿责任；应当承担责任的人证明损害是部分由于受害人或者其受雇人、代理人的过错造成的，相应减轻其赔偿责任。但是，损害是由于受害人的受雇人、代理人的过错造成时，受害人证明其受雇人、代理人的行为超出其所授权的范围的，不免除或者不减轻应当承担责任的人的赔偿责任。

一人对另一人的死亡或者伤害提起诉讼，请求赔偿时，损害是该另一人或者其受雇人、代理人的过错造成的，适用前款规定。

二、相关司法解释规定

1.《最高人民法院关于审理铁路运输人身损害赔偿纠纷案件适用法律若干问题的解释》(法释〔2010〕5 号)(2020 年 12 月 23 日修正)

第六条 因受害人翻越、穿越、损毁、移动铁路线路两侧防护围墙、栅栏或者其他防护设施穿越铁路线路，偷乘货车，攀附行进中的列车，在未设置人行通道的铁路桥梁、隧道内通行，攀爬高架铁路线路，以及其他未经许可进入铁路线路、车站、货场等铁路作业区域的过错行为，造成人身损害的，应当根据受害人的过错程度适当减轻铁路运输企业的赔偿责任，并按照以下情形分别处理：

(一)铁路运输企业未充分履行安全防护、警示等义务，受害人有上述过错行为的，铁路运输企业应当在全部损失的百分之八十至百分之二十之间承担赔偿责任；

(二)铁路运输企业已充分履行安全防护、警示等义务，受害人仍施以上述过错行为的，铁路运输企业应当在全部损失的百分之二十至百分之十之间承担赔偿责任。

第七条 受害人横向穿越未封闭的铁路线路时存在过错，造成人身损害的，按照前条规定处理。

受害人不听从值守人员劝阻或者无视禁行警示信号、标志硬行通过铁路平交道口、人行过道，或者沿铁路线路纵向行走，或者在铁路线路上坐卧，造成人身损害，铁路运输企业举证证明已充分履行安全防护、警示等义务的，不承担赔偿责任。

第八条　铁路运输造成无民事行为能力人人身损害的，铁路运输企业应当承担赔偿责任；监护人有过错的，按照过错程度减轻铁路运输企业的赔偿责任，但铁路运输企业承担的赔偿责任应当不低于全部损失的百分之五十。

铁路运输造成限制民事行为能力人人身损害的，铁路运输企业应当承担赔偿责任；监护人及受害人自身有过错的，按照过错程度减轻铁路运输企业的赔偿责任，但铁路运输企业承担的赔偿责任应当不低于全部损失的百分之四十。

2.《最高人民法院关于审理旅游纠纷案件适用法律若干问题的规定》（法释〔2010〕13号）（2020年12月23日修正）

第八条　旅游经营者、旅游辅助服务者对可能危及旅游者人身、财产安全的旅游项目未履行告知、警示义务，造成旅游者人身损害、财产损失，旅游者请求旅游经营者、旅游辅助服务者承担责任的，人民法院应予支持。

旅游者未按旅游经营者、旅游辅助服务者的要求提供与旅游活动相关的个人健康信息并履行如实告知义务，或者不听从旅游经营者、旅游辅助服务者的告知、警示，参加不适合自身条件的旅游活动，导致旅游过程中出现人身损害、财产损失，旅游者请求旅游经营者、旅游辅助服务者承担责任的，人民法院不予支持。

第十八条　旅游者在旅游行程中未经导游或者领队许可，故意脱离团队，遭受人身损害、财产损失，请求旅游经营者赔偿损失的，人民法院不予支持。

第十九条　旅游经营者或者旅游辅助服务者为旅游者代管的行李物品损毁、灭失，旅游者请求赔偿损失的，人民法院应予支持，但下列情形除外：

（一）损失是由于旅游者未听从旅游经营者或者旅游辅助服务者的事先声明或者提示，未将现金、有价证券、贵重物品由其随身携带而造成的；

（二）损失是由于不可抗力造成的；

（三）损失是由于旅游者的过错造成的；

（四）损失是由于物品的自然属性造成的。

3.《最高人民法院关于审理涉及会计师事务所在审计业务活动中民事侵权赔偿案件的若干规定》(法释〔2007〕12号)

第八条 利害关系人明知会计师事务所出具的报告为不实报告而仍然使用的,人民法院应当酌情减轻会计师事务所的赔偿责任。

第九条 会计师事务所在报告中注明"本报告仅供年检使用"、"本报告仅供工商登记使用"等类似内容的,不能作为其免责的事由。

4.《最高人民法院关于审理民事、行政诉讼中司法赔偿案件适用法律若干问题的解释》(法释〔2016〕20号)

第九条 受害人对损害结果的发生或者扩大也有过错的,应当根据其过错对损害结果的发生或者扩大所起的作用等因素,依法减轻国家赔偿责任。

三、相关文件规定

1.《最高人民法院研究室关于对参加聚众斗殴受重伤或者死亡的人及其家属提出的民事赔偿请求能否予以支持问题的答复》(法研〔2004〕179号)

江苏省高级人民法院:

你院苏高法〔2004〕296号《关于对聚众斗殴案件中受伤或死亡的当事人及其家属提出的民事赔偿请求能否予以支持问题的请示》收悉。经研究,答复如下:

根据《刑法》第二百九十二条第一款的规定,聚众斗殴的参加者,无论是否首要分子,均明知自己的行为有可能产生伤害他人以及自己被他人的行为伤害的后果,其仍然参加聚众斗殴的,应当自行承担相应的刑事和民事责任。根据《刑法》第二百九十二条第二款的规定,对于参加聚众斗殴,造成他人重伤或者死亡的,行为性质发生变化,应认定为故意伤害罪或者故意杀人罪。聚众斗殴中受重伤或者死亡的人,既是故意伤害罪或者故意杀人罪的受害人,又是聚众斗殴犯罪的行为人。对于参加聚众斗殴受重伤或者死亡的人或其家属提出的民事赔偿请求,依法应予支持,并适用混合过错责任原则。

2.《最高人民法院关于珠海市对外劳动服务公司诉中国银行珠海分行损害赔偿纠纷案的复函》(〔1991〕民他字第19号)
广东省高级人民法院:

你院粤法民(1991)114号关于珠海市对外劳动服务公司诉中国银行珠海分行损害赔偿纠纷案的请示报告收悉。

经研究,我们认为:珠海市劳动服务公司贸易中心(现改名为珠海市对外劳动服务公司)在中国银行珠海分行开户存款,双方权利、义务关系明确,受法律保护。中国银行珠海分行经办人员未仔细鉴别取款印鉴字样的不同,又未按照银行办理储蓄业务的有关规定,对两种印鉴进行折角比对,致珠海市劳动服务公司贸易中心的存款被冒领,中国银行珠海分行对此应按民法通则有关规定承担过错责任。珠海市劳动服务公司贸易中心不按银行要求认真负责地核对余额对账单,致使冒领事件未能及时发现,贻误了查处时机,扩大了损失,根据民法通则第114条的规定,珠海市对外劳动服务公司就扩大损失的部分提出赔偿的请求,不应予以支持。据此,我们的意见是,一、二审判决确定中国银行珠海分行赔偿被冒领的存款是正确的,但判决未明确中国银行珠海分行应按过错责任原则承担民事责任,而且判决该分行赔偿损失扩大的部分,即存款的利息实属不妥。鉴于一、二审判决在适用法律上存在上述问题,建议你院再审此案,予以妥善处理。审结后,请报结果。

3.《最高人民法院关于赵正与尹发惠人身损害赔偿案如何适用法律政策问题的函》(〔1991〕民他字第1号)就单位的补助是否适用损益相抵规则,作出了如下规定:
云南省高级人民法院:

你院法民请字(1990)第16号关于赵正与尹发惠人身损害赔偿案如何适用法律政策的请示收悉。经研究,答复如下:

尹发惠因疏忽大意行为致使幼童赵正被烫伤,应当承担侵权民事责任;赵正的父母对赵正监护不周,亦有过失,应适当减轻尹发惠的民事责任。尹发惠应赔偿赵正医治烫伤所需的医疗费、护理费、生活补助费等费用的主要部分。保险公司依照合同付给赵正的医疗赔偿金可以冲抵尹发惠应付的赔偿数额,保险公司由此获得向尹发惠的追偿权。赵正母亲所在单位的补助是对职工的照顾,因此,不能抵销尹发惠应承担的赔偿金额。

四、相关指导案例

第24号指导案例"荣宝英诉王阳、永诚财产保险股份有限公司江阴支公司机动车交通事故责任纠纷案"（最高人民法院审判委员会讨论通过；2014年1月26日发布）认为，交通事故的受害人没有过错，其体质状况对损害后果的影响不属于可以减轻侵权人责任的法定情形。相关裁判摘要如下：

交通事故中在计算残疾赔偿金是否应当扣减时应当根据受害人对损失的发生或扩大是否存在过错进行分析。本案中，虽然原告荣宝英的个人体质状况对损害后果的发生具有一定的影响，但这不是侵权责任法等法律规定的过错，荣宝英不应因个人体质状况对交通事故导致的伤残存在一定影响而自负相应责任，原审判决以伤残等级鉴定结论中将荣宝英个人体质状况"损伤参与度评定为75%"为由，在计算残疾赔偿金时作相应扣减属适用法律错误，应予纠正。

从交通事故受害人发生损伤及造成损害后果的因果关系看，本起交通事故的引发系肇事者王阳驾驶机动车穿越人行横道线时，未尽到安全注意义务碰擦行人荣宝英所致；本起交通事故造成的损害后果系受害人荣宝英被机动车碰撞、跌倒发生骨折所致，事故责任认定荣宝英对本起事故不负责任，其对事故的发生及损害后果的造成均无过错。虽然荣宝英年事已高，但其年老骨质疏松仅是事故造成后果的客观因素，并无法律上的因果关系。因此，受害人荣宝英对于损害的发生或者扩大没有过错，不存在减轻或者免除加害人赔偿责任的法定情形。同时，机动车应当遵守文明行车、礼让行人的一般交通规则和社会公德。本案所涉事故发生在人行横道线上，正常行走的荣宝英对将被机动车碰撞这一事件无法预见，而王阳驾驶机动车在路经人行横道线时未依法减速慢行、避让行人，导致事故发生。因此，依法应当由机动车一方承担事故引发的全部赔偿责任。

五、相关裁判摘要

- **2019年第12期《中华人民共和国最高人民法院公报》**刊登的**"李利华与德盛期货有限公司期货经纪合同纠纷案"**判决认为，受害人违规委托被告公司员工进行交易，对损害的发生也有过错，应当减轻侵权人的赔偿责任。相关裁判摘要如下：

关于德盛公司承担赔偿责任的范围，应同时考虑本案所涉事实中李利华的过错。根据《中华人民共和国侵权责任法》第二十六条的规定，被侵权人对损害的发生也有过错的，可以减轻侵权人的责任。本案李利华私下将密码告知德盛公司员工，违规委托德盛公司员工代为期货交易，且其自2012年3月之后每日都有操作及每日对交易结算报告予以确认，其未能及时发现并制止德盛公司员工在其账户反常的频繁交易，对因此造成的损失亦有明显过错。

• **2015年第12期《中华人民共和国最高人民法院公报》**刊登的**"李帅帅诉上海通用富士冷机有限公司、上海工商信息学校人身损害赔偿纠纷案"**判决认为，实习生在实习单位工作中，在工作时间、工作场所因工作原因受到伤害的，即使自身存在一般性过错，亦不能减轻实习单位的赔偿责任。相关裁判摘要如下：

上诉人李帅帅作为实习生，技能尚处于学习阶段，劳动报酬也区别于被上诉人通用富士公司正常员工。因此，李帅帅在劳动过程中所应尽到的谨慎注意义务不能以通用富士公司正常员工为标准。李帅帅事发当日在没有带教老师陪同加班的情况下所出现的操作不当尚不足以构成重大过失，相较于通用富士公司、工商学校对风险防范所应承担的义务，李帅帅自身的一般过失不能减轻通用富士公司及工商学校所应承担的赔偿责任。况且，正常建立劳动关系的员工即便因自身过错发生类似本案的工伤事故，员工能够获得的工伤赔偿也不因其自身过错而减少，则对于尚在实习工作的李帅帅而言，更不能因其自身一般性过错而减轻相关侵权方应负的赔偿责任。故一审法院要求李帅帅自负20%的人身伤害损失有所不当。鉴于工商学校在本案中存在一定过错，一审判令通用富士公司对损害后果承担80%赔偿责任并无不当，剩余20%的赔偿责任应由工商学校承担，二审对此予以改判。

• **2013年第3期《中华人民共和国最高人民检察院公报》**刊登的**"农民日报社诉潍坊新东方艺术学校财产损害赔偿纠纷抗诉案"**的最高人民法院(2011)民抗字第85号判决书，就受害人对损害的发生存在重大过错的情形进行了分析，相关裁判摘要如下：

潍坊艺校在被付友军和龙泉公司诈骗以致造成3,929,700元本金和利息损失的过程中，存在重大过错。在犯罪分子声称的每年只需支付5‰管理费、无需负担利息就可以使用5000万元"农业部预算外资金"10年优厚条件的面前，不加分析、未经核实就轻信了罪犯的谎言，盲目认为中国乡镇企业报青岛记者站有权进行投资并控制着所谓5000万元“农业部预算外资金”，与付友军草率签订了所谓投资协议。而且，在诈骗过程中，付友军出具收条和收据上加盖的其私刻印章前后亦不一致，先为“中国乡镇企业报青岛记者站”、后为“中国乡镇企业报社青岛记者站”，前后时间差距最短的只有5天，财务专用章也发生相应差异；潍坊艺校缺乏应有的警惕和注意，从未向相关部门查询，一味应犯罪分子要求支付款项，甚至违反财会管理制度，用现金方式给付100万元用于投资协议约定内容之外的活动。潍坊艺校被罪犯诈骗造成3,929,700元本金和利息损失的主要原因，是受到了使用巨额资金异常优惠条件的诱惑，主动给放弃了在很多关键环节和重要内容上应当并且可以进行的审查，所以，潍坊艺校对其损失应当承担主要责任。

• **2014年第1期《中华人民共和国最高人民法院公报》**刊登的“**赵宝华诉上海也宁阁酒店有限公司、上海市静升实业有限公司生命权、健康权、身体权纠纷案**”判决认为，受害人对自己行为未尽合理注意义务以确保自身安全的，依据过失相抵原则可以减轻侵权人的责任。相关裁判摘要如下：

受害人对于损害的发生也有过错的，可以减轻侵害人的民事责任。原告赵宝华作为具有完全民事行为能力人，也应当对自己的行为尽到合理的注意义务，以确保自身的安全。2009年12月15日的《上海市公安局案件接报回执单》上记载：“民警到现场后了解系酒店4号通道一楼消防门外近中兴路转角空铺面的电梯井，未设防护措施，致使一醉酒客人掉落电梯井内。”结合原告自述可以认定，赵宝华酒后在没有灯光照明的情况下进入事发通道，疏于观察周围环境，步入空置电梯井，未尽到一般的注意义务，其饮酒影响正常判断力也与事故的发生有一定关联，故根据过失相抵原则可适当减轻被告也宁阁酒店的责任。

第一千一百七十四条 【受害人故意】损害是因受害人故意造成的，行为人不承担责任。

法条评释：本条是对受害人故意的规定，与原《侵权责任法》第27条的规定相同。所谓受害人故意的情形，是指损害完全是由于受害人故意造成的。在受害人故意给自己造成损害的情形，行为人的行为与损害之间没有因果关系，自然不需要承担侵权责任。比较典型的受害人故意是自杀、自残，但是我国《道路交通安全法》中还规定了一种——受害人故意碰撞机动车，即实践中有些人通过故意碰撞机动车来对他人进行敲诈勒索。

一、相关法律条文

1.《中华人民共和国道路交通安全法》(2021 年 4 月 29 日修正)

第七十六条　机动车发生交通事故造成人身伤亡、财产损失的，由保险公司在机动车第三者责任强制保险责任限额范围内予以赔偿；不足的部分，按照下列规定承担赔偿责任：

(一)机动车之间发生交通事故的，由有过错的一方承担赔偿责任；双方都有过错的，按照各自过错的比例分担责任。

(二)机动车与非机动车驾驶人、行人之间发生交通事故，非机动车驾驶人、行人没有过错的，由机动车一方承担赔偿责任；有证据证明非机动车驾驶人、行人有过错的，根据过错程度适当减轻机动车一方的赔偿责任；机动车一方没有过错的，承担不超过百分之十的赔偿责任。

交通事故的损失是由非机动车驾驶人、行人故意碰撞机动车造成的，机动车一方不承担赔偿责任。

2.《中华人民共和国水污染防治法》(2017 年 6 月 27 日修正)

第九十六条　因水污染受到损害的当事人，有权要求排污方排除危害和赔偿损失。

由于不可抗力造成水污染损害的，排污方不承担赔偿责任；法律另有规定的除外。

水污染损害是由受害人故意造成的，排污方不承担赔偿责任。水污染损害是由受害人重大过失造成的，可以减轻排污方的赔偿责任。

水污染损害是由第三人造成的，排污方承担赔偿责任后，有权向第三人追偿。

3.《中华人民共和国海商法》(1993 年 7 月 1 日起施行)

第一百一十五条　经承运人证明，旅客的人身伤亡或者行李的灭失、损坏，是由于旅客本人的过失或者旅客和承运人的共同过失造成的，可以免除或者相应减轻承运人的赔偿责任。

经承运人证明，旅客的人身伤亡或者行李的灭失、损坏，是由于旅客本人的故意造成的，或者旅客的人身伤亡是由于旅客本人健康状况造成的，承运人不负赔偿责任。

二、相关行政法规

《机动车交通事故责任强制保险条例》(2019年3月2日修订)

第二十一条 被保险机动车发生道路交通事故造成本车人员、被保险人以外的受害人人身伤亡、财产损失的,由保险公司依法在机动车交通事故责任强制保险责任限额范围内予以赔偿。

道路交通事故的损失是由受害人故意造成的,保险公司不予赔偿。

三、相关司法解释规定

《最高人民法院关于审理铁路运输人身损害赔偿纠纷案件适用法律若干问题的解释》(法释〔2010〕5号)(2020年12月23日修正)

第五条 铁路运输中发生人身损害,铁路运输企业举证证明有下列情形之一的,不承担赔偿责任:

(一)不可抗力造成的;

(二)受害人故意以卧轨、碰撞等方式造成的。

第一千一百七十五条 【第三人行为】 损害是因第三人造成的,第三人应当承担侵权责任。

法条评释: 本条规定与原《侵权责任法》第28条相同,没有变化。这一规定总体意义不大。损害是因第三人造成的,第三人当然要承担责任,问题是行为人是否因此而免责或减责,对此,本条没有规定。事实上,也没办法规定。因为第三人行为与行为人的行为可能构成多数人侵权,也可能构成因果关系的中断等各种情形,很难通过一两个条文就作出规范。

一、相关法律条文

1.《中华人民共和国电力法》(2018年12月29日修正)

第六十条 因电力运行事故给用户或者第三人造成损害的,电力企业应当依法承担赔偿责任。

电力运行事故由下列原因之一造成的,电力企业不承担赔偿责任:

(一)不可抗力;

(二)用户自身的过错。

因用户或者第三人的过错给电力企业或者其他用户造成损害的,

该用户或者第三人应当依法承担赔偿责任。

2.《中华人民共和国水污染防治法》(2017年6月27日修正)

第九十六条 因水污染受到损害的当事人,有权要求排污方排除危害和赔偿损失。

由于不可抗力造成水污染损害的,排污方不承担赔偿责任;法律另有规定的除外。

水污染损害是由受害人故意造成的,排污方不承担赔偿责任。水污染损害是由受害人重大过失造成的,可以减轻排污方的赔偿责任。

水污染损害是由第三人造成的,排污方承担赔偿责任后,有权向第三人追偿。

3.《中华人民共和国海洋环境保护法》(2017年11月4日修正)

第八十九条 造成海洋环境污染损害的责任者,应当排除危害,并赔偿损失;完全由于第三者的故意或者过失,造成海洋环境污染损害的,由第三者排除危害,并承担赔偿责任。

对破坏海洋生态、海洋水产资源、海洋保护区,给国家造成重大损失的,由依照本法规定行使海洋环境监督管理权的部门代表国家对责任者提出损害赔偿要求。

二、相关行政法规

1.《电力供应与使用条例》(2019年3月2日修订)

第四十三条 因电力运行事故给用户或者第三人造成损害的,供电企业应当依法承担赔偿责任。

因用户或者第三人的过错给供电企业或者其他用户造成损害的,该用户或者第三人应当依法承担赔偿责任。

2.《防治船舶污染海洋环境管理条例》(2018年3月19日修订)

第四十八条 造成海洋环境污染损害的责任者,应当排除危害,并赔偿损失;完全由于第三者的故意或者过失,造成海洋环境污染损害的,由第三者排除危害,并承担赔偿责任。

三、相关司法解释规定

《最高人民法院关于审理铁路运输人身损害赔偿纠纷案件适用法律若干问题的解释》(法释〔2010〕5号)(2020年12月23日修正)对因

第三人侵权行为造成旅客人身损害时铁路运输企业如何承担赔偿责任,作出了如下规定:

第十三条 铁路旅客运送期间因第三人侵权造成旅客人身损害的,由实施侵权行为的第三人承担赔偿责任。铁路运输企业有过错的,应当在能够防止或者制止损害的范围内承担相应的补充赔偿责任。铁路运输企业承担赔偿责任后,有权向第三人追偿。

车外第三人投掷石块等击打列车造成车内旅客人身损害,赔偿权利人要求铁路运输企业先予赔偿的,人民法院应当予以支持。铁路运输企业赔付后,有权向第三人追偿。

第一千一百七十六条 【自甘冒险】 自愿参加具有一定风险的文体活动,因其他参加者的行为受到损害的,受害人不得请求其他参加者承担侵权责任;但是,其他参加者对损害的发生有故意或者重大过失的除外。

活动组织者的责任适用本法第一千一百九十八条至第一千二百零一条的规定。

法条评释: 本条是对自甘冒险的规定。自甘冒险是我国《民法典》编纂中新增加的一类免责事由,是指某人明知且自愿地进入使自己权益遭受危险的境地。自甘冒险与受害人同意都源自罗马法上的"愿者不受害"(volenti non fit iniuria)的规则。比较法上,大陆法系与英美法系国家都承认这一抗辩事由。

《民法典》颁布之前,我国法律并未规定自甘冒险,但是,我国司法实践中经常发生参与体育比赛者遭受伤害而起诉其他参与者的侵权案件。此时,倘若仅因受害人遭受了损害,就认定其他参与者要承担侵权责任,势必极不合理地限制人们的行为自由,使体育比赛等正常的社会活动无法进行。因此,即使法律上没有规定自甘冒险的规则,司法实践中法官也多依据自甘冒险的理论来解决此类案件。《民法典》编纂过程中,有的部门、法学教学研究机构和社会公众提出,参加对抗性较强的体育等活动容易发生受伤等情况,实践中,对伤害由谁承担责任经常产生纠纷,建议对这个问题作出明确规定。宪法和法律委员会经研究认为,参加者自愿参与这些活动应当充分认识到其危险性,由此产生的正常风险原则上应当由参加者自己承担。确立“自甘风险”规则,对于明确学校等机构正常开展此类活动的责任界限是有利的。据此,《民法典》侵权责任编本条对自甘冒险作出了规定。

关于本条的适用需要注意以下几点:首先,所谓“具有一定风险的文体活动”,是指那些因其自身的对抗性、竞技性而存在一定的发生人身损害或财产损害的风险的体育比赛、文化艺术等活动,如拳击、篮球、排球、击剑、足球、曲棍球、冰球、滑冰、滑雪、杂技表演等两人以上参加的比赛。如果仅是一人表演性的比赛如跳水、跳高、舞蹈等,虽然也有一定的风险,但是这种风险并非来自活动的对抗性或竞技性,不涉及其他参与者的责任问题。因此,不适用自甘冒险。其次,其他参与者对于损害的发生没有故意或者重大过失。如果其他参与者是故意或者重大过失而给受害人造成损害的,则不能以自甘冒险作为抗辩。例如,拳击比赛中故意违反比赛规则,殴打对手的要害部位;再如,足球比赛中甲因为乙将球截走而恶意铲球造成乙骨折。由于参与者自愿参与具有一定风险的文体活动,其只是愿意接受该文体活动正常的风险,而不意味着其也愿意承受其他参与者故意或者重大过失实施加害行为的风险。再次,本条第2款的规定是指,组织具有一定风险的文体活动的组织者要依据《民法典》第1198条至第1201条的规定,相应地承担违反安全保障义务的侵权责任或者教育机构侵权责任。具体而言,如果组织该具有一定风险的文体活动的是“幼儿园、学校或者其他教育机构”,那么它们需要依据《民法典》第1199条至第1201条承担责任;如果组织该具有一定风险的文体活动的是“群众性活动的组织者”,那么其需要依据第1198条承担安全保障义务,并因违反安全保障义务而承担责任。最后,由于本条仅适用于“自愿参加具有一定风险的文体活动,因其他参加者的行为受到损害的”情形,故其他情形如受害人明知司机醉酒仍然搭乘该司机驾驶的机动车,因发生交通事故而遭受损害的,可以适用《民法典》第1173条规定的过失相抵规则。

相关司法解释规定

《最高人民法院关于适用〈中华人民共和国民法典〉时间效力的若干规定》(法释〔2020〕15号)

第十六条 民法典施行前,受害人自愿参加具有一定风险的文体活动受到损害引起的民事纠纷案件,适用民法典第一千一百七十六条的规定。

第一千一百七十七条 【自助行为】合法权益受到侵害,情况紧迫且不能及时获得国家机关保护,不立即采取措施将使其合法权益受到难以弥补的损害的,受害人可以在保护自己合法权益的必要范围内采取扣留侵权人的财物等合理措施;但是,应当立即请求有关国家机关处理。

受害人采取的措施不当造成他人损害的,应当承担侵权责任。

法条评释:本条是对自助行为的规定。自助行为,是指权利人为了保护自己的权利,对于他人的自由或财产施以拘束、扣留或毁损的行为。我国原《侵权责任法》以及其他的法律都没有对自助行为加以规定。不过,在司法实践中,法院多依据法理认可自助行为的存在。一般来说,民法并不鼓励通常情形下是违法行为的自力救济,以免出现"以暴易暴"的社会乱象。但是,彻底剥夺权利人以自己力量维护自己权利的机会,完全依赖公权力机关的救济,也是不妥当的。因此,在《民法典》编纂中,许多学者呼吁应当对自助行为加以规定。然而,有的部门却认为,倘若规定自助行为可能会引起大量的私人执法,容易导致社会秩序的混乱。对此,全国人大常委会宪法和法律委员会经研究后认为,"自助行为"制度赋予了自然人在一定条件下的自我保护权利,是对国家机关保护的有益补充;明确规定"自助行为"制度,对保护自然人的人身、财产权益具有现实意义,也有利于对这种行为进行规范。因此,本条对自助行为作出了规定。

一、相关司法解释规定

《最高人民法院关于适用〈中华人民共和国民法典〉时间效力的若干规定》(法释〔2020〕15号)

第十七条　民法典施行前,受害人为保护自己合法权益采取扣留侵权人的财物等措施引起的民事纠纷案件,适用民法典第一千一百七十七条的规定。

二、相关裁判摘要

● **2019年第8期《中华人民共和国最高人民法院公报》**刊登的**"陈帮容、陈国荣、陈曦诉陈静、吴建平、李跃国、周富勇生命权纠纷案"**判决就自助行为的问题进行了分析。相关裁判摘要如下:

本案属于一般侵权案件。根据《中华人民共和国侵权责任法》的规定,一般侵权行为构成要素包括加害行为、过错、损害事实、加害行为与损害事实之间的因果关系,同时符合前述四要素的情况下,行为人应当承担侵权责任。

从已查明的事实来看,被上诉人陈静等人的行为并没有违反法律规定。陈静与陈键之间的债权债务关系已经由生效判决确认,陈静向重庆市渝北区人民法院申请执行后,陈键一直未履行法定义务。时隔几年后,陈静与陈键偶然相遇,为保障债权实现,预防陈键再次隐匿,债权人陈静扭住陈键,同时拨打电话寻求帮助,同行的周富勇则拨打报警电话,吴建平和李跃国在派出所期间时刻关注陈键,在陈键上卫生间过程中,予以跟随和在卫生间外面守候,但均未与陈键发生过肢体冲突。且所有行为的目的是让多年未履行还款义务又难觅踪影的债务人陈键履行还款义务,并没有侵害陈键合法权益的目的和动机。从陈键在派出所等候期间发给陈帮容的短信可以看出,陈键确已与陈静等人达成了等到天亮后去法院解决纠纷的共识。并且派出所及旁边的重庆芳华医院均一直有人值班,若陈键认为自己的人身自由受到限制或身体、精神受到伤害或威胁,完全可以第一时间寻求保护和帮助。本案中没有证据表明陈键有寻求保护和帮助的行为,也没有证据证明陈键遭受到吴建平、李跃国的侵害。故,重庆市第一中级人民法院认为被上诉人在本案中并不存在超出法律规范的、产生直接侵犯他人身体、导致本案后果发生的加害行为。

在整个事件过程中，被上诉人陈静等人的行为并不存在过错，既无故意也无过失。陈静一方的目的是明确的，为实现其合法债权，一方面，拨打报警电话、致电执行法官、一起到派出所说明情况，另一方面，在派出所等候期间，密切关注陈键的动向，甚至连陈键上卫生间也予以跟随、守候，以确保天亮后一同去法院解决案件执行问题。陈键最终从卫生间跳窗的事实表明了前述行为确有必要。在整个过程中，被上诉人均无侵害陈键生命权的故意或过失，亦无法预料到陈键的死亡结果。故，重庆市第一中级人民法院认为，在债务人多年未履行法定义务，债权一直无法得以实现的情况下，陈静一方采取了避免债务人再次隐匿的措施，属于保护自身合法权益的正当行为，并未超出法定的限度，并无过错。

被上诉人陈静等人的行为既不具有违法性，又不存在过错，与陈键的死亡结果也并无因果关系。陈键作为一名成年人，对跳窗可能带来的损害后果应有足够的认知，而且，正如前面分析所言，就算是其人身安全真的受到威胁，完全可以寻求正当保护，并对自己人身安全可能受到的威胁所致的损害与跳窗可能带来的损害之间亦应有所比较和判断。重庆市第一中级人民法院认为，被上诉人的前述行为并不必然导致陈键跳窗死亡，本案陈键的死亡结果与被上诉人的行为之间并不存在因果关系。

第一千一百七十八条　【减免责法律规则的适用】本法和其他法律对不承担责任或者减轻责任的情形另有规定的，依照其规定。

法条评释：本条是对减免责的法律规则的适用问题的规定。立法机关之所以规定本条，就是因为，我国《民法典》侵权责任编对减责免责事由采取的是“一般规定+特别规定”“一般法+特别法”的立法模式。所谓“一般规定+特别规定”，是指在《民法典》侵权责任编的第一章“一般规定”中对侵权责任的减责和免责事由作出了规定（第1173条至第1177条），同时，又在关于特殊侵权责任的相关章节对一些特殊侵权责任的减责免责事由作出了特殊规定（如第1224条、第1237条至第1240条、第1245条、第1246条等），这就是特殊规定。所谓“一般法+特别法”，是指除了民法典对侵权责任的减责和免责事由的规定外，在其他的特别法如《道路交通安全法》《民用航空法》《产品质量法》等法律中又有相应的规定。故此，为了明确这些对于减责免责事由的法律规定之间的适用关系，《民法典》编纂时特别增加本条规定，以资明确。

本条中所谓“本法和其他法律对不承担责任或者减轻责任的情形另有规定的”中的“本法”当然是指《民法典》，由于本条在《民法典》侵权责任编第一章“一般规定”中，因此，《民法典》对不承担责任或者减轻责任的情形另有规定的情形，应当是指除了民法典侵权责任编第一章之外的民法典其他各个部分，包括总则编和侵权责任编的其他各章对免责和减责事由的规定。

相关法律条文

1.《中华人民共和国道路交通安全法》(2021年4月29日修正)

第七十六条　机动车发生交通事故造成人身伤亡、财产损失的，由保险公司在机动车第三者责任强制保险责任限额范围内予以赔偿；不足的部分，按照下列规定承担赔偿责任：

(一)机动车之间发生交通事故的，由有过错的一方承担赔偿责任；双方都有过错的，按照各自过错的比例分担责任。

(二)机动车与非机动车驾驶人、行人之间发生交通事故，非机动车驾驶人、行人没有过错的，由机动车一方承担赔偿责任；有证据证明非机动车驾驶人、行人有过错的，根据过错程度适当减轻机动车一方的赔偿责任；机动车一方没有过错的，承担不超过百分之十的赔偿责任。

交通事故的损失是由非机动车驾驶人、行人故意碰撞机动车造成的，机动车一方不承担赔偿责任。

2.《中华人民共和国民用航空法》(2021年4月29日修正)

第一百二十四条　因发生在民用航空器上或者在旅客上、下民用航空器过程中的事件，造成旅客人身伤亡的，承运人应当承担责任；但是，旅客的人身伤亡完全是由于旅客本人的健康状况造成的，承运人不承担责任。

第一百二十五条　因发生在民用航空器上或者在旅客上、下民用航空器过程中的事件，造成旅客随身携带物品毁灭、遗失或者损坏的，承运人应当承担责任。因发生在航空运输期间的事件，造成旅客的托运行李毁灭、遗失或者损坏的，承运人应当承担责任。

旅客随身携带物品或者托运行李的毁灭、遗失或者损坏完全是由于行李本身的自然属性、质量或者缺陷造成的，承运人不承担责任。

本章所称行李,包括托运行李和旅客随身携带的物品。

因发生在航空运输期间的事件,造成货物毁灭、遗失或者损坏的,承运人应当承担责任;但是,承运人证明货物的毁灭、遗失或者损坏完全是由于下列原因之一造成的,不承担责任:

(一)货物本身的自然属性、质量或者缺陷;

(二)承运人或者其受雇人、代理人以外的人包装货物的,货物包装不良;

(三)战争或者武装冲突;

(四)政府有关部门实施的与货物入境、出境或者过境有关的行为。

本条所称航空运输期间,是指在机场内、民用航空器上或者机场外降落的任何地点,托运行李、货物处于承运人掌管之下的全部期间。

航空运输期间,不包括机场外的任何陆路运输、海上运输、内河运输过程;但是,此种陆路运输、海上运输、内河运输是为了履行航空运输合同而装载、交付或者转运,在没有相反证据的情况下,所发生的损失视为在航空运输期间发生的损失。

第一百二十六条 旅客、行李或者货物在航空运输中因延误造成的损失,承运人应当承担责任;但是,承运人证明本人或者其受雇人、代理人为了避免损失的发生,已经采取一切必要措施或者不可能采取此种措施的,不承担责任。

第一百二十七条 在旅客、行李运输中,经承运人证明,损失是由索赔人的过错造成或者促成的,应当根据造成或者促成此种损失的过错的程度,相应免除或者减轻承运人的责任。旅客以外的其他人就旅客死亡或者受伤提出赔偿请求时,经承运人证明,死亡或者受伤是旅客本人的过错造成或者促成的,同样应当根据造成或者促成此种损失的过错的程度,相应免除或者减轻承运人的责任。

在货物运输中,经承运人证明,损失是由索赔人或者代行权利人的过错造成或者促成的,应当根据造成或者促成此种损失的过错的程度,相应免除或者减轻承运人的责任。

3.《中华人民共和国海商法》(1993 年 7 月 1 日起施行)

第五十一条 在责任期间货物发生的灭失或者损坏是由于下列原因之一造成的,承运人不负赔偿责任:

(一)船长、船员、引航员或者承运人的其他受雇人在驾驶船舶或者管理船舶中的过失;

(二)火灾,但是由于承运人本人的过失所造成的除外;

(三)天灾,海上或者其他可航水域的危险或者意外事故;

(四)战争或者武装冲突;

(五)政府或者主管部门的行为、检疫限制或者司法扣押;

(六)罢工、停工或者劳动受到限制;

(七)在海上救助或者企图救助人命或者财产;

(八)托运人、货物所有人或者他们的代理人的行为;

(九)货物的自然特性或者固有缺陷;

(十)货物包装不良或者标志欠缺、不清;

(十一)经谨慎处理仍未发现的船舶潜在缺陷;

(十二)非由于承运人或者承运人的受雇人、代理人的过失造成的其他原因。

承运人依照前款规定免除赔偿责任的,除第(二)项规定的原因外,应当负举证责任。

第一百一十四条　在本法第一百一十一条规定的旅客及其行李的运送期间,因承运人或者承运人的受雇人、代理人在受雇或者受委托的范围内过失引起事故,造成旅客人身伤亡或者行李灭失、损坏的,承运人应当负赔偿责任。

请求人对承运人或者承运人的受雇人、代理人的过失,应当负举证责任;但是,本条第三款和第四款规定的情形除外。

旅客的人身伤亡或者自带行李的灭失、损坏,是由于船舶的沉没、碰撞、搁浅、爆炸、火灾所引起或者是由于船舶的缺陷所引起的,承运人或者承运人的受雇人、代理人除非提出反证,应当视为其有过失。

旅客自带行李以外的其他行李的灭失或者损坏,不论由于何种事故所引起,承运人或者承运人的受雇人、代理人除非提出反证,应当视为其有过失。

第一百一十五条　经承运人证明,旅客的人身伤亡或者行李的灭失、损坏,是由于旅客本人的过失或者旅客和承运人的共同过失造成的,可以免除或者相应减轻承运人的赔偿责任。

经承运人证明,旅客的人身伤亡或者行李的灭失、损坏,是由于旅客本人的故意造成的,或者旅客的人身伤亡是由于旅客本人健康状况造成的,承运人不负赔偿责任。

第一百一十六条 承运人对旅客的货币、金银、珠宝、有价证券或者其他贵重物品所发生的灭失、损坏，不负赔偿责任。

旅客与承运人约定将前款规定的物品交由承运人保管的，承运人应当依照本法第一百一十七条的规定负赔偿责任；双方以书面约定的赔偿限额高于本法第一百一十七条的规定的，承运人应当按照约定的数额负赔偿责任。

4.《中华人民共和国铁路法》(2015年4月24日修正)

第十八条 由于下列原因造成的货物、包裹、行李损失的，铁路运输企业不承担赔偿责任：

(一)不可抗力。

(二)货物或者包裹、行李中的物品本身的自然属性，或者合理损耗。

(三)托运人、收货人或者旅客的过错。

第五十八条 因铁路行车事故及其他铁路运营事故造成人身伤亡的，铁路运输企业应当承担赔偿责任；如果人身伤亡是因不可抗力或者由于受害人自身的原因造成的，铁路运输企业不承担赔偿责任。

违章通过平交道口或者人行过道，或者在铁路线路上行走、坐卧造成的人身伤亡，属于受害人自身的原因造成的人员伤亡。

5.《中华人民共和国产品质量法》(2018年12月29日修正)

第四十一条 因产品存在缺陷造成人身、缺陷产品以外的其他财产(以下简称他人财产)损害的，生产者应当承担赔偿责任。

生产者能够证明有下列情形之一的，不承担赔偿责任：

(一)未将产品投入流通的；

(二)产品投入流通时，引起损害的缺陷尚不存在的；

(三)将产品投入流通时的科学技术水平尚不能发现缺陷的存在的。

6.《中华人民共和国海洋环境保护法》(2017年11月4日修正)

第九十一条 完全属于下列情形之一，经过及时采取合理措施，仍然不能避免对海洋环境造成污染损害的，造成污染损害的有关责任者免予承担责任：

(一)战争；

（二）不可抗拒的自然灾害；

（三）负责灯塔或者其他助航设备的主管部门，在执行职责时的疏忽，或者其他过失行为。

7.《中华人民共和国水污染防治法》（2017年6月27日修正）

第九十六条 因水污染受到损害的当事人，有权要求排污方排除危害和赔偿损失。

由于不可抗力造成水污染损害的，排污方不承担赔偿责任；法律另有规定的除外。

水污染损害是由受害人故意造成的，排污方不承担赔偿责任。水污染损害是由受害人重大过失造成的，可以减轻排污方的赔偿责任。

水污染损害是由第三人造成的，排污方承担赔偿责任后，有权向第三人追偿。

8.《中华人民共和国核安全法》（2018年1月1日起施行）

第九十条 因核事故造成他人人身伤亡、财产损失或者环境损害的，核设施营运单位应当按照国家核损害责任制度承担赔偿责任，但能够证明损害是因战争、武装冲突、暴乱等情形造成的除外。

为核设施营运单位提供设备、工程以及服务等的单位不承担核损害赔偿责任。核设施营运单位与其有约定的，在承担赔偿责任后，可以按照约定追偿。

核设施营运单位应当通过投保责任保险、参加互助机制等方式，作出适当的财务保证安排，确保能够及时、有效履行核损害赔偿责任。

第二章 损害赔偿

第一千一百七十九条 【人身伤亡的财产损害赔偿】 侵害他人造成人身损害的，应当赔偿医疗费、护理费、交通费、营养费、住院伙食补助费等为治疗和康复支出的合理费用，以及因误工减少的收入。造成残疾的，还应当赔偿辅助器具费和残疾赔偿金；造成死亡的，还应当赔偿丧葬费和死亡赔偿金。

法条评释： 本条规定的是人身伤亡的财产损害赔偿范围，即被侵权人的生命权、健康权、身体权被侵害而造成的经济利益上的损失。

本条来自原《侵权责任法》第16条,主要内容没有变动,只是做了两处修改完善:其一,在列举为治疗和康复支出的合理费用中增加了"营养费""住院伙食补助费";其二,将"残疾生活辅助具费"修改为"辅助器具费"。因人身伤亡而产生的财产损害可以分为两类:一是所受损害,即被侵权人因人身伤亡而支出的各种合理费用,包括医疗费、护理费、交通费、营养费、住院伙食补助费等为治疗和康复支出的合理费用,以及丧葬费和辅助器具费;二是所失利益,即被侵权人因人身伤亡而丧失的预期收入,包括误工损失、死亡赔偿、残疾赔偿金以及被扶养人生活费等。

一、相关法律条文

1.《中华人民共和国消费者权益保护法》(2013年10月25日修正)

第四十九条 经营者提供商品或者服务,造成消费者或者其他受害人人身伤害的,应当赔偿医疗费、护理费、交通费等为治疗和康复支出的合理费用,以及因误工减少的收入。造成残疾的,还应当赔偿残疾生活辅助具费和残疾赔偿金。造成死亡的,还应当赔偿丧葬费和死亡赔偿金。

2.《中华人民共和国产品质量法》(2018年12月29日修正)

第四十四条 因产品存在缺陷造成受害人人身伤害的,侵害人应当赔偿医疗费、治疗期间的护理费、因误工减少的收入等费用;造成残疾的,还应当支付残疾者生活自助具费、生活补助费、残疾赔偿金以及由其扶养的人所必需的生活费等费用;造成受害人死亡的,并应当支付丧葬费、死亡赔偿金以及由死者生前扶养的人所必需的生活费等费用。

因产品存在缺陷造成受害人财产损失的,侵害人应当恢复原状或者折价赔偿。受害人因此遭受其他重大损失的,侵害人应当赔偿损失。

3.《中华人民共和国国家赔偿法》(2012年10月26日修正)

第三十四条 侵犯公民生命健康权的,赔偿金按照下列规定计算:

(一)造成身体伤害的,应当支付医疗费、护理费,以及赔偿因误工减少的收入。减少的收入每日的赔偿金按照国家上年度职工日平均工资计算,最高额为国家上年度职工年平均工资的五倍;

（二）造成部分或者全部丧失劳动能力的，应当支付医疗费、护理费、残疾生活辅助具费、康复费等因残疾而增加的必要支出和继续治疗所必需的费用，以及残疾赔偿金。残疾赔偿金根据丧失劳动能力的程度，按照国家规定的伤残等级确定，最高不超过国家上年度职工年平均工资的二十倍。造成全部丧失劳动能力的，对其扶养的无劳动能力的人，还应当支付生活费；

（三）造成死亡的，应当支付死亡赔偿金、丧葬费，总额为国家上年度职工年平均工资的二十倍。对死者生前扶养的无劳动能力的人，还应当支付生活费。

前款第二项、第三项规定的生活费的发放标准，参照当地最低生活保障标准执行。被扶养的人是未成年人的，生活费给付至十八周岁止；其他无劳动能力的人，生活费给付至死亡时止。

4.《中华人民共和国刑事诉讼法》(2018 年 10 月 26 日修正)

第一百零一条 被害人由于被告人的犯罪行为而遭受物质损失的，在刑事诉讼过程中，有权提起附带民事诉讼。被害人死亡或者丧失行为能力的，被害人的法定代理人、近亲属有权提起附带民事诉讼。

如果是国家财产、集体财产遭受损失的，人民检察院在提起公诉的时候，可以提起附带民事诉讼。

二、相关司法解释规定

1.《最高人民法院关于审理人身损害赔偿案件适用法律若干问题的解释》(法释〔2003〕20 号)(2020 年 12 月 23 日修正)

第六条 医疗费根据医疗机构出具的医药费、住院费等收款凭证，结合病历和诊断证明等相关证据确定。赔偿义务人对治疗的必要性和合理性有异议的，应当承担相应的举证责任。

医疗费的赔偿数额，按照一审法庭辩论终结前实际发生的数额确定。器官功能恢复训练所必要的康复费、适当的整容费以及其他后续治疗费，赔偿权利人可以待实际发生后另行起诉。但根据医疗证明或者鉴定结论确定必然发生的费用，可以与已经发生的医疗费一并予以赔偿。

第七条 误工费根据受害人的误工时间和收入状况确定。

误工时间根据受害人接受治疗的医疗机构出具的证明确定。受害人因伤致残持续误工的，误工时间可以计算至定残日前一天。

受害人有固定收入的，误工费按照实际减少的收入计算。受害人无固定收入的，按照其最近三年的平均收入计算；受害人不能举证证明其最近三年的平均收入状况的，可以参照受诉法院所在地相同或者相近行业上一年度职工的平均工资计算。

第八条 护理费根据护理人员的收入状况和护理人数、护理期限确定。

护理人员有收入的，参照误工费的规定计算；护理人员没有收入或者雇佣护工的，参照当地护工从事同等级别护理的劳务报酬标准计算。护理人员原则上为一人，但医疗机构或者鉴定机构有明确意见的，可以参照确定护理人员人数。

护理期限应计算至受害人恢复生活自理能力时止。受害人因残疾不能恢复生活自理能力的，可以根据其年龄、健康状况等因素确定合理的护理期限，但最长不超过二十年。

受害人定残后的护理，应当根据其护理依赖程度并结合配制残疾辅助器具的情况确定护理级别。

第九条 交通费根据受害人及其必要的陪护人员因就医或者转院治疗实际发生的费用计算。交通费应当以正式票据为凭；有关凭据应当与就医地点、时间、人数、次数相符合。

第十条 住院伙食补助费可以参照当地国家机关一般工作人员的出差伙食补助标准予以确定。

受害人确有必要到外地治疗，因客观原因不能住院，受害人本人及其陪护人员实际发生的住宿费和伙食费，其合理部分应予赔偿。

第十一条 营养费根据受害人伤残情况参照医疗机构的意见确定。

第十二条 残疾赔偿金根据受害人丧失劳动能力程度或者伤残等级，按照受诉法院所在地上一年度城镇居民人均可支配收入或者农村居民人均纯收入标准，自定残之日起按二十年计算。但六十周岁以上的，年龄每增加一岁减少一年；七十五周岁以上的，按五年计算。

受害人因伤致残但实际收入没有减少，或者伤残等级较轻但造成职业妨害严重影响其劳动就业的，可以对残疾赔偿金作相应调整。

第十三条 残疾辅助器具费按照普通适用器具的合理费用标准计算。伤情有特殊需要的，可以参照辅助器具配制机构的意见确定相应的合理费用标准。

辅助器具的更换周期和赔偿期限参照配制机构的意见确定。

第十四条 丧葬费按照受诉法院所在地上一年度职工月平均工资标准,以六个月总额计算。

第十五条 死亡赔偿金按照受诉法院所在地上一年度城镇居民人均可支配收入或者农村居民人均纯收入标准,按二十年计算。但六十周岁以上的,年龄每增加一岁减少一年;七十五周岁以上的,按五年计算。

第十六条 被扶养人生活费计入残疾赔偿金或者死亡赔偿金。

第十七条 被扶养人生活费根据扶养人丧失劳动能力程度,按照受诉法院所在地上一年度城镇居民人均消费性支出和农村居民人均年生活消费支出标准计算。被扶养人为未成年人的,计算至十八周岁;被扶养人无劳动能力又无其他生活来源的,计算二十年。但六十周岁以上的,年龄每增加一岁减少一年;七十五周岁以上的,按五年计算。

被扶养人是指受害人依法应当承担扶养义务的未成年人或者丧失劳动能力又无其他生活来源的成年近亲属。被扶养人还有其他扶养人的,赔偿义务人只赔偿受害人依法应当负担的部分。被扶养人有数人的,年赔偿总额累计不超过上一年度城镇居民人均消费性支出额或者农村居民人均年生活消费支出额。

第十八条 赔偿权利人举证证明其住所地或者经常居住地城镇居民人均可支配收入或者农村居民人均纯收入高于受诉法院所在地标准的,残疾赔偿金或者死亡赔偿金可以按照其住所地或者经常居住地的相关标准计算。

被扶养人生活费的相关计算标准,依照前款原则确定。

第十九条 超过确定的护理期限、辅助器具费给付年限或者残疾赔偿金给付年限,赔偿权利人向人民法院起诉请求继续给付护理费、辅助器具费或者残疾赔偿金的,人民法院应予受理。赔偿权利人确需继续护理、配制辅助器具,或者没有劳动能力和生活来源的,人民法院应当判令赔偿义务人继续给付相关费用五至十年。

第二十条 赔偿义务人请求以定期金方式给付残疾赔偿金、辅助器具费的,应当提供相应的担保。人民法院可以根据赔偿义务人的给付能力和提供担保的情况,确定以定期金方式给付相关费用。但是,一审法庭辩论终结前已经发生的费用、死亡赔偿金以及精神损害抚慰金,应当一次性给付。

第二十一条 人民法院应当在法律文书中明确定期金的给付时间、方式以及每期给付标准。执行期间有关统计数据发生变化的,给付金额应当适时进行相应调整。

定期金按照赔偿权利人的实际生存年限给付,不受本解释有关赔偿期限的限制。

第二十二条 本解释所称"城镇居民人均可支配收入""农村居民人均纯收入""城镇居民人均消费性支出""农村居民人均年生活消费支出""职工平均工资",按照政府统计部门公布的各省、自治区、直辖市以及经济特区和计划单列市上一年度相关统计数据确定。

"上一年度",是指一审法庭辩论终结时的上一统计年度。

2.《最高人民法院关于审理道路交通事故损害赔偿案件适用法律若干问题的解释》(法释〔2012〕19号)(2020年12月23日修正)

第十一条 道路交通安全法第七十六条规定的"人身伤亡",是指机动车发生交通事故侵害被侵权人的生命权、身体权、健康权等人身权益所造成的损害,包括民法典第一千一百七十九条和第一千一百八十三条规定的各项损害。

道路交通安全法第七十六条规定的"财产损失",是指因机动车发生交通事故侵害被侵权人的财产权益所造成的损失。

3.《最高人民法院关于审理医疗损害责任纠纷案件适用法律若干问题的解释》(法释〔2017〕20号)(2020年12月23日修正)

第二十四条 被侵权人同时起诉两个以上医疗机构承担赔偿责任,人民法院经审理,受诉法院所在地的医疗机构依法不承担赔偿责任,其他医疗机构承担赔偿责任的,残疾赔偿金、死亡赔偿金的计算,按下列情形分别处理:

(一)一个医疗机构承担责任的,按照该医疗机构所在地的赔偿标准执行;

(二)两个以上医疗机构均承担责任的,可以按照其中赔偿标准较高的医疗机构所在地标准执行。

4.《最高人民法院关于适用〈中华人民共和国刑事诉讼法〉的解释》(法释〔2012〕21号)

第一百五十五条 对附带民事诉讼作出判决,应当根据犯罪行为造成的物质损失,结合案件具体情况,确定被告人应当赔偿的数额。

犯罪行为造成被害人人身损害的,应当赔偿医疗费、护理费、交通费等为治疗和康复支付的合理费用,以及因误工减少的收入。造成被害人残疾的,还应当赔偿残疾生活辅助具费等费用;造成被害人死亡的,还应当赔偿丧葬费等费用。

驾驶机动车致人伤亡或者造成公私财产重大损失,构成犯罪的,依照《中华人民共和国道路交通安全法》第七十六条的规定确定赔偿责任。

附带民事诉讼当事人就民事赔偿问题达成调解、和解协议的,赔偿范围、数额不受第二款、第三款规定的限制。

三、相关文件规定

1.《最高人民法院关于适用〈中华人民共和国侵权责任法〉若干问题的通知》(法发〔2010〕23号)

四、人民法院适用侵权责任法审理民事纠纷案件,如受害人有被扶养人的,应当依据《最高人民法院关于审理人身损害赔偿案件适用法律若干问题的解释》第二十八条的规定,将被扶养人生活费计入残疾赔偿金或死亡赔偿金。

2.《最高人民法院关于财保六安市分公司与李福国等道路交通事故人身损害赔偿纠纷请示的复函》(〔2008〕民一他字第25号复函)

安徽省高级人民法院:

你院(2008)皖民一他字第0019号《关于财保六安市分公司与李福国、卢士平、张东泽、六安市正宏糖果厂道路交通事故人身损害赔偿纠纷一案的请示报告》收悉。经研究,答复如下:

《机动车交通事故责任强制保险条例》第3条规定的"人身伤亡"所造成的损害包括财产损害和精神损害。

精神损害赔偿与物资损害赔偿在强制责任保险限额中的赔偿次序,请求权人有权进行选择。请求权人选择优先赔偿精神损害,对物资损害赔偿不足部分由商业第三者责任险赔偿。

3.《最高人民法院关于对户口在农村但长期居住在城镇人员的人身损害赔偿标准适用问题请示的复函》(〔2006〕民一他字第8号)

甘肃省高级人民法院:

你院甘高法〔2005〕83号《关于对户口在农村但长期居住在城镇人员的人身损害赔偿标准适用问题的请示》收悉。经研究认为:你院请示的问题,我院在〔2005〕民一他字第25号《经常居住在城镇的农村居民因交通事故伤亡如何计算赔偿费用的复函》中已经有明确意见,请你院参照执行。

4.《最高人民法院民一庭关于经常居住地在城镇的农村居民因交通事故伤亡如何计算赔偿费用的复函》(〔2005〕民他字第25号)

云南省高级人民法院:

你院《关于罗金会等五人与云南昭通交通运输集团公司旅客运输合同纠纷一案所涉法律理解及适用问题的请示》收悉。经研究,答复如下:人身损害赔偿案件中,残疾赔偿金、死亡赔偿金和被扶养人生活费的计算,应当根据案件的实际情况,结合受害人住所地、经常居住地等因素,确定适用城镇居民人均可支配收入(人均消费性支出)或者农村居民人均纯收入(人均年生活消费支出)的标准。本案中,受害人唐顺亮虽然农村户口,但在城市经商、居住,其经常居住地和主要收入来源地均为城市,有关损害赔偿费用应当根据当地城镇居民的相关标准计算。

5.《最高人民法院关于空难死亡赔偿金能否作为遗产处理的复函》(〔2004〕民一他字第26号)

广东省高级人民法院:

你院粤高法民一请字〔2004〕1号《关于死亡赔偿金能否作为遗产处理的请示》收悉。经研究,答复如下:

空难死亡赔偿金是基于死者死亡对死者近亲属所支付的赔偿。获得空难死亡赔偿金的权利人是死者近亲属,而非死者。故空难死亡赔偿金不宜认定为遗产。

6.《最高人民法院研究室关于新的人身损害赔偿审理标准是否适用于未到期机动车第三者责任保险合同问题的答复》(法研〔2004〕81号)

中国保险监督管理委员会办公厅:

你厅《关于新的人身损害赔偿审理标准是否适用于未到期机动车第三者责任保险合同问题的函》(保监厅函〔2004〕90号)收悉。经研究,答复如下:

《合同法》第四条规定:"当事人依法享有自愿订立合同的权利,任何单位和个人不得非法干预。"《合同法》本条所确定的自愿原则是合同法中一项基本原则,应当适用于保险合同的订立。《保险法》第四条也规定，从事保险活动必须遵循自愿原则。因此，投保人与保险人在保险合同中有关“保险人按照《道路交通事故处理办法》规定的人身损害赔偿范围、项目和标准以及保险合同的约定，在保险单载明的责任限额内承担赔偿责任”的约定只是保险人应承担的赔偿责任的计算方法，而不是强制执行的标准，它不因《道路交通事故的处理办法》的失效而无效。我院《关于审理人身损害赔偿案件适用法律若干问题的解释》施行后，保险合同的当事人既可以继续履行2004年5月1日前签订的机动车辆第三者责任保险合同，也可以经协商依法变更保险合同。

四、相关裁判摘要

• **2019年第3期《中华人民共和国最高人民法院公报》**刊登的“**尹瑞军诉颜礼奎健康权、身体权纠纷案**”判决犯罪行为造成受害人残疾时，残疾赔偿金是否属于物质损失范畴的问题进行了分析。相关裁判摘要如下：

关于残疾赔偿金。首先，从本案的事实和相关法律规定看，颜礼奎的故意伤害行为致尹瑞军构成十级伤残。我国侵权责任法第四条和第十六条分别规定，侵权人因同一行为应当承担行政责任或刑事责任的，不影响依法承担侵权责任；侵权行为造成受害人残疾的，侵权人应当赔偿受害人残疾赔偿金。根据上述事实和法律规定，尹瑞军关于残疾赔偿金的诉讼请求有事实和法律依据。其次，从公平的角度看，犯罪行为对受害人造成的伤害甚至比纯粹的民事侵权造成的伤害更大，如不予支持残疾赔偿金，会导致受害人因遭受犯罪行为侵害得到的赔偿较少，遭受纯粹民事侵权行为的侵害得到的赔偿相对较多，对受害人不公平，支持残疾赔偿金更符合公平原则。再次，从残疾赔偿金的性质看，因侵权行为造成受害人残疾的，必然会对受害人今后的生活和工作造成影响，造成受害人的生活成本增加或者劳动能力下降，进而变相地减少了受害人的物质收入，残疾赔偿金应属于物质损失的范畴。综上，尹瑞军关于残疾赔偿金的诉讼请求应当予以支持。

• **2015年第12期《中华人民共和国最高人民法院公报》**刊登的“**李帅帅诉上海通用富士冷机有限公司、上海工商信息学校人身损害赔偿纠纷案**”判决就在城市中小学校就读的农村户籍学生在学校的教育教学活动（含派出实习）中受伤致残时，残疾赔偿金和误工费应按何种标准计算的问题进行了分析。相关裁判摘要如下：

关于残疾赔偿金的计算标准,根据《上海市中小学校学生伤害事故处理条例》第二十条的规定,"残疾赔偿金。根据受伤害学生的伤残等级,按照本市上一年度城镇居民人均可支配收入标准,自定残之日起按二十年计算。"另根据该《条例》第二条的规定,该《条例》适用于在上海市的中小学校教育教学活动期间发生的中小学生人身伤害事故,且并未区分受伤害的中小学生系上海市户籍还是外地户籍,是城镇户籍还是农村户籍,故对于在上海市中小学校就读的学生均应适用。而中等职业学校属于中学范畴,派出实习属于教育教学活动的内容,故在上海市中等职业学校派出实习中的学生伤害事故也应适用该《条例》。本案中,事发时上诉人李帅帅系中等职业学校在册学生,故应以上海市城镇居民人均可支配收入计算其残疾赔偿金为175,404元。一审法院适用上海市农村居民标准有所不当,二审一并予以纠正。

至于误工费,上诉人李帅帅本为学生无固定收入,事发后的误工期间收入减少的数额也并不当然等于事发前短暂实习期的实际收入,一审法院参照实习协议的内容,酌情按1820元/月计算6个月的误工费,并无不妥。李帅帅要求按照3000元/月计算误工费,依据不足,二审不予采纳。综上,李帅帅的经济损失总额计283,907.51元;其中,80%计227,126.01元,由被上诉人通用富士公司负担,扣除通用富士公司垫付的各项费用78,738.51元,通用富士公司实际还应向李帅帅赔偿148,387.50元;另20%计56,781.50元,由被上诉人工商学校赔偿李帅帅。

• **2014年第1期《中华人民共和国最高人民法院公报》**刊登的"**赵宝华诉上海也宁阁酒店有限公司、上海市静升实业有限公司生命权、健康权、身体权纠纷案**"判决就侵害人身的财产损害赔偿的具体计算方式进行了分析。相关裁判摘要如下:

现原告赵宝华要求被告也宁阁酒店赔偿医疗费、住院伙食补助费、营养费、护理费、交通费、误工费、残疾赔偿金、辅助器具费、精神损害抚慰金、诉讼代理费、查档费的诉讼请求,于法有据,应予支持。具体赔偿基数及计算方式如下:一、医疗费、辅助器具费、查档费,根据原告提供的单据,据实认定医疗费66,394.33元、辅助器具费528元、查档费80元;二、住院伙食补助费,每天以20元计,共14天,扣除住院期间自费饮食5.5元,实际为274.5元;三、营养费、护理费,参照相关规定以及鉴定部门出具的鉴定意见,确定营养费、护理费分别为4800元;四、交通费,原、被告对赔偿基数1631元达成一致意见,予以准许;五、误工费,根据原告从事服装零售业的事实,依据上一年度本市职工平均工资以及鉴定报告确定的休息期限,计算其误工损失为21,394.5元;六、残疾赔偿金,根据鉴定部门所作的伤残等级、受诉地法院上一年度人均可支配收入以20年计,并参考多级伤残计算标准,予以确定;七、精神损害抚慰金,本案事故导致原告受伤并构成伤残,给原告精神上带来痛苦,故按照相关规定酌情确定;八、诉讼代理费,原告为诉讼聘请律师而支付律师代理费也系其损失,应予支持,具体数额将根据相关规定以及本案实际情况酌情确定。至于原告提出的后续治疗费,由于尚未发生,本案不作处理,原告可待今后实际情势另行主张。上述医疗费、住院伙食补助费、营养费、护理费、交通费、误工费、残疾赔偿金、辅助器具费、查档费,被告也宁阁酒店依据其过错程度承担相应的民事赔偿责任。另也宁阁酒店已经支付的40,000元,为避免讼累,可在本案确定其赔偿数额中予以扣除。

• **2013年第8期《中华人民共和国最高人民法院公报》**刊登的“**谢叶阳上海动物园饲养动物致人损害纠纷案**”判决就假肢费用是否应当赔偿进行了分析。相关裁判摘要如下:

上诉人谢某某尚年幼,右手中指的部分缺失对其今后正常的生活、学习确实会造成一定影响,安装的假肢虽为美容假肢,但确能起到一定的功能作用。故原审法院根据双方的过错程度,酌情支持部分假肢费用并无不当。上诉人上海动物园上诉认为不应承担假肢费用的观点,法院不予采纳。原审法院鉴于今后的假肢费用目前尚未实际发生,假肢费用具有不确定性,为更好保护谢某某的权益,对今后的假肢费用未予支持亦无不当。谢某某要求本案中一并处理今后的假肢费用的观点,法院亦不予采纳。谢某某可待该费用实际发生后另行主张。

• **2012年第11期《中华人民共和国最高人民法院公报》**刊登的“**焦建军与江苏省中山国际旅行社有限公司、第三人中国康辉南京国际旅行社有限责任公司旅游侵权纠纷案**”判决就误工、营养期限数额应如何认定的问题进行了分析。相关裁判摘要如下:

本起交通事故造成被上诉人焦建军身体多处受伤,经上诉人中山国旅委托,南京金陵司法鉴定所对焦建军身体多处伤残及伤后误工、护理、营养期限出具了明确的鉴定意见。一审审理中,因中山国旅对鉴定意见确定的左上肢伤残程度及误工、护理、营养期限提出异议并申请重新鉴定,经法院委托,江苏省人民医院司法鉴定所出具鉴定意见,该鉴定意见对焦建军左锁骨骨折后构成十级伤残的认定与南京金陵司法鉴定所的鉴定意见一致,虽然该鉴定意见同时确定的焦建军车祸外伤后误工、护理和营养期限均低于南京金陵司法鉴定所所确定的期限,但因江苏省人民医院司法鉴定所评定的误工、护理和营养期限仅针对焦建军车祸外伤中的左上肢损伤作出,并不包含焦建军车祸后脾切除和腰椎、肋骨骨折损伤所需要的误工、护理和营养期限,仅以此不能否定南京金陵司法鉴定所此前综合焦建军身体多处损失所作出的误工、护理和营养期限评定,中山国旅亦未能提供相应证据证明南京金陵司法鉴定所的鉴定存在程序违法等足以导致鉴定结论无效的情形,原审法院对南京金陵司法鉴定所出具的鉴定意见予以采纳并无不当。

• **2006年第9期《中华人民共和国最高人民法院公报》**刊登的"**季宜珍等诉财保海安支公司、穆广进、徐俊交通事故损害赔偿纠纷案**"判决认为,不能简单地依据户籍登记确认死亡赔偿金的计算标准,而应综合考虑受害人的经常居住地、工作地、获取报酬地、生活消费地等因素加以判断。相关裁判摘要如下:

关于死亡赔偿金的计算标准,根据最高人民法院《关于审理人身损害赔偿案件适用法律若干问题的解释》第二十九条之规定,死亡赔偿金应以受诉法院所在地上一年度城镇居民人均可支配收入或农村居民人均纯收入标准,按20年计算。人的生命本是无价的,但在生命权受到侵害后,需要以金钱的方式进行赔偿,就必然涉及赔偿标准问题。上述司法解释的规定是考虑到城镇居民的平均消费水平和收入水平均高于农村居民,为合理地补偿受害人的损失,同时避免加重赔偿人的责任,故对城镇居民和农村居民的死亡赔偿金计算标准加以区别,其本意并非人为地以户籍因素划分生命价值的高低。近年来,随着市场经济的发展,人员的流动性也日益增强,大批农村居民进入城镇务工,其中有相当一部分农村居民常年在城镇工作生活,其收入相对稳定,消费水平也和一般城镇居民基本相同,虽然户籍登记仍为农村居民,但是事实上已经融入城镇生活。如果这类人员发生死亡事故,在计算死亡赔偿金额时,仍以其户籍登记作为判断依据,按照农村居民标准给予赔偿,显然不能合理的补偿经济损失,从而有失公平。全面正确地理解上述规定,在确认死亡赔偿金计算标准时,不能简单地依据受害人的户籍登记作出判断,而应当综合考虑受害人的经常居住地、工作地、获取报酬地、生活消费地等因素进行确定。

本案受害人季崇山户籍登记虽为农村居民，但根据现有证据，季崇山与许艳兰婚后常年居住于海安县城，季崇山生前曾在海安县城多家单位从事工作，有较稳定的收入，其主要消费地亦在海安县城。季崇山的死亡必然会影响其家庭消费水平，其家庭可预期的未来收入势必也随之减少。如果按照农村居民的标准计算季崇山的死亡赔偿金，显然不足以填补原告方的损失，有失公平。故在确认季崇山的死亡赔偿金计算标准时，应客观考虑季崇山生前的经常居住地、工作地、获取报酬地、生活消费地等均在城镇的因素，以城镇居民的标准计算死亡赔偿金。据此，确认季崇山的死亡赔偿金应按照江苏省统计部门公布的2004年度城镇居民人均可支配收入10,482元计算20年，共计209,640元。

• **2006年第3期《中华人民共和国最高人民法院公报》**刊登的“**王德钦诉杨德胜、泸州市汽车二队交通事故损害赔偿纠纷案**”判决认为，死者生前抚养的人既包括死者生前实际扶养的人，也包括应当由死者抚养，但因为死亡事故发生，死者尚未抚养的子女。相关裁判摘要如下：

本案证据证明，原告王德钦与被害人王先强之间存在着父子血缘关系。《中华人民共和国婚姻法》第二十一条规定：“父母对子女有抚养教育的义务；子女对父母有赡养扶助的义务。”第二十五条规定：“非婚生子女享有与婚生子女同等的权利，任何人不得加以危害和歧视。”父母对子女的抚养教育义务，是由父母与子女间存在的血缘关系决定的，不因父母之间是否存在婚姻关系而发生实质性变化。

民法通则第一百一十九条规定，侵害公民身体造成死亡的，加害人应当向被害人一方支付死者生前扶养的人必要的生活费等费用。“死者生前扶养的人”，既包括死者生前实际扶养的人，也包括应当由死者抚养，但因为死亡事故发生，死者尚未抚养的子女。原告王德钦与王先强存在父子关系，是王先强应当抚养的人。王德钦出生后，向加害王先强的人主张赔偿，符合民法通则的这一规定。由于被告杨德胜的加害行为，致王德钦出生前王先强死亡，使王德钦不能接受其父王先强的抚养。本应由王先强负担的王德钦生活费、教育费等必要费用的二分之一，理应由杨德胜赔偿。

第一千一百八十条 【同一侵权导致多人死亡时死亡赔偿金的确定】因同一侵权行为造成多人死亡的,可以以相同数额确定死亡赔偿金。

法条评释:本条源于原《侵权责任法》第17条。原《侵权责任法》当初之所以作此规定,主要考虑了以下理由:首先,有利于尽快解决纠纷,防止不同的赔偿权利人之间互相攀比,避免造成新的矛盾,使赔偿问题长期无法解决,甚至引发群体性事件。在侵权责任法的审议过程中,“有的常委委员、部门和专家提出,死亡赔偿在许多情况下根据死者年龄、收入状况等情形赔偿数额有所不同,但在同一事故造成死亡人数较多时,为便于解决纠纷,往往采用相同数额予以赔偿,草案应当根据实际做法增加有关规定”。其次,该条是对实践经验的总结。在我国,以往处理同一损害事故造成多人死亡的案件(如矿难赔偿)时,多采取给付所有受害人近亲属以固定数额赔偿金的方式。此外,这一规定也为我国今后立法规范现代社会的大规模侵权赔偿问题提供了法律依据。

需要注意的是,由于本条使用的是“可以”的表述,而未规定“必须”或者“应当”,加之本条并未明确适用的主体,故此,该条属于任意性条款,具有指导意义。实践中,无论是侵权人与被侵权人的近亲属协商赔偿数额,还是政府有关部门组织确定的的赔偿方案,抑或是人民法院在相关赔偿案件的审理中,都可以依据该标准。

第一千一百八十一条 【侵权责任请求权的主体】被侵权人死亡的,其近亲属有权请求侵权人承担侵权责任。被侵权人为组织,该组织分立、合并的,承继权利的组织有权请求侵权人承担侵权责任。

被侵权人死亡的,支付被侵权人医疗费、丧葬费等合理费用的人有权请求侵权人赔偿费用,但是侵权人已经支付该费用的除外。

法条评释:本条是对侵权责任请求权主体的规定,来自原《侵权责任法》第18条,基本内容没有变动,只是将第18条中的“单位”修改为“组织”。被侵权人是自然人的,其因侵权行为而死亡的,则死者的近亲属享有侵权责任请求权。所谓近亲属,依据《民法典》第1045条第1款,是指“配偶、父母、子女、兄弟姐妹、祖父母、外祖父母、孙子女、外孙子女”。被侵权人是组织的,即法人组织或非法人组织,该组织分立、合并的,承继权利的组织有权请求侵权人承担侵权责任。

一、相关法律条文

《中华人民共和国国家赔偿法》(2012年10月26日修正)

第六条 受害的公民、法人和其他组织有权要求赔偿。

受害的公民死亡,其继承人和其他有扶养关系的亲属有权要求赔偿。

受害的法人或者其他组织终止的,其权利承受人有权要求赔偿。

二、相关司法解释规定

1.《最高人民法院关于确定民事侵权精神损害赔偿责任若干问题的解释》(法释〔2001〕7号)(2020年12月23日修正)就自然人死亡后,近亲属的精神损害赔偿请求权,作出了如下规定:

第三条 死者的姓名、肖像、名誉、荣誉、隐私、遗体、遗骨等受到侵害,其近亲属向人民法院提起诉讼请求精神损害赔偿的,人民法院应当依法予以支持。

2.《最高人民法院关于审理人身损害赔偿案件适用法律若干问题的解释》(法释〔2003〕20号)(2020年12月23日修正)就人身损害赔偿案件的赔偿权利人和赔偿义务人,作出了如下规定:

第一条 因生命、身体、健康遭受侵害,赔偿权利人起诉请求赔偿义务人赔偿物质损害和精神损害的,人民法院应予受理。

本条所称"赔偿权利人",是指因侵权行为或者其他致害原因直接遭受人身损害的受害人以及死亡受害人的近亲属。

本条所称"赔偿义务人",是指因自己或者他人的侵权行为以及其他致害原因依法应当承担民事责任的自然人、法人或者非法人组织。

3.《最高人民法院关于审理医疗损害责任纠纷案件适用法律若干问题的解释》(法释〔2017〕20号)(2020年12月23日修正)

第二十五条 患者死亡后,其近亲属请求医疗损害赔偿的,适用本解释;支付患者医疗费、丧葬费等合理费用的人请求赔偿该费用的,适用本解释。

本解释所称的"医疗产品"包括药品、消毒产品、医疗器械等。

4.《最高人民法院关于审理铁路运输人身损害赔偿纠纷案件适用法律若干问题的解释》(法释〔2010〕5号)(2020年12月23日修正)就铁路运输人身损害赔偿的请求权主体,作出了如下规定:

第二条 铁路运输人身损害的受害人、依法由受害人承担扶养义务的被扶养人以及死亡受害人的近亲属为赔偿权利人,有权请求赔偿。

5.《最高人民法院关于适用〈中华人民共和国刑事诉讼法〉的解释》(法释〔2012〕21号)就刑事附带民事诉讼中的侵权赔偿请求权人和赔偿范围,作出了如下规定:

第一百三十八条 被害人因人身权利受到犯罪侵犯或者财物被犯罪分子毁坏而遭受物质损失的,有权在刑事诉讼过程中提起附带民事诉讼;被害人死亡或者丧失行为能力的,其法定代理人、近亲属有权提起附带民事诉讼。

因受到犯罪侵犯,提起附带民事诉讼或者单独提起民事诉讼要求赔偿精神损失的,人民法院不予受理。

6.《最高人民法院关于审理道路交通事故损害赔偿案件适用法律若干问题的解释》(法释〔2012〕19号)(2020年12月23日修正)

第二十三条 被侵权人因道路交通事故死亡,无近亲属或者近亲属不明,未经法律授权的机关或者有关组织向人民法院起诉主张死亡赔偿金的,人民法院不予受理。

侵权人以已向未经法律授权的机关或者有关组织支付死亡赔偿金为理由,请求保险公司在交强险责任限额范围内予以赔偿的,人民法院不予支持。

被侵权人因道路交通事故死亡,无近亲属或者近亲属不明,支付被侵权人医疗费、丧葬费等合理费用的单位或者个人,请求保险公司在交强险责任限额范围内予以赔偿的,人民法院应予支持。

三、相关文件规定

《最高人民法院关于侵权行为导致流浪乞讨人员死亡,无赔偿权利人或者赔偿权利人不明的,民政部门能否提起民事诉讼的复函》(〔2010〕民一他字第23号)

安徽省高级人民法院:

你院〔2010〕皖刑他字第0034号、〔2010〕皖民一他字第0006号《关

> 于被告人张男男交通肇事刑事附带民事案及王小东道路交通事故人身损害民事赔偿案有关问题的请示报告》收悉。经研究，答复如下：
>
> 流浪乞讨人员因侵权行为导致死亡，无赔偿权利人或者赔偿权利人不明，在法律未明确授权的情况下，民政部门向人民法院提起民事诉讼的，人民法院不予受理。已经受理的，驳回起诉。

第一千一百八十二条　【侵害人身权益的财产损失赔偿额的确定方法】侵害他人人身权益造成财产损失的，按照被侵权人因此受到的损失或者侵权人因此获得的利益赔偿；被侵权人因此受到的损失以及侵权人因此获得的利益难以确定，被侵权人和侵权人就赔偿数额协商不一致，向人民法院提起诉讼的，由人民法院根据实际情况确定赔偿数额。

法条评释：本条是对侵害他人人身权益的财产损失赔偿额的确定方法的规定。侵害生命权、身体权和健康权即造成人身伤亡时的财产损害赔偿问题，《民法典》第1179条已有规定，本条规定的是侵害上述三种人格权之外的其他人格权益和身份权益造成的财产损失的赔偿的规定，如侵害姓名权、名誉权、肖像权、隐私权、荣誉权、个人信息、监护权。早在起草《侵权责任法》时，有的全国人大常委会常委委员、法院法官和专家就提出，侵害姓名权、名誉权、肖像权、隐私权等造成财产损失的，不少情况下损失赔偿额难以计算，因此建议《侵权责任法》应当进一步对侵害人身权如何赔偿作出规定。故此，全国人民代表大会法律委员会经同有关部门研究后参照作出了具体的规定，这就是原《侵权责任法》第20条第2句、第3句。依据这两句，被侵权人的损失难以确定，侵权人因此获得利益的，按照其获得的利益赔偿；侵权人因此获得的利益难以确定，被侵权人和侵权人就赔偿数额协商不一致，向人民法院提起诉讼的，由人民法院根据实际情况确定赔偿数额。《侵权责任法》的这一规定，实际上体现了我国法律对于人身权益中所蕴含的经济利益的承认和保护。

《民法典》本条在原《侵权责任法》第20条的基础上有所修改完善，主要体现在：依据本条第1句，侵害他人人身权益造成财产损失的，无论被侵权人因此受到的损失是否难以确定，均可由被侵权人选择按照所受到的损失要求侵权人赔偿，或者按照侵权人因此获得的利益要求侵权人赔偿。之所以作此修改，主要是考虑到，通过赋予被侵权人以选择权，可以有效地保护被侵权人的合法权益，同时也有利于剥夺侵权人的非法获利，预防和制止侵权行为的发生。

一、相关法律条文

1.《中华人民共和国著作权法》(2020年11月11日修正)

第五十四条 侵犯著作权或者与著作权有关的权利的，侵权人应当按照权利人因此受到的实际损失或者侵权人的违法所得给予赔偿；权利人的实际损失或者侵权人的违法所得难以计算的，可以参照该权利使用费给予赔偿。对故意侵犯著作权或者与著作权有关的权利，情节严重的，可以在按照上述方法确定数额的一倍以上五倍以下给予赔偿。

权利人的实际损失、侵权人的违法所得、权利使用费难以计算的，由人民法院根据侵权行为的情节，判决给予五百元以上五百万元以下的赔偿。

赔偿数额还应当包括权利人为制止侵权行为所支付的合理开支。

人民法院为确定赔偿数额，在权利人已经尽了必要举证责任，而与侵权行为相关的账簿、资料等主要由侵权人掌握的，可以责令侵权人提供与侵权行为相关的账簿、资料等；侵权人不提供，或者提供虚假的账簿、资料等的，人民法院可以参考权利人的主张和提供的证据确定赔偿数额。

人民法院审理著作权纠纷案件，应权利人请求，对侵权复制品，除特殊情况外，责令销毁；对主要用于制造侵权复制品的材料、工具、设备等，责令销毁，且不予补偿；或者在特殊情况下，责令禁止前述材料、工具、设备等进入商业渠道，且不予补偿。

2.《中华人民共和国专利法》(2020年10月17日修正)

第七十一条 侵犯专利权的赔偿数额按照权利人因被侵权所受到的实际损失或者侵权人因侵权所获得的利益确定；权利人的损失或者侵权人获得的利益难以确定的，参照该专利许可使用费的倍数合理确定。对故意侵犯专利权，情节严重的，可以在按照上述方法确定数额的一倍以上五倍以下确定赔偿数额。

权利人的损失、侵权人获得的利益和专利许可使用费均难以确定的，人民法院可以根据专利权的类型、侵权行为的性质和情节等因素，确定给予三万元以上五百万元以下的赔偿。

赔偿数额还应当包括权利人为制止侵权行为所支付的合理开支。

人民法院为确定赔偿数额，在权利人已经尽力举证，而与侵权行为相关的账簿、资料主要由侵权人掌握的情况下，可以责令侵权人提供与侵权行为相关的账簿、资料；侵权人不提供或者提供虚假的账簿、资料的，人民法院可以参考权利人的主张和提供的证据判定赔偿数额。

3.《中华人民共和国商标法》(2019 年 4 月 23 日修正)

第六十三条　侵犯商标专用权的赔偿数额，按照权利人因被侵权所受到的实际损失确定；实际损失难以确定的，可以按照侵权人因侵权所获得的利益确定；权利人的损失或者侵权人获得的利益难以确定的，参照该商标许可使用费的倍数合理确定。对恶意侵犯商标专用权，情节严重的，可以在按照上述方法确定数额的一倍以上五倍以下确定赔偿数额。赔偿数额应当包括权利人为制止侵权行为所支付的合理开支。

人民法院为确定赔偿数额，在权利人已经尽力举证，而与侵权行为相关的账簿、资料主要由侵权人掌握的情况下，可以责令侵权人提供与侵权行为相关的账簿、资料；侵权人不提供或者提供虚假的账簿、资料的，人民法院可以参考权利人的主张和提供的证据判定赔偿数额。

权利人因被侵权所受到的实际损失、侵权人因侵权所获得的利益、注册商标许可使用费难以确定的，由人民法院根据侵权行为的情节判决给予五百万元以下的赔偿。

人民法院审理商标纠纷案件，应权利人请求，对属于假冒注册商标的商品，除特殊情况外，责令销毁；对主要用于制造假冒注册商标的商品的材料、工具，责令销毁，且不予补偿；或者在特殊情况下，责令禁止前述材料、工具进入商业渠道，且不予补偿。

假冒注册商标的商品不得在仅去除假冒注册商标后进入商业渠道。

4.《中华人民共和国种子法》(2015 年 11 月 4 日修订)

第七十三条　违反本法第二十八条规定，有侵犯植物新品种权行为的，由当事人协商解决，不愿协商或者协商不成的，植物新品种权所有人或者利害关系人可以请求县级以上人民政府农业、林业主管部门进行处理，也可以直接向人民法院提起诉讼。

县级以上人民政府农业、林业主管部门，根据当事人自愿的原则，对侵犯植物新品种权所造成的损害赔偿可以进行调解。调解达成协议的，当事人应当履行；当事人不履行协议或者调解未达成协议的，植物新品种权所有人或者利害关系人可以依法向人民法院提起诉讼。

侵犯植物新品种权的赔偿数额按照权利人因被侵权所受到的实际损失确定；实际损失难以确定的，可以按照侵权人因侵权所获得的利益确定。权利人的损失或者侵权人获得的利益难以确定的，可以参照该植物新品种权许可使用费的倍数合理确定。赔偿数额应当包括权利人为制止侵权行为所支付的合理开支。侵犯植物新品种权，情节严重的，可以在按照上述方法确定数额的一倍以上三倍以下确定赔偿数额。

权利人的损失、侵权人获得的利益和植物新品种权许可使用费均难以确定的，人民法院可以根据植物新品种权的类型、侵权行为的性质和情节等因素，确定给予三百万元以下的赔偿。

县级以上人民政府农业、林业主管部门处理侵犯植物新品种权案件时，为了维护社会公共利益，责令侵权人停止侵权行为，没收违法所得和种子；货值金额不足五万元的，并处一万元以上二十五万元以下罚款；货值金额五万元以上的，并处货值金额五倍以上十倍以下罚款。

假冒授权品种的，由县级以上人民政府农业、林业主管部门责令停止假冒行为，没收违法所得和种子；货值金额不足五万元的，并处一万元以上二十五万元以下罚款；货值金额五万元以上的，并处货值金额五倍以上十倍以下罚款。

5.《中华人民共和国反不正当竞争法》(2019年4月23日修正)

第十七条 经营者违反本法规定，给他人造成损害的，应当依法承担民事责任。

经营者的合法权益受到不正当竞争行为损害的，可以向人民法院提起诉讼。

因不正当竞争行为受到损害的经营者的赔偿数额，按照其因被侵权所受到的实际损失确定；实际损失难以计算的，按照侵权人因侵权所获得的利益确定。经营者恶意实施侵犯商业秘密行为，情节严重的，可以在按照上述方法确定数额的一倍以上五倍以下确定赔偿数额。赔偿数额还应当包括经营者为制止侵权行为所支付的合理开支。

经营者违反本法第六条、第九条规定，权利人因被侵权所受到的实际损失、侵权人因侵权所获得的利益难以确定的，由人民法院根据侵权行为的情节判决给予权利人五百万元以下的赔偿。

二、相关司法解释规定

1.《最高人民法院关于审理利用信息网络侵害人身权益民事纠纷案件适用法律若干问题的规定》(法释〔2014〕11号)

第十一条 网络用户或者网络服务提供者侵害他人人身权益，造成财产损失或者严重精神损害，被侵权人依据民法典第一千一百八十二条和第一千一百八十三条的规定，请求其承担赔偿责任的，人民法院应予支持。

第十二条 被侵权人为制止侵权行为所支付的合理开支，可以认定为民法典第一千一百八十二条规定的财产损失。合理开支包括被侵权人或者委托代理人对侵权行为进行调查、取证的合理费用。人民法院根据当事人的请求和具体案情，可以将符合国家有关部门规定的律师费用计算在赔偿范围内。

被侵权人因人身权益受侵害造成的财产损失以及侵权人因此获得的利益难以确定的，人民法院可以根据具体案情在50万元以下的范围内确定赔偿数额。

2.《最高人民法院关于审理侵犯专利权纠纷案件应用法律若干问题的解释(二)》(法释〔2016〕1号)(2020年12月23日修正)

第二十七条 权利人因被侵权所受到的实际损失难以确定的，人民法院应当依照专利法第六十五条第一款的规定，要求权利人对侵权人因侵权所获得的利益进行举证；在权利人已经提供侵权人所获利益的初步证据，而与专利侵权行为相关的账簿、资料主要由侵权人掌握的情况下，人民法院可以责令侵权人提供该账簿、资料；侵权人无正当理由拒不提供或者提供虚假的账簿、资料的，人民法院可以根据权利人的主张和提供的证据认定侵权人因侵权所获得的利益。

3.《最高人民法院关于审理专利纠纷案件适用法律问题的若干规定》(法释〔2015〕4号)(2020年12月23日修正)

第十四条 专利法第六十五条规定的权利人因被侵权所受到的实际损失可以根据专利权人的专利产品因侵权所造成销售量减少的总数乘以每件专利产品的合理利润所得之积计算。权利人销售量减少的总数难以确定的,侵权产品在市场上销售的总数乘以每件专利产品的合理利润所得之积可以视为权利人因被侵权所受到的实际损失。

专利法第六十五条规定的侵权人因侵权所获得的利益可以根据该侵权产品在市场上销售的总数乘以每件侵权产品的合理利润所得之积计算。侵权人因侵权所获得的利益一般按照侵权人的营业利润计算,对于完全以侵权为业的侵权人,可以按照销售利润计算。

第十五条 权利人的损失或者侵权人获得的利益难以确定,有专利许可使用费可以参照的,人民法院可以根据专利权的类型、侵权行为的性质和情节、专利许可的性质、范围、时间等因素,参照该专利许可使用费的倍数合理确定赔偿数额;没有专利许可使用费可以参照或者专利许可使用费明显不合理的,人民法院可以根据专利权的类型、侵权行为的性质和情节等因素,依照专利法第六十五条第二款的规定确定赔偿数额。

第十六条 权利人主张其为制止侵权行为所支付合理开支的,人民法院可以在专利法第六十五条确定的赔偿数额之外另行计算。

4.《最高人民法院关于审理商标民事纠纷案件适用法律若干问题的解释》(法释〔2002〕32号)(2020年12月23日修正)

第十六条 权利人因被侵权所受到的实际损失、侵权人因侵权所获得的利益、注册商标使用许可费均难以确定的,人民法院可以根据当事人的请求或者依职权适用商标法第六十三条第三款的规定确定赔偿数额。

人民法院在适用商标法第六十三条第三款规定确定赔偿数额时,应当考虑侵权行为的性质、期间、后果,侵权人的主观过错程度,商标的声誉及制止侵权行为的合理开支等因素综合确定。

当事人按照本条第一款的规定就赔偿数额达成协议的,应当准许。

5.《最高人民法院关于审理侵犯商业秘密民事案件适用法律若干问题的规定》(法释〔2020〕7号)

第十九条 因侵权行为导致商业秘密为公众所知悉的,人民法院依法确定赔偿数额时,可以考虑商业秘密的商业价值。

人民法院认定前款所称的商业价值，应当考虑研究开发成本、实施该项商业秘密的收益、可得利益、可保持竞争优势的时间等因素。

第二十条 权利人请求参照商业秘密许可使用费确定因被侵权所受到的实际损失的，人民法院可以根据许可的性质、内容、实际履行情况以及侵权行为的性质、情节、后果等因素确定。

人民法院依照反不正当竞争法第十七条第四款确定赔偿数额的，可以考虑商业秘密的性质、商业价值、研究开发成本、创新程度、能带来的竞争优势以及侵权人的主观过错、侵权行为的性质、情节、后果等因素。

第二十三条 当事人主张依据生效刑事裁判认定的实际损失或者违法所得确定涉及同一侵犯商业秘密行为的民事案件赔偿数额的，人民法院应予支持。

第二十四条 权利人已经提供侵权人因侵权所获得的利益的初步证据，但与侵犯商业秘密行为相关的账簿、资料由侵权人掌握的，人民法院可以根据权利人的申请，责令侵权人提供该账簿、资料。侵权人无正当理由拒不提供或者不如实提供的，人民法院可以根据权利人的主张和提供的证据认定侵权人因侵权所获得的利益。

6.《最高人民法院关于知识产权民事诉讼证据的若干规定》(法释〔2020〕12号)

第三十一条 当事人提供的财务账簿、会计凭证、销售合同、进出货单据、上市公司年报、招股说明书、网站或者宣传册等有关记载，设备系统存储的交易数据，第三方平台统计的商品流通数据，评估报告，知识产权许可使用合同以及市场监管、税务、金融部门的记录等，可以作为证据，用以证明当事人主张的侵害知识产权赔偿数额。

第三十二条 当事人主张参照知识产权许可使用费的合理倍数确定赔偿数额的，人民法院可以考量下列因素对许可使用费证据进行审核认定：

(一)许可使用费是否实际支付及支付方式，许可使用合同是否实际履行或者备案；

(二)许可使用的权利内容、方式、范围、期限；

(三)被许可人与许可人是否存在利害关系；

(四)行业许可的通常标准。

三、相关裁判摘要

• **2020年第2期《中华人民共和国最高人民法院公报》**刊登的“**周星驰诉中建荣真无锡建材科技有限公司肖像权、姓名权纠纷案**”判决对侵害肖像权、名称权的财产损害赔偿的确定进行了分析。相关裁判摘要如下：

第二，关于赔偿损失。首先，肖像是自然人的外貌在物质载体上通过绘画、照相、电影、电视、录像、雕塑等形式再现的视觉形象。肖像作为自然人的一种图像标志，与该自然人的外部形象及人格密切相关。它直接关系到自然人的人格尊严及其形象的社会评价。一方面，肖像和姓名可以将该自然人与其他自然人区别开来，并体现出肖像权和姓名权人的人格尊严、名誉等，构成肖像权、姓名权人的精神利益；另一方面，自然人对肖像、姓名的利用可以带来一定的商业利益。原告周星驰作为知名艺人、演员，能够通过参演影视节目、广告代言等活动获取相应的经济利益，其肖像权、姓名权具有一定的商业化利用价值。被告中建荣真建材公司对原告肖像权、姓名权的侵害，导致原告人格权权能中包含经济性利益的部分受损，有损原告形象的商业价值，故应当对非法使用原告肖像、姓名造成的财产损失予以赔偿。其次，《中华人民共和国侵权责任法》第二十条规定，侵害他人人身权益造成财产损失的，按照被侵权人因此受到的损失赔偿；被侵权人的损失难以确定，侵权人因此获得利益的，按照其获得的利益赔偿；侵权人因此获得的利益难以确定的，被侵权人和侵权人就赔偿数额协商不一致，向人民法院提起诉讼的，由人民法院根据实际情况确定赔偿数额。《最高人民法院关于审理利用信息网络侵害人身权益民事纠纷案件适用法律若干问题的规定》第十八条第一款规定，被侵权人为制止侵权行为所支付的合理开支，可以认定为侵权责任法第二十条规定的财产损失。合理开支包括被侵权人或者委托代理人对侵权行为进行调查、取证的合理费用。人民法院根据当事人的请求和具体案情，可以将符合国家有关部门规定的律师费用计算在赔偿范围内。第二款规定，被侵权人因人身权益受侵害造成的财产损失或者侵权人因此获得的利益无法确定的，人民法院可以根据具体案情在50万元以下的范围内确定赔偿数额。法院认为，上述司法解释是适用于在信息网络上实施侵权行为案件的特别规定，而对于案件中同时存在其他类型侵权行为的损害赔偿仍应适用侵权责任法的一般规定。最后，在本案中，原告要求参照可口可乐的代言费用来计算赔偿金额,但其所提供的证据与本案不具有直接关联性,不足以证明所受损失,亦未举证证明被告的获利情况。现原告的财产损失或被告因侵权获得的利益难以确定,双方就赔偿数额亦未能协商一致,法院根据案件实际情况,酌情认定赔偿数额为58万元。其中包括:1. 财产性损害赔偿50万元。原告作为知名的演员、导演,享有广泛的知名度。被告作为营利法人,为了自身营销需要,于2017年1月和6月擅自在公司官网和创业邦网站使用原告的肖像和姓名,并在《旅伴》杂志(2017年第2期)刊登广告实施侵权行为。上述行为不仅侵犯了原告的人格尊严,也侵犯了权利人自己或许可他人使用肖像和姓名所生之利益,最终会损害诚信经营的公平竞争秩序和其他经营者、消费者的合法权益。法院注意到,被告在原告发送律师函后,截至2017年6月19日,仍未停止侵权行为。同年9月,《旅伴》杂志出现在虹桥火车站,该杂志的铁路站车发行范围涵盖全国大部分高铁动车组运行区段。由此可见,涉案侵权行为影响范围较广,持续时间较长。虽然被告辩称花费了9万元从案外人处购买了原告的照片,但其明知在未获得原告本人同意的情况下,仍使用原告的肖像和姓名制作并投放涉案广告,主观上存在过错。故法院根据原告的职业身份、知名度、肖像许可使用情况,被告的侵权行为持续时间、主观过错程度、涉案侵权广告范围、网站公开程度、杂志发行量及可能造成的影响等情节,确定财产性损害赔偿50万元。2. 合理费用支出8万元。律师费用收取系当事人与律师之间意思自治之结果,法院不予干涉。司法解释明确规定被侵权人为制止侵权行为所支付的合理开支属于被侵权人的财产损失。原告主张合理费用支出112.50万元,但事实上,该费用包括了一审、二审和执行等事项,法院认为,其要求被告在本案中承担的费用应当限制在合理范围内。因此,综合考量原告为制止涉案侵权行为的诉讼成本、案件标的额、判赔额、案件复杂程度、律师工作量、相关律师收费标准等因素,法院确定合理费用支出8万元。

• **2001年第5期《中华人民共和国最高人民法院公报》**刊登的"**齐玉苓诉陈晓琪等以侵犯姓名权的手段侵犯宪法保护的公民受教育的基本权利纠纷案**"判决对侵害姓名权的赔偿范围进行了分析。相关裁判摘要如下:

由于各被上诉人侵犯了上诉人齐玉苓的姓名权和受教育的权利,才使得齐玉苓为接受高等教育另外再进行复读,为将农业户口转为非农业户口交纳城市增容费,为诉讼支出律师费。这些费用都是其受教育的权利被侵犯而遭受的直接经济损失，应由被上诉人陈晓琪、陈克政赔偿，其他各被上诉人承担连带赔偿责任。齐玉苓后来就读于邹城市劳动技校所支付的学费，是其接受该校教育的正常支出，不是侵权造成的经济损失，不应由侵权人承担赔偿责任。

第一千一百八十三条 【精神损害赔偿责任】侵害自然人人身权益造成严重精神损害的，被侵权人有权请求精神损害赔偿。

因故意或者重大过失侵害自然人具有人身意义的特定物造成严重精神损害的，被侵权人有权请求精神损害赔偿。

法条评释：本条是对精神损害赔偿责任的规定。原《侵权责任法》就对精神损害赔偿责任作出了规定，该法第22条规定："侵害他人人身权益，造成他人严重精神损害的，被侵权人可以请求精神损害赔偿。"本条第1款即来自该规定，不过将"他人人身权益"明确为"自然人人身权益"，同时增加了第2款，即"侵害自然人具有人身意义的特定物"时的精神损害赔偿责任。这主要是考虑到，虽然侵害有体物时，原则上只发生财产损害赔偿，但是在特定情形下，侵害有体物也会给被侵权人造成精神损害，故此也应当通过精神损害赔偿责任对被侵权人给予保护。在《民法典》编纂时，学者也提出要增加对侵害自然人具有人身意义的特定物的精神损害赔偿的规定。立法机关根据审判实践需要，据此扩大了精神损害赔偿的适用范围。

需要注意的是，依据本条第1款，被侵权人要求侵权人承担精神损害赔偿责任必须符合两项条件：其一，被侵权人是自然人且遭受侵害的是其人身权益，而非财产权益；其二，被侵权人遭受了严重精神损害。之所以作此两项限制，主要是考虑到：精神损害往往难以确定，如果仅仅因为被侵权人的不舒服、伤心、失望等不良情绪就给予精神损害赔偿，则不仅会引发诉讼爆炸，浪费司法资源，也会不合理地给侵权人施加过重的赔偿责任。

一、相关法律条文

1.《中华人民共和国消费者权益保护法》(2013年10月25日修正)

第五十一条 经营者有侮辱诽谤、搜查身体、侵犯人身自由等侵害消费者或者其他受害人人身权益的行为，造成严重精神损害的，受害人可以要求精神损害赔偿。

2.《中华人民共和国国家赔偿法》（2012 年 10 月 26 日修正）对国家赔偿案件中的精神损害赔偿责任，作出了如下规定：

第三条　行政机关及其工作人员在行使行政职权时有下列侵犯人身权情形之一的，受害人有取得赔偿的权利：

（一）违法拘留或者违法采取限制公民人身自由的行政强制措施的；

（二）非法拘禁或者以其他方法非法剥夺公民人身自由的；

（三）以殴打、虐待等行为或者唆使、放纵他人以殴打、虐待等行为造成公民身体伤害或者死亡的；

（四）违法使用武器、警械造成公民身体伤害或者死亡的；

（五）造成公民身体伤害或者死亡的其他违法行为。

第十七条　行使侦查、检察、审判职权的机关以及看守所、监狱管理机关及其工作人员在行使职权时有下列侵犯人身权情形之一的，受害人有取得赔偿的权利：

（一）违反刑事诉讼法的规定对公民采取拘留措施的，或者依照刑事诉讼法规定的条件和程序对公民采取拘留措施，但是拘留时间超过刑事诉讼法规定的时限，其后决定撤销案件、不起诉或者判决宣告无罪终止追究刑事责任的；

（二）对公民采取逮捕措施后，决定撤销案件、不起诉或者判决宣告无罪终止追究刑事责任的；

（三）依照审判监督程序再审改判无罪，原判刑罚已经执行的；

（四）刑讯逼供或者以殴打、虐待等行为或者唆使、放纵他人以殴打、虐待等行为造成公民身体伤害或者死亡的；

（五）违法使用武器、警械造成公民身体伤害或者死亡的。

第三十五条　有本法第三条或者第十七条规定情形之一，致人精神损害的，应当在侵权行为影响的范围内，为受害人消除影响，恢复名誉，赔礼道歉；造成严重后果的，应当支付相应的精神损害抚慰金。

二、相关司法解释规定

1.《最高人民法院关于确定民事侵权精神损害赔偿责任若干问题的解释》（法释〔2001〕7 号）（2020 年 12 月 23 日修正）对精神损害赔偿责任的适用范围及赔偿数额的确定等问题作出了详细规定，具体规定如下：

第一条　因人身权益或者具有人身意义的特定物受到侵害，自然人或者其近亲属向人民法院提起诉讼请求精神损害赔偿的，人民法院应当依法予以受理。

第二条　非法使被监护人脱离监护，导致亲子关系或者近亲属间的亲属关系遭受严重损害，监护人向人民法院起诉请求赔偿精神损害的，人民法院应当依法予以受理。

第三条　死者的姓名、肖像、名誉、荣誉、隐私、遗体、遗骨等受到侵害，其近亲属向人民法院提起诉讼请求精神损害赔偿的，人民法院应当依法予以支持。

第四条　法人或者非法人组织以名誉权、荣誉权、名称权遭受侵害为由，向人民法院起诉请求精神损害赔偿的，人民法院不予支持。

第五条　精神损害的赔偿数额根据以下因素确定：

（一）侵权人的过错程度，但是法律另有规定的除外；

（二）侵权行为的目的、方式、场合等具体情节；

（三）侵权行为所造成的后果；

（四）侵权人的获利情况；

（五）侵权人承担责任的经济能力；

（六）受理诉讼法院所在地的平均生活水平。

第六条　在本解释公布施行之前已经生效施行的司法解释，其内容有与本解释不一致的，以本解释为准。

2.《最高人民法院关于审理利用信息网络侵害人身权益民事纠纷案件适用法律若干问题的规定》（法释〔2014〕11号）（2020年12月23日修正）

第十一条　网络用户或者网络服务提供者侵害他人人身权益，造成财产损失或者严重精神损害，被侵权人依据民法典第一千一百八十二条和第一千一百八十三条的规定，请求其承担赔偿责任的，人民法院应予支持。

3.《最高人民法院关于审理道路交通事故损害赔偿案件适用法律若干问题的解释》（法释〔2012〕19号）（2020年12月23日修正）

第十一条　道路交通安全法第七十六条规定的"人身伤亡"，是指机动车发生交通事故侵害被侵权人的生命权、身体权、健康权等人身权益所造成的损害，包括民法典第一千一百七十九条和第一千一百八十三条规定的各项损害。

道路交通安全法第七十六条规定的“财产损失”，是指因机动车发生交通事故侵害被侵权人的财产权益所造成的损失。

第十三条 同时投保机动车第三者责任强制保险（以下简称“交强险”）和第三者责任商业保险（以下简称“商业三者险”）的机动车发生交通事故造成损害，当事人同时起诉侵权人和保险公司的，人民法院应当依照民法典第一千二百一十三条的规定，确定赔偿责任。

被侵权人或者其近亲属请求承保交强险的保险公司优先赔偿精神损害的，人民法院应予支持。

4.《最高人民法院关于适用〈中华人民共和国刑事诉讼法〉的解释》（法释〔2012〕21号）

第一百三十八条 被害人因人身权利受到犯罪侵犯或者财物被犯罪分子毁坏而遭受物质损失的，有权在刑事诉讼过程中提起附带民事诉讼；被害人死亡或者丧失行为能力的，其法定代理人、近亲属有权提起附带民事诉讼。

因受到犯罪侵犯，提起附带民事诉讼或者单独提起民事诉讼要求赔偿精神损失的，人民法院不予受理。

5.《人民检察院国家赔偿工作规定》（高检发〔2010〕29号）对人民检察院承担国家赔偿责任中精神损害抚慰金的适用，作出了如下规定：

第四十二条 对有国家赔偿法第十七条规定的情形之一，致人精神损害的，负有赔偿义务的人民检察院应当在侵权行为影响的范围内，为受害人消除影响，恢复名誉，赔礼道歉；造成严重后果的，应当支付相应的精神损害抚慰金。

6.《最高人民法院关于适用〈中华人民共和国民法典〉婚姻家庭编的解释（一）》（法释〔2020〕22号）

第八十六条 民法典第一千零九十一条规定的“损害赔偿”，包括物质损害赔偿和精神损害赔偿。涉及精神损害赔偿的，适用《最高人民法院关于确定民事侵权精神损害赔偿责任若干问题的解释》的有关规定。

三、相关文件规定

1.《最高人民法院关于人民法院赔偿委员会审理国家赔偿案件适用精神损害赔偿若干问题的意见》（法发〔2014〕14号）

……

二、严格遵循精神损害赔偿的适用原则

人民法院赔偿委员会适用精神损害赔偿条款，应当严格遵循以下原则：一是依法赔偿原则。严格依照国家赔偿法的规定，不得扩大或者缩小精神损害赔偿的适用范围，不得增加或者减少其适用条件。二是综合裁量原则。综合考虑个案中侵权行为的致害情况，侵权机关及其工作人员的违法、过错程度等相关因素，准确认定精神损害赔偿责任。三是合理平衡原则。坚持同等情况同等对待，不同情况区别处理，适当考虑个案及地区差异，兼顾社会发展整体水平和当地居民生活水平。

三、准确把握精神损害赔偿的前提条件和构成要件

人民法院赔偿委员会适用精神损害赔偿条款，应当以公民的人身权益遭受侵犯为前提条件，并审查是否满足以下责任构成要件：行使侦查、检察、审判职权的机关以及看守所、监狱管理机关及其工作人员在行使职权时有国家赔偿法第十七条规定的侵权行为；致人精神损害；侵权行为与精神损害事实及后果之间存在因果关系。

四、依法认定“致人精神损害”和“造成严重后果”

人民法院赔偿委员会适用精神损害赔偿条款，应当严格依法认定侵权行为是否“致人精神损害”以及是否“造成严重后果”。一般情形下，人民法院赔偿委员会应当综合考虑受害人人身自由、生命健康受到侵害的情况，精神受损情况，日常生活、工作学习、家庭关系、社会评价受到影响的情况，并考量社会伦理道德、日常生活经验等因素，依法认定侵权行为是否致人精神损害以及是否造成严重后果。

受害人因侵权行为而死亡、残疾（含精神残疾）或者所受伤害经有合法资质的机构鉴定为重伤或者诊断、鉴定为严重精神障碍的，人民法院赔偿委员会应当认定侵权行为致人精神损害并且造成严重后果。

五、妥善处理两种责任方式的内在关系

人民法院赔偿委员会适用精神损害赔偿条款，应当妥善处理“消除影响，恢复名誉，赔礼道歉”与“支付相应的精神损害抚慰金”两种责任方式的内在关系。

侵权行为致人精神损害但未造成严重后果的，人民法院赔偿委员会应当根据案件具体情况决定由赔偿义务机关为受害人消除影响、恢复名誉或者向其赔礼道歉。

侵权行为致人精神损害且造成严重后果的，人民法院赔偿委员会除依照前述规定决定由赔偿义务机关为受害人消除影响、恢复名誉或者向其赔礼道歉外，还应当决定由赔偿义务机关支付相应的精神损害抚慰金。

七、综合酌定"精神损害抚慰金"的具体数额

人民法院赔偿委员会适用精神损害赔偿条款，决定采用"支付相应的精神损害抚慰金"方式的，应当综合考虑以下因素确定精神损害抚慰金的具体数额：精神损害事实和严重后果的具体情况；侵权机关及其工作人员的违法、过错程度；侵权的手段、方式等具体情节；罪名、刑罚的轻重；纠错的环节及过程；赔偿请求人住所地或者经常居住地平均生活水平；赔偿义务机关所在地平均生活水平；其他应当考虑的因素。

人民法院赔偿委员会确定精神损害抚慰金的具体数额，还应当注意体现法律规定的"抚慰"性质，原则上不超过依照国家赔偿法第三十三条、第三十四条所确定的人身自由赔偿金、生命健康赔偿金总额的百分之三十五，最低不少于一千元。

受害人对精神损害事实和严重后果的产生或者扩大有过错的，可以根据其过错程度减少或者不予支付精神损害抚慰金。

八、认真做好法律释明工作

人民法院赔偿委员会发现赔偿请求人在申请国家赔偿时仅就人身自由或者生命健康所受侵害提出赔偿申请，没有同时就精神损害提出赔偿申请的，应当向其释明国家赔偿法第三十五条的内容，并将相关情况记录在案。在案件终结后，赔偿请求人基于同一事实、理由，就同一赔偿义务机关另行提出精神损害赔偿申请的，人民法院一般不予受理。

九、其他国家赔偿案件的参照适用

人民法院审理国家赔偿法第三条、第三十八条规定的涉及侵犯人身权的国家赔偿案件，以及人民法院办理涉及侵犯人身权的自赔案件，需要适用精神损害赔偿条款的，参照本意见处理。

2.《最高人民法院印发〈关于当前形势下审理民商事合同纠纷案件若干问题的指导意见〉的通知》(法发〔2009〕40 号)

10. 人民法院在计算和认定可得利益损失时，应当综合运用可预见规则、减损规则、损益相抵规则以及过失相抵规则等，从非违约方主张的可得利益赔偿总额中扣除违约方不可预见的损失、非违约方不当扩大的损失、非违约方因违约获得的利益、非违约方亦有过失所造成的损失以及必要的交易成本。存在合同法第一百一十三条第二款规定的欺诈经营、合同法第一百一十四条第一款规定的当事人约定损害赔偿的计算方法以及因违约导致人身伤亡、精神损害等情形的，不宜适用可得利益损失赔偿规则。

3.《最高人民法院关于全面加强知识产权审判工作为建设创新型国家提供司法保障的意见》(法发〔2007〕1号)

13. 依法加大侵权赔偿和民事制裁力度。严格知识产权侵权损害赔偿适用规则,贯彻全面赔偿原则,努力降低维权成本,加大民事制裁的威慑力度。依法适当减轻权利人的赔偿举证责任;有证据证明侵权人在不同时间多次实施侵权行为的,推定其存在持续侵权行为,相应确认其赔偿范围;作为自然人的原告因侵权行为受到精神损害的,可以根据其请求依法确定合理的精神损害抚慰金;当事人为诉讼支付的符合规定的律师费,应当根据当事人的请求,综合考虑其必要性、全部诉讼请求的支持程度、请求赔偿额和实际判赔额的比例等因素合理确定,并计入赔偿范围;考虑当事人的主观过错确定相应的赔偿责任;依法运用民事制裁惩处侵权人。

4.《最高人民法院关于就客运合同纠纷案件中,对无过错承运人如何适用法律有关问题的请示的答复》(〔2006〕民监他字第1号)

云南省高级人民法院:

1. 请示报告显示,该交通事故系由第三人的过错造成,承运人和旅客均无过错。受到损害的旅客依据《中华人民共和国合同法》第一百二十一条的规定,仅选择承运人提起客运合同纠纷诉讼的,人民法院应当就该客运合同纠纷案件进行审理。

2. 承运人虽在交通事故中无过错,但在旅客提起的客运合同纠纷诉讼中,应按《中华人民共和国合同法》第三百零二条的规定,对旅客的伤亡承担损害赔偿责任。旅客关于精神损害的赔偿请求,应向造成交通事故的侵权人主张。在旅客仅选择提起客运合同纠纷诉讼的情况下,人民法院不应支持其向违约责任人主张精神损害赔偿的诉讼请求。

3. 承运人向旅客支付的损害赔偿金额构成承运人在该交通事故中损失的一部分,可以向造成交通事故的侵权人主张。

5.《最高人民法院关于精神损害赔偿纠纷案件如何计算案件受理费及确定级别管辖的复函》(〔2004〕立他字第37号)

广东省高级人民法院:

你院〔2004〕粤高法立请字第6号《关于精神损害赔偿纠纷案件如何计算案件受理费及确定级别管辖的请示》收悉。经研究答复如下:

当事人起诉请求精神损害赔偿,或在其他纠纷中请求精神损害赔偿的案件，有具体的赔偿金额的，应按照《人民法院诉讼收费办法》第五条第四项的规定收取案件受理费，并按照请求精神损害赔偿数额的大小确定级别管辖。

四、相关裁判摘要

• **2012年第11期《中华人民共和国最高人民法院公报》**刊登的**"焦建军与江苏省中山国际旅行社有限公司、第三人中国康辉南京国际旅行社有限责任公司旅游侵权纠纷案"**判决就精神损害抚慰金数额应如何认定的问题进行了分析。相关裁判摘要如下：

精神损害赔偿的主要功能是填补和抚慰受害人的精神损害，根据最高人民法院《关于确定民事侵权精神损害赔偿责任若干问题的解释》相关规定，是否判令侵权人承担精神损害抚慰金以及如何确认数额，应结合侵权人的过错、损害后果、当地一般生活水平、侵权人承担责任的经济能力等因素综合考虑确定。鉴于本案侵权人对损害的发生负有全部过错，并造成受害人焦建军多处伤残，损害后果较为严重，原审法院判决认定精神损害抚慰金30,000元数额适当，中山国旅主张原审判决精神损害抚慰金过高的上诉理由依据不足，不予采纳。

• **2008年第10期《中华人民共和国最高人民法院公报》**刊登的**"王春生诉张开峰、江苏省南京工程高等职业学校、招商银行股份有限公司南京分行、招商银行股份有限公司信用卡中心侵权纠纷案"**判决认为，侵犯他人姓名权，造成他人精神痛苦的，应当承担精神损害赔偿责任。相关裁判摘要如下：

就本案而言，王春生因被告张开峰、信用卡中心的侵权行为，导致其在银行征信系统存有不良信用记录，该不良信用记录对王春生从事商业活动及其他社会、经济活动具有重大不良影响。虽然在查清事实后，信用卡中心已经把王春生的不良信用记录删除，但损害已经实际发生，给王春生实际造成了精神上的痛苦，妨碍了其内心的安宁，其社会评价也必然因此而降低。因此，根据最高人民法院《关于确定民事侵权精神损害赔偿责任若干问题的解释》的有关规定，王春生在姓名权受到侵犯、导致名誉受损的情况下，提出精神损害赔偿的诉讼请求，应予支持。参照最高人民法院《关于审理名誉权案件若干问题的解释》的相关规定，综合考虑侵权人的过错程度、侵权行为的具体情节、给受害人造成精神损害后果以及本地区的平均生活水平等情况，酌定王春生的精神损害抚慰金为2000元。

> • **1997 年第 2 期《中华人民共和国最高人民法院公报》**刊登的“**贾国宇诉北京国际气雾剂有限公司、龙口市厨房配套设备用具厂、北京市海淀区春海餐厅人身损害赔偿案**”是我国首例公报刊登的给予受害人精神损害赔偿的案件。相关裁判摘要如下：
>
> 根据民法通则第一百一十九条规定的原则和司法实践掌握的标准，实际损失除物质方面外，也包括精神损失，即实际存在的无形的精神压力与痛苦。本案原告贾国宇在事故发生时尚未成年，身心发育正常，烧伤造成的片状疤痕对其容貌产生了明显影响，并使之劳动能力部分受限，严重地妨碍了她的学习、生活和健康，除肉体痛苦外，无可置疑地给其精神造成了伴随终身的遗憾与伤痛，必须给予抚慰与补偿。赔偿额度要考虑当前社会普遍生活水准、侵害人主观动机和过错程度及其偿付能力等因素。丧失的部分劳动能力应当根据丧失比率，参照当地人均生活费标准，按社会平均寿命年限合理计赔。本着便于治疗和保障生活的原则，赔偿应一次性解决，包括医药费（含今后医药费）、护理费、营养费、因停学购买的学习用品费、残疾生活自助具购置费、生活补助费和精神损害赔偿金等。贾国宇要求赔偿的额度，其中 736, 293. 8 元缺乏事实与法律依据，特别是精神损害赔偿 65 万元的诉讼请求明显过高，其过高部分不予支持。

第一千一百八十四条 【侵害财产的财产损失的计算方法】侵害他人财产的，财产损失按照损失发生时的市场价格或者其他合理方式计算。

法条评释：本条是对侵害财产造成损失时，财产损失计算的时间点和计算方法的规定。本条规定来自原《侵权责任法》第 19 条，但是将该条中的“其他方式”修改为“其他合理方式”，旨在强调采取其他方式计算财产损失时，该方式必须是合理的。

依据本条，计算财产损失时的第一种方法就是“损失发生时的市场价格”。财产权益具有可转让性，即能够进行交易。有交易就有市场，而市场自然会给进入交易的任何财产进行定价，从而形成市场价格。因此，以市场价格作为计算财产损失的标准最为客观合理，也能够为当事人所接受。所谓“损失发生时”就是指因侵害他人财产而造成损失之时。

《民法典》本条将“其他合理方式”与“损失发生时的市场价格”这两种财产损失的计算方法并列，未确定何者为原则，何者为例外。因此，司法实践中，法官可以根据案件的具体情形选择适用。不过，由于本条使用了“其他合理方式”的表述，这也说明，“损失发生时的市场价格”当然是计算财产损失的合理方式之一。其他合理方式的范围则非常广泛，可以理解为：除“以损失发生时的市场价格”这一计算方法之外的其他所有合理的财产损失计算方法，其中，既包括以其他基准时的市场价格进行计算的方法，也包括不以市场价格计算的其他方法。从我国司法实践来看，法院在审理财产损害赔偿案件中，使用过的其他合理方式主要有：(1)鉴定法，即通过专业的鉴定机构出具对财产损失数额的鉴定意见，然后法官依据该鉴定意见结合案情，最终确定财产损失的数额。这种方法在司法实践中采取得很多。(2)有关部门的损失统计，即依据有关部门在事故中作出的财产损失统计所确定的金额酌情确定损失的数额。这种方法常用在火灾事故的损失统计中。

一、相关法律条文

1.《中华人民共和国专利法》(2020年10月11日修正)

第七十一条 侵犯专利权的赔偿数额按照权利人因被侵权所受到的实际损失或者侵权人因侵权所获得的利益确定；权利人的损失或者侵权人获得的利益难以确定的，参照该专利许可使用费的倍数合理确定。对故意侵犯专利权，情节严重的，可以在按照上述方法确定数额的一倍以上五倍以下确定赔偿数额。

权利人的损失、侵权人获得的利益和专利许可使用费均难以确定的，人民法院可以根据专利权的类型、侵权行为的性质和情节等因素，确定给予三万元以上五百万元以下的赔偿。

赔偿数额还应当包括权利人为制止侵权行为所支付的合理开支。

人民法院为确定赔偿数额，在权利人已经尽力举证，而与侵权行为相关的账簿、资料主要由侵权人掌握的情况下，可以责令侵权人提供与侵权行为相关的账簿、资料；侵权人不提供或者提供虚假的账簿、资料的，人民法院可以参考权利人的主张和提供的证据判定赔偿数额。

2.《中华人民共和国著作权法》(2020年11月11日修正)

第五十四条 侵犯著作权或者与著作权有关的权利的，侵权人应当按照权利人因此受到的实际损失或者侵权人的违法所得给予赔偿；权利人的实际损失或者侵权人的违法所得难以计算的，可以参照该权利使用费给予赔偿。对故意侵犯著作权或者与著作权有关的权利，情节严重的，可以在按照上述方法确定数额的一倍以上五倍以下给予赔偿。

权利人的实际损失、侵权人的违法所得、权利使用费难以计算的，由人民法院根据侵权行为的情节，判决给予五百元以上五百万元以下的赔偿。

赔偿数额还应当包括权利人为制止侵权行为所支付的合理开支。

人民法院为确定赔偿数额，在权利人已经尽了必要举证责任，而与侵权行为相关的账簿、资料等主要由侵权人掌握的，可以责令侵权人提供与侵权行为相关的账簿、资料等；侵权人不提供，或者提供虚假的账簿、资料等的，人民法院可以参考权利人的主张和提供的证据确定赔偿数额。

人民法院审理著作权纠纷案件，应权利人请求，对侵权复制品，除特殊情况外，责令销毁；对主要用于制造侵权复制品的材料、工具、设备等，责令销毁，且不予补偿；或者在特殊情况下，责令禁止前述材料、工具、设备等进入商业渠道，且不予补偿。

3.《中华人民共和国种子法》(2015年11月4日修订)

第七十三条 违反本法第二十八条规定，有侵犯植物新品种权行为的，由当事人协商解决，不愿协商或者协商不成的，植物新品种权所有人或者利害关系人可以请求县级以上人民政府农业、林业主管部门进行处理，也可以直接向人民法院提起诉讼。

县级以上人民政府农业、林业主管部门，根据当事人自愿的原则，对侵犯植物新品种权所造成的损害赔偿可以进行调解。调解达成协议的，当事人应当履行；当事人不履行协议或者调解未达成协议的，植物新品种权所有人或者利害关系人可以依法向人民法院提起诉讼。

侵犯植物新品种权的赔偿数额按照权利人因被侵权所受到的实际损失确定；实际损失难以确定的，可以按照侵权人因侵权所获得的利益确定。权利人的损失或者侵权人获得的利益难以确定的，可以参照该植物新品种权许可使用费的倍数合理确定。赔偿数额应当包括权利人为制止侵权行为所支付的合理开支。侵犯植物新品种权,情节严重的,可以在按照上述方法确定数额的一倍以上三倍以下确定赔偿数额。

权利人的损失、侵权人获得的利益和植物新品种权许可使用费均难以确定的,人民法院可以根据植物新品种权的类型、侵权行为的性质和情节等因素,确定给予三百万元以下的赔偿。

……

4.《中华人民共和国商标法》(2019年4月23日修正)

第六十三条 侵犯商标专用权的赔偿数额,按照权利人因被侵权所受到的实际损失确定;实际损失难以确定的,可以按照侵权人因侵权所获得的利益确定;权利人的损失或者侵权人获得的利益难以确定的,参照该商标许可使用费的倍数合理确定。对恶意侵犯商标专用权,情节严重的,可以在按照上述方法确定数额的一倍以上五倍以下确定赔偿数额。赔偿数额应当包括权利人为制止侵权行为所支付的合理开支。

人民法院为确定赔偿数额,在权利人已经尽力举证,而与侵权行为相关的账簿、资料主要由侵权人掌握的情况下,可以责令侵权人提供与侵权行为相关的账簿、资料;侵权人不提供或者提供虚假的账簿、资料的,人民法院可以参考权利人的主张和提供的证据判定赔偿数额。

权利人因被侵权所受到的实际损失、侵权人因侵权所获得的利益、注册商标许可使用费难以确定的,由人民法院根据侵权行为的情节判决给予五百万元以下的赔偿。

人民法院审理商标纠纷案件,应权利人请求,对属于假冒注册商标的商品,除特殊情况外,责令销毁;对主要用于制造假冒注册商标的商品的材料、工具,责令销毁,且不予补偿;或者在特殊情况下,责令禁止前述材料、工具进入商业渠道,且不予补偿。

假冒注册商标的商品不得在仅去除假冒注册商标后进入商业渠道。

5.《中华人民共和国铁路法》(2015年4月24日修正)

第十七条 铁路运输企业应当对承运的货物、包裹、行李自接受承运时起到交付时止发生的灭失、短少、变质、污染或者损坏,承担赔偿责任:

（一）托运人或者旅客根据自愿申请办理保价运输的，按照实际损失赔偿，但最高不超过保价额。

（二）未按保价运输承运的，按照实际损失赔偿，但最高不超过国务院铁路主管部门规定的赔偿限额；如果损失是由于铁路运输企业的故意或者重大过失造成的，不适用赔偿限额的规定，按照实际损失赔偿。

托运人或者旅客根据自愿可以向保险公司办理货物运输保险，保险公司按照保险合同的约定承担赔偿责任。

托运人或者旅客根据自愿，可以办理保价运输，也可以办理货物运输保险；还可以既不办理保价运输，也不办理货物运输保险。不得以任何方式强迫办理保价运输或者货物运输保险。

二、相关司法解释规定

1.《最高人民法院关于审理著作权民事纠纷案件适用法律若干问题的解释》（法释〔2002〕31号）（2020年12月23日修正）

第二十三条 出版者将著作权人交付出版的作品丢失、毁损致使出版合同不能履行的，著作权人有权依据民法典第一百八十六条、第二百三十八条、第一千一百八十四条等规定要求出版者承担相应的民事责任。

2.《最高人民法院关于审理道路交通事故损害赔偿案件适用法律若干问题的解释》（法释〔2012〕19号）（2020年12月23日修正）

第十一条 道路交通安全法第七十六条规定的“人身伤亡”，是指机动车发生交通事故侵害被侵权人的生命权、身体权、健康权等人身权益所造成的损害，包括民法典第一千一百七十九条和第一千一百八十三条规定的各项损害。

道路交通安全法第七十六条规定的“财产损失”，是指因机动车发生交通事故侵害被侵权人的财产权益所造成的损失。

第十二条 因道路交通事故造成下列财产损失，当事人请求侵权人赔偿的，人民法院应予支持：

（一）维修被损坏车辆所支出的费用、车辆所载物品的损失、车辆施救费用；

（二）因车辆灭失或者无法修复，为购买交通事故发生时与被损坏车辆价值相当的车辆重置费用；

（三）依法从事货物运输、旅客运输等经营性活动的车辆，因无法从事相应经营活动所产生的合理停运损失；

（四）非经营性车辆因无法继续使用，所产生的通常替代性交通工具的合理费用。

3.《最高人民法院关于审理船舶油污损害赔偿纠纷案件若干问题的规定》（法释〔2011〕14号）（2020年12月23日修正）

第九条　船舶油污损害赔偿范围包括：

（一）为防止或者减轻船舶油污损害采取预防措施所发生的费用，以及预防措施造成的进一步灭失或者损害；

（二）船舶油污事故造成该船舶之外的财产损害以及由此引起的收入损失；

（三）因油污造成环境损害所引起的收入损失；

（四）对受污染的环境已采取或将要采取合理恢复措施的费用。

第十条　对预防措施费用以及预防措施造成的进一步灭失或者损害，人民法院应当结合污染范围、污染程度、油类泄漏量、预防措施的合理性、参与清除油污人员及投入使用设备的费用等因素合理认定。

第十一条　对遇险船舶实施防污措施，作业开始时的主要目的仅是为防止、减轻油污损害的，所发生的费用应认定为预防措施费用。

作业具有救助遇险船舶、其他财产和防止、减轻油污损害的双重目的，应根据目的的主次比例合理划分预防措施费用与救助措施费用；无合理依据区分主次目的的，相关费用应平均分摊。但污染危险消除后发生的费用不应列为预防措施费用。

第十二条　船舶泄漏油类污染其他船舶、渔具、养殖设施等财产，受损害人请求油污责任人赔偿因清洗、修复受污染财产支付的合理费用，人民法院应予支持。

受污染财产无法清洗、修复，或者清洗、修复成本超过其价值的，受损害人请求油污责任人赔偿合理的更换费用，人民法院应予支持，但应参照受污染财产实际使用年限与预期使用年限的比例作合理扣除。

第十三条　受损害人因其财产遭受船舶油污，不能正常生产经营的，其收入损失应以财产清洗、修复或者更换所需合理期间为限进行计算。

第十四条　海洋渔业、滨海旅游业及其他用海、临海经营单位或者个人请求因环境污染所遭受的收入损失，具备下列全部条件，由此证明收入损失与环境污染之间具有直接因果关系的，人民法院应予支持：

（一）请求人的生产经营活动位于或者接近污染区域；

（二）请求人的生产经营活动主要依赖受污染资源或者海岸线；

（三）请求人难以找到其他替代资源或者商业机会；

（四）请求人的生产经营业务属于当地相对稳定的产业。

第十五条 未经相关行政主管部门许可，受损害人从事海上养殖、海洋捕捞，主张收入损失的，人民法院不予支持；但请求赔偿清洗、修复、更换养殖或者捕捞设施的合理费用，人民法院应予支持。

第十六条 受损害人主张因其财产受污染或者因环境污染造成的收入损失，应以其前三年同期平均净收入扣减受损期间的实际净收入计算，并适当考虑影响收入的其他相关因素予以合理确定。

按照前款规定无法认定收入损失的，可以参考政府部门的相关统计数据和信息，或者同区域同类生产经营者的同期平均收入合理认定。

受损害人采取合理措施避免收入损失，请求赔偿合理措施的费用，人民法院应予支持，但以其避免发生的收入损失数额为限。

第十七条 船舶油污事故造成环境损害的，对环境损害的赔偿应限于已实际采取或者将要采取的合理恢复措施的费用。恢复措施的费用包括合理的监测、评估、研究费用。

4.《最高人民法院关于审理证券市场因虚假陈述引发的民事赔偿案件的若干规定》（法释〔2003〕2号）对于证券市场虚假陈述侵权责任中投资人损失的认定，作出了如下规定：

第二十九条 虚假陈述行为人在证券发行市场虚假陈述，导致投资人损失的，投资人有权要求虚假陈述行为人按本规定第三十条赔偿损失；导致证券被停止发行的，投资人有权要求返还和赔偿所缴股款及银行同期活期存款利率的利息。

第三十条 虚假陈述行为人在证券交易市场承担民事赔偿责任的范围，以投资人因虚假陈述而实际发生的损失为限。投资人实际损失包括：

（一）投资差额损失；

（二）投资差额损失部分的佣金和印花税。

前款所涉资金利息，自买入至卖出证券日或者基准日，按银行同期活期存款利率计算。

第三十一条 投资人在基准日及以前卖出证券的，其投资差额损失，以买入证券平均价格与实际卖出证券平均价格之差，乘以投资人所持证券数量计算。

第三十二条　投资人在基准日之后卖出或者仍持有证券的，其投资差额损失，以买入证券平均价格与虚假陈述揭露日或者更正日起至基准日期间，每个交易日收盘价的平均价格之差，乘以投资人所持证券数量计算。

第三十三条　投资差额损失计算的基准日，是指虚假陈述揭露或者更正后，为将投资人应获赔偿限定在虚假陈述所造成的损失范围内，确定损失计算的合理期间而规定的截止日期。基准日分别按下列情况确定：

（一）揭露日或者更正日起，至被虚假陈述影响的证券累计成交量达到其可流通部分100%之日。但通过大宗交易协议转让的证券成交量不予计算。

（二）按前项规定在开庭审理前尚不能确定的，则以揭露日或者更正日后第30个交易日为基准日。

（三）已经退出证券交易市场的，以摘牌日前一交易日为基准日。

（四）已经停止证券交易的，可以停牌日前一交易日为基准日；恢复交易的，可以本条第（一）项规定确定基准日。

第三十四条　投资人持股期间基于股东身份取得的收益，包括红利、红股、公积金转增所得的股份以及投资人持股期间出资购买的配股、增发股和转配股，不得冲抵虚假陈述行为人的赔偿金额。

第三十五条　已经除权的证券，计算投资差额损失时，证券价格和证券数量应当复权计算。

5.《最高人民法院关于审理铁路运输损害赔偿案件若干问题的解释》（法发〔1994〕25号）（2020年12月23日修正）

一、实际损失的赔偿范围

铁路法第十七条中的“实际损失”，是指因灭失、短少、变质、污染、损坏导致货物、包裹、行李实际价值的损失。

铁路运输企业按照实际损失赔偿时，对灭失、短少的货物、包裹、行李，按照其实际价值赔偿；对变质、污染、损坏降低原有价值的货物、包裹、行李，可按照其受损前后实际价值的差额或者加工、修复费用赔偿。

货物、包裹、行李的赔偿价值按照托运时的实际价值计算。实际价值中未包含已支付的铁路运杂费、包装费、保险费、短途搬运费等费用的，按照损失部分的比例加算。

三、保价货物损失的赔偿

铁路法第十七条第一款(一)项中规定的“按照实际损失赔偿,但最高不超过保价额。”是指保价运输的货物、包裹、行李在运输中发生损失,无论托运人在办理保价运输时,保价额是否与货物、包裹、行李的实际价值相符,均应在保价额内按照损失部分的实际价值赔偿,实际损失超过保价额的部分不予赔偿。

如果损失是因铁路运输企业的故意或者重大过失造成的,比照铁路法第十七条第一款(二)项的规定,不受保价额的限制,按照实际损失赔偿。

五、保险保价货物损失的赔偿

既保险又保价的货物在运输中发生损失,对不属于铁路运输企业免责范围的,适用铁路法第十七条第一款(一)项的规定由铁路运输企业承担赔偿责任。对于保险公司先行赔付的,比照本解释第四条对保险货物损失的赔偿处理。

九、赔偿后又找回原物的处理

铁路运输企业赔付后又找回丢失、被盗、冒领、逾期等按灭失处理的货物、包裹、行李的,在通知托运人,收货人或旅客退还赔款领回原物的期限届满后仍无人领取的,适用铁路法第二十二条按无主货物的规定处理。铁路运输企业未通知托运人,收货人或旅客而自行处理找回的货物、包裹、行李的,由铁路运输企业赔偿实际损失与已付赔款差额。

十、代办运输货物损失的赔偿

代办运输的货物在铁路运输中发生损失,对代办运输企业接受托运人的委托以自己的名义与铁路运输企业签订运输合同托运或领取货物的,如委托人依据委托合同要求代办运输企业向铁路运输企业索赔的,应予支持。对代办运输企业未及时索赔而超过运输合同索赔时效的,代办运输企业应当赔偿。

三、相关裁判摘要

• **2018 年第 11 期《中华人民共和国最高人民法院公报》**刊登的“**宜兴市新街街道海德名园业主委员会诉宜兴市恒兴置业有限公司、南京紫竹物业管理股份有限公司宜兴分公司物权确认纠纷、财产损害赔偿纠纷案**”判决认为,可以参照评估的租赁费用来确定财产损失。相关裁判摘要如下:

《侵权责任法》第十九条规定,侵害他人财产的,财产损失按照损失发生时的市场价格或者其他方式计算。本案中,原审法院参照会所的租赁费用来确定本案损失,并依法委托评估机构对此进行评估。根据评估机构对会所租赁费用的评估过程来看,评估机构不仅到现场查勘了会所的实际情况,还对类似商业办公用房的租金情况进行了大量的调查和分析,从而作出了不同时段租赁费用的评估结论,因此评估机构的评估具有事实依据,亦无程序违法之处,恒兴公司未能提供相应证据推翻该评估意见,故评估意见合法有效,一审法院据此作为参照确定本案损失,并无不妥。

● **2013 年第 5 期《中华人民共和国最高人民法院公报》**刊登的"**陈书豪与南京武宁房地产开发有限公司、南京青和物业管理有限公司财产损害赔偿纠纷案**"判决认为,车辆受损后的贬值损失也应予以赔偿。相关裁判摘要如下:

对于原告陈书豪的车辆受损后的价值贬损,法院经审理认为被告青和公司应当赔偿。所谓价值贬损,既指价值较大的财物在受损后,虽经修复,与原物相比,不仅客观价值有所降低,在人们心理上价值的降低,后一种价值的降低,虽系人们主观心理上的降低,但在财物所有权人实现该财物的价值时(比如出售),是客观存在的,根据违约责任的理论,合同一方当事人在违约时,首先考虑应当承担的责任是恢复原状,而对于财物来说,恢复原状显然不是仅指恢复财物的原来物理上的形状,肯定包括恢复财物原来的价值,故青和公司应当赔偿陈书豪车辆价值贬损的损失。

● **2013 年第 2 期《中华人民共和国最高人民法院公报》**刊登的"**张春英与中国工商银行股份有限公司昌吉回族自治州分行、新疆证券有限责任公司、杨桃、张伟民财产损害赔偿纠纷案**"的最高人民法院(2011)民提字第 320 号民事判决书对盗卖他人股票的侵权损害赔偿数额的计算方法进行了详细的分析。相关裁判摘要如下:

关于张春英所受的损失应如何计算的问题,本院认为,首先,根据《中华人民共和国公司法》的规定,股票所代表的股权的内容包括自益权和共益权,其中的自益权主要包括股利分配请求权、剩余财产分割请求权、新股认购优先权等权利。其中的股利分配,实践中主要包括以配股方式分配的股利和以现金方式分配的股利。因此,盗卖投资者股票获取价金，不仅侵害了投资者的股票所代表的当时的股权价值，也使投资者基于其股东地位本应享有的其他权益尤其是股利分配请求权遭受损害。其次，与其他财产权不同的是，股票所代表的股权的价值会随着公司经营状况、市场行情等因素的变化而增长或降低。同时，股票价值的实际实现也与投资者的投资习惯密切相关。因此，在侵权人盗卖投资者股票获取价金的情况下，判断被侵权人所遭受损失的范围应当综合考虑受害人的投资习惯、市场行情的变化等因素。最后，从因果关系上看，侵权人盗卖投资者股票获取价金场合，如果受害人的投资行为表现为短线操作、通过股票涨跌变化，以频繁买入、卖出方式获取投资收益，则其股票被盗卖的损失未必包含股票被盗卖后的股票本身升值部分以及相应的股利；如果该受害人的投资行为表现长线操作、主要通过对股票的长期持有，获取股票增值以及相应的股利等收益，则其股票被盗卖的损失通常应当包括股票被盗卖后的升值部分以及相应的股利。

本案中，张春英被盗卖股票的根源是继承其丈夫董跃山的遗产而得。并且，在张春英通过新疆证券公司办理开户手续并重新购入特变电工股票的情况来看，张春英不了解如何开户、对股票交易的相关手续一无所知、对股票市场也知之甚少，更谈不上通过短线操作方式获取利益。另外，从张春英通过新疆证券公司办理完手续至发现股票被盗卖的一年多时间内未查看股票账户、未作出任何交易指令的事实也足以证明，张春英进行短线交易的可能性很小。因此，基于前述分析，张春英的损失应当包括股票被盗卖后的股利损失和升值损失。

关于张春英损失的计算方法问题，新疆证券公司员工杨桃于2005年12月12日将张春英股票账户上的12,870股特变电工股票全部卖出，张春英于2007年4月10日起诉至新疆维吾尔自治区昌吉市人民法院，2008年10月14日，该案被移送至新疆维吾尔自治区乌鲁木齐市中级人民法院。2008年11月17日，张春英向新疆维吾尔自治区乌鲁木齐市中级人民法院交纳了诉讼费。张春英主张以侵权行为发生之时即2005年12月12日至其起诉前特变电工最后一次配股即2008年5月30日止为计算损失的时点，并无不当。根据该期间的分红记录和配股记录，截至2008年5月30日，张春英的股票应增至36,808股，根据在此期间的每日平均收盘价计算，股票的价值为588,928元，现金分红为4131.27元，张春英的各项损失分别为现金损失91,270元，现金股利损失4131.27元，股票溢价损失588,928－91,270＝497,658元，总额为

593,059.27元。张春英一审诉讼请求股票损失457,320元和分红损失4131.27元共计461,451.27元,应予支持。

• **2012年第3期《中华人民共和国最高人民法院公报》**刊登的"**茅德贤、成县茨坝须弥山实业有限公司、甘肃有色地质勘查局106队、成县恒兴矿业有限公司与白银有色金属公司采矿权纠纷案**"的最高人民法院(2011)民二终字第22号民事判决书对侵害他人采矿权的损害赔偿数额的认定进行了分析。相关裁判摘要如下:

关于侵权损失赔偿数额,包括越界采矿数量与矿石损失单价的确认,以及应否剔除越界开采成本问题……首先,白银公司主张的27,288吨矿石损失数量问题,该数量系地方政府两次组织调查前后,白银公司清算组作为联合调查组成员对越界开采现场实际测量取得数据,再依据国家矿产储量委员会审核通过的106队作出的相关地质报告所确定的矿石品位及计算公式严格计算出来的;且包括该数据在内的有关越界开采的事实情况报告得到了陇南市国土资源局以及甘肃省国土资源厅三级联合调查组的肯定,并成为陇南市国土资源局作出行政处罚的基本依据之一,具有相当的权威性。该数据系理论计算结果,本应通过实地核查予以印证,但由于黄渚选矿厂在越界开采行为被发现后,不但没有停止侵权、保护现场,反而多次实施爆破、封堵等恶意阻挠行为,陇南市国土资源局多次发文责令其停止侵权行为并立即清理,但黄渚选矿厂拒不清理,阻挠有关调查,致使矿产损失至今无法准确核实。该爆破、封堵行为是本案侵权行为的延续和实际损失不能准确核查的主要原因,已被地方与矿产资源管理机构的有效行政文件所确认。在地方政府组织的调查组对该越界开采事件调查处理过程中,茅德贤与黄渚选矿厂在该调查组成员白银公司清算组出具的"越界开采调查平面图"上签字、加盖公章,对自己实施的侵权行为以及该行为实施的范围、位置予以认可。而在本案诉讼中,茅德贤又拒绝承认黄渚选矿厂实施了爆堵行为,否认该厂越界开采行为与损害后果之间的关联性,有违诚实信用原则,据此,本院不予支持。至于一勘院基于甘肃省国土资源厅三级联合调查组委托就侵权事实所作的《估算报告》亦明确97线采场因为封堵无法进入,但该报告对105线Ⅲ2采场未提及,一些损失计算所必要的数据未提供,原审法院对该《估算报告》未予采纳,符合我国民事诉讼证据规则的规定,并无不妥。本院二审中,106队向本院提出申请,请求由权威部门就本案侵权产生的矿石损失予以鉴定。对此,本院认为，基于本案业已查明的案件事实，已不可能恢复越界开采当时的历史原貌，本案已不存在进行相关鉴定的条件，故本院不予准许。原审判决认定本案越界开采矿石数量为27,288吨，并以国家矿产储量委员会1988年1月审批的106队呈报的《甘肃省成县李家沟铅锌矿床地质勘探报告》所确定的矿石品位及计算公式计算本案侵权损失数额，符合我国民事诉讼证据规则的基本要求，并无不妥，本院予以维持。其次，四方上诉人在上诉意见中均提出在计算损失具体数额时应当采用原矿价格而非精粉价格。本院在二审期间依职权走访咨询了国土资源部、陇南市国土资源局与物价局等部门，均无法查询到确切的涉案原矿石的市场价格或者国家指导性价格等直接证据；如前所述，由于上诉人方面的原因，采场已无法恢复原状，本案已不具备法定的鉴定条件，上诉人又未提出有效的合法证据加以反驳，依照证据规则要求，上诉人应当承担举证不能的法律后果。故原审判决实际采纳白银公司2006年（非1996年）10月即越界开采被发现当月购买铅精粉和锌精粉价格发票的平均值，符合本院民事诉讼证据规则的要求，本院予以维持。对于上诉人提出的计算损失具体数额时应剔除开采、选矿成本与损失、支出的管理运输费用、税费等问题。本院认为，本案系侵犯采矿权纠纷，本案中的越界开采行为系非法侵权行为，不同于一般的合法商业交易行为。该非法行为持续多年，使国有矿山资源遭受巨大破坏，造成国有资产的流失，严重损害了国家利益；在该侵权行为被发现、相关国家管理部门三令五申立即停止侵权的情况下，侵权人仍通过爆破、封堵等手段阻挠调查，毁灭证据，已被国家有关部门予以行政处罚，故对这种恶意侵权行为人民法院应当进行制裁。原矿石被开采出来后经过加工、运输等生产程序，转换成精粉等深加工产品，在计算侵权损失时扣除开采、运输、人工工资、税收等必要的成本，得出净利润予以赔偿，是一般正常合同交易损害赔偿纠纷中通常使用的计算方法。本案当事人的侵权行为完全不同于一般矿石开采交易，而是恶意侵犯国有资产，性质严重，造成的国有资产损失难以估量，将如此恶意侵权行为所付出的成本由受害方国有企业承担，既无法律依据，亦不合情理。且上诉人在一审反驳、二审上诉中经法院释明后均拒绝提供自己非法越界开采成本的相关证据，故本院对此不予支持。因此，上诉人关于重新确认价格和损失的上诉请求缺乏事实和法律依据，不能成立，本院不予支持。

• **2011年第6期《中华人民共和国最高人民法院公报》**刊登的"**范有孚与银建期货经纪有限责任公司天津营业部期货交易合同纠纷再审案**"的最高人民法院(2010)民提字第111号民事判决书就期货公司强制平仓造成他人损害时赔偿数额的计算等问题进行了分析。相关裁判摘要如下：

期货市场的风险包括市场交易风险和市场运行风险两大部分，市场交易风险法定由期货交易人自行承担，而市场运行风险并不法定由期货交易人承担。如果市场运行机制人为错误导致期货交易人发生风险损失，则应由责任人承担。期货交易风险主要是因期货交易人对合约走势判断错误和合约价格波动而产生，加之保证金交易制度放大风险所导致。具体本案，范有孚对Cu0802、Cu0803和Cu0804三张合约自开空仓至被强行平仓，共计亏损13,066,500元。其中就包括了范有孚自己期货交易判断错误导致的亏损和天津营业部强行平仓过错而加大的亏损，即期货交易损失和强行平仓损失两部分。首先，对期货交易损失的分析。根据范有孚在Cu0802、Cu0803和Cu0804合约开空仓的时间和价格、开仓后三张合约价格的整体走势、三张合约到期日的交割价、逐日交易结算单等，证明范有孚对三张合约价格走势的判断发生了根本性错误。范有孚在三张合约价格相对底部开空仓，在三张合约价格震荡走高趋势中持续持仓，是范有孚本案期货交易损失的根本原因。根据期货交易实行的当日无负债结算制度，累计至24日收市结算，交易结算单显示范有孚浮动亏损达7,733,100元。该浮动亏损，完全是由于范有孚判断错误和持续持仓所导致。换言之，只要该三张合约价格不跌至范有孚开仓价格以下，且范有孚持续持仓，那么范有孚始终将处于浮动亏损状态，这期间无论谁平仓，浮动亏损都将变成实际亏损。所以截至24日收市，范有孚期货交易累计结算发生的浮动亏损并非天津营业部强行平仓所引发，也即该770余万元浮动亏损变为实际亏损与天津营业部强行平仓没有直接的因果关系。其次，具有过错的强行平仓的责任方式。如果期货公司强行平仓具有过错，行为损害了客户利益应当承担民事责任的，根据《中华人民共和国民法通则》第一百三十四条民事责任承担方式的规定，则期货公司应当采取恢复客户被强行平仓头寸的补救措施，不能恢复头寸的则应按照公平合理的价格赔偿客户因此发生的损失，本案双方合同第二十八条对此也作了约定。因本案三张合约已经到期交割，恢复被强行平仓的头寸成为不可能，故天津营业部只能赔偿范有孚因强行平仓发生的损失金额。再次,强行平仓损失的计算。站在天津营业部的角度而言,强行平仓后三张合约价格仍震荡走高,直至到期交割期间每日结算价的平均价、三张合约交割价均高于强行平仓价格。对范有孚来说,三张合约25日当日收盘价格就低于24日的收盘价格,28日收盘价格更低,假设其追加了保证金或者自行平仓可以减少更多的损失。双方上述观点都是建立在假设基础之上且都从有利于自己的角度出发,而不是基于已经强行平仓的事实来正确思维和公平认识。同时,双方的观点也不符合期货市场的特征,因为期货市场上对已经发生的价格走势,谁都可以做出准确判断并可以选择有利于自己的价格去适用,但对尚未发生的价格走势预测,谁也不能十分肯定其判断就一定准确。所以,基于已经发生的强行平仓事实,不能往后寻找而只能往前寻找强行平仓损失的计算基准点,才是客观和公正的。故本院对双方当事人有利于自己而忽视对方利益的观点,均不予采信和支持。综上所述,以24日收市后范有孚持仓的事实和结算的数据为基准,确定天津营业部过错的责任范围,对双方而言相对客观公正。那么,25日强行平仓后的范有孚账户亏损金额13,066,500元与24日收市后浮动亏损7,733,100元之差的5,333,400元,是天津营业部对范有孚因强行平仓导致的损失且应承担的赔偿范围。

本案一、二审判决均认为天津营业部强行平仓存在过错,应对范有孚承担相应责任正确。但天津市第一中级人民法院一审以三张合约强行平仓价格与平仓之后当日收盘价格之差计算损失为6,663,000元,是以强行平仓以后某个时间点的合约价格作为参照得出的,难以客观公正,也与范有孚和天津营业部双方各自主张的时间点价格不同,当事人双方都不予以认可。该院不仅损失计算方法不符合期货市场特征和规律,而且还将本应由天津营业部因强行平仓过错导致的损失,错误认定为双方混合过错所导致,判由天津营业部承担60%,范有孚自行承担40%,所以一审判决部分事实认定不清,责任划分不当。天津市高级人民法院二审则完全依据范有孚的诉讼请求,未将范有孚因期货交易判断错误和持续持仓产生的交易损失从整个损失中分离出来,而与天津营业部强行平仓过错导致的损失混同,判决天津营业部全部承担范有孚以28日收市价格计算得出的9,027,085.66元损失,同样是部分事实认定不清和责任划分不当。故本院再审对本案一、二审判决予以纠正。

• **2005年第11期《中华人民共和国最高人民法院公报》**刊登的**“陈丽华等23名投资人诉大庆联谊公司、申银证券公司虚假陈述侵权赔偿纠纷案”**判决就证券市场虚假陈述侵权责任中损害赔偿的计算方法进行了分析。相关裁判摘要如下：

经查，原判计算买入证券平均价格的方法是：以实际交易每次买进价格和数量计算出投资人买进股票总成本，再减去投资人此间所有已卖出股票收回资金的余额，除以投资人尚持有的股票数量。按此种方法计算，不排除个别投资人买入证券的平均价格高于股票历史最高价的可能。这只是计算投资人投资差额损失过程中可能出现的一个数据，而且这个数据在很大程度上取决于投资人在揭露日前后的股票持有量。这个数据不等于投资人购买股票时实际成交的价格，其与大庆联谊公司股票历史最高价之间没有可比性。由于证券交易的复杂性，目前用于计算投资人投资差额损失的方法有多种。只要这些方法符合《证券赔偿案件规定》第三十条、第三十一条、第三十二条确定的原则，结果公平合理，使用哪种方法计算，就在法院的自由裁量范围之内。原判采用的计算方法符合《证券赔偿案件规定》，有利于保护多数投资人的利益，故不予变更。上诉人大庆联谊公司关于原判确定的损失赔偿数额不当的上诉理由，不予采纳，同时由于《证券赔偿案件规定》第三十条第二款已明确规定，虚假陈述行为人在证券交易市场承担民事赔偿责任的范围包括利息，即所涉资金利息自买入至卖出证券日或者基准日，按银行同期活期存款利率计算，故对大庆联谊公司不同意给付投资差额损失部分利息的上诉主张，也不予支持。

第一千一百八十五条 【故意侵害知识产权的惩罚性赔偿】故意侵害他人知识产权，情节严重的，被侵权人有权请求相应的惩罚性赔偿。

法条评释：本条是对故意侵害知识产权的惩罚性赔偿责任的规定，是《民法典》新增加的规定。近年来，为了更好地保护知识产权，惩治恶意侵权知识产权的行为，党中央、国务院的不少文件都明确提出要探索建立侵害知识产权的惩罚性赔偿制度。2016年11月4日发布的《中共中央、国务院关于完善产权保护制度依法保护产权的意见》（中发〔2016〕28号）提出：“加大知识产权侵权行为惩治力度，提高知识产权侵权法定赔偿上限，探索建立对专利权、著作权等知识产权侵权惩罚性赔偿制度，对情节严重的恶意侵权行为实施惩罚性赔偿，并由侵权人承担权利人为制止侵权行为所支付的合理开支，提高知识产权侵权成本。”2019年10月22日颁布的《优化营商环境条例》第15条第1款规定：“国家建立知识产权侵权惩罚性赔偿制度，推动建立知识产权快速协同保护机制，健全知识产权纠纷多元化解决机制和知识产权维权援助机制，加大对知识产权的保护力度。”2019年11月7日发布的《国务院关于进一步做好利用外资工作的意见》（国发〔2019〕23号）提出：“充分尊重知识产权的市场价值，积极运用惩罚性赔偿，加大对恶意侵权行为、重复侵权行为的打击力度。”2019年12月4日发布的《中共中央、国务院关于营造更好发展环境支持民营企业改革发展的意见》（中发〔2019〕49号）提出：“健全知识产权侵权惩罚性赔偿制度。”鉴于此，在《民法典》编纂过程中，全国人大宪法和法律委员会经研究认为，为了切实加强对知识产权的保护，必须显著提高侵犯知识产权的违法成本，把法律的威慑作用充分发挥出来。据此，建议增加一条规定：“故意侵害知识产权，情节严重的，被侵权人有权请求相应的惩罚性赔偿。”

本条具有双重功能：一方面，为知识产权相关法律建立惩罚性赔偿提供了基本法律依据，即创设的功能；另一方面，也具有兜底功能，知识产权相关法律没有规定惩罚性赔偿责任时，可以适用本条规定，即兜底的功能。

一、相关法律条文

1.《中华人民共和国商标法》（2019年4月23日修正）

第六十三条 侵犯商标专用权的赔偿数额，按照权利人因被侵权所受到的实际损失确定；实际损失难以确定的，可以按照侵权人因侵权所获得的利益确定；权利人的损失或者侵权人获得的利益难以确定的，参照该商标许可使用费的倍数合理确定。对恶意侵犯商标专用权，情节严重的，可以在按照上述方法确定数额的一倍以上五倍以下确定赔偿数额。赔偿数额应当包括权利人为制止侵权行为所支付的合理开支。

……

2.《中华人民共和国专利法》（2020 年 10 月 17 日修正）

第七十一条　侵犯专利权的赔偿数额按照权利人因被侵权所受到的实际损失或者侵权人因侵权所获得的利益确定；权利人的损失或者侵权人获得的利益难以确定的，参照该专利许可使用费的倍数合理确定。对故意侵犯专利权，情节严重的，可以在按照上述方法确定数额的一倍以上五倍以下确定赔偿数额。

权利人的损失、侵权人获得的利益和专利许可使用费均难以确定的，人民法院可以根据专利权的类型、侵权行为的性质和情节等因素，确定给予三万元以上五百万元以下的赔偿。

赔偿数额还应当包括权利人为制止侵权行为所支付的合理开支。

人民法院为确定赔偿数额，在权利人已经尽力举证，而与侵权行为相关的账簿、资料主要由侵权人掌握的情况下，可以责令侵权人提供与侵权行为相关的账簿、资料；侵权人不提供或者提供虚假的账簿、资料的，人民法院可以参考权利人的主张和提供的证据判定赔偿数额。

3.《中华人民共和国著作权法》（2020 年 11 月 11 日修正）

第五十四条　侵犯著作权或者与著作权有关的权利的，侵权人应当按照权利人因此受到的实际损失或者侵权人的违法所得给予赔偿；权利人的实际损失或者侵权人的违法所得难以计算的，可以参照该权利使用费给予赔偿。对故意侵犯著作权或者与著作权有关的权利，情节严重的，可以在按照上述方法确定数额的一倍以上五倍以下给予赔偿。

权利人的实际损失、侵权人的违法所得、权利使用费难以计算的，由人民法院根据侵权行为的情节，判决给予五百元以上五百万元以下的赔偿。

赔偿数额还应当包括权利人为制止侵权行为所支付的合理开支。

人民法院为确定赔偿数额，在权利人已经尽了必要举证责任，而与侵权行为相关的账簿、资料等主要由侵权人掌握的，可以责令侵权人提供与侵权行为相关的账簿、资料等；侵权人不提供，或者提供虚假的账簿、资料等的，人民法院可以参考权利人的主张和提供的证据确定赔偿数额。

人民法院审理著作权纠纷案件，应权利人请求，对侵权复制品，除特殊情况外，责令销毁；对主要用于制造侵权复制品的材料、工具、设备等，责令销毁，且不予补偿；或者在特殊情况下，责令禁止前述材料、工具、设备等进入商业渠道，且不予补偿。

4.《中华人民共和国反不正当竞争法》(2019年4月23日修正)

第十七条 经营者违反本法规定，给他人造成损害的，应当依法承担民事责任。

经营者的合法权益受到不正当竞争行为损害的，可以向人民法院提起诉讼。

因不正当竞争行为受到损害的经营者的赔偿数额，按照其因被侵权所受到的实际损失确定；实际损失难以计算的，按照侵权人因侵权所获得的利益确定。经营者恶意实施侵犯商业秘密行为，情节严重的，可以在按照上述方法确定数额的一倍以上五倍以下确定赔偿数额。赔偿数额还应当包括经营者为制止侵权行为所支付的合理开支。

经营者违反本法第六条、第九条规定，权利人因被侵权所受到的实际损失、侵权人因侵权所获得的利益难以确定的，由人民法院根据侵权行为的情节判决给予权利人五百万元以下的赔偿。

二、相关行政法规规定

《优化营商环境条例》(2020年1月1日起施行)

第十五条 国家建立知识产权侵权惩罚性赔偿制度，推动建立知识产权快速协同保护机制，健全知识产权纠纷多元化解决机制和知识产权维权援助机制，加大对知识产权的保护力度。

国家持续深化商标注册、专利申请便利化改革，提高商标注册、专利申请审查效率。

第一千一百八十六条 【公平责任】受害人和行为人对损害的发生都没有过错的，依照法律的规定由双方分担损失。

法条评释：本条是对公平责任的规定。所谓公平责任，是指在当事人对于损害的发生都无过错且法律又未规定适用无过错责任的情况下，法院依据公平的观念，在考虑受害人的损害、双方当事人的财产状况及其他相关情况的基础上，决定由加害人与受害人双方对该损害加以分担。公平责任在长期司法实践中对于解决纠纷，维护社会稳定，发挥了一定的作用，但是随着我国社会主义法治建设事业的发展，该规则也出现了很多的问题。在我国《民法典》编纂过程中，全国人大宪法和法律委员会认为："实践中，该规定因裁判标准不明导致适用范围过宽，社会效果不是很好。"为进一步明确该规则的适用范围，统一裁判尺度，草案将侵权责任法规定中的"根据实际情况"修改为"依照法律的规定"。

故此，本条将原《侵权责任法》第24条中"可以根据实际情况，由双方分担损失"修改为"依照法律的规定由双方分担损失"。这一规定的意义极为重大。今后除非有法律的明确规定，否则任何法规、规章、司法解释以及法官个人都不能为了"和稀泥""息事宁人"而不顾是非，不分黑白，任意要求行为人和受害人分担损失。法官在裁判中必须严格依法办事，确认侵权责任。行为人有责任就应当承担责任，不能让无辜的受害人来分担损失；行为人没有责任，也不能因为行为人有钱而让其分担损失。

一、相关法律条文

1.《中华人民共和国民法典》(2021年1月1日起施行)

第一百八十二条 因紧急避险造成损害的，由引起险情发生的人承担民事责任。

危险由自然原因引起的，紧急避险人不承担民事责任，可以给予适当补偿。

紧急避险采取措施不当或者超过必要的限度，造成不应有的损害的，紧急避险人应当承担适当的民事责任。

第一百八十三条 因保护他人民事权益使自己受到损害的，由侵权人承担民事责任，受益人可以给予适当补偿。没有侵权人、侵权人逃逸或者无力承担民事责任，受害人请求补偿的，受益人应当给予适当补偿。

第一千一百九十条 完全民事行为能力人对自己的行为暂时没有意识或者失去控制造成他人损害有过错的，应当承担侵权责任；没有过错的，根据行为人的经济状况对受害人适当补偿。

完全民事行为能力人因醉酒、滥用麻醉药品或者精神药品对自己的行为暂时没有意识或者失去控制造成他人损害的，应当承担侵权责任。

第一千一百九十二条 个人之间形成劳务关系,提供劳务一方因劳务造成他人损害的,由接受劳务一方承担侵权责任。接受劳务一方承担侵权责任后,可以向有故意或者重大过失的提供劳务一方追偿。提供劳务一方因劳务受到损害的,根据双方各自的过错承担相应的责任。

提供劳务期间,因第三人的行为造成提供劳务一方损害的,提供劳务一方有权请求第三人承担侵权责任,也有权请求接受劳务一方给予补偿。接受劳务一方补偿后,可以向第三人追偿。

第一千二百五十四条 禁止从建筑物中抛掷物品。从建筑物中抛掷物品或者从建筑物上坠落的物品造成他人损害的,由侵权人依法承担侵权责任;经调查难以确定具体侵权人的,除能够证明自己不是侵权人的外,由可能加害的建筑物使用人给予补偿。可能加害的建筑物使用人补偿后,有权向侵权人追偿。

物业服务企业等建筑物管理人应当采取必要的安全保障措施防止前款规定情形的发生;未采取必要的安全保障措施的,应当依法承担未履行安全保障义务的侵权责任。

发生本条第一款规定的情形的,公安等机关应当依法及时调查,查清责任人。

2.《中华人民共和国慈善法》(2016年9月1日起施行)

第一百零六条 慈善服务过程中,因慈善组织或者志愿者过错造成受益人、第三人损害的,慈善组织依法承担赔偿责任;损害是由志愿者故意或者重大过失造成的,慈善组织可以向其追偿。

志愿者在参与慈善服务过程中,因慈善组织过错受到损害的,慈善组织依法承担赔偿责任;损害是由不可抗力造成的,慈善组织应当给予适当补偿。

二、相关裁判摘要

- **2002年第2期《中华人民共和国最高人民法院公报》**刊登的“**李萍、龚念诉五月花公司人身伤害赔偿纠纷案**”判决就公平责任的适用进行了分析。相关裁判摘要如下:

五月花公司与上诉人李萍、龚念同在本次爆炸事件中同遭不幸,现在加害人虽已被抓获,但由于其没有经济赔偿能力,双方当事人同时面临无法获得全额赔偿的局面。在此情况下应当看到,五月花公司作为

> 企业法人，是为实现营利目的才允许顾客自带酒水，并由此引出餐厅爆炸事件，餐厅的木板隔墙不能抵御此次爆炸，倒塌后使李萍、龚念一家无辜受害。五月花公司在此爆炸事件中虽无法定应当承担民事责任的过错，但也不是与李萍、龚念一家受侵害事件毫无关系。还应当看到，双方当事人虽然同在此次事件中受害，但李萍、龚念一家是在实施有利于五月花公司获利的就餐行为时使自己的生存权益受损，五月花公司受损的则主要是自己的经营利益。二者相比，李萍、龚念受到的损害比五月花公司更为深重，社会各界（包括五月花公司本身）都对李萍、龚念一家的遭遇深表同情。最高人民法院在《关于贯彻执行〈中华人民共和国民法通则〉若干问题的意见（试行）》第157条中规定："当事人对造成损害均无过错，但一方是在为对方的利益或者共同的利益进行活动的过程中受到损害的，可以责令对方或者受益人给予一定的经济补偿。"根据这一规定和李萍、龚念一家的经济状况，为平衡双方当事人的受损结果，酌情由五月花公司给李萍、龚念补偿一部分经济损失，是适当的。

第一千一百八十七条　【损害赔偿费用的支付方式】损害发生后，当事人可以协商赔偿费用的支付方式。协商不一致的，赔偿费用应当一次性支付；一次性支付确有困难的，可以分期支付，但是被侵权人有权请求提供相应的担保。

法条评释：本条是对损害赔偿费用支付方式的规定。本来来自原《侵权责任法》第25条，主要内容没有变化，修改了一处，即将原《侵权责任法》第25条第2句规定的"应当提供相应的担保"修改为"被侵权人有权请求提供相应的担保"。

为了尽快解决纠纷，填补受害人的损害，我国的规定是对损害赔偿费用的支付方式以一次性支付为原则，分期支付为例外。当然，这种做法有利有弊，利在于高效快捷，避免时间长了因侵权人丧失赔偿能力而导致赔偿责任无法落实。弊端在于没有考虑到通货膨胀因素以及可能出现的道德风险。分期支付时，赔偿义务人应当提供的担保既包括保证，也包括抵押、质押等。

一、相关行政法规

《医疗事故处理条例》(2002 年 9 月 1 日起施行)

第五十二条 医疗事故赔偿费用,实行一次性结算,由承担医疗事故责任的医疗机构支付。

二、相关司法解释规定

《最高人民法院关于审理人身损害赔偿案件适用法律若干问题的解释》(法释〔2003〕20 号)(2020 年 12 月 23 日修正)

第十九条 超过确定的护理期限、辅助器具费给付年限或者残疾赔偿金给付年限,赔偿权利人向人民法院起诉请求继续给付护理费、辅助器具费或者残疾赔偿金的,人民法院应予受理。赔偿权利人确需继续护理、配制辅助器具,或者没有劳动能力和生活来源的,人民法院应当判令赔偿义务人继续给付相关费用五至十年。

第二十条 赔偿义务人请求以定期金方式给付残疾赔偿金、辅助器具费的,应当提供相应的担保。人民法院可以根据赔偿义务人的给付能力和提供担保的情况,确定以定期金方式给付相关费用。但是,一审法庭辩论终结前已经发生的费用、死亡赔偿金以及精神损害抚慰金,应当一次性给付。

第二十一条 人民法院应当在法律文书中明确定期金的给付时间、方式以及每期给付标准。执行期间有关统计数据发生变化的,给付金额应当适时进行相应调整。

定期金按照赔偿权利人的实际生存年限给付,不受本解释有关赔偿期限的限制。

第三章 责任主体的特殊规定

第一千一百八十八条 【监护人责任】 无民事行为能力人、限制民事行为能力人造成他人损害的,由监护人承担侵权责任。监护人尽到监护职责的,可以减轻其侵权责任。

有财产的无民事行为能力人、限制民事行为能力人造成他人损害的,从本人财产中支付赔偿费用;不足部分,由监护人赔偿。

法条评释: 本条是对监护人责任的规定,与原《侵权责任法》第 32

条的规定完全一致,并未进行修改。我国法律不承认过错能力,因此,在监护人责任的问题上,实际上是采取了所谓的“双重无过错责任”。一方面,被监护人造成他人损害的,无论有无过错,均要承担责任,从本人财产中支付赔偿费用;另一方面,无论监护人对于被监护人造成他人损害的行为的发生有无过错,均要承担替代责任。即便监护人尽到了监护责任,也只能减轻而非免除侵权责任。所谓监护人尽到监护责任的情形,司法实践中认可的很少,往往是被监护人在幼儿园、学校等教育机构造成他人损害的情形,因为此时涉及教育机构的侵权责任,故此,通过令教育机构承担相应的责任,从而减轻监护人的责任,即教育机构与监护人对损害承担按份责任。

一、相关法律条文

1.《中华人民共和国民法典》(2021年1月1日起施行)

第十七条　十八周岁以上的自然人为成年人。不满十八周岁的自然人为未成年人。

第十八条　成年人为完全民事行为能力人,可以独立实施民事法律行为。

十六周岁以上的未成年人,以自己的劳动收入为主要生活来源的,视为完全民事行为能力人。

第十九条　八周岁以上的未成年人为限制民事行为能力人,实施民事法律行为由其法定代理人代理或者经其法定代理人同意、追认,但是可以独立实施纯获利益的民事法律行为或者与其年龄、智力相适应的民事法律行为。

第二十条　不满八周岁的未成年人为无民事行为能力人,由其法定代理人代理实施民事法律行为。

第二十一条　不能辨认自己行为的成年人为无民事行为能力人,由其法定代理人代理实施民事法律行为。

八周岁以上的未成年人不能辨认自己行为的,适用前款规定。

第二十二条　不能完全辨认自己行为的成年人为限制民事行为能力人,实施民事法律行为由其法定代理人代理或者经其法定代理人同意、追认,但是可以独立实施纯获利益的民事法律行为或者与其智力、精神健康状况相适应的民事法律行为。

第二十三条 无民事行为能力人、限制民事行为能力人的监护人是其法定代理人。

第二十四条 不能辨认或者不能完全辨认自己行为的成年人，其利害关系人或者有关组织，可以向人民法院申请认定该成年人为无民事行为能力人或者限制民事行为能力人。

被人民法院认定为无民事行为能力人或者限制民事行为能力人的，经本人、利害关系人或者有关组织申请，人民法院可以根据其智力、精神健康恢复的状况，认定该成年人恢复为限制民事行为能力人或者完全民事行为能力人。

本条规定的有关组织包括：居民委员会、村民委员会、学校、医疗机构、妇女联合会、残疾人联合会、依法设立的老年人组织、民政部门等。

第二十五条 自然人以户籍登记或者其他有效身份登记记载的居所为住所；经常居所与住所不一致的，经常居所视为住所。

第二十六条 父母对未成年子女负有抚养、教育和保护的义务。

成年子女对父母负有赡养、扶助和保护的义务。

第二十七条 父母是未成年子女的监护人。

未成年人的父母已经死亡或者没有监护能力的，由下列有监护能力的人按顺序担任监护人：

（一）祖父母、外祖父母；

（二）兄、姐；

（三）其他愿意担任监护人的个人或者组织，但是须经未成年人住所地的居民委员会、村民委员会或者民政部门同意。

第二十八条 无民事行为能力或者限制民事行为能力的成年人，由下列有监护能力的人按顺序担任监护人：

（一）配偶；

（二）父母、子女；

（三）其他近亲属；

（四）其他愿意担任监护人的个人或者组织，但是须经被监护人住所地的居民委员会、村民委员会或者民政部门同意。

第二十九条 被监护人的父母担任监护人的，可以通过遗嘱指定监护人。

第三十条 依法具有监护资格的人之间可以协议确定监护人。协议确定监护人应当尊重被监护人的真实意愿。

第三十一条 对监护人的确定有争议的,由被监护人住所地的居民委员会、村民委员会或者民政部门指定监护人,有关当事人对指定不服的,可以向人民法院申请指定监护人;有关当事人也可以直接向人民法院申请指定监护人。

居民委员会、村民委员会、民政部门或者人民法院应当尊重被监护人的真实意愿,按照最有利于被监护人的原则在依法具有监护资格的人中指定监护人。

依照本条第一款规定指定监护人前,被监护人的人身权利、财产权利以及其他合法权益处于无人保护状态的,由被监护人住所地的居民委员会、村民委员会、法律规定的有关组织或者民政部门担任临时监护人。

监护人被指定后,不得擅自变更;擅自变更的,不免除被指定的监护人的责任。

第三十二条 没有依法具有监护资格的人的,监护人由民政部门担任,也可以由具备履行监护职责条件的被监护人住所地的居民委员会、村民委员会担任。

第三十三条 具有完全民事行为能力的成年人,可以与其近亲属、其他愿意担任监护人的个人或者组织事先协商,以书面形式确定自己的监护人。协商确定的监护人在该成年人丧失或者部分丧失民事行为能力时,履行监护职责。

第三十四条 监护人的职责是代理被监护人实施民事法律行为,保护被监护人的人身权利、财产权利以及其他合法权益等。

监护人依法履行监护职责产生的权利,受法律保护。

监护人不履行监护职责或者侵害被监护人合法权益的,应当承担法律责任。

第三十五条 监护人应当按照最有利于被监护人的原则履行监护职责。监护人除为维护被监护人利益外,不得处分被监护人的财产。

未成年人的监护人履行监护职责,在作出与被监护人利益有关的决定时,应当根据被监护人的年龄和智力状况,尊重被监护人的真实意愿。

成年人的监护人履行监护职责,应当最大程度地尊重被监护人的真实意愿,保障并协助被监护人实施与其智力、精神健康状况相适应的民事法律行为。对被监护人有能力独立处理的事务,监护人不得干涉。

第三十六条　监护人有下列情形之一的，人民法院根据有关个人或者组织的申请，撤销其监护人资格，安排必要的临时监护措施，并按照最有利于被监护人的原则依法指定监护人：

（一）实施严重损害被监护人身心健康行为的；

（二）怠于履行监护职责，或者无法履行监护职责并且拒绝将监护职责部分或者全部委托给他人，导致被监护人处于危困状态的；

（三）实施严重侵害被监护人合法权益的其他行为的。

本条规定的有关个人和组织包括：其他依法具有监护资格的人，居民委员会、村民委员会、学校、医疗机构、妇女联合会、残疾人联合会、未成年人保护组织、依法设立的老年人组织、民政部门等。

前款规定的个人和民政部门以外的组织未及时向人民法院申请撤销监护人资格的，民政部门应当向人民法院申请。

第三十七条　依法负担被监护人抚养费、赡养费、扶养费的父母、子女、配偶等，被人民法院撤销监护人资格后，应当继续履行负担的义务。

第三十八条　被监护人的父母或者子女被人民法院撤销监护人资格后，除对被监护人实施故意犯罪的外，确有悔改表现的，经其申请，人民法院可以在尊重被监护人真实意愿的前提下，视情况恢复其监护人资格，人民法院指定的监护人与被监护人的监护关系同时终止。

第三十九条　有下列情形之一的，监护关系终止：

（一）被监护人取得或者恢复完全民事行为能力；

（二）监护人丧失监护能力；

（三）被监护人或者监护人死亡；

（四）人民法院认定监护关系终止的其他情形。

监护关系终止后，被监护人仍然需要监护的，应当依法另行确定监护人。

2.《中华人民共和国老年人权益保障法》（2018 年 12 月 29 日修正）

第二十六条　具备完全民事行为能力的老年人，可以在近亲属或者其他与自己关系密切、愿意承担监护责任的个人、组织中协商确定自己的监护人。监护人在老年人丧失或者部分丧失民事行为能力时，依法承担监护责任。

老年人未事先确定监护人的，其丧失或者部分丧失民事行为能力时，依照有关法律的规定确定监护人。

3.《中华人民共和国未成年人保护法》(2020 年 10 月 17 日修订)

第十五条　未成年人的父母或者其他监护人应当学习家庭教育知识,接受家庭教育指导,创造良好、和睦、文明的家庭环境。

共同生活的其他成年家庭成员应当协助未成年人的父母或者其他监护人抚养、教育和保护未成年人。

第十六条　未成年人的父母或者其他监护人应当履行下列监护职责:

(一)为未成年人提供生活、健康、安全等方面的保障;

(二)关注未成年人的生理、心理状况和情感需求;

(三)教育和引导未成年人遵纪守法、勤俭节约,养成良好的思想品德和行为习惯;

(四)对未成年人进行安全教育,提高未成年人的自我保护意识和能力;

(五)尊重未成年人受教育的权利,保障适龄未成年人依法接受并完成义务教育;

(六)保障未成年人休息、娱乐和体育锻炼的时间,引导未成年人进行有益身心健康的活动;

(七)妥善管理和保护未成年人的财产;

(八)依法代理未成年人实施民事法律行为;

(九)预防和制止未成年人的不良行为和违法犯罪行为,并进行合理管教;

(十)其他应当履行的监护职责。

第十七条　未成年人的父母或者其他监护人不得实施下列行为:

(一)虐待、遗弃、非法送养未成年人或者对未成年人实施家庭暴力;

(二)放任、教唆或者利用未成年人实施违法犯罪行为;

(三)放任、唆使未成年人参与邪教、迷信活动或者接受恐怖主义、分裂主义、极端主义等侵害;

(四)放任、唆使未成年人吸烟(含电子烟,下同)、饮酒、赌博、流浪乞讨或者欺凌他人;

(五)放任或者迫使应当接受义务教育的未成年人失学、辍学;

(六)放任未成年人沉迷网络,接触危害或者可能影响其身心健康的图书、报刊、电影、广播电视节目、音像制品、电子出版物和网络信息等;

（七）放任未成年人进入营业性娱乐场所、酒吧、互联网上网服务营业场所等不适宜未成年人活动的场所；

（八）允许或者迫使未成年人从事国家规定以外的劳动；

（九）允许、迫使未成年人结婚或者为未成年人订立婚约；

（十）违法处分、侵吞未成年人的财产或者利用未成年人牟取不正当利益；

（十一）其他侵犯未成年人身心健康、财产权益或者不依法履行未成年人保护义务的行为。

第十八条 未成年人的父母或者其他监护人应当为未成年人提供安全的家庭生活环境，及时排除引发触电、烫伤、跌落等伤害的安全隐患；采取配备儿童安全座椅、教育未成年人遵守交通规则等措施，防止未成年人受到交通事故的伤害；提高户外安全保护意识，避免未成年人发生溺水、动物伤害等事故。

第十九条 未成年人的父母或者其他监护人应当根据未成年人的年龄和智力发展状况，在作出与未成年人权益有关的决定前，听取未成年人的意见，充分考虑其真实意愿。

第二十条 未成年人的父母或者其他监护人发现未成年人身心健康受到侵害、疑似受到侵害或者其他合法权益受到侵犯的，应当及时了解情况并采取保护措施；情况严重的，应当立即向公安、民政、教育等部门报告。

第二十一条 未成年人的父母或者其他监护人不得使未满八周岁或者由于身体、心理原因需要特别照顾的未成年人处于无人看护状态，或者将其交由无民事行为能力、限制民事行为能力、患有严重传染性疾病或者其他不适宜的人员临时照护。

未成年人的父母或者其他监护人不得使未满十六周岁的未成年人脱离监护单独生活。

第二十二条 未成年人的父母或者其他监护人因外出务工等原因在一定期限内不能完全履行监护职责的，应当委托具有照护能力的完全民事行为能力人代为照护；无正当理由的，不得委托他人代为照护。

未成年人的父母或者其他监护人在确定被委托人时，应当综合考虑其道德品质、家庭状况、身心健康状况、与未成年人生活情感上的联系等情况，并听取有表达意愿能力未成年人的意见。

具有下列情形之一的，不得作为被委托人：

（一）曾实施性侵害、虐待、遗弃、拐卖、暴力伤害等违法犯罪行为；

（二）有吸毒、酗酒、赌博等恶习；

（三）曾拒不履行或者长期怠于履行监护、照护职责；

（四）其他不适宜担任被委托人的情形。

第二十三条　未成年人的父母或者其他监护人应当及时将委托照护情况书面告知未成年人所在学校、幼儿园和实际居住地的居民委员会、村民委员会，加强和未成年人所在学校、幼儿园的沟通；与未成年人、被委托人至少每周联系和交流一次，了解未成年人的生活、学习、心理等情况，并给予未成年人亲情关爱。

未成年人的父母或者其他监护人接到被委托人、居民委员会、村民委员会、学校、幼儿园等关于未成年人心理、行为异常的通知后，应当及时采取干预措施。

4.《中华人民共和国预防未成年人犯罪法》（2020年12月26日修订）

第二十八条　本法所称不良行为，是指未成年人实施的不利于其健康成长的下列行为：

（一）吸烟、饮酒；

（二）多次旷课、逃学；

（三）无故夜不归宿、离家出走；

（四）沉迷网络；

（五）与社会上具有不良习性的人交往，组织或者参加实施不良行为的团伙；

（六）进入法律法规规定未成年人不宜进入的场所；

（七）参与赌博、变相赌博，或者参加封建迷信、邪教等活动；

（八）阅览、观看或者收听宣扬淫秽、色情、暴力、恐怖、极端等内容的读物、音像制品或者网络信息等；

（九）其他不利于未成年人身心健康成长的不良行为。

第二十九条　未成年人的父母或者其他监护人发现未成年人有不良行为的，应当及时制止并加强管教。

第三十条　公安机关、居民委员会、村民委员会发现本辖区内未成年人有不良行为的，应当及时制止，并督促其父母或者其他监护人依法履行监护职责。

第三十四条 未成年学生旷课、逃学的，学校应当及时联系其父母或者其他监护人，了解有关情况；无正当理由的，学校和未成年学生的父母或者其他监护人应当督促其返校学习。

第三十五条 未成年人无故夜不归宿、离家出走的，父母或者其他监护人、所在的寄宿制学校应当及时查找，必要时向公安机关报告。

收留夜不归宿、离家出走未成年人的，应当及时联系其父母或者其他监护人、所在学校；无法取得联系的，应当及时向公安机关报告。

第三十六条 对夜不归宿、离家出走或者流落街头的未成年人，公安机关、公共场所管理机构等发现或者接到报告后，应当及时采取有效保护措施，并通知其父母或者其他监护人、所在的寄宿制学校，必要时应当护送其返回住所、学校；无法与其父母或者其他监护人、学校取得联系的，应当护送未成年人到救助保护机构接受救助。

第三十七条 未成年人的父母或者其他监护人、学校发现未成年人组织或者参加实施不良行为的团伙，应当及时制止；发现该团伙有违法犯罪嫌疑的，应当立即向公安机关报告。

第三十八条 本法所称严重不良行为，是指未成年人实施的有刑法规定、因不满法定刑事责任年龄不予刑事处罚的行为，以及严重危害社会的下列行为：

（一）结伙斗殴，追逐、拦截他人，强拿硬要或者任意损毁、占用公私财物等寻衅滋事行为；

（二）非法携带枪支、弹药或者弩、匕首等国家规定的管制器具；

（三）殴打、辱骂、恐吓，或者故意伤害他人身体；

（四）盗窃、哄抢、抢夺或者故意损毁公私财物；

（五）传播淫秽的读物、音像制品或者信息等；

（六）卖淫、嫖娼，或者进行淫秽表演；

（七）吸食、注射毒品，或者向他人提供毒品；

（八）参与赌博赌资较大；

（九）其他严重危害社会的行为。

第三十九条 未成年人的父母或者其他监护人、学校、居民委员会、村民委员会发现有人教唆、胁迫、引诱未成年人实施严重不良行为的，应当立即向公安机关报告。公安机关接到报告或者发现有上述情形的，应当及时依法查处；对人身安全受到威胁的未成年人，应当立即采取有效保护措施。

第四十条 公安机关接到举报或者发现未成年人有严重不良行为的,应当及时制止,依法调查处理,并可以责令其父母或者其他监护人消除或者减轻违法后果,采取措施严加管教。

5.《中华人民共和国治安管理处罚法》(2012 年 10 月 26 日修正)

第八条 违反治安管理的行为对他人造成损害的,行为人或者其监护人应当依法承担民事责任。

6.《中华人民共和国精神卫生法》(2018 年 4 月 27 日修正)

第七十九条 医疗机构出具的诊断结论表明精神障碍患者应当住院治疗而其监护人拒绝,致使患者造成他人人身、财产损害的,或者患者有其他造成他人人身、财产损害情形的,其监护人依法承担民事责任。

二、相关司法解释规定

《最高人民法院关于适用〈中华人民共和国民事诉讼法〉的解释》(法释〔2015〕5 号)(2020 年 12 月 23 日修正)

第六十七条 无民事行为能力人、限制民事行为能力人造成他人损害的,无民事行为能力人、限制民事行为能力人和其监护人为共同被告。

三、相关文件规定

《最高人民法院民事审判庭关于监护责任两个问题的电话答复》(1990 年 5 月 4 日发布)

吉林省高级人民法院:

你院(89)51 号"关于监护责任两个问题的请示"收悉。

关于对患精神病的人,其监护人应从何时起承担监护责任的问题。经我们研究认为,此问题情况比较复杂,我国现行法律无明文规定,也不宜作统一规定。在处理这类案件时,可根据《民法通则》有关规定精神,结合案件具体情况,合情合理地妥善处理。

我们原则上认为:成年人丧失行为能力时,监护人即应承担其监护责任。监护人对精神病人的监护责任是基于法律规定而设立的,当成年人因患精神病,丧失行为能力时,监护人应按照法律规定的监护顺序承担监护责任。如果监护人确实不知被监护人患有精神病的,可根据具体情况,参照《民法通则》第一百三十三条规定精神,适当减轻民事责任。

精神病人在发病时给他人造成的经济损失，如行为人个人财产不足补偿或无个人财产的，其监护人应适当承担赔偿责任。这样处理，可促使监护人自觉履行监护责任，维护被监护人和其他公民的合法权益，也有利于社会安定。

关于侵权行为人在侵权时不满18周岁，在诉讼时已满18周岁，且本人无经济赔偿能力，其原监护人的诉讼法律地位应如何列的问题。

我们认为：原监护人应列为本案第三人，承担民事责任。因原监护人对本案的诉讼标的无独立请求权，只是案件处理结果同本人有法律上的利害关系，因此，系无独立请求权的第三人。

第一千一百八十九条 【监护职责委托他人时的侵权责任】 无民事行为能力人、限制民事行为能力人造成他人损害，监护人将监护职责委托给他人的，监护人应当承担侵权责任；受托人有过错的，承担相应的责任。

法条评释： 该条是对监护人将监护职责委托他人时的侵权责任的规定。监护人将监护职责部分或者全部委托给他人，被监护人致人损害的，因监护人的职责只是暂时委托给他人，所以监护人仍应承担责任。但是，受托人有过错的（其对于损害的发生有过错）的，应当承担相应的责任。这一点上与以往的司法实践的做法不同。《最高人民法院关于贯彻执行〈中华人民共和国民法通则〉若干问题的意见（试行）》第22条规定："监护人可以将监护职责部分或者全部委托给他人。因被监护人的侵权行为需要承担民事责任的，应当由监护人承担，但另有约定的除外；被委托人确有过错的，负连带责任。"考虑到受委托人即便存在过错，其本身也不是监护人，且其过错行为对损害发生的原因力也是有限的，故此，不应当让其承担连带责任。本条规定受托人有过错时，承担的是相应的责任，即按照其过错程度和原因力对损害承担相适应的责任。

当然，监护人与受托人之间可以通过约定来排除监护人的责任，只不过这种约定只能在当事人内部发生效力。被指定担任监护人的人，如果擅自变更监护人的，被监护人造成他人损害的，被指定的监护人依然应当承担责任（《民法典》第31条第4款）。

第一千一百九十条　【完全民事行为能力人丧失意识的责任】完全民事行为能力人对自己的行为暂时没有意识或者失去控制造成他人损害有过错的，应当承担侵权责任；没有过错的，根据行为人的经济状况对受害人适当补偿。

完全民事行为能力人因醉酒、滥用麻醉药品或者精神药品对自己的行为暂时没有意识或者失去控制造成他人损害的，应当承担侵权责任。

法条评释：本条是对完全民事行为能力人丧失意识的侵权责任的规定，源于原《侵权责任法》第33条。依据完全民事行为能力人对自己的行为暂时没有意识或者失去控制造成他人损害是否有过错，本条分别规定了侵权责任与公平责任。既然完全民事行为能力人是在对自己的行为暂时没有意识或者失去控制的情况下给他人造成损害的，本条第1款中的“过错”就显然不是指行为人从事加害行为时的过错，而是指行为人对导致自己陷入“暂时没有意识或者失去控制”这样一种状态的过错。本条第2款规定的“醉酒、滥用麻醉药品或者精神药品”属于行为人对导致自己陷入“暂时没有意识或者失去控制”有过错的典型情形。因这些情形较为常见且危害性大，所以本条第2款特别加以规定。但本条第1款中的“有过错”不限于第2款的情形，还包括其他因行为人故意或过失导致自己暂时没有意识或者失去控制的其他情形。如果完全民事行为能力人对自己的行为暂时没有意识或者失去控制而造成他人损害且行为人无任何过错，在法律未特别规定适用无过错责任的情形下，不应要求该人承担侵权责任。然而，受害人毕竟遭受了损害，其对于损害的发生也没有过错。因此，本条第1款第2句规定了公平责任，即“根据行为人的经济状况对受害人适当补偿”。

一、相关法律条文

1.《中华人民共和国刑法》(2020年12月26日修正)

第十八条　精神病人在不能辨认或者不能控制自己行为的时候造成危害结果，经法定程序鉴定确认的，不负刑事责任，但是应当责令他的家属或者监护人严加看管和医疗；在必要的时候，由政府强制医疗。

间歇性的精神病人在精神正常的时候犯罪,应当负刑事责任。

尚未完全丧失辨认或者控制自己行为能力的精神病人犯罪的,应当负刑事责任,但是可以从轻或者减轻处罚。

醉酒的人犯罪,应当负刑事责任。

2.《中华人民共和国治安管理处罚法》(2012 年 10 月 26 日修正)

第十五条 醉酒的人违反治安管理的,应当给予处罚。

醉酒的人在醉酒状态中,对本人有危险或者对他人的人身、财产或者公共安全有威胁的,应当对其采取保护性措施约束至酒醒。

二、相关行政法规

《麻醉药品和精神药品管理条例》(2016 年 2 月 6 日修订)

第三条 本条例所称麻醉药品和精神药品,是指列入麻醉药品目录、精神药品目录(以下称目录)的药品和其他物质。精神药品分为第一类精神药品和第二类精神药品。

目录由国务院药品监督管理部门会同国务院公安部门、国务院卫生主管部门制定、调整并公布。

上市销售但尚未列入目录的药品和其他物质或者第二类精神药品发生滥用,已经造成或者可能造成严重社会危害的,国务院药品监督管理部门会同国务院公安部门、国务院卫生主管部门应当及时将该药品和该物质列入目录或者将该第二类精神药品调整为第一类精神药品。

三、相关司法解释规定

《最高人民法院、最高人民检察院、公安部关于办理醉酒驾驶机动车刑事案件适用法律若干问题的意见》(法发〔2013〕15 号)

一、在道路上驾驶机动车,血液酒精含量达到 80 毫克/100 毫升以上的,属于醉酒驾驶机动车,依照刑法第一百三十三条之一第一款的规定,以危险驾驶罪定罪处罚。

前款规定的“道路”“机动车”,适用道路交通安全法的有关规定。

第一千一百九十一条 【用人者责任】 用人单位的工作人员因执行工作任务造成他人损害的,由用人单位承担侵权责任。用人单位承担侵权责任后,可以向有故意或者重大过失的工作人员追偿。

劳务派遣期间,被派遣的工作人员因执行工作任务造成他人损害

的，由接受劳务派遣的用工单位承担侵权责任；劳务派遣单位有过错的，承担相应的责任。

法条评释：本条是对用人者责任的规定。本条对原《侵权责任法》第34条进行了两项规定：其一，明确了用人单位可以对有故意或者重大过失的工作人员进行追偿。这有利于加强对工作人员的监督，预防和制止侵权行为。其二，将劳务派遣单位有过错时的相应的补充责任修改为“相应的责任”。《民法典》编纂时，多数观点认为，劳务派遣单位在有过错时仅承担相应的补充责任，显然过于宽松，不利于保证劳务派遣单位依法和依约履行义务，故此，本条第2款进行了修改。

依据本条第1款，用人单位承担的是无过错责任，即只要用人单位的工作人员因执行工作任务造成他人损害，无论用人单位有无过错，均应当承担侵权责任。本条第2款则对劳务派遣这一特殊的用工形式中工作人员造成他人损害时，究竟谁来承担责任作出了规定。由于用工单位对于被派遣的工作人员具有控制力，故此在被派遣的工作人员因执行工作任务造成他人损害时，应当由用工单位承担侵权责任；至于用人单位则仅在有过错时承担相应的补充责任。所谓“劳务派遣单位有过错的”，是指劳务派遣单位违反劳务派遣协议，派遣了不符合要求的工作人员到用工单位，以致该工作人员因工作任务而给他人造成损害。所谓相应的责任，意味着应根据劳务派遣单位的过错程度、原因力等因素，令其就被侵权人的损害承担相适应的赔偿责任。需要注意的是，无论劳务派遣单位是否因其过错而向被侵权人承担相应的责任，只要劳务派遣单位违反了劳务派遣协议，接受劳务派遣的单位均可依据劳务派遣协议要求劳务派遣单位承担违约责任。

至于用人单位的工作人员因执行工作任务而给自己造成损害，应当通过工伤保险制度加以解决，故此本条未作规定。然而，实践中由于工伤保险赔偿的范围有限，故此依然产生工作人员能否针对用人单位提起侵权赔偿诉讼的问题。

一、相关法律条文

(一)用人者责任

1.《中华人民共和国国家赔偿法》(2012年10月26日修正)

第七条 行政机关及其工作人员行使行政职权侵犯公民、法人和其他组织的合法权益造成损害的,该行政机关为赔偿义务机关。

两个以上行政机关共同行使行政职权时侵犯公民、法人和其他组织的合法权益造成损害的,共同行使行政职权的行政机关为共同赔偿义务机关。

法律、法规授权的组织在行使授予的行政权力时侵犯公民、法人和其他组织的合法权益造成损害的,被授权的组织为赔偿义务机关。

受行政机关委托的组织或者个人在行使受委托的行政权力时侵犯公民、法人和其他组织的合法权益造成损害的,委托的行政机关为赔偿义务机关。

赔偿义务机关被撤销的,继续行使其职权的行政机关为赔偿义务机关;没有继续行使其职权的行政机关的,撤销该赔偿义务机关的行政机关为赔偿义务机关。

第十七条 行使侦查、检察、审判职权的机关以及看守所、监狱管理机关及其工作人员在行使职权时有下列侵犯人身权情形之一的,受害人有取得赔偿的权利:

(一)违反刑事诉讼法的规定对公民采取拘留措施的,或者依照刑事诉讼法规定的条件和程序对公民采取拘留措施,但是拘留时间超过刑事诉讼法规定的时限,其后决定撤销案件、不起诉或者判决宣告无罪终止追究刑事责任的;

(二)对公民采取逮捕措施后,决定撤销案件、不起诉或者判决宣告无罪终止追究刑事责任的;

(三)依照审判监督程序再审改判无罪,原判刑罚已经执行的;

(四)刑讯逼供或者以殴打、虐待等行为或者唆使、放纵他人以殴打、虐待等行为造成公民身体伤害或者死亡的;

(五)违法使用武器、警械造成公民身体伤害或者死亡的。

第二十一条 行使侦查、检察、审判职权的机关以及看守所、监狱管理机关及其工作人员在行使职权时侵犯公民、法人和其他组织的合法权益造成损害的,该机关为赔偿义务机关。

对公民采取拘留措施，依照本法的规定应当给予国家赔偿的，作出拘留决定的机关为赔偿义务机关。

对公民采取逮捕措施后决定撤销案件、不起诉或者判决宣告无罪的，作出逮捕决定的机关为赔偿义务机关。

再审改判无罪的，作出原生效判决的人民法院为赔偿义务机关。二审改判无罪，以及二审发回重审后作无罪处理的，作出一审有罪判决的人民法院为赔偿义务机关。

第三十一条　赔偿义务机关赔偿后，应当向有下列情形之一的工作人员追偿部分或者全部赔偿费用：

（一）有本法第十七条第四项、第五项规定情形的；

（二）在处理案件中有贪污受贿，徇私舞弊，枉法裁判行为的。

对有前款规定情形的责任人员，有关机关应当依法给予处分；构成犯罪的，应当依法追究刑事责任。

2.《中华人民共和国资产评估法》（2016年12月1日起施行）

第五十条　评估专业人员违反本法规定，给委托人或者其他相关当事人造成损失的，由其所在的评估机构依法承担赔偿责任。评估机构履行赔偿责任后，可以向有故意或者重大过失行为的评估专业人员追偿。

3.《中华人民共和国慈善法》（2016年9月1日起施行）

第一百零六条　慈善服务过程中，因慈善组织或者志愿者过错造成受益人、第三人损害的，慈善组织依法承担赔偿责任；损害是由志愿者故意或者重大过失造成的，慈善组织可以向其追偿。

志愿者在参与慈善服务过程中，因慈善组织过错受到损害的，慈善组织依法承担赔偿责任；损害是由不可抗力造成的，慈善组织应当给予适当补偿。

4.《中华人民共和国公证法》（2017年9月1日修正）

第四十三条　公证机构及其公证员因过错给当事人、公证事项的利害关系人造成损失的，由公证机构承担相应的赔偿责任；公证机构赔偿后，可以向有故意或者重大过失的公证员追偿。

当事人、公证事项的利害关系人与公证机构因赔偿发生争议的，可以向人民法院提起民事诉讼。

5.《中华人民共和国律师法》(2017 年 9 月 1 日修正)

第五十四条 律师违法执业或者因过错给当事人造成损失的,由其所在的律师事务所承担赔偿责任。律师事务所赔偿后,可以向有故意或者重大过失行为的律师追偿。

6.《中华人民共和国注册会计师法》(2014 年 8 月 31 日修正)

第十六条 注册会计师承办业务,由其所在的会计师事务所统一受理并与委托人签订委托合同。

会计师事务所对本所注册会计师依照前款规定承办的业务,承担民事责任。

(二)工伤保险

1.《中华人民共和国劳动合同法》(2012 年 12 月 28 日修正)

第二条 中华人民共和国境内的企业、个体经济组织、民办非企业单位等组织(以下称用人单位)与劳动者建立劳动关系,订立、履行、变更、解除或者终止劳动合同,适用本法。

国家机关、事业单位、社会团体和与其建立劳动关系的劳动者,订立、履行、变更、解除或者终止劳动合同,依照本法执行。

第五十七条 经营劳务派遣业务应当具备下列条件:

(一)注册资本不得少于人民币二百万元;

(二)有与开展业务相适应的固定的经营场所和设施;

(三)有符合法律、行政法规规定的劳务派遣管理制度;

(四)法律、行政法规规定的其他条件。

经营劳务派遣业务,应当向劳动行政部门依法申请行政许可;经许可的,依法办理相应的公司登记。未经许可,任何单位和个人不得经营劳务派遣业务。

第五十八条 劳务派遣单位是本法所称用人单位,应当履行用人单位对劳动者的义务。劳务派遣单位与被派遣劳动者订立的劳动合同,除应当载明本法第十七条规定的事项外,还应当载明被派遣劳动者的用工单位以及派遣期限、工作岗位等情况。

劳务派遣单位应当与被派遣劳动者订立二年以上的固定期限劳动合同,按月支付劳动报酬;被派遣劳动者在无工作期间,劳务派遣单位应当按照所在地人民政府规定的最低工资标准,向其按月支付报酬。

第五十九条 劳务派遣单位派遣劳动者应当与接受以劳务派遣形式用工的单位(以下称用工单位)订立劳务派遣协议。劳务派遣协议应当约定派遣岗位和人员数量、派遣期限、劳动报酬和社会保险费的数额与支付方式以及违反协议的责任。

用工单位应当根据工作岗位的实际需要与劳务派遣单位确定派遣期限，不得将连续用工期限分割订立数个短期劳务派遣协议。

第六十条　劳务派遣单位应当将劳务派遣协议的内容告知被派遣劳动者。

劳务派遣单位不得克扣用工单位按照劳务派遣协议支付给被派遣劳动者的劳动报酬。

劳务派遣单位和用工单位不得向被派遣劳动者收取费用。

第六十一条　劳务派遣单位跨地区派遣劳动者的，被派遣劳动者享有的劳动报酬和劳动条件，按照用工单位所在地的标准执行。

第六十二条　用工单位应当履行下列义务：

（一）执行国家劳动标准，提供相应的劳动条件和劳动保护；

（二）告知被派遣劳动者的工作要求和劳动报酬；

（三）支付加班费、绩效奖金，提供与工作岗位相关的福利待遇；

（四）对在岗被派遣劳动者进行工作岗位所必需的培训；

（五）连续用工的，实行正常的工资调整机制。

用工单位不得将被派遣劳动者再派遣到其他用人单位。

第六十三条　被派遣劳动者享有与用工单位的劳动者同工同酬的权利。用工单位应当按照同工同酬原则，对被派遣劳动者与本单位同类岗位的劳动者实行相同的劳动报酬分配办法。用工单位无同类岗位劳动者的，参照用工单位所在地相同或者相近岗位劳动者的劳动报酬确定。

劳务派遣单位与被派遣劳动者订立的劳动合同和与用工单位订立的劳务派遣协议，载明或者约定的向被派遣劳动者支付的劳动报酬应当符合前款规定。

第六十四条　被派遣劳动者有权在劳务派遣单位或者用工单位依法参加或者组织工会，维护自身的合法权益。

第六十五条　被派遣劳动者可以依照本法第三十六条、第三十八条的规定与劳务派遣单位解除劳动合同。

被派遣劳动者有本法第三十九条和第四十条第一项、第二项规定情形的，用工单位可以将劳动者退回劳务派遣单位，劳务派遣单位依照本法有关规定，可以与劳动者解除劳动合同。

第六十六条 劳动合同用工是我国的企业基本用工形式。劳务派遣用工是补充形式,只能在临时性、辅助性或者替代性的工作岗位上实施。

前款规定的临时性工作岗位是指存续时间不超过六个月的岗位;辅助性工作岗位是指为主营业务岗位提供服务的非主营业务岗位;替代性工作岗位是指用工单位的劳动者因脱产学习、休假等原因无法工作的一定期间内,可以由其他劳动者替代工作的岗位。

用工单位应当严格控制劳务派遣用工数量,不得超过其用工总量的一定比例,具体比例由国务院劳动行政部门规定。

第六十七条 用人单位不得设立劳务派遣单位向本单位或者所属单位派遣劳动者。

2.《中华人民共和国劳动法》(2018年12月29日修正)

第二条 在中华人民共和国境内的企业、个体经济组织(以下统称用人单位)和与之形成劳动关系的劳动者,适用本法。

国家机关、事业组织、社会团体和与之建立劳动合同关系的劳动者,依照本法执行。

第十六条 劳动合同是劳动者与用人单位确立劳动关系、明确双方权利和义务的协议。

建立劳动关系应当订立劳动合同。

第七十三条 劳动者在下列情形下,依法享受社会保险待遇:

(一)退休;

(二)患病、负伤;

(三)因工伤残或者患职业病;

(四)失业;

(五)生育。

劳动者死亡后,其遗属依法享受遗属津贴。

劳动者享受社会保险待遇的条件和标准由法律、法规规定。劳动者享受的社会保险金必须按时足额支付。

3.《中华人民共和国社会保险法》(2018年12月29日修正)

第二条 国家建立基本养老保险、基本医疗保险、工伤保险、失业保险、生育保险等社会保险制度,保障公民在年老、疾病、工伤、失业、生育等情况下依法从国家和社会获得物质帮助的权利。

第三十三条　职工应当参加工伤保险，由用人单位缴纳工伤保险费，职工不缴纳工伤保险费。

第三十五条　用人单位应当按照本单位职工工资总额，根据社会保险经办机构确定的费率缴纳工伤保险费。

第三十六条　职工因工作原因受到事故伤害或者患职业病，且经工伤认定的，享受工伤保险待遇；其中，经劳动能力鉴定丧失劳动能力的，享受伤残待遇。

工伤认定和劳动能力鉴定应当简捷、方便。

第三十七条　职工因下列情形之一导致本人在工作中伤亡的，不认定为工伤：

（一）故意犯罪；

（二）醉酒或者吸毒；

（三）自残或者自杀；

（四）法律、行政法规规定的其他情形。

第三十八条　因工伤发生的下列费用，按照国家规定从工伤保险基金中支付：

（一）治疗工伤的医疗费用和康复费用；

（二）住院伙食补助费；

（三）到统筹地区以外就医的交通食宿费；

（四）安装配置伤残辅助器具所需费用；

（五）生活不能自理的，经劳动能力鉴定委员会确认的生活护理费；

（六）一次性伤残补助金和一至四级伤残职工按月领取的伤残津贴；

（七）终止或者解除劳动合同时，应当享受的一次性医疗补助金；

（八）因工死亡的，其遗属领取的丧葬补助金、供养亲属抚恤金和因工死亡补助金；

（九）劳动能力鉴定费。

第三十九条　因工伤发生的下列费用，按照国家规定由用人单位支付：

（一）治疗工伤期间的工资福利；

（二）五级、六级伤残职工按月领取的伤残津贴；

（三）终止或者解除劳动合同时，应当享受的一次性伤残就业补助金。

第四十条 工伤职工符合领取基本养老金条件的,停发伤残津贴,享受基本养老保险待遇。基本养老保险待遇低于伤残津贴的,从工伤保险基金中补足差额。

第四十一条 职工所在用人单位未依法缴纳工伤保险费,发生工伤事故的,由用人单位支付工伤保险待遇。用人单位不支付的,从工伤保险基金中先行支付。

从工伤保险基金中先行支付的工伤保险待遇应当由用人单位偿还。用人单位不偿还的,社会保险经办机构可以依照本法第六十三条的规定追偿。

第四十二条 由于第三人的原因造成工伤,第三人不支付工伤医疗费用或者无法确定第三人的,由工伤保险基金先行支付。工伤保险基金先行支付后,有权向第三人追偿。

第四十三条 工伤职工有下列情形之一的,停止享受工伤保险待遇:

(一)丧失享受待遇条件的;

(二)拒不接受劳动能力鉴定的;

(三)拒绝治疗的。

4.《中华人民共和国职业病防治法》(2018年12月29日修正)

第七条 用人单位必须依法参加工伤保险。

国务院和县级以上地方人民政府劳动保障行政部门应当加强对工伤保险的监督管理,确保劳动者依法享受工伤保险待遇。

5.《中华人民共和国安全生产法》(2021年6月10日修正)

第四十八条 生产经营单位必须依法参加工伤保险,为从业人员缴纳保险费。

国家鼓励生产经营单位投保安全生产责任保险。

第四十九条 生产经营单位与从业人员订立的劳动合同,应当载明有关保障从业人员劳动安全、防止职业危害的事项,以及依法为从业人员办理工伤保险的事项。

生产经营单位不得以任何形式与从业人员订立协议,免除或者减轻其对从业人员因生产安全事故伤亡依法应承担的责任。

第五十三条 因生产安全事故受到损害的从业人员,除依法享有工伤保险外,依照有关民事法律尚有获得赔偿的权利的,有权向本单位提出赔偿要求。

6.《中华人民共和国建筑法》(2019年4月23日修正)

第四十八条 建筑施工企业应当依法为职工参加工伤保险缴纳工伤保险费。鼓励企业为从事危险作业的职工办理意外伤害保险,支付保险费。

二、相关行政法规

(一)用人者责任

《企业事业单位内部治安保卫条例》(2004年12月1日起施行)就单位治安保卫人员执行工作任务时侵害他人合法权益时侵权责任的承担主体,作出了如下规定:

第二十条 单位治安保卫人员在履行职责时侵害他人合法权益的,应当赔礼道歉,给他人造成损害的,单位应当承担赔偿责任。单位赔偿后,有权责令因故意或者重大过失造成侵权的治安保卫人员承担部分或者全部赔偿的费用;对故意或者重大过失造成侵权的治安保卫人员,单位应当依法给予处分。治安保卫人员侵害他人合法权益的行为属于受单位负责人指使、胁迫的,对单位负责人依法给予处分,并由其承担赔偿责任;情节严重,构成犯罪的,依法追究刑事责任。

(二)工伤保险

1.《中华人民共和国劳动合同法实施条例》(2008年9月18日起施行)

第三条 依法成立的会计师事务所、律师事务所等合伙组织和基金会,属于劳动合同法规定的用人单位。

第四条 劳动合同法规定的用人单位设立的分支机构,依法取得营业执照或者登记证书的,可以作为用人单位与劳动者订立劳动合同;未依法取得营业执照或者登记证书的,受用人单位委托可以与劳动者订立劳动合同。

2.《工伤保险条例》(2010年12月20日修订)

第一条 为了保障因工作遭受事故伤害或者患职业病的职工获得医疗救治和经济补偿,促进工伤预防和职业康复,分散用人单位的工伤风险,制定本条例。

第二条 中华人民共和国境内的企业、事业单位、社会团体、民办非企业单位、基金会、律师事务所、会计师事务所等组织和有雇工的个体工商户(以下称用人单位)应当依照本条例规定参加工伤保险,为本单位全部职工或者雇工(以下称职工)缴纳工伤保险费。

中华人民共和国境内的企业、事业单位、社会团体、民办非企业单位、基金会、律师事务所、会计师事务所等组织的职工和个体工商户的雇工,均有依照本条例的规定享受工伤保险待遇的权利。

第三条 工伤保险费的征缴按照《社会保险费征缴暂行条例》关于基本养老保险费、基本医疗保险费、失业保险费的征缴规定执行。

第四条 用人单位应当将参加工伤保险的有关情况在本单位内公示。

用人单位和职工应当遵守有关安全生产和职业病防治的法律法规,执行安全卫生规程和标准,预防工伤事故发生,避免和减少职业病危害。

职工发生工伤时,用人单位应当采取措施使工伤职工得到及时救治。

第五条 国务院社会保险行政部门负责全国的工伤保险工作。

县级以上地方各级人民政府社会保险行政部门负责本行政区域内的工伤保险工作。

社会保险行政部门按照国务院有关规定设立的社会保险经办机构(以下称经办机构)具体承办工伤保险事务。

第七条 工伤保险基金由用人单位缴纳的工伤保险费、工伤保险基金的利息和依法纳入工伤保险基金的其他资金构成。

第十条 用人单位应当按时缴纳工伤保险费。职工个人不缴纳工伤保险费。

用人单位缴纳工伤保险费的数额为本单位职工工资总额乘以单位缴费费率之积。

对难以按照工资总额缴纳工伤保险费的行业,其缴纳工伤保险费的具体方式,由国务院社会保险行政部门规定。

第十二条 工伤保险基金存入社会保障基金财政专户,用于本条例规定的工伤保险待遇,劳动能力鉴定,工伤预防的宣传、培训等费用,以及法律、法规规定的用于工伤保险的其他费用的支付。

工伤预防费用的提取比例、使用和管理的具体办法,由国务院社会保险行政部门会同国务院财政、卫生行政、安全生产监督管理等部门规定。

任何单位或者个人不得将工伤保险基金用于投资运营、兴建或者改建办公场所、发放奖金,或者挪作其他用途。

第十四条　职工有下列情形之一的，应当认定为工伤：

（一）在工作时间和工作场所内，因工作原因受到事故伤害的；

（二）工作时间前后在工作场所内，从事与工作有关的预备性或者收尾性工作受到事故伤害的；

（三）在工作时间和工作场所内，因履行工作职责受到暴力等意外伤害的；

（四）患职业病的；

（五）因工外出期间，由于工作原因受到伤害或者发生事故下落不明的；

（六）在上下班途中，受到非本人主要责任的交通事故或者城市轨道交通、客运轮渡、火车事故伤害的；

（七）法律、行政法规规定应当认定为工伤的其他情形。

第十五条　职工有下列情形之一的，视同工伤：

（一）在工作时间和工作岗位，突发疾病死亡或者在48小时之内经抢救无效死亡的；

（二）在抢险救灾等维护国家利益、公共利益活动中受到伤害的；

（三）职工原在军队服役，因战、因公负伤致残，已取得革命伤残军人证，到用人单位后旧伤复发的。

职工有前款第（一）项、第（二）项情形的，按照本条例的有关规定享受工伤保险待遇；职工有前款第（三）项情形的，按照本条例的有关规定享受除一次性伤残补助金以外的工伤保险待遇。

第十六条　职工符合本条例第十四条、第十五条的规定，但是有下列情形之一的，不得认定为工伤或者视同工伤：

（一）故意犯罪的；

（二）醉酒或者吸毒的；

（三）自残或者自杀的。

第十七条　职工发生事故伤害或者按照职业病防治法规定被诊断、鉴定为职业病，所在单位应当自事故伤害发生之日或者被诊断、鉴定为职业病之日起30日内，向统筹地区社会保险行政部门提出工伤认定申请。遇有特殊情况，经报社会保险行政部门同意，申请时限可以适当延长。

用人单位未按前款规定提出工伤认定申请的，工伤职工或者其近亲属、工会组织在事故伤害发生之日或者被诊断、鉴定为职业病之日起1年内，可以直接向用人单位所在地统筹地区社会保险行政部门提出工伤认定申请。

按照本条第一款规定应当由省级社会保险行政部门进行工伤认定的事项,根据属地原则由用人单位所在地的设区的市级社会保险行政部门办理。

用人单位未在本条第一款规定的时限内提交工伤认定申请,在此期间发生符合本条例规定的工伤待遇等有关费用由该用人单位负担。

第十八条 提出工伤认定申请应当提交下列材料:

(一)工伤认定申请表;

(二)与用人单位存在劳动关系(包括事实劳动关系)的证明材料;

(三)医疗诊断证明或者职业病诊断证明书(或者职业病诊断鉴定书)。

工伤认定申请表应当包括事故发生的时间、地点、原因以及职工伤害程度等基本情况。

工伤认定申请人提供材料不完整的,社会保险行政部门应当一次性书面告知工伤认定申请人需要补正的全部材料。申请人按照书面告知要求补正材料后,社会保险行政部门应当受理。

第十九条 社会保险行政部门受理工伤认定申请后,根据审核需要可以对事故伤害进行调查核实,用人单位、职工、工会组织、医疗机构以及有关部门应当予以协助。职业病诊断和诊断争议的鉴定,依照职业病防治法的有关规定执行。对依法取得职业病诊断证明书或者职业病诊断鉴定书的,社会保险行政部门不再进行调查核实。

职工或者其近亲属认为是工伤,用人单位不认为是工伤的,由用人单位承担举证责任。

第二十条 社会保险行政部门应当自受理工伤认定申请之日起60日内作出工伤认定的决定,并书面通知申请工伤认定的职工或者其近亲属和该职工所在单位。

社会保险行政部门对受理的事实清楚、权利义务明确的工伤认定申请,应当在15日内作出工伤认定的决定。

作出工伤认定决定需要以司法机关或者有关行政主管部门的结论为依据的,在司法机关或者有关行政主管部门尚未作出结论期间,作出工伤认定决定的时限中止。

社会保险行政部门工作人员与工伤认定申请人有利害关系的,应当回避。

第二十一条　职工发生工伤，经治疗伤情相对稳定后存在残疾、影响劳动能力的，应当进行劳动能力鉴定。

第二十二条　劳动能力鉴定是指劳动功能障碍程度和生活自理障碍程度的等级鉴定。

劳动功能障碍分为十个伤残等级，最重的为一级，最轻的为十级。

生活自理障碍分为三个等级：生活完全不能自理、生活大部分不能自理和生活部分不能自理。

劳动能力鉴定标准由国务院社会保险行政部门会同国务院卫生行政部门等部门制定。

第二十三条　劳动能力鉴定由用人单位、工伤职工或者其近亲属向设区的市级劳动能力鉴定委员会提出申请，并提供工伤认定决定和职工工伤医疗的有关资料。

第二十四条　省、自治区、直辖市劳动能力鉴定委员会和设区的市级劳动能力鉴定委员会分别由省、自治区、直辖市和设区的市级社会保险行政部门、卫生行政部门、工会组织、经办机构代表以及用人单位代表组成。

劳动能力鉴定委员会建立医疗卫生专家库。列入专家库的医疗卫生专业技术人员应当具备下列条件：

（一）具有医疗卫生高级专业技术职务任职资格；

（二）掌握劳动能力鉴定的相关知识；

（三）具有良好的职业品德。

第二十五条　设区的市级劳动能力鉴定委员会收到劳动能力鉴定申请后，应当从其建立的医疗卫生专家库中随机抽取3名或者5名相关专家组成专家组，由专家组提出鉴定意见。设区的市级劳动能力鉴定委员会根据专家组的鉴定意见作出工伤职工劳动能力鉴定结论；必要时，可以委托具备资格的医疗机构协助进行有关的诊断。

设区的市级劳动能力鉴定委员会应当自收到劳动能力鉴定申请之日起60日内作出劳动能力鉴定结论，必要时，作出劳动能力鉴定结论的期限可以延长30日。劳动能力鉴定结论应当及时送达申请鉴定的单位和个人。

第二十六条　申请鉴定的单位或者个人对设区的市级劳动能力鉴定委员会作出的鉴定结论不服的，可以在收到该鉴定结论之日起15日内向省、自治区、直辖市劳动能力鉴定委员会提出再次鉴定申请。省、自治区、直辖市劳动能力鉴定委员会作出的劳动能力鉴定结论为最终结论。

第二十七条 劳动能力鉴定工作应当客观、公正。劳动能力鉴定委员会组成人员或者参加鉴定的专家与当事人有利害关系的,应当回避。

第二十八条 自劳动能力鉴定结论作出之日起1年后,工伤职工或者其近亲属、所在单位或者经办机构认为伤残情况发生变化的,可以申请劳动能力复查鉴定。

第二十九条 劳动能力鉴定委员会依照本条例第二十六条和第二十八条的规定进行再次鉴定和复查鉴定的期限,依照本条例第二十五条第二款的规定执行。

第三十条 职工因工作遭受事故伤害或者患职业病进行治疗,享受工伤医疗待遇。

职工治疗工伤应当在签订服务协议的医疗机构就医,情况紧急时可以先到就近的医疗机构急救。

治疗工伤所需费用符合工伤保险诊疗项目目录、工伤保险药品目录、工伤保险住院服务标准的,从工伤保险基金支付。工伤保险诊疗项目目录、工伤保险药品目录、工伤保险住院服务标准,由国务院社会保险行政部门会同国务院卫生行政部门、食品药品监督管理部门等部门规定。

职工住院治疗工伤的伙食补助费,以及经医疗机构出具证明,报经办机构同意,工伤职工到统筹地区以外就医所需的交通、食宿费用从工伤保险基金支付,基金支付的具体标准由统筹地区人民政府规定。

工伤职工治疗非工伤引发的疾病,不享受工伤医疗待遇,按照基本医疗保险办法处理。

工伤职工到签订服务协议的医疗机构进行工伤康复的费用,符合规定的,从工伤保险基金支付。

第三十一条 社会保险行政部门作出认定为工伤的决定后发生行政复议、行政诉讼的,行政复议和行政诉讼期间不停止支付工伤职工治疗工伤的医疗费用。

第三十二条 工伤职工因日常生活或者就业需要,经劳动能力鉴定委员会确认,可以安装假肢、矫形器、假眼、假牙和配置轮椅等辅助器具,所需费用按照国家规定的标准从工伤保险基金支付。

第三十三条 职工因工作遭受事故伤害或者患职业病需要暂停工作接受工伤医疗的，在停工留薪期内，原工资福利待遇不变，由所在单位按月支付。

停工留薪期一般不超过12个月。伤情严重或者情况特殊，经设区的市级劳动能力鉴定委员会确认，可以适当延长，但延长不得超过12个月。工伤职工评定伤残等级后，停发原待遇，按照本章的有关规定享受伤残待遇。工伤职工在停工留薪期满后仍需治疗的，继续享受工伤医疗待遇。

生活不能自理的工伤职工在停工留薪期需要护理的，由所在单位负责。

第三十四条 工伤职工已经评定伤残等级并经劳动能力鉴定委员会确认需要生活护理的，从工伤保险基金按月支付生活护理费。

生活护理费按照生活完全不能自理、生活大部分不能自理或者生活部分不能自理3个不同等级支付，其标准分别为统筹地区上年度职工月平均工资的50%、40%或者30%。

第三十五条 职工因工致残被鉴定为一级至四级伤残的，保留劳动关系，退出工作岗位，享受以下待遇：

（一）从工伤保险基金按伤残等级支付一次性伤残补助金，标准为：一级伤残为27个月的本人工资，二级伤残为25个月的本人工资，三级伤残为23个月的本人工资，四级伤残为21个月的本人工资。

（二）从工伤保险基金按月支付伤残津贴，标准为：一级伤残为本人工资的90%，二级伤残为本人工资的85%，三级伤残为本人工资的80%，四级伤残为本人工资的75%。伤残津贴实际金额低于当地最低工资标准的，由工伤保险基金补足差额。

（三）工伤职工达到退休年龄并办理退休手续后，停发伤残津贴，按照国家有关规定享受基本养老保险待遇。基本养老保险待遇低于伤残津贴的，由工伤保险基金补足差额。

职工因工致残被鉴定为一级至四级伤残的，由用人单位和职工个人以伤残津贴为基数，缴纳基本医疗保险费。

第三十六条 职工因工致残被鉴定为五级、六级伤残的，享受以下待遇：

（一）从工伤保险基金按伤残等级支付一次性伤残补助金，标准为：五级伤残为18个月的本人工资，六级伤残为16个月的本人工资；

（二）保留与用人单位的劳动关系，由用人单位安排适当工作。难以安排工作的，由用人单位按月发给伤残津贴，标准为：五级伤残为本人工资的70%，六级伤残为本人工资的60%，并由用人单位按照规定为其缴纳应缴纳的各项社会保险费。伤残津贴实际金额低于当地最低工资标准的，由用人单位补足差额。

经工伤职工本人提出，该职工可以与用人单位解除或者终止劳动关系，由工伤保险基金支付一次性工伤医疗补助金，由用人单位支付一次性伤残就业补助金。一次性工伤医疗补助金和一次性伤残就业补助金的具体标准由省、自治区、直辖市人民政府规定。

第三十七条 职工因工致残被鉴定为七级至十级伤残的，享受以下待遇：

（一）从工伤保险基金按伤残等级支付一次性伤残补助金，标准为：七级伤残为13个月的本人工资，八级伤残为11个月的本人工资，九级伤残为9个月的本人工资，十级伤残为7个月的本人工资；

（二）劳动、聘用合同期满终止，或者职工本人提出解除劳动、聘用合同的，由工伤保险基金支付一次性工伤医疗补助金，由用人单位支付一次性伤残就业补助金。一次性工伤医疗补助金和一次性伤残就业补助金的具体标准由省、自治区、直辖市人民政府规定。

第三十八条 工伤职工工伤复发，确认需要治疗的，享受本条例第三十条、第三十二条和第三十三条规定的工伤待遇。

第三十九条 职工因工死亡，其近亲属按照下列规定从工伤保险基金领取丧葬补助金、供养亲属抚恤金和一次性工亡补助金：

（一）丧葬补助金为6个月的统筹地区上年度职工月平均工资。

（二）供养亲属抚恤金按照职工本人工资的一定比例发给由因工死亡职工生前提供主要生活来源、无劳动能力的亲属。标准为：配偶每月40%，其他亲属每人每月30%，孤寡老人或者孤儿每人每月在上述标准的基础上增加10%。核定的各供养亲属的抚恤金之和不应高于因工死亡职工生前的工资。供养亲属的具体范围由国务院社会保险行政部门规定。

（三）一次性工亡补助金标准为上一年度全国城镇居民人均可支配收入的20倍。

伤残职工在停工留薪期内因工伤导致死亡的，其近亲属享受本条第一款规定的待遇。

一级至四级伤残职工在停工留薪期满后死亡的，其近亲属可以享受本条第一款第（一）项、第（二）项规定的待遇。

第四十条 伤残津贴、供养亲属抚恤金、生活护理费由统筹地区社会保险行政部门根据职工平均工资和生活费用变化等情况适时调整。调整办法由省、自治区、直辖市人民政府规定。

第四十一条 职工因工外出期间发生事故或者在抢险救灾中下落不明的，从事故发生当月起3个月内照发工资，从第4个月起停发工资，由工伤保险基金向其供养亲属按月支付供养亲属抚恤金。生活有困难的，可以预支一次性工亡补助金的50%。职工被人民法院宣告死亡的，按照本条例第三十九条职工因工死亡的规定处理。

第四十二条 工伤职工有下列情形之一的，停止享受工伤保险待遇：

（一）丧失享受待遇条件的；

（二）拒不接受劳动能力鉴定的；

（三）拒绝治疗的。

第四十三条 用人单位分立、合并、转让的，承继单位应当承担原用人单位的工伤保险责任；原用人单位已经参加工伤保险的，承继单位应当到当地经办机构办理工伤保险变更登记。

用人单位实行承包经营的，工伤保险责任由职工劳动关系所在单位承担。

职工被借调期间受到工伤事故伤害的，由原用人单位承担工伤保险责任，但原用人单位与借调单位可以约定补偿办法。

企业破产的，在破产清算时依法拨付应当由单位支付的工伤保险待遇费用。

第四十四条 职工被派遣出境工作，依据前往国家或者地区的法律应当参加当地工伤保险的，参加当地工伤保险，其国内工伤保险关系中止；不能参加当地工伤保险的，其国内工伤保险关系不中止。

第四十五条 职工再次发生工伤，根据规定应当享受伤残津贴的，按照新认定的伤残等级享受伤残津贴待遇。

第五十四条 职工与用人单位发生工伤待遇方面的争议，按照处理劳动争议的有关规定处理。

第五十五条 有下列情形之一的，有关单位或者个人可以依法申请行政复议，也可以依法向人民法院提起行政诉讼：

（一）申请工伤认定的职工或者其近亲属、该职工所在单位对工伤认定申请不予受理的决定不服的；

（二）申请工伤认定的职工或者其近亲属、该职工所在单位对工伤认定结论不服的；

（三）用人单位对经办机构确定的单位缴费费率不服的；

（四）签订服务协议的医疗机构、辅助器具配置机构认为经办机构未履行有关协议或者规定的；

（五）工伤职工或者其近亲属对经办机构核定的工伤保险待遇有异议的。

第六十二条 用人单位依照本条例规定应当参加工伤保险而未参加的，由社会保险行政部门责令限期参加，补缴应当缴纳的工伤保险费，并自欠缴之日起，按日加收万分之五的滞纳金；逾期仍不缴纳的，处欠缴数额1倍以上3倍以下的罚款。

依照本条例规定应当参加工伤保险而未参加工伤保险的用人单位职工发生工伤的，由该用人单位按照本条例规定的工伤保险待遇项目和标准支付费用。

用人单位参加工伤保险并补缴应当缴纳的工伤保险费、滞纳金后，由工伤保险基金和用人单位依照本条例的规定支付新发生的费用。

第六十四条 本条例所称工资总额，是指用人单位直接支付给本单位全部职工的劳动报酬总额。

本条例所称本人工资，是指工伤职工因工作遭受事故伤害或者患职业病前12个月平均月缴费工资。本人工资高于统筹地区职工平均工资300%的，按照统筹地区职工平均工资的300%计算；本人工资低于统筹地区职工平均工资60%的，按照统筹地区职工平均工资的60%计算。

第六十五条 公务员和参照公务员法管理的事业单位、社会团体的工作人员因工作遭受事故伤害或者患职业病的，由所在单位支付费用。具体办法由国务院社会保险行政部门会同国务院财政部门规定。

第六十六条 无营业执照或者未经依法登记、备案的单位以及被依法吊销营业执照或者撤销登记、备案的单位的职工受到事故伤害或者患职业病的，由该单位向伤残职工或者死亡职工的近亲属给予一次性赔偿，赔偿标准不得低于本条例规定的工伤保险待遇；用人单位不得使用童工，用人单位使用童工造成童工伤残、死亡的，由该单位向童工或者童工的近亲属给予一次性赔偿，赔偿标准不得低于本条例规定的工伤保险待遇。具体办法由国务院社会保险行政部门规定。

前款规定的伤残职工或者死亡职工的近亲属就赔偿数额与单位发生争议的，以及前款规定的童工或者童工的近亲属就赔偿数额与单位发生争议的，按照处理劳动争议的有关规定处理。

三、相关司法解释规定

（一）用人者责任

1.《最高人民法院关于审理人身损害赔偿案件适用法律若干问题的解释》（法释〔2003〕20号）（2020年12月23日修正）

第三条　依法应当参加工伤保险统筹的用人单位的劳动者，因工伤事故遭受人身损害，劳动者或者其近亲属向人民法院起诉请求用人单位承担民事赔偿责任的，告知其按《工伤保险条例》的规定处理。

因用人单位以外的第三人侵权造成劳动者人身损害，赔偿权利人请求第三人承担民事赔偿责任的，人民法院应予支持。

2.《最高人民法院关于审理劳动争议案件适用法律问题的解释（一）》（法释〔2020〕26号）

第一条　劳动者与用人单位之间发生的下列纠纷，属于劳动争议，当事人不服劳动争议仲裁机构作出的裁决，依法提起诉讼的，人民法院应予受理：

（一）劳动者与用人单位在履行劳动合同过程中发生的纠纷；

（二）劳动者与用人单位之间没有订立书面劳动合同，但已形成劳动关系后发生的纠纷；

（三）劳动者与用人单位因劳动关系是否已经解除或者终止，以及应否支付解除或者终止劳动关系经济补偿金发生的纠纷；

（四）劳动者与用人单位解除或者终止劳动关系后，请求用人单位返还其收取的劳动合同定金、保证金、抵押金、抵押物发生的纠纷，或者办理劳动者的人事档案、社会保险关系等移转手续发生的纠纷；

（五）劳动者以用人单位未为其办理社会保险手续，且社会保险经办机构不能补办导致其无法享受社会保险待遇为由，要求用人单位赔偿损失发生的纠纷；

（六）劳动者退休后，与尚未参加社会保险统筹的原用人单位因追索养老金、医疗费、工伤保险待遇和其他社会保险待遇而发生的纠纷；

（七）劳动者因为工伤、职业病，请求用人单位依法给予工伤保险待遇发生的纠纷；

（八）劳动者依据劳动合同法第八十五条规定，要求用人单位支付加付赔偿金发生的纠纷；

（九）因企业自主进行改制发生的纠纷。

第二条 下列纠纷不属于劳动争议：

（一）劳动者请求社会保险经办机构发放社会保险金的纠纷；

（二）劳动者与用人单位因住房制度改革产生的公有住房转让纠纷；

（三）劳动者对劳动能力鉴定委员会的伤残等级鉴定结论或者对职业病诊断鉴定委员会的职业病诊断鉴定结论的异议纠纷；

（四）家庭或者个人与家政服务人员之间的纠纷；

（五）个体工匠与帮工、学徒之间的纠纷；

（六）农村承包经营户与受雇人之间的纠纷。

（二）工伤保险

《最高人民法院关于审理工伤保险行政案件若干问题的规定》（法释〔2014〕9号）

第一条 人民法院审理工伤认定行政案件，在认定是否存在《工伤保险条例》第十四条第（六）项“本人主要责任”、第十六条第（二）项“醉酒或者吸毒”和第十六条第（三）项“自残或者自杀”等情形时，应当以有权机构出具的事故责任认定书、结论性意见和人民法院生效裁判等法律文书为依据，但有相反证据足以推翻事故责任认定书和结论性意见的除外。

前述法律文书不存在或者内容不明确，社会保险行政部门就前款事实作出认定的，人民法院应当结合其提供的相关证据依法进行审查。

《工伤保险条例》第十六条第（一）项“故意犯罪”的认定，应当以刑事侦查机关、检察机关和审判机关的生效法律文书或者结论性意见为依据。

第二条 人民法院受理工伤认定行政案件后，发现原告或者第三人在提起行政诉讼前已经就是否存在劳动关系申请劳动仲裁或者提起民事诉讼的，应当中止行政案件的审理。

第三条 社会保险行政部门认定下列单位为承担工伤保险责任单位的，人民法院应予支持：

（一）职工与两个或两个以上单位建立劳动关系，工伤事故发生时，职工为之工作的单位为承担工伤保险责任的单位；

(二)劳务派遣单位派遣的职工在用工单位工作期间因工伤亡的,派遣单位为承担工伤保险责任的单位;

(三)单位指派到其他单位工作的职工因工伤亡的,指派单位为承担工伤保险责任的单位;

(四)用工单位违反法律、法规规定将承包业务转包给不具备用工主体资格的组织或者自然人,该组织或者自然人聘用的职工从事承包业务时因工伤亡的,用工单位为承担工伤保险责任的单位;

(五)个人挂靠其他单位对外经营,其聘用的人员因工伤亡的,被挂靠单位为承担工伤保险责任的单位。

前款第(四)、(五)项明确的承担工伤保险责任的单位承担赔偿责任或者社会保险经办机构从工伤保险基金支付工伤保险待遇后,有权向相关组织、单位和个人追偿。

第四条 社会保险行政部门认定下列情形为工伤的,人民法院应予支持:

(一)职工在工作时间和工作场所内受到伤害,用人单位或者社会保险行政部门没有证据证明是非工作原因导致的;

(二)职工参加用人单位组织或者受用人单位指派参加其他单位组织的活动受到伤害的;

(三)在工作时间内,职工来往于多个与其工作职责相关的工作场所之间的合理区域因工受到伤害的;

(四)其他与履行工作职责相关,在工作时间及合理区域内受到伤害的。

第五条 社会保险行政部门认定下列情形为"因工外出期间"的,人民法院应予支持:

(一)职工受用人单位指派或者因工作需要在工作场所以外从事与工作职责有关的活动期间;

(二)职工受用人单位指派外出学习或者开会期间;

(三)职工因工作需要的其他外出活动期间。

职工因工外出期间从事与工作或者受用人单位指派外出学习、开会无关的个人活动受到伤害,社会保险行政部门不认定为工伤的,人民法院应予支持。

第六条 对社会保险行政部门认定下列情形为"上下班途中"的,人民法院应予支持:

（一）在合理时间内往返于工作地与住所地、经常居住地、单位宿舍的合理路线的上下班途中；

（二）在合理时间内往返于工作地与配偶、父母、子女居住地的合理路线的上下班途中；

（三）从事属于日常工作生活所需要的活动，且在合理时间和合理路线的上下班途中；

（四）在合理时间内其他合理路线的上下班途中。

第七条 由于不属于职工或者其近亲属自身原因超过工伤认定申请期限的，被耽误的时间不计算在工伤认定申请期限内。

有下列情形之一耽误申请时间的，应当认定为不属于职工或者其近亲属自身原因：

（一）不可抗力；

（二）人身自由受到限制；

（三）属于用人单位原因；

（四）社会保险行政部门登记制度不完善；

（五）当事人对是否存在劳动关系申请仲裁、提起民事诉讼。

第八条 职工因第三人的原因受到伤害，社会保险行政部门以职工或者其近亲属已经对第三人提起民事诉讼或者获得民事赔偿为由，作出不予受理工伤认定申请或者不予认定工伤决定的，人民法院不予支持。

职工因第三人的原因受到伤害，社会保险行政部门已经作出工伤认定，职工或者其近亲属未对第三人提起民事诉讼或者尚未获得民事赔偿，起诉要求社会保险经办机构支付工伤保险待遇的，人民法院应予支持。

职工因第三人的原因导致工伤，社会保险经办机构以职工或者其近亲属已经对第三人提起民事诉讼为由，拒绝支付工伤保险待遇的，人民法院不予支持，但第三人已经支付的医疗费用除外。

第九条 因工伤认定申请人或者用人单位隐瞒有关情况或者提供虚假材料，导致工伤认定错误的，社会保险行政部门可以在诉讼中依法予以更正。

工伤认定依法更正后，原告不申请撤诉，社会保险行政部门在作出原工伤认定时有过错的，人民法院应当判决确认违法；社会保险行政部门无过错的，人民法院可以驳回原告诉讼请求。

四、相关部门规章

1.《人力资源社会保障部关于执行〈工伤保险条例〉若干问题的意见(二)》(人社部发〔2016〕29号)

一、一级至四级工伤职工死亡,其近亲属同时符合领取工伤保险丧葬补助金、供养亲属抚恤金待遇和职工基本养老保险丧葬补助金、抚恤金待遇条件的,由其近亲属选择领取工伤保险或职工基本养老保险其中一种。

二、达到或超过法定退休年龄,但未办理退休手续或者未依法享受城镇职工基本养老保险待遇,继续在原用人单位工作期间受到事故伤害或患职业病的,用人单位依法承担工伤保险责任。

用人单位招用已经达到、超过法定退休年龄或已经领取城镇职工基本养老保险待遇的人员,在用工期间因工作原因受到事故伤害或患职业病的,如招用单位已按项目参保等方式为其缴纳工伤保险费的,应适用《工伤保险条例》。

三、《工伤保险条例》第六十二条规定的“新发生的费用”,是指用人单位参加工伤保险前发生工伤的职工,在参加工伤保险后新发生的费用。其中由工伤保险基金支付的费用,按不同情况予以处理:

(一)因工受伤的,支付参保后新发生的工伤医疗费、工伤康复费、住院伙食补助费、统筹地区以外就医交通食宿费、辅助器具配置费、生活护理费、一级至四级伤残职工伤残津贴,以及参保后解除劳动合同时的一次性工伤医疗补助金;

(二)因工死亡的,支付参保后新发生的符合条件的供养亲属抚恤金。

四、职工在参加用人单位组织或者受用人单位指派参加其他单位组织的活动中受到事故伤害的,应当视为工作原因,但参加与工作无关的活动除外。

五、职工因工作原因驻外,有固定的住所、有明确的作息时间,工伤认定时按照在驻在地当地正常工作的情形处理。

六、职工以上下班为目的、在合理时间内往返于工作单位和居住地之间的合理路线,视为上下班途中。

七、用人单位注册地与生产经营地不在同一统筹地区的,原则上应在注册地为职工参加工伤保险;未在注册地参加工伤保险的职工,可由用人单位在生产经营地为其参加工伤保险。

劳务派遣单位跨地区派遣劳动者,应根据《劳务派遣暂行规定》参加工伤保险。建筑施工企业按项目参保的,应在施工项目所在地参加工伤保险。

职工受到事故伤害或者患职业病后,在参保地进行工伤认定、劳动能力鉴定,并按照参保地的规定依法享受工伤保险待遇;未参加工伤保险的职工,应当在生产经营地进行工伤认定、劳动能力鉴定,并按照生产经营地的规定依法由用人单位支付工伤保险待遇。

八、有下列情形之一的,被延误的时间不计算在工伤认定申请时限内。

(一)受不可抗力影响的;

(二)职工由于被国家机关依法采取强制措施等人身自由受到限制不能申请工伤认定的;

(三)申请人正式提交了工伤认定申请,但因社会保险机构未登记或者材料遗失等原因造成申请超时限的;

(四)当事人就确认劳动关系申请劳动仲裁或提起民事诉讼的;

(五)其他符合法律法规规定的情形。

九、《工伤保险条例》第六十七条规定的"尚未完成工伤认定的",是指在《工伤保险条例》施行前遭受事故伤害或被诊断鉴定为职业病,且在工伤认定申请法定时限内(从《工伤保险条例》施行之日起算)提出工伤认定申请,尚未做出工伤认定的情形。

十、因工伤认定申请人或者用人单位隐瞒有关情况或者提供虚假材料,导致工伤认定决定错误的,社会保险行政部门发现后,应当及时予以更正。

2.《人力资源和社会保障部关于执行〈工伤保险条例〉若干问题的意见》(人社部发〔2013〕34号)

一、《工伤保险条例》(以下简称《条例》)第十四条第(五)项规定的"因工外出期间"的认定,应当考虑职工外出是否属于用人单位指派的因工作外出,遭受的事故伤害是否因工作原因所致。

二、《条例》第十四条第(六)项规定的"非本人主要责任"的认定,应当以有关机关出具的法律文书或者人民法院的生效裁决为依据。

三、《条例》第十六条第(一)项"故意犯罪"的认定,应当以司法机关的生效法律文书或者结论性意见为依据。

四、《条例》第十六条第（二）项“醉酒或者吸毒”的认定，应当以有关机关出具的法律文书或者人民法院的生效裁决为依据。无法获得上述证据的，可以结合相关证据认定。

五、社会保险行政部门受理工伤认定申请后，发现劳动关系存在争议且无法确认的，应告知当事人可以向劳动人事争议仲裁委员会申请仲裁。在此期间，作出工伤认定决定的时限中止，并书面通知申请工伤认定的当事人。劳动关系依法确认后，当事人应将有关法律文书送交受理工伤认定申请的社会保险行政部门，该部门自收到生效法律文书之日起恢复工伤认定程序。

六、符合《条例》第十五条第（一）项情形的，职工所在用人单位原则上应自职工死亡之日起5个工作日内向用人单位所在统筹地区社会保险行政部门报告。

七、具备用工主体资格的承包单位违反法律、法规规定，将承包业务转包、分包给不具备用工主体资格的组织或者自然人，该组织或者自然人招用的劳动者从事承包业务时因工伤亡的，由该具备用工主体资格的承包单位承担用人单位依法应承担的工伤保险责任。

八、曾经从事接触职业病危害作业、当时没有发现罹患职业病、离开工作岗位后被诊断或鉴定为职业病的符合下列条件的人员，可以自诊断、鉴定为职业病之日起一年内申请工伤认定，社会保险行政部门应当受理：

（一）办理退休手续后，未再从事接触职业病危害作业的退休人员；

（二）劳动或聘用合同期满后或者本人提出而解除劳动或聘用合同后，未再从事接触职业病危害作业的人员。

经工伤认定和劳动能力鉴定，前款第（一）项人员符合领取一次性伤残补助金条件的，按就高原则以本人退休前12个月平均月缴费工资或者确诊职业病前12个月的月平均养老金为基数计发。前款第（二）项人员被鉴定为一级至十级伤残、按《条例》规定应以本人工资作为基数享受相关待遇的，按本人终止或者解除劳动、聘用合同前12个月平均月缴费工资计发。

九、按照本意见第八条规定被认定为工伤的职业病人员，职业病诊断证明书（或职业病诊断鉴定书）中明确的用人单位，在该职工从业期间依法为其缴纳工伤保险费的，按《条例》的规定，分别由工伤保险基金和用人单位支付工伤保险待遇；未依法为该职工缴纳工伤保险费的，由用人单位按照《条例》规定的相关项目和标准支付待遇。

十、职工在同一用人单位连续工作期间多次发生工伤的，符合《条例》第三十六、第三十七条规定领取相关待遇时，按照其在同一用人单位发生工伤的最高伤残级别，计发一次性伤残就业补助金和一次性工伤医疗补助金。

十一、依据《条例》第四十二条的规定停止支付工伤保险待遇的，在停止支付待遇的情形消失后，自下月起恢复工伤保险待遇，停止支付的工伤保险待遇不予补发。

十二、《条例》第六十二条第三款规定的"新发生的费用"，是指用人单位职工参加工伤保险前发生工伤的，在参加工伤保险后新发生的费用。

十三、由工伤保险基金支付的各项待遇应按《条例》相关规定支付，不得采取将长期待遇改为一次性支付的办法。

十四、核定工伤职工工伤保险待遇时，若上一年度相关数据尚未公布，可暂按前一年度的全国城镇居民人均可支配收入、统筹地区职工月平均工资核定和计发，待相关数据公布后再重新核定，社会保险经办机构或者用人单位予以补发差额部分。

3.《劳动和社会保障部关于实施〈工伤保险条例〉若干问题的意见》(劳社部函〔2004〕256号)

一、职工在两个或两个以上用人单位同时就业的，各用人单位应当分别为职工缴纳工伤保险费。职工发生工伤，由职工受到伤害时其工作的单位依法承担工伤保险责任。

二、条例第十四条规定"上下班途中，受到机动车事故伤害的，应当认定为工伤"。这里"上下班途中"既包括职工正常工作的上下班途中，也包括职工加班加点的上下班途中。"受到机动车事故伤害的"既可以是职工驾驶或乘坐的机动车发生事故造成的，也可以是职工因其他机动车事故造成的。

三、条例第十五条规定"职工在工作时间和工作岗位，突发疾病死亡或者在48小时之内经抢救无效死亡的，视同工伤"。这里"突发疾病"包括各类疾病。"48小时"的起算时间，以医疗机构的初次诊断时间作为突发疾病的起算时间。

四、条例第十七条第二款规定的有权申请工伤认定的"工会组织"包括职工所在用人单位的工会组织以及符合《中华人民共和国工会法》规定的各级工会组织。

五、用人单位未按规定为职工提出工伤认定申请，受到事故伤害或者患职业病的职工或者其直系亲属、工会组织提出工伤认定申请，职工所在单位是否同意（签字、盖章），不是必经程序。

六、条例第十七条第四款规定"用人单位未在本条第一款规定的时限内提交工伤认定申请的，在此期间发生符合本条例规定的工伤待遇等有关费用由该用人单位负担"。这里用人单位承担工伤待遇等有关费用的期间是指从事故伤害发生之日或职业病确诊之日起到劳动保障行政部门受理工伤认定申请之日止。

七、条例第三十六条规定的工伤职工旧伤复发，是否需要治疗应由治疗工伤职工的协议医疗机构提出意见，有争议的由劳动能力鉴定委员会确认。

八、职工因工死亡，其供养亲属享受抚恤金待遇的资格，按职工因工死亡时的条件核定。

4.《工伤认定办法》（2011年1月1日起施行）

第二条　社会保险行政部门进行工伤认定按照本办法执行。

第三条　工伤认定应当客观公正、简捷方便，认定程序应当向社会公开。

第四条　职工发生事故伤害或者按照职业病防治法规定被诊断、鉴定为职业病，所在单位应当自事故伤害发生之日或者被诊断、鉴定为职业病之日起30日内，向统筹地区社会保险行政部门提出工伤认定申请。遇有特殊情况，经报社会保险行政部门同意，申请时限可以适当延长。

按照前款规定应当向省级社会保险行政部门提出工伤认定申请的，根据属地原则应当向用人单位所在地设区的市级社会保险行政部门提出。

第五条　用人单位未在规定的时限内提出工伤认定申请的，受伤害职工或者其近亲属、工会组织在事故伤害发生之日或者被诊断、鉴定为职业病之日起1年内，可以直接按照本办法第四条规定提出工伤认定申请。

第六条　提出工伤认定申请应当填写《工伤认定申请表》，并提交下列材料：

（一）劳动、聘用合同文本复印件或者与用人单位存在劳动关系（包括事实劳动关系）、人事关系的其他证明材料；

（二）医疗机构出具的受伤后诊断证明书或者职业病诊断证明书（或者职业病诊断鉴定书）。

第七条 工伤认定申请人提交的申请材料符合要求，属于社会保险行政部门管辖范围且在受理时限内的，社会保险行政部门应当受理。

第八条 社会保险行政部门收到工伤认定申请后，应当在15日内对申请人提交的材料进行审核，材料完整的，作出受理或者不予受理的决定；材料不完整的，应当以书面形式一次性告知申请人需要补正的全部材料。社会保险行政部门收到申请人提交的全部补正材料后，应当在15日内作出受理或者不予受理的决定。

社会保险行政部门决定受理的，应当出具《工伤认定申请受理决定书》；决定不予受理的，应当出具《工伤认定申请不予受理决定书》。

第九条 社会保险行政部门受理工伤认定申请后，可以根据需要对申请人提供的证据进行调查核实。

第十条 社会保险行政部门进行调查核实，应当由两名以上工作人员共同进行，并出示执行公务的证件。

第十一条 社会保险行政部门工作人员在工伤认定中，可以进行以下调查核实工作：

（一）根据工作需要，进入有关单位和事故现场；

（二）依法查阅与工伤认定有关的资料，询问有关人员并作出调查笔录；

（三）记录、录音、录像和复制与工伤认定有关的资料。

调查核实工作的证据收集参照行政诉讼证据收集的有关规定执行。

第十二条 社会保险行政部门工作人员进行调查核实时，有关单位和个人应当予以协助。用人单位、工会组织、医疗机构以及有关部门应当负责安排相关人员配合工作，据实提供情况和证明材料。

第十三条 社会保险行政部门在进行工伤认定时，对申请人提供的符合国家有关规定的职业病诊断证明书或者职业病诊断鉴定书，不再进行调查核实。职业病诊断证明书或者职业病诊断鉴定书不符合国家规定的要求和格式的，社会保险行政部门可以要求出具证据部门重新提供。

第十四条 社会保险行政部门受理工伤认定申请后，可以根据工作需要，委托其他统筹地区的社会保险行政部门或者相关部门进行调查核实。

第十五条　社会保险行政部门工作人员进行调查核实时，应当履行下列义务：

（一）保守有关单位商业秘密以及个人隐私；

（二）为提供情况的有关人员保密。

第十六条　社会保险行政部门工作人员与工伤认定申请人有利害关系的，应当回避。

第十七条　职工或者其近亲属认为是工伤，用人单位不认为是工伤的，由该用人单位承担举证责任。用人单位拒不举证的，社会保险行政部门可以根据受伤害职工提供的证据或者调查取得的证据，依法作出工伤认定决定。

第十八条　社会保险行政部门应当自受理工伤认定申请之日起60日内作出工伤认定决定，出具《认定工伤决定书》或者《不予认定工伤决定书》。

第十九条　《认定工伤决定书》应当载明下列事项：

（一）用人单位全称；

（二）职工的姓名、性别、年龄、职业、身份证号码；

（三）受伤害部位、事故时间和诊断时间或职业病名称、受伤害经过和核实情况、医疗救治的基本情况和诊断结论；

（四）认定工伤或者视同工伤的依据；

（五）不服认定决定申请行政复议或者提起行政诉讼的部门和时限；

（六）作出认定工伤或者视同工伤决定的时间。

《不予认定工伤决定书》应当载明下列事项：

（一）用人单位全称；

（二）职工的姓名、性别、年龄、职业、身份证号码；

（三）不予认定工伤或者不视同工伤的依据；

（四）不服认定决定申请行政复议或者提起行政诉讼的部门和时限；

（五）作出不予认定工伤或者不视同工伤决定的时间。

《认定工伤决定书》和《不予认定工伤决定书》应当加盖社会保险行政部门工伤认定专用印章。

第二十条　社会保险行政部门受理工伤认定申请后，作出工伤认定决定需要以司法机关或者有关行政主管部门的结论为依据的，在司法机关或者有关行政主管部门尚未作出结论期间，作出工伤认定决定的时限中止，并书面通知申请人。

第二十一条 社会保险行政部门对于事实清楚、权利义务明确的工伤认定申请，应当自受理工伤认定申请之日起15日内作出工伤认定决定。

第二十二条 社会保险行政部门应当自工伤认定决定作出之日起20日内，将《认定工伤决定书》或者《不予认定工伤决定书》送达受伤害职工(或者其近亲属)和用人单位，并抄送社会保险经办机构。

《认定工伤决定书》和《不予认定工伤决定书》的送达参照民事法律有关送达的规定执行。

第二十三条 职工或者其近亲属、用人单位对不予受理决定不服或者对工伤认定决定不服的，可以依法申请行政复议或者提起行政诉讼。

第二十四条 工伤认定结束后，社会保险行政部门应当将工伤认定的有关资料保存50年。

5.《非法用工单位伤亡人员一次性赔偿办法》(2011年1月1日起施行)

第一条 根据《工伤保险条例》第六十六条第一款的授权，制定本办法。

第二条 本办法所称非法用工单位伤亡人员，是指无营业执照或者未经依法登记、备案的单位以及被依法吊销营业执照或者撤销登记、备案的单位受到事故伤害或者患职业病的职工，或者用人单位使用童工造成的伤残、死亡童工。

前款所列单位必须按照本办法的规定向伤残职工或者死亡职工的近亲属、伤残童工或者死亡童工的近亲属给予一次性赔偿。

第三条 一次性赔偿包括受到事故伤害或者患职业病的职工或童工在治疗期间的费用和一次性赔偿金。一次性赔偿金数额应当在受到事故伤害或者患职业病的职工或童工死亡或者经劳动能力鉴定后确定。

劳动能力鉴定按照属地原则由单位所在地设区的市级劳动能力鉴定委员会办理。劳动能力鉴定费用由伤亡职工或童工所在单位支付。

第四条 职工或童工受到事故伤害或者患职业病，在劳动能力鉴定之前进行治疗期间的生活费按照统筹地区上年度职工月平均工资标准确定,医疗费、护理费、住院期间的伙食补助费以及所需的交通费等费用按照《工伤保险条例》规定的标准和范围确定,并全部由伤残职工或童工所在单位支付。

第五条　一次性赔偿金按照以下标准支付:

一级伤残的为赔偿基数的16倍,二级伤残的为赔偿基数的14倍,三级伤残的为赔偿基数的12倍,四级伤残的为赔偿基数的10倍,五级伤残的为赔偿基数的8倍,六级伤残的为赔偿基数的6倍,七级伤残的为赔偿基数的4倍,八级伤残的为赔偿基数的3倍,九级伤残的为赔偿基数的2倍,十级伤残的为赔偿基数的1倍。

前款所称赔偿基数,是指单位所在工伤保险统筹地区上年度职工年平均工资。

第六条　受到事故伤害或者患职业病造成死亡的,按照上一年度全国城镇居民人均可支配收入的20倍支付一次性赔偿金,并按照上一年度全国城镇居民人均可支配收入的10倍一次性支付丧葬补助等其他赔偿金。

第七条　单位拒不支付一次性赔偿的,伤残职工或者死亡职工的近亲属、伤残童工或者死亡童工的近亲属可以向人力资源和社会保障行政部门举报。经查证属实的,人力资源和社会保障行政部门应当责令该单位限期改正。

第八条　伤残职工或者死亡职工的近亲属、伤残童工或者死亡童工的近亲属就赔偿数额与单位发生争议的,按照劳动争议处理的有关规定处理。

6.《工伤保险辅助器具配置管理办法》(2018年12月14日修订)

第七条　工伤职工认为需要配置辅助器具的,可以向劳动能力鉴定委员会提出辅助器具配置确认申请,并提交下列材料:

(一)居民身份证或者社会保障卡等有效身份证明原件;

(二)有效的诊断证明、按照医疗机构病历管理有关规定复印或者复制的检查、检验报告等完整病历材料。

工伤职工本人因身体等原因无法提出申请的,可由其近亲属或者用人单位代为申请。

第八条　劳动能力鉴定委员会收到辅助器具配置确认申请后,应当及时审核;材料不完整的,应当自收到申请之日起5个工作日内一次性书面告知申请人需要补正的全部材料;材料完整的,应当在收到申请之日起60日内作出确认结论。伤情复杂、涉及医疗卫生专业较多的，作出确认结论的期限可以延长30日。

第九条 劳动能力鉴定委员会专家库应当配备辅助器具配置专家，从事辅助器具配置确认工作。

劳动能力鉴定委员会应当根据配置确认申请材料，从专家库中随机抽取3名或者5名专家组成专家组，对工伤职工本人进行现场配置确认。专家组中至少包括1名辅助器具配置专家、2名与工伤职工伤情相关的专家。

第十条 专家组根据工伤职工伤情，依据工伤保险辅助器具配置目录有关规定，提出是否予以配置的确认意见。专家意见不一致时，按照少数服从多数的原则确定专家组的意见。

劳动能力鉴定委员会根据专家组确认意见作出配置辅助器具确认结论。其中，确认予以配置的，应当载明确认配置的理由、依据和辅助器具名称等信息；确认不予配置的，应当说明不予配置的理由。

第十一条 劳动能力鉴定委员会应当自作出确认结论之日起20日内将确认结论送达工伤职工及其用人单位，并抄送经办机构。

第十二条 工伤职工收到予以配置的确认结论后，及时向经办机构进行登记，经办机构向工伤职工出具配置费用核付通知单，并告知下列事项：

（一）工伤职工应当到协议机构进行配置；

（二）确认配置的辅助器具最高支付限额和最低使用年限；

（三）工伤职工配置辅助器具超目录或者超出限额部分的费用，工伤保险基金不予支付。

第十三条 工伤职工可以持配置费用核付通知单，选择协议机构配置辅助器具。

协议机构应当根据与经办机构签订的服务协议，为工伤职工提供配置服务，并如实记录工伤职工信息、配置器具产品信息、最高支付限额、最低使用年限以及实际配置费用等配置服务事项。

前款规定的配置服务记录经工伤职工签字后，分别由工伤职工和协议机构留存。

第十四条 协议机构或者工伤职工与经办机构结算配置费用时，应当出具配置服务记录。经办机构核查后，应当按照工伤保险辅助器具配置目录有关规定及时支付费用。

第十五条　工伤职工配置辅助器具的费用包括安装、维修、训练等费用，按照规定由工伤保险基金支付。

经经办机构同意，工伤职工到统筹地区以外的协议机构配置辅助器具发生的交通、食宿费用，可以按照统筹地区人力资源社会保障行政部门的规定，由工伤保险基金支付。

第十六条　辅助器具达到规定的最低使用年限的，工伤职工可以按照统筹地区人力资源社会保障行政部门的规定申请更换。

工伤职工因伤情发生变化，需要更换主要部件或者配置新的辅助器具的，经向劳动能力鉴定委员会重新提出确认申请并经确认后，由工伤保险基金支付配置费用。

五、相关文件规定

（一）用人者责任

1.《最高人民法院关于船员私自承揽运输擅自开航的民事责任应否由轮船公司承担问题的答复》（法函〔1995〕43 号）

湖北省高级人民法院：

你院（1995）告申呈字第 1 号《关于国营四川涪陵轮船公司应否承担民事责任的请示》收悉。经研究，答复如下：

我国船舶航运主管部门对内河船舶船员的职责已有明确规定。在有关规定和运输企业的实务操作中，都没有给予船员（包括船长）对外承揽运输业务签订合同的职权。航行于我国境内各港口之间的船舶，除需服从所属航运企业内部职能部门的调度外，依据我国有关安全航行的法规的规定，还需经港务监督（或港航监督）部门的批准，办理进出港口签订手续。违反上述规定，船员私自承揽运输、擅自开航是超越职权范围的个人行为。“川陵四号”拖轮大副郑世荣图谋私利，私自承揽运输并对公司隐瞒事实，在公司调度室明确表示不同意出航的情况下，擅自开航，应对其超越职权范围的个人行为承担民事责任。轮船公司不应对船员的个人行为承担民事责任。

2.《最高人民法院经济审判庭关于寿光县东都宾馆诉栖霞县物资局、物资开发公司损害赔偿纠纷一案的复函》（法经〔1992〕70 号）

山东省高级人民法院：

你院鲁高法函〔1992〕66 号《关于寿光县东都宾馆诉栖霞县物资局、栖霞县物资开发公司损害赔偿纠纷案几个问题的请示》收悉。经研究，答复如下：

一、该损害赔偿案件虽然是栖霞县物资局局长、物资公司经理两人在因公出差过程中发生的。但在宾馆房间忘记关闭水龙头的行为与执行职务没有必然联系，不属于职务行为，不宜让该两人所在单位参加诉讼、承担责任。

二、今年元月4日早晨5点50分开始供水后，流水外溢达40分钟，宾馆服务人员没有及时发现，致使损失扩大，东都宾馆负有管理责任，其承担的责任应不少于对方承担的责任。

3.《最高人民法院行政审判庭关于乡治安室工作人员执行职务中故意伤害当事人造成的损害乡人民政府应否承担责任问题的电话答复》(1991年10月10日)

四川省高级人民法院：

你院川法研〔1991〕45号《关于乡治安室工作人员执行职务中故意伤害当事人造成的损害乡人民政府应否承担赔偿责任的请示》收悉。经研究，同意你们的第二种意见。

附：《四川省高级人民法院关于乡治安室工作人员执行职务中故意伤害当事人造成的损害乡人民政府应否承担赔偿责任的请示》(〔1991〕45号)

最高人民法院：

我省一些地方乡治安室工作人员在执行治安管理职务中故意伤害当事人的案件时有发生，有的被打致残，此类损害，乡人民政府应否承担赔偿责任的问题，有关部门和法院内部认识不够统一，我们讨论中，提出了三种意见：

第一种意见认为，乡治安室受乡政府领导、在公安派出所指导下负责管理辖区内的治安工作，其工作人员在执行治安管理职务中违法乱纪打伤当事人，不属正当履行职务造成的损害，应由行为人承担赔偿责任，乡政府不承担赔偿责任。

第二种意见认为，行政诉讼法第六十八条规定："行政机关或者行政机关工作人员作出的具体行政行为侵犯公民、法人或者其他组织的合法权益造成损害的，由该行政机关或者该行政机关工作人员所在的行政机关负责赔偿。"根据这一规定，乡政府应承担治安室工作人员侵权造成损失的赔偿责任。乡政府赔偿损失后，可视情况责令行为人承担部分或者全部赔偿费用。

第三种意见认为，治安室工作人员在执行治安管理职务中违法乱纪打伤当事人，不属具体行政行为造成的损害，而属于执行职务中造成的民事侵权损害。民法通则第一百二十一条规定："国家机关或者国家机关工作人员在执行职务中，侵犯公民、法人的合法权益造成损害的，应承担民事责任。"根据这一规定，乡政府应承担民事赔偿责任。

我们倾向于第二种意见，当否，请批复。

4.《最高人民法院民事审判庭关于刘伯达诉徐州西站人身损害赔偿一案如何适用法律问题的电话答复》（〔1990〕民他字第24号）

江苏省高级人民法院民庭：

你院于4月22日就刘伯达诉徐州西站人身损害赔偿一案如何适用法律问题向我院请示。

经研究认为，刘伯达为委外队装卸工，在工作中被徐州西站职工唐继春违章作业砸伤致残，根据民法通则第一百零六条二款："公民、法人由于过错侵害国家的、集体的财产，侵害他人财产、人身的，应承担民事责任"的规定，徐州西站作为唐继春的所在单位，对其职工在履行职务中致人损害的，应承担赔偿责任。

刘伯达与委外队签订的"作业中发生的人身伤亡事故自行承担事故责任"之合同是无效的，但是，委外队不是侵权主体，致刘人身损害与委外队没有侵权的因果关系，因此，本案不适用我院（1988）民他字第1号《关于雇工合同"工伤概不负责"是否有效的批复》精神。

据此，同意你院审判委员会的意见，原审法院对本案侵权责任及赔偿范围的认定基本正确，对徐州西站的申诉应予驳回。

（二）工伤保险

1.《最高人民法院关于超过法定退休年龄的进城务工农民在工作时间内因公伤亡的，能否认定工伤的答复》（〔2012〕行他字第13号）

江苏省高级人民法院：

你院（2012）苏行他字第0902号《关于杨通诉南京市人力资源和社会保障局终止工伤行政确认一案的请示》收悉。经研究，答复如下：

同意你院倾向性意见。相同问题我庭2010年3月17日在给山东省高级人民法院的《关于超过法定退休年龄的进城务工农民因公伤亡的，应否适用〈工伤保险条例〉请示的答复》（〔2010〕行他字第10号）中已经明确。即，用人单位聘用的超过法定退休年龄的务工农民，在工作时间内、因工作原因伤亡的，应当适用《工伤保险条例》的有关规定进行工伤认定。

2.《最高人民法院行政审判庭关于职工无照驾驶无证车辆在上班途中受到机动车伤害死亡能否认定工伤请示的答复》(〔2011〕行他字第50号)

新疆维吾尔自治区高级人民法院生产建设兵团分院：

你院《关于职工无照驾驶无证车辆在上班途中受到机动车伤害死亡能否认定工伤的请示》收悉。经研究，答复如下：

在《工伤保险条例(修订)》施行前(即2011年1月1日前)，工伤保险部门对职工无照或者无证驾驶车辆在上班途中受到机动车伤害死亡，不认定为工伤的，不宜认为适用法律、法规错误。

3.《最高人民法院关于职工因公外出期间死因不明应否认定工伤的答复》(〔2010〕行他字第236号)

山东省高级人民法院：

你院《关于于保柱诉临清市劳动和社会保障局劳动保障行政确认一案如何适用〈工伤保险条例〉第十四条第(五)项的请示》收悉。经研究，答复如下：

原则同意你院的第一种意见。即职工因公外出期间死因不明，用人单位或者社会保障部门提供的证据不能排除非工作原因导致死亡的，应当依据《工伤保险条例》第十四条第(五)项和第十九条第二款的规定，认定为工伤。

4.《最高人民法院行政审判庭关于职工在上下班途中因无证驾驶机动车导致伤亡的，应否认定为工伤问题的答复》(〔2010〕行他字第182号)

安徽省高级人民法院：

你院(2010)皖行再他字第0001号《关于陈宝英、高祥诉安徽省桐城市劳动和社会保障局工伤行政确认一案的请示报告》收悉。经研究，答复如下：

原则同意你院第二种意见。即职工在上下班途中因无证驾驶机动车、驾驶无牌机动车或者饮酒后驾驶机动车发生事故导致伤亡的，不应认定为工伤。

5.《最高人民法院行政审判庭关于超过法定退休年龄的进城务工农民因工伤亡的，应否适用〈工伤保险条例〉请示的答复》(〔2010〕行他字第10号)

山东省高级人民法院：

你院报送的《关于超过法定退休年龄的进城务工农民工作时间内受伤是否适用〈工伤保险条例〉的请示》收悉。经研究，原则同意你院的倾向性意见。即用人单位聘用的超过法定退休年龄的务工农民，在工作时间内、因工作原因伤亡的，应当适用《工伤保险条例》的有关规定进行工伤认定。

6.《最高人民法院关于处理涉及汶川地震相关案件适用法律问题的意见(二)》(法发〔2009〕17号)

十三、地震期间，劳动者因履行职务受到伤害，符合《工伤保险条例》第十四条、第十五条规定情形之一的，应当认定为工伤或者视同工伤，享受工伤待遇。依法应当参加工伤保险统筹的用人单位的劳动者，在地震中遭受人身损害，劳动者或者其近亲属向人民法院起诉请求用人单位承担民事赔偿责任的，告知其按《工伤保险条例》的规定处理。

十四、地震期间，用人单位为维护国家利益和公共利益的需要，在恢复交通、通信、供电、供水、排水、供气，抢修道路，保障食品、饮用水、燃料等基本生活必需品的供应，组织营救和救治受害人员等过程中，临时雇用员工受到伤害的，可参照《工伤保险条例》的规定进行处理。

7.《国务院法制办公室对安徽省人民政府法制办公室〈关于《工伤保险条例》第十四条第六项适用问题的请示〉的复函》(国法秘复函〔2008〕375号)

安徽省人民政府法制办公室：

你办《关于〈工伤保险条例〉第十四条第六项适用问题的请示》(皖府法〔2008〕46号)收悉。经研究并征求人力资源和社会保障部的意见，答复如下：

请示中反映的职工李某从单位宿舍至其父母家的情形，属于《工伤保险条例》第十四条第六项规定的“在上下班途中”。

8.《最高人民法院行政审判庭关于职工外出学习休息期间受到他人伤害应否认定为工伤问题的答复》(〔2007〕行他字第9号)

辽宁省高级人民法院：

你院(2007)辽行他字第1号《关于职工外出学习休息期间受到他人伤害应否认定为工伤的请示》收悉。经研究,答复如下：

原则同意你院审判委员会倾向性意见,即职工受单位指派外出学习期间,在学习单位安排的休息场所休息时受到他人伤害的,应当认定为工伤。

9.《最高人民法院行政审判庭关于离退休人员与现工作单位之间是否构成劳动关系以及工作时间内受伤是否适用〈工伤保险条例〉问题的答复》(〔2007〕行他字第6号)

重庆市高级人民法院：

你院(2006)渝高法行示字第14号《关于离退休人员与现在工作单位之间是否构成劳动关系以及工作时间内受伤是否适用〈工伤保险条例〉一案的请示》收悉。经研究,原则同意你院第二种意见,即：根据《工伤保险条例》第二条、第六十一条等有关规定,离退休人员受聘于现工作单位,现工作单位已经为其缴纳了工伤保险费,其在受聘期间因工作受到事故伤害的,应当适用《工伤保险条例》的有关规定处理。

10.《最高人民法院行政审判庭关于车辆挂靠其他单位经营车辆实际所有人聘用的司机工作中伤亡能否认定为工伤问题的答复》(〔2006〕行他字第17号)

安徽省高级人民法院：

你院(2006)皖行他字第0004号《关于车辆挂靠其他单位经营车辆实际所有人聘用的司机工作中伤亡能否认定为工伤问题的请示》收悉。经研究,答复如下：

个人购买的车辆挂靠其他单位且以挂靠单位的名义对外经营的,其聘用的司机与挂靠单位之间形成了事实劳动关系,在车辆运营中伤亡的,应当适用《劳动法》和《工伤保险条例》的有关规定认定是否构成工伤。

11.《最高人民法院关于因第三人造成工伤的职工或其亲属在获得民事赔偿后是否还可以获得工伤保险补偿问题的答复》(〔2006〕行他字第12号)

新疆维吾尔自治区高级人民法院生产建设兵团分院：

你院《关于因第三人造成工伤死亡的亲属在获得高于工伤保险待

遇的民事赔偿后是否还可以获得工伤保险补偿问题的请示报告》收悉。经研究,答复如下:

原则同意你院审判委员会的倾向性意见。即根据《中华人民共和国安全生产法》第四十八条以及最高人民法院《关于审理人身损害赔偿案件适用法律若干问题的解释》第十二条的规定,因第三人造成工伤的职工或其近亲属,从第三人处获得民事赔偿后,可以按照《工伤保险条例》第三十七条的规定,向工伤保险机构申请工伤保险待遇补偿。

12.《最高人民法院行政审判庭关于如何适用〈工伤保险条例〉第十四条第(六)项及第十六条第(一)项如何理解的答复》(〔2004〕行他字第19号)

北京市高级人民法院:

你院京高法〔2004〕336号《关于对〈工伤保险条例〉第十四条第(六)项及第十六条第(一)项如何理解的请示》收悉。经研究,答复如下:

根据《工伤保险条例》第十四条第(六)项的规定,职工在上下班途中因违章受到机动车事故伤害的,只要其违章行为没有违反治安管理,应当认定为工伤。

六、相关指导案例

1. 第94号指导案例"重庆市涪陵志大物业管理有限公司诉重庆市涪陵区人力资源和社会保障局劳动和社会保障行政确认案"(最高人民法院审判委员会讨论通过;2018年6月20日发布)认定职工见义勇为而受到伤害的,应依法视同工伤。相关裁判摘要如下:

《工伤保险条例》第十五条第一款第二项规定:"职工在抢险救灾等维护国家利益、公共利益活动中受到伤害的,视同工伤。"据此,虽然职工不是在工作地点、因工作原因受到伤害,但其是在维护国家利益、公共利益活动中受到伤害的,也应当按照工伤处理。公民见义勇为,跟违法犯罪行为作斗争,与抢险救灾一样,同样属于维护社会公共利益的行为,应当予以大力提倡和鼓励。因见义勇为、制止违法犯罪行为而受到伤害的,应当适用《工伤保险条例》第十五条第一款第二项的规定,即视同工伤。

另外,《重庆市鼓励公民见义勇为条例》为重庆市地方性法规,其第十九条、第二十一条进一步明确规定,见义勇为受伤视同工伤,享受工伤待遇。该条例上述规定符合《工伤保险条例》的立法精神,有助于最大限度地保障劳动者的合法权益、最大限度地弘扬社会正气,在本案中应当予以适用。

2. 第40号指导案例“孙立兴诉天津新技术产业园区劳动人事局工伤认定案”(最高人民法院审判委员会讨论通过;2014年12月25日发布)就工伤的认定进行了分析,相关裁判摘要如下:

一、关于孙立兴摔伤地点是否属于其“工作场所”问题

《工伤保险条例》第十四条第一项规定,职工在工作时间和工作场所内,因工作原因受到事故伤害,应当认定为工伤。该规定中的“工作场所”,是指与职工工作职责相关的场所,在有多个工作场所的情形下,还应包括职工来往于多个工作场所之间的合理区域。本案中,位于商业中心八楼的中力公司办公室,是孙立兴的工作场所,而其完成去机场接人的工作任务需驾驶的汽车停车处,是孙立兴的另一处工作场所。汽车停在商业中心一楼的门外,孙立兴要完成开车任务,必须从商业中心八楼下到一楼门外停车处,故从商业中心八楼到停车处是孙立兴来往于两个工作场所之间的合理区域,也应当认定为孙立兴的工作场所。园区劳动局认为孙立兴摔伤地点不属于其工作场所,系将完成工作任务的合理路线排除在工作场所之外,既不符合立法本意,也有悖于生活常识。

二、关于孙立兴是否“因工作原因”摔伤的问题

《工伤保险条例》第十四条第一项规定的“因工作原因”,指职工受伤与其从事本职工作之间存在关联关系,即职工受伤与其从事本职工作存在一定关联。孙立兴为完成开车接人的工作任务,必须从商业中心八楼的中力公司办公室下到一楼进入汽车驾驶室,该行为与其工作任务密切相关,是孙立兴为完成工作任务客观上必须进行的行为,不属于超出其工作职责范围的其他不相关的个人行为。因此,孙立兴在一楼门口台阶处摔伤,系为完成工作任务所致。园区劳动局主张孙立兴在下楼过程中摔伤,与其开车任务没有直接的因果关系,不符合“因工作原因”致伤,缺乏事实根据。另外,孙立兴接受本单位领导指派的开车接人任务后,从中力公司所在商业中心八楼下到一楼,在前往院内汽车停放处的途中摔倒,孙立兴当时尚未离开公司所在院内,不属于“因公外出”的情形,而是属于在工作时间和工作场所内。

三、关于孙立兴工作中不够谨慎的过失是否影响工伤认定的问题

《工伤保险条例》第十六条规定了排除工伤认定的三种法定情形,即因故意犯罪、醉酒或者吸毒、自残或者自杀的,不得认定为工伤或者视同工伤。职工从事工作中存在过失，不属于上述排除工伤认定的法定情形，不能阻却职工受伤与其从事本职工作之间的关联关系。工伤事故中，受伤职工有时具有疏忽大意、精力不集中等过失行为，工伤保险正是分担事故风险、提供劳动保障的重要制度。如果将职工个人主观上的过失作为认定工伤的排除条件，违反工伤保险"无过失补偿"的基本原则，不符合《工伤保险条例》保障劳动者合法权益的立法目的。据此，即使孙立兴工作中在行走时确实有失谨慎，也不影响其摔伤系"因工作原因"的认定结论。园区劳动局以导致孙立兴摔伤的原因不是雨、雪天气使台阶地滑，而是因为孙立兴自己精力不集中导致为由，主张孙立兴不属于"因工作原因"摔伤而不予认定工伤，缺乏法律依据。

七、相关裁判摘要

（一）用人者责任

• **2013 年第 2 期《中华人民共和国最高人民法院公报》**刊登的"**张春英与中国工商银行股份有限公司昌吉回族自治州分行、新疆证券有限责任公司、杨桃、张伟民财产损害赔偿纠纷案**"的最高人民法院（2011）民提字第 320 号民事判决书，对如何认定用人单位工作人员的行为属于执行工作任务的行为进行了分析。相关裁判摘要如下：

关于新疆证券公司应承担何种责任的问题，本院认为，杨桃作为新疆证券公司的工作人员，利用其在新疆证券公司的工作便利，借助新疆证券公司的终端操作平台完成其侵权行为，杨桃在新疆证券公司的职务增加了其侵权行为发生的可能性和危险性，新疆证券公司对此种行为应当预见到并应采取一定措施予以避免，但因其内部管理不善、内部监控存在漏洞导致未能避免。因此，应当认定，杨桃的侵权行为与其履行职务有内在关联，根据《中华人民共和国民法通则》第一百二十一条之规定，同时参照最高人民法院《关于审理人身损害赔偿案件适用法律若干问题的规定》第八条、第九条之规定，新疆证券公司与杨桃应当就前述张春英的全部损害承担连带赔偿责任。

（二）工伤保险

• **2019 年第 11 期《中华人民共和国最高人民法院公报》**刊登的"**邓金龙诉深圳市社会保险基金管理局工伤保险待遇决定案**"判决对《工伤保险条例》第 33 条第 2 款中停工留薪期最长期限不能超过 24 个月如何理解进行了分析。相关裁判摘要如下：

国务院《工伤保险条例》第三十三条规定:“职工因工作遭受事故伤害或者患职业病需要暂停工作接受工伤医疗的,在停工留薪期内,原工资福利待遇不变,由所在单位按月支付。停工留薪期一般不超过12个月。伤情严重或者情况特殊,经设区的市级劳动能力鉴定委员会确认,可以适当延长,但延长不得超过12个月。工伤职工评定伤残等级后,停发原待遇,按照本章的有关规定享受伤残待遇。工伤职工在停工留薪期满后仍需治疗的,继续享受工伤医疗待遇。生活不能自理的工伤职工在停工留薪期需要护理的,由所在单位负责。”据此,工伤职工的停工留薪期一般不超过12个月,伤情严重或者情况特殊,经设区的市级劳动能力鉴定委员会确认,可以适当延长至24个月。国务院《工伤保险条例》第三十八条同时规定:“工伤职工工伤复发,确认需要治疗的,享受本条例第三十条、第三十二条和第三十三条规定的工伤待遇。”据此,工伤职工工伤复发的,在其已经享受的停工留薪期的基础上,另外仍可根据《工伤保险条例》第三十三条的规定享受停工留薪期待遇。此外,《广东省工伤保险条例》第二十六条第一、二款规定:“职工因工伤需要暂停工作接受工伤医疗的,在停工留薪期内,原工资福利待遇不变,由所在单位按月支付。停工留薪期根据医疗终结期确定,由劳动能力鉴定委员会确认,最长不超过二十四个月。工伤职工鉴定伤残等级后,停发原待遇,按照本章的有关规定享受伤残待遇。工伤职工在鉴定伤残等级后仍需治疗的,经劳动能力鉴定委员会批准,一级至四级伤残,享受伤残津贴和工伤医疗待遇;五级至十级伤残,享受工伤医疗和停工留薪期待遇。”由此,在广东省行政辖区内,工伤职工的停工留薪期应根据劳动能力鉴定委员会确认的医疗终结期确定,最长不超过二十四个月。《广东省工伤保险条例》第三十六条还规定“工伤职工工伤复发,确认需要治疗的,享受本条例第二十五条、第二十六条和第二十八条规定的工伤待遇。”故,根据以上行政法规和地方性法规的相关规定,2016年2月邓昆鹏工伤复发,最长可享受24个月的停工留薪期待遇。深圳市劳动能力鉴定委员会已于2016年3月2日出具了《工伤复发确认意见》,确认邓昆鹏属于工伤复发,医疗期为2016年2月4日至2016年8月4日,深圳市劳动能力鉴定委员会确定的上述邓昆鹏工伤复发医疗期6个月,即属于停工留薪期。邓昆鹏在深圳市劳动能力鉴定委员会确定的工伤复发医疗期期间死亡,属于在停工留薪期内因工伤导致死亡。被上诉人深圳社保局认为职工遭受工伤后(包括旧伤复发)可以享受的停工留薪期前后累计最长不能超过24个月，邓昆鹏于2010年12月受工伤后已经享受过24个月停工留薪期，故其2016年2月工伤复发后不能再享受停工留薪期，以上主张不仅有悖国务院《工伤保险条例》第三十八条、《广东省工伤保险条例》第三十六条之规定，而且会造成损害伤情严重、职业病病情严重的工伤职工权益的后果，不予支持。根据国务院《工伤保险条例》第三十九条第一款："职工因工死亡，其近亲属按照下列规定从工伤保险基金领取丧葬补助金、供养亲属抚恤金和一次性工亡补助金：(一)丧葬补助金为6个月的统筹地区上年度职工月平均工资。(二)供养亲属抚恤金按照职工本人工资的一定比例发给由因工死亡职工生前提供主要生活来源、无劳动能力的亲属。标准为：配偶每月40%，其他亲属每人每月30%，孤寡老人或者孤儿每人每月在上述标准的基础上增加10%。核定的各供养亲属的抚恤金之和不应高于因工死亡职工生前的工资。供养亲属的具体范围由国务院社会保险行政部门规定。(三)一次性工亡补助金标准为上一年度全国城镇居民人均可支配收入的20倍。"和第二款："伤残职工在停工留薪期内因工伤导致死亡的，其近亲属享受本条第一款规定的待遇。"以及《广东省工伤保险条例》第三十七条第一、二款之规定，邓昆鹏在工伤复发治疗期间死亡后，其近亲属应享受丧葬补助金、供养亲属抚恤金和一次性工亡补助金。被上诉人深圳社保局应向邓昆鹏的近亲属核发丧葬补助金、供养亲属抚恤金和一次性工亡补助金。深圳社保局作出的被诉深工保决字[2016]第4445044号工伤保险待遇决定因对上述相关法规的规定理解错误，导致错误适用法律和处理不当，依法予以撤销；深圳社保局应针对上诉人邓金龙的工伤保险待遇申请重新作出处理决定。一审判决认定事实清楚，但错误理解和适用法律，应予以纠正。

• **2017年第12期《中华人民共和国最高人民法院公报》**刊登的**"安民重、兰自姣诉深圳市水湾远洋渔业有限公司工伤保险待遇纠纷案"**判决对于用人单位负有的为职工缴纳工伤保险费的法定义务以及工伤保险与第三人侵权的并存进行了分析。相关裁判摘要如下：

《中华人民共和国工伤保险条例》第二条第一款规定："中华人民共和国境内的企业、事业单位、社会团体、民办非企业单位、基金会、律师事务所、会计师事务所等组织和有雇工的个体工商户(以下称用人单位)应当依照本条例规定参加工伤保险，为本单位全部职工或者雇工(以下称职工)缴纳工伤保险费"，根据该规定，为职工缴纳工伤保险费是水湾公司的法定义务，该法定义务不得通过任何形式予以免除或变相免除。《工伤保险条例》第六十二条第二款又进一步规定："依照本条例规定应当参加工伤保险而未参加工伤保险的用人单位职工发生工伤的，由该用人单位按照本条例规定的工伤保险待遇项目和标准支付费用。"在上诉人水湾公司未为安东卫缴纳工伤保险费的情况下，水湾公司应向安东卫的父母被上诉人安民重和兰自姣支付工伤保险待遇。水湾公司为安东卫购买的商业性意外伤害保险，性质上是水湾公司为安东卫提供的一种福利待遇，不能免除水湾公司作为用人单位负有的法定的缴纳工伤保险费的义务或支付工伤保险待遇的义务。

此外，法律及司法解释并不禁止受工伤的职工或其家属获得双重赔偿。最高人民法院《关于审理工伤保险行政案件若干问题的规定》第八条第一款规定："职工因第三人的原因受到伤害，社会保险行政部门以职工或者其近亲属已经对第三人提起民事诉讼或者获得民事赔偿为由，作出不予受理工伤认定申请或者不予认定工伤决定的，人民法院不予支持"，第三款规定："职工因第三人的原因导致工伤，社会保险经办机构以职工或者其近亲属已经对第三人提起民事诉讼为由，拒绝支付工伤保险待遇的，人民法院不予支持，但第三人已经支付的医疗费用除外"，由此可见，上述规定并不禁止受工伤的职工同时获得民事赔偿和工伤保险待遇赔偿。上诉人水湾公司称被上诉人安民重和兰自姣同时获得保险金和工伤保险待遇属一事二赔、违反公平原则，没有法律依据，不予支持。一审法院判决水湾公司向安民重和兰自姣支付工伤保险待遇正确，予以维持。

• **2017 年第 4 期《中华人民共和国最高人民法院公报》**刊登的"**上海温和足部保健服务部诉上海市普陀区人力资源和社会保障局工伤认定案**"判决对视同工伤的情形进行了分析。相关裁判摘要如下：

职工在工作时间和工作岗位上突发疾病，经抢救后医生虽然明确告知家属无法挽救生命，在救护车运送回家途中职工死亡的，仍应认定其未脱离治疗抢救状态。若职工自发病至死亡期间未超过 48 小时，应视为"48 小时之内经抢救无效死亡"，视同工伤。

• **2015 年第 12 期《中华人民共和国最高人民法院公报》**刊登的"**李帅帅诉上海通用富士冷机有限公司、上海工商信息学校人身损害赔偿纠纷案**"判决认为，学生在实习单位工作中，实习单位应当承担劳动保护以及劳动风险控制与防范的职责和义务。相关裁判摘要如下：

被上诉人通用富士公司系上诉人李帅帅实习期间的直接管理人，对李帅帅如何从事实习工作能够支配和安排，并能够对工作过程实施监督和管理。李帅帅虽为实习生，但其所从事的劳动客观上系为通用富士公司创造经济利益，李帅帅仍然享有劳动保护的权利，而李帅帅此次受伤的危险来源仍属于其所从事之劳动的正常风险范围内。因此，综合考量通用富士公司与李帅帅之间支配与被支配的地位、劳动所创造经济利益的归属、通用富士公司应当承担的劳动保护以及劳动风险控制与防范的职责和义务，通用富士公司应当对本案李帅帅所受之损害承担主要赔偿责任。

• **2014年第7期《中华人民共和国最高人民法院公报》**刊登的"**王俊诉江苏强维橡塑科技有限公司、徐州工业职业技术学院人身损害赔偿纠纷案**"判决认为，学生在实习过程中受到的伤害，不属于工伤，应按一般民事侵权纠纷处理，根据有关侵权的法律规定，由学生、学校、企业按过错程度承担相应的责任。相关裁判摘要如下：

原告王俊系被告职业学校的在校学生，其基于学校的安排到强维科技进行实习，因此项实习是该学校教学内容的延伸和扩展，所以该学校对原告在实习单位的安全仍负有一定的安全教育和管理义务。作为实习单位的强维科技，在原告实习期间，负有对原告进行安全教育与相关培训的义务，应为原告提供安全的工作场所，以保障原告在实习期间的人身安全。由于原告是基于实习到强维科技进行与其所学知识内容相关的实际操作，其与强维科技之间不存在劳动关系，原告在实习过程中受到的伤害应按照一般民事侵权纠纷处理。本案中，作为实习单位的强维科技虽然对原告进行了实习培训，但其对原告在实习时可能存在的安全隐患仍负有直接的提醒和注意义务，因强维科技未尽到相关义务，对原告受伤的损害结果存在一定的过错，应承担相应的赔偿责任，法院酌定为60%即(43,305元+45,888元)×60%=53,515.8元。扣除其已支付的医疗费和11天的护理费，强维科技还应支付53,515.8元-(15,000元+11×60元)=37,855.8元。职业学院未加强对学生的安全教育和进行必要管理，负有疏于管理的责任，该学校对原告受伤的损害结果也存在一定的过错，应承担相应的赔偿责任，法院酌定为20%即(43,305元+45,888元)×20%=17,838.6元。原告作为已成年大学生对其自身安全亦有一定的注意义务，其在工作时在三角架移动过程中没有离开三角架，对其受伤的损害结果存在一定的过错，应减轻二被告赔偿责任，法院酌定为20%。关于原告的精神抚慰金，法院酌定为3000元，由强维科技承担2000元，职业学院承担1000元。

• **2013年第9期《中华人民共和国最高人民法院公报》**刊登的**"陈善菊不服上海市松江区人力资源和社会保障局社会保障行政确认案"**判决对是否属于工伤的问题进行了分析。相关裁判摘要如下：

陈童林的死亡非工作时间前后在工作场所内，从事与工作有关的预备性或者收尾性工作受到事故伤害。"与工作有关的预备性或者收尾性工作"是指虽然并非职工工作本身，但根据法律法规、单位规章制度或者约定俗成的做法，职工为完成工作所作的准备或后续事务。职工工作若无洗澡这一必要环节，亦无相关规定将洗澡作为其工作完成后的后续性事务，则洗澡不符合"收尾性工作"的情形。

陈童林亦非在工作时间和工作场所内，因履行工作职责受到暴力等意外伤害。"因履行工作职责受到暴力伤害"应理解为职工履行工作职责的行为引起了暴力伤害结果的发生，而非简单理解为受到暴力伤害是发生在职工履行工作职责的过程中。陈童林作为申劳公司玻璃制品厂的厂长，其工作职责是管理，若张浩承确因不服从陈童林的管理而杀害陈童林，则应属于工作上的原因。但根据查明的事实，陈童林系因琐事与张浩承发生矛盾，并打了张浩承两记耳光，张浩承对此怀恨在心，才伺机将陈童林杀害，上述(2010)沪一中刑初字第15号刑事判决书亦确认了陈童林遇害是因其与张浩承之间的个人恩怨。可见，陈童林遇害虽有暴力伤害的结果，但与履行工作职责之间并无因果关系。

职工在单位浴室被杀害并非用人单位所能预见，或者用人单位履行相应的安全注意义务即可避免，因此，若将此情形认定为工伤则无端提高了用人单位安全注意义务的标准。据此，陈童林在浴室洗澡被杀害不符合《工伤保险条例》第十四条应当认定为工伤或第十五条视同工伤中规定的情形。

• **2013年第5期《中华人民共和国最高人民检察院公报》**刊登的**"刘自荣与新疆维吾尔自治区米泉市劳动人事社会保障局工伤认定纠纷再审案"**的最高人民法院(2011)行提字第15号行政判决书就如何理解不认定为工伤的犯罪或违法行为进行了分析。相关裁判摘要如下：

刘自荣作为米泉市铁厂沟镇第三煤矿副矿长，其基于煤矿正常生产的需要而与其他炮工一起在工人宿舍内将瞬发电雷管改制成延期电雷管，并因雷管爆炸而受伤，尽管其中不能排除具有避免工人因工作失误遭受处罚的因素，但该行为显然与本单位工作需要和利益具有直接关系，符合《企业职工工伤保险试行办法》第八条第（一）项规定的情形。公安部《关于对将瞬发电雷管改制为延期电雷管的行为如何定性的意见》（公治办〔2002〕867 号）认为，雷管中含有猛炸药、起爆药等危险物质，在没有任何防护的条件下将瞬发电雷管改制为延期电雷管，属于严重违反国家有关安全规定和民爆器材产品质量技术性能规定的行为，不应定性为非法制造爆炸物品的行为。参照上述规定，本案刘自荣将瞬发电雷管改制成延期电雷管的行为，不属于《企业职工工伤保险试行办法》第九条第（一）项规定的"犯罪或违法"情形。原米泉市劳动局作出第 24 号《决定》的理由和依据，与本案事实和有关规定不符，本院不予支持。新疆维吾尔自治区高级人民法院（2006）新行再字第 2 号行政判决认定刘自荣改制雷管行为是为了避免工人因工作失误受到处罚，而不是为了企业的合法利益或重大利益，并据此判决维持昌吉回族自治州中级人民法院（2002）昌中行终字第 32 号行政判决，属于认定事实证据不足，适用法律不当，应予纠正。

• **2011 年第 9 期《中华人民共和国最高人民法院公报》**刊登的"**王长淮诉江苏省盱眙县劳动和社会保障局工伤行政确认案**"判决认为，职工"串岗"发生安全事故导致伤害的，只要是在工作时间和工作场所内、因工作原因而发生的，即符合工伤认定条件，"串岗"与否不影响其工伤认定。相关裁判摘要如下：

《工伤保险条例》第十四条规定："职工有下列情形之一的，应当认定为工伤：（一）在工作时间和工作场所内，因工作原因受到事故伤害的……"这里的"工作场所"，是指职工从事工作的场所，例如职工所在的车间，而不是指职工本人具体的工作岗位。被告盱眙县劳保局认为原告因"串岗"受伤不能认定为工伤，对此法院认为，首先，原告王长淮临时更换岗位是按照管理人员即车间主任的安排进行的，并不是擅自离岗换岗，不属于"串岗"，应为正常工作变动；其次，即使认定原告上班期间"串岗"行为成立，原告仅是违反了相关企业管理制度，其只导致具体工作岗位及相关工作内容有所变动，并不能改变原告仍在工作场所内工作的事实，因此"串岗"行为应由企业内部管理规章制度调整，不能因此影响工伤认定。原告是在第三人思达公司上班期间处于工作场所并因该公司设备故障安全事故导致伤害，符合工伤认定条件，被告作出原告不属于工伤的具体行政行为与法律相悖。

• **2010年第3期《中华人民共和国最高人民法院公报》**刊登的“**邹汉英诉孙立根、刘珍工伤事故损害赔偿纠纷案**”判决认为，法定代表人在组织公司清算过程中明知职工构成工伤并正在进行工伤等级鉴定，却未考虑其工伤等级鉴定后的待遇给付问题，给工伤职工的利益造成重大损害的，应依法承担赔偿责任。作为清算组成员的其他股东未尽到其应尽的查知责任，也应认定存在重大过失，承担连带赔偿责任。相关裁判摘要如下：

被上诉人邹汉英在2007年3月23日于新威电器工作期间受伤，同年12月4日被认定为工伤，依法应当享受工伤保险待遇。根据国务院《工伤保险条例》第二条和第六十条的规定，用人单位应当按照规定参加工伤保险，为职工缴纳工伤保险费，未参加工伤保险期间用人单位职工发生工伤的，由该用人单位按照本条例规定的工伤保险待遇项目和标准支付费用。因新威电器未参加社会工伤保险统筹，因此应由新威电器按照国家的有关标准负担被上诉人的工伤保险待遇。

对于上诉人孙立根、刘珍提出的新威电器解散清算时，被上诉人邹汉英的工伤等级鉴定结果未出，其工伤保险待遇未发生的上诉理由，法院认为，被上诉人于2007年3月23日于工作期间受伤，并已于同年12月4日被认定为工伤，即依法享有工伤保险待遇。工伤等级鉴定结果是确定工伤保险待遇具体内容的主要依据，被上诉人的工伤等级鉴定结果未出，虽然无法确定工伤保险待遇的具体内容和数额，但并不影响被上诉人工伤保险待遇的发生。新威电器解散前，作为股东之一的孙立根清楚知晓被上诉人遭受工伤，因此，公司解散清算时，虽然被上诉人的工伤等级尚未鉴定出来，但作为公司的法定代表人，也是清算组成员的孙立根，在明知被上诉人受伤一事且已经认定工伤，正在进行工伤等级鉴定的情况下，亦应当在公司清算过程中将被上诉人的工伤保险待遇计算在内。

综上所述，上诉人孙立根在组织公司清算过程中，明知被上诉人邹汉英构成工伤并正在进行工伤等级鉴定，却未考虑被上诉人工伤等级鉴定后的待遇给付问题，从而给被上诉人的利益造成了重大损害，此行为明显构成重大过失。根据公司法第一百九十条的规定，清算组成员因故意或者重大过失给公司或者债权人造成损失的，应当承担赔偿责任。对此，孙立根应依法承担赔偿责任。上诉人刘珍系新威电器股东之一,也是清算组成员,在该公司解散清算过程中,刘珍对于实际存在的被上诉人工伤事实未能及时查知,显然未尽到清算组成员应尽的责任,也无证据证明另一清算组成员即孙立根在清算过程中,对其故意隐瞒了被上诉人工伤的事实,故对于被上诉人工伤待遇损失,刘珍的行为也构成重大过失,应与孙立根承担连带赔偿责任。如果刘珍认为相关责任人对此存在过错,可在承担责任后,依法向相关责任人主张权利。

• **2008 年第 9 期《中华人民共和国最高人民法院公报》**刊登的"**北京国玉大酒店有限公司诉北京市朝阳区劳动和社会保障局工伤认定行政纠纷案**"判决对工伤的认定进行了分析。相关裁判摘要如下:

本案的争议焦点是:一、陈卫东身为馄饨侯公司的下岗职工,到上诉人国玉酒店公司担任停车场管理员,在国玉酒店公司未给其交纳工伤保险费的情况下,如果发生工伤事故,应由谁承担工伤保险责任;二、陈卫东是否在上班途中因机动车事故伤害死亡。

北京市第二中级人民法院二审认为:

一、关于第一个争议焦点。

劳动和社会保障部《关于实施〈工伤保险条例〉若干问题的意见》(劳社部函〔2004〕256 号)第一条规定:"职工在两个或两个以上用人单位同时就业的,各用人单位应当分别为职工缴纳工伤保险费。职工发生工伤,由职工受到伤害时其工作的单位依法承担工伤保险责任。"根据该规定,下岗、待岗职工又到其他单位工作的,该单位也应当为该职工缴纳工伤保险费;下岗、待岗职工在其他单位工作时发生工伤的,该单位应依法承担工伤保险责任。本案中,陈卫东从馄饨侯公司下岗后,到上诉人国玉酒店公司担任停车场管理员,并与该公司签订了劳动协议。陈卫东作为劳动者,国玉酒店公司作为用人单位,双方的劳动关系清楚。因此,国玉酒店公司也应当为陈卫东缴纳工伤保险费。如果陈卫东在国玉酒店公司工作期间发生工伤事故,国玉酒店公司应依法承担工伤保险责任。据此,被上诉人朝阳区劳动局作出的涉案工伤认定当然与国玉酒店公司有关。国玉酒店公司未给陈卫东缴纳工伤保险费已违反了相关规定,又以陈卫东系馄饨侯公司下岗职工,其工伤保险费由原单位馄饨侯公司缴纳为由,主张涉案工伤认定与其无关,意图逃避应负的工伤保险责任,其该项上诉理由没有法律依据,不能成立。

二、关于第二个争议焦点。

根据《工伤保险条例》第十四条第(六)项的规定,职工在上下班途中受到机动车事故伤害的,应当认定为工伤。对该规定所指的“上下班途中”应作全面、正确的理解。“上下班途中”应当理解为职工在合理时间内,为上下班而往返于住处和工作单位之间的合理路径之中。该路径可能有多种选择,不一定是固定的、一成不变的、唯一的路径。该路径既不能机械地理解为从工作单位到职工住处之间的最近路径,也不能理解为职工平时经常选择的路径,更不能以用人单位提供的路径作为职工上下班必须选择的唯一路径。根据日常社会生活的实际情况,职工为上下班而往返于住处和工作单位之间的合理路径可能有多种选择。只要在职工为了上班或者下班,在合理时间内往返于住处和工作单位之间的合理路径之中,都属于“上下班途中”。至于职工选择什么样的路线,该路线是否为最近的路线,均不影响对“上下班途中”的认定。本案中,根据行政机关的调查以及现有证据,2006 年 9 月 20 日早晨,陈卫东从自己的住处出发,前往上诉人国玉酒店公司上班。陈卫东的住处位于北京市朝阳区大屯路南沙滩小区,国玉酒店公司位于北京市朝阳区安外慧忠里。从北京的实际地形看,陈卫东的住处在国玉酒店公司的西北方向,涉案事故发生于朝阳区北辰西路安翔北路东口,在国玉酒店公司的西方,该地点虽然不在国玉酒店公司自制的从陈卫东住处到国玉酒店公司的交通路线图上,但亦位于陈卫东上班的合理路线之内。因此,可以认定陈卫东系在上班途中因机动车事故伤害死亡,被上诉人朝阳区劳动局作出的工伤认定合法,应予维持。

• **2006 年第 8 期《中华人民共和国最高人民法院公报》**刊登的“**杨文伟诉宝二十冶公司人身损害赔偿纠纷案**”判决就工伤保险与第三人侵权责任的并存进行了分析。相关裁判摘要如下:

因用人单位以外的第三人侵权造成劳动者人身损害,构成工伤的,劳动者因工伤事故享有工伤保险赔偿请求权,因第三人侵权享有人身损害赔偿请求权。二者虽然基于同一损害事实,但存在于两个不同的法律关系之中,互不排斥。首先,基于工伤事故的发生,劳动者与用人单位之间形成工伤保险赔偿关系。国家设置工伤保险制度,目的是为了保障因工作遭受事故伤害或者患职业病的职工获得医疗救治和经济补偿。根据《工伤保险条例》的规定,用人单位应当为本单位全体职工缴纳工伤保险费,因工伤事故受到人身损害的职工有权获得工伤保险赔偿、享受工伤待遇。因此,只要客观上存在工伤事故,就会在受伤职工和用人单位之间产生工伤保险赔偿关系,确认该法律关系成立与否,无需考查工伤事故发生的原因,即使工伤事故系因用人单位以外的第三人侵权所致,或者是由于受伤职工本人的过失所致,都不影响受伤职工向用人单位主张工伤保险赔偿。其次,基于侵权事实的存在,受伤职工作为被侵权人,与侵权人之间形成侵权之债的法律关系,有权向侵权人主张人身损害赔偿。侵权之债成立与否,与被侵权人是否获得工伤保险赔偿无关,即使用人单位已经给予受伤职工工伤保险赔偿,也不能免除侵权人的赔偿责任。综上,因用人单位以外的第三人侵权造成劳动者人身损害,构成工伤的,劳动者具有双重主体身份——工伤事故中的受伤职工和人身侵权的受害人。基于双重主体身份,劳动者有权向用人单位主张工伤保险赔偿,同时还有权向侵权人主张人身损害赔偿,即有权获得双重赔偿。在这种情形下,用人单位和侵权人应当依法承担各自所负的赔偿责任,不因受伤职工(受害人)先行获得一方赔偿、实际损失已得到全部或部分补偿而免除或减轻另一方的责任。

结合本案的实际情况,虽然被上诉人杨文伟获得了其所在单位宝冶公司的工伤保险赔偿,但并不因此而减免上诉人宝二十冶公司的侵权损害赔偿责任。宝二十冶公司作为本案事故的侵权行为人必须依法承担相应的侵权赔偿责任。宝二十冶公司上诉主张杨文伟已获得工伤保险赔偿,无权再向其要求侵权赔偿,没有法律依据,不予支持。杨文伟作为工伤事故中的受伤职工和侵权行为的受害人,有权获得双重赔偿,宝二十冶公司的侵权赔偿责任并未因此而有所加重。

- **2004 年第 9 期《中华人民共和国最高人民法院公报》**刊登的“**何文良诉成都市武侯区劳动局工伤认定行政行为案**”判决认为,劳动者工作时间在工作场所的卫生设施内发生伤亡构成工伤。相关裁判摘要如下:

劳动者享有获得劳动安全卫生保护的权利,是劳动法规定的基本原则,任何用工单位或个人都应当为劳动者提供必要的劳动卫生条件,维护劳动者的基本权利。劳动者在日常工作中“上厕所”是其必要的、合理的生理需求,与劳动者的正常工作密不可分,应当受到法律的保护。被告作出的行政认定未体现劳动法中保护劳动者合法权益的基本原则,属适用法律、法规错误。上诉人的上诉理由不能成立,一审判决撤销成武劳函〔2002〕23 号伤亡性质认定,责令成都市武侯区劳动局对何龙章死亡性质重新认定正确。

第一千一百九十二条 【个人之间形成劳务关系中的侵权责任】 个人之间形成劳务关系,提供劳务一方因劳务造成他人损害的,由接受劳务一方承担侵权责任。接受劳务一方承担侵权责任后,可以向有故意或者重大过失的提供劳务一方追偿。提供劳务一方因劳务受到损害的,根据双方各自的过错承担相应的责任。

提供劳务期间,因第三人的行为造成提供劳务一方损害的,提供劳务一方有权请求第三人承担侵权责任,也有权请求接受劳务一方给予补偿。接受劳务一方补偿后,可以向第三人追偿。

法条评释: 本条是对个人之间形成劳务关系时的侵权责任问题的规定,既包括提供劳务一方因造成他人损害时的侵权责任,也包括提供劳务一方因劳务而遭受损失或因第三人的行为遭受损害时的侵权责任问题。与原《侵权责任法》第35条相比,本条修改了以下几处:其一,明确了接受劳务一方对有故意或重大过失的提供劳务一方的追偿权;其二,明确了提供劳务期间,因第三人行为造成提供劳务一方损害时,接受劳务一方应当承担性质上为公平责任的补偿责任,且在承担该责任后有权向第三人追偿。

所谓个人之间形成劳务关系,是指自然人与自然人之间形成了劳务法律关系,如农村邻里乡亲之间的无偿帮工、学徒为师傅工作,家庭聘请保姆或家庭教师。对于提供劳务一方因劳务造成他人损害的,接受劳务一方承担的是无过错责任,故此应当由接受劳务一方承担侵权责任。但是,为了更好地强化提供劳务一方的责任心,预防和制止侵权行为的发生,本条第1款规定了接受劳务一方对有故意或者重大过失的提供劳务一方的追偿权。如果提供劳务一方因劳务自己受到损害的,此时按照过错责任处理,即根据双方各自的过错承担相应的责任。

实践中,经常发生提供劳务一方在提供劳务期间遭受第三人侵权的情形,如保姆上街买菜发生交通事故,被第三人驾驶的机动车撞伤或撞死。这种情形下,实施侵权行为的第三人当然要承担侵权责任,但是接受劳务一方是否要承担侵权责任,《民法典》编纂时对此存在争论。最后,立法机关认为,由于侵权行为是第三人实施的,接受劳务一方对于损害的发生并无过错,加之个人之间提供劳务的情形并不存在如同工伤保险那样分散用人者风险的赔偿机制,故此,由接受劳务一方承担公平责任,即进行补偿且可以向第三人进行追偿是比较合理的。

一、相关司法解释规定

《最高人民法院关于审理人身损害赔偿案件适用法律若干问题的解释》(法释〔2003〕20号)(2020年12月23日修正)

第四条 无偿提供劳务的帮工人,在从事帮工活动中致人损害的,被帮工人应当承担赔偿责任。被帮工人承担赔偿责任后向有故意或者重大过失的帮工人追偿的,人民法院应予支持。被帮工人明确拒绝帮工的,不承担赔偿责任。

第五条 无偿提供劳务的帮工人因帮工活动遭受人身损害的,根据帮工人和被帮工人各自的过错承担相应的责任;被帮工人明确拒绝帮工的,被帮工人不承担赔偿责任,但可以在受益范围内予以适当补偿。

帮工人在帮工活动中因第三人的行为遭受人身损害的,有权请求第三人承担赔偿责任,也有权请求被帮工人予以适当补偿。被帮工人补偿后,可以向第三人追偿。

二、相关裁判摘要

• **2015年第5期《中华人民共和国最高人民法院公报》**刊登的“**陈某某诉莫宝兰、莫兴明、邹丽丽侵犯健康权、名誉权纠纷案**”判决认为,雇员超出雇主授权的行为与履行职务有密切联系的,应认定为从事雇佣活动。相关裁判摘要如下:

莫兴明、邹丽丽是在超市上班期间,怀疑被上诉人陈某某偷窃,主张为了维护超市权益而将被上诉人捆绑示众的,两人的行为虽然未经雇主莫宝兰的授权,但与履行职务行为有着密切的联系,应认定为从事雇佣活动。依据最高人民法院《关于审理人身损害赔偿案件适用法律若干问题的解释》第九条的规定:“雇员在从事雇佣活动中致人损害的,雇主应当承担赔偿责任;雇员因故意或者重大过失致人损害的,应当与雇主承担连带赔偿责任。雇主承担连带赔偿责任的,可以向雇员追偿”,就我国现行侵权法规范而言,对他人损害行为责任实际上是一种自己责任,不属于为他人承担责任的情况。因此莫宝兰对莫兴明、邹丽丽的故意致人损害的行为应承担赔偿责任。

• **1999年第5期《中华人民共和国最高人民法院公报》**刊登的“**刘明诉铁道部第二十工程局二处第八工程公司、罗友敏工伤赔偿案**”判决

认为,雇主为采取相应措施保护雇员使雇员在工作中遭受人身损害的,应当承担赔偿责任。相关裁判摘要如下:

被告罗友敏是眉山106线西来堰大桥道板架设安装工程的承包人,招收原告刘明在该工程工作后,双方形成了劳动合同关系。罗友敏作为工程承包人和雇主,依法对民工的劳动保护承担责任。采用人工安装桥梁行车道板本身具有较高的危险性,对此,罗友敏应采取相应的安全措施,并临场加以监督和指导,而罗友敏仅在作业前口头予以强调,疏于注意,以致刘明发生安全事故。虽然刘明在施工中也有违反安全操作规则的过失,但其并非铁道建设专业人员、且违章情节较轻,故不能免除罗友敏应负的民事责任。

我国历来重视加强劳动保护工作。被告第八工程公司作为眉山106线西来堰大桥的施工企业,在有条件采用危险性较小的工作方法进行行车道板架设安装的情况下,为了降低费用而将该项工程发包给个人,采用人工安装,增加了劳动者的安全风险。该公司在与被告罗友敏签订的承包合同约定"施工中发生伤、亡、残事故,由罗友敏负责",把只有企业才有能力承担的安全风险,推给能力有限的自然人承担,该条款损害了劳动者的合法权益,违反了我国宪法和劳动法前述有关规定,依照《中华人民共和国民法通则》第五十八条第一款(五)项的规定,该约定应当属于无效条款,不受法律保护。第八公司对原告刘明的工伤事故,依法应当承担连带责任。

第一千一百九十三条 【定作人责任】承揽人在完成工作过程中造成第三人损害或者自己损害的,定作人不承担侵权责任。但是,定作人对定作、指示或者选任有过错的,应当承担相应的责任。

法条评释:本条是对定作人责任的规定,是《民法典》新增加的规定。定作人责任,也称"定作人指示过失责任",是指承揽人因从事承揽工作而加害于他人时,应由承揽人承担侵权责任,定作人原则上不负责任,但如果定作人存在定作、指示或选任上的过失的,应就承揽人加于他人之损害承担赔偿责任。定作人责任与用人者责任的最大区别就在于:原则上,定作人既不对承揽人完成工作过程中对第三人造成的损害承担责任,也不对承揽人自身遭受的损害承担责任。只有当定作人对定作、指示或者选任有过失的,定作人才应承担相应的赔偿责任。用人者责任适用无过错责任，只要被使用者是因执行工作任务或劳务给他人造成损害的，无论用人者有无过错，均应承担责任。

第一千一百九十四条　【网络侵权责任】网络用户、网络服务提供者利用网络侵害他人民事权益的，应当承担侵权责任。法律另有规定的，依照其规定。

法条评释：本条是对网络侵权责任的宣示性规定。本条第1句来源于原《侵权责任法》第36条第1款，属于宣示性条款，即对网络用户、网络服务提供者单独侵权责任的法律规范。所谓“网络用户”，是指任何使用互联网的民事主体，包括自然人、法人和非法人组织。“网络服务提供者”既包括网络内容服务提供者，也包括网络技术服务提供者。本条第2款所谓的“法律另有规定的，依照其规定”，是指《民法典》之外的法律对于网络用户、网络服务提供者利用网络实施侵权行为的法律责任专门作出规定的，则依据该规定。例如，《电子商务法》第38条对于电子商务平台经营者侵权责任的规定；《消费者权益保护法》第44条对于网络交易平台提供者侵权责任的规定。

相关法律条文

1.《中华人民共和国消费者权益保护法》（2013年10月25日修正）

第四十四条　消费者通过网络交易平台购买商品或者接受服务，其合法权益受到损害的，可以向销售者或者服务者要求赔偿。网络交易平台提供者不能提供销售者或者服务者的真实名称、地址和有效联系方式的，消费者也可以向网络交易平台提供者要求赔偿；网络交易平台提供者作出更有利于消费者的承诺的，应当履行承诺。网络交易平台提供者赔偿后，有权向销售者或者服务者追偿。

网络交易平台提供者明知或者应知销售者或者服务者利用其平台侵害消费者合法权益，未采取必要措施的，依法与该销售者或者服务者承担连带责任。

2.《中华人民共和国电子商务法》（2019年1月1日起施行）

第九条　本法所称电子商务经营者，是指通过互联网等信息网络从事销售商品或者提供服务的经营活动的自然人、法人和非法人组织，包括电子商务平台经营者、平台内经营者以及通过自建网站、其他网络服务销售商品或者提供服务的电子商务经营者。

本法所称电子商务平台经营者，是指在电子商务中为交易双方或者多方提供网络经营场所、交易撮合、信息发布等服务，供交易双方或者多方独立开展交易活动的法人或者非法人组织。

本法所称平台内经营者，是指通过电子商务平台销售商品或者提供服务的电子商务经营者。

第二十七条　电子商务平台经营者应当要求申请进入平台销售商品或者提供服务的经营者提交其身份、地址、联系方式、行政许可等真实信息，进行核验、登记，建立登记档案，并定期核验更新。

电子商务平台经营者为进入平台销售商品或者提供服务的非经营用户提供服务，应当遵守本节有关规定。

第二十八条　电子商务平台经营者应当按照规定向市场监督管理部门报送平台内经营者的身份信息，提示未办理市场主体登记的经营者依法办理登记，并配合市场监督管理部门，针对电子商务的特点，为应当办理市场主体登记的经营者办理登记提供便利。

电子商务平台经营者应当依照税收征收管理法律、行政法规的规定，向税务部门报送平台内经营者的身份信息和与纳税有关的信息，并应当提示依照本法第十条规定不需要办理市场主体登记的电子商务经营者依照本法第十一条第二款的规定办理税务登记。

第二十九条　电子商务平台经营者发现平台内的商品或者服务信息存在违反本法第十二条、第十三条规定情形的，应当依法采取必要的处置措施，并向有关主管部门报告。

第三十条　电子商务平台经营者应当采取技术措施和其他必要措施保证其网络安全、稳定运行，防范网络违法犯罪活动，有效应对网络安全事件，保障电子商务交易安全。

电子商务平台经营者应当制定网络安全事件应急预案，发生网络安全事件时，应当立即启动应急预案，采取相应的补救措施，并向有关主管部门报告。

第三十一条　电子商务平台经营者应当记录、保存平台上发布的商品和服务信息、交易信息，并确保信息的完整性、保密性、可用性。商品和服务信息、交易信息保存时间自交易完成之日起不少于三年；法律、行政法规另有规定的，依照其规定。

第三十二条　电子商务平台经营者应当遵循公开、公平、公正的原则，制定平台服务协议和交易规则，明确进入和退出平台、商品和服务质量保障、消费者权益保护、个人信息保护等方面的权利和义务。

第三十三条　电子商务平台经营者应当在其首页显著位置持续公示平台服务协议和交易规则信息或者上述信息的链接标识，并保证经营者和消费者能够便利、完整地阅览和下载。

第三十四条　电子商务平台经营者修改平台服务协议和交易规则，应当在其首页显著位置公开征求意见，采取合理措施确保有关各方能够及时充分表达意见。修改内容应当至少在实施前七日予以公示。

平台内经营者不接受修改内容，要求退出平台的，电子商务平台经营者不得阻止，并按照修改前的服务协议和交易规则承担相关责任。

第三十五条　电子商务平台经营者不得利用服务协议、交易规则以及技术等手段，对平台内经营者在平台内的交易、交易价格以及与其他经营者的交易等进行不合理限制或者附加不合理条件，或者向平台内经营者收取不合理费用。

第三十六条　电子商务平台经营者依据平台服务协议和交易规则对平台内经营者违反法律、法规的行为实施警示、暂停或者终止服务等措施的，应当及时公示。

第三十七条　电子商务平台经营者在其平台上开展自营业务的，应当以显著方式区分标记自营业务和平台内经营者开展的业务，不得误导消费者。

电子商务平台经营者对其标记为自营的业务依法承担商品销售者或者服务提供者的民事责任。

第三十八条　电子商务平台经营者知道或者应当知道平台内经营者销售的商品或者提供的服务不符合保障人身、财产安全的要求，或者有其他侵害消费者合法权益行为，未采取必要措施的，依法与该平台内经营者承担连带责任。

对关系消费者生命健康的商品或者服务，电子商务平台经营者对平台内经营者的资质资格未尽到审核义务，或者对消费者未尽到安全保障义务，造成消费者损害的，依法承担相应的责任。

第三十九条　电子商务平台经营者应当建立健全信用评价制度，公示信用评价规则，为消费者提供对平台内销售的商品或者提供的服务进行评价的途径。

电子商务平台经营者不得删除消费者对其平台内销售的商品或者提供的服务的评价。

第四十条 电子商务平台经营者应当根据商品或者服务的价格、销量、信用等以多种方式向消费者显示商品或者服务的搜索结果；对于竞价排名的商品或者服务，应当显著标明“广告”。

第四十一条 电子商务平台经营者应当建立知识产权保护规则，与知识产权权利人加强合作，依法保护知识产权。

3.《中华人民共和国网络安全法》(2017年6月1日起施行)

第四十条 网络运营者应当对其收集的用户信息严格保密，并建立健全用户信息保护制度。

第四十一条 网络运营者收集、使用个人信息，应当遵循合法、正当、必要的原则，公开收集、使用规则，明示收集、使用信息的目的、方式和范围，并经被收集者同意。

网络运营者不得收集与其提供的服务无关的个人信息，不得违反法律、行政法规的规定和双方的约定收集、使用个人信息，并应当依照法律、行政法规的规定和与用户的约定，处理其保存的个人信息。

第四十二条 网络运营者不得泄露、篡改、毁损其收集的个人信息；未经被收集者同意，不得向他人提供个人信息。但是，经过处理无法识别特定个人且不能复原的除外。

网络运营者应当采取技术措施和其他必要措施，确保其收集的个人信息安全，防止信息泄露、毁损、丢失。在发生或者可能发生个人信息泄露、毁损、丢失的情况时，应当立即采取补救措施，按照规定及时告知用户并向有关主管部门报告。

第四十三条 个人发现网络运营者违反法律、行政法规的规定或者双方的约定收集、使用其个人信息的，有权要求网络运营者删除其个人信息；发现网络运营者收集、存储的其个人信息有错误的，有权要求网络运营者予以更正。网络运营者应当采取措施予以删除或者更正。

第四十四条 任何个人和组织不得窃取或者以其他非法方式获取个人信息，不得非法出售或者非法向他人提供个人信息。

第四十五条 依法负有网络安全监督管理职责的部门及其工作人员，必须对在履行职责中知悉的个人信息、隐私和商业秘密严格保密，不得泄露、出售或者非法向他人提供。

第四十六条　任何个人和组织应当对其使用网络的行为负责，不得设立用于实施诈骗，传授犯罪方法，制作或者销售违禁物品、管制物品等违法犯罪活动的网站、通讯群组，不得利用网络发布涉及实施诈骗，制作或者销售违禁物品、管制物品以及其他违法犯罪活动的信息。

第四十七条　网络运营者应当加强对其用户发布的信息的管理，发现法律、行政法规禁止发布或者传输的信息的，应当立即停止传输该信息，采取消除等处置措施，防止信息扩散，保存有关记录，并向有关主管部门报告。

第四十八条　任何个人和组织发送的电子信息、提供的应用软件，不得设置恶意程序，不得含有法律、行政法规禁止发布或者传输的信息。

电子信息发送服务提供者和应用软件下载服务提供者，应当履行安全管理义务，知道其用户有前款规定行为的，应当停止提供服务，采取消除等处置措施，保存有关记录，并向有关主管部门报告。

4.《中华人民共和国反不正当竞争法》(2019 年 4 月 23 日修正)

第十二条　经营者利用网络从事生产经营活动，应当遵守本法的各项规定。

经营者不得利用技术手段，通过影响用户选择或者其他方式，实施下列妨碍、破坏其他经营者合法提供的网络产品或者服务正常运行的行为：

(一)未经其他经营者同意，在其合法提供的网络产品或者服务中，插入链接、强制进行目标跳转；

(二)误导、欺骗、强迫用户修改、关闭、卸载其他经营者合法提供的网络产品或者服务；

(三)恶意对其他经营者合法提供的网络产品或者服务实施不兼容；

(四)其他妨碍、破坏其他经营者合法提供的网络产品或者服务正常运行的行为。

第一千一百九十五条　【通知与采取必要措施的义务及网络服务提供者的侵权责任】网络用户利用网络服务实施侵权行为的，权利人有权通知网络服务提供者采取删除、屏蔽、断开链接等必要措施。通知应当包括构成侵权的初步证据及权利人的真实身份信息。

网络服务提供者接到通知后，应当及时将该通知转送相关网络用户，并根据构成侵权的初步证据和服务类型采取必要措施；未及时采取必要措施的，对损害的扩大部分与该网络用户承担连带责任。

权利人因错误通知造成网络用户或者网络服务提供者损害的，应当承担侵权责任。法律另有规定的，依照其规定。

法条评释：本条是对网络服务提供者在接到权利人的通知后及时采取必要措施的义务以及违反该义务的侵权责任的规定。首先，本条第1款确立了“通知与采取必要措施规则”（也称“通知—取下规则”），即当网络用户利用网络服务从事侵权行为时，被侵权人有权通知网络服务提供者采取删除、屏蔽、断开链接等必要措施，但是，该通知中必须要包括构成侵权的初步证据及权利人的真实身份信息。否则，网络服务提供者有权拒绝采取必要措施。其次，依据本条第2款，网络服务提供者接到通知后，应当及时将该通知转送相关网络用户，并根据构成侵权的初步证据和服务类型采取必要措施；只有网络服务提供者未及时采取必要措施的，才需要承担侵权责任，即对损害的扩大部分与该网络用户承担连带责任。最后，为了保护网络用户和网络服务提供者的合法权益，依据本条第3款的规定，权利人因错误通知造成网络用户或者网络服务提供者损害的，应当承担侵权责任。该侵权责任性质上应当理解为无过错责任。但是，法律另有规定的，依照其规定。例如，《电子商务法》第42条第3款规定：“因通知错误造成平台内经营者损害的，依法承担民事责任。恶意发出错误通知，造成平台内经营者损失的，加倍承担赔偿责任。”

一、相关法律条文

1.《中华人民共和国电子商务法》（2019年1月1日起施行）

第四十二条 知识产权权利人认为其知识产权受到侵害的，有权通知电子商务平台经营者采取删除、屏蔽、断开链接、终止交易和服务等必要措施。通知应当包括构成侵权的初步证据。

电子商务平台经营者接到通知后，应当及时采取必要措施，并将该通知转送平台内经营者；未及时采取必要措施的，对损害的扩大部分与平台内经营者承担连带责任。

因通知错误造成平台内经营者损害的，依法承担民事责任。恶意发出错误通知，造成平台内经营者损失的，加倍承担赔偿责任。

2.《中华人民共和国网络安全法》(2017年6月1日起施行)

第四十七条 网络运营者应当加强对其用户发布的信息的管理，发现法律、行政法规禁止发布或者传输的信息的，应当立即停止传输该信息，采取消除等处置措施，防止信息扩散，保存有关记录，并向有关主管部门报告。

3.《全国人民代表大会常务委员会关于加强网络信息保护的决定》(2012年12月28日起施行)对网络服务提供者制止网络侵权行为的义务，作出了如下规定：

八、公民发现泄露个人身份、散布个人隐私等侵害其合法权益的网络信息，或者受到商业性电子信息侵扰的，有权要求网络服务提供者删除有关信息或者采取其他必要措施予以制止。

4.《中华人民共和国食品安全法》(2021年4月29日修正)

第六十二条 网络食品交易第三方平台提供者应当对入网食品经营者进行实名登记，明确其食品安全管理责任；依法应当取得许可证的，还应当审查其许可证。

网络食品交易第三方平台提供者发现入网食品经营者有违反本法规定行为的，应当及时制止并立即报告所在地县级人民政府食品药品监督管理部门；发现严重违法行为的，应当立即停止提供网络交易平台服务。

第一百三十一条 违反本法规定，网络食品交易第三方平台提供者未对入网食品经营者进行实名登记、审查许可证，或者未履行报告、停止提供网络交易平台服务等义务的，由县级以上人民政府食品药品监督管理部门责令改正，没收违法所得，并处五万元以上二十万元以下罚款；造成严重后果的，责令停业，直至由原发证部门吊销许可证；使消费者的合法权益受到损害的，应当与食品经营者承担连带责任。

消费者通过网络食品交易第三方平台购买食品，其合法权益受到损害的，可以向入网食品经营者或者食品生产者要求赔偿。网络食品交易第三方平台提供者不能提供入网食品经营者的真实名称、地址和有效联系方式的，由网络食品交易第三方平台提供者赔偿。网络食品交易第三方平台提供者赔偿后，有权向入网食品经营者或者食品生产者追偿。网络食品交易第三方平台提供者作出更有利于消费者承诺的，应当履行其承诺。

5.《中华人民共和国消费者权益保护法》(2013年10月25日修正)

第二十八条 采用网络、电视、电话、邮购等方式提供商品或者服务的经营者，以及提供证券、保险、银行等金融服务的经营者，应当向消费者提供经营地址、联系方式、商品或者服务的数量和质量、价款或者费用、履行期限和方式、安全注意事项和风险警示、售后服务、民事责任等信息。

第四十四条 消费者通过网络交易平台购买商品或者接受服务，其合法权益受到损害的，可以向销售者或者服务者要求赔偿。网络交易平台提供者不能提供销售者或者服务者的真实名称、地址和有效联系方式的，消费者也可以向网络交易平台提供者要求赔偿；网络交易平台提供者作出更有利于消费者的承诺的，应当履行承诺。网络交易平台提供者赔偿后，有权向销售者或者服务者追偿。

网络交易平台提供者明知或者应知销售者或者服务者利用其平台侵害消费者合法权益，未采取必要措施的，依法与该销售者或者服务者承担连带责任。

6.《中华人民共和国野生动物保护法》(2018年10月26日修正)

第三十二条 禁止网络交易平台、商品交易市场等交易场所，为违法出售、购买、利用野生动物及其制品或者禁止使用的猎捕工具提供交易服务。

7.《中华人民共和国慈善法》(2016年9月1日起施行)

第二十七条 广播、电视、报刊以及网络服务提供者、电信运营商，应当对利用其平台开展公开募捐的慈善组织的登记证书、公开募捐资格证书进行验证。

8.《中华人民共和国涉外民事关系法律适用法》(2011年4月1日起施行)

第四十六条 通过网络或者采用其他方式侵害姓名权、肖像权、名誉权、隐私权等人格权的，适用被侵权人经常居所地法律。

二、相关行政法规

1.《信息网络传播权保护条例》(2013 年 1 月 30 日修订)

第十四条　对提供信息存储空间或者提供搜索、链接服务的网络服务提供者,权利人认为其服务所涉及的作品、表演、录音录像制品,侵犯自己的信息网络传播权或者被删除、改变了自己的权利管理电子信息的,可以向该网络服务提供者提交书面通知,要求网络服务提供者删除该作品、表演、录音录像制品,或者断开与该作品、表演、录音录像制品的链接。通知书应当包含下列内容:

(一)权利人的姓名(名称)、联系方式和地址;

(二)要求删除或者断开链接的侵权作品、表演、录音录像制品的名称和网络地址;

(三)构成侵权的初步证明材料。

权利人应当对通知书的真实性负责。

第二十条　网络服务提供者根据服务对象的指令提供网络自动接入服务,或者对服务对象提供的作品、表演、录音录像制品提供自动传输服务,并具备下列条件的,不承担赔偿责任:

(一)未选择并且未改变所传输的作品、表演、录音录像制品;

(二)向指定的服务对象提供该作品、表演、录音录像制品,并防止指定的服务对象以外的其他人获得。

第二十一条　网络服务提供者为提高网络传输效率,自动存储从其他网络服务提供者获得的作品、表演、录音录像制品,根据技术安排自动向服务对象提供,并具备下列条件的,不承担赔偿责任:

(一)未改变自动存储的作品、表演、录音录像制品;

(二)不影响提供作品、表演、录音录像制品的原网络服务提供者掌握服务对象获取该作品、表演、录音录像制品的情况;

(三)在原网络服务提供者修改、删除或者屏蔽该作品、表演、录音录像制品时,根据技术安排自动予以修改、删除或者屏蔽。

第二十二条　网络服务提供者为服务对象提供信息存储空间,供服务对象通过信息网络向公众提供作品、表演、录音录像制品,并具备下列条件的,不承担赔偿责任:

(一)明确标示该信息存储空间是为服务对象所提供,并公开网络服务提供者的名称、联系人、网络地址;

（二）未改变服务对象所提供的作品、表演、录音录像制品；

（三）不知道也没有合理的理由应当知道服务对象提供的作品、表演、录音录像制品侵权；

（四）未从服务对象提供作品、表演、录音录像制品中直接获得经济利益；

（五）在接到权利人的通知书后，根据本条例规定删除权利人认为侵权的作品、表演、录音录像制品。

第二十三条　网络服务提供者为服务对象提供搜索或者链接服务，在接到权利人的通知书后，根据本条例规定断开与侵权的作品、表演、录音录像制品的链接的，不承担赔偿责任；但是，明知或者应知所链接的作品、表演、录音录像制品侵权的，应当承担共同侵权责任。

第二十四条　因权利人的通知导致网络服务提供者错误删除作品、表演、录音录像制品，或者错误断开与作品、表演、录音录像制品的链接，给服务对象造成损失的，权利人应当承担赔偿责任。

2.《计算机信息网络国际联网安全保护管理办法》（2011年1月8日修订）

第四条　任何单位和个人不得利用国际联网危害国家安全、泄露国家秘密，不得侵犯国家的、社会的、集体的利益和公民的合法权益，不得从事违法犯罪活动。

第五条　任何单位和个人不得利用国际联网制作、复制、查阅和传播下列信息：

（一）煽动抗拒、破坏宪法和法律、行政法规实施的；

（二）煽动颠覆国家政权，推翻社会主义制度的；

（三）煽动分裂国家、破坏国家统一的；

（四）煽动民族仇恨、民族歧视，破坏民族团结的；

（五）捏造或者歪曲事实，散布谣言，扰乱社会秩序的；

（六）宣扬封建迷信、淫秽、色情、赌博、暴力、凶杀、恐怖，教唆犯罪的；

（七）公然侮辱他人或者捏造事实诽谤他人的；

（八）损害国家机关信誉的；

（九）其他违反宪法和法律、行政法规的。

第六条　任何单位和个人不得从事下列危害计算机信息网络安全的活动：

（一）未经允许，进入计算机信息网络或者使用计算机信息网络资源的；

（二）未经允许，对计算机信息网络功能进行删除、修改或者增加的；

（三）未经允许，对计算机信息网络中存储、处理或者传输的数据和应用程序进行删除、修改或者增加的；

（四）故意制作、传播计算机病毒等破坏性程序的；

（五）其他危害计算机信息网络安全的。

第七条 用户的通信自由和通信秘密受法律保护。任何单位和个人不得违反法律规定，利用国际联网侵犯用户的通信自由和通信秘密。

3.《出版管理条例》(2020 年 11 月 29 日修订)

第三十六条 通过互联网等信息网络从事出版物发行业务的单位或者个体工商户，应当依照本条例规定取得《出版物经营许可证》。

提供网络交易平台服务的经营者应当对申请通过网络交易平台从事出版物发行业务的单位或者个体工商户的经营主体身份进行审查，验证其《出版物经营许可证》。

三、相关司法解释规定

1.《最高人民法院关于审理利用信息网络侵害人身权益民事纠纷案件适用法律若干问题的规定》(法释〔2014〕11 号)(2020 年 12 月 23 日修正)

第一条 本规定所称的利用信息网络侵害人身权益民事纠纷案件，是指利用信息网络侵害他人姓名权、名称权、名誉权、荣誉权、肖像权、隐私权等人身权益引起的纠纷案件。

第二条 原告依据民法典第一千一百九十五条、第一千一百九十七条的规定起诉网络用户或者网络服务提供者的，人民法院应予受理。

原告仅起诉网络用户，网络用户请求追加涉嫌侵权的网络服务提供者为共同被告或者第三人的，人民法院应予准许。

原告仅起诉网络服务提供者，网络服务提供者请求追加可以确定的网络用户为共同被告或者第三人的，人民法院应予准许。

第三条 原告起诉网络服务提供者，网络服务提供者以涉嫌侵权的信息系网络用户发布为由抗辩的，人民法院可以根据原告的请求及案件的具体情况，责令网络服务提供者向人民法院提供能够确定涉嫌侵权的网络用户的姓名(名称)、联系方式、网络地址等信息。

网络服务提供者无正当理由拒不提供的，人民法院可以依据民事诉讼法第一百一十四条的规定对网络服务提供者采取处罚等措施。

原告根据网络服务提供者提供的信息请求追加网络用户为被告的，人民法院应予准许。

第四条 人民法院适用民法典第一千一百九十五条第二款的规定，认定网络服务提供者采取的删除、屏蔽、断开链接等必要措施是否及时，应当根据网络服务的类型和性质、有效通知的形式和准确程度、网络信息侵害权益的类型和程度等因素综合判断。

第五条 其发布的信息被采取删除、屏蔽、断开链接等措施的网络用户，主张网络服务提供者承担违约责任或者侵权责任，网络服务提供者以收到民法典第一千一百九十五条第一款规定的有效通知为由抗辩的，人民法院应予支持。

第六条 人民法院依据民法典第一千一百九十七条认定网络服务提供者是否"知道或者应当知道"，应当综合考虑下列因素：

（一）网络服务提供者是否以人工或者自动方式对侵权网络信息以推荐、排名、选择、编辑、整理、修改等方式作出处理；

（二）网络服务提供者应当具备的管理信息的能力，以及所提供服务的性质、方式及其引发侵权的可能性大小；

（三）该网络信息侵害人身权益的类型及明显程度；

（四）该网络信息的社会影响程度或者一定时间内的浏览量；

（五）网络服务提供者采取预防侵权措施的技术可能性及其是否采取了相应的合理措施；

（六）网络服务提供者是否针对同一网络用户的重复侵权行为或者同一侵权信息采取了相应的合理措施；

（七）与本案相关的其他因素。

第七条 人民法院认定网络用户或者网络服务提供者转载网络信息行为的过错及其程度，应当综合以下因素：

（一）转载主体所承担的与其性质、影响范围相适应的注意义务；

（二）所转载信息侵害他人人身权益的明显程度；

（三）对所转载信息是否作出实质性修改，是否添加或者修改文章标题，导致其与内容严重不符以及误导公众的可能性。

第八条 网络用户或者网络服务提供者采取诽谤、诋毁等手段，损害公众对经营主体的信赖，降低其产品或者服务的社会评价，经营主体请求网络用户或者网络服务提供者承担侵权责任的，人民法院应依法予以支持。

第九条　网络用户或者网络服务提供者，根据国家机关依职权制作的文书和公开实施的职权行为等信息来源所发布的信息，有下列情形之一，侵害他人人身权益，被侵权人请求侵权人承担侵权责任的，人民法院应予支持：

（一）网络用户或者网络服务提供者发布的信息与前述信息来源内容不符；

（二）网络用户或者网络服务提供者以添加侮辱性内容、诽谤性信息、不当标题或者通过增删信息、调整结构、改变顺序等方式致人误解；

（三）前述信息来源已被公开更正，但网络用户拒绝更正或者网络服务提供者不予更正；

（四）前述信息来源已被公开更正，网络用户或者网络服务提供者仍然发布更正之前的信息。

第十条　被侵权人与构成侵权的网络用户或者网络服务提供者达成一方支付报酬，另一方提供删除、屏蔽、断开链接等服务的协议，人民法院应认定为无效。

擅自篡改、删除、屏蔽特定网络信息或者以断开链接的方式阻止他人获取网络信息，发布该信息的网络用户或者网络服务提供者请求侵权人承担侵权责任的，人民法院应予支持。接受他人委托实施该行为的，委托人与受托人承担连带责任。

第十一条　网络用户或者网络服务提供者侵害他人人身权益，造成财产损失或者严重精神损害，被侵权人依据民法典第一千一百八十二条和第一千一百八十三条的规定，请求其承担赔偿责任的，人民法院应予支持。

第十二条　被侵权人为制止侵权行为所支付的合理开支，可以认定为民法典第一千一百八十二条规定的财产损失。合理开支包括被侵权人或者委托代理人对侵权行为进行调查、取证的合理费用。人民法院根据当事人的请求和具体案情，可以将符合国家有关部门规定的律师费用计算在赔偿范围内。

被侵权人因人身权益受侵害造成的财产损失以及侵权人因此获得的利益难以确定的，人民法院可以根据具体案情在50万元以下的范围内确定赔偿数额。

第十三条 本规定施行后人民法院正在审理的一审、二审案件适用本规定。

本规定施行前已经终审，本规定施行后当事人申请再审或者按照审判监督程序决定再审的案件，不适用本规定。

2.《最高人民法院关于审理食品药品纠纷案件适用法律若干问题的规定》（法释〔2013〕28号）（2020年12月23日修正）

第九条 消费者通过网络交易第三方平台购买食品、药品遭受损害，网络交易第三方平台提供者不能提供食品、药品的生产者或者销售者的真实名称、地址与有效联系方式，消费者请求网络交易第三方平台提供者承担责任的，人民法院应予支持。

网络交易第三方平台提供者承担赔偿责任后，向生产者或者销售者行使追偿权的，人民法院应予支持。

网络交易第三方平台提供者知道或者应当知道食品、药品的生产者、销售者利用其平台侵害消费者合法权益，未采取必要措施，给消费者造成损害，消费者要求其与生产者、销售者承担连带责任的，人民法院应予支持。

3.《最高人民法院关于审理食品安全民事纠纷案件适用法律若干问题的解释（一）》（法释〔2020〕14号）

第二条 电子商务平台经营者以标记自营业务方式所销售的食品或者虽未标记自营但实际开展自营业务所销售的食品不符合食品安全标准，消费者依据食品安全法第一百四十八条规定主张电子商务平台经营者承担作为食品经营者的赔偿责任的，人民法院应予支持。

电子商务平台经营者虽非实际开展自营业务，但其所作标识等足以误导消费者让消费者相信系电子商务平台经营者自营，消费者依据食品安全法第一百四十八条规定主张电子商务平台经营者承担作为食品经营者的赔偿责任的，人民法院应予支持。

第三条 电子商务平台经营者违反食品安全法第六十二条和第一百三十一条规定，未对平台内食品经营者进行实名登记、审查许可证，或者未履行报告、停止提供网络交易平台服务等义务，使消费者的合法权益受到损害，消费者主张电子商务平台经营者与平台内食品经营者承担连带责任的，人民法院应予支持。

4.《最高人民法院关于审理侵害信息网络传播权民事纠纷案件适用法律若干问题的规定》(法释〔2012〕20号)(2020年12月23日修正)

第三条 网络用户、网络服务提供者未经许可,通过信息网络提供权利人享有信息网络传播权的作品、表演、录音录像制品,除法律、行政法规另有规定外,人民法院应当认定其构成侵害信息网络传播权行为。

通过上传到网络服务器、设置共享文件或者利用文件分享软件等方式,将作品、表演、录音录像制品置于信息网络中,使公众能够在个人选定的时间和地点以下载、浏览或者其他方式获得的,人民法院应当认定其实施了前款规定的提供行为。

第四条 有证据证明网络服务提供者与他人以分工合作等方式共同提供作品、表演、录音录像制品,构成共同侵权行为的,人民法院应当判令其承担连带责任。网络服务提供者能够证明其仅提供自动接入、自动传输、信息存储空间、搜索、链接、文件分享技术等网络服务,主张其不构成共同侵权行为的,人民法院应予支持。

第五条 网络服务提供者以提供网页快照、缩略图等方式实质替代其他网络服务提供者向公众提供相关作品的,人民法院应当认定其构成提供行为。

前款规定的提供行为不影响相关作品的正常使用,且未不合理损害权利人对该作品的合法权益,网络服务提供者主张其未侵害信息网络传播权的,人民法院应予支持。

第六条 原告有初步证据证明网络服务提供者提供了相关作品、表演、录音录像制品,但网络服务提供者能够证明其仅提供网络服务,且无过错的,人民法院不应认定为构成侵权。

第七条 网络服务提供者在提供网络服务时教唆或者帮助网络用户实施侵害信息网络传播权行为的,人民法院应当判令其承担侵权责任。

网络服务提供者以言语、推介技术支持、奖励积分等方式诱导、鼓励网络用户实施侵害信息网络传播权行为的,人民法院应当认定其构成教唆侵权行为。

网络服务提供者明知或者应知网络用户利用网络服务侵害信息网络传播权,未采取删除、屏蔽、断开链接等必要措施,或者提供技术支持等帮助行为的,人民法院应当认定其构成帮助侵权行为。

第八条 人民法院应当根据网络服务提供者的过错，确定其是否承担教唆、帮助侵权责任。网络服务提供者的过错包括对于网络用户侵害信息网络传播权行为的明知或者应知。

网络服务提供者未对网络用户侵害信息网络传播权的行为主动进行审查的，人民法院不应据此认定其具有过错。

网络服务提供者能够证明已采取合理、有效的技术措施，仍难以发现网络用户侵害信息网络传播权行为的，人民法院应当认定其不具有过错。

第九条 人民法院应当根据网络用户侵害信息网络传播权的具体事实是否明显，综合考虑以下因素，认定网络服务提供者是否构成应知：

（一）基于网络服务提供者提供服务的性质、方式及其引发侵权的可能性大小，应当具备的管理信息的能力；

（二）传播的作品、表演、录音录像制品的类型、知名度及侵权信息的明显程度；

（三）网络服务提供者是否主动对作品、表演、录音录像制品进行了选择、编辑、修改、推荐等；

（四）网络服务提供者是否积极采取了预防侵权的合理措施；

（五）网络服务提供者是否设置便捷程序接收侵权通知并及时对侵权通知作出合理的反应；

（六）网络服务提供者是否针对同一网络用户的重复侵权行为采取了相应的合理措施；

（七）其他相关因素。

第十条 网络服务提供者在提供网络服务时，对热播影视作品等以设置榜单、目录、索引、描述性段落、内容简介等方式进行推荐，且公众可以在其网页上直接以下载、浏览或者其他方式获得的，人民法院可以认定其应知网络用户侵害信息网络传播权。

第十一条 网络服务提供者从网络用户提供的作品、表演、录音录像制品中直接获得经济利益的，人民法院应当认定其对该网络用户侵害信息网络传播权的行为负有较高的注意义务。

网络服务提供者针对特定作品、表演、录音录像制品投放广告获取收益，或者获取与其传播的作品、表演、录音录像制品存在其他特定联系的经济利益，应当认定为前款规定的直接获得经济利益。网络服务提供者因提供网络服务而收取一般性广告费、服务费等,不属于本款规定的情形。

第十二条　有下列情形之一的,人民法院可以根据案件具体情况,认定提供信息存储空间服务的网络服务提供者应知网络用户侵害信息网络传播权:

(一)将热播影视作品等置于首页或者其他主要页面等能够为网络服务提供者明显感知的位置的;

(二)对热播影视作品等的主题、内容主动进行选择、编辑、整理、推荐,或者为其设立专门的排行榜的;

(三)其他可以明显感知相关作品、表演、录音录像制品为未经许可提供,仍未采取合理措施的情形。

第十三条　网络服务提供者接到权利人以书信、传真、电子邮件等方式提交的通知及构成侵权的初步证据,未及时根据初步证据和服务类型采取必要措施的,人民法院应当认定其明知相关侵害信息网络传播权行为。

第十四条　人民法院认定网络服务提供者转送通知、采取必要措施是否及时,应当根据权利人提交通知的形式,通知的准确程度,采取措施的难易程度,网络服务的性质,所涉作品、表演、录音录像制品的类型、知名度、数量等因素综合判断。

第十五条　侵害信息网络传播权民事纠纷案件由侵权行为地或者被告住所地人民法院管辖。侵权行为地包括实施被诉侵权行为的网络服务器、计算机终端等设备所在地。侵权行为地和被告住所地均难以确定或者在境外的,原告发现侵权内容的计算机终端等设备所在地可以视为侵权行为地。

5.《最高人民法院关于涉网络知识产权侵权纠纷几个法律适用问题的批复》(法释〔2020〕9号)

一、知识产权权利人主张其权利受到侵害并提出保全申请,要求网络服务提供者、电子商务平台经营者迅速采取删除、屏蔽、断开链接等下架措施的,人民法院应当依法审查并作出裁定。

二、网络服务提供者、电子商务平台经营者收到知识产权权利人依法发出的通知后,应当及时将权利人的通知转送相关网络用户、平台内经营者,并根据构成侵权的初步证据和服务类型采取必要措施;未依法采取必要措施,权利人主张网络服务提供者、电子商务平台经营者对损害的扩大部分与网络用户、平台内经营者承担连带责任的，人民法院可以依法予以支持。

三、在依法转送的不存在侵权行为的声明到达知识产权权利人后的合理期限内，网络服务提供者、电子商务平台经营者未收到权利人已经投诉或者提起诉讼通知的，应当及时终止所采取的删除、屏蔽、断开链接等下架措施。因办理公证、认证手续等权利人无法控制的特殊情况导致的延迟，不计入上述期限，但该期限最长不超过20个工作日。

四、因恶意提交声明导致电子商务平台经营者终止必要措施并造成知识产权权利人损害，权利人依照有关法律规定请求相应惩罚性赔偿的，人民法院可以依法予以支持。

五、知识产权权利人发出的通知内容与客观事实不符，但其在诉讼中主张该通知系善意提交并请求免责，且能够举证证明的，人民法院依法审查属实后应当予以支持。

六、本批复作出时尚未终审的案件，适用本批复；本批复作出时已经终审，当事人申请再审或者按照审判监督程序决定再审的案件，不适用本批复。

四、相关部门规章

1.《网络交易管理办法》(2014年3月15日起施行)

第二条 在中华人民共和国境内从事网络商品交易及有关服务，应当遵守中华人民共和国法律、法规和本办法的规定。

第三条 本办法所称网络商品交易，是指通过互联网(含移动互联网)销售商品或者提供服务的经营活动。

本办法所称有关服务，是指为网络商品交易提供第三方交易平台、宣传推广、信用评价、支付结算、物流、快递、网络接入、服务器托管、虚拟空间租用、网站网页设计制作等营利性服务。

第四条 从事网络商品交易及有关服务应当遵循自愿、公平、诚实信用的原则，遵守商业道德和公序良俗。

第七条 从事网络商品交易及有关服务的经营者，应当依法办理工商登记。

从事网络商品交易的自然人，应当通过第三方交易平台开展经营活动，并向第三方交易平台提交其姓名、地址、有效身份证明、有效联系方式等真实身份信息。具备登记注册条件的，依法办理工商登记。

从事网络商品交易及有关服务的经营者销售的商品或者提供的服务属于法律、行政法规或者国务院决定规定应当取得行政许可的，应当依法取得有关许可。

第八条　已经工商行政管理部门登记注册并领取营业执照的法人、其他经济组织或者个体工商户，从事网络商品交易及有关服务的，应当在其网站首页或者从事经营活动的主页面醒目位置公开营业执照登载的信息或者其营业执照的电子链接标识。

第九条　网上交易的商品或者服务应当符合法律、法规、规章的规定。法律、法规禁止交易的商品或者服务，经营者不得在网上进行交易。

第十条　网络商品经营者向消费者销售商品或者提供服务，应当遵守《消费者权益保护法》和《产品质量法》等法律、法规、规章的规定，不得损害消费者合法权益。

第十一条　网络商品经营者向消费者销售商品或者提供服务，应当向消费者提供经营地址、联系方式、商品或者服务的数量和质量、价款或者费用、履行期限和方式、支付形式、退换货方式、安全注意事项和风险警示、售后服务、民事责任等信息，采取安全保障措施确保交易安全可靠，并按照承诺提供商品或者服务。

第十二条　网络商品经营者销售商品或者提供服务，应当保证商品或者服务的完整性，不得将商品或者服务不合理拆分出售，不得确定最低消费标准或者另行收取不合理的费用。

第十三条　网络商品经营者销售商品或者提供服务，应当按照国家有关规定或者商业惯例向消费者出具发票等购货凭证或者服务单据；征得消费者同意的，可以以电子化形式出具。电子化的购货凭证或者服务单据，可以作为处理消费投诉的依据。

消费者索要发票等购货凭证或者服务单据的，网络商品经营者必须出具。

第十四条　网络商品经营者、有关服务经营者提供的商品或者服务信息应当真实准确，不得作虚假宣传和虚假表示。

第十五条　网络商品经营者、有关服务经营者销售商品或者提供服务，应当遵守《商标法》、《企业名称登记管理规定》等法律、法规、规章的规定，不得侵犯他人的注册商标专用权、企业名称权等权利。

第十六条　网络商品经营者销售商品，消费者有权自收到商品之日起七日内退货，且无需说明理由，但下列商品除外：

（一）消费者定作的；

（二）鲜活易腐的；

（三）在线下载或者消费者拆封的音像制品、计算机软件等数字化商品；

（四）交付的报纸、期刊。

除前款所列商品外，其他根据商品性质并经消费者在购买时确认不宜退货的商品，不适用无理由退货。

消费者退货的商品应当完好。网络商品经营者应当自收到退回商品之日起七日内返还消费者支付的商品价款。退回商品的运费由消费者承担；网络商品经营者和消费者另有约定的，按照约定。

第十七条 网络商品经营者、有关服务经营者在经营活动中使用合同格式条款的，应当符合法律、法规、规章的规定，按照公平原则确定交易双方的权利与义务，采用显著的方式提请消费者注意与消费者有重大利害关系的条款，并按照消费者的要求予以说明。

网络商品经营者、有关服务经营者不得以合同格式条款等方式作出排除或者限制消费者权利、减轻或者免除经营者责任、加重消费者责任等对消费者不公平、不合理的规定，不得利用合同格式条款并借助技术手段强制交易。

第十八条 网络商品经营者、有关服务经营者在经营活动中收集、使用消费者或者经营者信息，应当遵循合法、正当、必要的原则，明示收集、使用信息的目的、方式和范围，并经被收集者同意。网络商品经营者、有关服务经营者收集、使用消费者或者经营者信息，应当公开其收集、使用规则，不得违反法律、法规的规定和双方的约定收集、使用信息。

网络商品经营者、有关服务经营者及其工作人员对收集的消费者个人信息或者经营者商业秘密的数据信息必须严格保密，不得泄露、出售或者非法向他人提供。网络商品经营者、有关服务经营者应当采取技术措施和其他必要措施，确保信息安全，防止信息泄露、丢失。在发生或者可能发生信息泄露、丢失的情况时，应当立即采取补救措施。

网络商品经营者、有关服务经营者未经消费者同意或者请求，或者消费者明确表示拒绝的，不得向其发送商业性电子信息。

第十九条 网络商品经营者、有关服务经营者销售商品或者服务，应当遵守《反不正当竞争法》等法律的规定，不得以不正当竞争方式损害其他经营者的合法权益、扰乱社会经济秩序。同时，不得利用网络技术手段或者载体等方式，从事下列不正当竞争行为：

（一）擅自使用知名网站特有的域名、名称、标识或者使用与知名网站近似的域名、名称、标识，与他人知名网站相混淆，造成消费者误认；

（二）擅自使用、伪造政府部门或者社会团体电子标识，进行引人误解的虚假宣传；

（三）以虚拟物品为奖品进行抽奖式的有奖销售，虚拟物品在网络市场约定金额超过法律法规允许的限额；

（四）以虚构交易、删除不利评价等形式，为自己或他人提升商业信誉；

（五）以交易达成后违背事实的恶意评价损害竞争对手的商业信誉；

（六）法律、法规规定的其他不正当竞争行为。

第二十条　网络商品经营者、有关服务经营者不得对竞争对手的网站或者网页进行非法技术攻击，造成竞争对手无法正常经营。

第二十二条　第三方交易平台经营者应当是经工商行政管理部门登记注册并领取营业执照的企业法人。

前款所称第三方交易平台，是指在网络商品交易活动中为交易双方或者多方提供网页空间、虚拟经营场所、交易规则、交易撮合、信息发布等服务，供交易双方或者多方独立开展交易活动的信息网络系统。

第二十三条　第三方交易平台经营者应当对申请进入平台销售商品或者提供服务的法人、其他经济组织或者个体工商户的经营主体身份进行审查和登记，建立登记档案并定期核实更新，在其从事经营活动的主页面醒目位置公开营业执照登载的信息或者其营业执照的电子链接标识。

第三方交易平台经营者应当对尚不具备工商登记注册条件、申请进入平台销售商品或者提供服务的自然人的真实身份信息进行审查和登记，建立登记档案并定期核实更新，核发证明个人身份信息真实合法的标记，加载在其从事经营活动的主页面醒目位置。

第三方交易平台经营者在审查和登记时，应当使对方知悉并同意登记协议，提请对方注意义务和责任条款。

第二十四条　第三方交易平台经营者应当与申请进入平台销售商品或者提供服务的经营者订立协议，明确双方在平台进入和退出、商品和服务质量安全保障、消费者权益保护等方面的权利、义务和责任。

第三方交易平台经营者修改其与平台内经营者的协议、交易规则，应当遵循公开、连续、合理的原则，修改内容应当至少提前七日予以公示并通知相关经营者。平台内经营者不接受协议或者规则修改内容、申请退出平台的，第三方交易平台经营者应当允许其退出，并根据原协议或者交易规则承担相关责任。

第二十五条 第三方交易平台经营者应当建立平台内交易规则、交易安全保障、消费者权益保护、不良信息处理等管理制度。各项管理制度应当在其网站显示，并从技术上保证用户能够便利、完整地阅览和保存。

第三方交易平台经营者应当采取必要的技术手段和管理措施保证平台的正常运行，提供必要、可靠的交易环境和交易服务，维护网络交易秩序。

第二十六条 第三方交易平台经营者应当对通过平台销售商品或者提供服务的经营者及其发布的商品和服务信息建立检查监控制度，发现有违反工商行政管理法律、法规、规章的行为的，应当向平台经营者所在地工商行政管理部门报告，并及时采取措施制止，必要时可以停止对其提供第三方交易平台服务。

工商行政管理部门发现平台内有违反工商行政管理法律、法规、规章的行为，依法要求第三方交易平台经营者采取措施制止的，第三方交易平台经营者应当予以配合。

第二十七条 第三方交易平台经营者应当采取必要手段保护注册商标专用权、企业名称权等权利，对权利人有证据证明平台内的经营者实施侵犯其注册商标专用权、企业名称权等权利的行为或者实施损害其合法权益的其他不正当竞争行为的，应当依照《侵权责任法》采取必要措施。

第二十八条 第三方交易平台经营者应当建立消费纠纷和解和消费维权自律制度。消费者在平台内购买商品或者接受服务，发生消费纠纷或者其合法权益受到损害时，消费者要求平台调解的，平台应当调解；消费者通过其他渠道维权的，平台应当向消费者提供经营者的真实的网站登记信息，积极协助消费者维护自身合法权益。

第二十九条 第三方交易平台经营者在平台上开展商品或者服务自营业务的，应当以显著方式对自营部分和平台内其他经营者经营部分进行区分和标记，避免消费者产生误解。

第三十条　第三方交易平台经营者应当审查、记录、保存在其平台上发布的商品和服务信息内容及其发布时间。平台内经营者的营业执照或者个人真实身份信息记录保存时间从经营者在平台的登记注销之日起不少于两年,交易记录等其他信息记录备份保存时间从交易完成之日起不少于两年。

第三方交易平台经营者应当采取电子签名、数据备份、故障恢复等技术手段确保网络交易数据和资料的完整性和安全性,并应当保证原始数据的真实性。

第三十一条　第三方交易平台经营者拟终止提供第三方交易平台服务的,应当至少提前三个月在其网站主页面醒目位置予以公示并通知相关经营者和消费者,采取必要措施保障相关经营者和消费者的合法权益。

第三十二条　鼓励第三方交易平台经营者为交易当事人提供公平、公正的信用评价服务,对经营者的信用情况客观、公正地进行采集与记录,建立信用评价体系、信用披露制度以警示交易风险。

第三十三条　鼓励第三方交易平台经营者设立消费者权益保证金。消费者权益保证金应当用于对消费者权益的保障,不得挪作他用,使用情况应当定期公开。

第三方交易平台经营者与平台内的经营者协议设立消费者权益保证金的,双方应当就消费者权益保证金提取数额、管理、使用和退还办法等作出明确约定。

第三十四条　第三方交易平台经营者应当积极协助工商行政管理部门查处网上违法经营行为,提供在其平台内涉嫌违法经营的经营者的登记信息、交易数据等资料,不得隐瞒真实情况。

第三十五条　为网络商品交易提供网络接入、服务器托管、虚拟空间租用、网站网页设计制作等服务的有关服务经营者,应当要求申请者提供经营资格证明和个人真实身份信息,签订服务合同,依法记录其上网信息。申请者营业执照或者个人真实身份信息等信息记录备份保存时间自服务合同终止或者履行完毕之日起不少于两年。

第三十六条　为网络商品交易提供信用评价服务的有关服务经营者,应当通过合法途径采集信用信息,坚持中立、公正、客观原则,不得任意调整用户的信用级别或者相关信息,不得将收集的信用信息用于任何非法用途。

第三十七条 为网络商品交易提供宣传推广服务应当符合相关法律、法规、规章的规定。

通过博客、微博等网络社交载体提供宣传推广服务、评论商品或者服务并因此取得酬劳的,应当如实披露其性质,避免消费者产生误解。

第三十八条 为网络商品交易提供网络接入、支付结算、物流、快递等服务的有关服务经营者,应当积极协助工商行政管理部门查处网络商品交易相关违法行为,提供涉嫌违法经营的网络商品经营者的登记信息、联系方式、地址等相关数据资料,不得隐瞒真实情况。

第五十五条 通过第三方交易平台发布商品或者营利性服务信息、但交易过程不直接通过平台完成的经营活动,参照适用本办法关于网络商品交易的管理规定。

2.《网络预约出租汽车经营服务管理暂行办法》(2019年12月28日修正)

第二条 从事网络预约出租汽车(以下简称网约车)经营服务,应当遵守本办法。

本办法所称网约车经营服务,是指以互联网技术为依托构建服务平台,整合供需信息,使用符合条件的车辆和驾驶员,提供非巡游的预约出租汽车服务的经营活动。

本办法所称网络预约出租汽车经营者(以下称网约车平台公司),是指构建网络服务平台,从事网约车经营服务的企业法人。

第五条 申请从事网约车经营的,应当具备线上线下服务能力,符合下列条件:

(一)具有企业法人资格;

(二)具备开展网约车经营的互联网平台和与拟开展业务相适应的信息数据交互及处理能力,具备供交通、通信、公安、税务、网信等相关监管部门依法调取查询相关网络数据信息的条件,网络服务平台数据库接入出租汽车行政主管部门监管平台,服务器设置在中国内地,有符合规定的网络安全管理制度和安全保护技术措施;

(三)使用电子支付的,应当与银行、非银行支付机构签订提供支付结算服务的协议;

(四)有健全的经营管理制度、安全生产管理制度和服务质量保障制度;

(五)在服务所在地有相应服务机构及服务能力;

（六）法律法规规定的其他条件。

外商投资网约车经营的，除符合上述条件外，还应当符合外商投资相关法律法规的规定。

第六条　申请从事网约车经营的，应当根据经营区域向相应的出租汽车行政主管部门提出申请，并提交以下材料：

（一）网络预约出租汽车经营申请表（见附件）；

（二）投资人、负责人身份、资信证明及其复印件，经办人的身份证明及其复印件和委托书；

（三）企业法人营业执照，属于分支机构的还应当提交营业执照；

（四）服务所在地办公场所、负责人员和管理人员等信息；

（五）具备互联网平台和信息数据交互及处理能力的证明材料，具备供交通、通信、公安、税务、网信等相关监管部门依法调取查询相关网络数据信息条件的证明材料，数据库接入情况说明，服务器设置在中国内地的情况说明，依法建立并落实网络安全管理制度和安全保护技术措施的证明材料；

（六）使用电子支付的，应当提供与银行、非银行支付机构签订的支付结算服务协议；

（七）经营管理制度、安全生产管理制度和服务质量保障制度文本；

（八）法律法规要求提供的其他材料。

首次从事网约车经营的，应当向企业注册地相应出租汽车行政主管部门提出申请，前款第（五）、第（六）项有关线上服务能力材料由网约车平台公司注册地省级交通运输主管部门商同级通信、公安、税务、网信、人民银行等部门审核认定，并提供相应认定结果，认定结果全国有效。网约车平台公司在注册地以外申请从事网约车经营的，应当提交前款第（五）、第（六）项有关线上服务能力认定结果。

其他线下服务能力材料，由受理申请的出租汽车行政主管部门进行审核。

第十条　网约车平台公司应当在取得相应《网络预约出租汽车经营许可证》并向企业注册地省级通信主管部门申请互联网信息服务备案后，方可开展相关业务。备案内容包括经营者真实身份信息、接入信息、出租汽车行政主管部门核发的《网络预约出租汽车经营许可证》等。涉及经营电信业务的，还应当符合电信管理的相关规定。

网约车平台公司应当自网络正式联通之日起30日内，到网约车平台公司管理运营机构所在地的省级人民政府公安机关指定的受理机关办理备案手续。

第十一条 网约车平台公司暂停或者终止运营的，应当提前30日向服务所在地出租汽车行政主管部门书面报告，说明有关情况，通告提供服务的车辆所有人和驾驶员，并向社会公告。终止经营的，应当将相应《网络预约出租汽车经营许可证》交回原许可机关。

第十二条 拟从事网约车经营的车辆，应当符合以下条件：

（一）7座及以下乘用车；

（二）安装具有行驶记录功能的车辆卫星定位装置、应急报警装置；

（三）车辆技术性能符合运营安全相关标准要求。

车辆的具体标准和营运要求，由相应的出租汽车行政主管部门，按照高品质服务、差异化经营的发展原则，结合本地实际情况确定。

第十三条 服务所在地出租汽车行政主管部门依车辆所有人或者网约车平台公司申请，按第十二条规定的条件审核后，对符合条件并登记为预约出租客运的车辆，发放《网络预约出租汽车运输证》。

城市人民政府对网约车发放《网络预约出租汽车运输证》另有规定的，从其规定。

第十四条 从事网约车服务的驾驶员，应当符合以下条件：

（一）取得相应准驾车型机动车驾驶证并具有3年以上驾驶经历；

（二）无交通肇事犯罪、危险驾驶犯罪记录，无吸毒记录，无饮酒后驾驶记录，最近连续3个记分周期内没有记满12分记录；

（三）无暴力犯罪记录；

（四）城市人民政府规定的其他条件。

第十五条 服务所在地设区的市级出租汽车行政主管部门依驾驶员或者网约车平台公司申请，按第十四条规定的条件核查并按规定考核后，为符合条件且考核合格的驾驶员，发放《网络预约出租汽车驾驶员证》。

第十六条 网约车平台公司承担承运人责任，应当保证运营安全，保障乘客合法权益。

第十七条 网约车平台公司应当保证提供服务车辆具备合法营运资质，技术状况良好，安全性能可靠，具有营运车辆相关保险，保证线上提供服务的车辆与线下实际提供服务的车辆一致，并将车辆相关信息向服务所在地出租汽车行政主管部门报备。

第十八条　网约车平台公司应当保证提供服务的驾驶员具有合法从业资格，按照有关法律法规规定，根据工作时长、服务频次等特点，与驾驶员签订多种形式的劳动合同或者协议，明确双方的权利和义务。网约车平台公司应当维护和保障驾驶员合法权益，开展有关法律法规、职业道德、服务规范、安全运营等方面的岗前培训和日常教育，保证线上提供服务的驾驶员与线下实际提供服务的驾驶员一致，并将驾驶员相关信息向服务所在地出租汽车行政主管部门报备。

网约车平台公司应当记录驾驶员、约车人在其服务平台发布的信息内容、用户注册信息、身份认证信息、订单日志、上网日志、网上交易日志、行驶轨迹日志等数据并备份。

第十九条　网约车平台公司应当公布确定符合国家有关规定的计程计价方式，明确服务项目和质量承诺，建立服务评价体系和乘客投诉处理制度，如实采集与记录驾驶员服务信息。在提供网约车服务时，提供驾驶员姓名、照片、手机号码和服务评价结果，以及车辆牌照等信息。

第二十条　网约车平台公司应当合理确定网约车运价，实行明码标价，并向乘客提供相应的出租汽车发票。

第二十一条　网约车平台公司不得妨碍市场公平竞争，不得侵害乘客合法权益和社会公共利益。

网约车平台公司不得有为排挤竞争对手或者独占市场，以低于成本的价格运营扰乱正常市场秩序，损害国家利益或者其他经营者合法权益等不正当价格行为，不得有价格违法行为。

第二十二条　网约车应当在许可的经营区域内从事经营活动，超出许可的经营区域的，起讫点一端应当在许可的经营区域内。

第二十三条　网约车平台公司应当依法纳税，为乘客购买承运人责任险等相关保险，充分保障乘客权益。

第二十四条　网约车平台公司应当加强安全管理，落实运营、网络等安全防范措施，严格数据安全保护和管理，提高安全防范和抗风险能力，支持配合有关部门开展相关工作。

第二十五条　网约车平台公司和驾驶员提供经营服务应当符合国家有关运营服务标准，不得途中甩客或者故意绕道行驶，不得违规收费，不得对举报、投诉其服务质量或者对其服务作出不满意评价的乘客实施报复行为。

第二十六条 网约车平台公司应当通过其服务平台以显著方式将驾驶员、约车人和乘客等个人信息的采集和使用的目的、方式和范围进行告知。未经信息主体明示同意,网约车平台公司不得使用前述个人信息用于开展其他业务。

网约车平台公司采集驾驶员、约车人和乘客的个人信息,不得超越提供网约车业务所必需的范围。

除配合国家机关依法行使监督检查权或者刑事侦查权外,网约车平台公司不得向任何第三方提供驾驶员、约车人和乘客的姓名、联系方式、家庭住址、银行账户或者支付账户、地理位置、出行线路等个人信息,不得泄露地理坐标、地理标志物等涉及国家安全的敏感信息。发生信息泄露后,网约车平台公司应当及时向相关主管部门报告,并采取及时有效的补救措施。

第二十七条 网约车平台公司应当遵守国家网络和信息安全有关规定,所采集的个人信息和生成的业务数据,应当在中国内地存储和使用,保存期限不少于2年,除法律法规另有规定外,上述信息和数据不得外流。

网约车平台公司不得利用其服务平台发布法律法规禁止传播的信息,不得为企业、个人及其他团体、组织发布有害信息提供便利,并采取有效措施过滤阻断有害信息传播。发现他人利用其网络服务平台传播有害信息的,应当立即停止传输,保存有关记录,并向国家有关机关报告。

网约车平台公司应当依照法律规定,为公安机关依法开展国家安全工作,防范、调查违法犯罪活动提供必要的技术支持与协助。

第二十八条 任何企业和个人不得向未取得合法资质的车辆、驾驶员提供信息对接开展网约车经营服务。不得以私人小客车合乘名义提供网约车经营服务。

网约车车辆和驾驶员不得通过未取得经营许可的网络服务平台提供运营服务。

第三十七条 网约车平台公司违反本规定第十、十八、二十六、二十七条有关规定的,由网信部门、公安机关和通信主管部门按各自职责依照相关法律法规规定给予处罚;给信息主体造成损失的,依法承担民事责任;涉嫌犯罪的,依法追究刑事责任。

网约车平台公司及网约车驾驶员违法使用或者泄露约车人、乘客个人信息的，由公安、网信等部门依照各自职责处以2000元以上10,000元以下罚款；给信息主体造成损失的，依法承担民事责任；涉嫌犯罪的，依法追究刑事责任。

网约车平台公司拒不履行或者拒不按要求为公安机关依法开展国家安全工作，防范、调查违法犯罪活动提供技术支持与协助的，由公安机关依法予以处罚；构成犯罪的，依法追究刑事责任。

第三十八条　私人小客车合乘，也称为拼车、顺风车，按城市人民政府有关规定执行。

第三十九条　网约车行驶里程达到60万千米时强制报废。行驶里程未达到60万千米但使用年限达到8年时，退出网约车经营。

小、微型非营运载客汽车登记为预约出租客运的，按照网约车报废标准报废。其他小、微型营运载客汽车登记为预约出租客运的，按照该类型营运载客汽车报废标准和网约车报废标准中先行达到的标准报废。

省、自治区、直辖市人民政府有关部门要结合本地实际情况，制定网约车报废标准的具体规定，并报国务院商务、公安、交通运输等部门备案。

3.《网络食品安全违法行为查处办法》(2016年10月1日起施行)

第二条　在中华人民共和国境内网络食品交易第三方平台提供者以及通过第三方平台或者自建的网站进行交易的食品生产经营者(以下简称入网食品生产经营者)违反食品安全法律、法规、规章或者食品安全标准行为的查处，适用本办法。

第四条　网络食品交易第三方平台提供者和入网食品生产经营者应当履行法律、法规和规章规定的食品安全义务。

网络食品交易第三方平台提供者和入网食品生产经营者应当对网络食品安全信息的真实性负责。

第五条　网络食品交易第三方平台提供者和入网食品生产经营者应当配合食品药品监督管理部门对网络食品安全违法行为的查处，按照食品药品监督管理部门的要求提供网络食品交易相关数据和信息。

第八条　网络食品交易第三方平台提供者应当在通信主管部门批准后30个工作日内，向所在地省级食品药品监督管理部门备案，取得备案号。

通过自建网站交易的食品生产经营者应当在通信主管部门批准后

30个工作日内，向所在地市、县级食品药品监督管理部门备案，取得备案号。

省级和市、县级食品药品监督管理部门应当自完成备案后7个工作日内向社会公开相关备案信息。

备案信息包括域名、IP地址、电信业务经营许可证、企业名称、法定代表人或者负责人姓名、备案号等。

第九条 网络食品交易第三方平台提供者和通过自建网站交易的食品生产经营者应当具备数据备份、故障恢复等技术条件，保障网络食品交易数据和资料的可靠性与安全性。

第十条 网络食品交易第三方平台提供者应当建立入网食品生产经营者审查登记、食品安全自查、食品安全违法行为制止及报告、严重违法行为平台服务停止、食品安全投诉举报处理等制度，并在网络平台上公开。

第十一条 网络食品交易第三方平台提供者应当对入网食品生产经营者食品生产经营许可证、入网食品添加剂生产企业生产许可证等材料进行审查，如实记录并及时更新。

网络食品交易第三方平台提供者应当对入网食用农产品生产经营者营业执照、入网食品添加剂经营者营业执照以及入网交易食用农产品的个人的身份证号码、住址、联系方式等信息进行登记，如实记录并及时更新。

第十二条 网络食品交易第三方平台提供者应当建立入网食品生产经营者档案，记录入网食品生产经营者的基本情况、食品安全管理人员等信息。

第十三条 网络食品交易第三方平台提供者和通过自建网站交易食品的生产经营者应当记录、保存食品交易信息，保存时间不得少于产品保质期满后6个月；没有明确保质期的，保存时间不得少于2年。

第十四条 网络食品交易第三方平台提供者应当设置专门的网络食品安全管理机构或者指定专职食品安全管理人员，对平台上的食品经营行为及信息进行检查。

网络食品交易第三方平台提供者发现存在食品安全违法行为的，应当及时制止，并向所在地县级食品药品监督管理部门报告。

第十五条 网络食品交易第三方平台提供者发现入网食品生产经营者有下列严重违法行为之一的，应当停止向其提供网络交易平台服务：

(一)入网食品生产经营者因涉嫌食品安全犯罪被立案侦查或者提起公诉的;

(二)入网食品生产经营者因食品安全相关犯罪被人民法院判处刑罚的;

(三)入网食品生产经营者因食品安全违法行为被公安机关拘留或者给予其他治安管理处罚的;

(四)入网食品生产经营者被食品药品监督管理部门依法作出吊销许可证、责令停产停业等处罚的。

第十六条 入网食品生产经营者应当依法取得许可,入网食品生产者应当按照许可的类别范围销售食品,入网食品经营者应当按照许可的经营项目范围从事食品经营。法律、法规规定不需要取得食品生产经营许可的除外。

取得食品生产许可的食品生产者,通过网络销售其生产的食品,不需要取得食品经营许可。取得食品经营许可的食品经营者通过网络销售其制作加工的食品,不需要取得食品生产许可。

第十七条 入网食品生产经营者不得从事下列行为:

(一)网上刊载的食品名称、成分或者配料表、产地、保质期、贮存条件,生产者名称、地址等信息与食品标签或者标识不一致;

(二)网上刊载的非保健食品信息明示或者暗示具有保健功能;网上刊载的保健食品的注册证书或者备案凭证等信息与注册或者备案信息不一致;

(三)网上刊载的婴幼儿配方乳粉产品信息明示或者暗示具有益智、增加抵抗力、提高免疫力、保护肠道等功能或者保健作用;

(四)对在贮存、运输、食用等方面有特殊要求的食品,未在网上刊载的食品信息中予以说明和提示;

(五)法律、法规规定禁止从事的其他行为。

第十八条 通过第三方平台进行交易的食品生产经营者应当在其经营活动主页面显著位置公示其食品生产经营许可证。通过自建网站交易的食品生产经营者应当在其网站首页显著位置公示营业执照、食品生产经营许可证。

餐饮服务提供者还应当同时公示其餐饮服务食品安全监督量化分级管理信息。相关信息应当画面清晰,容易辨识。

第十九条 入网销售保健食品、特殊医学用途配方食品、婴幼儿配方乳粉的食品生产经营者,除依照本办法第十八条的规定公示相关信息外,还应当依法公示产品注册证书或者备案凭证,持有广告审查批准文号的还应当公示广告审查批准文号,并链接至食品药品监督管理部门网站对应的数据查询页面。保健食品还应当显著标明“本品不能代替药物”。

特殊医学用途配方食品中特定全营养配方食品不得进行网络交易。

第二十条 网络交易的食品有保鲜、保温、冷藏或者冷冻等特殊贮存条件要求的,入网食品生产经营者应当采取能够保证食品安全的贮存、运输措施,或者委托具备相应贮存、运输能力的企业贮存、配送。

4.《网络出版服务管理规定》(2016 年 3 月 10 日起施行)

第二条 在中华人民共和国境内从事网络出版服务,适用本规定。

本规定所称网络出版服务,是指通过信息网络向公众提供网络出版物。

本规定所称网络出版物,是指通过信息网络向公众提供的,具有编辑、制作、加工等出版特征的数字化作品,范围主要包括:

(一)文学、艺术、科学等领域内具有知识性、思想性的文字、图片、地图、游戏、动漫、音视频读物等原创数字化作品;

(二)与已出版的图书、报纸、期刊、音像制品、电子出版物等内容相一致的数字化作品;

(三)将上述作品通过选择、编排、汇集等方式形成的网络文献数据库等数字化作品;

(四)国家新闻出版广电总局认定的其他类型的数字化作品。

网络出版服务的具体业务分类另行制定。

第七条 从事网络出版服务,必须依法经过出版行政主管部门批准,取得《网络出版服务许可证》。

第八条 图书、音像、电子、报纸、期刊出版单位从事网络出版服务,应当具备以下条件:

(一)有确定的从事网络出版业务的网站域名、智能终端应用程序等出版平台;

(二)有确定的网络出版服务范围;

(三)有从事网络出版服务所需的必要的技术设备,相关服务器和存储设备必须存放在中华人民共和国境内。

第九条　其他单位从事网络出版服务，除第八条所列条件外，还应当具备以下条件：

（一）有确定的、不与其他出版单位相重复的，从事网络出版服务主体的名称及章程；

（二）有符合国家规定的法定代表人和主要负责人，法定代表人必须是在境内长久居住的具有完全行为能力的中国公民，法定代表人和主要负责人至少1人应当具有中级以上出版专业技术人员职业资格；

（三）除法定代表人和主要负责人外，有适应网络出版服务范围需要的8名以上具有国家新闻出版广电总局认可的出版及相关专业技术职业资格的专职编辑出版人员，其中具有中级以上职业资格的人员不得少于3名；

（四）有从事网络出版服务所需的内容审校制度；

（五）有固定的工作场所；

（六）法律、行政法规和国家新闻出版广电总局规定的其他条件。

第十条　中外合资经营、中外合作经营和外资经营的单位不得从事网络出版服务。

网络出版服务单位与境内中外合资经营、中外合作经营、外资经营企业或境外组织及个人进行网络出版服务业务的项目合作，应当事前报国家新闻出版广电总局审批。

第十一条　申请从事网络出版服务，应当向所在地省、自治区、直辖市出版行政主管部门提出申请，经审核同意后，报国家新闻出版广电总局审批。国家新闻出版广电总局应当自受理申请之日起60日内，作出批准或者不予批准的决定。不批准的，应当说明理由。

第十二条　从事网络出版服务的申报材料，应该包括下列内容：

（一）《网络出版服务许可证申请表》；

（二）单位章程及资本来源性质证明；

（三）网络出版服务可行性分析报告，包括资金使用、产品规划、技术条件、设备配备、机构设置、人员配备、市场分析、风险评估、版权保护措施等；

（四）法定代表人和主要负责人的简历、住址、身份证明文件；

（五）编辑出版等相关专业技术人员的国家认可的职业资格证明和主要从业经历及培训证明；

（六）工作场所使用证明；

（七）网站域名注册证明、相关服务器存放在中华人民共和国境内的承诺。

本规定第八条所列单位从事网络出版服务的，仅提交前款（一）、（六）、（七）项规定的材料。

第二十条 网络出版服务单位应当按照批准的业务范围从事网络出版服务，不得超出批准的业务范围从事网络出版服务。

第二十一条 网络出版服务单位不得转借、出租、出卖《网络出版服务许可证》或以任何形式转让网络出版服务许可。

网络出版服务单位允许其他网络信息服务提供者以其名义提供网络出版服务，属于前款所称禁止行为。

第二十三条 网络出版服务单位实行编辑责任制度，保障网络出版物内容合法。

网络出版服务单位实行出版物内容审核责任制度、责任编辑制度、责任校对制度等管理制度，保障网络出版物出版质量。

在网络上出版其他出版单位已在境内合法出版的作品且不改变原出版物内容的，须在网络出版物的相应页面显著标明原出版单位名称以及书号、刊号、网络出版物号或者网址信息。

第二十四条 网络出版物不得含有以下内容：

（一）反对宪法确定的基本原则的；

（二）危害国家统一、主权和领土完整的；

（三）泄露国家秘密、危害国家安全或者损害国家荣誉和利益的；

（四）煽动民族仇恨、民族歧视，破坏民族团结，或者侵害民族风俗、习惯的；

（五）宣扬邪教、迷信的；

（六）散布谣言，扰乱社会秩序，破坏社会稳定的；

（七）宣扬淫秽、色情、赌博、暴力或者教唆犯罪的；

（八）侮辱或者诽谤他人，侵害他人合法权益的；

（九）危害社会公德或者民族优秀文化传统的；

（十）有法律、行政法规和国家规定禁止的其他内容的。

第二十五条 为保护未成年人合法权益，网络出版物不得含有诱发未成年人模仿违反社会公德和违法犯罪行为的内容，不得含有恐怖、残酷等妨害未成年人身心健康的内容，不得含有披露未成年人个人隐私的内容。

第二十六条　网络出版服务单位出版涉及国家安全、社会安定等方面重大选题的内容，应当按照国家新闻出版广电总局有关重大选题备案管理的规定办理备案手续。未经备案的重大选题内容，不得出版。

第二十七条　网络游戏上网出版前，必须向所在地省、自治区、直辖市出版行政主管部门提出申请，经审核同意后，报国家新闻出版广电总局审批。

第二十八条　网络出版物的内容不真实或不公正，致使公民、法人或者其他组织合法权益受到侵害的，相关网络出版服务单位应当停止侵权，公开更正，消除影响，并依法承担其他民事责任。

第三十一条　网络出版服务单位应当按照国家有关规定或技术标准，配备应用必要的设备和系统，建立健全各项管理制度，保障信息安全、内容合法，并为出版行政主管部门依法履行监督管理职责提供技术支持。

第三十三条　网络出版服务单位发现其出版的网络出版物含有本规定第二十四条、第二十五条所列内容的，应当立即删除，保存有关记录，并向所在地县级以上出版行政主管部门报告。

第三十四条　网络出版服务单位应记录所出版作品的内容及其时间、网址或者域名，记录应当保存60日，并在国家有关部门依法查询时，予以提供。

第五十一条　未经批准，擅自从事网络出版服务，或者擅自上网出版网络游戏（含境外著作权人授权的网络游戏），根据《出版管理条例》第六十一条、《互联网信息服务管理办法》第十九条的规定，由出版行政主管部门、工商行政管理部门依照法定职权予以取缔，并由所在地省级电信主管部门依据有关部门的通知，按照《互联网信息服务管理办法》第十九条的规定给予责令关闭网站等处罚；已经触犯刑法的，依法追究刑事责任；尚不够刑事处罚的，删除全部相关网络出版物，没收违法所得和从事违法出版活动的主要设备、专用工具，违法经营额1万元以上的，并处违法经营额5倍以上10倍以下的罚款；违法经营额不足1万元的，可以处5万元以下的罚款；侵犯他人合法权益的，依法承担民事责任。

5.《网络商品和服务集中促销活动管理暂行规定》（2015年10月1日起施行）

第二条　本规定所称网络商品和服务集中促销活动（以下简称网络集中促销），是指在特定时间内网络集中促销组织者组织网络集中促销经营者在互联网上，通过提供优惠条件开展销售商品或者提供服务的经营活动。

第三条 本规定所称网络集中促销组织者，是指组织网络集中促销的第三方交易平台。

网络集中促销组织者应当是经工商行政管理部门登记注册并领取营业执照的企业法人。

第四条 本规定所称网络集中促销经营者，是指在网络集中促销中向消费者销售商品或者提供服务的企业、个体工商户、其他经济组织以及已在交易平台办理实名登记的自然人。

网络集中促销经营者销售的商品或者提供的服务属于法律、行政法规或者国务院决定规定应当取得行政许可的，应当依法取得有关许可并在网页显著位置予以公示。

第五条 网络集中促销组织者、经营者应当遵守相关法律、法规、规章的规定，遵循自愿、公平、诚实信用的原则，遵守商业道德和公序良俗。

第六条 网络集中促销组织者应当对网络集中促销经营者的经营主体身份进行审查和登记。

网络集中促销组织者应当按照《网络交易管理办法》的规定，记录、保存促销活动期间在其平台上发布的商品和服务信息内容及其发布时间。

第七条 网络集中促销组织者应当对网络集中促销经营者的促销活动进行检查监控，发现有违反工商行政管理法律、法规、规章的行为的，应当向平台经营者所在地工商行政管理部门报告，并及时采取措施制止，必要时可以停止对其提供第三方交易平台服务，并予公示。

第八条 网络集中促销组织者应当在网站显著位置并以显著方式，事先公示网络集中促销的期限、方式和规则等信息。

第九条 网络集中促销组织者不得采用格式条款设置订金不退、预售商品不适用七日无理由退货、自行解释商品完好、增加限退条件等排除或者限制消费者权利、减轻或者免除经营者责任、加重消费者责任等对消费者不公平、不合理的规定。

第十条 网络集中促销组织者应当依据可以查验的统计结果公布网络集中促销的成交量、成交额，不得对成交量、成交额进行虚假宣传，不得直接或者间接为网络集中促销经营者虚构交易、成交量或者虚假用户评价。

虚构交易、成交量或者虚假用户评价是指，网络集中促销经营者通过不正当方式获得关于其销售商品的销量、经营者店铺评分、信用积分、商品好评度评分、删除不利评论等有助于其产生商业利益、妨害消费者和其他经营者合法权益的行为。

第十一条 网络集中促销组织者不得违反《反垄断法》《反不正当竞争法》等法律、法规、规章的规定，限制、排斥平台内的网络集中促销经营者参加其他第三方交易平台组织的促销活动。

第十二条 网络集中促销经营者除应当依照《网络交易管理办法》第十一条的规定提供商品或者服务的信息外，还应当在网店页面显著位置并以显著方式公示网络集中促销的期限、方式和规则。

第十三条 网络集中促销经营者的广告应当真实、准确，不得含有虚假内容，不得欺骗和误导消费者。

附条件的促销广告，应当将附加条件在促销广告页面上一并清晰完整表述。

第十四条 禁止采用下列不正当手段进行促销活动：

（一）标示商品的品名、用途、性能、产地、规格、等级、质量、价格或者服务的项目、价格等有关内容与实际不符；

（二）在促销中提供赠品、免费服务的，标示的赠品、免费服务的名称、数量和质量、履行期限和方式、安全注意事项和风险警示、售后服务等与消费者有重大利害关系的信息与实际不符；

（三）采用虚构交易、成交量或者虚假用户评价等不正当方式虚抬商誉，损害消费者和其他经营者合法权益。

第十五条 网络集中促销经营者在促销的商品或者服务销售完毕后，应当在促销页面、购买页面及时告知消费者。

第十六条 网络集中促销经营者在促销活动中销售、附赠的商品应当符合《产品质量法》的规定，不得销售、附赠国家明令禁止销售的商品，不得因促销降低商品质量。

网络集中促销中附赠的商品，应当依照《消费者权益保护法》和《产品质量法》的规定提供“三包”服务。

6.《食品召回管理办法》(2020 年 10 月 23 日修订)

第十条 网络食品交易第三方平台提供者发现网络食品经营者经营的食品属于不安全食品的，应当依法采取停止网络交易平台服务等措施，确保网络食品经营者停止经营不安全食品。

五、相关文件规定

1.《最高人民法院关于审理涉电子商务平台知识产权民事案件的指导意见》(法发〔2020〕32号)

为公正审理涉电子商务平台知识产权民事案件,依法保护电子商务领域各方主体的合法权益,促进电子商务平台经营活动规范、有序、健康发展,结合知识产权审判实际,制定本指导意见。

一、人民法院审理涉电子商务平台知识产权纠纷案件,应当坚持严格保护知识产权的原则,依法惩治通过电子商务平台提供假冒、盗版等侵权商品或者服务的行为,积极引导当事人遵循诚实信用原则,依法正当行使权利,并妥善处理好知识产权权利人、电子商务平台经营者、平台内经营者等各方主体之间的关系。

二、人民法院审理涉电子商务平台知识产权纠纷案件,应当依照《中华人民共和国电子商务法》(以下简称电子商务法)第九条的规定,认定有关当事人是否属于电子商务平台经营者或者平台内经营者。

人民法院认定电子商务平台经营者的行为是否属于开展自营业务,可以考量下列因素:商品销售页面上标注的"自营"信息;商品实物上标注的销售主体信息;发票等交易单据上标注的销售主体信息等。

三、电子商务平台经营者知道或者应当知道平台内经营者侵害知识产权的,应当根据权利的性质、侵权的具体情形和技术条件,以及构成侵权的初步证据、服务类型,及时采取必要措施。采取的必要措施应当遵循合理审慎的原则,包括但不限于删除、屏蔽、断开链接等下架措施。平台内经营者多次、故意侵害知识产权的,电子商务平台经营者有权采取终止交易和服务的措施。

四、依据电子商务法第四十一条、第四十二条、第四十三条的规定,电子商务平台经营者可以根据知识产权权利类型、商品或者服务的特点等,制定平台内通知与声明机制的具体执行措施。但是,有关措施不能对当事人依法维护权利的行为设置不合理的条件或者障碍。

五、知识产权权利人依据电子商务法第四十二条的规定,向电子商务平台经营者发出的通知一般包括:知识产权权利证明及权利人的真实身份信息;能够实现准确定位的被诉侵权商品或者服务信息;构成侵权的初步证据;通知真实性的书面保证等。通知应当采取书面形式。

通知涉及专利权的,电子商务平台经营者可以要求知识产权权利人提交技术特征或者设计特征对比的说明、实用新型或者外观设计专利权评价报告等材料。

六、人民法院认定通知人是否具有电子商务法第四十二条第三款所称的“恶意”，可以考量下列因素：提交伪造、变造的权利证明；提交虚假侵权对比的鉴定意见、专家意见；明知权利状态不稳定仍发出通知；明知通知错误仍不及时撤回或者更正；反复提交错误通知等。

电子商务平台经营者、平台内经营者以错误通知、恶意发出错误通知造成其损害为由，向人民法院提起诉讼的，可以与涉电子商务平台知识产权纠纷案件一并审理。

七、平台内经营者依据电子商务法第四十三条的规定，向电子商务平台经营者提交的不存在侵权行为的声明一般包括：平台内经营者的真实身份信息；能够实现准确定位、要求终止必要措施的商品或者服务信息；权属证明、授权证明等不存在侵权行为的初步证据；声明真实性的书面保证等。声明应当采取书面形式。

声明涉及专利权的，电子商务平台经营者可以要求平台内经营者提交技术特征或者设计特征对比的说明等材料。

八、人民法院认定平台内经营者发出声明是否具有恶意，可以考量下列因素：提供伪造或者无效的权利证明、授权证明；声明包含虚假信息或者具有明显误导性；通知已经附有认定侵权的生效裁判或者行政处理决定，仍发出声明；明知声明内容错误，仍不及时撤回或者更正等。

九、因情况紧急，电子商务平台经营者不立即采取商品下架等措施将会使其合法利益受到难以弥补的损害的，知识产权权利人可以依据《中华人民共和国民事诉讼法》第一百条、第一百零一条的规定，向人民法院申请采取保全措施。

因情况紧急，电子商务平台经营者不立即恢复商品链接、通知人不立即撤回通知或者停止发送通知等行为将会使其合法利益受到难以弥补的损害的，平台内经营者可以依据前款所述法律规定，向人民法院申请采取保全措施。

知识产权权利人、平台内经营者的申请符合法律规定的，人民法院应当依法予以支持。

十、人民法院判断电子商务平台经营者是否采取了合理的措施，可以考量下列因素：构成侵权的初步证据；侵权成立的可能性；侵权行为的影响范围；侵权行为的具体情节，包括是否存在恶意侵权、重复侵权情形；防止损害扩大的有效性；对平台内经营者利益可能的影响；电子商务平台的服务类型和技术条件等。

平台内经营者有证据证明通知所涉专利权已经被国家知识产权局宣告无效，电子商务平台经营者据此暂缓采取必要措施，知识产权权利人请求认定电子商务平台经营者未及时采取必要措施的，人民法院不予支持。

十一、电子商务平台经营者存在下列情形之一的，人民法院可以认定其“应当知道”侵权行为的存在：

（一）未履行制定知识产权保护规则、审核平台内经营者经营资质等法定义务；

（二）未审核平台内店铺类型标注为“旗舰店”“品牌店”等字样的经营者的权利证明；

（三）未采取有效技术手段，过滤和拦截包含“高仿”“假货”等字样的侵权商品链接、被投诉成立后再次上架的侵权商品链接；

（四）其他未履行合理审查和注意义务的情形。

2.《网络交易平台经营者履行社会责任指引》（工商市字〔2014〕106号）

第八条 经营者设立网络交易平台应遵守《中华人民共和国电子签名法》、《中华人民共和国电信条例》、《互联网信息服务管理办法》、《网络交易管理办法》等法律法规和规章。

第九条 网络交易平台经营者应在其网站主页面显著位置公开营业执照登载的信息或其营业执照的电子链接标识。

第十条 网络交易平台经营者应采取必要的技术手段和管理措施以保障交易平台的正常运行，提供安全可靠的交易环境和交易服务，维护良好的交易秩序。

第十一条 网络交易平台经营者应建立健全平台内交易规则、交易安全保障、消费者权益保护、不良信息处理等管理制度，各项管理制度应以显著的方式提请平台内经营者和消费者注意，方便用户阅览和保存。

第十二条 网络交易平台经营者订立、履行合同，应遵守法律法规和规章的有关规定，尊重社会公德，不得扰乱社会经济秩序，损害社会公共利益。

网络交易平台经营者与他人订立合同，不仅应考虑自身的商业利益和发展战略，更应兼顾社会责任，建立规则应遵循公平透明、平等协商的原则，合理引入多元化社会主体的参与，充分考虑各方利益主体的诉求。

第十三条　网络交易平台经营者应与平台内经营者签订服务合同，合同应明确双方的权利义务、违约责任、争议解决、平台准入和退出、商品质量安全保障、消费者权益保护、不良信息处理等内容。

网络交易平台经营者应与消费者签订服务合同，合同应明确双方的权利义务、违约责任、争议解决、个人信息保护、交易安全保障等内容。

网络交易平台经营者不得以格式条款、通知、声明、公告等方式，作出排除或者限制相对人权利、减轻或者免除自身责任、加重相对人责任等不公平、不合理的规定，不得利用格式条款并借助技术手段强制交易。

第十四条　网络交易平台经营者应对进驻平台的经营者进行审查和登记，建立登记档案并定期核实更新，记载的信息应真实、全面。平台内经营者信息从经营者在平台注销之日起保存不少于两年。

网络交易平台经营者对于法人、其他经济组织或者个体工商户，应在其从事经营活动的主页面醒目位置公开营业执照登载的信息或者其营业执照的电子链接标识；对于自然人，应在其从事经营活动的主页面醒目位置加载证明个人身份信息真实合法的标识，同时标明经营地址、电话邮箱等有效联系方式。

第十五条　网络交易平台经营者收集、使用平台内经营者和消费者相关信息，应遵循合法、正当、必要的原则，明示收集、使用信息的目的、方式和范围，并经被收集者同意。经营者收集、使用相关信息，应公开其收集、使用规则，不得违反法律、法规的规定和双方的约定收集、使用信息。

网络交易平台经营者及其工作人员对其收集的相关信息必须严格保密，不得泄露、出售或者非法向他人提供。经营者应采取技术措施和其他必要措施，确保信息安全，防止信息泄露、丢失。在发生或者可能发生信息泄露、丢失的情况时，应立即采取补救措施。

未经平台外经营者主动申请或同意，网络交易平台经营者不得擅自将其作为平台内经营者或以其名义发布相关信息。网络交易平台经营者未经消费者同意或者请求，或者消费者明确表示拒绝的，不得向其发送商业性消息。

第十六条 网络交易平台经营者应通过适当方式要求平台内经营者严格遵守《消费者权益保护法》、《产品质量法》、《反不正当竞争法》、《合同法》、《商标法》、《广告法》、《侵权责任法》、《网络交易管理办法》等法律法规和规章。

第十七条 网络交易平台经营者应建立信息检查和不良信息处理制度,对于发现有违反法律法规和规章的行为,应向有关部门报告,并及时采取措施制止,必要时可以停止对其提供网络交易平台服务。同时,网络交易平台经营者还应积极配合监管部门依法查处相关违法违规行为。

网络交易平台经营者应采取技术手段屏蔽侵犯知识产权和制售假冒伪劣等违法商品信息,及时排查隐患,处理违法违规行为,发现苗头性、倾向性、危害性严重的问题及时上报。

第十八条 平台内经营者实施商标侵权等侵权行为的,被侵权人要求网络交易平台经营者采取删除、屏蔽、断开链接等必要措施,网络交易平台经营者接到通知后未及时采取必要措施的,对损害的扩大部分与平台内经营者承担连带责任。

网络交易平台经营者明知或者应知平台内经营者利用其平台侵害消费者和其他经营者合法权益,未采取必要措施的,依法与平台内经营者承担连带责任。

第十九条 网络交易平台经营者应建立消费纠纷和解和消费维权自律制度。消费者在平台内购买商品或者接受服务,发生消费纠纷或者其合法权益受到损害时,消费者要求网络交易平台经营者调解的,网络交易平台经营者应调解。消费者通过投诉、诉讼、仲裁或其他方式解决争议的,网络交易平台经营者应予以协助。

发生侵害消费者合法权益的情形时,网络交易平台经营者应向消费者提供平台内经营者的真实名称、地址和有效联系方式;不能提供的,消费者可以向网络交易平台经营者要求赔偿。网络交易平台经营者赔偿后,有权向平台内经营者追偿。

第二十条 网络交易平台经营者应采取相关措施确保网络交易数据和资料的完整性和安全性,并应保证原始数据的真实性。网络交易数据和资料从交易完成之日起保存不少于两年。

第二十一条 网络交易平台经营者在经营活动中,应遵守《反不正当竞争法》、《网络交易管理办法》等法律法规和规章,不得虚假宣传、侵犯商业秘密、损害竞争对手的商业信誉,不得利用网络技术手段或者载体等方式,擅自使用、仿冒知名网站的域名、名称、标识,造成与他人知名网站相混淆;不得擅自使用、伪造政府部门或者社会团体电子标识。

第二十二条 团购网站经营者作为提供网络交易平台服务的经营者,应切实保障团购商品(服务)质量,考查确认商品库存、发货速度、物流体系、服务细则等关键因素,防止出现虚高报价。

第二十三条 鼓励网络交易平台经营者建立健全先行赔付制度,一旦发生消费纠纷,消费者与平台内经营者协商无果的,由网络交易平台经营者先行赔偿,确保消费者安全放心消费。

鼓励网络交易平台经营者建立健全对平台内经营者的信用评价实施办法,公平、公正、透明地开展信用信息的征集、评价、公示,完善行业自律机制,促进诚信经营。

鼓励网络交易平台经营者建立健全消费者权益保护公示制度,定期公示消费者纠纷处理情况、保护消费者权益相关措施、加强对平台内经营者管理的相关措施等。

第二十四条 网络交易平台经营者拟终止提供网络交易平台服务的,应至少提前三个月在其网站主页面醒目位置予以公示并通知相关经营者和消费者,采取必要措施保障相关经营者和消费者的合法权益。

六、相关指导案例

第83号指导案例"威海嘉易烤生活家电有限公司诉永康市金仕德工贸有限公司、浙江天猫网络有限公司侵害发明专利权纠纷案"(最高人民法院审判委员会讨论通过;2017年3月6日发布)就网络侵权责任中被侵权人的通知以及网络服务提供者采取的必要措施等问题进行了分析。相关裁判摘要如下:

各方当事人对于金仕德公司销售的被诉侵权产品落入嘉易烤公司涉案专利权利要求1的保护范围,均不持异议,原审判决认定金仕德公司涉案行为构成专利侵权正确。关于天猫公司在本案中是否构成共同侵权,侵权责任法第三十六条第二款规定,网络用户利用网络服务实施侵权行为的,被侵权人有权通知网络服务提供者采取删除、屏蔽、断开链接等必要措施。网络服务提供者接到通知后未及时采取必要措施的,对损害的扩大部分与该网络用户承担连带责任。上述规定系针对权利人发现网络用户利用网络服务提供者的服务实施侵权行为后"通知”网络服务提供者采取必要措施，以防止侵权后果不当扩大的情形，同时还明确界定了此种情形下网络服务提供者所应承担的义务范围及责任构成。本案中，天猫公司涉案被诉侵权行为是否构成侵权应结合对天猫公司的主体性质、嘉易烤公司“通知”的有效性以及天猫公司在接到嘉易烤公司的“通知”后是否应当采取措施及所采取的措施的必要性和及时性等加以综合考量。

首先，天猫公司依法持有增值电信业务经营许可证，系信息发布平台的服务提供商，其在本案中为金仕德公司经营的“益心康旗舰店”销售涉案被诉侵权产品提供网络技术服务，符合侵权责任法第三十六条第二款所规定网络服务提供者的主体条件。

其次，天猫公司在二审庭审中确认嘉易烤公司已于2015年2月10日委托案外人张一军向淘宝网知识产权保护平台上传了包含被投诉商品链接及专利侵权分析报告、技术特征比对表在内的投诉材料，且根据上述投诉材料可以确定被投诉主体及被投诉商品。

侵权责任法第三十六条第二款所涉及的“通知”是认定网络服务提供者是否存在过错及应否就危害结果的不当扩大承担连带责任的条件。“通知”是指被侵权人就他人利用网络服务商的服务实施侵权行为的事实向网络服务提供者所发出的要求其采取必要技术措施，以防止侵权行为进一步扩大的行为。“通知”既可以是口头的，也可以是书面的。通常，“通知”内容应当包括权利人身份情况、权属凭证、证明侵权事实的初步证据以及指向明确的被诉侵权人网络地址等材料。符合上述条件的，即应视为有效通知。嘉易烤公司涉案投诉通知符合侵权责任法规定的“通知”的基本要件，属有效通知。

第三，经查，天猫公司对嘉易烤公司投诉材料作出审核不通过的处理，其在回复中表明审核不通过原因是：烦请在实用新型、发明的侵权分析对比表表二中详细填写被投诉商品落入贵方提供的专利权利要求的技术点，建议采用图文结合的方式一一指出（需注意，对比的对象为卖家发布的商品信息上的图片、文字），并提供购买订单编号或双方会员名。

二审法院认为，发明或实用新型专利侵权的判断往往并非仅依赖表面或书面材料就可以作出，因此专利权人的投诉材料通常只需包括权利人身份、专利名称及专利号、被投诉商品及被投诉主体内容，以便投诉接受方转达被投诉主体。在本案中，嘉易烤公司的投诉材料已完全包含上述要素。至于侵权分析比对，天猫公司一方面认为其对卖家所售商品是否侵犯发明专利判断能力有限，另一方面却又要求投诉方“详细填写被投诉商品落入贵方提供的专利权利要求的技术点，建议采用图文结合的方式一一指出”，该院认为，考虑到互联网领域投诉数量巨大、投诉情况复杂的因素，天猫公司的上述要求基于其自身利益考量虽也具有一定的合理性，而且也有利于天猫公司对于被投诉行为的性质作出初步判断并采取相应的措施。但就权利人而言，天猫公司的前述要求并非权利人投诉通知有效的必要条件。况且，嘉易烤公司在本案的投诉材料中提供了多达5页的以图文并茂的方式表现的技术特征对比表，天猫公司仍以教条的、格式化的回复将技术特征对比作为审核不通过的原因之一，处置失当。至于天猫公司审核不通过并提出提供购买订单编号或双方会员名的要求，该院认为，本案中投诉方是否提供购买订单编号或双方会员名并不影响投诉行为的合法有效。而且，天猫公司所确定的投诉规制并不对权利人维权产生法律约束力，权利人只需在法律规定的框架内行使维权行为即可，投诉方完全可以根据自己的利益考量决定是否接受天猫公司所确定的投诉规制。更何况投诉方可能无需购买商品而通过其他证据加以证明，也可以根据他人的购买行为发现可能的侵权行为，甚至投诉方即使存在直接购买行为，但也可以基于某种经济利益或商业秘密的考量而拒绝提供。

最后，侵权责任法第三十六条第二款所规定的网络服务提供者接到通知后所应采取必要措施包括但并不限于删除、屏蔽、断开链接。“必要措施”应根据所侵害权利的性质、侵权的具体情形和技术条件等来加以综合确定。

本案中，在确定嘉易烤公司的投诉行为合法有效之后，需要判断天猫公司在接受投诉材料之后的处理是否审慎、合理。该院认为，本案系侵害发明专利权纠纷。天猫公司作为电子商务网络服务平台的提供者，基于其公司对于发明专利侵权判断的主观能力、侵权投诉胜诉概率以及利益平衡等因素的考量，并不必然要求天猫公司在接受投诉后对被投诉商品立即采取删除和屏蔽措施，对被诉商品采取的必要措施应当秉承审慎、合理原则，以免损害被投诉人的合法权益。但是将有效的投诉通知材料转达被投诉人并通知被投诉人申辩当属天猫公司应当采取的必要措施之一。否则权利人投诉行为将失去任何意义，权利人的维权行为也将难以实现。网络服务平台提供者应该保证有效投诉信息传递的顺畅，而不应成为投诉信息的黑洞。被投诉人对于其或生产、或销售的商品是否侵权，以及是否应主动自行停止被投诉行为，自会作出相应的判断及应对。而天猫公司未履行上述基本义务的结果导致被投诉人未收到任何警示从而造成损害后果的扩大。至于天猫公司在嘉易烤公司起诉后即对被诉商品采取删除和屏蔽措施，当属审慎、合理。综上，天猫公司在接到嘉易烤公司的通知后未及时采取必要措施，对损害的扩大部分应与金仕德公司承担连带责任。天猫公司就此提出的上诉理由不能成立。关于天猫公司所应承担责任的份额，一审法院综合考虑侵权持续的时间及天猫公司应当知道侵权事实的时间，确定天猫公司对金仕德公司赔偿数额的50,000元承担连带赔偿责任，并无不当。

七、相关裁判摘要

• **2012年第1期《中华人民共和国最高人民法院公报》**刊登的“**衣念(上海)时装贸易有限公司诉浙江淘宝网络有限公司、杜国发侵害商标权纠纷案**”判决对网络交易平台提供者的侵权责任进行了分析。相关裁判摘要如下：

上诉人淘宝公司作为淘宝网的经营者，其在本案中为原审被告杜国发销售侵权商品提供网络交易平台，其未直接实施销售侵权商品的行为，而属于网络服务提供者。网络服务提供者对于网络用户的侵权行为一般不具有预见和避免的能力，因此，并不因为网络用户的侵权行为而当然需承担侵权赔偿责任。但是如果网络服务提供者明知或者应当知道网络用户利用其所提供的网络服务实施侵权行为，而仍然为侵权行为人提供网络服务或者没有采取适当的避免侵权行为发生的措施的，则应当与网络用户承担共同侵权责任。

具体到本案，法院认为：首先，在案证据证明被上诉人衣念公司从2006年起就淘宝网上的商标侵权向上诉人淘宝公司投诉，而且投诉量巨大，然而至2009年11月，淘宝网上仍然存在大量被投诉侵权的商品信息，况且在上诉人删除的被投诉商品信息中，遭到卖家反通知的比率很小，由此可见，上诉人对于在淘宝网上大量存在商标侵权商品之现象是知道的，而且也知道对于被上诉人这样长期大量的投诉所采取的仅作删除链接的处理方式见效并不明显。其次，被上诉人的投诉函明确了其认为侵权的商品信息链接及相关的理由，虽然被上诉人没有就每一个投诉侵权的链接说明侵权的理由或提供判断侵权的证明，但是被上诉人已经向上诉人提供了相关的权利证明、投诉侵权的链接地址，并说明了侵权判断的诸多理由，而且被上诉人向上诉人持续投诉多年，其所投诉的理由亦不外乎被上诉人在投诉函中所列明的几种情况，因此上诉人实际也知晓一般情况下的被上诉人投诉的侵权理由类型。上诉人关于被上诉人未提供判断侵权成立的证明，其无法判断侵权成立的上诉理由不能成立；上诉人在处理被上诉人的投诉链接时，必然要查看相关链接的商品信息，从而对于相关商品信息是否侵权有初步了解和判断。因此，通过查看相关链接信息，作为经常处理商标侵权投诉的上诉人也应知道淘宝网上的卖家实施侵犯被上诉人商标权的行为。再次，在案的公证书表明被上诉人购买被控侵权商品时原审被告杜国发在其网店内公告："本店所出售的部分是专柜正品，部分是仿原单货，质量可以绝对放心……"从该公告内容即可明显看出杜国发销售侵权商品，上诉人在处理相关被投诉链接信息时对此当然是知道的，由此亦能证明上诉人知道杜国发实施商标侵权行为。最后，判断侵权不仅从投诉人提供的证据考查，还应结合卖家是否反通知来进行判断，通常情况下，经过合法授权的商品信息被删除，被投诉人不可能会漠然处之，其肯定会作出积极回应，及时提出反通知，除非确实是侵权商品信息。故本案上诉人在多次删除杜国发的商品信息并通知杜国发被删除原因后，杜国发并没有回应或提出申辩，据此完全知道杜国发实施了销售侵权商品行为。

综合上述因素，法院认为上诉人淘宝公司知道原审被告杜国发利用其网络服务实施商标侵权行为，但仅是被动地根据权利人通知采取没有任何成效的删除链接之措施，未采取必要的能够防止侵权行为发生的措施，从而放任、纵容侵权行为的发生，其主观上具有过错，客观上帮助了杜国发实施侵权行为，构成共同侵权，应当与杜国发承担连带责任。

• **2010年第6期《中华人民共和国最高人民法院公报》**刊登的"**北京慈文影视制作有限公司与中国网络通信集团公司海南省分公司侵犯著作权纠纷案**"的最高人民法院(2009)民提字第17号民事判决书对网络服务提供者是否仅为链接提供者进行了分析。相关裁判摘要如下：

慈文公司拥有电影《七剑》在大陆地区的著作权，依法应受到保护。他人未经许可通过信息网络向公众传播该电影作品的，应承担相应的法律责任。本案中,慈文公司提交的公证书显示,通过互联网进入海南网通公司的网站,点击其首页上的“影视频道”,即可在进入的页面上进行操作观看电影《七剑》。进入的网页上虽然有“影视天地”的名称,但该网页上没有显示任何对应的域名或者网站名称等信息可以表明该网页属于第三方所有。该网页的IP地址亦不能证明该网页另属其他主体所有,故从慈文公司及其他社会公众的角度,播放《七剑》电影的网页至少从表面上属于海南网通公司。海南网通公司如欲证明该网页仅是其链接的第三方网站,其不应为该网页上的侵权行为承担责任,应提交相应的证据。因该网页的IP地址位于海南网通公司管理的地址段范围内,海南网通公司能够提供该证据,而包括慈文公司在内的社会公众均无法获得。在海南网通公司未提供相关证据的情况下,其关于仅提供链接服务的抗辩不能得到支持,其应对该网页上播放慈文公司享有著作权的电影作品的侵权行为承担相应的法律责任。即使该网页确属第三方主体所有或实际经营,因该“影视频道”与海南网通公司网站“主页”、“新闻频道”、“文学频道”等并列,海南网通公司将该网页内容作为其内容频道向公众提供,且从其在原审中提交公证书显示被诉后即变更了该“影视频道”内容来看,该选择完全是海南网通公司自主进行的,因此,此种行为与仅提供指向第三方网站的普通链接不同,海南网通公司对该频道上的内容亦有一定程度的审核义务,其至少应对该网站的实际所有者或经营者的主体资质进行一定的审核。本案中海南网通公司至今称其并不知晓该网页的实际经营主体,其未尽到最低程度的注意义务,对该网页上出现的侵权行为亦应承担连带责任。综上,原审法院对海南网通公司仅提供链接服务、得知侵权后断开链接即不承担侵权责任的认定不当,本院予以纠正。海南网通公司应对侵犯慈文公司信息网络传播权的行为承担停止侵权、赔偿损失等民事责任。

● **2010年第6期《中华人民共和国最高人民法院公报》**刊登的“**中国友谊出版公司诉浙江淘宝网络有限公司侵犯著作权纠纷案**”判决就如何认定网络交易平台的提供者对卖家侵害他人著作权行为的审查义务进行了分析。相关裁判摘要如下:

淘宝网公司作为网络交易平台的提供者不同于将市场内的柜台、摊位等经营场所出租给租户用以批发或者零售商品,以收取租金,并对整个市场进行经营管理的市场主体,即市场经营单位。首先,二者涉及的商品类别不同:淘宝网涉及的商品数量巨大、类别繁多,除法律、行政法规明确禁止流通和限制流通的商品外，其他商品均可以通过网络交易平台进行流通；而现实中确定的一个市场只能根据有关部门的审批进行某些特定类别商品的流通，商品数量亦十分有限；其次，二者涉及的卖家情况不同：网络交易平台的卖家分为个人卖家和商家卖家，其中个人卖家数量巨大、情况复杂，既有个体工商户经营也有个人销售自有物品的情况；而现实市场的卖家则必须为符合相关规定的市场经营者，卖家数量亦十分有限；再次，二者所负的审查范围及相应的审查内容不同：淘宝网对于商家卖家的审查内容包括企业法人营业执照、营业执照、个体工商户营业执照等材料，对于个人卖家，由于目前法律、行政法规中并无具体明确的规定要求网络交易平台的提供者负有区分各种情况的义务，故仅审查个人卖家的真实姓名和身份证号码即可；而现实中的市场经营者则需对于其全部的卖家审查其企业法人营业执照、营业执照、个体工商户营业执照等材料。

淘宝网公司作为网络交易平台的提供者，对于作为个人卖家的杨海林的真实姓名和身份证号码进行了核实。由于目前法律、行政法规中并无具体明确的规定要求网络交易平台的提供者负有区分各种情况的义务，故淘宝网公司并未要求杨海林提供其具有经营资质方面的证明没有违反相关规定。淘宝网公司关于不具有审查个人卖家的法定义务和审查能力、无法界定和判断个人卖家是否具有经营目的、已尽合理的主体审查义务的主张，于法有据，二审法院予以支持。

友谊出版公司出版的涉案图书的单价为 32.8 元，而杨海林销售涉案图书的价格为 13 元，该价格明显低于友谊出版公司的定价。但是，在淘宝网上销售的商品数量巨大、种类繁多、情况复杂，法律、行政法规仅明确规定了禁止流通和限制流通的物品，并未要求网络交易平台的提供者负有审查卖家销售商品的价格是否明显低于市场价格的义务，故对于杨海林以明显低于定价的价格销售涉案图书的行为，淘宝网公司并未违反规定。淘宝网公司在接到警告信后，在淘宝网上及时删除了杨海林销售涉案图书的相关信息，已尽合理义务。故友谊出版公司关于淘宝网公司因此为非法销售盗版图书提供渠道和便利，已经参与到杨海林的侵权环节之中的主张，缺乏依据，二审法院不予采信。

……

淘宝网公司对于杨海林注册为淘宝网个人卖家已尽合理审查义务

和事后补救义务，对于杨海林侵犯友谊出版公司就涉案图书享有的专有出版权的行为并未违反法律、行政法规的规定提供便利条件，不构成共同侵权。

• **2003年第5期《中华人民共和国最高人民法院公报》**刊登的“**中国音乐著作权协会诉网易公司、移动通信公司侵犯信息网络传播权纠纷案**”判决认为，在网络公司侵犯著作权人信息网络传播权的过程中，作为提供基础性的技术连接服务的移动通信公司对具体的传送信息内容并不负有审查的责任，技术上亦无法进行审查，故在主观上对侵权结果的发生，不存在法律上的过错。相关裁判摘要如下：

原告音乐著作权协会要求移动通信公司承担侵权责任，应证明移动通信公司是以直接发布的形式将涉案侵权的作品在网络上进行传播，或者对接受及传播的信息负有审查义务却疏于审查，或者在权利人告知其传输了侵权信息后，能够停止该侵权信息的传送而不作为。在本案中，移动通信公司为网易公司提供网络信息传送的服务是技术性的和被动的，具体就是为接收网易公司发送的信息及向移动电话用户发送该信息提供基础性的技术连接服务，实现从移动电话到互联网或者从互联网到移动电话的双向沟通。在提供该项网络信息的连接服务时，移动通信公司所接收的信息是由网易公司发布的，移动通信公司在接受和发送信息过程中，所传送的信息始终处于二进制编码状态，移动通信公司无法对其传送的信息内容进行遴选，也无法对其中的某一信息单独予以删除，且移动通信公司在向移动通信的客户和网络公司提供传送服务时，对具体的传送信息内容并不负有审查的责任，实际上亦无法进行审查，故在主观上对侵权结果的发生，不存在法律上的过错，要求其承担共同侵权责任，缺乏法律依据。从本案的实际情况看，判决侵权信息的提供者网易公司停止发布侵权信息，即足以制止侵权行为的继续。如再判决仅仅是提供了基础技术性服务的移动通信公司共同承担侵权责任，对社会公众利益和网络技术的应用与发展都是无益的。移动通信公司提供基础设备服务而收取费用的行为，不能作为要求其承担侵权责任的理由。因此，移动通信公司的行为不构成对歌曲《血染的风采》著作权的侵害。

• **2001年第5期《中华人民共和国最高人民法院公报》**刊登的“**刘京胜诉搜狐爱特信信息技术(北京)有限公司侵犯著作权纠纷案**”判决

认为,在得知侵权行为发生或可能发生时,包括任何与该侵权行为或结果发生关系的人,都有义务必须采取积极的措施,防止侵权行为结果扩大,否则应承担相应的法律责任。相关裁判摘要如下:

本案争议的焦点是搜狐网站对其上述链接行为所产生的结果是否应当承担法律责任。

首先,被告这种链接行为本身是否构成侵权。链接是在互联网上实现快捷的传递和获取各种信息的一种技术手段,是互联网的重要功能。网站的经营者利用这个技术,将网站甚至是各网站的信息内容连接在一起,以实现信息资源共享的目的,极大的方便了上网用户。本案被告开办的网站是以提供信息内容为主的网站,他通过设置搜索引擎,建立与其他网站的连接,使上到其网站的用户可以快捷的搜索并进入到其他网站获取信息。本案双方当事人提交的公证文件载明,当显示器上出现"《唐吉诃德》[西班牙]塞万提斯刘京胜译"页面时,该页面的地址栏中并不是搜狐网站的地址,而是其他网站的地址,这一事实证明,被告提供的只是分类搜索引擎链接服务。被告网站仅是利用这种链接技术,将用户引导到提供信息内容服务的网站。从直观的表象上看,访问者是通过被告网站上网,并浏览到信息,被告是信息提供者。但是从技术角度讲,被告网站仅是提供了搜索服务的工具,引导用户利用这个工具到其他网站或网页上去浏览相关的信息。此时这些信息并未存储在被告的服务器上,而是在上网用户自己的计算机内,临时生成被链接网站所载信息内容的临时复制件。因此,被告提供链接服务并不是将原告作品直接上载的复制的行为,也不是传播。此外,由于在互联网上网站之间具有互联性、开放性,网上的各类信息内容庞杂,数量巨大,要求网络服务商对所链接的全部信息和信息内容是否存在权利上的瑕疵先行作出判断和筛选是不客观的,网上的信息内容有权利上的瑕疵时,主要应由信息提供者或传播者承担法律责任,仅提供网络技术或设施的服务商,一般不应承担赔偿责任。因此,本案被告设置链接的行为不侵害原告人的著作权。

其次,原告人明确提出停止链接被侵权的作品后,出链者未积极作为,是否应承担侵权责任。本院认为:本案原告对1995年漓江出版社出版的译著《唐吉诃德》所享有的著作权,应当受到法律保护。未经著作权人许可使用其作品,是对其著作权的侵害。当得知侵权行为发生或可能发生时,任何与该侵权行为或结果发生关系的人,都有义务必须采取积极的措施，防止侵权行为结果扩大。本案原告在发现自己的作品被网站上载后，于2000年10月24日向被告提出侵权指控，被告理应在向原告作出解释的同时积极采取措施，停止与非法上载原告作品的网站链接，但被告却以法律并未规定链接是一种侵权行为为由，继续与上载原告作品的网站维持链接，直到11月30日才停止了链接。应指出：被告虽难以对其网站链接的信息内容加以控制，但完全有技术能力控制其网站与其他网站或网页的链接。在原告人提出其链接的网页上有未经权利人许可上载的作品的指控时，被告有责任及时地采取技术措施，停止链接，抑止侵权。但被告在得知原告的权利被侵害后，仍未积极地采取措施，致使侵权状态得以延续，这种结果对权利人是不公平的，有悖于民事主体的合法权利不受侵害的法律原则，被告应对其过错承担相应的法律责任。

● **2001年第5期《中华人民共和国最高人民法院公报》**刊登的“**博库股份有限公司诉北京讯能网络有限公司、汤姆有限公司侵犯作品专有使用权纠纷案**”判决就如何认定设链者的网络侵权责任进行了分析。相关裁判摘要如下：

被告汤姆公司经营的网站，通过被告讯能公司与今日视点签订的合同授权，链接了今日作家网上登载周洁茹作品的网页。对这种按照授权链接而引起的著作权纠纷，设链者是否承担法律责任，是本案双方当事人争议的焦点。

链接，作为一种便利访问者获取网上信息的技术手段，目前已被互联网站经营者广泛应用。从技术角度看，链接的功能在于引导访问者的浏览器去访问上载被链接内容的网站。在网站间设置链接的情况下，互联网的访问者虽然是通过设链者看到了在网上传播的内容，但这些被链接的内容并非由设链者“复制”上载于网络，设链者也没有把这些内容存储于自己的服务器中。从使用作品的角度看，在网络环境中，只有将作品登载到自己的服务器并将其上载到网络中的网站，才是作品的使用人。设置链接，既没有直接使用作品，也没有直接传播作品，只是在为访问者提供一种浏览网上既有内容的便捷手段的同时，帮助登载作品的网站传播了作品，因此设链者并非作品使用人。

原告博库公司指控被告讯能公司、汤姆公司侵犯专有使用权，其主要理由是：讯能公司既然与今日视点签订了合作协议共同为汤姆网站提供网站内容，授权汤姆网站链接今日作家网，就应当对链接来的网页内容负有事先审查的义务。他们疏于履行此项义务，造成作品被非法传播，主观上对侵权的发生存在过错，因此应当承担责任。

目前，由于网站之间普遍存在链接关系，才使互联网能够快捷地传播数量巨大的各种信息。如果要求设链者设置链接时，必须对链接来的内容承担事先审查的义务，无疑会使链接的功能受到阻碍，这对于促进互联网业的发展是不利的。同时也应看到，设链者是为了增加本网站的访问量，力图获取更大的经济利益才设置链接。设链者在获得利益的同时，应当按照权利与义务对等的原则，对设置链接是否会妨害他人行使权利履行适当的注意义务。

在授权链接的情况下，设链者是否承担责任，可以分两种情形：如果设链者明知链接的作品存在权利上的瑕疵，仍然予以链接，其行为无疑帮助了侵权人传播，扩大了侵权结果，登载该作品的网站和设链者都应当承担侵权责任。如果设链者事先不知道链接来的作品存在权利上的瑕疵而予以链接，其主观上就没有侵权的故意，当然无需承担民事责任，该责任只能由登载作品的网站承担。被告讯能公司与今日视点签订的合作合同中，只约定合作为汤姆网站设计文学频道、制作有关栏目内容和开展相关文化活动，由汤姆网站与今日作家网链接以取得这些栏目内容，没有约定栏目中使用哪些作品，因此讯能公司、汤姆公司无法在设置链接前就知道被链接的作品存在权利瑕疵。讯能公司在签订合同时，注意到以链接的方式传播他人作品，可能涉及到作品权利人的权利保护问题，所以在订立合同时即向对方提出了明确的权利保证要求，已经尽到适当注意的义务。讯能公司、汤姆公司与登载该作品的网站之间，对传播侵犯原告博库公司专有使用权的作品不存在共同的故意。博库公司起诉后，讯能公司、汤姆公司得知链接妨害了他人行使权利后，就及时地断开了链接。因此，讯能公司、汤姆公司没有实施侵权的行为，不应承担侵权的民事责任。博库公司主张讯能公司、汤姆公司侵权，理由不能成立，其诉讼请求不予支持。

● **2001 年第 5 期《中华人民共和国最高人民法院公报》**刊登的**“张静诉俞凌风网络环境中侵犯名誉权纠纷案”**判决就利用网络侵害他人名誉权进行了分析。相关裁判摘要如下：

网络是科技发展的产物，对人类社会的进步具有不可低估的推动作用。网络空间尽管是虚拟的，但通过网络的一举一动折射出来的人的行为，却是实实在在的。全国人大常委会在《关于维护互联网安全的决定》第六条第二款中规定："利用互联网侵犯他人合法权益，构成民事侵权的，依法承担民事责任。"作为现代社会传播媒介的网络空间，既是人们传播信息和交流的场所，更是一个健康有序的活动空间，应当受到道德的规范和法律的制约，绝不能让其发展成为一些人为所欲为的工具。利用互联网侮辱他人或者捏造事实诽谤他人，侵犯他人合法权益构成侵权的，应当承担民事责任。

本案原告张静、被告俞凌风虽然各自以虚拟的网名登录网站并参与网站的活动，但在现实生活中通过聚会，已经相互认识并且相互知道网名所对应的人，且张静的"红颜静"网名及其真实身份还被其他网友所知悉，"红颜静"不再仅仅是网络上的虚拟身份。知道对方真实身份的网友间，虽然继续以网名在网上进行交流，但此时的交流已经不局限于虚拟的网络空间，交流对象也不再是虚拟的人，而是具有了现实性、针对性。俞凌风通过西祠胡同网站的公开讨论版，以"大跃进"的网名数次发表针对"红颜静"即张静的言论，其间多次使用侮辱性语言贬低"红颜静"即张静的人格。俞凌风在主观上具有对张静的名誉进行毁损的恶意，客观地实施了侵权他人名誉权的行为，不可避免地影响了他人对张静的公正评价，应当承担侵权的民事责任。

• **2000年第1期《中华人民共和国最高人民法院公报》**刊登的"**张承志诉世纪互联通讯技术有限公司侵犯著作权纠纷案**"判决认为，网络信息提供服务商为了丰富其网站内容以达到吸引客户访问的营利目的，未经著作权人许可，而将其作品在国际互联网上进行传播的行为，构成侵害著作权的侵权行为。相关裁判摘要如下：

上诉人世纪公司作为网络内容提供服务商，对其在网站上向社会公众提供的内容是否侵犯他人著作权应负有注意义务。本案涉及的被上诉人张承志的作品《北方的河》、《黑骏马》，虽然是他人通过电子邮件、以数字化的形式传递到世纪公司网站上的，但这不是新形成的作品，该作品的著作权仍归张承志享有。经世纪公司委托的"灵波小组"选择、整理，张承志的作品才被世纪公司在其"小说一族"栏目中使用。这说明，世纪公司从技术上完全有能力控制是否将该作品上载到互联网上。世纪公司认为其对网上传递的信息难以控制，主观上无过错，不应承担侵权责任的主张，不能成立。

上诉人世纪公司认为网上的信息"海量"，如果要一一取得许可，在现实中不可能做到。就本案所涉及被上诉人张承志的作品而言,不存在信息“海量”问题。世纪公司在使用前如果要征求张承志的意见,是完全可以做到的,法律要求,任何人使用他人的作品,必须得到著作权人的许可。世纪公司未经著作权人的许可而使用他人作品,虽然在其网站上刊登了“本站点内容皆从网上所得,如有不妥之处,望来信告之”的提示,也不能成为不构成侵权或者免责的合法理由。其他小说网站刊登张承志的作品是否征得张承志的许可,是否载有侵权警告,是其他小说网站与张承志之间的关系,均与世纪公司无关,不能成为世纪公司的抗辩理由。

第一千一百九十六条　【网络用户的不侵权声明】网络用户接到转送的通知后,可以向网络服务提供者提交不存在侵权行为的声明。声明应当包括不存在侵权行为的初步证据及网络用户的真实身份信息。

网络服务提供者接到声明后,应当将该声明转送发出通知的权利人,并告知其可以向有关部门投诉或者向人民法院提起诉讼。网络服务提供者在转送声明到达权利人后的合理期限内,未收到权利人已经投诉或者提起诉讼通知的,应当及时终止所采取的措施。

法条评释:本条规定了网络用户收到网络服务提供者转送的通知后,可以向网络服务提供者提交不侵权声明及后续的处理。依据本条,网络用户在收到网络服务提供者转达的通知后,可以向网络服务提供者提交不存在侵权的声明,该声明应当包括不存在侵权行为的证据以及网络用户的真实身份信息。网络服务提供者接到该声明后要将其转送给发出通知的权利人,并告知权利人可以向有关部门投诉或者向法院起诉,如果在该声明转达给权利人后的合理期限内,权利人还没有向网络服务提供者提交已经投诉或者已经起诉的证据的,网络服务提供者就应当终止所采取的措施。这一规定是为了避免网络服务提供者陷入权利人和网络用户的争执当中,毕竟网络服务提供者并不是法院等公权力机关,也不是仲裁机构,无权亦无能力判断究竟是否存在网络侵权行为。此时,其只能给权利人一个合理期限让其通过正式的途径去维权。当然,这个合理期限也要兼顾被指控侵权的网络用户的权益，毕竟，在未经过有权机关最终确认下就无限期或不合理地对网络用户采取限制措施，是毫无道理的。

一、相关法律条文

1.《中华人民共和国电子商务法》（2019年1月1日起施行）

第四十三条 平台内经营者接到转送的通知后，可以向电子商务平台经营者提交不存在侵权行为的声明。声明应当包括不存在侵权行为的初步证据。

电子商务平台经营者接到声明后，应当将该声明转送发出通知的知识产权权利人，并告知其可以向有关主管部门投诉或者向人民法院起诉。电子商务平台经营者在转送声明到达知识产权权利人后十五日内，未收到权利人已经投诉或者起诉通知的，应当及时终止所采取的措施。

第四十四条 电子商务平台经营者应当及时公示收到的本法第四十二条、第四十三条规定的通知、声明及处理结果。

2.《中华人民共和国网络安全法》（2017年6月1日起施行）

第十四条 任何个人和组织有权对危害网络安全的行为向网信、电信、公安等部门举报。收到举报的部门应当及时依法作出处理；不属于本部门职责的，应当及时移送有权处理的部门。

有关部门应当对举报人的相关信息予以保密，保护举报人的合法权益。

3.《中华人民共和国消费者权益保护法》（2013年10月25日修正）

第三十九条 消费者和经营者发生消费者权益争议的，可以通过下列途径解决：

（一）与经营者协商和解；

（二）请求消费者协会或者依法成立的其他调解组织调解；

（三）向有关行政部门投诉；

（四）根据与经营者达成的仲裁协议提请仲裁机构仲裁；

（五）向人民法院提起诉讼。

第四十六条 消费者向有关行政部门投诉的，该部门应当自收到投诉之日起七个工作日内，予以处理并告知消费者。

第四十七条 对侵害众多消费者合法权益的行为，中国消费者协会以及在省、自治区、直辖市设立的消费者协会，可以向人民法院提起诉讼。

二、相关行政法规规定

《信息网络传播权保护条例》(2013年1月30日修订)

第十五条 网络服务提供者接到权利人的通知书后，应当立即删除涉嫌侵权的作品、表演、录音录像制品，或者断开与涉嫌侵权的作品、表演、录音录像制品的链接，并同时将通知书转送提供作品、表演、录音录像制品的服务对象；服务对象网络地址不明、无法转送的，应当将通知书的内容同时在信息网络上公告。

第十六条 服务对象接到网络服务提供者转送的通知书后，认为其提供的作品、表演、录音录像制品未侵犯他人权利的，可以向网络服务提供者提交书面说明，要求恢复被删除的作品、表演、录音录像制品，或者恢复与被断开的作品、表演、录音录像制品的链接。书面说明应当包含下列内容：

(一)服务对象的姓名(名称)、联系方式和地址；

(二)要求恢复的作品、表演、录音录像制品的名称和网络地址；

(三)不构成侵权的初步证明材料。

服务对象应当对书面说明的真实性负责。

第十七条 网络服务提供者接到服务对象的书面说明后，应当立即恢复被删除的作品、表演、录音录像制品，或者可以恢复与被断开的作品、表演、录音录像制品的链接，同时将服务对象的书面说明转送权利人。权利人不得再通知网络服务提供者删除该作品、表演、录音录像制品，或者断开与该作品、表演、录音录像制品的链接。

三、相关司法解释规定

《最高人民法院关于涉网络知识产权侵权纠纷几个法律适用问题的批复》(法释〔2020〕9号)

三、在依法转送的不存在侵权行为的声明到达知识产权权利人后的合理期限内，网络服务提供者、电子商务平台经营者未收到权利人已经投诉或者提起诉讼通知的，应当及时终止所采取的删除、屏蔽、断开链接等下架措施。因办理公证、认证手续等权利人无法控制的特殊情况导致的延迟，不计入上述期限，但该期限最长不超过20个工作日。

四、相关文件规定

《最高人民法院关于审理涉电子商务平台知识产权民事案件的指导意见》(法发〔2020〕32号)

七、平台内经营者依据电子商务法第四十三条的规定,向电子商务平台经营者提交的不存在侵权行为的声明一般包括:平台内经营者的真实身份信息;能够实现准确定位、要求终止必要措施的商品或者服务信息;权属证明、授权证明等不存在侵权行为的初步证据;声明真实性的书面保证等。声明应当采取书面形式。

声明涉及专利权的,电子商务平台经营者可以要求平台内经营者提交技术特征或者设计特征对比的说明等材料。

八、人民法院认定平台内经营者发出声明是否具有恶意,可以考量下列因素:提供伪造或者无效的权利证明、授权证明;声明包含虚假信息或者具有明显误导性;通知已经附有认定侵权的生效裁判或者行政处理决定,仍发出声明;明知声明内容错误,仍不及时撤回或者更正等。

第一千一百九十七条 【网络服务提供者的连带责任】网络服务提供者知道或者应当知道网络用户利用其网络服务侵害他人民事权益,未采取必要措施的,与该网络用户承担连带责任。

法条评释:本条是对网络服务提供者承担连带责任的规定。该条与原《侵权责任法》第36条第3款相比,主要变化在于将原来的"网络服务提供者知道"进一步明确为"网络服务提供者知道或者应当知道"。所谓知道即明知,是指网络服务提供者事实上知道网络用户利用其网络服务从事侵权行为。应当知道,是指虽然网络服务提供者可能确实不知道网络侵权行为的存在,但从法律的规定和案件的事实来看,其应当知道该行为的存在,即有义务知道却因为过错而不知道。例如,网络用户以非常明显的辱骂、谩骂、诽谤性的文字、图像、音频、视频等内容侵害他人的名誉权、隐私权等人格权的,网络服务提供者仍将这些侵权内容进行推荐、置顶或加以编辑利用的,应当将网络服务提供者的行为视为"明知或应知"。

一、相关法律条文

1.《中华人民共和国电子商务法》(2019年1月1日起施行)

第四十五条　电子商务平台经营者知道或者应当知道平台内经营者侵犯知识产权的,应当采取删除、屏蔽、断开链接、终止交易和服务等必要措施;未采取必要措施的,与侵权人承担连带责任。

2.《中华人民共和国药品管理法》(2019年8月26日修订)

第六十二条　药品网络交易第三方平台提供者应当按照国务院药品监督管理部门的规定,向所在地省、自治区、直辖市人民政府药品监督管理部门备案。

第三方平台提供者应当依法对申请进入平台经营的药品上市许可持有人、药品经营企业的资质等进行审核,保证其符合法定要求,并对发生在平台的药品经营行为进行管理。

第三方平台提供者发现进入平台经营的药品上市许可持有人、药品经营企业有违反本法规定行为的,应当及时制止并立即报告所在地县级人民政府药品监督管理部门;发现严重违法行为的,应当立即停止提供网络交易平台服务。

3.《中华人民共和国食品安全法》(2021年4月29日修正)

第六十二条　网络食品交易第三方平台提供者应当对入网食品经营者进行实名登记,明确其食品安全管理责任;依法应当取得许可证的,还应当审查其许可证。

网络食品交易第三方平台提供者发现入网食品经营者有违反本法规定行为的,应当及时制止并立即报告所在地县级人民政府食品安全监督管理部门;发现严重违法行为的,应当立即停止提供网络交易平台服务。

二、相关司法解释规定

1.《最高人民法院关于审理利用信息网络侵害人身权益民事纠纷案件适用法律若干问题的规定》(法释〔2014〕11号)(2020年12月23日修正)

第六条　人民法院依据民法典第一千一百九十七条认定网络服务提供者是否"知道或者应当知道",应当综合考虑下列因素:

(一)网络服务提供者是否以人工或者自动方式对侵权网络信息以推荐、排名、选择、编辑、整理、修改等方式作出处理;

（二）网络服务提供者应当具备的管理信息的能力，以及所提供服务的性质、方式及其引发侵权的可能性大小；

（三）该网络信息侵害人身权益的类型及明显程度；

（四）该网络信息的社会影响程度或者一定时间内的浏览量；

（五）网络服务提供者采取预防侵权措施的技术可能性及其是否采取了相应的合理措施；

（六）网络服务提供者是否针对同一网络用户的重复侵权行为或者同一侵权信息采取了相应的合理措施；

（七）与本案相关的其他因素。

2.《最高人民法院关于审理侵害信息网络传播权民事纠纷案件适用法律若干问题的规定》（法释〔2012〕20号）（2020年12月23日修正）

第四条 有证据证明网络服务提供者与他人以分工合作等方式共同提供作品、表演、录音录像制品，构成共同侵权行为的，人民法院应当判令其承担连带责任。网络服务提供者能够证明其仅提供自动接入、自动传输、信息存储空间、搜索、链接、文件分享技术等网络服务，主张其不构成共同侵权行为的，人民法院应予支持。

第五条 网络服务提供者以提供网页快照、缩略图等方式实质替代其他网络服务提供者向公众提供相关作品的，人民法院应当认定其构成提供行为。

前款规定的提供行为不影响相关作品的正常使用，且未不合理损害权利人对该作品的合法权益，网络服务提供者主张其未侵害信息网络传播权的，人民法院应予支持。

第六条 原告有初步证据证明网络服务提供者提供了相关作品、表演、录音录像制品，但网络服务提供者能够证明其仅提供网络服务，且无过错的，人民法院不应认定为构成侵权。

第七条 网络服务提供者在提供网络服务时教唆或者帮助网络用户实施侵害信息网络传播权行为的，人民法院应当判令其承担侵权责任。

网络服务提供者以言语、推介技术支持、奖励积分等方式诱导、鼓励网络用户实施侵害信息网络传播权行为的，人民法院应当认定其构成教唆侵权行为。

网络服务提供者明知或者应知网络用户利用网络服务侵害信息网

络传播权，未采取删除、屏蔽、断开链接等必要措施，或者提供技术支持等帮助行为的，人民法院应当认定其构成帮助侵权行为。

第八条　人民法院应当根据网络服务提供者的过错，确定其是否承担教唆、帮助侵权责任。网络服务提供者的过错包括对于网络用户侵害信息网络传播权行为的明知或者应知。

网络服务提供者未对网络用户侵害信息网络传播权的行为主动进行审查的，人民法院不应据此认定其具有过错。

网络服务提供者能够证明已采取合理、有效的技术措施，仍难以发现网络用户侵害信息网络传播权行为的，人民法院应当认定其不具有过错。

第九条　人民法院应当根据网络用户侵害信息网络传播权的具体事实是否明显，综合考虑以下因素，认定网络服务提供者是否构成应知：

（一）基于网络服务提供者提供服务的性质、方式及其引发侵权的可能性大小，应当具备的管理信息的能力；

（二）传播的作品、表演、录音录像制品的类型、知名度及侵权信息的明显程度；

（三）网络服务提供者是否主动对作品、表演、录音录像制品进行了选择、编辑、修改、推荐等；

（四）网络服务提供者是否积极采取了预防侵权的合理措施；

（五）网络服务提供者是否设置便捷程序接收侵权通知并及时对侵权通知作出合理的反应；

（六）网络服务提供者是否针对同一网络用户的重复侵权行为采取了相应的合理措施；

（七）其他相关因素。

第十条　网络服务提供者在提供网络服务时，对热播影视作品等以设置榜单、目录、索引、描述性段落、内容简介等方式进行推荐，且公众可以在其网页上直接以下载、浏览或者其他方式获得的，人民法院可以认定其应知网络用户侵害信息网络传播权。

第十一条　网络服务提供者从网络用户提供的作品、表演、录音录像制品中直接获得经济利益的，人民法院应当认定其对该网络用户侵害信息网络传播权的行为负有较高的注意义务。

网络服务提供者针对特定作品、表演、录音录像制品投放广告获取收益,或者获取与其传播的作品、表演、录音录像制品存在其他特定联系的经济利益,应当认定为前款规定的直接获得经济利益。网络服务提供者因提供网络服务而收取一般性广告费、服务费等,不属于本款规定的情形。

第十二条 有下列情形之一的,人民法院可以根据案件具体情况,认定提供信息存储空间服务的网络服务提供者应知网络用户侵害信息网络传播权:

(一)将热播影视作品等置于首页或者其他主要页面等能够为网络服务提供者明显感知的位置的;

(二)对热播影视作品等的主题、内容主动进行选择、编辑、整理、推荐,或者为其设立专门的排行榜的;

(三)其他可以明显感知相关作品、表演、录音录像制品为未经许可提供,仍未采取合理措施的情形。

第十三条 网络服务提供者接到权利人以书信、传真、电子邮件等方式提交的通知及构成侵权的初步证据,未及时根据初步证据和服务类型采取必要措施的,人民法院应当认定其明知相关侵害信息网络传播权行为。

3.《最高人民法院关于审理食品药品纠纷案件适用法律若干问题的规定》(法释〔2013〕28号)(2020年12月23日修正)

第九条 消费者通过网络交易第三方平台购买食品、药品遭受损害,网络交易第三方平台提供者不能提供食品、药品的生产者或者销售者的真实名称、地址与有效联系方式,消费者请求网络交易第三方平台提供者承担责任的,人民法院应予支持。

网络交易第三方平台提供者承担赔偿责任后,向生产者或者销售者行使追偿权的,人民法院应予支持。

网络交易第三方平台提供者知道或者应当知道食品、药品的生产者、销售者利用其平台侵害消费者合法权益,未采取必要措施,给消费者造成损害,消费者要求其与生产者、销售者承担连带责任的,人民法院应予支持。

三、相关文件规定

《最高人民法院关于审理涉电子商务平台知识产权民事案件的指导意见》(法发〔2020〕32号)

十一、电子商务平台经营者存在下列情形之一的,人民法院可以认

> 定其“应当知道”侵权行为的存在：（一）未履行制定知识产权保护规则、审核平台内经营者经营资质等法定义务；（二）未审核平台内店铺类型标注为“旗舰店”“品牌店”等字样的经营者的权利证明；（三）未采取有效技术手段，过滤和拦截包含“高仿”“假货”等字样的侵权商品链接、被投诉成立后再次上架的侵权商品链接；（四）其他未履行合理审查和注意义务的情形。

第一千一百九十八条　【违反安全保障义务的侵权责任】 宾馆、商场、银行、车站、机场、体育场馆、娱乐场所等经营场所、公共场所的经营者、管理者或者群众性活动的组织者，未尽到安全保障义务，造成他人损害的，应当承担侵权责任。

因第三人的行为造成他人损害的，由第三人承担侵权责任；经营者、管理者或者组织者未尽到安全保障义务的，承担相应的补充责任。经营者、管理者或者组织者承担补充责任后，可以向第三人追偿。

法条评释： 本条是对违反安全保障义务的侵权责任的规定。与原《侵权责任法》第37条相比，本条的修改之处在于：首先，增加了“经营场所”，并在列举中增列了“机场”和“体育场馆”。其次，将安全保障义务的主体从“公共场所的管理人”修改为“经营场所、公共场所的经营者、管理者”。最后，明确了经营者、管理者或者组织者承担补充责任后，可以向第三人追偿。

所谓安全保障义务，是指经营场所、公共场所的经营者、管理者或者群众性活动的组织者所负有的保障他人之人身安全、财产安全的注意义务。违反安全保障义务的侵权责任属于过错责任，具体可以分为两类：其一，安全保障义务人自身违反该义务给他人造成损害，从而承担侵权责任；其二，第三人实施侵权，而安全保障义务人没有尽到安全保障义务，从而承担相应的补充责任。这两类侵权中，安全保障义务的程度以及责任的承担均有不同。前者的注意义务的要求显然高于后者，这是因为，安全保障义务人避免因自己的行为给他人造成损害，是容易做到的，但是要制止或防止第三人侵权，则不容易做到。故此，前一种违反安全保障义务的侵权责任中，安全保障义务人是侵权人，要就他人的损害承担责任；后一种违反安全保障义务的侵权责任中，从事侵权行为的是第三人，应当由第三人承担侵权责任。安全保障义务人只是在侵权人下落不明或者没有能力承担侵权责任，才承担相应的补充责任。

一、相关法律条文

1.《中华人民共和国消费者权益保护法》(2013年10月25日修正)

第十八条 经营者应当保证其提供的商品或者服务符合保障人身、财产安全的要求。对可能危及人身、财产安全的商品和服务，应当向消费者作出真实的说明和明确的警示，并说明和标明正确使用商品或者接受服务的方法以及防止危害发生的方法。

宾馆、商场、餐馆、银行、机场、车站、港口、影剧院等经营场所的经营者，应当对消费者尽到安全保障义务。

第四十八条 经营者提供商品或者服务有下列情形之一的，除本法另有规定外，应当依照其他有关法律、法规的规定，承担民事责任：

(一)商品或者服务存在缺陷的；

(二)不具备商品应当具备的使用性能而出售时未作说明的；

(三)不符合在商品或者其包装上注明采用的商品标准的；

(四)不符合商品说明、实物样品等方式表明的质量状况的；

(五)生产国家明令淘汰的商品或者销售失效、变质的商品的；

(六)销售的商品数量不足的；

(七)服务的内容和费用违反约定的；

(八)对消费者提出的修理、重作、更换、退货、补足商品数量、退还货款和服务费用或者赔偿损失的要求，故意拖延或者无理拒绝的；

(九)法律、法规规定的其他损害消费者权益的情形。

经营者对消费者未尽到安全保障义务，造成消费者损害的，应当承担侵权责任。

2.《中华人民共和国电子商务法》(2019年1月1日起施行)

第三十八条 电子商务平台经营者知道或者应当知道平台内经营者销售的商品或者提供的服务不符合保障人身、财产安全的要求，或者有其他侵害消费者合法权益行为，未采取必要措施的，依法与该平台内经营者承担连带责任。

对关系消费者生命健康的商品或者服务，电子商务平台经营者对平台内经营者的资质资格未尽到审核义务，或者对消费者未尽到安全保障义务，造成消费者损害的，依法承担相应的责任。

3.《中华人民共和国旅游法》（2018年10月26日修正）

第七十九条 旅游经营者应当严格执行安全生产管理和消防安全管理的法律、法规和国家标准、行业标准，具备相应的安全生产条件，制定旅游者安全保护制度和应急预案。

旅游经营者应当对直接为旅游者提供服务的从业人员开展经常性应急救助技能培训，对提供的产品和服务进行安全检验、监测和评估，采取必要措施防止危害发生。

旅游经营者组织、接待老年人、未成年人、残疾人等旅游者，应当采取相应的安全保障措施。

第八十条 旅游经营者应当就旅游活动中的下列事项，以明示的方式事先向旅游者作出说明或者警示：

（一）正确使用相关设施、设备的方法；

（二）必要的安全防范和应急措施；

（三）未向旅游者开放的经营、服务场所和设施、设备；

（四）不适宜参加相关活动的群体；

（五）可能危及旅游者人身、财产安全的其他情形。

第八十一条 突发事件或者旅游安全事故发生后，旅游经营者应当立即采取必要的救助和处置措施，依法履行报告义务，并对旅游者作出妥善安排。

第八十二条 旅游者在人身、财产安全遇有危险时，有权请求旅游经营者、当地政府和相关机构进行及时救助。

中国出境旅游者在境外陷于困境时，有权请求我国驻当地机构在其职责范围内给予协助和保护。

旅游者接受相关组织或者机构的救助后，应当支付应由个人承担的费用。

4.《中华人民共和国邮政法》（2015年4月24日修正）

第六条 邮政企业应当加强服务质量管理，完善安全保障措施，为用户提供迅速、准确、安全、方便的服务。

二、相关司法解释规定

1.《最高人民法院关于审理旅游纠纷案件适用法律若干问题的规定》（法释〔2010〕13号）（2020年12月23日修正）对旅游经营者、旅游辅助服务者的违反安全保障义务的侵权责任，作出了如下规定：

第一条 本规定所称的旅游纠纷，是指旅游者与旅游经营者、旅游辅助服务者之间因旅游发生的合同纠纷或者侵权纠纷。

“旅游经营者”是指以自己的名义经营旅游业务，向公众提供旅游服务的人。

“旅游辅助服务者”是指与旅游经营者存在合同关系，协助旅游经营者履行旅游合同义务，实际提供交通、游览、住宿、餐饮、娱乐等旅游服务的人。

旅游者在自行旅游过程中与旅游景点经营者因旅游发生的纠纷，参照适用本规定。

第七条 旅游经营者、旅游辅助服务者未尽到安全保障义务，造成旅游者人身损害、财产损失，旅游者请求旅游经营者、旅游辅助服务者承担责任的，人民法院应予支持。

因第三人的行为造成旅游者人身损害、财产损失，由第三人承担责任；旅游经营者、旅游辅助服务者未尽安全保障义务，旅游者请求其承担相应补充责任的，人民法院应予支持。

2.《最高人民法院关于审理铁路运输人身损害赔偿纠纷案件适用法律若干问题的解释》（法释〔2010〕5号）（2020年12月23日修正）就铁路运输企业防止第三人侵权的安全保障义务，作出了如下规定：

第十三条 铁路旅客运送期间因第三人侵权造成旅客人身损害的，由实施侵权行为的第三人承担赔偿责任。铁路运输企业有过错的，应当在能够防止或者制止损害的范围内承担相应的补充赔偿责任。铁路运输企业承担赔偿责任后，有权向第三人追偿。

车外第三人投掷石块等击打列车造成车内旅客人身损害，赔偿权利人要求铁路运输企业先予赔偿的，人民法院应当予以支持。铁路运输企业赔付后，有权向第三人追偿。

三、相关指导案例

1.第141号指导案例“支某1等诉北京市永定河管理处生命权、健康权、身体权纠纷案”（最高人民法院审判委员会讨论通过；2020年10月

9日发布）认为：消力池属于禁止公众进入的水利工程设施，不属公共场所。消力池的管理人和所有人采取了合理的安全提示和防护措施，完全民事行为能力人擅自进入造成自身损害，请求管理人和所有人承担赔偿责任的，人民法院不予支持。相关裁判摘要如下：

关于管理机关北京市永定河管理处是否应承担侵权责任的认定。首先，本案并不适用侵权责任法中安全保障义务条款。安全保障义务所保护的人与义务人之间常常存在较为紧密的关系，包括缔约磋商关系、合同法律关系等，违反安全保障义务的侵权行为是负有安全保障义务的人由于没有履行合理范围内的安全保障义务而实施的侵权行为。根据查明的事实，支某3溺亡地点位于永定河拦河闸侧面消力池。从性质上看，消力池系永定河拦河闸的一部分，属于水利工程设施的范畴，并非对外开放的冰场；从位置上来看，消力池位于拦河闸下方的永定河河道的中间处；从抵达路径来看，抵达消力池的正常路径，需要从永定河的沿河河堤下楼梯到达河道，再从永定河河道步行至拦河闸下方，因此无论是消力池的性质、消力池所处位置还是抵达消力池的路径而言，均难以认定消力池属于公共场所。北京市永定河管理处也不是群众性活动的组织者，故支某1等四人上诉主张四被上诉人未尽安全保障义务，与法相悖。其次，从侵权责任的构成上看，一方主张承担侵权责任，应就另一方存在违法行为、主观过错、损害后果且违法行为与损害后果之间具有因果关系等侵权责任构成要件承担举证责任。永定河道并非正常的活动、通行场所，依据一般常识即可知无论是进入河道或进入冰面的行为，均容易发生危及人身的危险，此类对危险后果的预见性，不需要专业知识就可知晓。支某3在明知进入河道、冰面行走存在风险的情况下，仍进入该区域并导致自身溺亡，其主观上符合过于自信的过失，应自行承担相应的损害后果。成年人应当是自身安危的第一责任人，不能把自己的安危寄托在国家相关机构的无时无刻的提醒之下，户外活动应趋利避害，不随意进入非群众活动场所是每一个公民应自觉遵守的行为规范。综上，北京市永定河管理处对支某3的死亡发生无过错，不应承担赔偿责任。在此需要指出，因支某3意外溺亡，造成支某1、马某某老年丧子、支某2年幼丧父，其家庭境遇令人同情，法院对此予以理解，但是赔偿的责任方是否构成侵权则需法律上严格界定及证据上的支持，不能以情感或结果责任主义为导向将损失交由不构成侵权的他方承担。

2. 第140号指导案例“李秋月等诉广州市花都区梯面镇红山村村民委员会违反安全保障义务责任纠纷案”（最高人民法院审判委员会讨论通过;2020年10月9日发布）认为,公共场所经营管理者的安全保障义务,应限于合理限度范围内,与其管理和控制能力相适应。完全民事行为能力人因私自攀爬景区内果树采摘果实而不慎跌落致其自身损害,主张经营管理者承担赔偿责任的,人民法院不予支持。相关裁判摘要如下:

本案的争议焦点是红山村村民委员会是否应对吴某的损害后果承担赔偿责任。

首先,红山村村民委员会没有违反安全保障义务。红山村村民委员会作为红山村景区的管理人,虽负有保障游客免遭损害的安全保障义务,但安全保障义务内容的确定应限于景区管理人的管理和控制能力的合理范围之内。红山村景区属于开放式景区,未向村民或游客提供采摘杨梅的活动,杨梅树本身并无安全隐患,若要求红山村村民委员会对景区内的所有树木加以围蔽、设置警示标志或采取其他防护措施,显然超过善良管理人的注意标准。从爱护公物、文明出行的角度而言,村民或游客均不应私自爬树采摘杨梅。吴某作为具有完全民事行为能力的成年人,应当充分预见攀爬杨梅树采摘杨梅的危险性,并自觉规避此类危险行为。故李秋月、李月如、李天托、李记坤主张红山村村民委员会未尽安全保障义务,缺乏事实依据。

其次,吴某的坠亡系其私自爬树采摘杨梅所致,与红山村村民委员会不具有法律上的因果关系。《红山村村规民约》规定:村民要自觉维护村集体的各项财产利益,包括公共设施和绿化树木等。该村规民约是红山村村民的行为准则和道德规范,形成红山村的公序良俗。吴某作为红山村村民,私自爬树采摘杨梅,违反了村规民约和公序良俗,导致了损害后果的发生,该损害后果与红山村村民委员会不具有法律上的因果关系。

最后,红山村村民委员会对吴某私自爬树坠亡的后果不存在过错。吴某坠亡系其自身过失行为所致,红山村村民委员会难以预见和防止吴某私自爬树可能产生的后果。吴某跌落受伤后,红山村村民委员会主任李某2及时拨打120电话求救,在救护车到达前,另有村民驾车将吴某送往医院救治。因此,红山村村民委员会对吴某损害后果的发生不存在过错。

综上所述，吴某因私自爬树采摘杨梅不慎坠亡，后果令人痛惜。虽然红山村为事件的发生地，杨梅树为红山村村民委员会集体所有，但吴某的私自采摘行为有违村规民约，与公序良俗相悖，且红山村村民委员会并未违反安全保障义务，不应承担赔偿责任。

四、相关裁判摘要

● **2019年第9期《中华人民共和国最高人民法院公报》**刊登的“**张玉梅诉南京港华燃气有限公司产品生产者责任纠纷案**”判决对燃气经营企业的安全保障义务进行了分析。相关裁判摘要如下：

法院认为，爆炸并非由于被告港华公司所安装的设备及港华公司的供气行为所引起，并不必然得出港华公司无需承担任何责任的结论。安全保障义务是指安全保障义务人负担的保障他人人身安全和财产安全的注意义务。义务人应当遵守法律规定、行业规范以及当事人之间的约定，尽到谨慎的注意义务，在合理的限度范围内避免损害的发生或者降低损害发生的可能性。在判断义务人在何种限度内承担安全保障义务时，要考虑义务人预防、控制损害的能力，能力范围内能够遇见及避免的危险，安全保障义务人应当尽力避免、加以控制，否则便存在过错。本案中，首先，经南京市公安消防支队秦淮区大队勘验，事发现场橱柜内的液化石油气所接软管通至灶台下方的橱柜内，软管呈现开放状态。港华公司作为安装燃气管道和燃气器具的专业性公司，在从事上述安装、验收服务过程中，理应发现该用户厨房内原先使用的罐装液化石油气。与原告张玉梅相较，对于在同一室内同时存放和使用两种独立气源的安全风险，港华公司显然具备更强的判断能力，故其应当承担与该种判断能力相匹配的安全保障义务。其次，港华公司向用气人发放客户使用手册的行为，虽然能够证明其已履行了作为燃气经营企业的告知义务，但在发现罐装液化石油气后，港华公司未能采取进一步的措施防范事故的发生。法院认为，港华公司虽无权将液化石油气罐收走或者移到户外，但至少可以做到将液化石油气罐移出原存放点或者在灶具附近加贴明显的警示标志，用这一类的行为向包括户主在内的任何潜在的使用厨房的人明示，液化石油气罐已不能正常使用，至少引起他人警醒。

被告港华公司未能尽到充分的安全保障义务，综合全案事实，酌定港华公司对于此次事故所造成的原告张玉梅的损失承担15%的赔偿责任，结合张玉梅所提交的证明其人身损失的相关证据，法院认定，张玉梅的损失为：医疗费200,737.8元、营养费2700元、护理费8630元、误工费20,597元、残疾赔偿金223,038元，合计455,702.8元，由港华公司承担15%的赔偿责任即68,355.4元。

● **2017年第12期《中华人民共和国最高人民法院公报》**刊登的“**宋鹏诉中国工商银行股份有限公司南京新门口支行借记卡纠纷案**”判决对银行负有的保障储户存款安全的义务进行了分析。相关裁判摘要如下：

《中华人民共和国商业银行法》第六条、第三十三条规定，商业银行对储户存款具有安全保障义务。上诉人工行新门口支行为宋鹏提供借记卡服务，就应当确保该借记卡内的数据信息不被非法窃取并加以使用。并且，工行新门口支行作为发卡行及相关技术、设备和操作平台的提供者，在其与储户的合同关系中明显占据优势地位，应当承担伪卡的识别义务。案涉伪卡交易能够进行，说明宋鹏持有的真正银行卡内数据信息可以被复制并存储到其他的伪卡内，并且伪卡输入密码后还可以进行正常的交易活动，因此工行新门口支行制发的借记卡以及交易系统在防伪技术上存在缺陷，工行新门口支行未能履行交易安全保障义务，给宋鹏造成了经济损失，应承担赔偿责任。工行新门口支行上诉称宋鹏对泄露交易密码存在过错，但并没有提供证据证明宋鹏对其持有的借记卡没有妥善保管和合理使用，应承担举证不能的法律后果。虽然根据工行借记卡章程规定，凡使用密码进行的交易，发卡银行均视为持卡人本人所为，但该规则适用的前提是当事人持真实的借记卡进行交易。因此，工行新门口支行在没有证据证明宋鹏存在违约或违法犯罪情形的前提下，应先行承担资金损失。对工行新门口支行认为宋鹏在未能证明银行导致其密码泄露情况下应当承担相应责任的主张不予支持。

● **2015年第9期《中华人民共和国最高人民法院公报》**刊登的“**高子玉诉南京地铁集团有限公司健康权纠纷案**”判决认为，安全保障义务是公共场所或公共设施管理人的一种法定义务，安全保障义务人既要保障其管理的场所或设施的安全性，也要对在场所内活动或使用设施的人进行必要的警告、指示说明、通知及提供必要的帮助，以预防侵害的发生。相关裁判摘要如下：

公民的生命健康权受法律保护。根据侵权责任法第三十七条第一款的规定,宾馆、商场、银行、车站、娱乐场所等公共场所的管理人未尽到安全保障义务,造成他人损害的,应当承担侵权责任。本案中,被告地铁公司作为地铁站和检票闸机的管理人,应当在乘客进站乘车过程中履行相应的安全保障义务,其不仅要保证闸机的正常运行,还要对乘客进站时安全通过闸机的方式进行必要的引导,并配备相应的设施使免票乘客能够正常通行。若被告因未履行上述义务而导致乘客受伤,则应当承担相应的侵权责任。本案被告仅在票务通告中告知乘客车票使用等票务问题,但未对免票乘客及其随行人员如何安全进站进行合理的安排和管理,导致原告高子玉携带免票儿童刷卡进站时,在无法得知安全进站方式的情况下与闸机接触后受伤,故原告的受伤与被告未尽到安全保障义务存在因果关系,被告应当对原告的受伤承担相应的侵权责任。地铁闸机扇门的开合是其正常的工作原理,原告在刷卡验票后其同行儿童已经通过闸机的情况下,欲通过闸机时未仔细观察扇门的闭合情况,未尽到必要的观察和注意义务,故对其自身的损伤存在过失,也应当承担一定的责任。结合本案原、被告的过错程度等因素,法院认定被告对原告的损伤承担70%的责任,原告自担30%的责任。

• **2014年第1期《中华人民共和国最高人民法院公报》**刊登的"**赵宝华诉上海也宁阁酒店有限公司、上海市静升实业有限公司生命权、健康权、身体权纠纷案**"判决认为,作为提供住宿服务的酒店经营者,对入住酒店的消费者应履行合理限度的安全保障义务。相关裁判摘要如下:

从事住宿、餐饮、娱乐等经营活动或者其他社会活动的自然人、法人、其他组织,未尽合理限度内的安全保障义务致使他人遭受人身损害的,赔偿权利人请求其承担相应赔偿责任的,人民法院应予支持。被告也宁阁酒店作为提供住宿服务的企业,应在合理限度内确保入住酒店的消费者的人身安全,避免因管理、服务瑕疵而引发人身伤害。就本案现有证据证实,被告也宁阁酒店未对可能出现的伤害和意外情况作出明显警示,其辩称在通往事发通道的拉门上已张贴警示标志,但根据原、被告双方陈述该拉门所在位置当晚并无照明设施,即使存在该标志,也完全不足以起到警示作用。对于也宁阁酒店所持事发通道以及电梯并不包含在租赁范围内,故其无须承担责任的辩称,法院认为,事发通道是一个相对封闭的区域,可通过也宁阁酒店内的安全出口进入,事发时该区域内的电梯井因轿厢被拆除而空置,也宁阁酒店明知上述情况且对于事发通道及电梯具有事实上的控制力,却未能做好安全防范工作,其提供服务过程中所存在的安全隐患与原告赵宝华的受损结果有直接因果关系,应对涉诉事故承担民事赔偿责任,故对也宁阁酒店的相关辩称意见法院不予采纳。

● **2012 年第 11 期《中华人民共和国最高人民法院公报》**刊登的"**焦建军与江苏省中山国际旅行社有限公司、第三人中国康辉南京国际旅行社有限责任公司旅游侵权纠纷案**"判决对旅行社违反安全保障义务的侵权责任进行了分析。相关裁判摘要如下:

关于上诉人中山国旅、原审第三人康辉旅行社是否系侵权责任主体,应否对被上诉人焦建军的损失承担连带赔偿责任的问题。最高人民法院《关于审理旅游纠纷案件适用法律若干问题的规定》(以下简称《旅游纠纷若干规定》)第七条规定,旅游经营者、旅游辅助服务者未尽到安全保障义务,造成旅游者人身损害、财产损失,旅游者请求旅游经营者、旅游辅助服务者承担责任的,人民法院应予支持;第十条规定,旅游经营者擅自将其旅游业务转让给其他旅游经营者,旅游者在旅游过程中遭受损害,请求与其签订旅游合同的旅游经营者和实际提供旅游服务的旅游经营者承担连带责任的,人民法院应予支持。本案中,焦建军与中山国旅签订出境旅游合同,双方形成旅游服务合同关系,中山国旅所提供的服务应当符合保障旅游者人身、财产安全的要求。中山国旅未经旅游者同意擅自将旅游业务转让给他人系违约行为,其所负有的安全保障义务不发生转移的效力。康辉旅行社作为实际提供旅游服务的旅游经营者,所提供的食宿、交通运输等服务亦应当符合保障旅游者人身、财产安全的要求,同时应受中山国旅与焦建军签订的旅游服务合同的约束;泰方车队属于受康辉旅行社委托,协助康辉旅行社履行旅游合同义务的旅游辅助服务者,与旅游者之间并未直接形成旅游服务合同关系,其为旅游者提供的交通服务是康辉旅行社履行旅游服务合同义务的延续,应认定为是代表康辉旅行社的行为。泰方车队在代表康辉旅行社为旅游者提供交通服务的过程中未能安全驾驶造成车辆侧翻,致焦建军的身体受到损害,康辉旅行社应承担相应民事赔偿责任,中山国旅作为旅游服务合同的相对方,未经旅游者同意擅自将旅游业务转让给康辉旅行社,依照上述司法解释的规定,其对旅游者在旅游过程中遭受的损害,应当与康辉旅行社承担连带赔偿责任。

● **2012年第6期《中华人民共和国最高人民法院公报》**刊登的“**许景敏等诉徐州市圣亚国际旅行社有限公司人身损害赔偿纠纷案**”判决对旅行社违反安全保障义务的侵权责任中的过错、因果关系等要件进行了分析。相关裁判摘要如下：

一、被上诉人圣亚国际旅行社是否存在过错。周继德在下海游泳过程中溺水，事故发生后游泳场所未采取急救措施，后被送至医院抢救无效死亡。圣亚国际旅行社将原旅游合同中约定的旅游场所由日照第三海滨浴场变更为太公岛浴场，而当时的太公岛浴场正处于维修阶段，系非正常营业的场所。圣亚国际旅行社根据其签订的《江苏省国内旅游合同》及行程安排，有义务向包括周继德在内的旅游合同相对人安排至具备正常营业资格的场所接受其旅游服务，因此，圣亚国际旅行社违反了上述义务，对周继德在接受旅游服务时应当享有的正常营业性旅游场所所具备的安全保障利益造成损害。结合海滨浴场场所的具体情况，旅游者在具备提供旅游服务功能的海滨浴场所享有的安全保障利益应当包括溺水后获得浴场范围内被施以紧急救助的利益。因圣亚国际旅行社提供的太公岛浴场处于非正常营业期间，故对于周继德在溺水后未能获得浴场急救，应当认定圣亚国际旅行社变更旅游场所的行为存在过失，侵犯了周继德应当享有的场所安全保障利益。

二、被上诉人圣亚国际旅行社的行为与周继德的死亡后果之间是否存在因果关系。周继德溺水后在未采取浴场急救措施的情况下被送至医院抢救无效死亡，在这一事故过程中，浴场急救行为对阻却溺水事故损害后果的发生存在一定的可能性概率。因圣亚国际旅行社的过错行为导致浴场急救行为的缺失，使得阻却溺水损害后果的可能性概率不当降低，故不应否认圣亚国际旅行社的过失行为与周继德溺水死亡后果之间存在一定的因果关系。考虑到浴场急救行为仅对阻却溺水事故损害后果的发生存在可能性概率，却并非导致溺水事故损害后果的唯一原因，故不应认定圣亚国际旅行社的过失行为与周继德溺水死亡后果之间存在全部原因关系。

三、太公岛海水浴场游客须知以及友情提示中明确显示该海水浴场“停止营业，海上因无任何防护设施，严禁游客下海游泳冲浪”等内容，周继德系成年人，应当对下海游泳行为的危险性有合理认知，亦应当根据太公岛海水浴场的告知内容对自己下海游泳行为作出合理判断，因此，周继德选择下海游泳的行为与导致溺水事故后果亦有一定因果关系，其对事故后果亦应当承担相应责任。

• **2009 年第 2 期《中华人民共和国最高人民法院公报》**刊登的“**王永胜诉中国银行股份有限公司南京河西支行储蓄存款合同纠纷案**”判决对商业银行向储户负有的安全保障义务进行了分析。相关裁判摘要如下：

《中华人民共和国商业银行法》（以下简称商业银行法）第二十九条第一款规定：“商业银行办理个人储蓄存款业务，应当遵循存款自愿、取款自由、存款有息、为存款人保密的原则。”为存款人保密，保障存款人的合法权益不受任何单位和个人的侵犯，是商业银行的法定义务。商业银行的保密义务不仅是指银行对储户已经提供的个人信息保密，也包括为到银行办理交易的储户提供必要的安全、保密的环境。商业银行设置自助银行柜员机，是一项既能方便储户取款，又能提高自身工作效率并增加市场竞争力的重要举措，银行亦能从中获取经营收益。对自助银行柜员机进行日常维护、管理，为在自助银行柜员机办理交易的储户提供必要的安全、保密环境，也是银行安全、保密义务的一项重要内容，这项义务应当由设置自助银行柜员机的银行承担。根据本案查明的事实，案外人汤海仁等五人通过在中行热河南路支行自助银行网点门口刷卡处安装读卡器、在柜员机上部安装具有摄像功能的 MP4 的方式，窃取了王永胜借记卡的卡号、信息及密码，复制了假的银行卡，并从原告借记卡账户内支取、消费 428,709.50 元。上述事实说明，涉案中行热河南路支行自助银行柜员机存在重大安全漏洞。由于具备专业知识的银行工作人员对自助银行柜员机疏于管理、维护，未能及时检查、清理，没有及时发现、拆除犯罪分子安装的读卡器及摄像装置，致使自助银行柜员机反而成了隐藏犯罪分子作案工具的处所，给储户造成安全隐患，为犯罪留下可乘之机。综上，原告借记卡密码被犯罪分子所窃取，是银行未能履行其为储户提供必要的安全、保密环境的义务所致。

• **2008 年第 9 期《中华人民共和国最高人民法院公报》**刊登的“**黄宇森诉广州市白云区京溪小学、广东省三茂铁路国际旅行社等人身损害赔偿纠纷案**”判决对游乐场所经营者的安全保障义务的合理限度进行了分析。相关裁判摘要如下：

从事经营活动的经营者，在合理限度范围内对接受其服务的公众负有安全保障义务。如果经营者不尽安全保障义务造成他人人身损害,应当承担相应的赔偿责任。作为花都区宝桑园的经营者,被上诉人宝桑园中心应当对进园游玩的游客提供合理限度内的安全保障义务,否则造成他人人身损害也应当承担相应的赔偿责任。是否尽到合理限度的义务,应当根据一般常识来确定。一方面,宝桑园中心作为游乐场所的经营者,其安全保障义务的限度只能根据一般游客的情况加以确定,而不能要求其达到专业教育机构保护未成年人的标准。另一方面,根据本案查明的事实,宝桑园中心在涉案事故发生的区域设置了警示牌,进行了合理的提示。因此,应当认定宝桑园中心已经尽到了合理限度内的安全保障义务,被上诉人黄某某无权请求宝桑园中心承担侵权责任,京溪小学的相应上诉理由不成立。

• **2007 年第 7 期《中华人民共和国最高人民法院公报》**刊登的“**罗倩诉奥士达公司人身损害赔偿纠纷案**”判决就从事生产经营性活动的法人所负有的安全保障义务进行了分析。相关裁判摘要如下:

从事一定社会活动的民事主体,如果其从事的活动具有损害他人的危险,那么该民事主体就负有在合理限度内防止他人遭受损害的义务,这个义务即属于民法通则上述规定中的“其他义务”,如果行为人不履行这项义务,就应当承担相应的民事责任。最高人民法院《关于审理人身损害赔偿案件适用法律若干问题的解释》第六条规定:“从事住宿、餐饮、娱乐等经营活动或者其他社会活动的自然人、法人、其他组织,未尽合理限度范围内的安全保障义务致使他人遭受人身损害,赔偿权利人请求其承担相应赔偿责任的,人民法院应予支持。”被告奥士达公司是从事生产经营性活动的法人,有义务在合理限度内为在其生产经营场所内的人员提供安全保障。根据本案事实,被告对于原告罗倩及妹妹罗素素利用寒、暑假及休息日到被告工厂和其母、被告正式职工吴玉荷一起从事产品包装工作这一事实是明知的,但由于原告等人的行为客观上增加了被告的利益,故被告对原告的行为采取了默许的态度,否则作为工作区域的实际控制人,被告完全有权、也完全能够拒绝原告的行为。因此,被告与原告之间虽然没有形成正式的劳动法律关系,但被告对原告仍然负有合理限度内的安全保障义务。被告在台风来临之际,不但没有停止工作,疏散工作场所内的人员,反而为了单纯追求自己利益的最大化,不顾安全问题,仍然组织工人到工棚这一相对危险的工作场所进行劳动。无论是对吴玉荷等正式职工,还是对原告等进入被告工作场所的临时人员,被告都没有尽到其应尽的安全保障义务。

● **2006年第11期《中华人民共和国最高人民法院公报》**刊登的“**马青等诉古南都酒店等人身损害赔偿纠纷案**”判决对安全保障义务的合理限度进行了分析。相关裁判摘要如下:

被上诉人古南都酒店作为涉案房屋的出租人、管理者,被上诉人信泰证券公司、信泰玄武门营业部作为在该房屋内经营证券业务的经营者,其安全保障义务只能在合理限度内履行。涉案房屋内没有通向平台的门,常人据此应当能判断窗外平台是不允许进入的。加之207室的窗户还有限位器限制窗户开启的幅度,正常情况下人们不可能通过窗口到达平台。就正常认知水平而言,无论是古南都酒店还是信泰证券公司、信泰证券营业部,都无法预料室内人员会动用工具卸开限位器翻窗到达平台。因此,要求古南都酒店、信泰证券公司、信泰证券营业部对207室窗外平台的危险性再予警示,超出了安全保障义务的合理限度。

● **2006年第6期《中华人民共和国最高人民法院公报》**刊登的“**吴文景、张恺逸、吴彩娟诉厦门市康健旅行社有限公司、福建省永春牛姆林旅游发展服务有限公司人身损害赔偿纠纷案**”判决对旅行社和景区管理者的安全保障义务进行了分析。相关裁判摘要如下:

本案受害人张渊作为游客进入牛姆林景区游览,被上诉人康健旅行社和上诉人牛姆林公司对其负有安全保障义务。张渊在景区内被树木砸伤,没有证据证明系因其自身过错所致。牛姆林公司关于张渊为完全民事行为能力人,应对选择上山而致的损害后果自行承担责任的上诉主张,与本案实际情况不符,不予支持;泉州气象台5月5日天气公报、永春县气象局《关于5月4日的天气预报和5月5日的天气实况》,对永春发生飑线的时间说法不一,前者为14时25分,后者为14时10分,而张渊的同伴14时07分即报警,据此可以推断张渊受伤时间应在14时07分之前,亦即在永春发生飑线之前。同时,上述两气象单位的证明均未明确事发地点及事发时间的风力等级。根据厦门市公证处2005年5月6日的现场记录公证书,当时“现场周围目测未见其他断树”。依常识推断,飑线的破坏力极大,如果砸伤张渊的马尾松确为飑线所折,现场不可能只折断一棵树。因此,牛姆林公司关于其指派专人负责日常护林巡查工作,并建立安全巡查登记表,对于景区林木已经尽到管理义务,砸伤张渊的马尾松发生折断是飑线所致,事故的发生属不可抗力的上诉主张，缺乏相应的证据证实，不予支持。

上诉人牛姆林公司系AAAA级景区，该级别系旅游区质量等级的最高级。根据国家质量技术监督局批准的有关旅游区（点）质量等级的划分与评定的规定，AAAA级旅游区在旅游安全方面应当符合“救护等设备齐全、完好、有效……建立紧急救援体系，或设立医务室，配备专职医务人员，突发事件应急处理能力强，事故处理及时、妥当”的要求。本案中，从受害人张渊受伤到送至医院抢救，牛姆林公司仅实施了抬救的行为，未能履行AAAA级景区应尽的紧急救助义务，对张渊死亡的损害结果存在过错。牛姆林公司上诉称其“已经尽到最大救助努力，不应承担民事责任”，与事实不符，不予采信。

● **2004年第12期《中华人民共和国最高人民法院公报》**刊登的**“吴成礼等五人诉官渡建行、五华保安公司人身损害赔偿纠纷案”**判决对作为金融机构的商业银行违反安全保障义务的侵权责任进行了分析。相关裁判摘要如下：

本案的争议焦点是：(1)官渡建行有无过错，应否承担损害赔偿的民事责任；(2)如何认定损害赔偿的范围与标准；(3)五华保安公司是否承担连带赔偿责任。

关于争议焦点一。上诉人官渡建行是以人民币存取、结算为主要经营内容的金融企业法人，其经营内容的特殊性决定了客观上潜在着易受不法行为侵害的危险。官渡建行的营业厅作为开放程度较高的经营场所，更加大了危险发生的可能。作为金融企业法人，官渡建行负有防范、制止危险发生，保障银行自身及进入银行营业场所客户的人身、财产权利安全的义务。该义务既是法律为维护正常社会秩序而对金融企业法人提出的要求，也是客户在与银行长期合作中对银行产生的希望。本案中，官渡建行虽根据《安全防护规定》设置了相应的安全防范设施，但不能证明其已按该规定第六十二条的要求安排专门人员值守这些安全防范设施，以至这些设施不能发挥应当具有的预见、防止或者减少损害的作用。保安人员职业的特殊性，决定了其对有涉公共安全的事项负有高度注意义务，不是其他人对此类事项的一般关注。官渡建行虽然安排了一名保安人员值班，并且在营业厅内划出了“一米线”，但当数人进入“一米线”时，保安人员不去干涉，丧失了及时发现与制止不法侵害的可能。从作案人进入营业厅窥视吴艳红填单到其实施抢劫期间，值班保安人员回答客户关于银行业务的提问，却没有履行其维护营业厅安全、防范危害事件突发的职责；在作案人逃离现场时，值班保安人员也无任何制止犯罪行为的表示；故认定负有控制危险、保障客户安全义务的官渡建行，对吴艳红死亡事件有一定过错，应当承担与其过错相适应的民事责任，并无不当。

关于争议焦点二。从作案人进入银行到逃离现场，时间仅为1分20秒，本案确为突发事件，损害结果是作案人一手造成。上诉人官渡建行虽然对吴艳红的死亡有一定过错，但其在事件发生前安装了符合规定要求的安全防范技术设施，事件发生后履行了追赶作案人、报警、急救等义务，因此若令其承担本案的全部赔偿责任，既不符合本案事实，也不符合公平正义的法律基本理念。官渡建行应当在其本应达到却由于自身原因未达到的安全防范标准范围内，对吴艳红的死亡承担补充赔偿责任。一审将死亡赔偿金、抚养费、丧葬费确定为官渡建行的补偿范围，既符合官渡建行的责任程度，也能解决上诉人吴成礼等五人的最迫切需求，并无不当，应予维持。吴成礼等人从外地来昆明料理吴艳红的后事，必然产生交通费、住宿费、误工费等费用。基于官渡建行在本案中承担的不是全部赔偿责任，一审未将这些费用纳入赔偿范围，是适当的……

关于争议焦点三。基于上诉人官渡建行与上诉人五华保安公司签订的保安服务合同，保安人员才能到官渡建行担任保安工作。但是到银行工作的保安人员对存款人和其他客户承担的保障人身和财产安全义务，却并非源于保安服务合同的约定，而是源于法律对商业银行的规定。商业银行将其承担的保障客户人身及财产安全的法定义务一部分交给保安人员去完成，保安人员的履职行为自然应视为商业银行的行为，因履职不当应承担的法律后果，也自然由商业银行负责。五华保安公司与此次侵权事件无关，不能承担连带赔偿责任。

• **2003年第6期《中华人民共和国最高人民法院公报》**刊登的“**谢福星、赖美兰诉太阳城游泳池有限公司服务合同纠纷案**”判决就游泳池经营者的安全保障义务进行了分析。相关裁判摘要如下：

死者谢卓超和他人到被告太阳城公司开办的游泳池游泳，属生活消费范畴，谢卓超等四人与太阳城公司形成了消费和服务关系，该关系受《中华人民共和国消费者权益保护法》调整。该法第七条规定：“消费者在购买、使用商品和接受服务时享有人身、财产安全不受损害的权利。”“消费者有权要求经营者提供的商品和服务，符合保障人身、财产安全的要求。”第十一条规定：“消费者因购买、使用商品或者接受服务受到人身、财产损害的，享有依法获得赔偿的权利。”因此在接受服务过程中发生的人身伤害，受害人有权依照上述法律规定要求经营者承担侵权损害的赔偿责任。谢卓超到太阳城公司的游泳池游泳，双方同时还形成以消费和服务为内容的合同关系，该关系受《中华人民共和国合同法》(以下简称合同法)的调整。该法第一百二十二条规定：“因当事人一方的违约行为，侵害对方人身、财产权益的，受损害方有权选择依照本法要求其承担违约责任或者依照其他法律要求其承担侵权责任。”原告谢福星、赖美兰现已明确选择依合同法律关系起诉，请求判令太阳城公司承担违约责任，该请求合法，应当支持。

合同法第六十条第一款规定：“当事人应当全面履行合同约定的义务。”第二款规定：“当事人应当遵循诚实信用原则，根据合同的性质、目的和交易习惯履行通知、协助、保密等义务。”死者谢卓超买票进入被告太阳城公司经营的游泳池后，双方之间的服务合同关系已依法成立并生效。虽然对服务质量、双方的权利与义务等服务合同内容，双方没有书面约定和口头约定，但根据订立合同的目的、行业要求和交易惯例，可以推定太阳城公司应承担提供安全游泳环境和保障游泳者人身安全的合同附随义务。为履行这一附随义务，太阳城公司应当按照要求安装并使用照明设备，配备足额并称职的救生人员、医务人员，建立安全管理制度，以便给游泳者提供安全的游泳环境；当发生溺水等事故时，救生人员应当及时发现、及时抢救，以便保障游泳者的人身安全。根据查明的事实，机械性窒息虽然能在很短时间内致人死亡，但死亡并非不可避免。如遇及时抢救，溺水者被救活的可能是存在的。由于太阳城公司提供的游泳环境不符合安全标准，事故发生时救生人员又未在高台观察游泳池动态，以致没有发现谢卓超溺水，使谢卓超丧失了获得及时救助的机会。谢卓超被拖上岸后，救生人员虽然打了求救电话并按医生的指示施救，但已于事无补。合同法第一百零七条规定：“当事人一方不履行合同或履行合同不符合约定的，应当承担继续履行，采取补救措施或赔偿损失等违约责任。”谢卓超是在接受太阳城公司有瑕疵的服务过程中死亡的，太阳城公司不能提供谢卓超是因自身过错致死的任何证据，因此可以推定谢卓超的死亡与太阳城公司的瑕疵服务具有因果关系。太阳城公司未尽保障游泳者人身安全的合同附随义务，应当承担赔偿损失的违约责任。

为保障未成年人的安全,无行为能力的未成年人到游泳池游泳,应当有监护人陪伴。一旦发生无行为能力的未成年人在无监护人陪伴的情况下要求进场游泳的情况,游泳池的经营者有义务向其告知危险性并有权拒绝其入场。《中华人民共和国民法通则》第十二条规定:"十周岁以上的未成年人是限制民事行为人,可以进行与他的年龄、智力相适应的民事活动……"谢卓超年满十六周岁,其年龄、智力说明其已具备预见游泳的危险性和进行自我保护的能力。谢卓超去游泳池游泳,无需征得其监护人同意。被告太阳城公司同意谢卓超进池游泳,说明该公司也认可谢卓超具有这样的民事行为能力。太阳城公司既然接受了未成年人进场游泳,作为经营者,理应对未成年人的人身安全给予更多的注意。太阳城公司以原告谢福星、赖美兰监护不到位、谢卓超未经监护人同意就去游泳本身有过错为由,主张自己无需承担本案的民事责任,理由不能成立,不予支持。

• **2002年第4期《中华人民共和国最高人民法院公报》**刊登的"**李彬诉陆仙芹、陆选凤、朱海泉人身损害赔偿纠纷案**"判决对饭店防止第三人侵权的安全保障义务进行了分析。相关裁判摘要如下:

消费者在接受服务时享有人身、财产安全不受损害的权利;消费者合法权益受到损害时,可以向经营者要求赔偿。消费者权益保护法的这个规定,是指消费者的人身及财产损害是由经营者提供服务的行为直接造成时,经营者才承担赔偿责任。本案中,上诉人李彬所受到的伤害,不是由被上诉人陆仙芹、陆选凤、朱海泉的经营行为直接造成,而是被第三人入店滋事时所伤,且当不明身份的第三人进入店内滋事时,陆仙芹、陆选凤、朱海泉确实进行了劝阻并报警。陆仙芹、陆选凤、朱海泉已经在经营者力所能及的范围对李彬实施了保护,虽未能成功,但依法不承担赔偿责任。故一审判决并无不当,对李彬的上诉请求不能支持。

• **2002年第2期《中华人民共和国最高人民法院公报》**刊登的"**李萍、龚念诉五月花公司人身伤害赔偿纠纷案**"判决对餐厅经营者防止第三人侵权的安全保障义务进行了分析。相关裁判摘要如下:

关于被上诉人五月花公司是否违约的问题。五月花公司接受上诉人李萍、龚念一家在其餐厅就餐,双方之间形成了以消费与服务为主要内容的合同关系。《中华人民共和国合同法》第六十条第二款规定:

"当事人应当遵循诚实信用原则,根据合同的性质、目的和交易习惯履行通知、协助、保密等义务。"五月花公司作为消费与服务合同中的经营者,除应该全面履行合同约定的义务外,还应当依照合同法第六十条的规定,履行保护消费者人身、财产不受非法侵害的附随义务。为了履行这一附随义务,经营者必须根据本行业的性质、特点和条件,随时、谨慎地注意保护消费者的人身、财产安全。但由于刑事犯罪的突发性、隐蔽性以及犯罪手段的智能化、多样化,即使经营者给予应有的注意和防范,也不可能完全避免刑事犯罪对顾客人身、财产的侵害。这种侵害一旦发生,只能从经营者是否尽到合理的谨慎注意义务来判断其是否违约。五月花餐厅接受顾客自带酒水到餐厅就餐,是行业习惯使然。对顾客带进餐厅的酒类产品,根据我国目前的社会环境,还没有必要,也没有条件要求经营者采取像乘坐飞机一样严格的安全检查措施。由于这个爆炸物的外包装酷似真酒,一般人凭肉眼难以识别。携带这个爆炸物的顾客曾经将其放置在自己家中一段时都未能发现危险,因此要求服务员在开启酒盒盖时必须作出存在危险的判断,是强人所难。五月花餐厅通过履行合理的谨慎注意义务,不可能识别伪装成酒的爆炸物,因此不存在违约行为。

关于被上诉人五月花公司是否侵权的问题。依照消费者权益保护法的规定,经营者应当对自己提供的商品或者服务承担责任,这自然不包括对消费者自带的用品负责。上诉人李萍、龚念一家在五月花餐厅就餐厅时,被倒塌的木板隔墙撞压致死、致伤。木板隔墙倒塌是犯罪分子制造的爆炸所引起,其责任自应由犯罪分子承担。五月花公司既与犯罪分子没有侵权的共同故意,更没有实施共同的侵权行为,不能依消费者权益保护法的规定认定五月花公司侵权。

• **2001 年第 2 期《中华人民共和国最高人民法院公报》**刊登的"**王利毅、张丽霞诉上海银河宾馆赔偿纠纷案**"判决就宾馆防止第三人侵权的安全保障义务进行了分析。相关裁判摘要如下:

王翰在宾馆内被害、财物被劫,是仝瑞宝犯罪的直接、必然结果。该犯罪结果所引起的刑事和民事侵权责任,只有仝瑞宝才应当承担。上诉人银河宾馆与仝瑞宝的犯罪行为既没有主观上的共同故意,又没有客观上的行为牵连。银河宾馆的行为虽有不当之处,但这些行为不会必然地导致王翰死亡。因此,银河宾馆与仝瑞宝不构成共同侵权,不应当承担侵权的民事责任。上诉人王利毅、张丽霞主张银河宾馆承担侵权民事责任,缺乏法律依据。

消费者权益保护法规定,经营者提供商品或者服务,造成消费者人身伤害的,应当赔偿。此规定是指经营者之商品或服务直接导致消费者受到损害的情形。本案王翰之死,并非由上诉人银河宾馆提供的服务直接造成,故不属于消费者权益保护法规定的情形。上诉人王利毅、张丽霞主张对本案适用消费者权益保护法调整,于法有悖。

宾馆作为服务性行为,以向旅客提供与收费相应的住宿环境和服务,来获取旅客付出的报酬。宾馆与旅客之间的关系符合民法通则第八十五条的规定,是合同关系,应当适用合同法律规定来调整。本案发生在《中华人民共和国合同法》施行以前,当时的法律对此类合同纠纷缺乏明确规定。最高人民法院在《关于适用〈中华人民共和国合同法〉若干问题的解释(一)》(法释〔1999〕19号)的第一条规定:"合同法实施以后成立的合同发生纠纷起诉到人民法院的,适用合同法的规定;合同法实施以前成立的合同发生纠纷起诉到人民法院的,除本解释另有规定的以外,适用当时的法律规定,当时没有法律规定的,可以适用合同法的有关规定。"根据这一司法解释,对本案可以适用合同法调整。

合同法第六十条规定:"当事人应当按照约定全面履行自己的义务。""当事人应当遵循诚实信用原则,根据合同的性质、目的和交易习惯履行通知、协助、保密等义务。"任何旅客入住宾馆时,都不会希望自己的人身、财产在入住期间受到侵害;任何宾馆在接待旅客时,也不愿意出现旅客的人身、财产被侵害事件,以至影响自己宾馆的客流量。因此,根据住宿合同的性质、目的和行业习惯,避免旅客人身、财产受到侵害,就成为此类合同的附随义务。按照收费标准的不同,各个宾馆履行合同附随义务的方式也会有所不同,但必须是切实采取有效的安全防范措施,认真履行最谨慎之注意义务,在自己的能力所及范围内最大限度地保护旅客不受非法侵害。住宿合同一经成立,无论宾馆是否向旅客出具口头的或者书面的安全保护或承诺,合同的附随义务都随之产生并客观存在。本案中,上诉人银河宾馆向旅客承诺"24小时的保安巡视,确保您的人身安全",是自愿将合同的附随义务上升为合同的主义务,更应当恪尽职守履行这一义务。

自王翰登记入住银河宾馆起,王翰就与上诉人银河宾馆形成了以住宿、服务为内容的合同关系。在此合同中,银河宾馆除应履行向王翰提供与其四星级收费标准相应的房间设施及服务的义务外,还应履行保护王翰人身、财产不受非法侵害的义务。王翰是在宾馆内被犯罪分子杀害的。由于刑事犯罪的突发性、不可预测性和犯罪手段的多样化,作为宾馆来说,尽管认真履行保护旅客人身、财产不受非法侵害的义务,也不可能完全避免此类犯罪事件在宾馆内发生。因此,一旦此类犯罪事件发生,不能以宾馆承担着保护旅客人身、财产不受非法侵害的合同附随义务,就一概认为宾馆负有责任,具体情况必须具体分析。对犯罪造成的危害结果,根据罪责自负的原则,必须由犯罪分子承担刑事和民事的法律责任。宾馆能证明自己确实认真履行了保护旅客人身、财产不受非法侵害的合同义务后,可以不承担责任。

上诉人银河宾馆作为四星级宾馆,已经具备了将宾馆大堂等公共活动区与旅客住宿区隔离的条件。为了适应市场化的要求,宾馆不需要也不可能对进入宾馆大堂等公共活动区的所有人员进行盘查、登记。但是为了住宿旅客的人身、财产安全,宾馆必须、也有条件对所有进入住宿区的不熟识人给予充分注意,在不乏热情的接待、询问中了解此类人员的动向,以及时发现并遏止其中一些人的犯罪企图,保护旅客的安全。事实证明,银河宾馆并没有配备专门人员负责此项工作,以至罪犯仝瑞宝出入王翰所在的住宿区时,均没有遇到过宾馆工作人员,更谈不上受到注意与询问,因而才能顺利进入客房作案,作案后又从容逃脱,王翰的尸体在第二天才被发现。银河宾馆不在旅客住宿区配备负责接待的工作人员,是其工作中的一大失误,这一失误已将旅客置于极不安全的境地,这也是仝瑞宝将银河宾馆选作犯罪地点的根本原因。银河宾馆虽然在住宿区每个楼层的电梯口都安装了电视监控设备,但是当监控设备已经反映出仝瑞宝为等待犯罪时机在不到两小时内7次上下宾馆电梯时,宾馆工作人员不能对这一异常举动给予密切注意。事实证明,由于出入电梯间的客流量较大,这一措施对及时保护旅客的人身、财产安全并不奏效。银河宾馆没有全面、认真地履行合同义务,自应承担违约责任。

上诉人银河宾馆的客房装备着探视镜、自动闭门器和安全链条等设施,并以告示提醒旅客必须看清门外来客时再开门。作为四星级宾馆,这些安全设施应当说是比较完备的。但是银河宾馆应当知道,旅客来自四面八方,其语言、文化程度、生活习惯、旅行常识有很大差异。在此情况下,宾馆不能认为给客房装备了安全设施、并且用文字提示了安全常识,就是尽到了自己的义务,还必须认真、负责地教会旅客在什么情况下使用以及如何使用这些安全设施,直至旅客形成使用这些设施的习惯。否则,纵有再好的安全设施,也会形同虚设。银河宾馆在这方面所尽义务是不够的,其以"王翰没有按照提示的要求看清门外来客后再开门,以致仝瑞宝能够进入房间犯罪"为由否认自己违约,理由不能成立。

合同法第一百一十三条第一款规定:"当事人一方不履行合同义务或者履行合同义务不符合约定,给对方造成损失的,损失赔偿额应当相当于因违约所造成的损失,包括合同履行后可以获得的利益,但不得超过违反合同一方订立合同时预见到或者应当预见到的因违反合同可能造成的损失。"上诉人银河宾馆履行义务不符合合同的约定,以至使旅客王翰陷入危险的环境,应当承担违约责任。但是应当指出,银河宾馆依法只对其在订立合同时应当预见到的因违反合同可能造成的损失承担赔偿责任。王翰被害及其财产被劫的损失,必须由杀害王翰的犯罪分子仝瑞宝承担。还应当指出,王翰作为旅客,时刻注意保护自己的人身、财产安全,也是她在订立住宿合同后应当履行的合同附随义务。王翰未能充分了解和利用宾馆提供的安全设施,以至给仝瑞宝的犯罪提供了条件,在履行合同附随义务中也有过失,因此可以酌减银河宾馆的违约赔偿数额。

第一千一百九十九条 【无民事行为能力人遭受人身损害时教育机构的侵权责任】无民事行为能力人在幼儿园、学校或者其他教育机构学习、生活期间受到人身损害的,幼儿园、学校或者其他教育机构应当承担侵权责任;但是,能够证明尽到教育、管理职责的,不承担侵权责任。

法条评释:本条来自原《侵权责任法》第 38 条,除将"但"修改为"但是"外,没有变化。本条与第 1200 条和第 1201 条都是对教育机构侵权责任的规定。所谓教育机构的侵权责任,是指无民事行为能力人和限制民事行为能力人在幼儿园、学校和其他教育机构学习、生活期间遭受人身伤害时,教育机构因未尽到应有的教育、管理职责而承担的侵权责任。教育机构的侵权责任可以分为两类:其一,教育机构直接侵权的责任,即教育机构因未尽到教育、管理职责而造成在校、在园学习生活的无民事行为能力人或限制民事行为能力人的损害时应承担的侵权责任。本条与第1200条均为对教育机构直接侵权责任的规定。其二,第三人侵权时教育机构的侵权责任,即幼儿园、学校或者其他教育机构以外的人员造成无民事行为能力人或限制民事行为能力人损害的,教育机构因未尽到管理职责而应承担的相应的补充责任。第1201条是对此类教育机构侵权责任的规定。

考虑到无民事行为能力人遭受人身伤害后多无法清晰地描述事发过程,如果要无民事行为能力人或者其监护人来证明教育机构的过错,显然是有困难的。加之,与限制民事行为能力人相比,无民事行为能力人的判断能力与自我保护能力非常低,他们既容易侵害他人,也容易遭受他人侵害。这就要求教育机构尽到更高度的注意义务,履行教育和管理的职责。故此,本条对无民事行为能力人在教育机构学习、生活期间受到人身损害的侵权责任规定了过错推定责任,即教育机构对其尽到教育、管理职责负有举证责任,如果不能证明已经尽到教育、管理职责,就需要承担责任。

一、相关法律条文

1.《中华人民共和国教育法》(2021年4月29日修正)

第三十条 学校及其他教育机构应当履行下列义务:

(一)遵守法律、法规;

(二)贯彻国家的教育方针,执行国家教育教学标准,保证教育教学质量;

(三)维护受教育者、教师及其他职工的合法权益;

(四)以适当方式为受教育者及其监护人了解受教育者的学业成绩及其他有关情况提供便利;

(五)遵照国家有关规定收取费用并公开收费项目;

(六)依法接受监督。

第四十五条 教育、体育、卫生行政部门和学校及其他教育机构应当完善体育、卫生保健设施,保护学生的身心健康。

2.《中华人民共和国义务教育法》(2018年12月29日修正)

第十六条 学校建设,应当符合国家规定的办学标准,适应教育教学需要;应当符合国家规定的选址要求和建设标准,确保学生和教职工安全。

第十九条 县级以上地方人民政府根据需要设置相应的实施特殊教育的学校(班),对视力残疾、听力语言残疾和智力残疾的适龄儿童、少年实施义务教育。特殊教育学校(班)应当具备适应残疾儿童、少年学习、康复、生活特点的场所和设施。

普通学校应当接收具有接受普通教育能力的残疾适龄儿童、少年随班就读,并为其学习、康复提供帮助。

第二十四条 学校应当建立、健全安全制度和应急机制,对学生进行安全教育,加强管理,及时消除隐患,预防发生事故。

县级以上地方人民政府定期对学校校舍安全进行检查;对需要维修、改造的,及时予以维修、改造。

学校不得聘用曾经因故意犯罪被依法剥夺政治权利或者其他不适合从事义务教育工作的人担任工作人员。

第二十七条 对违反学校管理制度的学生,学校应当予以批评教育,不得开除。

第二十九条 教师在教育教学中应当平等对待学生,关注学生的个体差异,因材施教,促进学生的充分发展。

教师应当尊重学生的人格,不得歧视学生,不得对学生实施体罚、变相体罚或者其他侮辱人格尊严的行为,不得侵犯学生合法权益。

3.《中华人民共和国民办教育促进法》(2018年12月29日修正)

第十一条 设立民办学校应当符合当地教育发展的需求,具备教育法和其他有关法律、法规规定的条件。

民办学校的设置标准参照同级同类公办学校的设置标准执行。

第三十三条 民办学校依法保障受教育者的合法权益。

民办学校按照国家规定建立学籍管理制度,对受教育者实施奖励或者处分。

第四十三条 民办学校侵犯受教育者的合法权益,受教育者及其亲属有权向教育行政部门和其他有关部门申诉,有关部门应当及时予以处理。

4.《中华人民共和国未成年人保护法》(2020年10月17日修订)

第二十五条 学校应当全面贯彻国家教育方针,坚持立德树人,实施素质教育,提高教育质量,注重培养未成年学生认知能力、合作能力、创新能力和实践能力,促进未成年学生全面发展。

学校应当建立未成年学生保护工作制度,健全学生行为规范,培养未成年学生遵纪守法的良好行为习惯。

第二十六条 幼儿园应当做好保育、教育工作,遵循幼儿身心发展规律,实施启蒙教育,促进幼儿在体质、智力、品德等方面和谐发展。

第二十七条 学校、幼儿园的教职员工应当尊重未成年人人格尊严,不得对未成年人实施体罚、变相体罚或者其他侮辱人格尊严的行为。

第二十八条 学校应当保障未成年学生受教育的权利,不得违反国家规定开除、变相开除未成年学生。

学校应当对尚未完成义务教育的辍学未成年学生进行登记并劝返复学;劝返无效的,应当及时向教育行政部门书面报告。

第二十九条 学校应当关心、爱护未成年学生,不得因家庭、身体、心理、学习能力等情况歧视学生。对家庭困难、身心有障碍的学生,应当提供关爱;对行为异常、学习有困难的学生,应当耐心帮助。

学校应当配合政府有关部门建立留守未成年学生、困境未成年学生的信息档案,开展关爱帮扶工作。

第三十条 学校应当根据未成年学生身心发展特点,进行社会生活指导、心理健康辅导、青春期教育和生命教育。

第三十一条 学校应当组织未成年学生参加与其年龄相适应的日常生活劳动、生产劳动和服务性劳动,帮助未成年学生掌握必要的劳动知识和技能,养成良好的劳动习惯。

第三十二条 学校、幼儿园应当开展勤俭节约、反对浪费、珍惜粮食、文明饮食等宣传教育活动,帮助未成年人树立浪费可耻、节约为荣的意识,养成文明健康、绿色环保的生活习惯。

第三十三条 学校应当与未成年学生的父母或者其他监护人互相配合,合理安排未成年学生的学习时间,保障其休息、娱乐和体育锻炼的时间。

学校不得占用国家法定节假日、休息日及寒暑假期,组织义务教育阶段的未成年学生集体补课,加重其学习负担。

幼儿园、校外培训机构不得对学龄前未成年人进行小学课程教育。

第三十四条 学校、幼儿园应当提供必要的卫生保健条件，协助卫生健康部门做好在校、在园未成年人的卫生保健工作。

第三十五条 学校、幼儿园应当建立安全管理制度，对未成年人进行安全教育，完善安保设施、配备安保人员，保障未成年人在校、在园期间的人身和财产安全。

学校、幼儿园不得在危及未成年人人身安全、身心健康的校舍和其他设施、场所中进行教育教学活动。

学校、幼儿园安排未成年人参加文化娱乐、社会实践等集体活动，应当保护未成年人的身心健康，防止发生人身伤害事故。

第三十六条 使用校车的学校、幼儿园应当建立健全校车安全管理制度，配备安全管理人员，定期对校车进行安全检查，对校车驾驶人进行安全教育，并向未成年人讲解校车安全乘坐知识，培养未成年人校车安全事故应急处理技能。

第三十七条 学校、幼儿园应当根据需要，制定应对自然灾害、事故灾难、公共卫生事件等突发事件和意外伤害的预案，配备相应设施并定期进行必要的演练。

未成年人在校内、园内或者本校、本园组织的校外、园外活动中发生人身伤害事故的，学校、幼儿园应当立即救护，妥善处理，及时通知未成年人的父母或者其他监护人，并向有关部门报告。

第三十八条 学校、幼儿园不得安排未成年人参加商业性活动，不得向未成年人及其父母或者其他监护人推销或者要求其购买指定的商品和服务。

学校、幼儿园不得与校外培训机构合作为未成年人提供有偿课程辅导。

第三十九条 学校应当建立学生欺凌防控工作制度，对教职员工、学生等开展防治学生欺凌的教育和培训。

学校对学生欺凌行为应当立即制止，通知实施欺凌和被欺凌未成年学生的父母或者其他监护人参与欺凌行为的认定和处理；对相关未成年学生及时给予心理辅导、教育和引导；对相关未成年学生的父母或者其他监护人给予必要的家庭教育指导。

对实施欺凌的未成年学生，学校应当根据欺凌行为的性质和程度，依法加强管教。对严重的欺凌行为，学校不得隐瞒，应当及时向公安机关、教育行政部门报告，并配合相关部门依法处理。

第四十条 学校、幼儿园应当建立预防性侵害、性骚扰未成年人工作制度。对性侵害、性骚扰未成年人等违法犯罪行为，学校、幼儿园不得隐瞒，应当及时向公安机关、教育行政部门报告，并配合相关部门依法处理。

学校、幼儿园应当对未成年人开展适合其年龄的性教育，提高未成年人防范性侵害、性骚扰的自我保护意识和能力。对遭受性侵害、性骚扰的未成年人，学校、幼儿园应当及时采取相关的保护措施。

第四十一条 婴幼儿照护服务机构、早期教育服务机构、校外培训机构、校外托管机构等应当参照本章有关规定，根据不同年龄阶段未成年人的成长特点和规律，做好未成年人保护工作。

5.《中华人民共和国预防未成年人犯罪法》(2020年12月26日修订)

第二十八条 本法所称不良行为，是指未成年人实施的不利于其健康成长的下列行为：

(一)吸烟、饮酒；

(二)多次旷课、逃学；

(三)无故夜不归宿、离家出走；

(四)沉迷网络；

(五)与社会上具有不良习性的人交往，组织或者参加实施不良行为的团伙；

(六)进入法律法规规定未成年人不宜进入的场所；

(七)参与赌博、变相赌博，或者参加封建迷信、邪教等活动；

(八)阅览、观看或者收听宣扬淫秽、色情、暴力、恐怖、极端等内容的读物、音像制品或者网络信息等；

(九)其他不利于未成年人身心健康成长的不良行为。

第三十一条 学校对有不良行为的未成年学生，应当加强管理教育，不得歧视；对拒不改正或者情节严重的，学校可以根据情况予以处分或者采取以下管理教育措施：

(一)予以训导；

(二)要求遵守特定的行为规范；

(三)要求参加特定的专题教育；

(四)要求参加校内服务活动；

(五)要求接受社会工作者或者其他专业人员的心理辅导和行为干预；

（六）其他适当的管理教育措施。

第三十二条 学校和家庭应当加强沟通，建立家校合作机制。学校决定对未成年学生采取管理教育措施的，应当及时告知其父母或者其他监护人；未成年学生的父母或者其他监护人应当支持、配合学校进行管理教育。

第三十三条 未成年学生有偷窃少量财物，或者有殴打、辱骂、恐吓、强行索要财物等学生欺凌行为，情节轻微的，可以由学校依照本法第三十一条规定采取相应的管理教育措施。

第三十四条 未成年学生旷课、逃学的，学校应当及时联系其父母或者其他监护人，了解有关情况；无正当理由的，学校和未成年学生的父母或者其他监护人应当督促其返校学习。

第三十五条 未成年人无故夜不归宿、离家出走的，父母或者其他监护人、所在的寄宿制学校应当及时查找，必要时向公安机关报告。

收留夜不归宿、离家出走未成年人的，应当及时联系其父母或者其他监护人、所在学校；无法取得联系的，应当及时向公安机关报告。

第三十七条 未成年人的父母或者其他监护人、学校发现未成年人组织或者参加实施不良行为的团伙，应当及时制止；发现该团伙有违法犯罪嫌疑的，应当立即向公安机关报告。

第三十八条 本法所称严重不良行为，是指未成年人实施的有刑法规定、因不满法定刑事责任年龄不予刑事处罚的行为，以及严重危害社会的下列行为：

（一）结伙斗殴，追逐、拦截他人，强拿硬要或者任意损毁、占用公私财物等寻衅滋事行为；

（二）非法携带枪支、弹药或者弩、匕首等国家规定的管制器具；

（三）殴打、辱骂、恐吓，或者故意伤害他人身体；

（四）盗窃、哄抢、抢夺或者故意损毁公私财物；

（五）传播淫秽的读物、音像制品或者信息等；

（六）卖淫、嫖娼，或者进行淫秽表演；

（七）吸食、注射毒品，或者向他人提供毒品；

（八）参与赌博赌资较大；

（九）其他严重危害社会的行为。

第三十九条 未成年人的父母或者其他监护人、学校、居民委员会、村民委员会发现有人教唆、胁迫、引诱未成年人实施严重不良行为的,应当立即向公安机关报告。公安机关接到报告或者发现有上述情形的,应当及时依法查处;对人身安全受到威胁的未成年人,应当立即采取有效保护措施。

二、相关行政法规

1.《幼儿园管理条例》(1989年8月20日国务院批准;1989年9月11日国家教育委员会令第4号发布)

第七条 举办幼儿园必须将幼儿园设置在安全区域内。

严禁在污染区和危险区内设置幼儿园。

第八条 举办幼儿园必须具有与保育、教育的要求相适应的园舍和设施。

幼儿园的园舍和设施必须符合国家的卫生标准和安全标准。

第九条 举办幼儿园应当具有符合下列条件的保育、幼儿教育、医务和其他工作人员:

(一)幼儿园园长、教师应当具有幼儿师范学校(包括职业学校幼儿教育专业)毕业程度,或者经教育行政部门考核合格。

(二)医师应当具有医学院校毕业程度,医士和护士应当具有中等卫生学校毕业程度,或者取得卫生行政部门的资格认可。

(三)保健员应当具有高中毕业程度,并受过幼儿保健培训。

(四)保育员应当具有初中毕业程度,并受过幼儿保育职业培训。

慢性传染病、精神病患者,不得在幼儿园工作。

第十三条 幼儿园应当贯彻保育与教育相结合的原则,创设与幼儿的教育和发展相适应的和谐环境,引导幼儿个性的健康发展。

幼儿园应当保障幼儿的身体健康,培养幼儿的良好生活、卫生习惯;促进幼儿的智力发展;培养幼儿热爱祖国的情感以及良好的品德行为。

第十六条 幼儿园应当以游戏为基本活动形式。

幼儿园可以根据本园的实际,安排和选择教育内容与方法,但不得进行违背幼儿教育规律,有损于幼儿身心健康的活动。

第十七条 严禁体罚和变相体罚幼儿。

第十八条 幼儿园应当建立卫生保健制度,防止发生食物中毒和传染病的流行。

第十九条 幼儿园应当建立安全防护制度,严禁在幼儿园内设置威胁幼儿安全的危险建筑物和设施,严禁使用有毒、有害物质制作教具、玩具。

第二十条 幼儿园发生食物中毒、传染病流行时,举办幼儿园的单位或者个人应当立即采取紧急救护措施,并及时报告当地教育行政部门或卫生行政部门。

第二十一条 幼儿园的园舍和设施有可能发生危险时,举办幼儿园的单位或个人应当采取措施,排除险情,防止事故发生。

2.《学校卫生工作条例》(1990年4月25日国务院批准;1990年6月4日国家教育委员会令第10号、卫生部令第1号发布)

第二条 学校卫生工作的主要任务是:监测学生健康状况;对学生进行健康教育,培养学生良好的卫生习惯;改善学校卫生环境和教学卫生条件;加强对传染病、学生常见病的预防和治疗。

第三条 本条例所称的学校,是指普通中小学、农业中学、职业中学、中等专业学校、技工学校、普通高等学校。

第五条 学校应当合理安排学生的学习时间。学生每日学习时间(包括自习),小学不超过六小时,中学不超过八小时,大学不超过十小时。

学校或者教师不得以任何理由和方式,增加授课时间和作业量,加重学生学习负担。

第六条 学校教学建筑、环境噪声、室内微小气候、采光、照明等环境质量以及黑板、课桌椅的设置应当符合国家有关标准。

新建、改建、扩建校舍,其选址、设计应当符合国家的卫生标准,并取得当地卫生行政部门的许可。竣工验收应当有当地卫生行政部门参加。

第七条 学校应当按照有关规定为学生设置厕所和洗手设施。寄宿制学校应当为学生提供相应的洗漱、洗澡等卫生设施。

学校应当为学生提供充足的符合卫生标准的饮用水。

第八条 学校应当建立卫生制度,加强对学生个人卫生、环境卫生以及教室、宿舍卫生的管理。

第九条 学校应当认真贯彻执行食品卫生法律、法规,加强饮食卫生管理,办好学生膳食,加强营养指导。

第十条 学校体育场地和器材应当符合卫生和安全要求。运动项目和运动强度应当适合学生的生理承受能力和体质健康状况,防止发生伤害事故。

第十一条 学校应当根据学生的年龄,组织学生参加适当的劳动,并对参加劳动的学生,进行安全教育,提供必要的安全和卫生防护措施。

普通中小学校组织学生参加劳动,不得让学生接触有毒有害物质或者从事不安全工种的作业,不得让学生参加夜班劳动。

普通高等学校、中等专业学校、技工学校、农业中学、职业中学组织学生参加生产劳动,接触有毒有害物质的,按照国家有关规定,提供保健待遇。学校应当定期对他们进行体格检查,加强卫生防护。

第十二条 学校在安排体育课以及劳动等体力活动时,应当注意女学生的生理特点,给予必要的照顾。

第十三条 学校应当把健康教育纳入教学计划。普通中小学必须开设健康教育课,普通高等学校、中等专业学校、技工学校、农业中学、职业中学应当开设健康教育选修课或者讲座。

学校应当开展学生健康咨询活动。

第十四条 学校应当建立学生健康管理制度。根据条件定期对学生进行体格检查,建立学生体质健康卡片,纳入学生档案。

学校对体格检查中发现学生有器质性疾病的,应当配合学生家长做好转诊治疗。

学校对残疾、体弱学生,应当加强医学照顾和心理卫生工作。

第十五条 学校应当配备可以处理一般伤病事故的医疗用品。

第十六条 学校应当积极做好近视眼、弱视、沙眼、龋齿、寄生虫、营养不良、贫血、脊柱弯曲、神经衰弱等学生常见疾病的群体预防和矫治工作。

第十七条 学校应当认真贯彻执行传染病防治法律、法规,做好急、慢性传染病的预防和控制管理工作,同时做好地方病的预防和控制管理工作。

第二十条 普通高等学校设校医院或者卫生科。校医院应当设保健科(室),负责师生的卫生保健工作。

城市普通中小学、农村中心小学和普通中学设卫生室,按学生人数六百比一的比例配备专职卫生技术人员。

中等专业学校、技工学校、农业中学、职业中学,可以根据需要,配备专职卫生技术人员。

学生人数不足六百人的学校,可以配备专职或者兼职保健教师,开展学校卫生工作。

第二十七条 供学生使用的文具、娱乐器具、保健用品,必须符合国家有关卫生标准。

三、相关部门规章

1.《学生伤害事故处理办法》(2010 年 12 月 13 日修正)

第二条 在学校实施的教育教学活动或者学校组织的校外活动中,以及在学校负有管理责任的校舍、场地、其他教育教学设施、生活设施内发生的,造成在校学生人身损害后果的事故的处理,适用本办法。

第三条 学生伤害事故应当遵循依法、客观公正、合理适当的原则,及时、妥善地处理。

第四条 学校的举办者应当提供符合安全标准的校舍、场地、其他教育教学设施和生活设施。

教育行政部门应当加强学校安全工作,指导学校落实预防学生伤害事故的措施,指导、协助学校妥善处理学生伤害事故,维护学校正常的教育教学秩序。

第五条 学校应当对在校学生进行必要的安全教育和自护自救教育;应当按照规定,建立健全安全制度,采取相应的管理措施,预防和消除教育教学环境中存在的安全隐患;当发生伤害事故时,应当及时采取措施救助受伤害学生。

学校对学生进行安全教育、管理和保护,应当针对学生年龄、认知能力和法律行为能力的不同,采用相应的内容和预防措施。

第六条 学生应当遵守学校的规章制度和纪律;在不同的受教育阶段,应当根据自身的年龄、认知能力和法律行为能力,避免和消除相应的危险。

第七条 未成年学生的父母或者其他监护人(以下称为监护人)应当依法履行监护职责,配合学校对学生进行安全教育、管理和保护工作。

学校对未成年学生不承担监护职责,但法律有规定的或者学校依法接受委托承担相应监护职责的情形除外。

第八条 发生学生伤害事故,造成学生人身损害的,学校应当按照《中华人民共和国侵权责任法》及相关法律、法规的规定,承担相应的事故责任。

第九条 因下列情形之一造成的学生伤害事故,学校应当依法承担相应的责任:

(一)学校的校舍、场地、其他公共设施,以及学校提供给学生使用的学具、教育教学和生活设施、设备不符合国家规定的标准,或者有明显不安全因素的;

(二)学校的安全保卫、消防、设施设备管理等安全管理制度有明显疏漏,或者管理混乱,存在重大安全隐患,而未及时采取措施的;

(三)学校向学生提供的药品、食品、饮用水等不符合国家或者行业的有关标准、要求的;

(四)学校组织学生参加教育教学活动或者校外活动,未对学生进行相应的安全教育,并未在可预见的范围内采取必要的安全措施的;

(五)学校知道教师或者其他工作人员患有不适宜担任教育教学工作的疾病,但未采取必要措施的;

(六)学校违反有关规定,组织或者安排未成年学生从事不宜未成年人参加的劳动、体育运动或者其他活动的;

(七)学生有特异体质或者特定疾病,不宜参加某种教育教学活动,学校知道或者应当知道,但未予以必要的注意的;

(八)学生在校期间突发疾病或者受到伤害,学校发现,但未根据实际情况及时采取相应措施,导致不良后果加重的;

(九)学校教师或者其他工作人员体罚或者变相体罚学生,或者在履行职责过程中违反工作要求、操作规程、职业道德或者其他有关规定的;

(十)学校教师或者其他工作人员在负有组织、管理未成年学生的职责期间,发现学生行为具有危险性,但未进行必要的管理、告诫或者制止的;

(十一)对未成年学生擅自离校等与学生人身安全直接相关的信息,学校发现或者知道,但未及时告知未成年学生的监护人,导致未成年学生因脱离监护人的保护而发生伤害的;

(十二)学校有未依法履行职责的其他情形的。

第十条 学生或者未成年学生监护人由于过错,有下列情形之一,造成学生伤害事故,应当依法承担相应的责任:

(一)学生违反法律法规的规定,违反社会公共行为准则、学校的规章制度或者纪律,实施按其年龄和认知能力应当知道具有危险或者可能危及他人的行为的;

(二)学生行为具有危险性,学校、教师已经告诫、纠正,但学生不听劝阻、拒不改正的;

（三）学生或者其监护人知道学生有特异体质，或者患有特定疾病，但未告知学校的；

（四）未成年学生的身体状况、行为、情绪等有异常情况，监护人知道或者已被学校告知，但未履行相应监护职责的；

（五）学生或者未成年学生监护人有其他过错的。

第十一条　学校安排学生参加活动，因提供场地、设备、交通工具、食品及其他消费与服务的经营者，或者学校以外的活动组织者的过错造成的学生伤害事故，有过错的当事人应当依法承担相应的责任。

第十二条　因下列情形之一造成的学生伤害事故，学校已履行了相应职责，行为并无不当的，无法律责任：

（一）地震、雷击、台风、洪水等不可抗的自然因素造成的；

（二）来自学校外部的突发性、偶发性侵害造成的；

（三）学生有特异体质、特定疾病或者异常心理状态，学校不知道或者难于知道的；

（四）学生自杀、自伤的；

（五）在对抗性或者具有风险性的体育竞赛活动中发生意外伤害的；

（六）其他意外因素造成的。

第十三条　下列情形下发生的造成学生人身损害后果的事故，学校行为并无不当的，不承担事故责任；事故责任应当按有关法律法规或者其他有关规定认定：

（一）在学生自行上学、放学、返校、离校途中发生的；

（二）在学生自行外出或者擅自离校期间发生的；

（三）在放学后、节假日或者假期等学校工作时间以外，学生自行滞留学校或者自行到校发生的；

（四）其他在学校管理职责范围外发生的。

第十四条　因学校教师或者其他工作人员与其职务无关的个人行为，或者因学生、教师及其他个人故意实施的违法犯罪行为，造成学生人身损害的，由致害人依法承担相应的责任。

第二十三条　对发生学生伤害事故负有责任的组织或者个人，应当按照法律法规的有关规定，承担相应的损害赔偿责任。

第二十四条　学生伤害事故赔偿的范围与标准，按照有关行政法规、地方性法规或者最高人民法院司法解释中的有关规定确定。

教育行政部门进行调解时,认为学校有责任的,可以依照有关法律法规及国家有关规定,提出相应的调解方案。

第二十五条　对受伤害学生的伤残程度存在争议的,可以委托当地具有相应鉴定资格的医院或者有关机构,依据国家规定的人体伤残标准进行鉴定。

第二十六条　学校对学生伤害事故负有责任的,根据责任大小,适当予以经济赔偿,但不承担解决户口、住房、就业等与救助受伤害学生、赔偿相应经济损失无直接关系的其他事项。

学校无责任的,如果有条件,可以根据实际情况,本着自愿和可能的原则,对受伤害学生给予适当的帮助。

第二十七条　因学校教师或者其他工作人员在履行职务中的故意或者重大过失造成的学生伤害事故,学校予以赔偿后,可以向有关责任人员追偿。

第二十八条　未成年学生对学生伤害事故负有责任的,由其监护人依法承担相应的赔偿责任。

学生的行为侵害学校教师及其他工作人员以及其他组织、个人的合法权益,造成损失的,成年学生或者未成年学生的监护人应当依法予以赔偿。

第二十九条　根据双方达成的协议、经调解形成的协议或者人民法院的生效判决,应当由学校负担的赔偿金,学校应当负责筹措;学校无力完全筹措的,由学校的主管部门或者举办者协助筹措。

第三十条　县级以上人民政府教育行政部门或者学校举办者有条件的,可以通过设立学生伤害赔偿准备金等多种形式,依法筹措伤害赔偿金。

第三十一条　学校有条件的,应当依据保险法的有关规定,参加学校责任保险。

教育行政部门可以根据实际情况,鼓励中小学参加学校责任保险。

提倡学生自愿参加意外伤害保险。在尊重学生意愿的前提下,学校可以为学生参加意外伤害保险创造便利条件,但不得从中收取任何费用。

2.《中小学幼儿园安全管理办法》(2006年9月1日起施行)

第一条　为加强中小学、幼儿园安全管理,保障学校及其学生和教职工的人身、财产安全,维护中小学、幼儿园正常的教育教学秩序,根据《中华人民共和国教育法》等法律法规,制定本办法。

第二条　普通中小学、中等职业学校、幼儿园(班)、特殊教育学校、工读学校(以下统称学校)的安全管理适用本办法。

第三条　学校安全管理遵循积极预防、依法管理、社会参与、各负其责的方针。

第四条　学校安全管理工作主要包括:

(一)构建学校安全工作保障体系,全面落实安全工作责任制和事故责任追究制,保障学校安全工作规范、有序进行;

(二)健全学校安全预警机制,制定突发事件应急预案,完善事故预防措施,及时排除安全隐患,不断提高学校安全工作管理水平;

(三)建立校园周边整治协调工作机制,维护校园及周边环境安全;

(四)加强安全宣传教育培训,提高师生安全意识和防护能力;

(五)事故发生后启动应急预案、对伤亡人员实施救治和责任追究等。

第五条　各级教育、公安、司法行政、建设、交通、文化、卫生、工商、质检、新闻出版等部门在本级人民政府的领导下,依法履行学校周边治理和学校安全的监督与管理职责。

学校应当按照本办法履行安全管理和安全教育职责。

社会团体、企业事业单位、其他社会组织和个人应当积极参与和支持学校安全工作,依法维护学校安全。

第十四条　举办学校的地方人民政府、企业事业组织、社会团体和公民个人,应当对学校安全工作履行下列职责:

(一)保证学校符合基本办学标准,保证学校围墙、校舍、场地、教学设施、教学用具、生活设施和饮用水源等办学条件符合国家安全质量标准;

(二)配置紧急照明装置和消防设施与器材,保证学校教学楼、图书馆、实验室、师生宿舍等场所的照明、消防条件符合国家安全规定;

(三)定期对校舍安全进行检查,对需要维修的,及时予以维修;对确认的危房,及时予以改造。

举办学校的地方人民政府应当依法维护学校周边秩序,保障师生和学校的合法权益,为学校提供安全保障。

有条件的,学校举办者应当为学校购买责任保险。

第十五条　学校应当遵守有关安全工作的法律、法规和规章,建立健全校内各项安全管理制度和安全应急机制,及时消除隐患,预防发生事故。

第十六条 学校应当建立校内安全工作领导机构,实行校长负责制;应当设立保卫机构,配备专职或者兼职安全保卫人员,明确其安全保卫职责。

第十七条 学校应当健全门卫制度,建立校外人员入校的登记或者验证制度,禁止无关人员和校外机动车入内,禁止将非教学用易燃易爆物品、有毒物品、动物和管制器具等危险物品带入校园。

学校门卫应当由专职保安或者其他能够切实履行职责的人员担任。

第十八条 学校应当建立校内安全定期检查制度和危房报告制度,按照国家有关规定安排对学校建筑物、构筑物、设备、设施进行安全检查、检验;发现存在安全隐患的,应当停止使用,及时维修或者更换;维修、更换前应当采取必要的防护措施或者设置警示标志。学校无力解决或者无法排除的重大安全隐患,应当及时书面报告主管部门和其他相关部门。

学校应当在校内高地、水池、楼梯等易发生危险的地方设置警示标志或者采取防护设施。

第十九条 学校应当落实消防安全制度和消防工作责任制,对于政府保障配备的消防设施和器材加强日常维护,保证其能够有效使用,并设置消防安全标志,保证疏散通道、安全出口和消防车通道畅通。

第二十条 学校应当建立用水、用电、用气等相关设施设备的安全管理制度,定期进行检查或者按照规定接受有关主管部门的定期检查,发现老化或者损毁的,及时进行维修或者更换。

第二十一条 学校应当严格执行《学校食堂与学生集体用餐卫生管理规定》、《餐饮业和学生集体用餐配送单位卫生规范》,严格遵守卫生操作规范。建立食堂物资定点采购和索证、登记制度与饭菜留验和记录制度,检查饮用水的卫生安全状况,保障师生饮食卫生安全。

第二十二条 学校应当建立实验室安全管理制度,并将安全管理制度和操作规程置于实验室显著位置。

学校应当严格建立危险化学品、放射物质的购买、保管、使用、登记、注销等制度,保证将危险化学品、放射物质存放在安全地点。

第二十三条 学校应当按照国家有关规定配备具有从业资格的专职医务(保健)人员或者兼职卫生保健教师,购置必需的急救器材和药品,保障对学生常见病的治疗,并负责学校传染病疫情及其他突发公共卫生事件的报告。有条件的学校,应当设立卫生(保健)室。

新生入学应当提交体检证明。托幼机构与小学在入托、入学时应当查验预防接种证。学校应当建立学生健康档案，组织学生定期体检。

第二十四条 学校应当建立学生安全信息通报制度，将学校规定的学生到校和放学时间、学生非正常缺席或者擅自离校情况以及学生身体和心理的异常状况等关系学生安全的信息，及时告知其监护人。

对有特异体质、特定疾病或者其他生理、心理状况异常以及有吸毒行为的学生，学校应当做好安全信息记录，妥善保管学生的健康与安全信息资料，依法保护学生的个人隐私。

第二十五条 有寄宿生的学校应当建立住宿学生安全管理制度，配备专人负责住宿学生的生活管理和安全保卫工作。

学校应当对学生宿舍实行夜间巡查、值班制度，并针对女生宿舍安全工作的特点，加强对女生宿舍的安全管理。

学校应当采取有效措施，保证学生宿舍的消防安全。

第二十六条 学校购买或者租用机动车专门用于接送学生的，应当建立车辆管理制度，并及时到公安机关交通管理部门备案。接送学生的车辆必须检验合格，并定期维护和检测。

接送学生专用校车应当粘贴统一标识。标识样式由省级公安机关交通管理部门和教育行政部门制定。

学校不得租用拼装车、报废车和个人机动车接送学生。

接送学生的机动车驾驶员应当身体健康，具备相应准驾车型 3 年以上安全驾驶经历，最近 3 年内任一记分周期没有记满 12 分记录，无致人伤亡的交通责任事故。

第二十七条 学校应当建立安全工作档案，记录日常安全工作、安全责任落实、安全检查、安全隐患消除等情况。

安全档案作为实施安全工作目标考核、责任追究和事故处理的重要依据。

第二十八条 学校在日常的教育教学活动中应当遵循教学规范，落实安全管理要求，合理预见、积极防范可能发生的风险。

学校组织学生参加的集体劳动、教学实习或者社会实践活动，应当符合学生的心理、生理特点和身体健康状况。

学校以及接受学生参加教育教学活动的单位必须采取有效措施，为学生活动提供安全保障。

第二十九条 学校组织学生参加大型集体活动,应当采取下列安全措施:

(一)成立临时的安全管理组织机构;

(二)有针对性地对学生进行安全教育;

(三)安排必要的管理人员,明确所负担的安全职责;

(四)制定安全应急预案,配备相应设施。

第三十条 学校应当按照《学校体育工作条例》和教学计划组织体育教学和体育活动,并根据教学要求采取必要的保护和帮助措施。

学校组织学生开展体育活动,应当避开主要街道和交通要道;开展大型体育活动以及其他大型学生活动,必须经过主要街道和交通要道的,应当事先与公安机关交通管理部门共同研究并落实安全措施。

第三十一条 小学、幼儿园应当建立低年级学生、幼儿上下学时接送的交接制度,不得将晚离学校的低年级学生、幼儿交与无关人员。

第三十二条 学生在教学楼进行教学活动和晚自习时,学校应当合理安排学生疏散时间和楼道上下顺序,同时安排人员巡查,防止发生拥挤踩踏伤害事故。

晚自习学生没有离校之前,学校应当有负责人和教师值班、巡查。

第三十三条 学校不得组织学生参加抢险等应当由专业人员或者成人从事的活动,不得组织学生参与制作烟花爆竹、有毒化学品等具有危险性的活动,不得组织学生参加商业性活动。

第三十四条 学校不得将场地出租给他人从事易燃、易爆、有毒、有害等危险品的生产、经营活动。

学校不得出租校园内场地停放校外机动车辆;不得利用学校用地建设对社会开放的停车场。

第三十五条 学校教职工应当符合相应任职资格和条件要求。学校不得聘用因故意犯罪而受到刑事处罚的人,或者有精神病史的人担任教职工。

学校教师应当遵守职业道德规范和工作纪律,不得侮辱、殴打、体罚或者变相体罚学生;发现学生行为具有危险性的,应当及时告诫、制止,并与学生监护人沟通。

第三十六条 学生在校学习和生活期间,应当遵守学校纪律和规章制度,服从学校的安全教育和管理,不得从事危及自身或者他人安全的活动。

第三十七条 监护人发现被监护人有特异体质、特定疾病或者异常心理状况的,应当及时告知学校。

学校对已知的有特异体质、特定疾病或者异常心理状况的学生,应当给予适当关注和照顾。生理、心理状况异常不宜在校学习的学生,应当休学,由监护人安排治疗、休养。

第三十八条 学校应当按照国家课程标准和地方课程设置要求,将安全教育纳入教学内容,对学生开展安全教育,培养学生的安全意识,提高学生的自我防护能力。

第三十九条 学校应当在开学初、放假前,有针对性地对学生集中开展安全教育。新生入校后,学校应当帮助学生及时了解相关的学校安全制度和安全规定。

第四十条 学校应当针对不同课程实验课的特点与要求,对学生进行实验用品的防毒、防爆、防辐射、防污染等的安全防护教育。

学校应当对学生进行用水、用电的安全教育,对寄宿学生进行防火、防盗和人身防护等方面的安全教育。

第四十一条 学校应当对学生开展安全防范教育,使学生掌握基本的自我保护技能,应对不法侵害。

学校应当对学生开展交通安全教育,使学生掌握基本的交通规则和行为规范。

学校应当对学生开展消防安全教育,有条件的可以组织学生到当地消防站参观和体验,使学生掌握基本的消防安全知识,提高防火意识和逃生自救的能力。

学校应当根据当地实际情况,有针对性地对学生开展到江河湖海、水库等地方戏水、游泳的安全卫生教育。

第四十二条 学校可根据当地实际情况,组织师生开展多种形式的事故预防演练。

学校应当每学期至少开展一次针对洪水、地震、火灾等灾害事故的紧急疏散演练,使师生掌握避险、逃生、自救的方法。

第四十三条 教育行政部门按照有关规定,与人民法院、人民检察院和公安、司法行政等部门以及高等学校协商,选聘优秀的法律工作者担任学校的兼职法制副校长或者法制辅导员。

兼职法制副校长或者法制辅导员应当协助学校检查落实安全制度和安全事故处理、定期对师生进行法制教育等,其工作成果纳入派出单位的工作考核内容。

第四十四条　教育行政部门应当组织负责安全管理的主管人员、学校校长、幼儿园园长和学校负责安全保卫工作的人员,定期接受有关安全管理培训。

第四十五条　学校应当制定教职工安全教育培训计划,通过多种途径和方法,使教职工熟悉安全规章制度、掌握安全救护常识,学会指导学生预防事故、自救、逃生、紧急避险的方法和手段。

第四十六条　学生监护人应当与学校互相配合,在日常生活中加强对被监护人的各项安全教育。

学校鼓励和提倡监护人自愿为学生购买意外伤害保险。

第五十五条　在发生地震、洪水、泥石流、台风等自然灾害和重大治安、公共卫生突发事件时,教育等部门应当立即启动应急预案,及时转移、疏散学生,或者采取其他必要防护措施,保障学校安全和师生人身财产安全。

第五十六条　校园内发生火灾、食物中毒、重大治安等突发安全事故以及自然灾害时,学校应当启动应急预案,及时组织教职工参与抢险、救助和防护,保障学生身体健康和人身、财产安全。

第五十七条　发生学生伤亡事故时,学校应当按照《学生伤害事故处理办法》规定的原则和程序等,及时实施救助,并进行妥善处理。

第五十八条　发生教职工和学生伤亡等安全事故的,学校应当及时报告主管教育行政部门和政府有关部门;属于重大事故的,教育行政部门应当按照有关规定及时逐级上报。

第六十四条　学生人身伤害事故的赔偿,依据有关法律法规、国家有关规定以及《学生伤害事故处理办法》处理。

第六十五条　中等职业学校学生实习劳动的安全管理办法另行制定。

四、相关裁判摘要

• **2006年第12期《中华人民共和国最高人民法院公报》**刊登的**"吴凯诉朱超、曙光学校人身损害赔偿纠纷案"**判决认为,教育机构并非监护人而只有在违反教育管理职责时方对无民事行为能力人在校期间遭受的损害承担责任进行了分析。相关裁判摘要如下:

监护是基于身份产生的民事权利。当未成年人无父母或其他亲属作监护人时，其父、母所在单位或者其住所地的居民委员会、村民委员会、民政部门等单位，才可能成为监护人。学校不能成为未成年人的监护人。法律对监护人的范围规定很明确，监护关系不容随意设立或变更。故监护人将未成年学生送至学校学习，其监护职责并未转移给学校；学校也不因接受未成年学生到校学习，自然而然地承担起对该学生的监护职责。最高人民法院《关于贯彻执行〈中华人民共和国民法通则〉若干问题的意见（试行）》第22条规定："监护人可以将监护职责部分或者全部委托给他人。因被监护人的侵权行为需要承担民事责任的，应当由监护人承担，但另有约定的除外；被委托人确有过错的，负连带责任。"这一条规定了监护职责可以因委托而转移。监护人如果想将监护职责部分或者全部委托给学校，必须与学校达成明确的委托约定。没有明确的委托约定，不能推定学校已经接受监护人的委托，对到校学习的未成年学生承担起部分或全部监护职责。

本案被告曙光学校是一所民办寄宿制小学。与其他实行走读制的学校相比，寄宿制小学只是在学校内部的管理上有所扩展，并未改变其对学生承担教育、管理和保护义务的本质。而学校内部管理上的变化，并不必然导致未成年学生监护职责的转移。在曙光学校与学生家长签订的入学协议中，没有约定家长委托学校对未成年学生履行监护职责。因此，对在校学习的未成年学生，曙光学校没有监护职责。

……

曙光学校虽然对在校未成年学生没有监护职责，但有教育、管理和保护的义务。在履行教育、管理、保护义务中，曙光学校如果无过错，则不是本案的责任承担主体；如果有过错，就会成为本案另一责任承担主体，承担与其过错相应的赔偿责任。吴凯在2004年12月17日晚10时许受到伤害，此时早已是寄宿学生熄灯就寝的时间。按照曙光学校的管理制度，学校里专门负责学生生活的老师应当对未成年学生的就寝情况进行巡视。事实证明，吴凯、朱超等人超过规定时间未入睡，对这一异常情况，曙光学校没有及时发现并管理，以致本可避免的伤害事故发生。伤害事故发生后，曙光学校不仅未给吴凯提供及时有效的治疗措施，且滞后10多天才向监护人通知吴凯受到伤害的情况，以致吴凯伤情加重。曙光学校对未成年学生没有充分履行教育、管理和保护的义务，主观上有一定过错，理当成为本案又一责任承担主体。

……原告吴凯是在被告曙光学校生活期间受到伤害，自身无过错；被告朱超虽然实施了加害行为，但朱超是未成年人，且是在校期间伤害他人。无论对加害人还是对受害人，曙光学校都有教育、管理和保护的义务。曙光学校未充分履行此项义务，是导致本案伤害事故发生的主要原因。曙光学校的主观过错较大，应当对伤害后果承担主要的赔偿责任。由于曙光学校实行封闭式管理，使朱超的监护人履行监护职责受到限制。对朱超的加害行为，其监护人虽然无过错也应承担责任，但应承担次要责任。原告方不应承担任何责任。

第一千二百条　【限制民事行为能力人遭受人身损害时教育机构的侵权责任】限制民事行为能力人在学校或者其他教育机构学习、生活期间受到人身损害，学校或者其他教育机构未尽到教育、管理职责的，应当承担侵权责任。

法条评释：本条是对限制民事行为能力人在教育机构遭受人身损害时教育机构侵权责任的规定，性质上属于一般的过错责任。申言之，限制民事行为能力人要教育机构承担侵权责任时，必须证明教育机构没有尽到教育、管理职责。

一、相关法律、行政法规及部门规章

法律、行政法规及部门规章对教育机构教育、管理职责的规定，参见《民法典》第1199条所附相关条款，此处不再重复。

二、相关文件规定

《最高人民法院关于肖涵诉上海市第五十四中学等赔偿一案的复函》（〔1999〕民他字第25号）

上海市高级人民法院：

你院〔1998〕沪高民他字第29号《关于肖涵诉上海市第五十四中学等赔偿一案的请示》收悉。经研究，同意你院审判委员会的意见，即肖涵在校学习期间，上海市第五十四中学对其负有进行教育、管理和保护的职责。肖涵受伤后，上海市第五十四中学未及时将其送往医院进行抢救，以致延误了医疗时机，造成肖涵终身残废，该校应承担主要责任。肖涵作为限制民事行为能力人，因违反学校纪律擅自爬墙摔伤，对损害后果应承担次要责任。范吉俊、李佳磊明知爬墙的危险性，仍然协助肖涵爬墙，对损害后果亦应承担一定的责任。至于数额的分担，请你院根据实际情况和各自责任确定。

三、相关裁判摘要

• **2009年第4期《中华人民共和国最高人民法院公报》**刊登的“**李建青、宋宝宁诉青海湟川中学人身损害赔偿纠纷案**”判决对学生因考试作弊被处分而自杀的案件中，学校是否尽管教育、管理职责进行了分析。相关裁判摘要如下：

首先，被上诉人湟川中学对上诉人李建青、宋宝宁之子李晖在考试中夹带纸条的行为以作弊处理并无不当。李晖作为湟川中学的一名学生，明知夹带纸条是考场纪律所不允许的，但仍夹带载有与考试科目相关内容的纸条进入考场，其行为违反了学校制定的考试纪律。作弊是一种违纪行为，在考试中只要考生有夹带、偷看、传递纸条的行为就构成作弊，并不以作弊是否得逞、纸条内容是否与试题有关作为构成要件，故湟川中学认定李晖作弊，具有充分的事实依据。针对李晖的违纪行为，湟川中学以作弊给予其记过处分并无不当。

其次，被上诉人湟川中学给予李晖记过处分，并在校园范围内张贴处分决定的行为不具有违法性。依据《中华人民共和国教育法》第二十八条的规定，学校对受教育者有实施奖励或者处分的权利。《中小学德育工作规程》第二十七条规定，中小学校应当严肃校纪，对严重违犯学校纪律的学生应当根据其所犯错误的程度给予批评教育或者纪律处分，并将处分情况通知学生家长。上述规定并未明确关于违纪学生的具体处分办法。湟川中学为整顿考场纪律，加大惩戒力度，给予李晖记过处分，虽是基于其管理需要，但也属于其自治权利，且根据本案事实，李晖确有作弊行为，湟川中学对李晖作出的处分决定并无不当。湟川中学在校园范围内张贴对李晖的处分决定，既是对违纪者的惩戒，也是对其他学生的警示，且处分决定的张贴范围仅限于校园之内，并未扩大公布范围，亦不违反该校制定的考试纪律。因此，湟川中学张贴处分决定的行为并无不当，不具有违法性。

第三，被上诉人湟川中学并未剥夺李晖对于处分决定的申辩权。李晖在见到学校公布的处分决定后，即向班主任老师、监考老师和政教处领导作了解释，提出了撤销处分的申请，行使了申辩权。虽然湟川中学未同意李晖的请求,但并不等同于学校剥夺了李晖的申辩权,且李晖仍有进一步申诉的权利。因此,上诉人李建青、宋宝宁关于湟川中学剥夺李晖申辩权的上诉理由不能成立。

第四,李晖在受到处分的当日下午没有到校参加考试,被上诉人湟川中学对此不存在未尽合理注意义务的过错。李晖于当日中午12时许放学回到家中,不属于擅自离校。学生放学回家后应由家长进行管理,对于正常离校回家的学生,学校无法预见到会发生什么样的危险。故对于李晖当日未到校参加考试,湟川中学不存在未尽合理注意义务的过错。

第五,被上诉人湟川中学在处分李晖的过程中违反工作要求,未遵循相关规定,存在一定的过错。根据湟川中学自行制定的《解除学生处分办法》的规定,对违纪学生的处分决定,经校政教处调查落实后,需报请校务会批准。而湟川中学在对李晖作出处分决定前既未对当事人即李晖本人进行调查核实,听取李晖的陈述,也未将处分决定报校务会批准。虽然湟川中学关于李晖的处分决定在实质上并无不当,但其工作方法确实存在简单、草率、不规范的问题,也违反了其自行制定的工作要求。另外,根据《中小学德育工作规程》第二十七条的规定,学校对学生作出的处分决定应当通知学生家长。湟川中学也认可该校正式的处分决定是一式三份,由学校、班主任、家长各持一份。然而本案中,湟川中学未将关于李晖的处分决定及时通知其家长。中小学生系未成年人,其心理发育并未成熟,对于外界刺激的承受能力有限,学生之间的个体差异也比较大。学校作为教育机构,在处分学生时必须充分考虑学生的心理承受能力,在处分的同时做好教育、疏导工作。从根本上讲,对学生的处分也是教育手段,而不是简单的惩罚。只有在充分考虑受处分学生的心理素质,针对其实际情况进行教育、疏导的基础上,处分手段才能真正发挥教育作用,才能避免可能发生的悲剧。然而本案中,湟川中学仅仅为了追求惩戒的时效性,没有充分考虑李晖的心理承受能力,且没有按照规定将处分决定及时通知李晖的家长,使得熟悉、了解李晖个人情况的家长没有机会针对李晖性格中存在的问题及时进行引导和教育,丧失了避免本案悲剧发生的可能。故湟川中学违反工作程序的处分行为与李晖的死亡具有一定的因果关系。

根据教育部制定的《学生伤害事故处理办法》第九条的规定,学校教师或者其他工作人员在履行职责过程中违反工作要求、操作规程、职业道德或者其他有关规定的，学校应当依法承担相应的赔偿责任。鉴于本案发生的主要原因是李晖不能正确对待问题、对挫折的承受力有限，从而导致了损害结果的发生，故上诉人李建青、宋宝宁要求被上诉人湟川中学承担全部赔偿责任的理由不能成立。基于湟川中学在工作方法和操作规程上存在一定的过错，应判令其承担20%的赔偿责任。

• **2008年第9期《中华人民共和国最高人民法院公报》**刊登的"**黄宇森诉广州市白云区京溪小学、广东省三茂铁路国际旅行社等人身损害赔偿纠纷案**"判决认为，学校等教育机构组织学生参加校外活动，对学生仍然负有管理和保护的义务。教育机构与他人签订合同，将校外活动交由他人具体承办，并约定在活动期间由他人负责对学生的管理、保护的，并不导致校外活动性质的变化，亦不因此减轻或免除教育机构管理、保护学生的法定义务。相关裁判摘要如下：

本案中，上诉人京溪小学组织全校学生进行涉案春游活动，虽然其与被上诉人三茂旅行社签订的《广东省国内旅行组团合同》中约定有由三茂旅行社负责活动期间对学生进行管理、保护的内容，但通过合同设置三茂旅行社的义务，并不意味着免除或减轻京溪小学的义务。京溪小学作为专业的教育机构，无权任意转移自己教育、管理、保护本校学生的法定义务。根据本案查明的事实，京溪小学的老师将学生交给导游后，即脱离学生自行参加三茂旅行社组织的活动，没有在春游活动中全程陪伴、保护学生。一方面，三茂旅行社不是专门的教育机构，而是专业的旅游机构，其服务的对象一般是成年人，即使有少部分未成年人参与旅游，也往往是在成年人的陪伴、保护之下。因此，旅游机构及其导游一般不具有管理、保护未成年人的经验，不了解未成年人的特点，尤其缺乏组织大规模的未成年人集体活动的能力。另一方面，京溪小学组织该次春游，是教育机构组织学生进行校外活动，并非让老师度假，在校外活动中对学生进行管理、保护仍然是老师的职责。京溪小学在本次活动中组织老师自行游玩，让学生自由活动，将大量未成年人交给缺乏专业经验的导游进行管理，显然是不履行法定义务的行为。综上，被上诉人黄某某在涉案春游活动中被风筝支架扎伤眼睛，京溪小学对此没有采取必要的安全防范措施，没有履行应尽的义务，应当承担相应的责任。

第一千二百零一条 【第三人侵权时教育机构的侵权责任】无民

事行为能力人或者限制民事行为能力人在幼儿园、学校或者其他教育机构学习、生活期间,受到幼儿园、学校或者其他教育机构以外的第三人人身损害的,由第三人承担侵权责任;幼儿园、学校或者其他教育机构未尽到管理职责的,承担相应的补充责任。幼儿园、学校或者其他教育机构承担补充责任后,可以向第三人追偿。

法条评释:本条是对第三人侵权时教育机构侵权责任的规定。与原《侵权责任法》第40条相比,本条的变化就是增加了幼儿园、学校或者其他教育机构承担补充责任后,可以向第三人追偿的规定。

本条中所谓"幼儿园、学校或者其他教育机构以外的人员",不包括以下两类人员:其一,教育机构的工作人员,如教师、职工等;其二,在教育机构学习、生活的无民事行为能力人和限制民事行为能力人。实践中,较为常见的第三人侵权时教育机构承担相应补充责任的情形是,犯罪分子为报复社会而进入幼儿园、学校内行凶,残杀儿童或学生,而学校没有采取任何措施保护孩子们的情形。由于第三人既非教育机构的工作人员,也非在教育机构学习生活的不完全民事行为能力人,故此,教育机构对第三人不负有教育职责,而只是负有管理职责即防止或制止第三人侵权的义务。该义务与安全保障义务人防止、制止第三人侵权的义务的性质相同,故此,违反该义务时,教育机构只是承担相应的补充责任。

相关法律、行政法规及部门规章

法律、行政法规及部门规章对教育机构教育、管理职责的规定,参见《民法典》第1199条、第1200条所附相关条款,此处不再重复。

第四章 产品责任

第一千二百零二条 【生产者的产品责任】因产品存在缺陷造成他人损害的,生产者应当承担侵权责任。

法条评释:本条明确了缺陷产品造成他人损害时,生产者承担的是无过错责任。所谓"他人损害"究竟是否包括缺陷产品自身的损害,理论界存在争议。有人认为,本条并未将缺陷产品自身的损害排除在外，故此，针对缺陷产品自身的损害，也可以适用产品责任，要求生产者承担侵权责任。也有人认为，此时仍然应当适用《产品质量法》第41条的规定，受害人只能就人身损害、缺陷产品以外的其他财产损害，要求产品的生产者承担侵权责任。

一、相关法律条文

1.《中华人民共和国产品质量法》(2018年12月29日修正)

第二条 在中华人民共和国境内从事产品生产、销售活动，必须遵守本法。

本法所称产品是指经过加工、制作，用于销售的产品。

建设工程不适用本法规定；但是，建设工程使用的建筑材料、建筑构配件和设备，属于前款规定的产品范围的，适用本法规定。

第三条 生产者、销售者应当建立健全内部产品质量管理制度，严格实施岗位质量规范、质量责任以及相应的考核办法。

第四条 生产者、销售者依照本法规定承担产品质量责任。

第五条 禁止伪造或者冒用认证标志等质量标志；禁止伪造产品的产地，伪造或者冒用他人的厂名、厂址；禁止在生产、销售的产品中掺杂、掺假，以假充真，以次充好。

第十二条 产品质量应当检验合格，不得以不合格产品冒充合格产品。

第十三条 可能危及人体健康和人身、财产安全的工业产品，必须符合保障人体健康和人身、财产安全的国家标准、行业标准；未制定国家标准、行业标准的，必须符合保障人体健康和人身、财产安全的要求。

禁止生产、销售不符合保障人体健康和人身、财产安全的标准和要求的工业产品。具体管理办法由国务院规定。

第二十六条 生产者应当对其生产的产品质量负责。

产品质量应当符合下列要求：

(一)不存在危及人身、财产安全的不合理的危险，有保障人体健康和人身、财产安全的国家标准、行业标准的，应当符合该标准；

(二)具备产品应当具备的使用性能，但是，对产品存在使用性能的瑕疵作出说明的除外；

(三)符合在产品或者其包装上注明采用的产品标准，符合以产品说明、实物样品等方式表明的质量状况。

第二十七条 产品或者其包装上的标识必须真实，并符合下列要求：

（一）有产品质量检验合格证明；

（二）有中文标明的产品名称、生产厂厂名和厂址；

（三）根据产品的特点和使用要求，需要标明产品规格、等级、所含主要成份的名称和含量的，用中文相应予以标明；需要事先让消费者知晓的，应当在外包装上标明，或者预先向消费者提供有关资料；

（四）限期使用的产品，应当在显著位置清晰地标明生产日期和安全使用期或者失效日期；

（五）使用不当，容易造成产品本身损坏或者可能危及人身、财产安全的产品，应当有警示标志或者中文警示说明。

裸装的食品和其他根据产品的特点难以附加标识的裸装产品，可以不附加产品标识。

第二十八条 易碎、易燃、易爆、有毒、有腐蚀性、有放射性等危险物品以及储运中不能倒置和其他有特殊要求的产品，其包装质量必须符合相应要求，依照国家有关规定作出警示标志或者中文警示说明，标明储运注意事项。

第二十九条 生产者不得生产国家明令淘汰的产品。

第三十条 生产者不得伪造产地，不得伪造或者冒用他人的厂名、厂址。

第三十一条 生产者不得伪造或者冒用认证标志等质量标志。

第三十二条 生产者生产产品，不得掺杂、掺假，不得以假充真、以次充好，不得以不合格产品冒充合格产品。

第四十一条 因产品存在缺陷造成人身、缺陷产品以外的其他财产（以下简称他人财产）损害的，生产者应当承担赔偿责任。

生产者能够证明有下列情形之一的，不承担赔偿责任：

（一）未将产品投入流通的；

（二）产品投入流通时，引起损害的缺陷尚不存在的；

（三）将产品投入流通时的科学技术水平尚不能发现缺陷的存在的。

第四十四条 因产品存在缺陷造成受害人人身伤害的，侵害人应当赔偿医疗费、治疗期间的护理费、因误工减少的收入等费用；造成残疾的，还应当支付残疾者生活自助具费、生活补助费、残疾赔偿金以及由其扶养的人所必需的生活费等费用；造成受害人死亡的，并应当支付丧葬费、死亡赔偿金以及由死者生前扶养的人所必需的生活费等费用。

因产品存在缺陷造成受害人财产损失的，侵害人应当恢复原状或者折价赔偿。受害人因此遭受其他重大损失的，侵害人应当赔偿损失。

第四十五条 因产品存在缺陷造成损害要求赔偿的诉讼时效期间为二年，自当事人知道或者应当知道其权益受到损害时起计算。

因产品存在缺陷造成损害要求赔偿的请求权，在造成损害的缺陷产品交付最初消费者满十年丧失；但是，尚未超过明示的安全使用期的除外。

第四十六条 本法所称缺陷，是指产品存在危及人身、他人财产安全的不合理的危险；产品有保障人体健康和人身、财产安全的国家标准、行业标准的，是指不符合该标准。

第四十七条 因产品质量发生民事纠纷时，当事人可以通过协商或者调解解决。当事人不愿通过协商、调解解决或者协商、调解不成的，可以根据当事人各方的协议向仲裁机构申请仲裁；当事人各方没有达成仲裁协议或者仲裁协议无效的，可以直接向人民法院起诉。

第四十八条 仲裁机构或者人民法院可以委托本法第十九条规定的产品质量检验机构，对有关产品质量进行检验。

2.《中华人民共和国消费者权益保护法》(2013年10月25日修正)

第三条 经营者为消费者提供其生产、销售的商品或者提供服务，应当遵守本法；本法未作规定的，应当遵守其他有关法律、法规。

第四条 经营者与消费者进行交易，应当遵循自愿、平等、公平、诚实信用的原则。

第五条 国家保护消费者的合法权益不受侵害。

国家采取措施，保障消费者依法行使权利，维护消费者的合法权益。

国家倡导文明、健康、节约资源和保护环境的消费方式，反对浪费。

第七条 消费者在购买、使用商品和接受服务时享有人身、财产安全不受损害的权利。

消费者有权要求经营者提供的商品和服务，符合保障人身、财产安全的要求。

第八条　消费者享有知悉其购买、使用的商品或者接受的服务的真实情况的权利。

消费者有权根据商品或者服务的不同情况，要求经营者提供商品的价格、产地、生产者、用途、性能、规格、等级、主要成分、生产日期、有效期限、检验合格证明、使用方法说明书、售后服务，或者服务的内容、规格、费用等有关情况。

第九条　消费者享有自主选择商品或者服务的权利。

消费者有权自主选择提供商品或者服务的经营者，自主选择商品品种或者服务方式，自主决定购买或者不购买任何一种商品、接受或者不接受任何一项服务。

消费者在自主选择商品或者服务时，有权进行比较、鉴别和挑选。

第十条　消费者享有公平交易的权利。

消费者在购买商品或者接受服务时，有权获得质量保障、价格合理、计量正确等公平交易条件，有权拒绝经营者的强制交易行为。

第十一条　消费者因购买、使用商品或者接受服务受到人身、财产损害的，享有依法获得赔偿的权利。

第十四条　消费者在购买、使用商品和接受服务时，享有人格尊严、民族风俗习惯得到尊重的权利，享有个人信息依法得到保护的权利。

第十六条　经营者向消费者提供商品或者服务，应当依照本法和其他有关法律、法规的规定履行义务。

经营者和消费者有约定的，应当按照约定履行义务，但双方的约定不得违背法律、法规的规定。

经营者向消费者提供商品或者服务，应当恪守社会公德，诚信经营，保障消费者的合法权益；不得设定不公平、不合理的交易条件，不得强制交易。

第十七条　经营者应当听取消费者对其提供的商品或者服务的意见，接受消费者的监督。

第十八条　经营者应当保证其提供的商品或者服务符合保障人身、财产安全的要求。对可能危及人身、财产安全的商品和服务，应当向消费者作出真实的说明和明确的警示，并说明和标明正确使用商品或者接受服务的方法以及防止危害发生的方法。

宾馆、商场、餐馆、银行、机场、车站、港口、影剧院等经营场所的经营者，应当对消费者尽到安全保障义务。

第二十条 经营者向消费者提供有关商品或者服务的质量、性能、用途、有效期限等信息,应当真实、全面,不得作虚假或者引人误解的宣传。

经营者对消费者就其提供的商品或者服务的质量和使用方法等问题提出的询问,应当作出真实、明确的答复。

经营者提供商品或者服务应当明码标价。

第二十一条 经营者应当标明其真实名称和标记。

租赁他人柜台或者场地的经营者,应当标明其真实名称和标记。

第二十二条 经营者提供商品或者服务,应当按照国家有关规定或者商业惯例向消费者出具发票等购货凭证或者服务单据;消费者索要发票等购货凭证或者服务单据的,经营者必须出具。

第二十三条 经营者应当保证在正常使用商品或者接受服务的情况下其提供的商品或者服务应当具有的质量、性能、用途和有效期限;但消费者在购买该商品或者接受该服务前已经知道其存在瑕疵,且存在该瑕疵不违反法律强制性规定的除外。

经营者以广告、产品说明、实物样品或者其他方式表明商品或者服务的质量状况的,应当保证其提供的商品或者服务的实际质量与表明的质量状况相符。

经营者提供的机动车、计算机、电视机、电冰箱、空调器、洗衣机等耐用商品或者装饰装修等服务,消费者自接受商品或者服务之日起六个月内发现瑕疵,发生争议的,由经营者承担有关瑕疵的举证责任。

第二十四条 经营者提供的商品或者服务不符合质量要求的,消费者可以依照国家规定、当事人约定退货,或者要求经营者履行更换、修理等义务。没有国家规定和当事人约定的,消费者可以自收到商品之日起七日内退货;七日后符合法定解除合同条件的,消费者可以及时退货,不符合法定解除合同条件的,可以要求经营者履行更换、修理等义务。

依照前款规定进行退货、更换、修理的,经营者应当承担运输等必要费用。

第二十五条 经营者采用网络、电视、电话、邮购等方式销售商品,消费者有权自收到商品之日起七日内退货,且无需说明理由,但下列商品除外:

(一)消费者定作的;

（二）鲜活易腐的；

（三）在线下载或者消费者拆封的音像制品、计算机软件等数字化商品；

（四）交付的报纸、期刊。

除前款所列商品外，其他根据商品性质并经消费者在购买时确认不宜退货的商品，不适用无理由退货。

消费者退货的商品应当完好。经营者应当自收到退回商品之日起七日内返还消费者支付的商品价款。退回商品的运费由消费者承担；经营者和消费者另有约定的，按照约定。

第二十六条　经营者在经营活动中使用格式条款的，应当以显著方式提请消费者注意商品或者服务的数量和质量、价款或者费用、履行期限和方式、安全注意事项和风险警示、售后服务、民事责任等与消费者有重大利害关系的内容，并按照消费者的要求予以说明。

经营者不得以格式条款、通知、声明、店堂告示等方式，作出排除或者限制消费者权利、减轻或者免除经营者责任、加重消费者责任等对消费者不公平、不合理的规定，不得利用格式条款并借助技术手段强制交易。

格式条款、通知、声明、店堂告示等含有前款所列内容的，其内容无效。

第二十七条　经营者不得对消费者进行侮辱、诽谤，不得搜查消费者的身体及其携带的物品，不得侵犯消费者的人身自由。

第二十八条　采用网络、电视、电话、邮购等方式提供商品或者服务的经营者，以及提供证券、保险、银行等金融服务的经营者，应当向消费者提供经营地址、联系方式、商品或者服务的数量和质量、价款或者费用、履行期限和方式、安全注意事项和风险警示、售后服务、民事责任等信息。

第二十九条　经营者收集、使用消费者个人信息，应当遵循合法、正当、必要的原则，明示收集、使用信息的目的、方式和范围，并经消费者同意。经营者收集、使用消费者个人信息，应当公开其收集、使用规则，不得违反法律、法规的规定和双方的约定收集、使用信息。

经营者及其工作人员对收集的消费者个人信息必须严格保密，不得泄露、出售或者非法向他人提供。经营者应当采取技术措施和其他必要措施，确保信息安全，防止消费者个人信息泄露、丢失。在发生或者可能发生信息泄露、丢失的情况时，应当立即采取补救措施。

经营者未经消费者同意或者请求，或者消费者明确表示拒绝的，不得向其发送商业性信息。

第四十一条 消费者在购买、使用商品或者接受服务时，其合法权益受到损害，因原企业分立、合并的，可以向变更后承受其权利义务的企业要求赔偿。

第四十二条 使用他人营业执照的违法经营者提供商品或者服务，损害消费者合法权益的，消费者可以向其要求赔偿，也可以向营业执照的持有人要求赔偿。

第四十五条 消费者因经营者利用虚假广告或者其他虚假宣传方式提供商品或者服务，其合法权益受到损害的，可以向经营者要求赔偿。广告经营者、发布者发布虚假广告的，消费者可以请求行政主管部门予以惩处。广告经营者、发布者不能提供经营者的真实名称、地址和有效联系方式的，应当承担赔偿责任。

广告经营者、发布者设计、制作、发布关系消费者生命健康商品或者服务的虚假广告，造成消费者损害的，应当与提供该商品或者服务的经营者承担连带责任。

社会团体或者其他组织、个人在关系消费者生命健康商品或者服务的虚假广告或者其他虚假宣传中向消费者推荐商品或者服务，造成消费者损害的，应当与提供该商品或者服务的经营者承担连带责任。

第四十八条 经营者提供商品或者服务有下列情形之一的，除本法另有规定外，应当依照其他有关法律、法规的规定，承担民事责任：

（一）商品或者服务存在缺陷的；

（二）不具备商品应当具备的使用性能而出售时未作说明的；

（三）不符合在商品或者其包装上注明采用的商品标准的；

（四）不符合商品说明、实物样品等方式表明的质量状况的；

（五）生产国家明令淘汰的商品或者销售失效、变质的商品的；

（六）销售的商品数量不足的；

（七）服务的内容和费用违反约定的；

（八）对消费者提出的修理、重作、更换、退货、补足商品数量、退还货款和服务费用或者赔偿损失的要求，故意拖延或者无理拒绝的；

（九）法律、法规规定的其他损害消费者权益的情形。

经营者对消费者未尽到安全保障义务，造成消费者损害的，应当承担侵权责任。

第四十九条 经营者提供商品或者服务，造成消费者或者其他受害人人身伤害的，应当赔偿医疗费、护理费、交通费等为治疗和康复支出的合理费用，以及因误工减少的收入。造成残疾的，还应当赔偿残疾生活辅助具费和残疾赔偿金。造成死亡的，还应当赔偿丧葬费和死亡赔偿金。

第五十条 经营者侵害消费者的人格尊严、侵犯消费者人身自由或者侵害消费者个人信息依法得到保护的权利的，应当停止侵害、恢复名誉、消除影响、赔礼道歉，并赔偿损失。

第五十一条 经营者有侮辱诽谤、搜查身体、侵犯人身自由等侵害消费者或者其他受害人人身权益的行为，造成严重精神损害的，受害人可以要求精神损害赔偿。

第五十二条 经营者提供商品或者服务，造成消费者财产损害的，应当依照法律规定或者当事人约定承担修理、重作、更换、退货、补足商品数量、退还货款和服务费用或者赔偿损失等民事责任。

第五十五条 经营者提供商品或者服务有欺诈行为的，应当按照消费者的要求增加赔偿其受到的损失，增加赔偿的金额为消费者购买商品的价款或者接受服务的费用的三倍；增加赔偿的金额不足五百元的，为五百元。法律另有规定的，依照其规定。

经营者明知商品或者服务存在缺陷，仍然向消费者提供，造成消费者或者其他受害人死亡或者健康严重损害的，受害人有权要求经营者依照本法第四十九条、第五十一条等法律规定赔偿损失，并有权要求所受损失二倍以下的惩罚性赔偿。

第六十二条 农民购买、使用直接用于农业生产的生产资料，参照本法执行。

3.《中华人民共和国食品安全法》(2021年4月29日修正)

第二条 在中华人民共和国境内从事下列活动，应当遵守本法：

(一)食品生产和加工(以下称食品生产)，食品销售和餐饮服务(以下称食品经营)；

(二)食品添加剂的生产经营；

(三)用于食品的包装材料、容器、洗涤剂、消毒剂和用于食品生产经营的工具、设备(以下称食品相关产品)的生产经营；

(四)食品生产经营者使用食品添加剂、食品相关产品；

(五)食品的贮存和运输；

（六）对食品、食品添加剂、食品相关产品的安全管理。

供食用的源于农业的初级产品（以下称食用农产品）的质量安全管理，遵守《中华人民共和国农产品质量安全法》的规定。但是，食用农产品的市场销售、有关质量安全标准的制定、有关安全信息的公布和本法对农业投入品作出规定的，应当遵守本法的规定。

第四条 食品生产经营者对其生产经营食品的安全负责。

食品生产经营者应当依照法律、法规和食品安全标准从事生产经营活动，保证食品安全，诚信自律，对社会和公众负责，接受社会监督，承担社会责任。

第二十四条 制定食品安全标准，应当以保障公众身体健康为宗旨，做到科学合理、安全可靠。

第二十五条 食品安全标准是强制执行的标准。除食品安全标准外，不得制定其他食品强制性标准。

第二十六条 食品安全标准应当包括下列内容：

（一）食品、食品添加剂、食品相关产品中的致病性微生物，农药残留、兽药残留、生物毒素、重金属等污染物质以及其他危害人体健康物质的限量规定；

（二）食品添加剂的品种、使用范围、用量；

（三）专供婴幼儿和其他特定人群的主辅食品的营养成分要求；

（四）对与卫生、营养等食品安全要求有关的标签、标志、说明书的要求；

（五）食品生产经营过程的卫生要求；

（六）与食品安全有关的质量要求；

（七）与食品安全有关的食品检验方法与规程；

（八）其他需要制定为食品安全标准的内容。

第二十七条 食品安全国家标准由国务院卫生行政部门会同国务院食品安全监督管理部门制定、公布，国务院标准化行政部门提供国家标准编号。

食品中农药残留、兽药残留的限量规定及其检验方法与规程由国务院卫生行政部门、国务院农业行政部门会同国务院食品安全监督管理部门制定。

屠宰畜、禽的检验规程由国务院农业行政部门会同国务院卫生行政部门制定。

第二十八条　制定食品安全国家标准，应当依据食品安全风险评估结果并充分考虑食用农产品安全风险评估结果，参照相关的国际标准和国际食品安全风险评估结果，并将食品安全国家标准草案向社会公布，广泛听取食品生产经营者、消费者、有关部门等方面的意见。

食品安全国家标准应当经国务院卫生行政部门组织的食品安全国家标准审评委员会审查通过。食品安全国家标准审评委员会由医学、农业、食品、营养、生物、环境等方面的专家以及国务院有关部门、食品行业协会、消费者协会的代表组成，对食品安全国家标准草案的科学性和实用性等进行审查。

第二十九条　对地方特色食品，没有食品安全国家标准的，省、自治区、直辖市人民政府卫生行政部门可以制定并公布食品安全地方标准，报国务院卫生行政部门备案。食品安全国家标准制定后，该地方标准即行废止。

第三十三条　食品生产经营应当符合食品安全标准，并符合下列要求：

（一）具有与生产经营的食品品种、数量相适应的食品原料处理和食品加工、包装、贮存等场所，保持该场所环境整洁，并与有毒、有害场所以及其他污染源保持规定的距离；

（二）具有与生产经营的食品品种、数量相适应的生产经营设备或者设施，有相应的消毒、更衣、盥洗、采光、照明、通风、防腐、防尘、防蝇、防鼠、防虫、洗涤以及处理废水、存放垃圾和废弃物的设备或者设施；

（三）有专职或者兼职的食品安全专业技术人员、食品安全管理人员和保证食品安全的规章制度；

（四）具有合理的设备布局和工艺流程，防止待加工食品与直接入口食品、原料与成品交叉污染，避免食品接触有毒物、不洁物；

（五）餐具、饮具和盛放直接入口食品的容器，使用前应当洗净、消毒，炊具、用具用后应当洗净，保持清洁；

（六）贮存、运输和装卸食品的容器、工具和设备应当安全、无害，保持清洁，防止食品污染，并符合保证食品安全所需的温度、湿度等特殊要求，不得将食品与有毒、有害物品一同贮存、运输；

（七）直接入口的食品应当使用无毒、清洁的包装材料、餐具、饮具和容器；

（八）食品生产经营人员应当保持个人卫生，生产经营食品时，应当将手洗净，穿戴清洁的工作衣、帽等；销售无包装的直接入口食品时，应当使用无毒、清洁的容器、售货工具和设备；

（九）用水应当符合国家规定的生活饮用水卫生标准；

（十）使用的洗涤剂、消毒剂应当对人体安全、无害；

（十一）法律、法规规定的其他要求。

非食品生产经营者从事食品贮存、运输和装卸的，应当符合前款第六项的规定。

第三十四条 禁止生产经营下列食品、食品添加剂、食品相关产品：

（一）用非食品原料生产的食品或者添加食品添加剂以外的化学物质和其他可能危害人体健康物质的食品，或者用回收食品作为原料生产的食品；

（二）致病性微生物，农药残留、兽药残留、生物毒素、重金属等污染物质以及其他危害人体健康的物质含量超过食品安全标准限量的食品、食品添加剂、食品相关产品；

（三）用超过保质期的食品原料、食品添加剂生产的食品、食品添加剂；

（四）超范围、超限量使用食品添加剂的食品；

（五）营养成分不符合食品安全标准的专供婴幼儿和其他特定人群的主辅食品；

（六）腐败变质、油脂酸败、霉变生虫、污秽不洁、混有异物、掺假掺杂或者感官性状异常的食品、食品添加剂；

（七）病死、毒死或者死因不明的禽、畜、兽、水产动物肉类及其制品；

（八）未按规定进行检疫或者检疫不合格的肉类，或者未经检验或者检验不合格的肉类制品；

（九）被包装材料、容器、运输工具等污染的食品、食品添加剂；

（十）标注虚假生产日期、保质期或者超过保质期的食品、食品添加剂；

（十一）无标签的预包装食品、食品添加剂；

（十二）国家为防病等特殊需要明令禁止生产经营的食品；

（十三）其他不符合法律、法规或者食品安全标准的食品、食品添加剂、食品相关产品。

第三十五条 国家对食品生产经营实行许可制度。从事食品生产、食品销售、餐饮服务，应当依法取得许可。但是，销售食用农产品和仅销售预包装食品的，不需要取得许可。仅销售预包装食品的，应当报所在地县级以上地方人民政府食品安全监督管理部门备案。

县级以上地方人民政府食品安全监督管理部门应当依照《中华人民共和国行政许可法》的规定，审核申请人提交的本法第三十三条第一款第一项至第四项规定要求的相关资料，必要时对申请人的生产经营场所进行现场核查；对符合规定条件的，准予许可；对不符合规定条件的，不予许可并书面说明理由。

第三十六条 食品生产加工小作坊和食品摊贩等从事食品生产经营活动，应当符合本法规定的与其生产经营规模、条件相适应的食品安全要求，保证所生产经营的食品卫生、无毒、无害，食品安全监督管理部门应当对其加强监督管理。

县级以上地方人民政府应当对食品生产加工小作坊、食品摊贩等进行综合治理，加强服务和统一规划，改善其生产经营环境，鼓励和支持其改进生产经营条件，进入集中交易市场、店铺等固定场所经营，或者在指定的临时经营区域、时段经营。

食品生产加工小作坊和食品摊贩等的具体管理办法由省、自治区、直辖市制定。

第三十七条 利用新的食品原料生产食品，或者生产食品添加剂新品种、食品相关产品新品种，应当向国务院卫生行政部门提交相关产品的安全性评估材料。国务院卫生行政部门应当自收到申请之日起六十日内组织审查；对符合食品安全要求的，准予许可并公布；对不符合食品安全要求的，不予许可并书面说明理由。

第三十八条 生产经营的食品中不得添加药品，但是可以添加按照传统既是食品又是中药材的物质。按照传统既是食品又是中药材的物质目录由国务院卫生行政部门会同国务院食品安全监督管理部门制定、公布。

第三十九条 国家对食品添加剂生产实行许可制度。从事食品添加剂生产，应当具有与所生产食品添加剂品种相适应的场所、生产设备或者设施、专业技术人员和管理制度，并依照本法第三十五条第二款规定的程序，取得食品添加剂生产许可。

生产食品添加剂应当符合法律、法规和食品安全国家标准。

第四十条 食品添加剂应当在技术上确有必要且经过风险评估证

明安全可靠,方可列入允许使用的范围;有关食品安全国家标准应当根据技术必要性和食品安全风险评估结果及时修订。

食品生产经营者应当按照食品安全国家标准使用食品添加剂。

第四十一条 生产食品相关产品应当符合法律、法规和食品安全国家标准。对直接接触食品的包装材料等具有较高风险的食品相关产品,按照国家有关工业产品生产许可证管理的规定实施生产许可。食品安全监督管理部门应当加强对食品相关产品生产活动的监督管理。

第四十二条 国家建立食品安全全程追溯制度。

食品生产经营者应当依照本法的规定,建立食品安全追溯体系,保证食品可追溯。国家鼓励食品生产经营者采用信息化手段采集、留存生产经营信息,建立食品安全追溯体系。

国务院食品安全监督管理部门会同国务院农业行政等有关部门建立食品安全全程追溯协作机制。

第四十四条 食品生产经营企业应当建立健全食品安全管理制度,对职工进行食品安全知识培训,加强食品检验工作,依法从事生产经营活动。

食品生产经营企业的主要负责人应当落实企业食品安全管理制度,对本企业的食品安全工作全面负责。

食品生产经营企业应当配备食品安全管理人员,加强对其培训和考核。经考核不具备食品安全管理能力的,不得上岗。食品安全监督管理部门应当对企业食品安全管理人员随机进行监督抽查考核并公布考核情况。监督抽查考核不得收取费用。

第四十五条 食品生产经营者应当建立并执行从业人员健康管理制度。患有国务院卫生行政部门规定的有碍食品安全疾病的人员,不得从事接触直接入口食品的工作。

从事接触直接入口食品工作的食品生产经营人员应当每年进行健康检查,取得健康证明后方可上岗工作。

第四十六条 食品生产企业应当就下列事项制定并实施控制要求,保证所生产的食品符合食品安全标准:

(一)原料采购、原料验收、投料等原料控制;

(二)生产工序、设备、贮存、包装等生产关键环节控制;

(三)原料检验、半成品检验、成品出厂检验等检验控制;

(四)运输和交付控制。

第四十七条 食品生产经营者应当建立食品安全自查制度，定期对食品安全状况进行检查评价。生产经营条件发生变化，不再符合食品安全要求的，食品生产经营者应当立即采取整改措施；有发生食品安全事故潜在风险的，应当立即停止食品生产经营活动，并向所在地县级人民政府食品安全监督管理部门报告。

第四十八条 国家鼓励食品生产经营企业符合良好生产规范要求，实施危害分析与关键控制点体系，提高食品安全管理水平。

对通过良好生产规范、危害分析与关键控制点体系认证的食品生产经营企业，认证机构应当依法实施跟踪调查；对不再符合认证要求的企业，应当依法撤销认证，及时向县级以上人民政府食品安全监督管理部门通报，并向社会公布。认证机构实施跟踪调查不得收取费用。

第四十九条 食用农产品生产者应当按照食品安全标准和国家有关规定使用农药、肥料、兽药、饲料和饲料添加剂等农业投入品，严格执行农业投入品使用安全间隔期或者休药期的规定，不得使用国家明令禁止的农业投入品。禁止将剧毒、高毒农药用于蔬菜、瓜果、茶叶和中草药材等国家规定的农作物。

食用农产品的生产企业和农民专业合作经济组织应当建立农业投入品使用记录制度。

县级以上人民政府农业行政部门应当加强对农业投入品使用的监督管理和指导，建立健全农业投入品安全使用制度。

第五十条 食品生产者采购食品原料、食品添加剂、食品相关产品，应当查验供货者的许可证和产品合格证明；对无法提供合格证明的食品原料，应当按照食品安全标准进行检验；不得采购或者使用不符合食品安全标准的食品原料、食品添加剂、食品相关产品。

食品生产企业应当建立食品原料、食品添加剂、食品相关产品进货查验记录制度，如实记录食品原料、食品添加剂、食品相关产品的名称、规格、数量、生产日期或者生产批号、保质期、进货日期以及供货者名称、地址、联系方式等内容，并保存相关凭证。记录和凭证保存期限不得少于产品保质期满后六个月；没有明确保质期的，保存期限不得少于二年。

第五十一条 食品生产企业应当建立食品出厂检验记录制度，查验出厂食品的检验合格证和安全状况，如实记录食品的名称、规格、数量、生产日期或者生产批号、保质期、检验合格证号、销售日期以及购货者名称、地址、联系方式等内容，并保存相关凭证。记录和凭证保存期限应当符合本法第五十条第二款的规定。

第五十二条 食品、食品添加剂、食品相关产品的生产者，应当按照食品安全标准对所生产的食品、食品添加剂、食品相关产品进行检验，检验合格后方可出厂或者销售。

第一百四十七条 违反本法规定，造成人身、财产或者其他损害的，依法承担赔偿责任。生产经营者财产不足以同时承担民事赔偿责任和缴纳罚款、罚金时，先承担民事赔偿责任。

第一百四十八条 消费者因不符合食品安全标准的食品受到损害的，可以向经营者要求赔偿损失，也可以向生产者要求赔偿损失。接到消费者赔偿要求的生产经营者，应当实行首负责任制，先行赔付，不得推诿；属于生产者责任的，经营者赔偿后有权向生产者追偿；属于经营者责任的，生产者赔偿后有权向经营者追偿。

生产不符合食品安全标准的食品或者经营明知是不符合食品安全标准的食品，消费者除要求赔偿损失外，还可以向生产者或者经营者要求支付价款十倍或者损失三倍的赔偿金；增加赔偿的金额不足一千元的，为一千元。但是，食品的标签、说明书存在不影响食品安全且不会对消费者造成误导的瑕疵的除外。

第一百五十条 本法下列用语的含义：

食品，指各种供人食用或者饮用的成品和原料以及按照传统既是食品又是中药材的物品，但是不包括以治疗为目的的物品。

食品安全，指食品无毒、无害，符合应当有的营养要求，对人体健康不造成任何急性、亚急性或者慢性危害。

预包装食品，指预先定量包装或者制作在包装材料、容器中的食品。

食品添加剂，指为改善食品品质和色、香、味以及为防腐、保鲜和加工工艺的需要而加入食品中的人工合成或者天然物质，包括营养强化剂。

用于食品的包装材料和容器，指包装、盛放食品或者食品添加剂用的纸、竹、木、金属、搪瓷、陶瓷、塑料、橡胶、天然纤维、化学纤维、玻璃等制品和直接接触食品或者食品添加剂的涂料。

用于食品生产经营的工具、设备，指在食品或者食品添加剂生产、销售、使用过程中直接接触食品或者食品添加剂的机械、管道、传送带、容器、用具、餐具等。

用于食品的洗涤剂、消毒剂，指直接用于洗涤或者消毒食品、餐具、饮具以及直接接触食品的工具、设备或者食品包装材料和容器的物质。

食品保质期，指食品在标明的贮存条件下保持品质的期限。

食源性疾病，指食品中致病因素进入人体引起的感染性、中毒性等疾病，包括食物中毒。

食品安全事故，指食源性疾病、食品污染等源于食品，对人体健康有危害或者可能有危害的事故。

第一百五十一条　转基因食品和食盐的食品安全管理，本法未作规定的，适用其他法律、行政法规的规定。

4.《中华人民共和国农产品质量安全法》(2018 年 10 月 26 日修正)

第二条　本法所称农产品，是指来源于农业的初级产品，即在农业活动中获得的植物、动物、微生物及其产品。

本法所称农产品质量安全，是指农产品质量符合保障人的健康、安全的要求。

第十一条　国家建立健全农产品质量安全标准体系。农产品质量安全标准是强制性的技术规范。

农产品质量安全标准的制定和发布，依照有关法律、行政法规的规定执行。

第十七条　禁止在有毒有害物质超过规定标准的区域生产、捕捞、采集食用农产品和建立农产品生产基地。

第十九条　农产品生产者应当合理使用化肥、农药、兽药、农用薄膜等化工产品，防止对农产品产地造成污染。

第二十四条　农产品生产企业和农民专业合作经济组织应当建立农产品生产记录，如实记载下列事项：

(一)使用农业投入品的名称、来源、用法、用量和使用、停用的日期；

(二)动物疫病、植物病虫草害的发生和防治情况；

(三)收获、屠宰或者捕捞的日期。

农产品生产记录应当保存二年。禁止伪造农产品生产记录。

国家鼓励其他农产品生产者建立农产品生产记录。

第二十五条　农产品生产者应当按照法律、行政法规和国务院农业行政主管部门的规定，合理使用农业投入品，严格执行农业投入品使用安全间隔期或者休药期的规定，防止危及农产品质量安全。

禁止在农产品生产过程中使用国家明令禁止使用的农业投入品。

第二十六条 农产品生产企业和农民专业合作经济组织，应当自行或者委托检测机构对农产品质量安全状况进行检测；经检测不符合农产品质量安全标准的农产品，不得销售。

第二十八条 农产品生产企业、农民专业合作经济组织以及从事农产品收购的单位或者个人销售的农产品，按照规定应当包装或者附加标识的，须经包装或者附加标识后方可销售。包装物或者标识上应当按照规定标明产品的品名、产地、生产者、生产日期、保质期、产品质量等级等内容；使用添加剂的，还应当按照规定标明添加剂的名称。具体办法由国务院农业行政主管部门制定。

第二十九条 农产品在包装、保鲜、贮存、运输中所使用的保鲜剂、防腐剂、添加剂等材料，应当符合国家有关强制性的技术规范。

第三十条 属于农业转基因生物的农产品，应当按照农业转基因生物安全管理的有关规定进行标识。

第三十一条 依法需要实施检疫的动植物及其产品，应当附具检疫合格标志、检疫合格证明。

第三十二条 销售的农产品必须符合农产品质量安全标准，生产者可以申请使用无公害农产品标志。农产品质量符合国家规定的有关优质农产品标准的，生产者可以申请使用相应的农产品质量标志。

禁止冒用前款规定的农产品质量标志。

第三十三条 有下列情形之一的农产品，不得销售：

（一）含有国家禁止使用的农药、兽药或者其他化学物质的；

（二）农药、兽药等化学物质残留或者含有的重金属等有毒有害物质不符合农产品质量安全标准的；

（三）含有的致病性寄生虫、微生物或者生物毒素不符合农产品质量安全标准的；

（四）使用的保鲜剂、防腐剂、添加剂等材料不符合国家有关强制性的技术规范的；

（五）其他不符合农产品质量安全标准的。

第五十四条 生产、销售本法第三十三条所列农产品，给消费者造成损害的，依法承担赔偿责任。

农产品批发市场中销售的农产品有前款规定情形的，消费者可以向农产品批发市场要求赔偿；属于生产者、销售者责任的，农产品批发市场有权追偿。消费者也可以直接向农产品生产者、销售者要求赔偿。

5.《中华人民共和国药品管理法》(2019年8月26日修订)

第二条　在中华人民共和国境内从事药品研制、生产、经营、使用和监督管理活动,适用本法。

本法所称药品,是指用于预防、治疗、诊断人的疾病,有目的地调节人的生理机能并规定有适应症或者功能主治、用法和用量的物质,包括中药、化学药和生物制品等。

第四十一条　从事药品生产活动,应当经所在地省、自治区、直辖市人民政府药品监督管理部门批准,取得药品生产许可证。无药品生产许可证的,不得生产药品。

药品生产许可证应当标明有效期和生产范围,到期重新审查发证。

第四十二条　从事药品生产活动,应当具备以下条件:

(一)有依法经过资格认定的药学技术人员、工程技术人员及相应的技术工人;

(二)有与药品生产相适应的厂房、设施和卫生环境;

(三)有能对所生产药品进行质量管理和质量检验的机构、人员及必要的仪器设备;

(四)有保证药品质量的规章制度,并符合国务院药品监督管理部门依据本法制定的药品生产质量管理规范要求。

第四十三条　从事药品生产活动,应当遵守药品生产质量管理规范,建立健全药品生产质量管理体系,保证药品生产全过程持续符合法定要求。

药品生产企业的法定代表人、主要负责人对本企业的药品生产活动全面负责。

第四十四条　药品应当按照国家药品标准和经药品监督管理部门核准的生产工艺进行生产。生产、检验记录应当完整准确,不得编造。

中药饮片应当按照国家药品标准炮制;国家药品标准没有规定的,应当按照省、自治区、直辖市人民政府药品监督管理部门制定的炮制规范炮制。省、自治区、直辖市人民政府药品监督管理部门制定的炮制规范应当报国务院药品监督管理部门备案。不符合国家药品标准或者不按照省、自治区、直辖市人民政府药品监督管理部门制定的炮制规范炮制的,不得出厂、销售。

第四十五条 生产药品所需的原料、辅料，应当符合药用要求、药品生产质量管理规范的有关要求。

生产药品，应当按照规定对供应原料、辅料等的供应商进行审核，保证购进、使用的原料、辅料等符合前款规定要求。

第四十六条 直接接触药品的包装材料和容器，应当符合药用要求，符合保障人体健康、安全的标准。

对不合格的直接接触药品的包装材料和容器，由药品监督管理部门责令停止使用。

第四十七条 药品生产企业应当对药品进行质量检验。不符合国家药品标准的，不得出厂。

药品生产企业应当建立药品出厂放行规程，明确出厂放行的标准、条件。符合标准、条件的，经质量受权人签字后方可放行。

第四十八条 药品包装应当适合药品质量的要求，方便储存、运输和医疗使用。

发运中药材应当有包装。在每件包装上，应当注明品名、产地、日期、供货单位，并附有质量合格的标志。

第四十九条 药品包装应当按照规定印有或者贴有标签并附有说明书。

标签或者说明书应当注明药品的通用名称、成份、规格、上市许可持有人及其地址、生产企业及其地址、批准文号、产品批号、生产日期、有效期、适应症或者功能主治、用法、用量、禁忌、不良反应和注意事项。标签、说明书中的文字应当清晰，生产日期、有效期等事项应当显著标注，容易辨识。

麻醉药品、精神药品、医疗用毒性药品、放射性药品、外用药品和非处方药的标签、说明书，应当印有规定的标志。

第五十条 药品上市许可持有人、药品生产企业、药品经营企业和医疗机构中直接接触药品的工作人员，应当每年进行健康检查。患有传染病或者其他可能污染药品的疾病的，不得从事直接接触药品的工作。

第九十八条 禁止生产（包括配制，下同）、销售、使用假药、劣药。

有下列情形之一的，为假药：

（一）药品所含成份与国家药品标准规定的成份不符；

（二）以非药品冒充药品或者以他种药品冒充此种药品；

（三）变质的药品；

（四）药品所标明的适应症或者功能主治超出规定范围。

有下列情形之一的，为劣药：

（一）药品成份的含量不符合国家药品标准；

（二）被污染的药品；

（三）未标明或者更改有效期的药品；

（四）未注明或者更改产品批号的药品；

（五）超过有效期的药品；

（六）擅自添加防腐剂、辅料的药品；

（七）其他不符合药品标准的药品。

禁止未取得药品批准证明文件生产、进口药品；禁止使用未按照规定审评、审批的原料药、包装材料和容器生产药品。

第一百四十四条 药品上市许可持有人、药品生产企业、药品经营企业或者医疗机构违反本法规定，给用药者造成损害的，依法承担赔偿责任。

因药品质量问题受到损害的，受害人可以向药品上市许可持有人、药品生产企业请求赔偿损失，也可以向药品经营企业、医疗机构请求赔偿损失。接到受害人赔偿请求的，应当实行首负责任制，先行赔付；先行赔付后，可以依法追偿。

生产假药、劣药或者明知是假药、劣药仍然销售、使用的，受害人或者其近亲属除请求赔偿损失外，还可以请求支付价款十倍或者损失三倍的赔偿金；增加赔偿的金额不足一千元的，为一千元。

6.《中华人民共和国种子法》（2015 年 11 月 4 日修订）

第二条 在中华人民共和国境内从事品种选育、种子生产经营和管理等活动，适用本法。

本法所称种子，是指农作物和林木的种植材料或者繁殖材料，包括籽粒、果实、根、茎、苗、芽、叶、花等。

第三十一条 从事种子进出口业务的种子生产经营许可证，由省、自治区、直辖市人民政府农业、林业主管部门审核，国务院农业、林业主管部门核发。

从事主要农作物杂交种子及其亲本种子、林木良种种子的生产经营以及实行选育生产经营相结合，符合国务院农业、林业主管部门规定条件的种子企业的种子生产经营许可证，由生产经营者所在地县级人民政府农业、林业主管部门审核，省、自治区、直辖市人民政府农业、林业主管部门核发。

前两款规定以外的其他种子的生产经营许可证，由生产经营者所在地县级以上地方人民政府农业、林业主管部门核发。

只从事非主要农作物种子和非主要林木种子生产的，不需要办理种子生产经营许可证。

第三十二条 申请取得种子生产经营许可证的，应当具有与种子生产经营相适应的生产经营设施、设备及专业技术人员，以及法规和国务院农业、林业主管部门规定的其他条件。

从事种子生产的，还应当同时具有繁殖种子的隔离和培育条件，具有无检疫性有害生物的种子生产地点或者县级以上人民政府林业主管部门确定的采种林。

申请领取具有植物新品种权的种子生产经营许可证的，应当征得植物新品种权所有人的书面同意。

第三十三条 种子生产经营许可证应当载明生产经营者名称、地址、法定代表人、生产种子的品种、地点和种子经营的范围、有效期限、有效区域等事项。

前款事项发生变更的，应当自变更之日起三十日内，向原核发许可证机关申请变更登记。

除本法另有规定外，禁止任何单位和个人无种子生产经营许可证或者违反种子生产经营许可证的规定生产、经营种子。禁止伪造、变造、买卖、租借种子生产经营许可证。

第三十四条 种子生产应当执行种子生产技术规程和种子检验、检疫规程。

第三十五条 在林木种子生产基地内采集种子的，由种子生产基地的经营者组织进行，采集种子应当按照国家有关标准进行。

禁止抢采掠青、损坏母树，禁止在劣质林内、劣质母树上采集种子。

第三十六条 种子生产经营者应当建立和保存包括种子来源、产地、数量、质量、销售去向、销售日期和有关责任人员等内容的生产经营档案，保证可追溯。种子生产经营档案的具体载明事项，种子生产经营档案及种子样品的保存期限由国务院农业、林业主管部门规定。

第三十七条 农民个人自繁自用的常规种子有剩余的，可以在当地集贸市场上出售、串换，不需要办理种子生产经营许可证。

第三十八条　种子生产经营许可证的有效区域由发证机关在其管辖范围内确定。种子生产经营者在种子生产经营许可证载明的有效区域设立分支机构的，专门经营不再分装的包装种子的，或者受具有种子生产经营许可证的种子生产经营者以书面委托生产、代销其种子的，不需要办理种子生产经营许可证，但应当向当地农业、林业主管部门备案。

实行选育生产经营相结合，符合国务院农业、林业主管部门规定条件的种子企业的生产经营许可证的有效区域为全国。

第四十一条　销售的种子应当符合国家或者行业标准，附有标签和使用说明。标签和使用说明标注的内容应当与销售的种子相符。种子生产经营者对标注内容的真实性和种子质量负责。

标签应当标注种子类别、品种名称、品种审定或者登记编号、品种适宜种植区域及季节、生产经营者及注册地、质量指标、检疫证明编号、种子生产经营许可证编号和信息代码，以及国务院农业、林业主管部门规定的其他事项。

销售授权品种种子的，应当标注品种权号。

销售进口种子的，应当附有进口审批文号和中文标签。

销售转基因植物品种种子的，必须用明显的文字标注，并应当提示使用时的安全控制措施。

种子生产经营者应当遵守有关法律、法规的规定，诚实守信，向种子使用者提供种子生产者信息、种子的主要性状、主要栽培措施、适应性等使用条件的说明、风险提示与有关咨询服务，不得作虚假或者引人误解的宣传。

任何单位和个人不得非法干预种子生产经营者的生产经营自主权。

第四十二条　种子广告的内容应当符合本法和有关广告的法律、法规的规定，主要性状描述等应当与审定、登记公告一致。

第四十六条　种子使用者因种子质量问题或者因种子的标签和使用说明标注的内容不真实，遭受损失的，种子使用者可以向出售种子的经营者要求赔偿，也可以向种子生产者或者其他经营者要求赔偿。赔偿额包括购种价款、可得利益损失和其他损失。属于种子生产者或者其他经营者责任的，出售种子的经营者赔偿后，有权向种子生产者或者其他经营者追偿；属于出售种子的经营者责任的，种子生产者或者其他经营者赔偿后，有权向出售种子的经营者追偿。

第四十九条 禁止生产经营假、劣种子。农业、林业主管部门和有关部门依法打击生产经营假、劣种子的违法行为，保护农民合法权益，维护公平竞争的市场秩序。

下列种子为假种子：

（一）以非种子冒充种子或者以此种品种种子冒充其他品种种子的；

（二）种子种类、品种与标签标注的内容不符或者没有标签的。

下列种子为劣种子：

（一）质量低于国家规定标准的；

（二）质量低于标签标注指标的；

（三）带有国家规定的检疫性有害生物的。

第五十四条 从事品种选育和种子生产经营以及管理的单位和个人应当遵守有关植物检疫法律、行政法规的规定，防止植物危险性病、虫、杂草及其他有害生物的传播和蔓延。

禁止任何单位和个人在种子生产基地从事检疫性有害生物接种试验。

第五十六条 违反本法规定，发布虚假广告，欺骗、误导消费者，使购买商品或者接受服务的消费者的合法权益受到损害的，由广告主依法承担民事责任。广告经营者、广告发布者不能提供广告主的真实名称、地址和有效联系方式的，消费者可以要求广告经营者、广告发布者先行赔偿。

关系消费者生命健康的商品或者服务的虚假广告，造成消费者损害的，其广告经营者、广告发布者、广告代言人应当与广告主承担连带责任。

前款规定以外的商品或者服务的虚假广告，造成消费者损害的，其广告经营者、广告发布者、广告代言人，明知或者应知广告虚假仍设计、制作、代理、发布或者作推荐、证明的，应当与广告主承担连带责任。

7.《中华人民共和国标准化法》(2017 年 11 月 4 日修订)

第二条 本法所称标准（含标准样品），是指农业、工业、服务业以及社会事业等领域需要统一的技术要求。

标准包括国家标准、行业标准、地方标准和团体标准、企业标准。国家标准分为强制性标准、推荐性标准，行业标准、地方标准是推荐性标准。

强制性标准必须执行。国家鼓励采用推荐性标准。

第十条 对保障人身健康和生命财产安全、国家安全、生态环境安全以及满足经济社会管理基本需要的技术要求，应当制定强制性国家标准。

国务院有关行政主管部门依据职责负责强制性国家标准的项目提出、组织起草、征求意见和技术审查。国务院标准化行政主管部门负责强制性国家标准的立项、编号和对外通报。国务院标准化行政主管部门应当对拟制定的强制性国家标准是否符合前款规定进行立项审查，对符合前款规定的予以立项。

省、自治区、直辖市人民政府标准化行政主管部门可以向国务院标准化行政主管部门提出强制性国家标准的立项建议，由国务院标准化行政主管部门会同国务院有关行政主管部门决定。社会团体、企业事业组织以及公民可以向国务院标准化行政主管部门提出强制性国家标准的立项建议，国务院标准化行政主管部门认为需要立项的，会同国务院有关行政主管部门决定。

强制性国家标准由国务院批准发布或者授权批准发布。

法律、行政法规和国务院决定对强制性标准的制定另有规定的，从其规定。

第十一条 对满足基础通用、与强制性国家标准配套、对各有关行业起引领作用等需要的技术要求，可以制定推荐性国家标准。

推荐性国家标准由国务院标准化行政主管部门制定。

第十二条 对没有推荐性国家标准、需要在全国某个行业范围内统一的技术要求，可以制定行业标准。

行业标准由国务院有关行政主管部门制定，报国务院标准化行政主管部门备案。

第十三条 为满足地方自然条件、风俗习惯等特殊技术要求，可以制定地方标准。

地方标准由省、自治区、直辖市人民政府标准化行政主管部门制定；设区的市级人民政府标准化行政主管部门根据本行政区域的特殊需要，经所在地省、自治区、直辖市人民政府标准化行政主管部门批准，可以制定本行政区域的地方标准。地方标准由省、自治区、直辖市人民政府标准化行政主管部门报国务院标准化行政主管部门备案，由国务院标准化行政主管部门通报国务院有关行政主管部门。

第二十一条　推荐性国家标准、行业标准、地方标准、团体标准、企业标准的技术要求不得低于强制性国家标准的相关技术要求。

国家鼓励社会团体、企业制定高于推荐性标准相关技术要求的团体标准、企业标准。

第二十五条　不符合强制性标准的产品、服务，不得生产、销售、进口或者提供。

二、相关行政法规

1.《国务院关于加强食品等产品安全监督管理的特别规定》(2007年7月26日起施行)

第一条　为了加强食品等产品安全监督管理，进一步明确生产经营者、监督管理部门和地方人民政府的责任，加强各监督管理部门的协调、配合，保障人体健康和生命安全，制定本规定。

第二条　本规定所称产品除食品外，还包括食用农产品、药品等与人体健康和生命安全有关的产品。

对产品安全监督管理，法律有规定的，适用法律规定；法律没有规定或者规定不明确的，适用本规定。

第三条　生产经营者应当对其生产、销售的产品安全负责，不得生产、销售不符合法定要求的产品。

依照法律、行政法规规定生产、销售产品需要取得许可证照或者需要经过认证的，应当按照法定条件、要求从事生产经营活动。不按照法定条件、要求从事生产经营活动或者生产、销售不符合法定要求产品的，由农业、卫生、质检、商务、工商、药品等监督管理部门依据各自职责，没收违法所得、产品和用于违法生产的工具、设备、原材料等物品，货值金额不足5000元的，并处5万元罚款；货值金额5000元以上不足1万元的，并处10万元罚款；货值金额1万元以上的，并处货值金额10倍以上20倍以下的罚款；造成严重后果的，由原发证部门吊销许可证照；构成非法经营罪或者生产、销售伪劣商品罪等犯罪的，依法追究刑事责任。

生产经营者不再符合法定条件、要求，继续从事生产经营活动的，由原发证部门吊销许可证照，并在当地主要媒体上公告被吊销许可证照的生产经营者名单；构成非法经营罪或者生产、销售伪劣商品罪等犯罪的，依法追究刑事责任。

依法应当取得许可证照而未取得许可证照从事生产经营活动的，由农业、卫生、质检、商务、工商、药品等监督管理部门依据各自职责，没收违法所得、产品和用于违法生产的工具、设备、原材料等物品，货值金额不足1万元的，并处10万元罚款；货值金额1万元以上的，并处货值金额10倍以上20倍以下的罚款；构成非法经营罪的，依法追究刑事责任。

有关行业协会应当加强行业自律，监督生产经营者的生产经营活动；加强公众健康知识的普及、宣传，引导消费者选择合法生产经营者生产、销售的产品以及有合法标识的产品。

第四条 生产者生产产品所使用的原料、辅料、添加剂、农业投入品，应当符合法律、行政法规的规定和国家强制性标准。

违反前款规定，违法使用原料、辅料、添加剂、农业投入品的，由农业、卫生、质检、商务、药品等监督管理部门依据各自职责没收违法所得，货值金额不足5000元的，并处2万元罚款；货值金额5000元以上不足1万元的，并处5万元罚款；货值金额1万元以上的，并处货值金额5倍以上10倍以下的罚款；造成严重后果的，由原发证部门吊销许可证照；构成生产、销售伪劣商品罪的，依法追究刑事责任。

第七条 出口产品的生产经营者应当保证其出口产品符合进口国（地区）的标准或者合同要求。法律规定产品必须经过检验方可出口的，应当经符合法律规定的机构检验合格。

出口产品检验人员应当依照法律、行政法规规定和有关标准、程序、方法进行检验，对其出具的检验证单等负责。

出入境检验检疫机构和商务、药品等监督管理部门应当建立出口产品的生产经营者良好记录和不良记录，并予以公布。对有良好记录的出口产品的生产经营者，简化检验检疫手续。

出口产品的生产经营者逃避产品检验或者弄虚作假的，由出入境检验检疫机构和药品监督管理部门依据各自职责，没收违法所得和产品，并处货值金额3倍的罚款；构成犯罪的，依法追究刑事责任。

第八条 进口产品应当符合我国国家技术规范的强制性要求以及我国与出口国（地区）签订的协议规定的检验要求。

质检、药品监督管理部门依据生产经营者的诚信度和质量管理水平以及进口产品风险评估的结果，对进口产品实施分类管理，并对进口产品的收货人实施备案管理。进口产品的收货人应当如实记录进口产品流向。记录保存期限不得少于2年。

质检、药品监督管理部门发现不符合法定要求产品时，可以将不符合法定要求产品的进货人、报检人、代理人列入不良记录名单。进口产品的进货人、销售者弄虚作假的，由质检、药品监督管理部门依据各自职责，没收违法所得和产品，并处货值金额3倍的罚款；构成犯罪的，依法追究刑事责任。进口产品的报检人、代理人弄虚作假的，取消报检资格，并处货值金额等值的罚款。

第十三条 生产经营者有下列情形之一的，农业、卫生、质检、商务、工商、药品等监督管理部门应当依据各自职责采取措施，纠正违法行为，防止或者减少危害发生，并依照本规定予以处罚：

（一）依法应当取得许可证照而未取得许可证照从事生产经营活动的；

（二）取得许可证照或者经过认证后，不按照法定条件、要求从事生产经营活动或者生产、销售不符合法定要求产品的；

（三）生产经营者不再符合法定条件、要求继续从事生产经营活动的；

（四）生产者生产产品不按照法律、行政法规的规定和国家强制性标准使用原料、辅料、添加剂、农业投入品的；

（五）销售者没有建立并执行进货检查验收制度，并建立产品进货台账的；

（六）生产企业和销售者发现其生产、销售的产品存在安全隐患，可能对人体健康和生命安全造成损害，不履行本规定的义务的；

（七）生产经营者违反法律、行政法规和本规定的其他有关规定的。

农业、卫生、质检、商务、工商、药品等监督管理部门不履行前款规定职责、造成后果的，由监察机关或者任免机关对其主要负责人、直接负责的主管人员和其他直接责任人员给予记大过或者降级的处分；造成严重后果的，给予其主要负责人、直接负责的主管人员和其他直接责任人员撤职或者开除的处分；其主要负责人、直接负责的主管人员和其他直接责任人员构成渎职罪的，依法追究刑事责任。

违反本规定，滥用职权或者有其他渎职行为的，由监察机关或者任免机关对其主要负责人、直接负责的主管人员和其他直接责任人员给予记过或者记大过的处分；造成严重后果的，给予其主要负责人、直接负责的主管人员和其他直接责任人员降级或者撤职的处分；其主要负责人、直接负责的主管人员和其他直接责任人员构成渎职罪的，依法追究刑事责任。

第十四条　农业、卫生、质检、商务、工商、药品等监督管理部门发现违反本规定的行为，属于其他监督管理部门职责的，应当立即书面通知并移交有权处理的监督管理部门处理。有权处理的部门应当立即处理，不得推诿；因不立即处理或者推诿造成后果的，由监察机关或者任免机关对其主要负责人、直接负责的主管人员和其他直接责任人员给予记大过或者降级的处分。

第十五条　农业、卫生、质检、商务、工商、药品等监督管理部门履行各自产品安全监督管理职责，有下列职权：

（一）进入生产经营场所实施现场检查；

（二）查阅、复制、查封、扣押有关合同、票据、账簿以及其他有关资料；

（三）查封、扣押不符合法定要求的产品，违法使用的原料、辅料、添加剂、农业投入品以及用于违法生产的工具、设备；

（四）查封存在危害人体健康和生命安全重大隐患的生产经营场所。

第十六条　农业、卫生、质检、商务、工商、药品等监督管理部门应当建立生产经营者违法行为记录制度，对违法行为的情况予以记录并公布；对有多次违法行为记录的生产经营者，吊销许可证照。

第十七条　检验检测机构出具虚假检验报告，造成严重后果的，由授予其资质的部门吊销其检验检测资质；构成犯罪的，对直接负责的主管人员和其他直接责任人员依法追究刑事责任。

第十八条　发生产品安全事故或者其他对社会造成严重影响的产品安全事件时，农业、卫生、质检、商务、工商、药品等监督管理部门必须在各自职责范围内及时作出反应，采取措施，控制事态发展，减少损失，依照国务院规定发布信息，做好有关善后工作。

2.《产品质量监督试行办法》(2011 年 1 月 8 日修正)

第六条　企业必须贯彻执行产品技术标准，对产品质量负责。出厂和销售的产品，必须达到产品技术标准，有质量检验合格证。在产品或其包装上应当标明工厂名称和地址。有关安全的产品，必须附有安全使用说明书。不合格品不得以合格品出厂和销售；危及人身安全和健康的不合格品，严禁出厂和销售。

企业应当接受标准化管理部门对产品的质量监督，如实提供检验样品和有关资料，并在检验测试手段和工作条件方面提供方便。

3.《中华人民共和国药品管理法实施条例》(2019 年 3 月 2 日修订)

第九条 药品生产企业生产药品所使用的原料药,必须具有国务院药品监督管理部门核发的药品批准文号或者进口药品注册证书、医药产品注册证书;但是,未实施批准文号管理的中药材、中药饮片除外。

第十条 依据《药品管理法》第十三条规定,接受委托生产药品的,受托方必须是持有与其受托生产的药品相适应的《药品生产质量管理规范》认证证书的药品生产企业。

疫苗、血液制品和国务院药品监督管理部门规定的其他药品,不得委托生产。

第四十三条 药品生产企业使用的直接接触药品的包装材料和容器,必须符合药用要求和保障人体健康、安全的标准。

直接接触药品的包装材料和容器的管理办法、产品目录和药用要求与标准,由国务院药品监督管理部门组织制定并公布。

第四十四条 生产中药饮片,应当选用与药品性质相适应的包装材料和容器;包装不符合规定的中药饮片,不得销售。中药饮片包装必须印有或者贴有标签。

中药饮片的标签必须注明品名、规格、产地、生产企业、产品批号、生产日期,实施批准文号管理的中药饮片还必须注明药品批准文号。

第四十五条 药品包装、标签、说明书必须依照《药品管理法》第五十四条和国务院药品监督管理部门的规定印制。

药品商品名称应当符合国务院药品监督管理部门的规定。

4.《中华人民共和国认证认可条例》(2020 年 11 月 29 日修订)

第二条 本条例所称认证,是指由认证机构证明产品、服务、管理体系符合相关技术规范、相关技术规范的强制性要求或者标准的合格评定活动。

本条例所称认可,是指由认可机构对认证机构、检查机构、实验室以及从事评审、审核等认证活动人员的能力和执业资格,予以承认的合格评定活动。

第十八条 任何法人、组织和个人可以自愿委托依法设立的认证机构进行产品、服务、管理体系认证。

第二十二条 认证机构及其认证人员应当及时作出认证结论，并保证认证结论的客观、真实。认证结论经认证人员签字后，由认证机构负责人签署。

认证机构及其认证人员对认证结果负责。

第二十三条 认证结论为产品、服务、管理体系符合认证要求的，认证机构应当及时向委托人出具认证证书。

第二十四条 获得认证证书的，应当在认证范围内使用认证证书和认证标志，不得利用产品、服务认证证书、认证标志和相关文字、符号，误导公众认为其管理体系已通过认证，也不得利用管理体系认证证书、认证标志和相关文字、符号，误导公众认为其产品、服务已通过认证。

第二十六条 认证机构应当对其认证的产品、服务、管理体系实施有效的跟踪调查，认证的产品、服务、管理体系不能持续符合认证要求的，认证机构应当暂停其使用直至撤销认证证书，并予公布。

第二十七条 为了保护国家安全、防止欺诈行为、保护人体健康或者安全、保护动植物生命或者健康、保护环境，国家规定相关产品必须经过认证的，应当经过认证并标注认证标志后，方可出厂、销售、进口或者在其他经营活动中使用。

第六十一条 认证机构出具虚假的认证结论，或者出具的认证结论严重失实的，撤销批准文件，并予公布；对直接负责的主管人员和负有直接责任的认证人员，撤销其执业资格；构成犯罪的，依法追究刑事责任；造成损害的，认证机构应当承担相应的赔偿责任。

指定的认证机构有前款规定的违法行为的，同时撤销指定。

第七十三条 认证机构未对其认证的产品实施有效的跟踪调查，或者发现其认证的产品不能持续符合认证要求，不及时暂停或者撤销认证证书和要求其停止使用认证标志给消费者造成损失的，与生产者、销售者承担连带责任。

第七十四条 药品生产、经营企业质量管理规范认证，实验动物质量合格认证，军工产品的认证，以及从事军工产品校准、检测的实验室及其人员的认可，不适用本条例。

依照本条例经批准的认证机构从事矿山、危险化学品、烟花爆竹生产经营单位管理体系认证，由国务院安全生产监督管理部门结合安全生产的特殊要求组织；从事矿山、危险化学品、烟花爆竹生产经营单位安全生产综合评价的认证机构，经国务院安全生产监督管理部门推荐，方可取得认可机构的认可。

三、相关司法解释规定

1.《最高人民法院关于审理食品药品纠纷案件适用法律若干问题的规定》(法释〔2013〕28号)(2020年12月23日修正)

第一条 消费者因食品、药品纠纷提起民事诉讼，符合民事诉讼法规定受理条件的，人民法院应予受理。

第二条 因食品、药品存在质量问题造成消费者损害，消费者可以分别起诉或者同时起诉销售者和生产者。

消费者仅起诉销售者或者生产者的，必要时人民法院可以追加相关当事人参加诉讼。

第三条 因食品、药品质量问题发生纠纷，购买者向生产者、销售者主张权利，生产者、销售者以购买者明知食品、药品存在质量问题而仍然购买为由进行抗辩的，人民法院不予支持。

第四条 食品、药品生产者、销售者提供给消费者的食品或者药品的赠品发生质量安全问题，造成消费者损害，消费者主张权利，生产者、销售者以消费者未对赠品支付对价为由进行免责抗辩的，人民法院不予支持。

第五条 消费者举证证明所购买食品、药品的事实以及所购食品、药品不符合合同的约定，主张食品、药品的生产者、销售者承担违约责任的，人民法院应予支持。

消费者举证证明因食用食品或者使用药品受到损害，初步证明损害与食用食品或者使用药品存在因果关系，并请求食品、药品的生产者、销售者承担侵权责任的，人民法院应予支持，但食品、药品的生产者、销售者能证明损害不是因产品不符合质量标准造成的除外。

第六条 食品的生产者与销售者应当对于食品符合质量标准承担举证责任。认定食品是否安全，应当以国家标准为依据；对地方特色食品，没有国家标准的，应当以地方标准为依据。没有前述标准的，应当以食品安全法的相关规定为依据。

第七条 食品、药品虽在销售前取得检验合格证明，且食用或者使用时尚在保质期内，但经检验确认产品不合格，生产者或者销售者以该食品、药品具有检验合格证明为由进行抗辩的，人民法院不予支持。

第八条　集中交易市场的开办者、柜台出租者、展销会举办者未履行食品安全法规定的审查、检查、报告等义务，使消费者的合法权益受到损害的，消费者请求集中交易市场的开办者、柜台出租者、展销会举办者承担连带责任的，人民法院应予支持。

第九条　消费者通过网络交易第三方平台购买食品、药品遭受损害，网络交易第三方平台提供者不能提供食品、药品的生产者或者销售者的真实名称、地址与有效联系方式，消费者请求网络交易第三方平台提供者承担责任的，人民法院应予支持。

网络交易第三方平台提供者承担赔偿责任后，向生产者或者销售者行使追偿权的，人民法院应予支持。

网络交易第三方平台提供者知道或者应当知道食品、药品的生产者、销售者利用其平台侵害消费者合法权益，未采取必要措施，给消费者造成损害，消费者要求其与生产者、销售者承担连带责任的，人民法院应予支持。

第十条　未取得食品生产资质与销售资质的民事主体，挂靠具有相应资质的生产者与销售者，生产、销售食品，造成消费者损害，消费者请求挂靠者与被挂靠者承担连带责任的，人民法院应予支持。

消费者仅起诉挂靠者或者被挂靠者的，必要时人民法院可以追加相关当事人参加诉讼。

第十一条　消费者因虚假广告推荐的食品、药品存在质量问题遭受损害，依据消费者权益保护法等法律相关规定请求广告经营者、广告发布者承担连带责任的，人民法院应予支持。

其他民事主体在虚假广告中向消费者推荐食品、药品，使消费者遭受损害，消费者依据消费者权益保护法等法律相关规定请求其与食品、药品的生产者、销售者承担连带责任的，人民法院应予支持。

第十二条　食品、药品检验机构故意出具虚假检验报告，造成消费者损害，消费者请求其承担连带责任的，人民法院应予支持。

食品、药品检验机构因过失出具不实检验报告，造成消费者损害，消费者请求其承担相应责任的，人民法院应予支持。

第十三条　食品认证机构故意出具虚假认证，造成消费者损害，消费者请求其承担连带责任的，人民法院应予支持。

食品认证机构因过失出具不实认证，造成消费者损害，消费者请求其承担相应责任的，人民法院应予支持。

第十四条 生产、销售的食品、药品存在质量问题，生产者与销售者需同时承担民事责任、行政责任和刑事责任，其财产不足以支付，当事人依照民法典等有关法律规定，请求食品、药品的生产者、销售者首先承担民事责任的，人民法院应予支持。

第十五条 生产不符合安全标准的食品或者销售明知是不符合安全标准的食品，消费者除要求赔偿损失外，依据食品安全法等法律规定向生产者、销售者主张赔偿金的，人民法院应予支持。

生产假药、劣药或者明知是假药、劣药仍然销售、使用的，受害人或者其近亲属除请求赔偿损失外，依据药品管理法等法律规定向生产者、销售者主张赔偿金的，人民法院应予支持。

第十六条 食品、药品的生产者与销售者以格式合同、通知、声明、告示等方式作出排除或者限制消费者权利，减轻或者免除经营者责任、加重消费者责任等对消费者不公平、不合理的规定，消费者依法请求认定该内容无效的，人民法院应予支持。

第十七条 消费者与化妆品、保健食品等产品的生产者、销售者、广告经营者、广告发布者、推荐者、检验机构等主体之间的纠纷，参照适用本规定。

法律规定的机关和有关组织依法提起公益诉讼的，参照适用本规定。

第十八条 本规定所称的“药品的生产者”包括药品上市许可持有人和药品生产企业，“药品的销售者”包括药品经营企业和医疗机构。

第十九条 本规定施行后人民法院正在审理的一审、二审案件适用本规定。

本规定施行前已经终审，本规定施行后当事人申请再审或者按照审判监督程序决定再审的案件，不适用本规定。

2.《最高人民法院关于审理食品安全民事纠纷案件适用法律若干问题的解释(一)》(法释〔2020〕14号)

第一条 消费者因不符合食品安全标准的食品受到损害，依据食品安全法第一百四十八条第一款规定诉请食品生产者或者经营者赔偿损失，被诉的生产者或者经营者以赔偿责任应由生产经营者中的另一方承担为由主张免责的，人民法院不予支持。属于生产者责任的，经营者赔偿后有权向生产者追偿；属于经营者责任的，生产者赔偿后有权向经营者追偿。

第二条　电子商务平台经营者以标记自营业务方式所销售的食品或者虽未标记自营但实际开展自营业务所销售的食品不符合食品安全标准，消费者依据食品安全法第一百四十八条规定主张电子商务平台经营者承担作为食品经营者的赔偿责任的，人民法院应予支持。

电子商务平台经营者虽非实际开展自营业务，但其所作标识等足以误导消费者让消费者相信系电子商务平台经营者自营，消费者依据食品安全法第一百四十八条规定主张电子商务平台经营者承担作为食品经营者的赔偿责任的，人民法院应予支持。

第三条　电子商务平台经营者违反食品安全法第六十二条和第一百三十一条规定，未对平台内食品经营者进行实名登记、审查许可证，或者未履行报告、停止提供网络交易平台服务等义务，使消费者的合法权益受到损害，消费者主张电子商务平台经营者与平台内食品经营者承担连带责任的，人民法院应予支持。

第四条　公共交通运输的承运人向旅客提供的食品不符合食品安全标准，旅客主张承运人依据食品安全法第一百四十八条规定承担作为食品生产者或者经营者的赔偿责任的，人民法院应予支持；承运人以其不是食品的生产经营者或者食品是免费提供为由进行免责抗辩的，人民法院不予支持。

第五条　有关单位或者个人明知食品生产经营者从事食品安全法第一百二十三条第一款规定的违法行为而仍为其提供设备、技术、原料、销售渠道、运输、储存或者其他便利条件，消费者主张该单位或者个人依据食品安全法第一百二十三条第二款的规定与食品生产经营者承担连带责任的，人民法院应予支持。

第六条　食品经营者具有下列情形之一，消费者主张构成食品安全法第一百四十八条规定的“明知”的，人民法院应予支持：

（一）已过食品标明的保质期但仍然销售的；

（二）未能提供所售食品的合法进货来源的；

（三）以明显不合理的低价进货且无合理原因的；

（四）未依法履行进货查验义务的；

（五）虚假标注、更改食品生产日期、批号的；

（六）转移、隐匿、非法销毁食品进销货记录或者故意提供虚假信息的；

（七）其他能够认定为明知的情形。

第七条 消费者认为生产经营者生产经营不符合食品安全标准的食品同时构成欺诈的，有权选择依据食品安全法第一百四十八条第二款或者消费者权益保护法第五十五条第一款规定主张食品生产者或者经营者承担惩罚性赔偿责任。

第八条 经营者经营明知是不符合食品安全标准的食品，但向消费者承诺的赔偿标准高于食品安全法第一百四十八条规定的赔偿标准，消费者主张经营者按照承诺赔偿的，人民法院应当依法予以支持。

第九条 食品符合食品安全标准但未达到生产经营者承诺的质量标准，消费者依照民法典、消费者权益保护法等法律规定主张生产经营者承担责任的，人民法院应予支持，但消费者主张生产经营者依据食品安全法第一百四十八条规定承担赔偿责任的，人民法院不予支持。

第十条 食品不符合食品安全标准，消费者主张生产者或者经营者依据食品安全法第一百四十八条第二款规定承担惩罚性赔偿责任，生产者或者经营者以未造成消费者人身损害为由抗辩的，人民法院不予支持。

第十一条 生产经营未标明生产者名称、地址、成分或者配料表，或者未清晰标明生产日期、保质期的预包装食品，消费者主张生产者或者经营者依据食品安全法第一百四十八条第二款规定承担惩罚性赔偿责任的，人民法院应予支持，但法律、行政法规、食品安全国家标准对标签标注事项另有规定的除外。

第十二条 进口的食品不符合我国食品安全国家标准或者国务院卫生行政部门决定暂予适用的标准，消费者主张销售者、进口商等经营者依据食品安全法第一百四十八条规定承担赔偿责任，销售者、进口商等经营者仅以进口的食品符合出口地食品安全标准或者已经过我国出入境检验检疫机构检验检疫为由进行免责抗辩的，人民法院不予支持。

第十三条 生产经营不符合食品安全标准的食品，侵害众多消费者合法权益，损害社会公共利益，民事诉讼法、消费者权益保护法等法律规定的机关和有关组织依法提起公益诉讼的，人民法院应予受理。

第十四条 本解释自2021年1月1日起施行。

本解释施行后人民法院正在审理的一审、二审案件适用本解释。

本解释施行前已经终审，本解释施行后当事人申请再审或者按照审判监督程序决定再审的案件，不适用本解释。

最高人民法院以前发布的司法解释与本解释不一致的，以本解释为准。

3.《最高人民法院关于产品侵权案件的受害人能否以产品的商标所有人为被告提起民事诉讼的批复》(法释〔2002〕22号)

北京市高级人民法院：

你院京高法〔2001〕271号《关于荆其廉、张新荣等诉美国通用汽车公司、美国通用汽车海外公司损害赔偿案诉讼主体确立问题处理结果的请示报告》收悉。经研究，我们认为，任何将自己的姓名、名称、商标或者可资识别的其他标识体现在产品上，表示其为产品制造者的企业或个人，均属于《中华人民共和国民法典》和《中华人民共和国产品质量法》规定的“生产者”。本案中美国通用汽车公司为事故车的商标所有人，根据受害人的起诉和本案的实际情况，本案以通用汽车公司、通用汽车海外公司、通用汽车巴西公司为被告并无不当。

四、相关文件规定

《国家质量监督检验检疫总局关于实施〈中华人民共和国产品质量法〉若干问题的意见》(国质检法〔2011〕83号)

四、关于对产品标识的监督问题

(一)按照《中华人民共和国产品质量法》第二十七条规定，产品标识必须真实，并符合下列要求：具有产品质量检验合格证明，具有中文标注的产品名称，对产品质量负有责任的生产者的厂名、厂址，以及其他有关标识内容。不符合上述规定的，应当依法责令产品的生产者改正。

(二)按照《中华人民共和国产品质量法》第二十七条规定，产品(包括进口产品)标识应当使用中文，对产品名称、厂名、厂址、规格、等级、含量、警示说明等标识应当使用中文而未用中文标注的产品，应当依法责令产品的生产者、销售者改正。

(三)为贯彻落实《中华人民共和国产品质量法》有关标识的规定，原国家质量技术监督局发布实施了《产品标识标注规定》，总局发布实施了《食品标识管理规定》和《化妆品标识管理规定》，目的在于引导企业正确标注标识。有关标识的具体标注方法，应当按照上述规定执行。质量技术监督部门应当严格按照上述规定开展产品标识行政执法工作。

(四)《中华人民共和国食品安全法》对食品标识另有规定的从其规定。

五、关于销售者销售法律禁止销售的产品的法律适用问题

按照《中华人民共和国产品质量法》第五十五条规定，销售者销售法律第四十九条至第五十三条禁止销售的产品，有充分证据证明其不知道该产品为禁止销售的产品并如实说明其进货来源的，质量技术监督部门按照职责范围依法从轻或者减轻处罚。销售者销售上述产品不能提供充分证据证明其不知道该产品为法律禁止销售的产品，不能说明或者不如实说明其进货来源的，应当按照职责范围严格依法予以处罚。

对销售者销售上述产品的处罚方式和幅度，应当根据以上情况对应法律第四十九条至第五十三条的规定具体适用。

六、关于《中华人民共和国产品质量法》与其他法律法规的关系

（一）《中华人民共和国产品质量法》是规范产品质量监督和行政执法活动的一般法。按照特殊法优于一般法的原则，《药品管理法》、《种子法》等特殊法对产品质量监督和行政执法有规定的，从其规定；特殊法没有规定的，依据《中华人民共和国产品质量法》的规定执行。

（二）《工业产品质量责任条例》、《产品质量监督试行办法》目前仍是有效的行政法规，在适用时应当遵循法的效力等级原则。对同一问题上述行政法规与法律均有规定但相抵触的，应当以《中华人民共和国产品质量法》的规定为准；《中华人民共和国产品质量法》没有规定，而上述行政法规有规定的，可以依照行政法规的规定执行。

（三）《中华人民共和国产品质量法》第四十九条有关生产、销售不符合保障人体健康和人身、财产安全的标准的处罚，与《中华人民共和国标准化法》及其实施条例规定的生产、销售不符合强制性标准的处罚不一致。根据后法优先原则，对不符合强制性标准的产品实施处罚，应当适用《中华人民共和国产品质量法》第四十九条的规定。

（四）《中华人民共和国产品质量法》与《中华人民共和国食品安全法》对同一事项均有规定且互有抵触的，按照后法优于前法的原则，应当遵守《中华人民共和国食品安全法》。

八、关于生产、销售假冒伪劣产品行为的认定问题

根据《中华人民共和国产品质量法》的规定，以下行为应当认定为生产、销售假冒伪劣产品的行为：

（一）生产国家明令淘汰产品，销售国家明令淘汰并停止销售的产品和销售失效、变质产品的行为。国家明令淘汰的产品，指国务院有关行政部门依据其行政职能，按照一定的程序，采用行政的措施，通过发布行政文件的形式，向社会公布自某日起禁止生产、销售的产品。失效、变质产品，指产品失去了原有的效力、作用，产品发生了本质性变化，失去了应有使用价值的产品。

（二）伪造产品产地的行为。指在甲地生产产品，而在产品标识上标注乙地的地名的质量欺诈行为。

（三）伪造或者冒用他人厂名、厂址的行为。指非法标注他人厂名、厂址标识，或者在产品上编造、捏造不真实的生产厂厂名和厂址以及在产品上擅自使用他人的生产厂厂名和厂址的行为。

（四）伪造或者冒用认证标志等质量标志的行为。指在产品、标签、包装上，用文字、符号、图案等方式非法制作、编造、捏造或非法标注质量标志以及擅自使用未获批准的质量标志的行为。质量标志包括我国政府有关部门批准或认可的产品质量认证标志、企业质量体系认证标志、国外的认证标志、地理标志等。

（五）在产品中掺杂、掺假的行为。指生产者、销售者在产品中掺入杂质或者造假，进行质量欺诈的违法行为。其结果是，致使产品中有关物质的成分或者含量不符合国家有关法律、法规、标准或者合同要求。

（六）以假充真的行为。指以此产品冒充与其特征、特性等不同的他产品，或者冒充同一类产品中具有特定质量特征、特性的产品的欺诈行为。

（七）以次充好的行为。指以低档次、低等级产品冒充高档次、高等级产品或者以旧产品冒充新产品的违法行为。

（八）以不合格产品冒充合格产品的行为。不合格产品是指产品质量不符合《中华人民共和国产品质量法》第二十六条规定的产品。以不合格产品冒充合格产品是指以质量不合格的产品作为或者充当合格产品。

九、关于在经营性服务活动中使用假冒伪劣产品的监督检查问题

在经营性服务活动中使用假冒伪劣产品主要是指在美容美发、餐饮、维修、娱乐等经营服务活动中，经营者使用假冒伪劣产品为消费者提供服务的行为。质量技术监督部门发现在上述活动中经营者使用《中华人民共和国产品质量法》第四十九条至第五十二条规定禁止销售的产品，包括不符合保障人体健康、人身财产安全标准的产品；掺杂、掺假，以假充真，以次充好，以不合格产品冒充合格的产品；国家明令淘汰并停止销售的产品以及失效、变质的产品，按照职责范围依照法律有关销售者的处罚规定对经营者给予处罚。发现经营者使用的产品存在标识标注的不规范、不准确，不符合《中华人民共和国产品质量法》第二十七条规定要求的，按照职责范围依照该法第五十四条的规定实施处罚。

五、相关裁判摘要

• **2015 年第 12 期《中华人民共和国最高人民法院公报》**刊登的“**马水法诉陕西重型汽车有限公司等健康权纠纷案**”判决认为，即便符合“标准”的产品，也存在具有不合理危险的可能性。生产者如果不能举证证明存在法定免责事由的，应当承担侵权责任。相关裁判摘要如下：

国家标准和行业标准是产品应当符合的最低标准，符合“标准”的产品，也存在具有不合理危险的可能性。本案中，驾驶室举升缸轴座托架总成突然断裂，导致驾驶室落下致马水法受伤。上诉人陕重公司辩称该车系合格产品，不存在产品缺陷，故其应对该零件断裂原因提供证据，以证明该零件断裂并非产品固有缺陷或由其他原因造成，但陕重公司以马水法应承担零件断裂原因的举证责任为由，拒绝对零件断裂原因提供证据及申请鉴定，故陕重公司应当承担举证不能的法律后果。一审法院认定该零件断裂属于产品缺陷，有事实和法律依据，法院予以支持。

……

根据《中华人民共和国侵权责任法》第四十一条规定，因产品存在缺陷造成他人损害的，生产者应当承担侵权责任。产品责任对于生产者是无过错责任。被上诉人马水法因案涉车辆产品缺陷受伤，依据上述法律规定，上诉人陕重公司应对马水法因此次受伤造成的损失承担全部赔偿责任。陕重公司主张被上诉人王岗、鸿安公司应承担连带赔偿责任及马水法应承担部分责任的意见，缺乏法律依据，法院不予支持。

• **2001 年第 2 期《中华人民共和国最高人民法院公报》**刊登的“**陈梅金、林德鑫诉日本三菱汽车工业株式会社损害赔偿纠纷案**”判决就产品责任的归责原则以及缺陷的证明责任进行了分析。相关裁判摘要如下：

产品质量法第二十九条，就是民法通则第一百零六条第三款所指的法律规定的无过错责任，这是一种特殊的民事侵权责任。实践证明，通常情况下，产品缺陷在产品生产过程中就已经存在。而在产品生产过程中，生产者一直处于主动、积极的地位，只有他们才能及时认识到产品存在的缺陷并能设法避免。大多数消费者由于缺乏专业知识和对整个生产过程的了解，不可能及时发现产品的缺陷并以自己的行为防止其造成的危险。正是由于生产者在产品生产过程中所处的这种特殊地位，才使法律将产品责任规定为无过错责任。产品责任的无过错归责表现在：只要发生了与产品缺陷有关的人身或者其他财产损害，生产者就应当承担赔偿责任；生产者只有在能够证明产品具有未投入流通第三种法定情形时，才能够免除这种赔偿责任。

《中华人民共和国民事诉讼法》第六十四条规定："当事人对自己提出的主张，有责任提供证据。"上诉人陈梅金、林德鑫主张林志圻是在乘坐被上诉人三菱公司生产的三菱吉普车时，因前挡风玻璃在行驶途中突然爆裂而被震伤致猝死。为此，陈梅金、林德鑫提交了医院诊断、尸表检查结论、事故通知书等证据。这些证据排除了钝器击伤或汽车追尾等外力因素，证实林志圻是在前挡风玻璃突然爆破后因爆震伤死亡，满足产品产生了问题、造成人身伤害、损害事实与产品发生的问题之间存在必然因果关系等三个要件，足以支持陈梅金、林德鑫的主张。前挡风玻璃突然爆破是否属于该产品的缺陷，是本案双方当事人诉争的焦点。根据产品质量法第二十九条的立法原意，对这一问题的举证责任，应当由生产者承担。生产者如不能证明前挡风玻璃没有缺陷，而是受某一其他特定原因的作用发生爆破，就要承担产品责任。被上诉人三菱公司在本案中提交了前挡风玻璃生产厂家日本旭硝子株式会社出具的两份鉴定报告。由于旭硝子株式会社不是《中华人民共和国民事诉讼法》第七十二条所指的法定鉴定部门，且该单位与鉴定结果存在着利害关系，因此这两份鉴定报告不予采信。国家质检中心虽然是莆田车购办委托的法定鉴定部门，但是国家质检中心出具的报告，是在前挡风玻璃从日本运回中国后已失去检验条件的情况下，仅凭照片和相当破碎的玻璃实物得出的推断性分析结论，并且没有说明致前挡风玻璃突然爆破的外力是什么，对本案事实没有证明力，故也不予采信。

本案唯一证明产品是否存在缺陷的物证——爆破后的前挡风玻璃，莆田车购办在与被上诉人三菱公司约定封存后，曾数次提出要交国家质检中心检验鉴定。三菱公司承诺后，却不经莆田车购办许可，就擅自将玻璃运往日本；后虽然运回中国，但三菱公司无法证明运回的是原物，且玻璃此时已破碎得无法检验。三菱公司主张将与事故玻璃同期、同批号生产出来的玻璃提交给国家质检中心进行实物鉴定，遭上诉人陈梅金、林德鑫的反对。由于种类物确实不能与特定物完全等同，陈梅金、林德鑫的反对理由成立。在此情况下，举证不能的败诉责任理应由三菱公司承担。

• **1997 年第 2 期《中华人民共和国最高人民法院公报》**刊登的“**贾国宇诉北京国际气雾剂有限公司、龙口市厨房配套设备用具厂、北京市海淀区春海餐厅人身损害赔偿案**”判决对产品责任进行了分析。相关裁判摘要如下：

保证产品质量，特别是保障消费者人身财产安全是产品生产者必须履行的基本法律责任和义务。因产品质量问题造成的侵权损害结果，应依照《中华人民共和国产品质量法》第三十二条和《中华人民共和国消费者权益保护法》第四十一条的规定，予以赔偿，以维护社会公平与市场秩序。本案鉴定意见经庭审质证，结论已经明确：被告气雾剂公司生产的“白旋风”牌边炉石油气气罐没有根据气罐承压能力科学安全地按比例成份装填气体，充装使用方法的中英文标注不一致，内容互相矛盾，属于不合格产品，上述质量问题是造成此次事故的基本原因，气雾剂公司无可推卸地应当承担相当于70%的责任；“‘众乐’牌卡式炉燃气瓶与炉具连接部位存在漏气可能”，使用时安装不慎漏气的可能性更大，存在危及人身、财产安全的不合理危险，且不符合坚固耐用不漏气的行业生产标准，质量存在缺陷。在炉内存有小火酿成事故的因果关系中，漏气环节是一个不可或缺的过错诱因，因此被告厨房用具厂也负有30%的责任。现没有证据证明被告春海餐厅提供服务存在过错，原告贾国宇要求该餐厅赔偿损失缺乏事实依据，本院不予支持。

第一千二百零三条 【被侵权人的请求权和生产者与销售者之间的追偿权】因产品存在缺陷造成他人损害的，被侵权人可以向产品的生产者请求赔偿，也可以向产品的销售者请求赔偿。

产品缺陷由生产者造成的，销售者赔偿后，有权向生产者追偿。因销售者的过错使产品存在缺陷的，生产者赔偿后，有权向销售者追偿。

法条评释：在产品责任诉讼中，被侵权人既可以单独起诉产品的生产者要求其赔偿，也可以仅以销售者为被告要求其赔偿，还可以将产品的生产者与销售者作为共同被告提起诉讼。本条第1款对此作出了明确的规定。而本条第2、3款则是对产品的生产者与销售者之间的追偿的规定。通常产品的缺陷都是生产者所致，如设计缺陷、制造缺陷或警示缺陷，故此销售者赔偿后可以向生产者追偿。但是，有些时候产品本无缺陷，只是由于销售者的过错（如保管不当）导致了缺陷，故此生产者赔偿后可以向销售者追偿。

需要注意的是，《民法典》删除了原《侵权责任法》第42条的规定，即"因销售者的过错使产品存在缺陷，造成他人损害的，销售者应当承担侵权责任。售者不能指明缺陷产品的生产者也不能指明缺陷产品的供货者的，销售者应当承担侵权责任"。这就意味着，无论是生产者还是销售者，就因产品缺陷造成他人的损害承担的都是无过错责任，销售者是否因过错而使产品存在缺陷，只是产品的生产者和销售者内部进行追偿的问题，不影响受害人的赔偿请求权。

一、相关法律条文

1.《中华人民共和国产品质量法》（2018年12月29日修正）

第二条 在中华人民共和国境内从事产品生产、销售活动，必须遵守本法。

本法所称产品是指经过加工、制作，用于销售的产品。

建设工程不适用本法规定；但是，建设工程使用的建筑材料、建筑构配件和设备，属于前款规定的产品范围的，适用本法规定。

第四条 生产者、销售者依照本法规定承担产品质量责任。

第五条 禁止伪造或者冒用认证标志等质量标志；禁止伪造产品的产地，伪造或者冒用他人的厂名、厂址；禁止在生产、销售的产品中掺杂、掺假，以假充真，以次充好。

第十二条 产品质量应当检验合格，不得以不合格产品冒充合格产品。

第十三条 可能危及人体健康和人身、财产安全的工业产品，必须符合保障人体健康和人身、财产安全的国家标准、行业标准；未制定国家标准、行业标准的，必须符合保障人体健康和人身、财产安全的要求。

禁止生产、销售不符合保障人体健康和人身、财产安全的标准和要求的工业产品。具体管理办法由国务院规定。

第三十三条 销售者应当建立并执行进货检查验收制度,验明产品合格证明和其他标识。

第三十四条 销售者应当采取措施,保持销售产品的质量。

第三十五条 销售者不得销售国家明令淘汰并停止销售的产品和失效、变质的产品。

第三十六条 销售者销售的产品的标识应当符合本法第二十七条的规定。

第三十七条 销售者不得伪造产地,不得伪造或者冒用他人的厂名、厂址。

第三十八条 销售者不得伪造或者冒用认证标志等质量标志。

第三十九条 销售者销售产品,不得掺杂、掺假,不得以假充真、以次充好,不得以不合格产品冒充合格产品。

第四十二条 由于销售者的过错使产品存在缺陷,造成人身、他人财产损害的,销售者应当承担赔偿责任。

销售者不能指明缺陷产品的生产者也不能指明缺陷产品的供货者的,销售者应当承担赔偿责任。

第四十四条 因产品存在缺陷造成受害人人身伤害的,侵害人应当赔偿医疗费、治疗期间的护理费、因误工减少的收入等费用;造成残疾的,还应当支付残疾者生活自助具费、生活补助费、残疾赔偿金以及由其扶养的人所必需的生活费等费用;造成受害人死亡的,并应当支付丧葬费、死亡赔偿金以及由死者生前扶养的人所必需的生活费等费用。

因产品存在缺陷造成受害人财产损失的,侵害人应当恢复原状或者折价赔偿。受害人因此遭受其他重大损失的,侵害人应当赔偿损失。

第四十五条 因产品存在缺陷造成损害要求赔偿的诉讼时效期间为二年,自当事人知道或者应当知道其权益受到损害时起计算。

因产品存在缺陷造成损害要求赔偿的请求权,在造成损害的缺陷产品交付最初消费者满十年丧失;但是,尚未超过明示的安全使用期的除外。

第四十六条 本法所称缺陷,是指产品存在危及人身、他人财产安全的不合理的危险;产品有保障人体健康和人身、财产安全的国家标准、行业标准的,是指不符合该标准。

第四十七条　因产品质量发生民事纠纷时，当事人可以通过协商或者调解解决。当事人不愿通过协商、调解解决或者协商、调解不成的，可以根据当事人各方的协议向仲裁机构申请仲裁；当事人各方没有达成仲裁协议或者仲裁协议无效的，可以直接向人民法院起诉。

第四十八条　仲裁机构或者人民法院可以委托本法第十九条规定的产品质量检验机构，对有关产品质量进行检验

2.《中华人民共和国消费者权益保护法》（2013 年 10 月 25 日修正）

第三条　经营者为消费者提供其生产、销售的商品或者提供服务，应当遵守本法；本法未作规定的，应当遵守其他有关法律、法规。

第四条　经营者与消费者进行交易，应当遵循自愿、平等、公平、诚实信用的原则。

第五条　国家保护消费者的合法权益不受侵害。

国家采取措施，保障消费者依法行使权利，维护消费者的合法权益。

国家倡导文明、健康、节约资源和保护环境的消费方式，反对浪费。

第七条　消费者在购买、使用商品和接受服务时享有人身、财产安全不受损害的权利。

消费者有权要求经营者提供的商品和服务，符合保障人身、财产安全的要求。

第八条　消费者享有知悉其购买、使用的商品或者接受的服务的真实情况的权利。

消费者有权根据商品或者服务的不同情况，要求经营者提供商品的价格、产地、生产者、用途、性能、规格、等级、主要成分、生产日期、有效期限、检验合格证明、使用方法说明书、售后服务，或者服务的内容、规格、费用等有关情况。

第九条　消费者享有自主选择商品或者服务的权利。

消费者有权自主选择提供商品或者服务的经营者，自主选择商品品种或者服务方式，自主决定购买或者不购买任何一种商品、接受或者不接受任何一项服务。

消费者在自主选择商品或者服务时，有权进行比较、鉴别和挑选。

第十条　消费者享有公平交易的权利。

消费者在购买商品或者接受服务时，有权获得质量保障、价格合理、计量正确等公平交易条件，有权拒绝经营者的强制交易行为。

第十一条 消费者因购买、使用商品或者接受服务受到人身、财产损害的，享有依法获得赔偿的权利。

第十四条 消费者在购买、使用商品和接受服务时，享有人格尊严、民族风俗习惯得到尊重的权利，享有个人信息依法得到保护的权利。

第十六条 经营者向消费者提供商品或者服务，应当依照本法和其他有关法律、法规的规定履行义务。

经营者和消费者有约定的，应当按照约定履行义务，但双方的约定不得违背法律、法规的规定。

经营者向消费者提供商品或者服务，应当恪守社会公德，诚信经营，保障消费者的合法权益；不得设定不公平、不合理的交易条件，不得强制交易。

第十七条 经营者应当听取消费者对其提供的商品或者服务的意见，接受消费者的监督。

第十八条 经营者应当保证其提供的商品或者服务符合保障人身、财产安全的要求。对可能危及人身、财产安全的商品和服务，应当向消费者作出真实的说明和明确的警示，并说明和标明正确使用商品或者接受服务的方法以及防止危害发生的方法。

宾馆、商场、餐馆、银行、机场、车站、港口、影剧院等经营场所的经营者，应当对消费者尽到安全保障义务。

第二十条 经营者向消费者提供有关商品或者服务的质量、性能、用途、有效期限等信息，应当真实、全面，不得作虚假或者引人误解的宣传。

经营者对消费者就其提供的商品或者服务的质量和使用方法等问题提出的询问，应当作出真实、明确的答复。

经营者提供商品或者服务应当明码标价。

第二十一条 经营者应当标明其真实名称和标记。

租赁他人柜台或者场地的经营者，应当标明其真实名称和标记。

第二十二条 经营者提供商品或者服务，应当按照国家有关规定或者商业惯例向消费者出具发票等购货凭证或者服务单据；消费者索要发票等购货凭证或者服务单据的，经营者必须出具。

第二十三条 经营者应当保证在正常使用商品或者接受服务的情况下其提供的商品或者服务应当具有的质量、性能、用途和有效期限；但消费者在购买该商品或者接受该服务前已经知道其存在瑕疵，且存在该瑕疵不违反法律强制性规定的除外。

经营者以广告、产品说明、实物样品或者其他方式表明商品或者服务的质量状况的，应当保证其提供的商品或者服务的实际质量与表明的质量状况相符。

经营者提供的机动车、计算机、电视机、电冰箱、空调器、洗衣机等耐用商品或者装饰装修等服务，消费者自接受商品或者服务之日起六个月内发现瑕疵，发生争议的，由经营者承担有关瑕疵的举证责任。

第二十四条　经营者提供的商品或者服务不符合质量要求的，消费者可以依照国家规定、当事人约定退货，或者要求经营者履行更换、修理等义务。没有国家规定和当事人约定的，消费者可以自收到商品之日起七日内退货；七日后符合法定解除合同条件的，消费者可以及时退货，不符合法定解除合同条件的，可以要求经营者履行更换、修理等义务。

依照前款规定进行退货、更换、修理的，经营者应当承担运输等必要费用。

第二十五条　经营者采用网络、电视、电话、邮购等方式销售商品，消费者有权自收到商品之日起七日内退货，且无需说明理由，但下列商品除外：

（一）消费者定作的；

（二）鲜活易腐的；

（三）在线下载或者消费者拆封的音像制品、计算机软件等数字化商品；

（四）交付的报纸、期刊。

除前款所列商品外，其他根据商品性质并经消费者在购买时确认不宜退货的商品，不适用无理由退货。

消费者退货的商品应当完好。经营者应当自收到退回商品之日起七日内返还消费者支付的商品价款。退回商品的运费由消费者承担；经营者和消费者另有约定的，按照约定。

第二十六条　经营者在经营活动中使用格式条款的，应当以显著方式提请消费者注意商品或者服务的数量和质量、价款或者费用、履行期限和方式、安全注意事项和风险警示、售后服务、民事责任等与消费者有重大利害关系的内容，并按照消费者的要求予以说明。

经营者不得以格式条款、通知、声明、店堂告示等方式，作出排除或者限制消费者权利、减轻或者免除经营者责任、加重消费者责任等对消费者不公平、不合理的规定，不得利用格式条款并借助技术手段强制交易。

格式条款、通知、声明、店堂告示等含有前款所列内容的，其内容无效。

第二十七条 经营者不得对消费者进行侮辱、诽谤，不得搜查消费者的身体及其携带的物品，不得侵犯消费者的人身自由。

第二十八条 采用网络、电视、电话、邮购等方式提供商品或者服务的经营者，以及提供证券、保险、银行等金融服务的经营者，应当向消费者提供经营地址、联系方式、商品或者服务的数量和质量、价款或者费用、履行期限和方式、安全注意事项和风险警示、售后服务、民事责任等信息。

第二十九条 经营者收集、使用消费者个人信息，应当遵循合法、正当、必要的原则，明示收集、使用信息的目的、方式和范围，并经消费者同意。经营者收集、使用消费者个人信息，应当公开其收集、使用规则，不得违反法律、法规的规定和双方的约定收集、使用信息。

经营者及其工作人员对收集的消费者个人信息必须严格保密，不得泄露、出售或者非法向他人提供。经营者应当采取技术措施和其他必要措施，确保信息安全，防止消费者个人信息泄露、丢失。在发生或者可能发生信息泄露、丢失的情况时，应当立即采取补救措施。

经营者未经消费者同意或者请求，或者消费者明确表示拒绝的，不得向其发送商业性信息。

第四十一条 消费者在购买、使用商品或者接受服务时，其合法权益受到损害，因原企业分立、合并的，可以向变更后承受其权利义务的企业要求赔偿。

第四十二条 使用他人营业执照的违法经营者提供商品或者服务，损害消费者合法权益的，消费者可以向其要求赔偿，也可以向营业执照的持有人要求赔偿。

第四十三条 消费者在展销会、租赁柜台购买商品或者接受服务，其合法权益受到损害的，可以向销售者或者服务者要求赔偿。展销会结束或者柜台租赁期满后，也可以向展销会的举办者、柜台的出租者要求赔偿。展销会的举办者、柜台的出租者赔偿后，有权向销售者或者服务者追偿。

第四十五条 消费者因经营者利用虚假广告或者其他虚假宣传方式提供商品或者服务，其合法权益受到损害的，可以向经营者要求赔偿。广告经营者、发布者发布虚假广告的，消费者可以请求行政主管部门予以惩处。广告经营者、发布者不能提供经营者的真实名称、地址和有效联系方式的，应当承担赔偿责任。

广告经营者、发布者设计、制作、发布关系消费者生命健康商品或者服务的虚假广告，造成消费者损害的，应当与提供该商品或者服务的经营者承担连带责任。

社会团体或者其他组织、个人在关系消费者生命健康商品或者服务的虚假广告或者其他虚假宣传中向消费者推荐商品或者服务，造成消费者损害的，应当与提供该商品或者服务的经营者承担连带责任。

第四十八条 经营者提供商品或者服务有下列情形之一的，除本法另有规定外，应当依照其他有关法律、法规的规定，承担民事责任：

（一）商品或者服务存在缺陷的；

（二）不具备商品应当具备的使用性能而出售时未作说明的；

（三）不符合在商品或者其包装上注明采用的商品标准的；

（四）不符合商品说明、实物样品等方式表明的质量状况的；

（五）生产国家明令淘汰的商品或者销售失效、变质的商品的；

（六）销售的商品数量不足的；

（七）服务的内容和费用违反约定的；

（八）对消费者提出的修理、重作、更换、退货、补足商品数量、退还货款和服务费用或者赔偿损失的要求，故意拖延或者无理拒绝的；

（九）法律、法规规定的其他损害消费者权益的情形。

经营者对消费者未尽到安全保障义务，造成消费者损害的，应当承担侵权责任。

第四十九条 经营者提供商品或者服务，造成消费者或者其他受害人人身伤害的，应当赔偿医疗费、护理费、交通费等为治疗和康复支出的合理费用，以及因误工减少的收入。造成残疾的，还应当赔偿残疾生活辅助具费和残疾赔偿金。造成死亡的，还应当赔偿丧葬费和死亡赔偿金。

第五十条 经营者侵害消费者的人格尊严、侵犯消费者人身自由或者侵害消费者个人信息依法得到保护的权利的，应当停止侵害、恢复名誉、消除影响、赔礼道歉，并赔偿损失。

第五十一条 经营者有侮辱诽谤、搜查身体、侵犯人身自由等侵害消费者或者其他受害人人身权益的行为，造成严重精神损害的，受害人可以要求精神损害赔偿。

第五十二条 经营者提供商品或者服务，造成消费者财产损害的，应当依照法律规定或者当事人约定承担修理、重作、更换、退货、补足商品数量、退还货款和服务费用或者赔偿损失等民事责任。

第五十五条 经营者提供商品或者服务有欺诈行为的，应当按照消费者的要求增加赔偿其受到的损失，增加赔偿的金额为消费者购买商品的价款或者接受服务的费用的三倍；增加赔偿的金额不足五百元的，为五百元。法律另有规定的，依照其规定。

经营者明知商品或者服务存在缺陷，仍然向消费者提供，造成消费者或者其他受害人死亡或者健康严重损害的，受害人有权要求经营者依照本法第四十九条、第五十一条等法律规定赔偿损失，并有权要求所受损失二倍以下的惩罚性赔偿。

第六十二条 农民购买、使用直接用于农业生产的生产资料，参照本法执行。

3.《中华人民共和国食品安全法》(2021 年 4 月 29 日修正)

第五十三条 食品经营者采购食品，应当查验供货者的许可证和食品出厂检验合格证或者其他合格证明(以下称合格证明文件)。

食品经营企业应当建立食品进货查验记录制度，如实记录食品的名称、规格、数量、生产日期或者生产批号、保质期、进货日期以及供货者名称、地址、联系方式等内容，并保存相关凭证。记录和凭证保存期限应当符合本法第五十条第二款的规定。

实行统一配送经营方式的食品经营企业，可以由企业总部统一查验供货者的许可证和食品合格证明文件，进行食品进货查验记录。

从事食品批发业务的经营企业应当建立食品销售记录制度，如实记录批发食品的名称、规格、数量、生产日期或者生产批号、保质期、销售日期以及购货者名称、地址、联系方式等内容，并保存相关凭证。记录和凭证保存期限应当符合本法第五十条第二款的规定。

第五十四条 食品经营者应当按照保证食品安全的要求贮存食品，定期检查库存食品，及时清理变质或者超过保质期的食品。

食品经营者贮存散装食品，应当在贮存位置标明食品的名称、生产日期或者生产批号、保质期、生产者名称及联系方式等内容。

第五十五条　餐饮服务提供者应当制定并实施原料控制要求，不得采购不符合食品安全标准的食品原料。倡导餐饮服务提供者公开加工过程，公示食品原料及其来源等信息。

餐饮服务提供者在加工过程中应当检查待加工的食品及原料，发现有本法第三十四条第六项规定情形的，不得加工或者使用。

第五十六条　餐饮服务提供者应当定期维护食品加工、贮存、陈列等设施、设备；定期清洗、校验保温设施及冷藏、冷冻设施。

餐饮服务提供者应当按照要求对餐具、饮具进行清洗消毒，不得使用未经清洗消毒的餐具、饮具；餐饮服务提供者委托清洗消毒餐具、饮具的，应当委托符合本法规定条件的餐具、饮具集中消毒服务单位。

第五十七条　学校、托幼机构、养老机构、建筑工地等集中用餐单位的食堂应当严格遵守法律、法规和食品安全标准；从供餐单位订餐的，应当从取得食品生产经营许可的企业订购，并按照要求对订购的食品进行查验。供餐单位应当严格遵守法律、法规和食品安全标准，当餐加工，确保食品安全。

学校、托幼机构、养老机构、建筑工地等集中用餐单位的主管部门应当加强对集中用餐单位的食品安全教育和日常管理，降低食品安全风险，及时消除食品安全隐患。

第六十一条　集中交易市场的开办者、柜台出租者和展销会举办者，应当依法审查入场食品经营者的许可证，明确其食品安全管理责任，定期对其经营环境和条件进行检查，发现其有违反本法规定行为的，应当及时制止并立即报告所在地县级人民政府食品安全监督管理部门。

第六十二条　网络食品交易第三方平台提供者应当对入网食品经营者进行实名登记，明确其食品安全管理责任；依法应当取得许可证的，还应当审查其许可证。

网络食品交易第三方平台提供者发现入网食品经营者有违反本法规定行为的，应当及时制止并立即报告所在地县级人民政府食品安全监督管理部门；发现严重违法行为的，应当立即停止提供网络交易平台服务。

第六十八条　食品经营者销售散装食品，应当在散装食品的容器、外包装上标明食品的名称、生产日期或者生产批号、保质期以及生产经营者名称、地址、联系方式等内容。

第七十二条 食品经营者应当按照食品标签标示的警示标志、警示说明或者注意事项的要求销售食品。

第九十二条 进口的食品、食品添加剂、食品相关产品应当符合我国食品安全国家标准。

进口的食品、食品添加剂应当经出入境检验检疫机构依照进出口商品检验相关法律、行政法规的规定检验合格。

进口的食品、食品添加剂应当按照国家出入境检验检疫部门的要求随附合格证明材料。

第九十三条 进口尚无食品安全国家标准的食品,由境外出口商、境外生产企业或者其委托的进口商向国务院卫生行政部门提交所执行的相关国家(地区)标准或者国际标准。国务院卫生行政部门对相关标准进行审查,认为符合食品安全要求的,决定暂予适用,并及时制定相应的食品安全国家标准。进口利用新的食品原料生产的食品或者进口食品添加剂新品种、食品相关产品新品种,依照本法第三十七条的规定办理。

出入境检验检疫机构按照国务院卫生行政部门的要求,对前款规定的食品、食品添加剂、食品相关产品进行检验。检验结果应当公开。

第九十四条 境外出口商、境外生产企业应当保证向我国出口的食品、食品添加剂、食品相关产品符合本法以及我国其他有关法律、行政法规的规定和食品安全国家标准的要求,并对标签、说明书的内容负责。

进口商应当建立境外出口商、境外生产企业审核制度,重点审核前款规定的内容;审核不合格的,不得进口。

发现进口食品不符合我国食品安全国家标准或者有证据证明可能危害人体健康的,进口商应当立即停止进口,并依照本法第六十三条的规定召回。

第九十七条 进口的预包装食品、食品添加剂应当有中文标签;依法应当有说明书的,还应当有中文说明书。标签、说明书应当符合本法以及我国其他有关法律、行政法规的规定和食品安全国家标准的要求,并载明食品的原产地以及境内代理商的名称、地址、联系方式。预包装食品没有中文标签、中文说明书或者标签、说明书不符合本条规定的,不得进口。

第九十八条 进口商应当建立食品、食品添加剂进口和销售记录制度，如实记录食品、食品添加剂的名称、规格、数量、生产日期、生产或者进口批号、保质期、境外出口商和购货者名称、地址及联系方式、交货日期等内容，并保存相关凭证。记录和凭证保存期限应当符合本法第五十条第二款的规定。

第九十九条　出口食品生产企业应当保证其出口食品符合进口国（地区）的标准或者合同要求。

出口食品生产企业和出口食品原料种植、养殖场应当向国家出入境检验检疫部门备案。

第一百四十条　违反本法规定，在广告中对食品作虚假宣传，欺骗消费者，或者发布未取得批准文件、广告内容与批准文件不一致的保健食品广告的，依照《中华人民共和国广告法》的规定给予处罚。

广告经营者、发布者设计、制作、发布虚假食品广告，使消费者的合法权益受到损害的，应当与食品生产经营者承担连带责任。

社会团体或者其他组织、个人在虚假广告或者其他虚假宣传中向消费者推荐食品，使消费者的合法权益受到损害的，应当与食品生产经营者承担连带责任。

违反本法规定，食品安全监督管理等部门、食品检验机构、食品行业协会以广告或者其他形式向消费者推荐食品，消费者组织以收取费用或者其他牟取利益的方式向消费者推荐食品的，由有关主管部门没收违法所得，依法对直接负责的主管人员和其他直接责任人员给予记大过、降级或者撤职处分；情节严重的，给予开除处分。

对食品作虚假宣传且情节严重的，由省级以上人民政府食品安全监督管理部门决定暂停销售该食品，并向社会公布；仍然销售该食品的，由县级以上人民政府食品安全监督管理部门没收违法所得和违法销售的食品，并处二万元以上五万元以下罚款。

第一百四十七条　违反本法规定，造成人身、财产或者其他损害的，依法承担赔偿责任。生产经营者财产不足以同时承担民事赔偿责任和缴纳罚款、罚金时，先承担民事赔偿责任。

第一百四十八条　消费者因不符合食品安全标准的食品受到损害的，可以向经营者要求赔偿损失，也可以向生产者要求赔偿损失。接到消费者赔偿要求的生产经营者，应当实行首负责任制，先行赔付，不得推诿；属于生产者责任的，经营者赔偿后有权向生产者追偿；属于经营者责任的，生产者赔偿后有权向经营者追偿。

生产不符合食品安全标准的食品或者经营明知是不符合食品安全标准的食品，消费者除要求赔偿损失外，还可以向生产者或者经营者要求支付价款十倍或者损失三倍的赔偿金；增加赔偿的金额不足一千元的，为一千元。但是，食品的标签、说明书存在不影响食品安全且不会对消费者造成误导的瑕疵的除外。

4.《中华人民共和国农产品质量安全法》(2018年10月26日修正)

第五十四条 生产、销售本法第三十三条所列农产品，给消费者造成损害的，依法承担赔偿责任。

农产品批发市场中销售的农产品有前款规定情形的，消费者可以向农产品批发市场要求赔偿；属于生产者、销售者责任的，农产品批发市场有权追偿。消费者也可以直接向农产品生产者、销售者要求赔偿。

5.《中华人民共和国种子法》(2015年11月4日修订)

第四十六条 种子使用者因种子质量问题或者因种子的标签和使用说明标注的内容不真实，遭受损失的，种子使用者可以向出售种子的经营者要求赔偿，也可以向种子生产者或者其他经营者要求赔偿。赔偿额包括购种价款、可得利益损失和其他损失。属于种子生产者或者其他经营者责任的，出售种子的经营者赔偿后，有权向种子生产者或者其他经营者追偿；属于出售种子的经营者责任的，种子生产者或者其他经营者赔偿后，有权向出售种子的经营者追偿。

6.《中华人民共和国电子商务法》(2019年1月1日起施行)

第十三条 电子商务经营者销售的商品或者提供的服务应当符合保障人身、财产安全的要求和环境保护要求，不得销售或者提供法律、行政法规禁止交易的商品或者服务。

第十七条 电子商务经营者应当全面、真实、准确、及时地披露商品或者服务信息，保障消费者的知情权和选择权。电子商务经营者不得以虚构交易、编造用户评价等方式进行虚假或者引人误解的商业宣传，欺骗、误导消费者。

第二十七条 电子商务平台经营者应当要求申请进入平台销售商品或者提供服务的经营者提交其身份、地址、联系方式、行政许可等真实信息，进行核验、登记，建立登记档案，并定期核验更新。

电子商务平台经营者为进入平台销售商品或者提供服务的非经营用户提供服务，应当遵守本节有关规定。

第二十九条 电子商务平台经营者发现平台内的商品或者服务信息存在违反本法第十二条、第十三条规定情形的，应当依法采取必要的处置措施，并向有关主管部门报告。

第三十七条 电子商务平台经营者在其平台上开展自营业务的，应当以显著方式区分标记自营业务和平台内经营者开展的业务，不得误导消费者。

电子商务平台经营者对其标记为自营的业务依法承担商品销售者或者服务提供者的民事责任。

第三十八条 电子商务平台经营者知道或者应当知道平台内经营者销售的商品或者提供的服务不符合保障人身、财产安全的要求，或者有其他侵害消费者合法权益行为，未采取必要措施的，依法与该平台内经营者承担连带责任。

对关系消费者生命健康的商品或者服务，电子商务平台经营者对平台内经营者的资质资格未尽到审核义务，或者对消费者未尽到安全保障义务，造成消费者损害的，依法承担相应的责任。

7.《中华人民共和国涉外民事关系法律适用法》(2011 年 4 月 1 日起施行)

第四十五条 产品责任，适用被侵权人经常居所地法律；被侵权人选择适用侵权人主营业地法律、损害发生地法律的，或者侵权人在被侵权人经常居所地没有从事相关经营活动的，适用侵权人主营业地法律或者损害发生地法律。

8.《中华人民共和国广告法》(2021 年 4 月 29 日修正)

第五十六条 违反本法规定，发布虚假广告，欺骗、误导消费者，使购买商品或者接受服务的消费者的合法权益受到损害的，由广告主依法承担民事责任。广告经营者、广告发布者不能提供广告主的真实名称、地址和有效联系方式的，消费者可以要求广告经营者、广告发布者先行赔偿。

关系消费者生命健康的商品或者服务的虚假广告，造成消费者损害的，其广告经营者、广告发布者、广告代言人应当与广告主承担连带责任。

前款规定以外的商品或者服务的虚假广告，造成消费者损害的，其广告经营者、广告发布者、广告代言人，明知或者应知广告虚假仍设计、制作、代理、发布或者作推荐、证明的，应当与广告主承担连带责任。

二、相关司法解释规定

1.《最高人民法院关于审理食品药品纠纷案件适用法律若干问题的规定》(法释〔2013〕28号)(2020年12月23日修正)

第一条 消费者因食品、药品纠纷提起民事诉讼,符合民事诉讼法规定受理条件的,人民法院应予受理。

第二条 因食品、药品存在质量问题造成消费者损害,消费者可以分别起诉或者同时起诉销售者和生产者。

消费者仅起诉销售者或者生产者的,必要时人民法院可以追加相关当事人参加诉讼。

第三条 因食品、药品质量问题发生纠纷,购买者向生产者、销售者主张权利,生产者、销售者以购买者明知食品、药品存在质量问题而仍然购买为由进行抗辩的,人民法院不予支持。

第四条 食品、药品生产者、销售者提供给消费者的食品或者药品的赠品发生质量安全问题,造成消费者损害,消费者主张权利,生产者、销售者以消费者未对赠品支付对价为由进行免责抗辩的,人民法院不予支持。

第五条 消费者举证证明所购买食品、药品的事实以及所购食品、药品不符合合同的约定,主张食品、药品的生产者、销售者承担违约责任的,人民法院应予支持。

消费者举证证明因食用食品或者使用药品受到损害,初步证明损害与食用食品或者使用药品存在因果关系,并请求食品、药品的生产者、销售者承担侵权责任的,人民法院应予支持,但食品、药品的生产者、销售者能证明损害不是因产品不符合质量标准造成的除外。

第六条 食品的生产者与销售者应当对于食品符合质量标准承担举证责任。认定食品是否安全,应当以国家标准为依据;对地方特色食品,没有国家标准的,应当以地方标准为依据。没有前述标准的,应当以食品安全法的相关规定为依据。

第七条 食品、药品虽在销售前取得检验合格证明,且食用或者使用时尚在保质期内,但经检验确认产品不合格,生产者或者销售者以该食品、药品具有检验合格证明为由进行抗辩的,人民法院不予支持。

第八条 集中交易市场的开办者、柜台出租者、展销会举办者未履行食品安全法规定的审查、检查、报告等义务,使消费者的合法权益受到损害的,消费者请求集中交易市场的开办者、柜台出租者、展销会举办者承担连带责任的,人民法院应予支持。

第九条 消费者通过网络交易第三方平台购买食品、药品遭受损害,网络交易第三方平台提供者不能提供食品、药品的生产者或者销售者的真实名称、地址与有效联系方式,消费者请求网络交易第三方平台提供者承担责任的,人民法院应予支持。

网络交易第三方平台提供者承担赔偿责任后,向生产者或者销售者行使追偿权的,人民法院应予支持。

网络交易第三方平台提供者知道或者应当知道食品、药品的生产者、销售者利用其平台侵害消费者合法权益,未采取必要措施,给消费者造成损害,消费者要求其与生产者、销售者承担连带责任的,人民法院应予支持。

第十条 未取得食品生产资质与销售资质的民事主体,挂靠具有相应资质的生产者与销售者,生产、销售食品,造成消费者损害,消费者请求挂靠者与被挂靠者承担连带责任的,人民法院应予支持。

消费者仅起诉挂靠者或者被挂靠者的,必要时人民法院可以追加相关当事人参加诉讼。

第十一条 消费者因虚假广告推荐的食品、药品存在质量问题遭受损害,依据消费者权益保护法等法律相关规定请求广告经营者、广告发布者承担连带责任的,人民法院应予支持。

其他民事主体在虚假广告中向消费者推荐食品、药品,使消费者遭受损害,消费者依据消费者权益保护法等法律相关规定请求其与食品、药品的生产者、销售者承担连带责任的,人民法院应予支持。

第十二条 食品、药品检验机构故意出具虚假检验报告,造成消费者损害,消费者请求其承担连带责任的,人民法院应予支持。

食品、药品检验机构因过失出具不实检验报告,造成消费者损害,消费者请求其承担相应责任的,人民法院应予支持。

第十三条 食品认证机构故意出具虚假认证,造成消费者损害,消费者请求其承担连带责任的,人民法院应予支持。

食品认证机构因过失出具不实认证,造成消费者损害,消费者请求其承担相应责任的,人民法院应予支持。

第十四条 生产、销售的食品、药品存在质量问题,生产者与销售者需同时承担民事责任、行政责任和刑事责任,其财产不足以支付,当事人依照民法典等有关法律规定,请求食品、药品的生产者、销售者首先承担民事责任的,人民法院应予支持。

第十五条 生产不符合安全标准的食品或者销售明知是不符合安全标准的食品,消费者除要求赔偿损失外,依据食品安全法等法律规定向生产者、销售者主张赔偿金的,人民法院应予支持。

生产假药、劣药或者明知是假药、劣药仍然销售、使用的,受害人或者其近亲属除请求赔偿损失外,依据药品管理法等法律规定向生产者、销售者主张赔偿金的,人民法院应予支持。

第十六条 食品、药品的生产者与销售者以格式合同、通知、声明、告示等方式作出排除或者限制消费者权利,减轻或者免除经营者责任、加重消费者责任等对消费者不公平、不合理的规定,消费者依法请求认定该内容无效的,人民法院应予支持。

第十七条 消费者与化妆品、保健食品等产品的生产者、销售者、广告经营者、广告发布者、推荐者、检验机构等主体之间的纠纷,参照适用本规定。

法律规定的机关和有关组织依法提起公益诉讼的,参照适用本规定。

第十八条 本规定所称的"药品的生产者"包括药品上市许可持有人和药品生产企业,"药品的销售者"包括药品经营企业和医疗机构。

第十九条 本规定施行后人民法院正在审理的一审、二审案件适用本规定。

本规定施行前已经终审,本规定施行后当事人申请再审或者按照审判监督程序决定再审的案件,不适用本规定。

2.《最高人民法院关于审理食品安全民事纠纷案件适用法律若干问题的解释(一)》(法释〔2020〕14号)

第一条 消费者因不符合食品安全标准的食品受到损害,依据食品安全法第一百四十八条第一款规定诉请食品生产者或者经营者赔偿损失,被诉的生产者或者经营者以赔偿责任应由生产经营者中的另一方承担为由主张免责的,人民法院不予支持。属于生产者责任的,经营者赔偿后有权向生产者追偿;属于经营者责任的,生产者赔偿后有权向经营者追偿。

第二条 电子商务平台经营者以标记自营业务方式所销售的食品或者虽未标记自营但实际开展自营业务所销售的食品不符合食品安全标准,消费者依据食品安全法第一百四十八条规定主张电子商务平台经营者承担作为食品经营者的赔偿责任的，人民法院应予支持。

电子商务平台经营者虽非实际开展自营业务，但其所作标识等足以误导消费者让消费者相信系电子商务平台经营者自营，消费者依据食品安全法第一百四十八条规定主张电子商务平台经营者承担作为食品经营者的赔偿责任的，人民法院应予支持。

第三条　电子商务平台经营者违反食品安全法第六十二条和第一百三十一条规定，未对平台内食品经营者进行实名登记、审查许可证，或者未履行报告、停止提供网络交易平台服务等义务，使消费者的合法权益受到损害，消费者主张电子商务平台经营者与平台内食品经营者承担连带责任的，人民法院应予支持。

第四条　公共交通运输的承运人向旅客提供的食品不符合食品安全标准，旅客主张承运人依据食品安全法第一百四十八条规定承担作为食品生产者或者经营者的赔偿责任的，人民法院应予支持；承运人以其不是食品的生产经营者或者食品是免费提供为由进行免责抗辩的，人民法院不予支持。

第五条　有关单位或者个人明知食品生产经营者从事食品安全法第一百二十三条第一款规定的违法行为而仍为其提供设备、技术、原料、销售渠道、运输、储存或者其他便利条件，消费者主张该单位或者个人依据食品安全法第一百二十三条第二款的规定与食品生产经营者承担连带责任的，人民法院应予支持。

第六条　食品经营者具有下列情形之一，消费者主张构成食品安全法第一百四十八条规定的“明知”的，人民法院应予支持：

（一）已过食品标明的保质期但仍然销售的；

（二）未能提供所售食品的合法进货来源的；

（三）以明显不合理的低价进货且无合理原因的；

（四）未依法履行进货查验义务的；

（五）虚假标注、更改食品生产日期、批号的；

（六）转移、隐匿、非法销毁食品进销货记录或者故意提供虚假信息的；

（七）其他能够认定为明知的情形。

第七条　消费者认为生产经营者生产经营不符合食品安全标准的食品同时构成欺诈的，有权选择依据食品安全法第一百四十八条第二款或者消费者权益保护法第五十五条第一款规定主张食品生产者或者经营者承担惩罚性赔偿责任。

第八条 经营者经营明知是不符合食品安全标准的食品，但向消费者承诺的赔偿标准高于食品安全法第一百四十八条规定的赔偿标准，消费者主张经营者按照承诺赔偿的，人民法院应当依法予以支持。

第九条 食品符合食品安全标准但未达到生产经营者承诺的质量标准，消费者依照民法典、消费者权益保护法等法律规定主张生产经营者承担责任的，人民法院应予支持，但消费者主张生产经营者依据食品安全法第一百四十八条规定承担赔偿责任的，人民法院不予支持。

第十条 食品不符合食品安全标准，消费者主张生产者或者经营者依据食品安全法第一百四十八条第二款规定承担惩罚性赔偿责任，生产者或者经营者以未造成消费者人身损害为由抗辩的，人民法院不予支持。

第十一条 生产经营未标明生产者名称、地址、成分或者配料表，或者未清晰标明生产日期、保质期的预包装食品，消费者主张生产者或者经营者依据食品安全法第一百四十八条第二款规定承担惩罚性赔偿责任的，人民法院应予支持，但法律、行政法规、食品安全国家标准对标签标注事项另有规定的除外。

第十二条 进口的食品不符合我国食品安全国家标准或者国务院卫生行政部门决定暂予适用的标准，消费者主张销售者、进口商等经营者依据食品安全法第一百四十八条规定承担赔偿责任，销售者、进口商等经营者仅以进口的食品符合出口地食品安全标准或者已经过我国出入境检验检疫机构检验检疫为由进行免责抗辩的，人民法院不予支持。

第十三条 生产经营不符合食品安全标准的食品，侵害众多消费者合法权益，损害社会公共利益，民事诉讼法、消费者权益保护法等法律规定的机关和有关组织依法提起公益诉讼的，人民法院应予受理。

第十四条 本解释自2021年1月1日起施行。

本解释施行后人民法院正在审理的一审、二审案件适用本解释。

本解释施行前已经终审，本解释施行后当事人申请再审或者按照审判监督程序决定再审的案件，不适用本解释。

最高人民法院以前发布的司法解释与本解释不一致的，以本解释为准。

三、相关裁判摘要

• **2005年第6期《中华人民共和国最高人民法院公报》**刊登的“**刘雪娟诉乐金公司、苏宁中心消费者权益纠纷案**”判决对生产者、销售者侵害消费者知情权的问题进行了分析。相关裁判摘要如下：

本案争议焦点是：1.本案化妆品包装上标注的“限用合格日期”，是否包括开瓶后的使用期限；2.在本案化妆品上标注“限用合格日期”，是否误导消费者；3.乐金公司对本案化妆品的标注方法，是否侵害了消费者知情权；4.对在海皙蓝 O^2 时光嫩肤液外包装上标注开瓶后使用期限的诉讼请求，应否支持。

南京市中级人民法院认为：

关于争议焦点一。被上诉人乐金公司的Q330101号《杭州乐金化妆品有限公司企业标准》第64条中明文规定：“符合规定的贮存条件，产品在包装完好，未经启封条件下，本产品保质期为四年”。化妆品开瓶后即接触空气，加之温度、环境的变化，以及使用人的使用习惯和卫生条件不同，其活性成分容易发生变化，开瓶后的保质期必将大大缩短。上诉人刘雪娟于2004年1月26日购买的海皙蓝 O^2 时光嫩肤液上，标注的“限用合格日期”2007年11月21日，应该是指该产品在符合规定的贮存条件、包装完好、未开瓶状况下的保质期，不包括开瓶后的使用期限。一审认定“该期限应视为开瓶前或开瓶后都应达到的安全使用期限”，是错误的。

关于争议焦点二。消费者购买化妆品，其目的不是为了长期收藏，而是要用它来清洁、保护、美化肌肤。化妆品一旦变质，通过消费者肌肤的吸收、渗透，必将对消费者的身体产生伤害。因此，消费者真正关心的，不是化妆品在未启封条件下的保质期，而是启封后的使用期。产品质量法为确保消费者使用产品时的生命和财产安全，才在第二十七条第一款第（四）项规定，限期使用的产品，应当在显著位置清晰地标注生产日期和安全使用期或者失效日期。在海皙蓝 O^2 时光嫩肤液的外包装上，被上诉人乐金公司仅标注了“限用合格日期”，同时不说明该日期是指产品未启封状态下的保质期。乐金公司还在一审中将“限用合格日期”解释为：“在正常保管下正常使用，不要超过瓶底的使用期限，可以保证质量。”作为生产化妆品的专业人员，尚不能对“限用合格日期”的真正含义作出正确解释。消费者不是专业人员，在无特殊说明的情况下，将“限用合格日期”理解为其所关心的开瓶后安全使用期，则是情理中事。因此，仅标注“限用合格日期”，不同时说明该日期真实含义的做法，不能使消费者正确了解该化妆品的安全使用期，对消费者有误导作用。

关于争议焦点三。GB5296. 3—1995号国家标准规定，化妆品通用标签上，必须标注生产日期和保质期，或者生产批号和限期使用日期。产品质量法规定，限期使用的产品，应当在显著位置清晰地标明生产日期和安全使用期或者失效日期。纵观两个规定，产品质量法只是对限期使用产品的标注方法提出了更高要求，二者不存在矛盾。《中华人民共和国消费者权益保护法》第八条规定：“消费者享有知悉其购买、使用的商品或者接受的服务的真实情况的权利。”限期使用产品的生产者，应当将该产品的安全使用期标注在显著位置，清晰地告知消费者。被上诉人乐金公司只按国家标准的规定标注了“限用合格日期”，没有按产品质量法的规定标注产品的安全使用期，侵害了上诉人刘雪娟和其他消费者依法享有的知情权。

关于争议焦点四。通过两审审理，上诉人刘雪娟已了解“限用合格日期”仅指海皙蓝O^2时光嫩肤液未开瓶状态下的保质期，现仍要求被上诉人乐金公司、苏宁中心在海皙蓝O^2时光嫩肤液外包装上标注开瓶后的使用期限。对于海皙蓝O^2时光嫩肤液开瓶后的使用期限，乐金公司、苏宁中心均表示难以确定。根据法律规定，作为化妆品的经营者，乐金公司和苏宁中心有义务以明确无误的方式，向消费者告知海皙蓝O^2时光嫩肤液开瓶后的安全使用期限，以确保消费者安全地使用该化妆品。难以确定，并非不能确定。企业应当本着为消费者服务的宗旨，使用直接标注启封后使用期限，对“限用合格日期”的真正含义作出说明，或者对不能继续使用的情形加以警示等方式，帮助消费者充分了解并正确使用自己的产品，消除消费者可能产生的误解。乐金公司、苏宁中心以难以确定为由，要求驳回刘雪娟的诉讼请求，理由不能成立。

被上诉人乐金公司、苏宁中心有义务向消费者告知海皙蓝O^2时光嫩肤液开瓶后的安全使用期限。在民事诉讼中，法律只保护特定民事主体自身的合法权益，因此民事诉讼中的权利人和标的物均应是特定的。上诉人刘雪娟要求乐金公司、苏宁中心在海皙蓝O^2时光嫩肤液的包装上标注开瓶使用期限，这一诉讼请求虽然合理，却已涉及不特定的权利主体和标的物，超出本案能够处理的范围，难以全部支持。但这一诉讼请求中，包含了刘雪娟希望知道自己购买的这一瓶海皙蓝 O^2 时光嫩肤液开瓶使用期限。作为消费者，刘雪娟享有知情权，该诉讼请求中的这一部分合理合法，应当支持。

• **1989 年第 2 期《中华人民共和国最高人民法院公报》**刊登的“**后营子供销社诉铁三中冷冻食品机械经销部产品责任纠纷案**”判决就销售者的产品责任进行了分析。相关裁判摘要如下：

被告所销售的苏北冷冻机厂生产的“白塔”牌冷藏柜，虽有江苏省标准局发给的产品质量合格证书，但经有关部门鉴定，被告销售给原告的这台冷藏柜，确属不合格产品。由于该冷藏柜错装了磁力起动器，电流增大，致电机得不到保护被烧毁，使电机和冷藏柜外壳带电。以至于冷藏柜在使用 23 天后才发生故障问题，因为在正常情况下，尽管错装了磁力起动器，电机在一定时间仍可正常运行。电机一旦发生故障，即会出现上述情况。至于安装地线问题，即使原告在冷藏柜上接装地线，在电机和冷藏柜外壳带电后，电流过大，也会造成严重后果。上述情况，是造成王文海触电身亡的原因。《中华人民共和国民法通则》第一百二十二条关于“因产品质量不合格造成他人财产、人身损害的，产品制造者、销售者应当依法承担民事责任”的规定，被告应承担产品不合格造成王文海死亡的责任。民法通则第一百一十九条规定：“侵害公民身体造成伤害的，应当赔偿医疗费、因误工减少的收入，残废者生活补助费等费用；造成死亡的，并应当支付丧葬费、死者生前扶养的人必要的生活费等费用。”国务院颁布的《工业产品质量责任条例》第十五条规定，经销企业售出的产品不合格，应由经销企业负责对用户实行包修、包换、包退、承担赔偿实际经济损失的责任。因此，原告要求被告赔偿经济损失和支付死者丧葬费等费用的理由是正当的，应予支持。

第一千二百零四条 【第三人过错导致产品缺陷时生产者、销售者的追偿权】因运输者、仓储者等第三人的过错使产品存在缺陷，造成他人损害的，产品的生产者、销售者赔偿后，有权向第三人追偿。

法条评释：产品从生产出来到消费者手中要经历一系列的流通环节，因此除生产者、销售者之外，还存在运输者、仓储者等主体，而这些主体也可能因为过错使产品存在缺陷。因产品缺陷而遭受损害的被侵权人并不知道缺陷是否由运输者、仓储者所致,甚至连运输者、仓储者是谁也不清楚。但是,生产者和销售者是清楚的。故此,在生产者、销售者承担赔偿责任后,其可以基于合同或者侵权向因过错而导致产品存在缺陷的运输者、仓储者等要求赔偿。产品的生产者、销售者不能以产品缺陷是运输者、仓储者等第三人的过错所致而免除向缺陷产品的被侵权人承担侵权责任。

第一千二百零五条　【缺陷产品危及人身财产安全时的侵权责任】因产品缺陷危及他人人身、财产安全的,被侵权人有权请求生产者、销售者承担停止侵害、排除妨碍、消除危险等侵权责任。

法条评释:本条是对产品责任中,被侵权人的防御性侵权责任的规定。此种侵权责任的承担不以过错和损害为要件,只要产品存在缺陷即可,至于本条规定"因产品缺陷危及他人人身、财产安全的",殊无必要。因为,所谓缺陷,本身就是指产品存在危及人身、财产安全的不合理的危险。此外,本条来自原《侵权责任法》第 45 条,在原来列举的"排除妨碍、消除危险"基础上,增加了"停止侵害"。

第一千二百零六条　【对缺陷产品的补救措施及侵权责任】产品投入流通后发现存在缺陷的,生产者、销售者应当及时采取停止销售、警示、召回等补救措施;未及时采取补救措施或者补救措施不力造成损害扩大的,对扩大的损害也应当承担侵权责任。

依据前款规定采取召回措施的,生产者、销售者应当负担被侵权人因此支出的必要费用。

法条评释:本条是对生产者、销售者对投入流通的缺陷产品采取补救措施以及相应的侵权责任的规定。与原《侵权责任法》第 46 条相比,本条的主要修改在于:首先,明确了补救措施不仅包括警示、召回,还包括停止销售等。其次,明确了生产者、销售者在产品投入流通后,发现了产品的缺陷,无论其是否采取补救措施,对于该缺陷给他人造成的损害,都应当承担侵权责任。但是,如果及时采取了有力的补救措施,则对于采取措施后扩大的损害不再承担责任。《侵权责任法》第 46 条未明确此点,容易使人误以为,只要及时采取了有力的补救措施,产品的生产者、销售者就不需要再承担产品缺陷造成的损害。为了避免误解,本条第 1 款作出了明确规定。最后,本条第 2 款还规定,因为采取召回措施而导致被侵权人支付了必要费用的（如将缺陷汽车从外地开到4S店进行修理而支付的汽油费、高速公路通行费以及住宿费），生产者、销售者必须向被侵权人支付该费用，因为这些费用就是由于产品缺陷而给消费者造成的损失。

一、相关法律条文

1.《中华人民共和国消费者权益保护法》（2013年10月25日修正）

第十九条　经营者发现其提供的商品或者服务存在缺陷，有危及人身、财产安全危险的，应当立即向有关行政部门报告和告知消费者，并采取停止销售、警示、召回、无害化处理、销毁、停止生产或者服务等措施。采取召回措施的，经营者应当承担消费者因商品被召回支出的必要费用。

2.《中华人民共和国食品安全法》（2021年4月29日修正）

第六十三条　国家建立食品召回制度。食品生产者发现其生产的食品不符合食品安全标准或者有证据证明可能危害人体健康的，应当立即停止生产，召回已经上市销售的食品，通知相关生产经营者和消费者，并记录召回和通知情况。

食品经营者发现其经营的食品有前款规定情形的，应当立即停止经营，通知相关生产经营者和消费者，并记录停止经营和通知情况。食品生产者认为应当召回的，应当立即召回。由于食品经营者的原因造成其经营的食品有前款规定情形的，食品经营者应当召回。

食品生产经营者应当对召回的食品采取无害化处理、销毁等措施，防止其再次流入市场。但是，对因标签、标志或者说明书不符合食品安全标准而被召回的食品，食品生产者在采取补救措施且能保证食品安全的情况下可以继续销售；销售时应当向消费者明示补救措施。

食品生产经营者应当将食品召回和处理情况向所在地县级人民政府食品药品监督管理部门报告；需要对召回的食品进行无害化处理、销毁的，应当提前报告时间、地点。食品药品监督管理部门认为必要的，可以实施现场监督。

食品生产经营者未依照本条规定召回或者停止经营的，县级以上人民政府食品药品监督管理部门可以责令其召回或者停止经营。

第九十四条 境外出口商、境外生产企业应当保证向我国出口的食品、食品添加剂、食品相关产品符合本法以及我国其他有关法律、行政法规的规定和食品安全国家标准的要求，并对标签、说明书的内容负责。

进口商应当建立境外出口商、境外生产企业审核制度，重点审核前款规定的内容；审核不合格的，不得进口。

发现进口食品不符合我国食品安全国家标准或者有证据证明可能危害人体健康的，进口商应当立即停止进口，并依照本法第六十三条的规定召回。

3.《中华人民共和国药品管理法》(2019年8月26日修订)

第八十二条 药品存在质量问题或者其他安全隐患的，药品上市许可持有人应当立即停止销售，告知相关药品经营企业和医疗机构停止销售和使用，召回已销售的药品，及时公开召回信息，必要时应当立即停止生产，并将药品召回和处理情况向省、自治区、直辖市人民政府药品监督管理部门和卫生健康主管部门报告。药品生产企业、药品经营企业和医疗机构应当配合。

药品上市许可持有人依法应当召回药品而未召回的，省、自治区、直辖市人民政府药品监督管理部门应当责令其召回。

4.《中华人民共和国疫苗管理法》(2019年12月1日起施行)

第七十三条 疫苗存在或者疑似存在质量问题的，疫苗上市许可持有人、疾病预防控制机构、接种单位应当立即停止销售、配送、使用，必要时立即停止生产，按照规定向县级以上人民政府药品监督管理部门、卫生健康主管部门报告。卫生健康主管部门应当立即组织疾病预防控制机构和接种单位采取必要的应急处置措施，同时向上级人民政府卫生健康主管部门报告。药品监督管理部门应当依法采取查封、扣押等措施。对已经销售的疫苗，疫苗上市许可持有人应当及时通知相关疾病预防控制机构、疫苗配送单位、接种单位，按照规定召回，如实记录召回和通知情况，疾病预防控制机构、疫苗配送单位、接种单位应当予以配合。

未依照前款规定停止生产、销售、配送、使用或者召回疫苗的，县级以上人民政府药品监督管理部门、卫生健康主管部门应当按照各自职责责令停止生产、销售、配送、使用或者召回疫苗。

疫苗上市许可持有人、疾病预防控制机构、接种单位发现存在或者疑似存在质量问题的疫苗，不得瞒报、谎报、缓报、漏报，不得隐匿、伪造、毁灭有关证据。

5.《中华人民共和国大气污染防治法》(2018年10月26日修正)

第五十八条　国家建立机动车和非道路移动机械环境保护召回制度。

生产、进口企业获知机动车、非道路移动机械排放大气污染物超过标准，属于设计、生产缺陷或者不符合规定的环境保护耐久性要求的，应当召回；未召回的，由国务院市场监督管理部门会同国务院生态环境主管部门责令其召回。

6.《中华人民共和国特种设备安全法》(2014年1月1日起施行)

第二十六条　国家建立缺陷特种设备召回制度。因生产原因造成特种设备存在危及安全的同一性缺陷的，特种设备生产单位应当立即停止生产，主动召回。

国务院负责特种设备安全监督管理的部门发现特种设备存在应当召回而未召回的情形时，应当责令特种设备生产单位召回。

二、相关行政法规

1.《缺陷汽车产品召回管理条例》(2019年3月2日修订)

第一条　为了规范缺陷汽车产品召回，加强监督管理，保障人身、财产安全，制定本条例。

第二条　在中国境内生产、销售的汽车和汽车挂车(以下统称汽车产品)的召回及其监督管理，适用本条例。

第三条　本条例所称缺陷，是指由于设计、制造、标识等原因导致的在同一批次、型号或者类别的汽车产品中普遍存在的不符合保障人身、财产安全的国家标准、行业标准的情形或者其他危及人身、财产安全的不合理的危险。

本条例所称召回，是指汽车产品生产者对其已售出的汽车产品采取措施消除缺陷的活动。

第四条　国务院产品质量监督部门负责全国缺陷汽车产品召回的监督管理工作。

国务院有关部门在各自职责范围内负责缺陷汽车产品召回的相关监督管理工作。

第五条　国务院产品质量监督部门根据工作需要,可以委托省、自治区、直辖市人民政府产品质量监督部门负责缺陷汽车产品召回监督管理的部分工作。

国务院产品质量监督部门缺陷产品召回技术机构按照国务院产品质量监督部门的规定,承担缺陷汽车产品召回的具体技术工作。

第六条　任何单位和个人有权向产品质量监督部门投诉汽车产品可能存在的缺陷,国务院产品质量监督部门应当以便于公众知晓的方式向社会公布受理投诉的电话、电子邮箱和通信地址。

国务院产品质量监督部门应当建立缺陷汽车产品召回信息管理系统,收集汇总、分析处理有关缺陷汽车产品信息。

产品质量监督部门、汽车产品主管部门、商务主管部门、海关、公安机关交通管理部门、交通运输主管部门等有关部门应当建立汽车产品的生产、销售、进口、登记检验、维修、消费者投诉、召回等信息的共享机制。

第七条　产品质量监督部门和有关部门、机构及其工作人员对履行本条例规定职责所知悉的商业秘密和个人信息,不得泄露。

第八条　对缺陷汽车产品,生产者应当依照本条例全部召回;生产者未实施召回的,国务院产品质量监督部门应当依照本条例责令其召回。

本条例所称生产者,是指在中国境内依法设立的生产汽车产品并以其名义颁发产品合格证的企业。

从中国境外进口汽车产品到境内销售的企业,视为前款所称的生产者。

第九条　生产者应当建立并保存汽车产品设计、制造、标识、检验等方面的信息记录以及汽车产品初次销售的车主信息记录,保存期不得少于10年。

第十条　生产者应当将下列信息报国务院产品质量监督部门备案:

(一)生产者基本信息;

(二)汽车产品技术参数和汽车产品初次销售的车主信息;

(三)因汽车产品存在危及人身、财产安全的故障而发生修理、更换、退货的信息;

(四)汽车产品在中国境外实施召回的信息;

(五)国务院产品质量监督部门要求备案的其他信息。

第十一条　销售、租赁、维修汽车产品的经营者(以下统称经营者)应当按照国务院产品质量监督部门的规定建立并保存汽车产品相关信息记录,保存期不得少于5年。

经营者获知汽车产品存在缺陷的,应当立即停止销售、租赁、使用缺陷汽车产品,并协助生产者实施召回。

经营者应当向国务院产品质量监督部门报告和向生产者通报所获知的汽车产品可能存在缺陷的相关信息。

第十二条　生产者获知汽车产品可能存在缺陷的,应当立即组织调查分析,并如实向国务院产品质量监督部门报告调查分析结果。

生产者确认汽车产品存在缺陷的,应当立即停止生产、销售、进口缺陷汽车产品,并实施召回。

第十三条　国务院产品质量监督部门获知汽车产品可能存在缺陷的,应当立即通知生产者开展调查分析;生产者未按照通知开展调查分析的,国务院产品质量监督部门应当开展缺陷调查。

国务院产品质量监督部门认为汽车产品可能存在会造成严重后果的缺陷的,可以直接开展缺陷调查。

第十四条　国务院产品质量监督部门开展缺陷调查,可以进入生产者、经营者的生产经营场所进行现场调查,查阅、复制相关资料和记录,向相关单位和个人了解汽车产品可能存在缺陷的情况。

生产者应当配合缺陷调查,提供调查需要的有关资料、产品和专用设备。经营者应当配合缺陷调查,提供调查需要的有关资料。

国务院产品质量监督部门不得将生产者、经营者提供的资料、产品和专用设备用于缺陷调查所需的技术检测和鉴定以外的用途。

第十五条　国务院产品质量监督部门调查认为汽车产品存在缺陷的,应当通知生产者实施召回。

生产者认为其汽车产品不存在缺陷的,可以自收到通知之日起15个工作日内向国务院产品质量监督部门提出异议,并提供证明材料。国务院产品质量监督部门应当组织与生产者无利害关系的专家对证明材料进行论证,必要时对汽车产品进行技术检测或者鉴定。

生产者既不按照通知实施召回又不在本条第二款规定期限内提出异议的,或者经国务院产品质量监督部门依照本条第二款规定组织论证、技术检测、鉴定确认汽车产品存在缺陷的,国务院产品质量监督部门应当责令生产者实施召回;生产者应当立即停止生产、销售、进口缺陷汽车产品，并实施召回。

第十六条 生产者实施召回，应当按照国务院产品质量监督部门的规定制定召回计划，并报国务院产品质量监督部门备案。修改已备案的召回计划应当重新备案。

生产者应当按照召回计划实施召回。

第十七条 生产者应当将报国务院产品质量监督部门备案的召回计划同时通报销售者，销售者应当停止销售缺陷汽车产品。

第十八条 生产者实施召回，应当以便于公众知晓的方式发布信息，告知车主汽车产品存在的缺陷、避免损害发生的应急处置方法和生产者消除缺陷的措施等事项。

国务院产品质量监督部门应当及时向社会公布已经确认的缺陷汽车产品信息以及生产者实施召回的相关信息。

车主应当配合生产者实施召回。

第十九条 对实施召回的缺陷汽车产品，生产者应当及时采取修正或者补充标识、修理、更换、退货等措施消除缺陷。

生产者应当承担消除缺陷的费用和必要的运送缺陷汽车产品的费用。

第二十条 生产者应当按照国务院产品质量监督部门的规定提交召回阶段性报告和召回总结报告。

第二十一条 国务院产品质量监督部门应当对召回实施情况进行监督，并组织与生产者无利害关系的专家对生产者消除缺陷的效果进行评估。

第二十二条 生产者违反本条例规定，有下列情形之一的，由产品质量监督部门责令改正；拒不改正的，处5万元以上20万元以下的罚款：

（一）未按照规定保存有关汽车产品、车主的信息记录；

（二）未按照规定备案有关信息、召回计划；

（三）未按照规定提交有关召回报告。

第二十三条 违反本条例规定，有下列情形之一的，由产品质量监督部门责令改正；拒不改正的，处50万元以上100万元以下的罚款；有违法所得的，并处没收违法所得；情节严重的，由许可机关吊销有关许可：

（一）生产者、经营者不配合产品质量监督部门缺陷调查；

（二）生产者未按照已备案的召回计划实施召回；

（三）生产者未将召回计划通报销售者。

第二十四条 生产者违反本条例规定，有下列情形之一的，由产品质量监督部门责令改正，处缺陷汽车产品货值金额1%以上10%以下的罚款；有违法所得的，并处没收违法所得；情节严重的，由许可机关吊销有关许可：

（一）未停止生产、销售或者进口缺陷汽车产品；

（二）隐瞒缺陷情况；

（三）经责令召回拒不召回。

第二十五条 违反本条例规定，从事缺陷汽车产品召回监督管理工作的人员有下列行为之一的，依法给予处分：

（一）将生产者、经营者提供的资料、产品和专用设备用于缺陷调查所需的技术检测和鉴定以外的用途；

（二）泄露当事人商业秘密或者个人信息；

（三）其他玩忽职守、徇私舞弊、滥用职权行为。

第二十六条 违反本条例规定，构成犯罪的，依法追究刑事责任。

第二十七条 汽车产品出厂时未随车装备的轮胎存在缺陷的，由轮胎的生产者负责召回。具体办法由国务院产品质量监督部门参照本条例制定。

第二十八条 生产者依照本条例召回缺陷汽车产品，不免除其依法应当承担的责任。

汽车产品存在本条例规定的缺陷以外的质量问题的，车主有权依照产品质量法、消费者权益保护法等法律、行政法规和国家有关规定以及合同约定，要求生产者、销售者承担修理、更换、退货、赔偿损失等相应的法律责任。

2.《国务院关于加强食品等产品安全监督管理的特别规定》（2007年7月26日起施行）

第九条 生产企业发现其生产的产品存在安全隐患，可能对人体健康和生命安全造成损害的，应当向社会公布有关信息，通知销售者停止销售，告知消费者停止使用，主动召回产品，并向有关监督管理部门报告；销售者应当立即停止销售该产品。销售者发现其销售的产品存在安全隐患，可能对人体健康和生命安全造成损害的，应当立即停止销售该产品，通知生产企业或者供货商，并向有关监督管理部门报告。

生产企业和销售者不履行前款规定义务的，由农业、卫生、质检、商务、工商、药品等监督管理部门依据各自职责，责令生产企业召回产品、销售者停止销售，对生产企业并处货值金额 3 倍的罚款，对销售者并处 1000 元以上 5 万元以下的罚款；造成严重后果的，由原发证部门吊销许可证照。

3.《产品质量监督试行办法》(2011 年 1 月 8 日修订)

第十二条 对于不按产品技术标准生产的产品，标准化管理部门有权制止产品出厂销售，责令企业停发质量检验合格证，追回已售出的可能危及人身安全和健康的不合格品。

4.《化妆品监督管理条例》(2021 年 1 月 1 日起施行)

第四十四条 化妆品注册人、备案人发现化妆品存在质量缺陷或者其他问题，可能危害人体健康的，应当立即停止生产，召回已经上市销售的化妆品，通知相关化妆品经营者和消费者停止经营、使用，并记录召回和通知情况。化妆品注册人、备案人应当对召回的化妆品采取补救、无害化处理、销毁等措施，并将化妆品召回和处理情况向所在地省、自治区、直辖市人民政府药品监督管理部门报告。

受托生产企业、化妆品经营者发现其生产、经营的化妆品有前款规定情形的，应当立即停止生产、经营，通知相关化妆品注册人、备案人。化妆品注册人、备案人应当立即实施召回。

负责药品监督管理的部门在监督检查中发现化妆品有本条第一款规定情形的，应当通知化妆品注册人、备案人实施召回，通知受托生产企业、化妆品经营者停止生产、经营。

化妆品注册人、备案人实施召回的，受托生产企业、化妆品经营者应当予以配合。

化妆品注册人、备案人、受托生产企业、经营者未依照本条规定实施召回或者停止生产、经营的，负责药品监督管理的部门责令其实施召回或者停止生产、经营。

5.《中华人民共和国食品安全法实施条例》(2019 年 3 月 26 日修订)

第七条 食品安全风险监测结果表明存在食品安全隐患，食品安全监督管理等部门经进一步调查确认有必要通知相关食品生产经营者的，应当及时通知。

接到通知的食品生产经营者应当立即进行自查，发现食品不符合食品安全标准或者有证据证明可能危害人体健康的，应当依照食品安全法第六十三条的规定停止生产、经营，实施食品召回，并报告相关情况。

第四十九条　进口商依照食品安全法第九十四条第三款的规定召回进口食品的，应当将食品召回和处理情况向所在地县级人民政府食品安全监督管理部门和所在地出入境检验检疫机构报告。

6.《农业机械安全监督管理条例》(2019年3月2日修订)

第十六条　农业机械生产者、销售者发现其生产、销售的农业机械存在设计、制造等缺陷，可能对人身财产安全造成损害的，应当立即停止生产、销售，及时报告当地市场监督管理部门，通知农业机械使用者停止使用。农业机械生产者应当及时召回存在设计、制造等缺陷的农业机械。

农业机械生产者、销售者不履行本条第一款义务的，市场监督管理部门可以责令生产者召回农业机械，责令销售者停止销售农业机械。

7.《医疗器械监督管理条例》(2021年2月9日修订)

第五十二条　医疗器械生产企业发现其生产的医疗器械不符合强制性标准、经注册或者备案的产品技术要求或者存在其他缺陷的，应当立即停止生产，通知相关生产经营企业、使用单位和消费者停止经营和使用，召回已经上市销售的医疗器械，采取补救、销毁等措施，记录相关情况，发布相关信息，并将医疗器械召回和处理情况向食品药品监督管理部门和卫生计生主管部门报告。

医疗器械经营企业发现其经营的医疗器械存在前款规定情形的，应当立即停止经营，通知相关生产经营企业、使用单位、消费者，并记录停止经营和通知情况。医疗器械生产企业认为属于依照前款规定需要召回的医疗器械，应当立即召回。

医疗器械生产经营企业未依照本条规定实施召回或者停止经营的，食品药品监督管理部门可以责令其召回或者停止经营。

8.《农药管理条例》(2017年2月8日修订)

第四十二条　国家建立农药召回制度。农药生产企业发现其生产的农药对农业、林业、人畜安全、农产品质量安全、生态环境等有严重危害或者较大风险的，应当立即停止生产，通知有关经营者和使用者，向所在地农业主管部门报告，主动召回产品，并记录通知和召回情况。

农药经营者发现其经营的农药有前款规定的情形的，应当立即停止销售，通知有关生产企业、供货人和购买人，向所在地农业主管部门报告，并记录停止销售和通知情况。

农药使用者发现其使用的农药有本条第一款规定的情形的，应当立即停止使用，通知经营者，并向所在地农业主管部门报告。

三、相关部门规章

1.《消费品召回管理暂行规定》(2020年1月1日起施行)

第一条 为了规范缺陷消费品召回工作，保障人体健康和人身、财产安全，根据《中华人民共和国消费者权益保护法》等法律、行政法规，制定本规定。

第二条 中华人民共和国境内缺陷消费品的召回及其监督管理，适用本规定。

法律、行政法规、部门规章对消费品的监督管理部门或者召回程序等另有规定的，依照其规定。

第三条 本规定所称消费品，是指消费者为生活消费需要购买、使用的产品。

本规定所称缺陷，是指因设计、制造、警示等原因，致使同一批次、型号或者类别的消费品中普遍存在的危及人身、财产安全的不合理危险。

本规定所称召回，是指生产者对存在缺陷的消费品，通过补充或者修正警示标识、修理、更换、退货等补救措施，消除缺陷或者降低安全风险的活动。

第四条 生产者应当对其生产的消费品的安全负责。消费品存在缺陷的，生产者应当实施召回。

第五条 国家市场监督管理总局负责指导协调、监督管理全国缺陷消费品召回工作。

省级市场监督管理部门负责监督管理本行政区域内缺陷消费品召回工作。

省级以上市场监督管理部门可以委托相关技术机构承担缺陷消费品召回的具体技术工作。

第六条 任何单位或者个人有权向市场监督管理部门反映消费品可能存在缺陷的信息。

市场监督管理部门应当畅通信息反映渠道，收集汇总、分析处理消费品可能存在缺陷的信息。

第七条 生产者和从事消费品销售、租赁、修理等活动的其他经营者(以下简称其他经营者)应当建立消费品缺陷信息的收集核实和分析处理制度。

鼓励生产者和其他经营者建立消费品可追溯制度。

第八条　生产者和其他经营者发现其生产经营的消费品存在以下情形之一的,应当自发现之日起二个工作日内向所在地省级市场监督管理部门报告:

(一)已经造成或者可能造成死亡、严重人身伤害、重大财产损失的;

(二)在中华人民共和国境外实施召回的。

省级市场监督管理部门接到前款规定事项报告,发现消费品生产者不在本行政区域内的,应当自发现之日起二个工作日内通报生产者所在地省级市场监督管理部门。

第九条　生产者发现消费品可能存在缺陷的,应当立即组织调查分析。

省级市场监督管理部门发现本行政区域内生产者生产的消费品可能存在缺陷的,应当自发现之日起三个工作日内通知生产者开展调查分析。生产者应当按照通知要求开展调查分析,并将调查分析结果报告省级市场监督管理部门。

经调查分析认为消费品存在缺陷的,生产者应当立即实施召回,不得隐瞒缺陷。

第十条　生产者未按照通知要求开展调查分析,或者省级市场监督管理部门认为调查分析结果不足以证明消费品不存在缺陷的,省级市场监督管理部门应当组织缺陷调查。

省级以上市场监督管理部门认为消费品可能存在足以造成严重后果或者影响范围较大的缺陷的,可以直接组织缺陷调查。

第十一条　市场监督管理部门组织缺陷调查,可以进入生产者和其他经营者的生产经营场所进行现场调查,查阅、复制相关资料和记录,向相关单位和个人了解消费品可能存在缺陷的情况,组织相关技术机构和专家进行技术分析和风险评估,必要时可以约谈生产者。

生产者和其他经营者应当配合市场监督管理部门开展的缺陷调查,提供调查需要的资料、消费品和专用设备等。

第十二条　经缺陷调查认为消费品存在缺陷的,组织缺陷调查的市场监督管理部门应当通知生产者实施召回。

生产者接到召回通知,认为消费品存在缺陷的,应当立即实施召回。

第十三条 生产者认为消费品不存在缺陷的，可以自收到通知之日起十个工作日内向通知其召回的市场监督管理部门提出异议，并提供相关材料。

接到异议的市场监督管理部门应当审查相关材料，必要时组织相关技术机构或者专家采用检验、检测、鉴定或者论证等方式进行缺陷认定，并将认定结果通知生产者。认定消费品存在缺陷的，生产者应当立即实施召回。

第十四条 生产者既不按照市场监督管理部门通知要求实施召回又未在规定期限内提出异议，或者经缺陷认定确认消费品存在缺陷但仍未实施召回的，由国家市场监督管理总局责令其实施召回。生产者应当立即实施召回。

第十五条 生产者认为消费品存在缺陷或者被责令实施召回的，应当立即停止生产、销售、进口缺陷消费品，通知其他经营者停止经营。

生产者应当承担消费者因消费品被召回支出的必要费用。

第十六条 其他经营者接到生产者通知的，应当立即停止经营存在缺陷的消费品，并协助生产者实施召回。

第十七条 生产者主动实施召回的，应当自调查分析认为消费品存在缺陷之日起十个工作日内向所在地省级市场监督管理部门报告召回计划。

生产者按照市场监督管理部门通知实施召回的，应当自接到通知之日起十个工作日内向通知其召回的市场监督管理部门报告召回计划。

生产者被责令实施召回的，应当自被责令召回之日起十个工作日内向国家市场监督管理总局报告召回计划。

第十八条 召回计划应当包括以下内容：

（一）需要召回的消费品范围、存在的缺陷以及避免损害发生的应急处置方式；

（二）具体的召回措施；

（三）召回的负责机构、联系方式、进度安排；

（四）其他需要报告的内容。

第十九条 接到召回计划报告的市场监督管理部门应当通过消费品召回管理信息系统向社会公示生产者报告的召回计划。

生产者应当自召回计划报告之日起三个工作日内以便于公众知晓的方式发布召回信息，并接受公众咨询。其他经营者应当在其门店、网站等经营场所公开生产者发布的召回信息。

第二十条　生产者应当按照召回计划实施召回。对采取更换、退货方式召回的缺陷消费品，生产者应当按照有关规定进行处理。未消除缺陷或者降低安全风险的，不得再次销售或者交付使用。

第二十一条　生产者应当自召回实施之日起每三个月向报告召回计划的市场监督管理部门提交召回阶段性总结，并在完成召回计划后十五个工作日内提交召回总结。

生产者应当制作并保存召回记录。召回记录的保存期不得少于五年。

第二十二条　生产者发现召回的消费品范围不准确、召回措施未能消除缺陷或者降低安全风险的，应当重新实施召回。

接到召回计划报告的市场监督管理部门应当对生产者召回实施情况进行监督。发现生产者召回的消费品范围不准确、召回措施未能消除缺陷或者降低安全风险的，应当通知生产者重新实施召回。

第二十三条　参与缺陷消费品召回监督管理相关工作的单位及其人员对工作中获悉的商业秘密、个人隐私，应当依法保密。

第二十四条　生产者经责令召回仍拒绝或者拖延实施召回的，按照《中华人民共和国消费者权益保护法》第五十六条规定处理。

第二十五条　生产者和其他经营者违反本规定第八条第一款、第十一条第二款、第十五条至第十七条、第十九条第二款、第二十条、第二十一条规定，由省级市场监督管理部门责令限期改正；逾期未改正的，处一万元以上三万元以下罚款；涉嫌构成犯罪，依法需要追究刑事责任的，按照有关规定移送公安机关。

第二十六条　从事缺陷消费品召回监督管理工作的人员滥用职权、玩忽职守、徇私舞弊的，对直接负责的主管人员和其他直接责任人员依法给予行政处分。

第二十七条　市场监督管理部门应当将责令召回情况及行政处罚信息记入信用档案，依法向社会公布。

第二十八条　生产者按照本规定召回缺陷消费品，不免除其依法应当承担的其他法律责任。

第二十九条　进口消费品的境外生产者指定的在中华人民共和国境内实施召回的机构，视为本规定所称生产者；境外生产者未指定的，进口商视为本规定所称生产者。

2.《缺陷汽车产品召回管理条例实施办法》(2020年10月23日修订)

第二条 在中国境内生产、销售的汽车和汽车挂车(以下统称汽车产品)的召回及其监督管理,适用本办法。

第三条 汽车产品生产者(以下简称生产者)是缺陷汽车产品的召回主体。汽车产品存在缺陷的,生产者应当依照本办法实施召回。

第四条 国家市场监督管理总局(以下简称市场监管总局)负责全国缺陷汽车产品召回的监督管理工作。各级产品质量监督部门和出入境检验检疫机构依法履行职责。

第五条 市场监管总局根据工作需要,可以委托省级市场监督管理部门在本行政区域内负责缺陷汽车产品召回监督管理的部分工作。

市场监管总局缺陷产品召回技术机构(以下简称召回技术机构)按照市场监管总局的规定承担缺陷汽车产品召回信息管理、缺陷调查、召回管理中的具体技术工作。

第六条 任何单位和个人有权向市场监督管理部门投诉汽车产品可能存在的缺陷等有关问题。

第七条 市场监管总局负责组织建立缺陷汽车产品召回信息管理系统,收集汇总、分析处理有关缺陷汽车产品信息,备案生产者信息,发布缺陷汽车产品信息和召回相关信息。

市场监管总局负责与国务院有关部门共同建立汽车产品的生产、销售、进口、登记检验、维修、事故、消费者投诉、召回等信息的共享机制。

第八条 地方市场监督管理部门发现本行政区域内缺陷汽车产品信息的,应当将信息逐级上报。

第九条 生产者应当建立健全汽车产品可追溯信息管理制度,确保能够及时确定缺陷汽车产品的召回范围并通知车主。

第十条 生产者应当保存以下汽车产品设计、制造、标识、检验等方面的信息:

(一)汽车产品设计、制造、标识、检验的相关文件和质量控制信息;

(二)涉及安全的汽车产品零部件生产者及零部件的设计、制造、检验信息;

(三)汽车产品生产批次及技术变更信息;

（四）其他相关信息。

生产者还应当保存车主名称、有效证件号码、通信地址、联系电话、购买日期、车辆识别代码等汽车产品初次销售的车主信息。

第十一条　生产者应当向市场监管总局备案以下信息：

（一）生产者基本信息；

（二）汽车产品技术参数和汽车产品初次销售的车主信息；

（三）因汽车产品存在危及人身、财产安全的故障而发生修理、更换、退货的信息；

（四）汽车产品在中国境外实施召回的信息；

（五）技术服务通报、公告等信息；

（六）其他需要备案的信息。

生产者依法备案的信息发生变化的，应当在20个工作日内进行更新。

第十二条　销售、租赁、维修汽车产品的经营者（以下统称经营者）应当建立并保存其经营的汽车产品型号、规格、车辆识别代码、数量、流向、购买者信息、租赁、维修等信息。

第十三条　经营者、汽车产品零部件生产者应当向市场监管总局报告所获知的汽车产品可能存在缺陷的相关信息，并通报生产者。

第十四条　生产者获知汽车产品可能存在缺陷的，应当立即组织调查分析，并将调查分析结果报告市场监管总局。

生产者经调查分析确认汽车产品存在缺陷的，应当立即停止生产、销售、进口缺陷汽车产品，并实施召回；生产者经调查分析认为汽车产品不存在缺陷的，应当在报送的调查分析结果中说明分析过程、方法、风险评估意见以及分析结论等。

第十五条　市场监管总局负责组织对缺陷汽车产品召回信息管理系统收集的信息、有关单位和个人的投诉信息以及通过其他方式获取的缺陷汽车产品相关信息进行分析，发现汽车产品可能存在缺陷的，应当立即通知生产者开展相关调查分析。

生产者应当按照市场监管总局通知要求，立即开展调查分析，并如实向市场监管总局报告调查分析结果。

第十六条　召回技术机构负责组织对生产者报送的调查分析结果进行评估，并将评估结果报告市场监管总局。

第十七条　存在下列情形之一的，市场监管总局应当组织开展缺陷调查：

（一）生产者未按照通知要求开展调查分析的；

（二）经评估生产者的调查分析结果不能证明汽车产品不存在缺陷的；

（三）汽车产品可能存在造成严重后果的缺陷的；

（四）经实验检测，同一批次、型号或者类别的汽车产品可能存在不符合保障人身、财产安全的国家标准、行业标准情形的；

（五）其他需要组织开展缺陷调查的情形。

第十八条 市场监管总局、受委托的省级市场监督管理部门开展缺陷调查，可以行使以下职权：

（一）进入生产者、经营者、零部件生产者的生产经营场所进行现场调查；

（二）查阅、复制相关资料和记录，收集相关证据；

（三）向有关单位和个人了解汽车产品可能存在缺陷的情况；

（四）其他依法可以采取的措施。

第十九条 与汽车产品缺陷有关的零部件生产者应当配合缺陷调查，提供调查需要的有关资料。

第二十条 市场监管总局、受委托的省级市场监督管理部门开展缺陷调查，应当对缺陷调查获得的相关信息、资料、实物、实验检测结果和相关证据等进行分析，形成缺陷调查报告。

省级市场监督管理部门应当及时将缺陷调查报告报送市场监管总局。

第二十一条 市场监管总局可以组织对汽车产品进行风险评估，必要时向社会发布风险预警信息。

第二十二条 市场监管总局根据缺陷调查报告认为汽车产品存在缺陷的，应当向生产者发出缺陷汽车产品召回通知书，通知生产者实施召回。

生产者认为其汽车产品不存在缺陷的，可以自收到缺陷汽车产品召回通知书之日起15个工作日内向市场监管总局提出书面异议，并提交相关证明材料。

生产者在15个工作日内提出异议的，市场监管总局应当组织与生产者无利害关系的专家对生产者提交的证明材料进行论证；必要时市场监管总局可以组织对汽车产品进行技术检测或者鉴定；生产者申请听证的或者市场监管总局根据工作需要认为有必要组织听证的，可以组织听证。

第二十三条 生产者既不按照缺陷汽车产品召回通知书要求实施召回，又不在15个工作日内向市场监管总局提出异议的，或者经组织论证、技术检测、鉴定,确认汽车产品存在缺陷的,市场监管总局应当责令生产者召回缺陷汽车产品。

第二十四条 生产者实施召回,应当按照市场监管总局的规定制定召回计划,并自确认汽车产品存在缺陷之日起5个工作日内或者被责令召回之日起5个工作日内向市场监管总局备案;同时以有效方式通报经营者。

生产者制定召回计划,应当内容全面,客观准确,并对其内容的真实性、准确性及召回措施的有效性负责。

生产者应当按照已备案的召回计划实施召回;生产者修改已备案的召回计划,应当重新向市场监管总局备案,并提交说明材料。

第二十五条 经营者获知汽车产品存在缺陷的,应当立即停止销售、租赁、使用缺陷汽车产品,并协助生产者实施召回。

第二十六条 生产者应当自召回计划备案之日起5个工作日内,通过报刊、网站、广播、电视等便于公众知晓的方式发布缺陷汽车产品信息和实施召回的相关信息,30个工作日内以挂号信等有效方式,告知车主汽车产品存在的缺陷、避免损害发生的应急处置方法和生产者消除缺陷的措施等事项。

生产者应当通过热线电话、网络平台等方式接受公众咨询。

第二十七条 车主应当积极配合生产者实施召回,消除缺陷。

第二十八条 市场监管总局应当向社会公布已经确认的缺陷汽车产品信息、生产者召回计划以及生产者实施召回的其他相关信息。

第二十九条 生产者应当保存已实施召回的汽车产品召回记录,保存期不得少于10年。

第三十条 生产者应当自召回实施之日起每3个月向市场监管总局提交一次召回阶段性报告。市场监管总局有特殊要求的,生产者应当按要求提交。

生产者应当在完成召回计划后15个工作日内,向市场监管总局提交召回总结报告。

第三十一条 生产者被责令召回的,应当立即停止生产、销售、进口缺陷汽车产品,并按照本办法的规定实施召回。

第三十二条 生产者完成召回计划后,仍有未召回的缺陷汽车产品的,应当继续实施召回。

第三十三条 对未消除缺陷的汽车产品,生产者和经营者不得销售或者交付使用。

第三十四条 市场监管总局对生产者召回实施情况进行监督或者委托省级市场监督管理部门进行监督,组织与生产者无利害关系的专家对消除缺陷的效果进行评估。

受委托对召回实施情况进行监督的省级市场监督管理部门,应当及时将有关情况报告市场监管总局。

市场监管总局通过召回实施情况监督和评估发现生产者的召回范围不准确、召回措施无法有效消除缺陷或者未能取得预期效果的,应当要求生产者再次实施召回或者采取其他相应补救措施。

第四十条 本办法所称汽车产品是指中华人民共和国国家标准《汽车和挂车类型的术语和定义》规定的汽车和挂车。

本办法所称生产者是指在中国境内依法设立的生产汽车产品并以其名义颁发产品合格证的企业。

从中国境外进口汽车产品到境内销售的企业视为前款所称的生产者。

第四十一条 汽车产品出厂时未随车装备的轮胎的召回及其监督管理由市场监管总局另行规定。

3.《铁路专用设备缺陷产品召回管理办法》(2018年8月31日修正)

第一条 为规范铁路专用设备缺陷产品召回管理,保障人身、财产安全,根据《中华人民共和国产品质量法》《铁路安全管理条例》等法律法规,制定本办法。

第二条 国家铁路局依法实行行政许可管理的铁路专用设备产品的召回及其监督管理适用本办法。

其他直接影响铁路运输安全的铁路专用设备产品确需召回的,由国家铁路局和国务院有关部门按照职责分工进行监督管理。

第三条 铁路专用设备产品缺陷是指由于设计、制造、标识等原因导致同一批次、型号或者类别的铁路专用设备普遍存在不符合保障人身、财产安全的国家标准、行业标准的情形或者其他危及人身、财产安全的不合理危险。

第四条 铁路专用设备缺陷产品召回,是指生产企业对其已销售的产品采取措施消除缺陷的活动。

第五条 国家铁路局对铁路专用设备缺陷产品召回实施监督管理,国家铁路局设立的地区铁路监督管理局按照国家铁路局的规定参与铁路专用设备缺陷产品召回监督管理。

国家铁路局及其设立的地区铁路监督管理局统称铁路监管部门。

第六条　铁路专用设备生产企业，是指在中国境内依法设立的产品制造企业。从中国境外进口产品到境内销售的企业视为生产企业。

第七条　生产企业是缺陷产品召回的实施主体，应当建立完善的产品质量安全档案和相关管理制度，准确记录并保存相关产品设计、制造、销售、标识、检验等信息，建立用户访问和质量分析制度，分析可能存在的缺陷，履行缺陷产品召回的义务并承担相关费用。生产企业制造的铁路机车车辆经监造，符合要求后，方可投入使用。

本办法所称监造是指由铁路运输企业等铁路机车车辆采购单位或者其委托的专业单位，依据有关产品质量的法律、行政法规以及国家其他有关规定，根据合同约定，按照规定的程序和范围，在机车车辆产品生产企业对生产过程和实物质量实施监督检查，并对产品的符合性作出专业判断。

第八条　使用企业及设备相关单位应当配合开展产品缺陷调查，提供必要的产品使用、维修、操作、检测等信息和记录，协助生产企业实施召回，并在召回过程中采取有效措施维护铁路正常运输秩序，确保运输安全。

第九条　生产企业获知其产品可能存在缺陷时，应当立即组织开展缺陷调查，确认其产品是否存在缺陷。对于正在使用的产品，生产企业应当立即通知使用企业，与使用企业协商并采取安全保障措施，确保运输安全。

第十条　生产企业经调查确认其产品存在缺陷的，应当立即将调查结果通知使用企业，并报国家铁路局。

第十一条　使用企业获知产品可能存在缺陷时，应当及时采取有效措施确保运输安全，并向生产企业通报产品可能存在缺陷情况。生产企业应当及时开展缺陷调查，生产企业未及时开展缺陷调查的，使用企业可以向国家铁路局反映。

第十二条　国家铁路局获知产品可能存在缺陷时，应当立即通知生产企业开展缺陷调查；生产企业拒绝开展缺陷调查的，国家铁路局可直接组织开展调查或委托与生产企业无利害关系的专业技术机构进行调查，并将调查结果通知生产企业和使用企业。

第十三条　产品缺陷调查应当包括以下内容：

（一）是否由于设计、制造、标识等原因导致；

(二)是否存在不符合保障人身、财产安全的国家标准、行业标准的情形;

(三)是否已造成人身、财产损害;

(四)虽未造成人身、财产损害,但经检验、检测、试验和论证,存在危及人身、财产安全的不合理危险。

第十四条 在缺陷调查过程中,可以采取以下措施:

(一)进入相关企业的生产经营场所进行现场调查;

(二)查阅、复制相关资料、档案和记录;

(三)向相关单位和个人了解产品可能存在缺陷的情况,公开征求相关信息;

(四)依法可以采取的其他措施。

第十五条 生产企业应当配合缺陷调查,提供调查需要的有关资料、产品和设备。

第十六条 产品缺陷调查报告应当包括以下内容:

(一)生产(设计)企业基本信息;

(二)缺陷产品的名称、型号、批次、数量等及缺陷产品生产、销售信息;

(三)缺陷产品在境外实施召回的信息;

(四)缺陷产品主要技术性能资料,产品缺陷描述、缺陷原因及其具体分析;

(五)缺陷产品检验、检测、试验的数据和报告;

(六)缺陷已经或可能产生的后果;

(七)对产品缺陷的确认结论,以及消除产品缺陷的具体措施;

(八)其他需要报告的相关信息。

受委托的专业技术机构应当按规定提交产品缺陷调查报告并对报告的真实性、准确性负责。

第十七条 生产企业或使用企业对产品缺陷调查结果有异议的,可以自收到缺陷调查结果之日起15个工作日内向国家铁路局反映并提供证明材料。国家铁路局可组织与相关企业无利害关系的专业技术机构或专家对证明材料进行论证,必要时组织对产品进行技术检验、检测、试验,并将结果通知相关企业。

第十八条 生产企业确认产品存在缺陷的,应当立即停止生产、销售、进口并通知使用企业。立即停止使用可能对铁路运输秩序造成较大影响的,生产企业应当与使用企业协商共同采取应急措施,确保运输安全。

第十九条　生产企业应当与使用企业协商制定召回计划并组织实施。召回计划应当包括以下内容:

(一)缺陷产品分布情况及拟召回数量;

(二)停止制造、销售、进口、使用缺陷产品的情况;

(三)消除缺陷的具体措施及实施方案;

(四)预期达到的工作目标和消除缺陷的效果;

(五)召回的阶段工作内容及时间安排;

(六)召回实施过程中采取的安全保障措施和必要的应急措施;

(七)提交召回阶段性报告、总结报告和消除缺陷效果评估的时间安排;

(八)联系人和联系方式;

(九)其他相关内容。

第二十条　生产企业应当将召回计划报备国家铁路局。已备案的召回计划调整时应当重新报备。

第二十一条　经专业技术机构调查确认产品存在缺陷,生产企业未在规定期限内对调查结果提出异议,并且未按规定实施召回的,国家铁路局应当责令生产企业召回。

第二十二条　生产企业对确定召回的缺陷产品应当及时采取修正或者补充标识、修理、更换、退货等措施消除缺陷,并承担消除缺陷的费用。

第二十三条　生产企业应当填写缺陷产品召回记录单。召回记录单分别由生产企业、使用企业、国家铁路局各保存一份,保存期不得少于5年。

第二十四条　生产企业在实施召回的过程中,应当向国家铁路局提交阶段性报告和总结报告。国家铁路局根据召回的实际效果,决定是否要求生产企业采取更为有效的召回措施。

第二十五条　生产企业完成召回计划后,国家铁路局应当组织与生产企业无利害关系的专业技术机构或专家对消除缺陷的效果进行评估。

第三十三条　生产企业依照本办法规定召回缺陷产品,不免除其依法应当承担的其他法律责任。产品存在本办法所称缺陷以外的质量问题,使用企业有权依据相关法律法规及合同约定,要求生产企业承担相应的法律责任。

4.《食品召回管理办法》(2020年10月23日修正)

第一条　为加强食品生产经营管理,减少和避免不安全食品的危害,保障公众身体健康和生命安全,根据《中华人民共和国食品安全法》及其实施条例等法律法规的规定,制定本办法。

第二条　在中华人民共和国境内,不安全食品的停止生产经营、召回和处置及其监督管理,适用本办法。

不安全食品是指食品安全法律法规规定禁止生产经营的食品以及其他有证据证明可能危害人体健康的食品。

第三条　食品生产经营者应当依法承担食品安全第一责任人的义务,建立健全相关管理制度,收集、分析食品安全信息,依法履行不安全食品的停止生产经营、召回和处置义务。

第四条　国家市场监督管理总局负责指导全国不安全食品停止生产经营、召回和处置的监督管理工作。

县级以上地方市场监督管理部门负责本行政区域的不安全食品停止生产经营、召回和处置的监督管理工作。

第五条　县级以上市场监督管理部门组织建立由医学、毒理、化学、食品、法律等相关领域专家组成的食品安全专家库,为不安全食品的停止生产经营、召回和处置提供专业支持。

第六条　国家市场监督管理总局负责汇总分析全国不安全食品的停止生产经营、召回和处置信息,根据食品安全风险因素,完善食品安全监督管理措施。

县级以上地方市场监督管理部门负责收集、分析和处理本行政区域不安全食品的停止生产经营、召回和处置信息,监督食品生产经营者落实主体责任。

第七条　鼓励和支持食品行业协会加强行业自律,制定行业规范,引导和促进食品生产经营者依法履行不安全食品的停止生产经营、召回和处置义务。

鼓励和支持公众对不安全食品的停止生产经营、召回和处置等活动进行社会监督。

第八条　食品生产经营者发现其生产经营的食品属于不安全食品的,应当立即停止生产经营,采取通知或者公告的方式告知相关食品生产经营者停止生产经营、消费者停止食用,并采取必要的措施防控食品安全风险。

食品生产经营者未依法停止生产经营不安全食品的，县级以上市场监督管理部门可以责令其停止生产经营不安全食品。

第九条 食品集中交易市场的开办者、食品经营柜台的出租者、食品展销会的举办者发现食品经营者经营的食品属于不安全食品的，应当及时采取有效措施，确保相关经营者停止经营不安全食品。

第十条 网络食品交易第三方平台提供者发现网络食品经营者经营的食品属于不安全食品的，应当依法采取停止网络交易平台服务等措施，确保网络食品经营者停止经营不安全食品。

第十一条 食品生产经营者生产经营的不安全食品未销售给消费者，尚处于其他生产经营者控制中的，食品生产经营者应当立即追回不安全食品，并采取必要措施消除风险。

第十二条 食品生产者通过自检自查、公众投诉举报、经营者和监督管理部门告知等方式知悉其生产经营的食品属于不安全食品的，应当主动召回。

食品生产者应当主动召回不安全食品而没有主动召回的，县级以上市场监督管理部门可以责令其召回。

第十三条 根据食品安全风险的严重和紧急程度，食品召回分为三级：

（一）一级召回：食用后已经或者可能导致严重健康损害甚至死亡的，食品生产者应当在知悉食品安全风险后24小时内启动召回，并向县级以上地方市场监督管理部门报告召回计划。

（二）二级召回：食用后已经或者可能导致一般健康损害，食品生产者应当在知悉食品安全风险后48小时内启动召回，并向县级以上地方市场监督管理部门报告召回计划。

（三）三级召回：标签、标识存在虚假标注的食品，食品生产者应当在知悉食品安全风险后72小时内启动召回，并向县级以上地方市场监督管理部门报告召回计划。标签、标识存在瑕疵，食用后不会造成健康损害的食品，食品生产者应当改正，可以自愿召回。

第十四条 食品生产者应当按照召回计划召回不安全食品。

县级以上地方市场监督管理部门收到食品生产者的召回计划后，必要时可以组织专家对召回计划进行评估。评估结论认为召回计划应当修改的，食品生产者应当立即修改，并按照修改后的召回计划实施召回。

第十五条 食品召回计划应当包括下列内容：

（一）食品生产者的名称、住所、法定代表人、具体负责人、联系方式等基本情况；

（二）食品名称、商标、规格、生产日期、批次、数量以及召回的区域范围；

（三）召回原因及危害后果；

（四）召回等级、流程及时限；

（五）召回通知或者公告的内容及发布方式；

（六）相关食品生产经营者的义务和责任；

（七）召回食品的处置措施、费用承担情况；

（八）召回的预期效果。

第十六条 食品召回公告应当包括下列内容：

（一）食品生产者的名称、住所、法定代表人、具体负责人、联系电话、电子邮箱等；

（二）食品名称、商标、规格、生产日期、批次等；

（三）召回原因、等级、起止日期、区域范围；

（四）相关食品生产经营者的义务和消费者退货及赔偿的流程。

第十七条 不安全食品在本省、自治区、直辖市销售的，食品召回公告应当在省级市场监督管理部门网站和省级主要媒体上发布。省级市场监督管理部门网站发布的召回公告应当与国家市场监督管理总局网站链接。

不安全食品在两个以上省、自治区、直辖市销售的，食品召回公告应当在国家食品药品监督管理总局网站和中央主要媒体上发布。

第十八条 实施一级召回的，食品生产者应当自公告发布之日起10个工作日内完成召回工作。

实施二级召回的，食品生产者应当自公告发布之日起20个工作日内完成召回工作。

实施三级召回的，食品生产者应当自公告发布之日起30个工作日内完成召回工作。

情况复杂的，经县级以上地方市场监督管理部门同意，食品生产者可以适当延长召回时间并公布。

第十九条 食品经营者知悉食品生产者召回不安全食品后，应当立即采取停止购进、销售，封存不安全食品，在经营场所醒目位置张贴生产者发布的召回公告等措施，配合食品生产者开展召回工作。

第二十条 食品经营者对因自身原因所导致的不安全食品，应当根据法律法规的规定在其经营的范围内主动召回。

食品经营者召回不安全食品应当告知供货商。供货商应当及时告知生产者。

食品经营者在召回通知或者公告中应当特别注明系因其自身的原因导致食品出现不安全问题。

第二十一条 因生产者无法确定、破产等原因无法召回不安全食品的,食品经营者应当在其经营的范围内主动召回不安全食品。

第二十二条 食品经营者召回不安全食品的程序,参照食品生产者召回不安全食品的相关规定处理。

第二十三条 食品生产经营者应当依据法律法规的规定,对因停止生产经营、召回等原因退出市场的不安全食品采取补救、无害化处理、销毁等处置措施。

食品生产经营者未依法处置不安全食品的,县级以上地方市场监督管理部门可以责令其依法处置不安全食品。

第二十四条 对违法添加非食用物质、腐败变质、病死畜禽等严重危害人体健康和生命安全的不安全食品,食品生产经营者应当立即就地销毁。

不具备就地销毁条件的,可由不安全食品生产经营者集中销毁处理。食品生产经营者在集中销毁处理前,应当向县级以上地方市场监督管理部门报告。

第二十五条 对因标签、标识等不符合食品安全标准而被召回的食品,食品生产者可以在采取补救措施且能保证食品安全的情况下继续销售,销售时应当向消费者明示补救措施。

第二十六条 对不安全食品进行无害化处理,能够实现资源循环利用的,食品生产经营者可以按照国家有关规定进行处理。

第二十七条 食品生产经营者对不安全食品处置方式不能确定的,应当组织相关专家进行评估,并根据评估意见进行处置。

第二十八条 食品生产经营者应当如实记录停止生产经营、召回和处置不安全食品的名称、商标、规格、生产日期、批次、数量等内容。记录保存期限不得少于2年。

第二十九条 县级以上地方市场监督管理部门发现不安全食品的,应当通知相关食品生产经营者停止生产经营或者召回,采取相关措施消除食品安全风险。

第三十条 县级以上地方市场监督管理部门发现食品生产经营者生产经营的食品可能属于不安全食品的,可以开展调查分析,相关食品生产经营者应当积极协助。

第三十一条 县级以上地方市场监督管理部门可以对食品生产经营者停止生产经营、召回和处置不安全食品情况进行现场监督检查。

第三十二条 食品生产经营者停止生产经营、召回和处置的不安全食品存在较大风险的,应当在停止生产经营、召回和处置不安全食品结束后5个工作日内向县级以上地方市场监督管理部门书面报告情况。

第三十三条 县级以上地方市场监督管理部门可以要求食品生产经营者定期或者不定期报告不安全食品停止生产经营、召回和处置情况。

第三十四条 县级以上地方市场监督管理部门可以对食品生产经营者提交的不安全食品停止生产经营、召回和处置报告进行评价。

评价结论认为食品生产经营者采取的措施不足以控制食品安全风险的,县级以上地方市场监督管理部门应当责令食品生产经营者采取更为有效的措施停止生产经营、召回和处置不安全食品。

第三十五条 为预防和控制食品安全风险,县级以上地方市场监督管理部门可以发布预警信息,要求相关食品生产经营者停止生产经营不安全食品,提示消费者停止食用不安全食品。

第三十六条 县级以上地方市场监督管理部门将不安全食品停止生产经营、召回和处置情况记入食品生产经营者信用档案。

第三十七条 食品生产经营者违反本办法有关不安全食品停止生产经营、召回和处置的规定,食品安全法律法规有规定的,依照相关规定处理。

第四十五条 本办法适用于食品、食品添加剂和保健食品。

食品生产经营者对进入批发、零售市场或者生产加工企业后的食用农产品的停止经营、召回和处置,参照本办法执行。

5.《医疗器械召回管理办法》(2017年5月1日起施行)

第三条 本办法所称医疗器械召回,是指医疗器械生产企业按照规定的程序对其已上市销售的某一类别、型号或者批次的存在缺陷的医疗器械产品,采取警示、检查、修理、重新标签、修改并完善说明书、软件更新、替换、收回、销毁等方式进行处理的行为。

前款所述医疗器械生产企业,是指境内医疗器械产品注册人或者备案人、进口医疗器械的境外制造厂商在中国境内指定的代理人。

第四条 本办法所称存在缺陷的医疗器械产品包括:

(一)正常使用情况下存在可能危及人体健康和生命安全的不合理风险的产品;

(二)不符合强制性标准、经注册或者备案的产品技术要求的产品;

（三）不符合医疗器械生产、经营质量管理有关规定导致可能存在不合理风险的产品；

（四）其他需要召回的产品。

第五条 医疗器械生产企业是控制与消除产品缺陷的责任主体，应当主动对缺陷产品实施召回。

第六条 医疗器械生产企业应当按照本办法的规定建立健全医疗器械召回管理制度，收集医疗器械安全相关信息，对可能的缺陷产品进行调查、评估，及时召回缺陷产品。

进口医疗器械的境外制造厂商在中国境内指定的代理人应当将仅在境外实施医疗器械召回的有关信息及时报告国家食品药品监督管理总局；凡涉及在境内实施召回的，中国境内指定的代理人应当按照本办法的规定组织实施。

医疗器械经营企业、使用单位应当积极协助医疗器械生产企业对缺陷产品进行调查、评估，主动配合生产企业履行召回义务，按照召回计划及时传达、反馈医疗器械召回信息，控制和收回缺陷产品。

第七条 医疗器械经营企业、使用单位发现其经营、使用的医疗器械可能为缺陷产品的，应当立即暂停销售或者使用该医疗器械，及时通知医疗器械生产企业或者供货商，并向所在地省、自治区、直辖市食品药品监督管理部门报告；使用单位为医疗机构的，还应当同时向所在地省、自治区、直辖市卫生行政部门报告。

医疗器械经营企业、使用单位所在地省、自治区、直辖市食品药品监督管理部门收到报告后，应当及时通报医疗器械生产企业所在地省、自治区、直辖市食品药品监督管理部门。

第十三条 根据医疗器械缺陷的严重程度，医疗器械召回分为：

（一）一级召回：使用该医疗器械可能或者已经引起严重健康危害的；

（二）二级召回：使用该医疗器械可能或者已经引起暂时的或者可逆的健康危害的；

（三）三级召回：使用该医疗器械引起危害的可能性较小但仍需要召回的。

医疗器械生产企业应当根据具体情况确定召回级别并根据召回级别与医疗器械的销售和使用情况，科学设计召回计划并组织实施。

第十四条 医疗器械生产企业按照本办法第十条、第十二条的要求进行调查评估后，确定医疗器械产品存在缺陷的，应当立即决定并实施召回，同时向社会发布产品召回信息。

实施一级召回的，医疗器械召回公告应当在国家食品药品监督管理总局网站和中央主要媒体上发布；实施二级、三级召回的，医疗器械召回公告应当在省、自治区、直辖市食品药品监督管理部门网站发布，省、自治区、直辖市食品药品监督管理部门网站发布的召回公告应当与国家食品药品监督管理总局网站链接。

第二十四条 食品药品监督管理部门经过调查评估，认为医疗器械生产企业应当召回存在缺陷的医疗器械产品而未主动召回的，应当责令医疗器械生产企业召回医疗器械。

责令召回的决定可以由医疗器械生产企业所在地省、自治区、直辖市食品药品监督管理部门作出，也可以由批准该医疗器械注册或者办理备案的食品药品监督管理部门作出。作出该决定的食品药品监督管理部门，应当在其网站向社会公布责令召回信息。

医疗器械生产企业应当按照食品药品监督管理部门的要求进行召回，并按本办法第十四条第二款的规定向社会公布产品召回信息。

必要时，食品药品监督管理部门可以要求医疗器械生产企业、经营企业和使用单位立即暂停生产、销售和使用，并告知使用者立即暂停使用该缺陷产品。

6.《药品召回管理办法》(2007年12月10日起施行)

第一条 为加强药品安全监管，保障公众用药安全，根据《中华人民共和国药品管理法》、《中华人民共和国药品管理法实施条例》、《国务院关于加强食品等产品安全监督管理的特别规定》，制定本办法。

第二条 在中华人民共和国境内销售的药品的召回及其监督管理，适用本办法。

第三条 本办法所称药品召回，是指药品生产企业(包括进口药品的境外制药厂商，下同)按照规定的程序收回已上市销售的存在安全隐患的药品。

第四条 本办法所称安全隐患，是指由于研发、生产等原因可能使药品具有的危及人体健康和生命安全的不合理危险。

第五条 药品生产企业应当按照本办法的规定建立和完善药品召回制度，收集药品安全的相关信息，对可能具有安全隐患的药品进行调查、评估，召回存在安全隐患的药品。

药品经营企业、使用单位应当协助药品生产企业履行召回义务，按照召回计划的要求及时传达、反馈药品召回信息，控制和收回存在安全隐患的药品。

第六条　药品经营企业、使用单位发现其经营、使用的药品存在安全隐患的，应当立即停止销售或者使用该药品，通知药品生产企业或者供货商，并向药品监督管理部门报告。

第七条　药品生产企业、经营企业和使用单位应当建立和保存完整的购销记录，保证销售药品的可溯源性。

第八条　召回药品的生产企业所在地省、自治区、直辖市药品监督管理部门负责药品召回的监督管理工作，其他省、自治区、直辖市药品监督管理部门应当配合、协助做好药品召回的有关工作。

国家食品药品监督管理局监督全国药品召回的管理工作。

第九条　国家食品药品监督管理局和省、自治区、直辖市药品监督管理部门应当建立药品召回信息公开制度，采用有效途径向社会公布存在安全隐患的药品信息和药品召回的情况。

第十条　药品生产企业应当建立健全药品质量保证体系和药品不良反应监测系统，收集、记录药品的质量问题与药品不良反应信息，并按规定及时向药品监督管理部门报告。

第十一条　药品生产企业应当对药品可能存在的安全隐患进行调查。

药品监督管理部门对药品可能存在的安全隐患开展调查时，药品生产企业应当予以协助。

药品经营企业、使用单位应当配合药品生产企业或者药品监督管理部门开展有关药品安全隐患的调查，提供有关资料。

第十二条　药品安全隐患调查的内容应当根据实际情况确定，可以包括：

（一）已发生药品不良事件的种类、范围及原因；

（二）药品使用是否符合药品说明书、标签规定的适应症、用法用量的要求；

（三）药品质量是否符合国家标准，药品生产过程是否符合 GMP 等规定，药品生产与批准的工艺是否一致；

（四）药品储存、运输是否符合要求；

（五）药品主要使用人群的构成及比例；

（六）可能存在安全隐患的药品批次、数量及流通区域和范围；

（七）其他可能影响药品安全的因素。

第十三条 药品安全隐患评估的主要内容包括：

（一）该药品引发危害的可能性，以及是否已经对人体健康造成了危害；

（二）对主要使用人群的危害影响；

（三）对特殊人群，尤其是高危人群的危害影响，如老年、儿童、孕妇、肝肾功能不全者、外科病人等；

（四）危害的严重与紧急程度；

（五）危害导致的后果。

第十四条 根据药品安全隐患的严重程度，药品召回分为：

（一）一级召回：使用该药品可能引起严重健康危害的；

（二）二级召回：使用该药品可能引起暂时的或者可逆的健康危害的；

（三）三级召回：使用该药品一般不会引起健康危害，但由于其他原因需要收回的。

药品生产企业应当根据召回分级与药品销售和使用情况，科学设计药品召回计划并组织实施。

第十五条 药品生产企业应当对收集的信息进行分析，对可能存在安全隐患的药品按照本办法第十二条、第十三条的要求进行调查评估，发现药品存在安全隐患的，应当决定召回。

进口药品的境外制药厂商在境外实施药品召回的，应当及时报告国家食品药品监督管理局；在境内进行召回的，由进口单位按照本办法的规定负责具体实施。

第十六条 药品生产企业在作出药品召回决定后，应当制定召回计划并组织实施，一级召回在 24 小时内，二级召回在 48 小时内，三级召回在 72 小时内，通知到有关药品经营企业、使用单位停止销售和使用，同时向所在地省、自治区、直辖市药品监督管理部门报告。

第十七条 药品生产企业在启动药品召回后，一级召回在 1 日内，二级召回在 3 日内，三级召回在 7 日内，应当将调查评估报告和召回计划提交给所在地省、自治区、直辖市药品监督管理部门备案。省、自治区、直辖市药品监督管理部门应当将收到一级药品召回的调查评估报告和召回计划报告国家食品药品监督管理局。

第十八条 调查评估报告应当包括以下内容：

（一）召回药品的具体情况，包括名称、批次等基本信息；

（二）实施召回的原因；

（三）调查评估结果；

（四）召回分级。

召回计划应当包括以下内容：

（一）药品生产销售情况及拟召回的数量；

（二）召回措施的具体内容，包括实施的组织、范围和时限等；

（三）召回信息的公布途径与范围；

（四）召回的预期效果；

（五）药品召回后的处理措施；

（六）联系人的姓名及联系方式。

第十九条 省、自治区、直辖市药品监督管理部门可以根据实际情况组织专家对药品生产企业提交的召回计划进行评估，认为药品生产企业所采取的措施不能有效消除安全隐患的，可以要求药品生产企业采取扩大召回范围、缩短召回时间等更为有效的措施。

第二十条 药品生产企业对上报的召回计划进行变更的，应当及时报药品监督管理部门备案。

第二十一条 药品生产企业在实施召回的过程中，一级召回每日，二级召回每3日，三级召回每7日，向所在地省、自治区、直辖市药品监督管理部门报告药品召回进展情况。

第二十二条 药品生产企业对召回药品的处理应当有详细的记录，并向药品生产企业所在地省、自治区、直辖市药品监督管理部门报告。必须销毁的药品，应当在药品监督管理部门监督下销毁。

第二十三条 药品生产企业在召回完成后，应当对召回效果进行评价，向所在地省、自治区、直辖市药品监督管理部门提交药品召回总结报告。

第二十四条 省、自治区、直辖市药品监督管理部门应当自收到总结报告之日起10日内对报告进行审查，并对召回效果进行评价，必要时组织专家进行审查和评价。审查和评价结论应当以书面形式通知药品生产企业。

经过审查和评价，认为召回不彻底或者需要采取更为有效的措施的，药品监督管理部门应当要求药品生产企业重新召回或者扩大召回范围。

第二十五条 药品监督管理部门经过调查评估，认为存在本办法第四条所称的安全隐患，药品生产企业应当召回药品而未主动召回的，应当责令药品生产企业召回药品。

必要时，药品监督管理部门可以要求药品生产企业、经营企业和使用单位立即停止销售和使用该药品。

第二十六条 药品监督管理部门作出责令召回决定，应当将责令召回通知书送达药品生产企业，通知书包括以下内容：

（一）召回药品的具体情况，包括名称、批次等基本信息；

（二）实施召回的原因；

（三）调查评估结果；

（四）召回要求，包括范围和时限等。

第二十七条 药品生产企业在收到责令召回通知书后，应当按照本办法第十六条、第十七条的规定通知药品经营企业和使用单位，制定、提交召回计划，并组织实施。

第二十八条 药品生产企业应当按照本办法第二十条、第二十一条、第二十二条、第二十三条的规定向药品监督管理部门报告药品召回的相关情况，进行召回药品的后续处理。

药品监督管理部门应当按照本办法第二十四条的规定对药品生产企业提交的药品召回总结报告进行审查，并对召回效果进行评价。经过审查和评价，认为召回不彻底或者需要采取更为有效的措施的，药品监督管理部门可以要求药品生产企业重新召回或者扩大召回范围。

第二十九条 药品监督管理部门确认药品生产企业因违反法律、法规、规章规定造成上市药品存在安全隐患，依法应当给予行政处罚，但该企业已经采取召回措施主动消除或者减轻危害后果的，依照《行政处罚法》的规定从轻或者减轻处罚；违法行为轻微并及时纠正，没有造成危害后果的，不予处罚。

药品生产企业召回药品的，不免除其依法应当承担的其他法律责任。

7.《兽药生产质量管理规范》（2020年4月2日修订）

第二百六十七条 企业应当建立产品召回系统，必要时可迅速、有效地从市场召回任何一批存在安全隐患的产品。

第二百六十八条 因质量原因退货和召回的产品，均应当按照规定监督销毁，有证据证明退货产品质量未受影响的除外。

第二百七十四条 应当制定召回操作规程,确保召回工作的有效性。

第二百七十五条 应当指定专人负责组织协调召回工作,并配备足够数量的人员。如产品召回负责人不是质量管理负责人,则应当向质量管理负责人通报召回处理情况。

第二百七十六条 召回应当随时启动,产品召回负责人应当根据销售记录迅速组织召回。

第二百七十七条 因产品存在安全隐患决定从市场召回的,应当立即向当地畜牧兽医主管部门报告。

第二百七十八条 已召回的产品应当有标识,并单独、妥善贮存,等待最终处理决定。

第二百七十九条 召回的进展过程应当有记录,并有最终报告。产品销售数量、已召回数量以及数量平衡情况应当在报告中予以说明。

第二百八十条 应当定期对产品召回系统的有效性进行评估。

8.《食盐质量安全监督管理办法》(2020年3月1日起施行)

第十三条 食盐生产经营者发现其生产经营的食盐不符合食品安全标准或者有证据证明可能危害人体健康的,应当立即停止生产经营,依法实施召回。

食盐生产经营者未主动履行前款规定义务的,县级以上市场监督管理部门可以责令其召回或者停止经营。

食盐生产经营者应当依法对召回的食盐采取无害化处理、销毁等措施,防止其再次流入市场。

9.《进出口乳品检验检疫监督管理办法》(2018年11月23日修正)

第四十三条 进口乳品存在安全问题,已经或者可能对人体健康和生命安全造成损害的,进口乳品进口商应当主动召回并向所在地海关报告。进口乳品进口商应当向社会公布有关信息,通知批发、销售者停止批发、销售,告知消费者停止使用,做好召回乳品情况记录。

海关接到报告后应当进行核查,根据进口乳品影响范围按照规定上报。

进口乳品进口商不主动实施召回的,由直属海关向其发出责令召回通知书并报告海关总署。必要时,海关总署可以责令召回。海关总署可以发布风险预警通报或者风险预警通告，并采取本办法第四十条规定的措施以及其他避免危害发生的措施。

10.《进出口玩具检验监督管理办法》(2018年11月23日修正)

第二十一条 海关总署对进出口玩具的召回实施监督管理。

进入我国国内市场的进口玩具存在缺陷的，进口玩具的经营者、品牌商应当主动召回；不主动召回的，由海关总署责令召回。

进口玩具的经营者、品牌商和出口玩具生产经营者、品牌商获知其提供的玩具可能存在缺陷的，应当进行调查，确认产品质量安全风险，同时在24小时内报告所在地主管海关。实施召回时应当制作并保存完整的召回记录，并在召回完成时限期满后15个工作日内，向海关总署和所在地直属海关提交召回总结。

已经出口的玩具在国外被召回、通报或者出现安全质量问题的，其生产经营者、品牌商应当向主管海关报告相关信息。

11.《进出境粮食检验检疫监督管理办法》(2018年11月23日修正)

第四十二条 进境粮食存在重大安全质量问题，已经或者可能会对人体健康或者农林牧渔业生产生态安全造成重大损害的，进境粮食收货人应当主动召回。采取措施避免或者减少损失发生，做好召回记录，并将召回和处理情况向所在地海关报告。

收货人不主动召回的，由直属海关发出责令召回通知书并报告海关总署。必要时，海关总署可以责令召回。

12.《进出口水产品检验检疫监督管理办法》(2018年11月23日修正)

第四十七条 进口水产品存在安全问题，可能或者已经对人体健康和生命安全造成损害的，收货人应当主动召回并立即向所在地海关报告。收货人不主动召回的，海关应当按照有关规定责令召回。

出口水产品存在安全问题，可能或者已经对人体健康和生命安全造成损害的，出口水产品生产经营企业应当采取措施避免和减少损害的发生，并立即向所在地海关报告。

有前二款规定情形的，收货人所在地直属海关应当及时向海关总署报告。

13.《进出口食品安全管理办法》(2018 年 11 月 23 日修正)

第四十八条　进口食品存在安全问题,已经或者可能对人体健康和生命安全造成损害的,进口食品进口商应当主动召回并向所在地海关报告。进口食品进口商应当向社会公布有关信息,通知销售者停止销售,告知消费者停止使用,做好召回食品情况记录。

海关接到报告后应当组织核查,根据产品影响范围按照规定上报。

进口食品进口商不主动实施召回的,由直属海关向其发出责令召回通知书并报告海关总署。必要时,海关总署可以责令其召回。海关总署可以发布风险预警通报或者风险预警通告,并采取本办法第四十五条规定的措施以及其他避免危害发生的措施。

14.《进出口化妆品检验检疫监督管理办法》(2018 年 11 月 23 日修正)

第四十一条　进口化妆品存在安全问题,可能或者已经对人体健康和生命安全造成损害的,收货人应当主动召回并立即向所在地海关报告。收货人应当向社会公布有关信息,通知销售者停止销售,告知消费者停止使用,做好召回记录。收货人不主动召回的,主管海关可以责令召回。必要时,由海关总署责令其召回。

出口化妆品存在安全问题,可能或者已经对人体健康和生命安全造成损害的,出口化妆品生产企业应当采取有效措施并立即向所在地海关报告。

主管海关应当将辖区内召回情况及时向海关总署报告。

15.《进境水生动物检验检疫监督管理办法》(2018 年 11 月 23 日修正)

第四十七条　进境水生动物存在安全卫生问题的,收货人应当主动采取召回、销毁等控制措施并立即向海关报告,同时报告地方政府主管部门。收货人拒不履行召回义务的,海关可以责令收货人召回。

16.《进出口肉类产品检验检疫监督管理办法》(2018 年 11 月 23 日修正)

第四十九条　进口肉类产品存在安全问题,可能或者已经对人体健康和生命安全造成损害的,收货人应当主动召回并立即向所在地海关报告。收货人不主动召回的,海关应当按照有关规定责令召回。

出口肉类产品存在安全问题,可能或者已经对人体健康和生命安全造成损害的，出口肉类产品生产企业应当采取措施避免和减少损害的发生，并立即向所在地海关报告。

有前二款规定情形的，有关企业所在地直属海关应当及时向海关总署报告。

四、相关裁判摘要

• **2013年第11期《中华人民共和国最高人民法院公报》**刊登的**“捷跑电子科技有限公司诉青岛海信进出口有限公司国际货物买卖合同纠纷案”**判决对缺陷召回制度进行了分析。相关裁判摘要如下：

原告捷跑公司主要以进口产品在进口国被政府职能部门指令召回为根据提出质量主张的。为了维护不特定消费者的利益和公共安全，在政府部门的指导和监督下，按照规定的程序和要求，对存在系统性缺陷的产品，由制造商、进口商及时采取召回措施，有效预防和消除缺陷可能导致的损害，是包括中国在内的许多国家和地区规定实施的重要措施。由于产品召回是在政府部门的指导和监督下实施的，产品召回制度不完全由平等主体之间的民事行为组成，其法律责任不仅有民事责任还有行政责任。因此，将原告在其所在国因进口被告海信公司产品而被政府部门指令实施产品召回的过程及其法律责任，不分情况地一律按照民事行为的效力与证明标准给予对待，是有失妥当的。这也正是原告在有关产品召回举证中提交了大量政府部门参与风险评估、通知召回程序的证据可以说明的。被告只是以系单方委托检验或非独立第三方检验为由提出质疑，是不客观的。被告就产品质量提出抗辩的主要事实根据在于发货前的认证意见，尽管该认证意见是由第三国认证机构出具，但本质上亦属于被告自行申请的，并不当然具有比原告在其所在国接受的产品检验更强的证明力。针对产品交付前后所生成的两份检验报告，进口产品在土耳其经检验发现的质量问题集中在电磁兼容性、无线电频谱以及指示缺陷方面，而有关测试报告中依据的技术标准和质量要求与被告在发货前申请产品认证中所依据的技术标准和质量要求在表述上有许多相同或大致相同之处，正是由于两次检验在项目、技术规范方面的可比性，才使得产品交付前后的检验变化更能有针对性地反映产品的质量状况。然而，产品召回制度通过召回本身防止损害的发生与扩大，并不以现实损害为前提，而且，召回措施的内容具有多样性，有修改或补充消费说明、修理、更换、收回等各种形式。

本案中,召回程序中进行的检验并未给出原告诉讼过程中所坚持主张的是产品制造过程中因原材料及部件缺失而发生的制造缺陷的结论(理论上可以把产品缺陷分为设计缺陷、制造缺陷、指示缺陷与发展缺陷),而且对缺陷产品进行风险评估后得出的危险程度以及与危险程度相适应的召回措施的合适程度在原告提交的有关召回证据中均未体现。总之,原告进口的产品在进口国因产品缺陷被政府部门指令召回,被告尽管不予承认,但也没有证据推翻原告主张的这一节事实,本案不对召回措施本身进行审查,但原告以产品被召回为主要理由向被告主张合同责任,是需要审查召回有关事实与案件的联系程度以及与原告提出的责任诉求成立所需要的各项条件的关系的。

召回制度体系在监管者、实施者、消费者、协助者等主体参与下包含着多种法律关系,就实施者的制造商与进口商之间的法律责任的划分与追究而言,除有关经济管制法律外,本质上仍由调整国际货物买卖合同法律关系的合同法予以规制。进口商承担产品召回责任后,其追究制造商的民事责任,应当以买卖合同作为主要依据。作为手机这类较为精密且需要电信科技予以支撑的产品,特别是跨国电信产品的买卖,即使产品本身不存在瑕疵、缺陷,能否正常、有效使用也存在一定的不确定性,而买卖双方不通过签订书面合同对产品的技术标准和质量要求、产品的检验以及质量问题的处理、风险的负担与责任的承担等进行约定,无论是原告捷跑公司主张的通过在展会上发现展品从而订购产品还是被告海信公司主张的双方签订有内容笼统、简单的供应合同,均无法替代内容完备、约定明确的书面买卖合同,这就为产品在土耳其投入流通后发现存在缺陷引发质量纠纷埋下了隐患,亦为纠纷的解决制造了困难。对此原、被告双方均有责任。就产品召回所对应的风险防控而言,在产品已经输出的情况下谁更方便、有效地合理预防、消除风险,谁即应当及时、正确地采取相应措施。本案中,产品于2008年7月27日由香港空运出口,7月29日原告在土耳其报关进口,而原告委托商会鉴定后形成的意见于2009年2月3日作出,原告遂决定自行召回产品,而政府指令召回程序于2009年6月启动。在产品正式投入流通前给予必要的检验从而避免从消费者处召回所带来的更大负担,并由制造商及时介入采取必要措施从而预防和消除缺陷可能导致的损害,或者由违约方承担修理、更换、收回等民事责任,以减轻制造商、进口商的损失。而事实上,就本案现有证据看,原告并没有给予必要、谨慎地注意,直至在流通领域发生消费者投诉并引发政府部门监管下的指令召回的严重后果,使得作为制造商的被告无法参与风险评估等召回程序,亦客观上在没有任何应对或补救机会的情况下招致收回这种最为严厉的召回形式,就产品制造商、进口商作为召回措施的共同实施者而言,在其内部,原告能够为风险的防控发挥更大的作用而不论何原因而未予充分发挥,其对最终局面的形成有一定的责任。即使在召回程序中,究竟是何种产品缺陷(如属设计缺陷,在制造商向进口商提交认证意见而进口商未提出异议的情况下,因设计缺陷而产生的损失就不能全部由制造商承担),产品危险程度有多高,是否一定需要将产品收回,以及缺陷产品占全部产品的比例等事关原、被告之间责任分配问题,原告的举证并不充分。因此,原告对于本案国际货物买卖合同的履行结果的发生应当承担相应的民事责任。

即使被告海信公司可以以发货前的认证意见作为其产品合格的事实根据,但被告也无充分根据推翻其输出的产品在土耳其因部分检验项目未能通过而被指令召回的事实的发生,在证据效力不相上下的情况下,以交付货物为节点,交付之后的检验结论较之交付之前的检验结论,一般情况下更能反映事物的发展变化,这也符合正常逻辑规律。因此,对于产品被召回的现实状况,被告承担超过一半的责任,是与证据反映的事实相适当的。而产品召回重在预防和消除危险,并不以实际损害为前提,原告捷跑公司就产品缺陷所造成的实际损害的举证不够充分,且原告对于最终结果的出现亦有一定责任,因此,原告承担低于一半的责任,是符合本案实际的。鉴于仅有产品召回的结果而缺乏更为充分、可靠的完全归责于被告的最终结论,仅有产品被收回的结果而缺乏采用这一形式的必要性的充足依据,仅有产品存在缺陷的评估意见而缺乏系统性缺陷的危害程度以及存在范围的明确结论,还鉴于被告在召回程序中是否获得参与、表达、采取相应措施的机会,以及原告对于风险的防控所应当采取的措施等,对于原告所主张的返还货款的责任,原、被告分别承担40%、60%是适当的。原告主张返还货款,自然与之对应的是货物的退回问题,该问题不在本案本诉与反诉请求范围内,实际执行中也难以做到严格意义上的同时履行,如该问题在实际执行中发生争议,则可根据实际情况另行解决。

第一千二百零七条 【产品责任中的惩罚性赔偿】 明知产品存在缺陷仍然生产、销售,或者没有依据前条规定采取有效补救措施,造成他人死亡或者健康严重损害的,被侵权人有权请求相应的惩罚性赔偿。

法条评释: 本条是对产品责任中的惩罚性赔偿的规定。与原《侵权责任法》第47条相比,本条将没有依据《民法典》第1206条的规定对缺陷产品采取有效补救措施造成他人死亡或者健康严重损害的情形也纳入了可以请求惩罚性赔偿的范围。依据《民法典》第179条第2款,只有法律才可以规定惩罚性赔偿。而本条就属于法律规定的适用惩罚性赔偿的情形。为了限制惩罚性赔偿的适用,本条规定了两个要件:一是主观要件,即生产者、销售者主观上必须是故意,即明知产品存在缺陷依然生产、销售;二是客观要件,必须是造成他人死亡或者健康严重损害。至于惩罚性赔偿的具体数额,本条没有规定,只是规定相应的惩罚性赔偿。目前,只有《食品安全法》《消费者权益保护法》作出了明确的规定。

一、相关法律条文

1.《中华人民共和国食品安全法》(2021年4月29日修正)

第一百四十八条 消费者因不符合食品安全标准的食品受到损害的,可以向经营者要求赔偿损失,也可以向生产者要求赔偿损失。接到消费者赔偿要求的生产经营者,应当实行首负责任制,先行赔付,不得推诿;属于生产者责任的,经营者赔偿后有权向生产者追偿;属于经营者责任的,生产者赔偿后有权向经营者追偿。

生产不符合食品安全标准的食品或者经营明知是不符合食品安全标准的食品,消费者除要求赔偿损失外,还可以向生产者或者经营者要求支付价款十倍或者损失三倍的赔偿金;增加赔偿的金额不足一千元的,为一千元。但是,食品的标签、说明书存在不影响食品安全且不会对消费者造成误导的瑕疵的除外。

2.《中华人民共和国消费者权益保护法》(2013年10月25日修正)

第五十五条 经营者提供商品或者服务有欺诈行为的,应当按照消费者的要求增加赔偿其受到的损失,增加赔偿的金额为消费者购买商品的价款或者接受服务的费用的三倍;增加赔偿的金额不足五百元的,为五百元。法律另有规定的,依照其规定。

经营者明知商品或者服务存在缺陷,仍然向消费者提供,造成消费者或者其他受害人死亡或者健康严重损害的,受害人有权要求经营者依照本法第四十九条、第五十一条等法律规定赔偿损失,并有权要求所受损失二倍以下的惩罚性赔偿。

二、相关司法解释规定

1.《最高人民法院关于审理医疗损害责任纠纷案件适用法律若干问题的解释》(法释〔2017〕20号)(2020年12月23日修正)

第二十三条 医疗产品的生产者、销售者、药品上市许可持有人明知医疗产品存在缺陷仍然生产、销售,造成患者死亡或者健康严重损害,被侵权人请求生产者、销售者、药品上市许可持有人赔偿损失及二倍以下惩罚性赔偿的,人民法院应予支持。

2.《最高人民法院关于审理食品药品纠纷案件适用法律若干问题的规定》(法释〔2013〕28号)

第十五条 生产不符合安全标准的食品或者销售明知是不符合安全标准的食品,消费者除要求赔偿损失外,依据食品安全法等法律规定向生产者、销售者主张赔偿金的,人民法院应予支持。

生产假药、劣药或者明知是假药、劣药仍然销售、使用的,受害人或者其近亲属除请求赔偿损失外,依据药品管理法等法律规定向生产者、销售者主张赔偿金的,人民法院应予支持。

3.《最高人民法院关于审理食品安全民事纠纷案件适用法律若干问题的解释(一)》(法释〔2020〕14号)

第六条 食品经营者具有下列情形之一,消费者主张构成食品安全法第一百四十八条规定的"明知"的,人民法院应予支持:

(一)已过食品标明的保质期但仍然销售的;

(二)未能提供所售食品的合法进货来源的;

(三)以明显不合理的低价进货且无合理原因的;

(四)未依法履行进货查验义务的;

(五)虚假标注、更改食品生产日期、批号的;

(六)转移、隐匿、非法销毁食品进销货记录或者故意提供虚假信息的;

（七）其他能够认定为明知的情形。

第七条　消费者认为生产经营者生产经营不符合食品安全标准的食品同时构成欺诈的，有权选择依据食品安全法第一百四十八条第二款或者消费者权益保护法第五十五条第一款规定主张食品生产者或者经营者承担惩罚性赔偿责任。

第八条　经营者经营明知是不符合食品安全标准的食品，但向消费者承诺的赔偿标准高于食品安全法第一百四十八条规定的赔偿标准，消费者主张经营者按照承诺赔偿的，人民法院应当依法予以支持。

第九条　食品符合食品安全标准但未达到生产经营者承诺的质量标准，消费者依照民法典、消费者权益保护法等法律规定主张生产经营者承担责任的，人民法院应予支持，但消费者主张生产经营者依据食品安全法第一百四十八条规定承担赔偿责任的，人民法院不予支持。

第十条　食品不符合食品安全标准，消费者主张生产者或者经营者依据食品安全法第一百四十八条第二款规定承担惩罚性赔偿责任，生产者或者经营者以未造成消费者人身损害为由抗辩的，人民法院不予支持。

4.《最高人民法院关于审理旅游纠纷案件适用法律若干问题的规定》（法释〔2010〕13号）（2020年12月23日修正）

第十五条　旅游经营者违反合同约定，有擅自改变旅游行程、遗漏旅游景点、减少旅游服务项目、降低旅游服务标准等行为，旅游者请求旅游经营者赔偿未完成约定旅游服务项目等合理费用的，人民法院应予支持。

旅游经营者提供服务时有欺诈行为，旅游者依据消费者权益保护法第五十五条第一款规定请求旅游经营者承担惩罚性赔偿责任的，人民法院应予支持。

三、相关指导案例

第23号指导案例“孙银山诉南京欧尚超市有限公司江宁店买卖合同纠纷案”（最高人民法院审判委员会讨论通过；2014年1月26日发布）认为，消费者知假买假也有权依法获得惩罚性赔偿。相关裁判要点如下：

消费者购买到不符合食品安全标准的食品，要求销售者或者生产者依照食品安全法规定支付价款十倍赔偿金或者依照法律规定的其他赔偿标准赔偿的，不论其购买时是否明知食品不符合安全标准，人民法院都应予支持。

四、相关裁判摘要

● **2017年第8期《中华人民共和国最高人民法院公报》**刊登的“**陈雪琴诉重庆商社新世纪百货连锁经营有限公司等产品销售者责任纠纷案**”对如何认定产品销售者的欺诈与惩罚性赔偿的适用进行了分析。相关裁判摘要如下：

二、关于商家是否构成欺诈的问题

在涉案产品上标注药品生产许可证号的行为违反《重庆市产品质量条例》的规定，但是，认定该行为是否构成欺诈还需结合消费者权益保护法有关欺诈的规定、相关民法原理以及案件事实等因素进行综合判定。首先，涉案产品标注的药品生产许可证号是国家有关主管部门颁发给慧远公司的，因该证号有对应的产品范围，故不应标注于涉案产品之上，但由于其本身就属于该企业合法取得的证号，因而不属冒用。其次，由于药品生产许可证号本身并不显示其对应的生产范围，故不能认定上诉人陈雪琴因信赖药品生产许可证号而将涉案产品作为中药饮片购买，进而认定欺诈。再次，根据普通消费者的通常认知水平，可以认定在涉案产品上标注药品生产许可证号，足以对陈雪琴将涉案产品作为药品购买产生重大影响，而依据《中华人民共和国药品管理法》第一百条的规定，中药材、中药饮片等均属药品，故即便不当标示使陈雪琴产生了涉案产品系药品的认识，该认识也并非错误认识，故不存在基于对方的欺诈行为陷于错误认识的事实。第四，陈雪琴的代理人在法庭中也陈述，没有明确的购买目的，觉得好就买，因此，此种不当标注行为，固然会强化消费者的购买信心，但并不是导致其产生购买意愿的主要原因。综上，不能因涉案产品标注药品生产许可证号而认定被上诉人世纪新都构成欺诈。

此外，关于“虚标质量合格标志”是否构成欺诈的问题。《中华人民共和国标准化法》第六条第二款规定：“企业生产的产品没有国家标准和行业标准的，应当制定企业标准，作为组织生产的依据。企业的产品标准须报当地政府标准化行政主管部门和有关行政主管部门备案。”

该规定表明，涉案产品在没有国家标准、行业标准、地方标准的情况下，制定并执行企业标准并无不当，但应当向本地政府标准化行政主管部门和有关行政主管部门备案，而涉案产品执行的企业标准未经依法备案。然而，虽未依法备案，却不等于产品质量不合格。现无证据证明涉案产品质量不合格，故不能仅因企业自行标注“质量合格”而认定其构成欺诈。

三、关于责任承担的问题

商家不构成欺诈，并不意味着不承担任何民事责任。产品标识是消费者识别商品性能、特征和价值的重要依据，是消费者选择消费行为的重要信息来源，生产者、销售者应当确保产品标识内容的真实性、准确性。尤其是像涉案产品这类商品，普通消费者对于其原材料冬虫夏草的性质并不具备相应识别能力，在将冬虫夏草打成粉末并装入胶囊之后，外观发生显著变化，消费者对产品性质更加难以判断，在这种情况下，产品标识对于消费者了解产品进而作出符合其真实意思的购买行为具有更加重要的意义。被上诉人世纪新都作为销售商，负有对商品标识的真实性、准确性进行查验的义务，涉案产品为不实行许可证制度的产品，其生产、销售均不实行许可证制度，因此世纪新都无需办理药品经营许可证即可对涉案产品进行销售，而涉案产品外包装上却标注了药品生产许可证号，且所标注的药品生产许可证号对应的产品并不包括涉案产品，世纪新都对涉案产品系违规标注应为“明知”，其明知违规标注而仍然予以销售，应当承担相应责任。

《中华人民共和国产品质量法》第四十条规定，“售出的产品具有下列情形之一的，销售者应当负责修理、更换、退货；给购买产品的消费者造成损失的，销售者应当赔偿损失：……（二）不符合在产品或者其包装上注明采用的产品标准的……”涉案产品属于不实行许可证制度的产品，却违规标注了药品生产许可证号，使消费者容易将其与实行许可证制度的产品产生混同，而二者实行的管理制度和质量标准实则各不相同，而且，涉案产品在所执行的企业标准未经备案的情况下自行标注“产品质量合格”，此行为亦属于产品标准标注不规范，故涉案产品属于“不符合在产品或者其包装上注明采用的产品标准的”之情形，被上诉人世纪新都未尽到相应查验义务和瑕疵担保义务，依照《中华人民共和国产品质量法》第四十条第一款第二项的规定，其应当负责退货。

• **2013年第12期《中华人民共和国最高人民法院公报》**刊登的**"苏向前与徐州百鑫商业有限责任公司百惠超市分公司、徐州百鑫商业有限责任公司侵犯消费者权益纠纷案"**判决对销售者未确保产品标识内容的真实性,欺诈消费者的问题进行了分析。相关裁判摘要如下:

关于上诉人百惠分公司、百鑫公司错误粘贴产品标识的行为是否构成欺诈问题。

1. 产品标识是不具备专业知识的消费者认识和判断商品特征、价值、适当性和效用的基本依据,是消费者选择消费产品和进行消费判断的重要信息来源。消费者在一般情形下是不可能仅仅依靠产品的外观对产品进行认识和了解的,为了让消费者全面认识、了解产品,正确使用产品,进而发挥产品的作用,需要在销售产品的外包装上印制产品标识。产品标识对于消费者而言具有不可或缺的重要性。依照《中华人民共和国产品质量法》第五条、第三十七条、第三十八条的规定,销售者应当确保产品标识内容的真实性,该内容为对消费者所负真实义务的最低标准。本案中,上诉人主张被上诉人苏向前一次性购买铁观音茶叶数量较大,表明被上诉人对铁观音茶叶的品质、味道很熟悉,这种通过购买产品的数量来推断消费者具有茶叶专门知识的结论,当然没有逻辑上的关联,故其主张法院不予支持。上诉人主张涉案茶叶无论包装还是茶叶都明示为铁观音茶叶,而且原产地为"中国安溪",消费者知道这些信息就足以满足消费需求。然而对普通消费者而言,涉案茶叶所粘贴的产品标识记载的内容不仅对消费者判断和了解茶叶的特征、价值、口感、色泽、香型等适当性和效用等方面产生了误导作用,而且极大可能对消费者决定最终的消费行为产生影响,故上诉人的此项主张不能成立。

2. 上诉人在产品标识上进行了不实的表述。上诉人在涉案茶叶的产品标识上将生产商记载为杭州巨佳茶叶有限公司,与实际生产商福建安溪县朝天岩茶厂表述不一,且上诉人将不真实存在的"萧山食品产字(2003)0094号"生产许可证号印制在产品标识上,故应当认定上诉人在产品标识上进行了不实表述。

3. 上诉人无视其产品标识是否真实。本案中,被上诉人购买茶叶后已多次找其协商处理相关问题,但上诉人在被上诉人起诉之前仍在销售标识为杭州巨佳茶叶有限公司生产的铁观音茶叶,其虽然在庭审中承认涉案茶叶产品标识粘贴错误,但上诉人在明知产品标识内容不真实的情况下并未及时采取相应的补救措施,故应认定上诉人无视其产品标识的真实性。

4.被上诉人因信赖上诉人的产品标识而购买了上诉人销售的茶叶。产品标识是消费者选择和判断是否进行产品消费的重要信息来源。本案中,被上诉人根据上诉人提供的产品标识,认定涉案铁观音茶叶是通过特定生产商杭州巨佳茶叶有限公司采取特定生产工艺出品的,对涉案茶叶的品质、价值有了特定的认识,上诉人错误粘贴标识的行为误导了原告使之购买了涉案茶叶。上诉人主张无需仿冒且仿冒也达不到任何误导作用的主张,与消费者信赖产品标识记载内容从而进行消费的常识相悖,不能成立。

依照《中华人民共和国产品质量法》第五条、第三十七条、第三十八条的规定,上诉人作为销售者有义务保证其销售的产品标识的真实性。因此,上诉人将非杭州巨佳茶叶有限公司生产的茶叶出售给被上诉人,且将卫生许可证号并不存在的虚假标识粘贴在其出售的茶叶包装上,上诉人的上述行为具有欺诈性,故上诉人将涉案茶叶出售给被上诉人的行为构成欺诈。

第五章 机动车交通事故责任

第一千二百零八条 【机动车交通事故赔偿责任的法律适用】机动车发生交通事故造成损害的,依照道路交通安全法律和本法的有关规定承担赔偿责任。

法条评释:无论是《民法典》还是原《侵权责任法》,都没有对机动车交通事故责任的归责原则等基本法律问题作出规定,而是援引《道路交通安全法》等法律的规定。但是,本条与原《侵权责任法》第48条的区别在于:本条明确了就机动车交通事故损害赔偿责任,应当既要依据道路交通安全法律如《道路交通安全法》的规定,又要依据《民法典》的规定。因为《民法典》是民商事领域的基本法,尤其是其中的侵权责任编更是侵权领域的基本法,故此除非其他法律有特别的规定,否则就需要依据《民法典》的规定。

目前,《道路交通安全法》第76条对机动车交通事故责任的归责原则以及强制责任保险的适用等问题作出了规定。

一、相关法律条文

《中华人民共和国道路交通安全法》(2021年4月29日修正)

第十七条 国家实行机动车第三者责任强制保险制度,设立道路交通事故社会救助基金。具体办法由国务院规定。

第二十一条 驾驶人驾驶机动车上道路行驶前,应当对机动车的安全技术性能进行认真检查;不得驾驶安全设施不全或者机件不符合技术标准等具有安全隐患的机动车。

第二十二条 机动车驾驶人应当遵守道路交通安全法律、法规的规定,按照操作规范安全驾驶、文明驾驶。

饮酒、服用国家管制的精神药品或者麻醉药品,或者患有妨碍安全驾驶机动车的疾病,或者过度疲劳影响安全驾驶的,不得驾驶机动车。

任何人不得强迫、指使、纵容驾驶人违反道路交通安全法律、法规和机动车安全驾驶要求驾驶机动车。

第七十六条 机动车发生交通事故造成人身伤亡、财产损失的,由保险公司在机动车第三者责任强制保险责任限额范围内予以赔偿;不足的部分,按照下列规定承担赔偿责任:

(一)机动车之间发生交通事故的,由有过错的一方承担赔偿责任;双方都有过错的,按照各自过错的比例分担责任。

(二)机动车与非机动车驾驶人、行人之间发生交通事故,非机动车驾驶人、行人没有过错的,由机动车一方承担赔偿责任;有证据证明非机动车驾驶人、行人有过错的,根据过错程度适当减轻机动车一方的赔偿责任;机动车一方没有过错的,承担不超过百分之十的赔偿责任。

交通事故的损失是由非机动车驾驶人、行人故意碰撞机动车造成的,机动车一方不承担赔偿责任。

二、相关行政法规

1.《中华人民共和国道路交通安全法实施条例》(2017年10月7日修订)

第二十条 学习机动车驾驶,应当先学习道路交通安全法律、法规和相关知识,考试合格后,再学习机动车驾驶技能。

在道路上学习驾驶,应当按照公安机关交通管理部门指定的路线、时间进行。在道路上学习机动车驾驶技能应当使用教练车,在教练员随车指导下进行，与教学无关的人员不得乘坐教练车。学员在学习驾驶中有道路交通安全违法行为或者造成交通事故的，由教练员承担责任。

第八十六条　机动车与机动车、机动车与非机动车在道路上发生未造成人身伤亡的交通事故，当事人对事实及成因无争议的，在记录交通事故的时间、地点、对方当事人的姓名和联系方式、机动车牌号、驾驶证号、保险凭证号、碰撞部位，并共同签名后，撤离现场，自行协商损害赔偿事宜。当事人对交通事故事实及成因有争议的，应当迅速报警。

第八十七条　非机动车与非机动车或者行人在道路上发生交通事故，未造成人身伤亡，且基本事实及成因清楚的，当事人应当先撤离现场，再自行协商处理损害赔偿事宜。当事人对交通事故事实及成因有争议的，应当迅速报警。

第八十八条　机动车发生交通事故，造成道路、供电、通讯等设施损毁的，驾驶人应当报警等候处理，不得驶离。机动车可以移动的，应当将机动车移至不妨碍交通的地点。公安机关交通管理部门应当将事故有关情况通知有关部门。

第八十九条　公安机关交通管理部门或者交通警察接到交通事故报警，应当及时赶赴现场，对未造成人身伤亡，事实清楚，并且机动车可以移动的，应当在记录事故情况后责令当事人撤离现场，恢复交通。对拒不撤离现场的，予以强制撤离。

对属于前款规定情况的道路交通事故，交通警察可以适用简易程序处理，并当场出具事故认定书。当事人共同请求调解的，交通警察可以当场对损害赔偿争议进行调解。

对道路交通事故造成人员伤亡和财产损失需要勘验、检查现场的，公安机关交通管理部门应当按照勘查现场工作规范进行。现场勘查完毕，应当组织清理现场，恢复交通。

第九十条　投保机动车第三者责任强制保险的机动车发生交通事故，因抢救受伤人员需要保险公司支付抢救费用的，由公安机关交通管理部门通知保险公司。

抢救受伤人员需要道路交通事故救助基金垫付费用的，由公安机关交通管理部门通知道路交通事故社会救助基金管理机构。

第九十一条　公安机关交通管理部门应当根据交通事故当事人的行为对发生交通事故所起的作用以及过错的严重程度，确定当事人的责任。

第九十二条 发生交通事故后当事人逃逸的，逃逸的当事人承担全部责任。但是，有证据证明对方当事人也有过错的，可以减轻责任。

当事人故意破坏、伪造现场、毁灭证据的，承担全部责任。

第九十三条 公安机关交通管理部门对经过勘验、检查现场的交通事故应当在勘查现场之日起10日内制作交通事故认定书。对需要进行检验、鉴定的，应当在检验、鉴定结果确定之日起5日内制作交通事故认定书。

第九十四条 当事人对交通事故损害赔偿有争议，各方当事人一致请求公安机关交通管理部门调解的，应当在收到交通事故认定书之日起10日内提出书面调解申请。

对交通事故致死的，调解从办理丧葬事宜结束之日起开始；对交通事故致伤的，调解从治疗终结或者定残之日起开始；对交通事故造成财产损失的，调解从确定损失之日起开始。

第九十五条 公安机关交通管理部门调解交通事故损害赔偿争议的期限为10日。调解达成协议的，公安机关交通管理部门应当制作调解书送交各方当事人，调解书经各方当事人共同签字后生效；调解未达成协议的，公安机关交通管理部门应当制作调解终结书送交各方当事人。

交通事故损害赔偿项目和标准依照有关法律的规定执行。

第九十六条 对交通事故损害赔偿的争议，当事人向人民法院提起民事诉讼的，公安机关交通管理部门不再受理调解申请。

公安机关交通管理部门调解期间，当事人向人民法院提起民事诉讼的，调解终止。

第九十七条 车辆在道路以外发生交通事故，公安机关交通管理部门接到报案的，参照道路交通安全法和本条例的规定处理。

车辆、行人与火车发生的交通事故以及在渡口发生的交通事故，依照国家有关规定处理。

2.《机动车交通事故责任强制保险条例》(2019年3月2日修订)

第一条 为了保障机动车道路交通事故受害人依法得到赔偿，促进道路交通安全，根据《中华人民共和国道路交通安全法》、《中华人民共和国保险法》，制定本条例。

第二条 在中华人民共和国境内道路上行驶的机动车的所有人或

者管理人,应当依照《中华人民共和国道路交通安全法》的规定投保机动车交通事故责任强制保险。

机动车交通事故责任强制保险的投保、赔偿和监督管理,适用本条例。

第三条　本条例所称机动车交通事故责任强制保险,是指由保险公司对被保险机动车发生道路交通事故造成本车人员、被保险人以外的受害人的人身伤亡、财产损失,在责任限额内予以赔偿的强制性责任保险。

第十条　投保人在投保时应当选择从事机动车交通事故责任强制保险业务的保险公司,被选择的保险公司不得拒绝或者拖延承保。

国务院保险监督管理机构应当将从事机动车交通事故责任强制保险业务的保险公司向社会公示。

第十一条　投保人投保时,应当向保险公司如实告知重要事项。

重要事项包括机动车的种类、厂牌型号、识别代码、牌照号码、使用性质和机动车所有人或者管理人的姓名(名称)、性别、年龄、住所、身份证或者驾驶证号码(组织机构代码)、续保前该机动车发生事故的情况以及国务院保险监督管理机构规定的其他事项。

第十四条　保险公司不得解除机动车交通事故责任强制保险合同;但是,投保人对重要事项未履行如实告知义务的除外。

投保人对重要事项未履行如实告知义务,保险公司解除合同前,应当书面通知投保人,投保人应当自收到通知之日起5日内履行如实告知义务;投保人在上述期限内履行如实告知义务的,保险公司不得解除合同。

第十六条　投保人不得解除机动车交通事故责任强制保险合同,但有下列情形之一的除外:

(一)被保险机动车被依法注销登记的;

(二)被保险机动车办理停驶的;

(三)被保险机动车经公安机关证实丢失的。

第十七条　机动车交通事故责任强制保险合同解除前,保险公司应当按照合同承担保险责任。

合同解除时,保险公司可以收取自保险责任开始之日起至合同解除之日止的保险费,剩余部分的保险费退还投保人。

第十八条　被保险机动车所有权转移的,应当办理机动车交通事故责任强制保险合同变更手续。

第十九条 机动车交通事故责任强制保险合同期满，投保人应当及时续保，并提供上一年度的保险单。

第二十条 机动车交通事故责任强制保险的保险期间为1年，但有下列情形之一的，投保人可以投保短期机动车交通事故责任强制保险：

(一)境外机动车临时入境的；

(二)机动车临时上道路行驶的；

(三)机动车距规定的报废期限不足1年的；

(四)国务院保险监督管理机构规定的其他情形。

第二十一条 被保险机动车发生道路交通事故造成本车人员、被保险人以外的受害人人身伤亡、财产损失的，由保险公司依法在机动车交通事故责任强制保险责任限额范围内予以赔偿。

道路交通事故的损失是由受害人故意造成的，保险公司不予赔偿。

第二十二条 有下列情形之一的，保险公司在机动车交通事故责任强制保险责任限额范围内垫付抢救费用，并有权向致害人追偿：

(一)驾驶人未取得驾驶资格或者醉酒的；

(二)被保险机动车被盗抢期间肇事的；

(三)被保险人故意制造道路交通事故的。

有前款所列情形之一，发生道路交通事故的，造成受害人的财产损失，保险公司不承担赔偿责任。

第二十三条 机动车交通事故责任强制保险在全国范围内实行统一的责任限额。责任限额分为死亡伤残赔偿限额、医疗费用赔偿限额、财产损失赔偿限额以及被保险人在道路交通事故中无责任的赔偿限额。

机动车交通事故责任强制保险责任限额由国务院保险监督管理机构会同国务院公安部门、国务院卫生主管部门、国务院农业主管部门规定。

第二十四条 国家设立道路交通事故社会救助基金(以下简称救助基金)。有下列情形之一时，道路交通事故中受害人人身伤亡的丧葬费用、部分或者全部抢救费用，由救助基金先行垫付，救助基金管理机构有权向道路交通事故责任人追偿：

(一)抢救费用超过机动车交通事故责任强制保险责任限额的；

(二)肇事机动车未参加机动车交通事故责任强制保险的；

(三)机动车肇事后逃逸的。

第二十五条　救助基金的来源包括：

（一）按照机动车交通事故责任强制保险的保险费的一定比例提取的资金；

（二）对未按照规定投保机动车交通事故责任强制保险的机动车的所有人、管理人的罚款；

（三）救助基金管理机构依法向道路交通事故责任人追偿的资金；

（四）救助基金孳息；

（五）其他资金。

第二十六条　救助基金的具体管理办法，由国务院财政部门会同国务院保险监督管理机构、国务院公安部门、国务院卫生主管部门、国务院农业主管部门制定试行。

第二十七条　被保险机动车发生道路交通事故，被保险人或者受害人通知保险公司的，保险公司应当立即给予答复，告知被保险人或者受害人具体的赔偿程序等有关事项。

第二十八条　被保险机动车发生道路交通事故的，由被保险人向保险公司申请赔偿保险金。保险公司应当自收到赔偿申请之日起 1 日内，书面告知被保险人需要向保险公司提供的与赔偿有关的证明和资料。

第二十九条　保险公司应当自收到被保险人提供的证明和资料之日起 5 日内，对是否属于保险责任作出核定，并将结果通知被保险人；对不属于保险责任的，应当书面说明理由；对属于保险责任的，在与被保险人达成赔偿保险金的协议后 10 日内，赔偿保险金。

第三十条　被保险人与保险公司对赔偿有争议的，可以依法申请仲裁或者向人民法院提起诉讼。

第三十一条　保险公司可以向被保险人赔偿保险金，也可以直接向受害人赔偿保险金。但是，因抢救受伤人员需要保险公司支付或者垫付抢救费用的，保险公司在接到公安机关交通管理部门通知后，经核对应当及时向医疗机构支付或者垫付抢救费用。

因抢救受伤人员需要救助基金管理机构垫付抢救费用的，救助基金管理机构在接到公安机关交通管理部门通知后，经核对应当及时向医疗机构垫付抢救费用。

第三十五条　道路交通事故损害赔偿项目和标准依照有关法律的规定执行。

第四十一条 本条例下列用语的含义：

（一）投保人，是指与保险公司订立机动车交通事故责任强制保险合同，并按照合同负有支付保险费义务的机动车的所有人、管理人。

（二）被保险人，是指投保人及其允许的合法驾驶人。

（三）抢救费用，是指机动车发生道路交通事故导致人员受伤时，医疗机构参照国务院卫生主管部门组织制定的有关临床诊疗指南，对生命体征不平稳和虽然生命体征平稳但如果不采取处理措施会产生生命危险，或者导致残疾、器官功能障碍，或者导致病程明显延长的受伤人员，采取必要的处理措施所发生的医疗费用。

第四十二条 挂车不投保机动车交通事故责任强制保险。发生道路交通事故造成人身伤亡、财产损失的，由牵引车投保的保险公司在机动车交通事故责任强制保险责任限额范围内予以赔偿；不足的部分，由牵引车方和挂车方依照法律规定承担赔偿责任。

第四十三条 机动车在道路以外的地方通行时发生事故，造成人身伤亡、财产损失的赔偿，比照适用本条例。

第四十四条 中国人民解放军和中国人民武装警察部队在编机动车参加机动车交通事故责任强制保险的办法，由中国人民解放军和中国人民武装警察部队另行规定。

第四十五条 机动车所有人、管理人自本条例施行之日起3个月内投保机动车交通事故责任强制保险；本条例施行前已经投保商业性机动车第三者责任保险的，保险期满，应当投保机动车交通事故责任强制保险。

三、相关司法解释规定

《最高人民法院关于审理道路交通事故损害赔偿案件适用法律若干问题的解释》（法释〔2012〕19号）（2020年12月23日修正）

第三条 套牌机动车发生交通事故造成损害，属于该机动车一方责任，当事人请求由套牌机动车的所有人或者管理人承担赔偿责任的，人民法院应予支持；被套牌机动车所有人或者管理人同意套牌的，应当与套牌机动车的所有人或者管理人承担连带责任。

第五条 第五条 接受机动车驾驶培训的人员，在培训活动中驾驶机动车发生交通事故造成损害，属于该机动车一方责任，当事人请求驾驶培训单位承担赔偿责任的，人民法院应予支持。

第六条 机动车试乘过程中发生交通事故造成试乘人损害,当事人请求提供试乘服务者承担赔偿责任的,人民法院应予支持。试乘人有过错的,应当减轻提供试乘服务者的赔偿责任。

第八条 未按照法律、法规、规章或者国家标准、行业标准、地方标准的强制性规定设计、施工,致使道路存在缺陷并造成交通事故,当事人请求建设单位与施工单位承担相应赔偿责任的,人民法院应予支持。

第九条 机动车存在产品缺陷导致交通事故造成损害,当事人请求生产者或者销售者依照民法典第七编第四章的规定承担赔偿责任的,人民法院应予支持。

第十条 多辆机动车发生交通事故造成第三人损害,当事人请求多个侵权人承担赔偿责任的,人民法院应当区分不同情况,依照民法典第一千一百七十条、第一千一百七十一条、第一千一百七十二条的规定,确定侵权人承担连带责任或者按份责任。

第十三条 同时投保机动车第三者责任强制保险(以下简称"交强险")和第三者责任商业保险(以下简称"商业三者险")的机动车发生交通事故造成损害,当事人同时起诉侵权人和保险公司的,人民法院应当依照民法典第一千二百一十三条的规定,确定赔偿责任。

被侵权人或者其近亲属请求承保交强险的保险公司优先赔偿精神损害的,人民法院应予支持。

第十四条 投保人允许的驾驶人驾驶机动车致使投保人遭受损害,当事人请求承保交强险的保险公司在责任限额范围内予以赔偿的,人民法院应予支持,但投保人为本车上人员的除外。

第十五条 有下列情形之一导致第三人人身损害,当事人请求保险公司在交强险责任限额范围内予以赔偿,人民法院应予支持:

(一)驾驶人未取得驾驶资格或者未取得相应驾驶资格的;

(二)醉酒、服用国家管制的精神药品或者麻醉药品后驾驶机动车发生交通事故的;

(三)驾驶人故意制造交通事故的。

保险公司在赔偿范围内向侵权人主张追偿权的,人民法院应予支持。追偿权的诉讼时效期间自保险公司实际赔偿之日起计算。

第十六条 未依法投保交强险的机动车发生交通事故造成损害,当事人请求投保义务人在交强险责任限额范围内予以赔偿的,人民法院应予支持。

投保义务人和侵权人不是同一人，当事人请求投保义务人和侵权人在交强险责任限额范围内承担相应责任的，人民法院应予支持。

第十七条 具有从事交强险业务资格的保险公司违法拒绝承保、拖延承保或者违法解除交强险合同，投保义务人在向第三人承担赔偿责任后，请求该保险公司在交强险责任限额范围内承担相应赔偿责任的，人民法院应予支持。

第十八条 多辆机动车发生交通事故造成第三人损害，损失超出各机动车交强险责任限额之和的，由各保险公司在各自责任限额范围内承担赔偿责任；损失未超出各机动车交强险责任限额之和，当事人请求由各保险公司按照其责任限额与责任限额之和的比例承担赔偿责任的，人民法院应予支持。

依法分别投保交强险的牵引车和挂车连接使用时发生交通事故造成第三人损害，当事人请求由各保险公司在各自的责任限额范围内平均赔偿的，人民法院应予支持。

多辆机动车发生交通事故造成第三人损害，其中部分机动车未投保交强险，当事人请求先由已承保交强险的保险公司在责任限额范围内予以赔偿的，人民法院应予支持。保险公司就超出其应承担的部分向未投保交强险的投保义务人或者侵权人行使追偿权的，人民法院应予支持。

第十九条 同一交通事故的多个被侵权人同时起诉的，人民法院应当按照各被侵权人的损失比例确定交强险的赔偿数额。

第二十条 机动车所有权在交强险合同有效期内发生变动，保险公司在交通事故发生后，以该机动车未办理交强险合同变更手续为由主张免除赔偿责任的，人民法院不予支持。

机动车在交强险合同有效期内发生改装、使用性质改变等导致危险程度增加的情形，发生交通事故后，当事人请求保险公司在责任限额范围内予以赔偿的，人民法院应予支持。

前款情形下，保险公司另行起诉请求投保义务人按照重新核定后的保险费标准补足当期保险费的，人民法院应予支持。

第二十一条 当事人主张交强险人身伤亡保险金请求权转让或者设定担保的行为无效的，人民法院应予支持。

第二十二条 人民法院审理道路交通事故损害赔偿案件，应当将承保交强险的保险公司列为共同被告。但该保险公司已经在交强险责任限额范围内予以赔偿且当事人无异议的除外。

人民法院审理道路交通事故损害赔偿案件,当事人请求将承保商业三者险的保险公司列为共同被告的,人民法院应予准许。

第二十三条 被侵权人因道路交通事故死亡,无近亲属或者近亲属不明,未经法律授权的机关或者有关组织向人民法院起诉主张死亡赔偿金的,人民法院不予受理。

侵权人以已向未经法律授权的机关或者有关组织支付死亡赔偿金为理由,请求保险公司在交强险责任限额范围内予以赔偿的,人民法院不予支持。

被侵权人因道路交通事故死亡,无近亲属或者近亲属不明,支付被侵权人医疗费、丧葬费等合理费用的单位或者个人,请求保险公司在交强险责任限额范围内予以赔偿的,人民法院应予支持。

第二十四条 公安机关交通管理部门制作的交通事故认定书,人民法院应依法审查并确认其相应的证明力,但有相反证据推翻的除外。

第二十五条 机动车在道路以外的地方通行时引发的损害赔偿案件,可以参照适用本解释的规定。

四、相关部门规章

《道路交通事故处理程序规定》(2017 年 6 月 15 日修订)对道路交通事故认定程序,作出了如下规定:

第三条 道路交通事故分为财产损失事故、伤人事故和死亡事故。

财产损失事故是指造成财产损失,尚未造成人员伤亡的道路交通事故。

伤人事故是指造成人员受伤,尚未造成人员死亡的道路交通事故。

死亡事故是指造成人员死亡的道路交通事故。

第四条 道路交通事故的调查处理应当由公安机关交通管理部门负责。

财产损失事故可以由当事人自行协商处理,但法律法规及本规定另有规定的除外。

第五十九条 道路交通事故认定应当做到事实清楚、证据确实充分、适用法律正确、责任划分公正、程序合法。

第六十条 公安机关交通管理部门应当根据当事人的行为对发生道路交通事故所起的作用以及过错的严重程度,确定当事人的责任。

(一)因一方当事人的过错导致道路交通事故的,承担全部责任;

（二）因两方或者两方以上当事人的过错发生道路交通事故的，根据其行为对事故发生的作用以及过错的严重程度，分别承担主要责任、同等责任和次要责任；

（三）各方均无导致道路交通事故的过错，属于交通意外事故的，各方均无责任。

一方当事人故意造成道路交通事故的，他方无责任。

第六十一条 当事人有下列情形之一的，承担全部责任：

（一）发生道路交通事故后逃逸的；

（二）故意破坏、伪造现场、毁灭证据的。

为逃避法律责任追究，当事人弃车逃逸以及潜逃藏匿的，如有证据证明其他当事人也有过错，可以适当减轻责任，但同时有证据证明逃逸当事人有第一款第二项情形的，不予减轻。

第六十二条 公安机关交通管理部门应当自现场调查之日起十日内制作道路交通事故认定书。交通肇事逃逸案件在查获交通肇事车辆和驾驶人后十日内制作道路交通事故认定书。对需要进行检验、鉴定的，应当在检验报告、鉴定意见确定之日起五日内制作道路交通事故认定书。

有条件的地方公安机关交通管理部门可以试行在互联网公布道路交通事故认定书，但对涉及的国家秘密、商业秘密或者个人隐私，应当保密。

第六十三条 发生死亡事故以及复杂、疑难的伤人事故后，公安机关交通管理部门应当在制作道路交通事故认定书或者道路交通事故证明前，召集各方当事人到场，公开调查取得的证据。

证人要求保密或者涉及国家秘密、商业秘密以及个人隐私的，按照有关法律法规的规定执行。

当事人不到场的，公安机关交通管理部门应当予以记录。

第六十四条 道路交通事故认定书应当载明以下内容：

（一）道路交通事故当事人、车辆、道路和交通环境等基本情况；

（二）道路交通事故发生经过；

（三）道路交通事故证据及事故形成原因分析；

（四）当事人导致道路交通事故的过错及责任或者意外原因；

（五）作出道路交通事故认定的公安机关交通管理部门名称和日期。

道路交通事故认定书应当由交通警察签名或者盖章，加盖公安机关交通管理部门道路交通事故处理专用章。

第六十五条　道路交通事故认定书应当在制作后三日内分别送达当事人，并告知申请复核、调解和提起民事诉讼的权利、期限。

当事人收到道路交通事故认定书后，可以查阅、复制、摘录公安机关交通管理部门处理道路交通事故的证据材料，但证人要求保密或者涉及国家秘密、商业秘密以及个人隐私的，按照有关法律法规的规定执行。公安机关交通管理部门对当事人复制的证据材料应当加盖公安机关交通管理部门事故处理专用章。

第六十六条　交通肇事逃逸案件尚未侦破，受害一方当事人要求出具道路交通事故认定书的，公安机关交通管理部门应当在接到当事人书面申请后十日内，根据本规定第六十一条确定各方当事人责任，制作道路交通事故认定书，并送达受害方当事人。道路交通事故认定书应当载明事故发生的时间、地点、受害人情况及调查得到的事实，以及受害方当事人的责任。

交通肇事逃逸案件侦破后，已经按照前款规定制作道路交通事故认定书的，应当按照本规定第六十一条重新确定责任，制作道路交通事故认定书，分别送达当事人。重新制作的道路交通事故认定书除应当载明本规定第六十四条规定的内容外，还应当注明撤销原道路交通事故认定书。

第六十七条　道路交通事故基本事实无法查清、成因无法判定的，公安机关交通管理部门应当出具道路交通事故证明，载明道路交通事故发生的时间、地点、当事人情况及调查得到的事实，分别送达当事人，并告知申请复核、调解和提起民事诉讼的权利、期限。

第六十八条　由于事故当事人、关键证人处于抢救状态或者因其他客观原因导致无法及时取证，现有证据不足以认定案件基本事实的，经上一级公安机关交通管理部门批准，道路交通事故认定的时限可中止计算，并书面告知各方当事人或者其代理人，但中止的时间最长不得超过六十日。

当中止认定的原因消失，或者中止期满受伤人员仍然无法接受调查的，公安机关交通管理部门应当在五日内，根据已经调查取得的证据制作道路交通事故认定书或者出具道路交通事故证明。

第六十九条　伤人事故符合下列条件，各方当事人一致书面申请快速处理的，经县级以上公安机关交通管理部门负责人批准，可以根据已经取得的证据，自当事人申请之日起五日内制作道路交通事故认定书：

（一）当事人不涉嫌交通肇事、危险驾驶犯罪的；

（二）道路交通事故基本事实及成因清楚，当事人无异议的。

第七十条 对尚未查明身份的当事人，公安机关交通管理部门应当在道路交通事故认定书或者道路交通事故证明中予以注明，待身份信息查明以后，制作书面补充说明送达各方当事人。

第七十一条 当事人对道路交通事故认定或者出具道路交通事故证明有异议的，可以自道路交通事故认定书或者道路交通事故证明送达之日起三日内提出书面复核申请。当事人逾期提交复核申请的，不予受理，并书面通知申请人。

复核申请应当载明复核请求及其理由和主要证据。同一事故的复核以一次为限。

五、相关文件规定

1.《最高人民法院关于在道路交通事故损害赔偿纠纷案件中机动车交通事故责任强制保险中的分项限额能否突破的请示的答复》（〔2012〕民一他字第17号）

辽宁省高级人民法院：

你院〔2012〕辽民一他字第1号《关于在道路交通事故损害赔偿纠纷案件中，机动车交通事故责任强制保险中的分项限额能否突破的请示》已收悉，经研究，答复如下：

根据《中华人民共和国道路交通安全法》第十七条、《机动车交通事故责任强制保险条例》第二十三条，机动车发生交通事故后，受害人请求承保机动车第三者责任强制保险的保险公司对超出机动车第三者责任强制保险分项限额范围予以赔偿的，人民法院不予支持。

2.《最高人民法院关于财保六安市分公司与李福国等道路交通事故人身损害赔偿纠纷请示的复函》（〔2008〕民一他字第25号复函）

安徽省高级人民法院：

你院（2008）皖民一他字第0019号《关于财保六安市分公司与李福国、卢士平、张东泽、六安市正宏糖果厂道路交通事故人身损害赔偿纠纷一案的请示报告》收悉。经研究，答复如下：

《机动车交通事故责任强制保险条例》第3条规定的“人身伤亡”所造成的损害包括财产损害和精神损害。

精神损害赔偿与物资损害赔偿在强制责任保险限额中的赔偿次序,请求权人有权进行选择。请求权人选择优先赔偿精神损害,对物资损害赔偿不足部分由商业第三者责任险赔偿。

六、相关指导案例

第19号指导案例“赵春明等诉烟台市福山区汽车运输公司卫德平等机动车交通事故责任纠纷案”(最高人民法院审判委员会讨论通过;2013年11月8日发布)判决认为,机动车所有人或者管理人将机动车号牌出借他人套牌使用,或者明知他人套牌使用其机动车号牌不予制止,套牌机动车发生交通事故造成他人损害的,机动车所有人或者管理人应当与套牌机动车所有人或者管理人承担连带责任。相关裁判摘要如下:

鲁F41703货车的登记所有人福山公司和实际所有人卫德平,明知卫广辉等人套用自己的机动车号牌而不予阻止,且提供方便,纵容套牌货车在公路上行驶,福山公司与卫德平的行为已属于出借机动车号牌给他人使用的情形,该行为违反了《中华人民共和国道路交通安全法》等有关机动车管理的法律规定。将机动车号牌出借他人套牌使用,将会纵容不符合安全技术标准的机动车通过套牌在道路上行驶,增加道路交通的危险性,危及公共安全。套牌机动车发生交通事故造成损害,号牌出借人同样存在过错,对于肇事的套牌车一方应负的赔偿责任,号牌出借人应当承担连带责任。

七、相关裁判摘要

• **2010年第11期《中华人民共和国最高人民法院公报》**刊登的**“葛宇斐诉沈丘县汽车运输有限公司、中国人民财产保险股份有限公司周口市分公司、中国人民财产保险股份有限公司沈丘支公司道路交通事故损害赔偿纠纷案”**判决认为,交通事故认定书不能作为民事侵权损害赔偿案件责任分配的唯一依据。行为人在侵权行为中的过错程度,应当结合案件实际情况,根据民事诉讼的归责原则进行综合认定。相关裁判摘要如下:

道路交通安全法第七十三条规定:“公安机关交通管理部门应当根据交通事故现场勘验、检查、调查情况和有关的检验、鉴定结论,及时制作交通事故认定书,作为处理交通事故的证据。交通事故认定书应当载明交通事故的基本事实、成因和当事人的责任,并送达当事人。"根据该规定,交通事故认定书本身并非行政决定,而是公安机关处理交通事故,做出行政决定所依据的主要证据。交通事故认定书中交通事故责任的认定,主要是依据道路交通安全法、《中华人民共和国道路交通安全法实施条例》(以下简称道路交通安全法实施条例)等法律、行政法规,在分析判断交通事故责任认定时,与民事审判中分析判断侵权案件适用全部民事法规进行分析有所区别,而且,认定交通事故责任的归责原则与民事诉讼中侵权案件的归责原则不完全相同。道路交通安全法实施条例第九十一条规定:"公安机关交通管理部门应当根据交通事故当事人的行为对发生交通事故所起的作用以及过错的严重程度,确定当事人的责任。"从交通事故认定书划分责任的依据看,公安机关交通管理部门认定交通事故的责任有两个因素,即行为人对交通事故所起的作用和过错的严重程度。前述条款中的"作用"与"过错"并列,与民法中的"过错"不是同一概念,在交通事故中,行为人有同等的过错不一定承担同等的责任,过错大的不一定是交通事故的主要责任人。道路交通安全法实施条例第九十二条规定:"发生交通事故后当事人逃逸的、逃逸的当事人承担全部责任。但是,有证据证明对方当事人也有过错的,可以减轻责任。当事人故意破坏、伪造现场、毁灭证据的,承担全部责任。"该规定中,此类交通事故归责的依据不是发生侵权行为时的过错大小,而是侵权行为发生后其他违法行为。因此,公安机关交通管理部门进行交通事故责任认定时归责方法与民法上的归责原则存在区别。此外,在举证责任负担、责任人的范围等方面,交通事故责任认定也与民事诉讼存在不同之处。综上,交通事故认定书是公安机关处理交通事故,做出行政决定所依据的主要证据,虽然可以在民事诉讼中作为证据使用,但由于交通事故认定与民事诉讼中关于侵权行为认定的法律依据、归责原则有所区别,同时,交通事故责任也不等同于民事法律赔偿责任,因此,交通事故认定书不能作为民事侵权损害赔偿责任分配的唯一依据,行为人在侵权行为中的过错程度,应当结合案情,全面分析全部证据,根据民事诉讼的归责原则进行综合认定。

本案中,鲍士许在驾驶车辆码表已损坏的情况下,违反道路交通安全法第二十一条的规定,将具有安全隐患的车辆驶入高速公路。肇事车辆发生爆胎后,鲍士许在车辆制动、路面情况均正常且车辆系空载的情况下,未能采取有效的合理措施,导致车辆撞断隔离带护栏后冲入逆向车道，与正常行驶葛信国驾驶的车辆发生碰撞，致使车内被上诉人葛宇斐受伤。该起事故的发生并非不能预见，事故后果并非不可避免。因此，应当认定鲍士许有过错，其不当行为与损害事实的发生存在因果关系，葛信国驾驶的车辆正常行驶，车内的葛宇斐无过错。一审对此认定准确，应予维持。

• **2008 年第 7 期《中华人民共和国最高人民法院公报》**刊登的**"郑克宝诉徐伟良、中国人民财产保险股份有限公司长兴支公司道路交通事故人身损害赔偿纠纷案"**判决就机动车辆第三者责任险中"第三者"的认定进行了分析。相关裁判摘要如下：

《中华人民共和国保险法》（以下简称保险法）第五十条规定："保险人对责任保险的被保险人给第三者造成的损害，可以依照法律的规定或者合同的约定，直接向该第三者赔偿保险金。"根据上述规定，第三者责任险是以被保险人对第三者的赔偿责任为标的，以填补被保险人对第三者承担赔偿责任所受损失的保险。"第三者"的范围可根据保险合同的约定或法律规定作出界定。本案中，上诉人财保长兴支公司与被上诉人徐伟良之间订立的机动车辆第三者责任险即属于此类保险。根据本案事实，涉案交通事故责任属于机动车辆第三者责任险的保险理赔范围。

首先，涉案交通事故的受害人，亦即被上诉人郑克宝属于上诉人财保长兴支公司与被上诉人徐伟良之间订立的机动车辆第三者责任险保险条款所规定的"第三者"。根据涉案机动车辆第三者责任险保险条款的规定，"第三者"是指除投保人、被保险人和保险人以外的，因保险车辆发生意外事故遭受人身伤亡或财产损失的保险车辆下的受害者。本案中，郑克宝不是涉案机动车辆第三者责任险的投保人、被保险人和保险人。郑克宝由于涉案保险车辆发生意外事故，被该车辆碾压导致严重伤害，属于因保险车辆发生意外事故遭受人身伤亡或财产损失的保险车辆下的受害者，当然也属于涉案机动车辆第三者责任险保险条款所规定的"第三者"。

其次，被上诉人郑克宝在涉案交通事故发生前确系涉案保险车辆的"车上人员"，但此事实并不影响郑克宝在涉案交通事故中的"第三者"身份，上诉人财保长兴支公司关于涉案交通事故责任应当按照车上人员责任险理赔的观点不能成立。被上诉人徐伟良在为涉案保险车辆投保机动车辆第三者责任险的同时，还为该车投保了车上人员责任险。徐伟良与财保长兴支公司订立的车上人员责任险保险条款规定，因发生意外事故造成保险车辆车上人员的人身伤亡,依法应当由被保险人承担经济赔偿责任的,保险人负责按照责任限额予以理赔。据此可以认定,这里的“车上人员”仅指发生意外事故时身处保险车辆之上的人员。如果某人在意外事故发生前是保险车辆的车上人员,意外事故发生时已经置身于保险车辆之下,则不属于保险车辆的车上人员。由此进一步分析,可以得出以下结论:判断因保险车辆发生意外交通事故而受害的人属于“第三者”还是属于“车上人员”,必须以该人在交通事故发生当时这一特定的时间是否身处保险车辆之上为依据,在车上即为“车上人员”,在车下即为“第三者”。同时,由于机动车辆是一种交通工具,任何人都不可能永久地置身于机动车辆之上,故涉案机动车辆保险合同中所涉及的“第三者”和“车上人员”均为在特定时空条件下的临时性身份,即“第三者”与“车上人员”均不是永久的、固定不变的身份,二者可以因特定时空条件的变化而转化。本案中,涉案交通事故的事实,是郑克宝被涉案保险车辆碾压致伤。该事故发生前,郑克宝的确乘坐于涉案保险车辆之上,属于车上人员。但由于驾驶员遇到紧急情况时操作不当,导致涉案保险车辆失控,将郑克宝甩出车外,随后被涉案保险车辆碾压至重伤。因此,涉案交通事故发生时,郑克宝不是在涉案保险车辆之上,而是在该车辆之下。如果郑克宝在涉案交通事故发生时是涉案保险车辆车上人员,则根本不可能被该车碾压致伤。因此,财保长兴支公司仅以郑克宝在涉案交通事故发生前乘坐于涉案保险车辆之上的事实,即认为郑克宝属于涉案保险车辆车上人员、涉案交通事故责任应当按照车上人员责任险理赔;其观点不仅不符合涉案保险合同的规定,亦有悖于常理。

再次,本案不适用涉案机动车辆第三者责任险免责条款。涉案机动车辆第三者责任险免责条款规定,因保险车辆发生意外事故,导致本车上其他人员的人身伤亡或财产损失,不论在法律上是否应当由被保险人承担赔偿责任,保险人均不负责赔偿。一审法院认为,该免责条款为格式条款,且对于该条款中的“本车上其他人员的人身伤亡或财产损失”可能有两种解释,一种解释是仅指车上人员在本车上发生的人身伤亡或财产损失,至于车上人员离开本车后又被本车事故导致的损害结果则不属免责范围;另一种解释是对于车上人员在本车上及离开本车后因本车事故导致的损害结果保险人均得免责。鉴于双方当事人对此存在争议,故对此格式条款依法应当作出不利于格式条款提供者的解释。

据此认定本案不适用该免责条款。上诉人财保长兴支公司认为，被上诉人郑克宝是从涉案保险车辆中被甩出，而不是从该车上离开，一审判决将甩出等同于离开，属于偷换概念，本案应当适用前述免责条款。对此二审法院认为，根据涉案机动车辆第三者责任险免责条款的规定，该条款所称的"本车上其他人员"与车上人员责任险条款所规定的"车上人员"完全相同，即也是在保险车辆发生意外事故时在该车之上的人员，除此之外不应当有其他解释。如前所述，郑克宝在涉案交通事故发生时已经从车上人员转化为第三者。不论郑克宝是被动地从涉案保险车辆上"甩出"还是主动从该车上离开，均不能改变在涉案交通事故发生时郑克宝已经不在涉案保险车辆之上的事实，不影响其第三者身份。另外，即使对于涉案机动车辆第三者责任险免责条款所称的"本车上其他人员"可能作出其他解释，也因该条款系格式条款，在存在争议的情况下，应依法作出不利于该格式条款的提供者即财保长兴支公司的解释。因此，本案不适用涉案机动车辆第三者责任险免责条款。

第一千二百零九条 【租赁、借用机动车造成损害时的赔偿责任】 因租赁、借用等情形机动车所有人、管理人与使用人不是同一人时，发生交通事故造成损害，属于该机动车一方责任的，由机动车使用人承担赔偿责任；机动车所有人、管理人对损害的发生有过错的，承担相应的赔偿责任。

法条评释： 所谓租赁机动车，是指在约定时间内机动车租赁经营人将租赁机动车交付承租人使用，收取租赁费用，不提供驾驶劳务的经营方式。被租赁的汽车是指除公共汽车、出租汽车客运以外的各类客车、货车、特种汽车和其他机动车辆。借用机动车，是指当事人约定一方以机动车无偿借给他方使用，他方在使用完毕之后返还该机动车的行为。借用机动车的情形一般发生在熟人、朋友之间。在租赁、借用机动车的情况下，借用人和承租人驾驶机动车的时候，如果发生交通事故造成他人损害，是仅由借用人、承租人承担责任，还是由借用人与出借人、承租人与出租人负连带责任，司法实践中曾有很大的争议。本条基于运行利益说与运行支配说，明确了原则上由机动车使用人承担赔偿责任，而机动车所有人、管理人只有在对损害的发生有过错时才承担相应的赔偿责任。所谓机动车的所有人就是享有机动车所有权的自然人、法人或非法人组织等民事主体。机动车的管理人，是指机动车所有人之外的对机动车享有管理权的人。申言之，民事主体通过租赁、委托、借用等合法方式从机动车所有权人处取得对机动车的占有、使用、收益等管理权的时候，其就属于机动车的管理人。如何认定机动车的所有人、管理人对损害的发生有过错，《最高人民法院关于审理道路交通事故损害赔偿案件适用法律若干问题的解释》第1条作出了明确的规定。

相关司法解释规定

《最高人民法院关于审理道路交通事故损害赔偿案件适用法律若干问题的解释》（法释〔2012〕19号）（2020年12月23日修正）

第一条 机动车发生交通事故造成损害，机动车所有人或者管理人有下列情形之一，人民法院应当认定其对损害的发生有过错，并适用民法典第一千二百零九条的规定确定其相应的赔偿责任：

（一）知道或者应当知道机动车存在缺陷，且该缺陷是交通事故发生原因之一的；

（二）知道或者应当知道驾驶人无驾驶资格或者未取得相应驾驶资格的；

（三）知道或者应当知道驾驶人因饮酒、服用国家管制的精神药品或者麻醉药品，或者患有妨碍安全驾驶机动车的疾病等依法不能驾驶机动车的；

（四）其它应当认定机动车所有人或者管理人有过错的。

第一千二百一十条 【转让机动车未办理登记时机动车交通事故赔偿责任主体】当事人之间已经以买卖或者其他方式转让并交付机动车但是未办理登记，发生交通事故造成损害，属于该机动车一方责任的，由受让人承担赔偿责任。

法条评释：机动车在我国法律上属于特殊的动产，依据《民法典》第225条的规定，机动车的物权变动以交付作为生效要件，而登记只是对抗要件，即未经登记，不得对抗善意第三人。因此，当事人之间以买卖或者其他方式转让机动车的，只要交付了机动车，即使未办理所有权转移登记，机动车的所有权也已经发生了转移，故此发生交通事故后属于该机动车一方责任的，应当由受让人承担赔偿责任。如果只是办理了所有权转移登记，但是并未交付机动车的，发生交通事故后，基于运行利益说和运行支配说，仍然由实际占有机动车的一方承担赔偿责任，所有人对损害的发生有过错的，承担相应的赔偿责任。简言之，此时仍应适用《民法典》第1209条。

一、相关法律条文

《中华人民共和国民法典》(2021年1月1日起施行)

第二百二十四条 动产物权的设立和转让，自交付时发生效力，但是法律另有规定的除外。

第二百二十五条 船舶、航空器和机动车等的物权的设立、变更、转让和消灭，未经登记，不得对抗善意第三人。

第二百二十六条 动产物权设立和转让前，权利人已经占有该动产的，物权自民事法律行为生效时发生效力。

第二百二十七条 动产物权设立和转让前，第三人占有该动产的，负有交付义务的人可以通过转让请求第三人返还原物的权利代替交付。

第二百二十八条 动产物权转让时，当事人又约定由出让人继续占有该动产的，物权自该约定生效时发生效力。

二、相关司法解释规定

《最高人民法院关于审理道路交通事故损害赔偿案件适用法律若干问题的解释》(法释〔2012〕19号)(2020年12月23日修正)

第二条 被多次转让但是未办理登记的机动车发生交通事故造成损害，属于该机动车一方责任，当事人请求由最后一次转让并交付的受让人承担赔偿责任的，人民法院应予支持。

三、相关文件规定

《最高人民法院关于连环购车未办理过户手续，原车主是否对机动车发生交通事故致人损害承担责任的请示的批复》(〔2001〕民一他字第32号)

江苏省高级人民法院：

你院“关于连环购车未办理过户手续，原车主是否承担对机动车发生交通事故致人损害承担责任的请示”收悉。经研究认为：

> 连环购车未办理过户手续，因车辆已经交付，原车主既不能支配该车的营运，也不能从该车的营运中获得利益，故原车主不应对机动车发生交通事故致人损害承担责任。但是，连环购车未办理过户手续的行为，违反有关行政管理法规的，应受其规定的调整。

第一千二百一十一条 【挂靠机动车发生交通事故时的侵权责任主体】 以挂靠形式从事道路运输经营活动的机动车，发生交通事故造成损害，属于该机动车一方责任的，由挂靠人和被挂靠人承担连带责任。

法条评释： 机动车的挂靠，主要是指为了满足法律甚或地方政府对车辆运输经营管理上的需要，个人将自己出资购买的机动车挂靠于某个具有运输经营权的公司，向该公司缴纳或不缴纳一定的管理费用，由该公司为挂靠车主代办各种相应的法律手续。很长一段时间内，司法实践中对于挂靠人发生交通事故时，被挂靠单位是否需要承担责任以及如何承担责任，存在很大的争议，各地做法不一。为统一法律适用，《最高人民法院关于审理道路交通事故损害赔偿案件适用法律若干问题的解释》第3条曾经规定："以挂靠形式从事道路运输经营活动的机动车发生交通事故造成损害，属于该机动车一方责任，当事人请求由挂靠人和被挂靠人承担连带责任的，人民法院应予支持。"《民法典》吸收司法解释的上述规定在本条作出了相同的规定。

第一千二百一十二条 【未经允许驾驶他人机动车发生交通事故时的侵权责任主体】 未经允许驾驶他人机动车，发生交通事故造成损害，属于该机动车一方责任的，由机动车使用人承担赔偿责任；机动车所有人、管理人对损害的发生有过错的，承担相应的赔偿责任，但是本章另有规定的除外。

法条评释： 所谓未经允许驾驶他人机动车，是指没有获得机动车的所有人或管理人的同意而驾驶他人的机动车。从实践来看，主要发生在以下情形：其一，亲人朋友等存在特定亲属关系、朋友关系的人之间一方偷开他方的机动车，尤其成年子女偷开父母的机动车（如果是未成年子女偷开父母的机动车，则适用《民法典》第1188条关于监护人责任的规定）。其二，没有特定关系的人之间偷开机动车，如客人将汽车交给修理厂修理,结果修车厂的职工偷开该车出远门;旅店代为泊车的保安不按照规定将车驶入停车场,而是偷着开出去兜风等。

未经允许驾驶他人机动车的行为虽然也属于侵权行为,但不能简单地等同于盗抢机动车。二者最大的区别就在于是否有非法占有机动车的意思。偷开机动车者并没有非法占有机动车的意思。原《侵权责任法》对于未经允许驾驶他人机动车的情形没有规定,《最高人民法院关于审理道路交通事故损害赔偿案件适用法律若干问题的解释》第2条曾经规定:"未经允许驾驶他人机动车发生交通事故造成损害,当事人依照侵权责任法第四十九条的规定请求由机动车驾驶人承担赔偿责任的,人民法院应予支持。机动车所有人或者管理人有过错的,承担相应的赔偿责任,但具有侵权责任法第五十二条规定情形的除外。"《民法典》吸收了司法解释的规定在本条作出了规定。本条中所谓"本章另有规定的除外"主要是指在偷开过程中被发现而转化为抢夺或抢劫的情形,即《民法典》第1215条规定的情形。

第一千二百一十三条　【交强险与商业险的适用顺序】机动车发生交通事故造成损害,属于该机动车一方责任的,先由承保机动车强制保险的保险人在强制保险责任限额范围内予以赔偿;不足部分,由承保机动车商业保险的保险人按照保险合同的约定予以赔偿;仍然不足或者没有投保机动车商业保险的,由侵权人赔偿。

法条评释:本条是机动车发生交通事故造成损害后,交强险、商业险以及侵权人的赔偿顺序的规定。申言之,首先,机动车发生交通事故造成他人损害的,只要是属于该机动车一方责任的,则无论是财产损害还是精神损害,都要先由承保机动车强制保险的保险人在强制保险责任限额范围内予以赔偿;其次,机动车强制保险不足的部分,如果机动车一方投保了商业保险的,则由承保机动车商业保险的保险人按照保险合同的约定予以赔偿;最后,如果交强险与商业险赔偿后仍然不足,或者没有投保机动车商业保险的,此时剩余的部分应当由侵权人赔偿。

《民法典》本条来自《最高人民法院关于审理道路交通事故损害赔偿案件适用法律若干问题的解释》原第16条。司法解释之所以要做这样的规定,是因为实践中不少机动车所有人或管理人,除依法必须投保机动车交通事故责任强制保险(以下简称交强险)外,还会主动投保机动车第三者责任商业保险(以下简称商业三者险)。在发生机动车交通事故造成损害后,就交强险和商业险的赔偿先后产生了争议,尤其是实践中保险公司往往在商业三者险的合同中约定不承担精神损害赔偿责任,但法律法规并未排除交强险对精神损害的赔偿。故此,先适用交强险并在交强险中赔偿精神损害,剩下的财产损害通过商业三者险来赔偿,显然对于受害人权益保护更为有利。否则,就只是对保险公司有利。为了解决这样的争议,《民法典》本条将司法解释上述规定上升为法律规范。

一、相关司法解释规定

《最高人民法院关于审理道路交通事故损害赔偿案件适用法律若干问题的解释》(法释〔2012〕19号)(2020年12月23日修正)

第十三条 同时投保机动车第三者责任强制保险(以下简称"交强险")和第三者责任商业保险(以下简称"商业三者险")的机动车发生交通事故造成损害,当事人同时起诉侵权人和保险公司的,人民法院应当依照民法典第一千二百一十三条的规定,确定赔偿责任。

被侵权人或者其近亲属请求承保交强险的保险公司优先赔偿精神损害的,人民法院应予支持。

二、相关文件规定

《中国银保监会关于调整交强险责任限额和费率浮动系数的公告》(2020年9月9日发布)

根据《机动车交通事故责任强制保险条例》的有关规定,在广泛征求意见的基础上,银保监会会同公安部、卫生健康委、农业农村部确定了机动车交通事故责任强制保险(以下简称交强险)责任限额的调整方案,会同公安部确定了交强险费率浮动系数的调整方案,现将有关调整内容公告如下:

一、新交强险责任限额方案

在中华人民共和国境内(不含港、澳、台地区),被保险人在使用被保险机动车过程中发生交通事故,致使受害人遭受人身伤亡或者财产损失,依法应当由被保险人承担的损害赔偿责任,每次事故责任限额为:死亡伤残赔偿限额18万元,医疗费用赔偿限额1.8万元,财产损失赔偿限额0.2万元。被保险人无责任时，死亡伤残赔偿限额1.8万元，医疗费用赔偿限额1800元，财产损失赔偿限额100元。

……

三、新方案实行时间

上述责任限额和费率浮动系数从2020年9月19日零时起实行。截至2020年9月19日零时保险期间尚未结束的交强险保单项下的机动车在2020年9月19日零时后发生道路交通事故的，按照新的责任限额执行；在2020年9月19日零时前发生道路交通事故的，仍按原责任限额执行。

第一千二百一十四条 【转让拼装报废机动车造成损害时的赔偿责任】 以买卖或者其他方式转让拼装或者已经达到报废标准的机动车，发生交通事故造成损害的，由转让人和受让人承担连带责任。

法条评释： 拼装的机动车，是指没有制造、组装机动车许可证的企业或个人，擅自非法制造、拼凑、组装的机动车。已达到报废标准的机动车，是指按照国家强制报废标准应当报废的机动车。无论是拼装的机动车，还是已达到报废标准的机动车，都符合机动车的国家安全技术标准。如果这样的机动车上道路行驶，势必对公众的人身安全和财产安全构成严重的威胁。故此，《道路交通安全法》明确禁止任何单位或者个人拼装机动车，禁止达到报废标准的机动车上道路行驶。为了进一步防止拼装的或已达到报废标准的机动车被投入道路交通当中，危害公众人身与财产安全，本条规定了连带责任。之所以令转让人和受让人承担连带责任，是因为二者往往非常清楚他们在转让拼装或已达到报废标准的机动车中，具有共同的故意。既然如此，当该拼装或已达到报废标准的机动车发生交通事故造成他人损害时，他们就是共同侵权人，要承担连带责任。当然，也不排除出现一种可能，即因出卖人之欺诈，买受人并不知道购买的是拼装或报废的机动车。如果发生交通事故，只要买受人能够证明其因欺诈而不知悉所购机动车为拼装或报废的机动车，应当可以免除责任。

一、相关法律条文

《中华人民共和国道路交通安全法》(2021年4月29日修正)

第十四条 国家实行机动车强制报废制度,根据机动车的安全技术状况和不同用途,规定不同的报废标准。

应当报废的机动车必须及时办理注销登记。

达到报废标准的机动车不得上道路行驶。报废的大型客、货车及其他营运车辆应当在公安机关交通管理部门的监督下解体。

第十六条 任何单位或者个人不得有下列行为:

(一)拼装机动车或者擅自改变机动车已登记的结构、构造或者特征;

(二)改变机动车型号、发动机号、车架号或者车辆识别代号;

(三)伪造、变造或者使用伪造、变造的机动车登记证书、号牌、行驶证、检验合格标志、保险标志;

(四)使用其他机动车的登记证书、号牌、行驶证、检验合格标志、保险标志。

二、相关司法解释规定

《最高人民法院关于审理道路交通事故损害赔偿案件适用法律若干问题的解释》(法释〔2012〕19号)(2020年12月23日修正)

第四条 拼装车、已达到报废标准的机动车或者依法禁止行驶的其他机动车被多次转让,并发生交通事故造成损害,当事人请求由所有的转让人和受让人承担连带责任的,人民法院应予支持。

三、相关部门规章

《机动车强制报废标准规定》(2013年5月1日起施行)

第二条 根据机动车使用和安全技术、排放检验状况,国家对达到报废标准的机动车实施强制报废。

第三条 商务、公安、环境保护、发展改革等部门依据各自职责,负责报废机动车回收拆解监督管理、机动车强制报废标准执行有关工作。

第四条 已注册机动车有下列情形之一的应当强制报废,其所有人应当将机动车交售给报废机动车回收拆解企业,由报废机动车回收拆解企业按规定进行登记、拆解、销毁等处理,并将报废机动车登记证书、号牌、行驶证交公安机关交通管理部门注销:

（一）达到本规定第五条规定使用年限的；

（二）经修理和调整仍不符合机动车安全技术国家标准对在用车有关要求的；

（三）经修理和调整或者采用控制技术后，向大气排放污染物或者噪声仍不符合国家标准对在用车有关要求的；

（四）在检验有效期届满后连续3个机动车检验周期内未取得机动车检验合格标志的。

第五条　各类机动车使用年限分别如下：

（一）小、微型出租客运汽车使用8年，中型出租客运汽车使用10年，大型出租客运汽车使用12年；

（二）租赁载客汽车使用15年；

（三）小型教练载客汽车使用10年，中型教练载客汽车使用12年，大型教练载客汽车使用15年；

（四）公交客运汽车使用13年；

（五）其他小、微型营运载客汽车使用10年，大、中型营运载客汽车使用15年；

（六）专用校车使用15年；

（七）大、中型非营运载客汽车（大型轿车除外）使用20年；

（八）三轮汽车、装用单缸发动机的低速货车使用9年，装用多缸发动机的低速货车以及微型载货汽车使用12年，危险品运输载货汽车使用10年，其他载货汽车（包括半挂牵引车和全挂牵引车）使用15年；

（九）有载货功能的专项作业车使用15年，无载货功能的专项作业车使用30年；

（十）全挂车、危险品运输半挂车使用10年，集装箱半挂车20年，其他半挂车使用15年；

（十一）正三轮摩托车使用12年，其他摩托车使用13年。

对小、微型出租客运汽车（纯电动汽车除外）和摩托车，省、自治区、直辖市人民政府有关部门可结合本地实际情况，制定严于上述使用年限的规定，但小、微型出租客运汽车不得低于6年，正三轮摩托车不得低于10年，其他摩托车不得低于11年。

小、微型非营运载客汽车、大型非营运轿车、轮式专用机械车无使用年限限制。

机动车使用年限起始日期按照注册登记日期计算，但自出厂之日起超过2年未办理注册登记手续的，按照出厂日期计算。

第六条 变更使用性质或者转移登记的机动车应当按照下列有关要求确定使用年限和报废：

（一）营运载客汽车与非营运载客汽车相互转换的，按照营运载客汽车的规定报废，但小、微型非营运载客汽车和大型非营运轿车转为营运载客汽车的，应按照本规定附件1所列公式核算累计使用年限，且不得超过15年；

（二）不同类型的营运载客汽车相互转换，按照使用年限较严的规定报废；

（三）小、微型出租客运汽车和摩托车需要转出登记所属地省、自治区、直辖市范围的，按照使用年限较严的规定报废；

（四）危险品运输载货汽车、半挂车与其他载货汽车、半挂车相互转换的，按照危险品运输载货车、半挂车的规定报废。

距本规定要求使用年限1年以内（含1年）的机动车，不得变更使用性质、转移所有权或者转出登记地所属地市级行政区域。

第七条 国家对达到一定行驶里程的机动车引导报废。达到下列行驶里程的机动车，其所有人可以将机动车交售给报废机动车回收拆解企业，由报废机动车回收拆解企业按规定进行登记、拆解、销毁等处理，并将报废的机动车登记证书、号牌、行驶证交公安机关交通管理部门注销：

（一）小、微型出租客运汽车行驶60万千米，中型出租客运汽车行驶50万千米，大型出租客运汽车行驶60万千米；

（二）租赁载客汽车行驶60万千米；

（三）小型和中型教练载客汽车行驶50万千米，大型教练载客汽车行驶60万千米；

（四）公交客运汽车行驶40万千米；

（五）其他小、微型营运载客汽车行驶60万千米，中型营运载客汽车行驶50万千米，大型营运载客汽车行驶80万千米；

（六）专用校车行驶40万千米；

（七）小、微型非营运载客汽车和大型非营运轿车行驶60万千米，中型非营运载客汽车行驶50万千米，大型非营运载客汽车行驶60万千米；

（八）微型载货汽车行驶50万千米，中、轻型载货汽车行驶60万千米，重型载货汽车（包括半挂牵引车和全挂牵引车）行驶70万千米，危险品运输载货汽车行驶40万千米，装用多缸发动机的低速货车行驶30万千米；

（九）专项作业车、轮式专用机械车行驶50万千米；

（十）正三轮摩托车行驶10万千米，其他摩托车行驶12万千米。

第八条　本规定所称机动车是指上道路行驶的汽车、挂车、摩托车和轮式专用机械车；非营运载客汽车是指个人或者单位不以获取利润为目的的自用载客汽车；危险品运输载货汽车是指专门用于运输剧毒化学品、爆炸品、放射性物品、腐蚀性物品等危险品的车辆；变更使用性质是指使用性质由营运转为非营运或者由非营运转为营运，小、微型出租、租赁、教练等不同类型的营运载客汽车之间的相互转换，以及危险品运输载货汽车转为其他载货汽车。本规定所称检验周期是指《中华人民共和国道路交通安全法实施条例》规定的机动车安全技术检验周期。

第九条　省、自治区、直辖市人民政府有关部门依据本规定第五条制定的小、微型出租客运汽车或者摩托车使用年限标准，应当及时向社会公布，并报国务院商务、公安、环境保护等部门备案。

第十条　上道路行驶拖拉机的报废标准规定另行制定。

第一千二百一十五条　【盗抢机动车发生交通事故时的赔偿责任】盗窃、抢劫或者抢夺的机动车发生交通事故造成损害的，由盗窃人、抢劫人或者抢夺人承担赔偿责任。盗窃人、抢劫人或者抢夺人与机动车使用人不是同一人，发生交通事故造成损害，属于该机动车一方责任的，由盗窃人、抢劫人或者抢夺人与机动车使用人承担连带责任。

保险人在机动车强制保险责任限额范围内垫付抢救费用的，有权向交通事故责任人追偿。

法条评释：本条来自原《侵权责任法》第52条，主要的修改之处就是增加了盗抢人与机动车使用人并非同一人时，应当由盗抢人与使用人承担连带责任的规定。

机动车被盗窃、抢劫或抢夺时，机动车的所有人或其他有权占有人已经丧失了对机动车的支配与控制，自然不应再对该机动车发生的交通事故承担责任。不仅如此，保险公司在机动车强制保险责任限额范围内垫付抢救费用的，还有权向交通事故责任人追偿。

犯罪分子在盗窃、抢劫或抢夺机动车后,常常是自己使用该机动车,但是,也可能出现其将机动车通过租赁、借用等方式给他人使用的情形。此时,如果机动车使用人发生交通事故造成他人损害,又属于该机动车一方责任的,机动车使用人与盗抢人需要承担连带责任。这是因为,在交通事故被认定为机动车一方责任的情形下,机动车使用人当然需要承担责任,盗抢人虽然不是机动车使用人,但其存在盗抢他人机动车的违法犯罪行为,为了制裁该行为,也应当让盗抢人承担责任。故此,盗抢人和机动车使用人都需要向受害人承担责任,且赔偿责任的范围是一致的,受害人有权要求机动车使用人承担全部责任,也有权要求盗抢人承担责任。于是盗抢人和机动车使用人客观上就需要承担连带责任。

第一千二百一十六条 【机动车肇事逃逸时的赔偿与救助】机动车驾驶人发生交通事故后逃逸,该机动车参加强制保险的,由保险人在机动车强制保险责任限额范围内予以赔偿;机动车不明、该机动车未参加强制保险或者抢救费用超过机动车强制保险责任限额,需要支付被侵权人人身伤亡的抢救、丧葬等费用的,由道路交通事故社会救助基金垫付。道路交通事故社会救助基金垫付后,其管理机构有权向交通事故责任人追偿。

法条评释:本条来自原《侵权责任法》第 53 条,进行了一处重要的修改,即明确了在抢救费用超过机动车交通事故责任强制保险责任限额的情形下,需要支付被侵权人人身伤亡的抢救、丧葬等费用的,应当由道路交通事故社会救助基金垫付。

一、相关法律条文

《中华人民共和国道路交通安全法》(2021 年 4 月 29 日修正)

第七十五条 医疗机构对交通事故中的受伤人员应当及时抢救,不得因抢救费用未及时支付而拖延救治。肇事车辆参加机动车第三者责任强制保险的,由保险公司在责任限额范围内支付抢救费用;抢救费用超过责任限额的,未参加机动车第三者责任强制保险或者肇事后逃逸的,由道路交通事故社会救助基金先行垫付部分或者全部抢救费用,道路交通事故社会救助基金管理机构有权向交通事故责任人追偿。

二、相关行政法规

1.《中华人民共和国道路交通安全法实施条例》(2017 年 10 月 7 日修订)

第九十二条　发生交通事故后当事人逃逸的,逃逸的当事人承担全部责任。但是,有证据证明对方当事人也有过错的,可以减轻责任。

当事人故意破坏、伪造现场、毁灭证据的,承担全部责任。

2.《机动车交通事故责任强制保险条例》(2019 年 3 月 2 日修订)

第二十四条　国家设立道路交通事故社会救助基金(以下简称救助基金)。有下列情形之一时,道路交通事故中受害人人身伤亡的丧葬费用、部分或者全部抢救费用,由救助基金先行垫付,救助基金管理机构有权向道路交通事故责任人追偿:

(一)抢救费用超过机动车交通事故责任强制保险责任限额的;

(二)肇事机动车未参加机动车交通事故责任强制保险的;

(三)机动车肇事后逃逸的。

三、相关部门规章

《道路交通事故社会救助基金管理试行办法》(2010 年 1 月 1 日起施行)

第一条　为加强道路交通事故社会救助基金管理,对道路交通事故中受害人依法进行救助,根据《中华人民共和国道路交通安全法》、《机动车交通事故责任强制保险条例》,制定本办法。

第二条　道路交通事故社会救助基金的筹集、使用和管理适用本办法。

本办法所称道路交通事故社会救助基金(以下简称救助基金),是指依法筹集用于垫付机动车道路交通事故中受害人人身伤亡的丧葬费用、部分或者全部抢救费用的社会专项基金。

第六条　救助基金的来源包括:

(一)按照机动车交通事故责任强制保险(以下简称交强险)的保险费的一定比例提取的资金;

(二)地方政府按照保险公司经营交强险缴纳营业税数额给予的财政补助;

(三)对未按照规定投保交强险的机动车的所有人、管理人的罚款;

(四)救助基金孳息;

（五）救助基金管理机构依法向机动车道路交通事故责任人追偿的资金；

（六）社会捐款；

（七）其他资金。

第十二条 有下列情形之一时，救助基金垫付道路交通事故中受害人人身伤亡的丧葬费用、部分或者全部抢救费用：

（一）抢救费用超过交强险责任限额的；

（二）肇事机动车未参加交强险的；

（三）机动车肇事后逃逸的。

依法应当由救助基金垫付受害人丧葬费用、部分或者全部抢救费用的，由道路交通事故发生地的救助基金管理机构及时垫付。

救助基金一般垫付受害人自接受抢救之时起72小时内的抢救费用，特殊情况下超过72小时的抢救费用由医疗机构书面说明理由。具体应当按照机动车道路交通事故发生地物价部门核定的收费标准核算。

第十三条 发生本办法第十二条所列情形之一需要救助基金垫付部分或者全部抢救费用的，公安机关交通管理部门应当在3个工作日内书面通知救助基金管理机构。

第十四条 医疗机构在抢救受害人结束后，对尚未结算的抢救费用，可以向救助基金管理机构提出垫付申请，并提供有关抢救费用的证明材料。

第十五条 救助基金管理机构收到公安机关交通管理部门垫付通知和医疗机构垫付尚未结算抢救费用的申请及相关材料后，应当在5个工作日内，按照本办法有关规定、《道路交通事故受伤人员临床诊疗指南》和当地物价部门制定的收费标准，对下列内容进行审核，并将审核结果书面告知处理该道路交通事故的公安机关交通管理部门和医疗机构：

（一）是否属于本办法第十二条规定的救助基金垫付情形；

（二）抢救费用是否真实、合理；

（三）救助基金管理机构认为需要审核的其他内容。

对符合垫付要求的，救助基金管理机构应当将相关费用划入医疗机构账户。对不符合垫付要求的，不予垫付，并向医疗机构说明理由。

第十六条 救助基金管理机构与医疗机构就垫付抢救费用问题发生争议时，由救助基金主管部门会同卫生主管部门协调解决。

第十七条 发生本办法第十二条所列情形之一需要救助基金垫付丧葬费用的，由受害人亲属凭处理该道路交通事故的公安机关交通管理部门出具的《尸体处理通知书》和本人身份证明向救助基金管理机构提出书面垫付申请。

对无主或者无法确认身份的遗体，由公安部门按照有关规定处理。

第十八条 救助基金管理机构收到丧葬费用垫付申请和有关证明材料后，对符合垫付要求的，应当在3个工作日内按照有关标准垫付丧葬费用，并书面告知处理该道路交通事故的公安机关交通管理部门。对不符合垫付要求的，不予垫付，并向申请人说明理由。

第十九条 救助基金管理机构对抢救费用和丧葬费用的垫付申请进行审核时，可以向公安机关交通管理部门、医疗机构和保险公司等有关单位核实情况，有关单位应当予以配合。

第二十四条 救助基金管理机构根据本办法垫付抢救费用和丧葬费用后，应当依法向机动车道路交通事故责任人进行追偿。

发生本办法第十二条第(三)项情形救助基金垫付丧葬费用、部分或者全部抢救费用的，道路交通事故案件侦破后，处理该道路交通事故的公安机关交通管理部门应当及时通知救助基金管理机构。

有关单位、受害人或者其继承人有义务协助救助基金管理机构进行追偿。

第三十五条 本办法所称受害人，是指机动车发生道路交通事故造成除被保险机动车本车人员、被保险人以外的受害人。

第三十六条 本办法所称抢救费用，是指机动车发生道路交通事故导致人员受伤时，医疗机构按照《道路交通事故受伤人员临床诊疗指南》，对生命体征不平稳和虽然生命体征平稳但如果不采取处理措施会产生生命危险，或者导致残疾、器官功能障碍，或者导致病程明显延长的受伤人员，采取必要的处理措施所发生的医疗费用。

第三十七条 本办法所称丧葬费用，是指丧葬所必需的遗体运送、停放、冷藏、火化的服务费用。具体费用应当按照机动车道路交通事故发生地物价部门制定的收费标准确定。

第三十八条 机动车在道路以外的地方通行时发生事故，造成人身伤亡的，比照适用本办法。

第一千二百一十七条 【好意同乘】 非营运机动车发生交通事故

造成无偿搭乘人损害,属于该机动车一方责任的,应当减轻其赔偿责任,但是机动车使用人有故意或者重大过失的除外。

法条评释: 本条是民法典编纂时新增加的规定,即好意同乘可以作为机动车交通事故责任中机动车使用人的减责事由。所谓好意同乘,也称"搭便车"、顺风车等,是指日常生活中人们基于友情或出于善意,让他人无偿搭乘其驾驶的非营运机动车。例如,A与B是同事,A的汽车限行,二人住在相距不远的地方,B下班时问A要不要一起回家,A欣然同意,遂搭乘B的车。好意同乘是人们之间日常交往中的互惠互助行为,体现了助人为乐、团结友爱的精神,不仅有利于维持人际关系的和谐,也有利于减少交通拥堵,节约能源和保护环境,故此,好意同乘是法律和道德所鼓励的行为。在我国《民法典》编纂之前,对于好意同乘造成搭乘人损害时,能否减轻机动车使用人赔偿责任的问题,法律和司法解释都没有规定。但是,实践中存在不少好意同乘而造成他人损害的案件。一些地方法院的审判实践也认为,好意同乘可以减轻赔偿责任。《民法典》编纂时,不少专家学者与法官都提出,在《民法典》中应当对于好意同乘作出规定,立法机关接受了这些合理建议,在本条作出了相应的规定。

相关司法解释规定

《最高人民法院关于适用〈中华人民共和国民法典〉时间效力的若干规定》(法释〔2020〕15号)

第十八条 民法典施行前,因非营运机动车发生交通事故造成无偿搭乘人损害引起的民事纠纷案件,适用民法典第一千二百一十七条的规定。

第六章 医疗损害责任

第一千二百一十八条 【医疗损害责任的归责原则】 患者在诊疗活动中受到损害,医疗机构或者其医务人员有过错的,由医疗机构承担赔偿责任。

法条评释: 本条来自原《侵权责任法》第54条,但进行了一处修改,即将“医疗机构及其医务人员”修改为“医疗机构或者其医务人员”。这个修改是正确的,因为无论是医疗机构的过错还是医务人员的过错导致患者在诊疗活动中受到损害的,都要由医疗机构承担赔偿责任。因为医务人员的诊疗行为属于执行工作任务的行为,由用人单位即医疗机构承担侵权责任。

医疗损害责任属于过错责任,即只有当医疗机构或者其医务人员在诊疗活动中,因过错(确切地说是诊疗过失)造成患者损害时,才需要承担赔偿责任。如果患者并非在诊疗活动中遭受损害,或者医疗机构、医务人员故意给患者造成损害,均不属于医疗损害责任,而应当适用其他侵权责任的规定。例如,医疗机构对于其管理的场所没有尽到安全保障义务,导致来院就诊的患者摔伤的,此时应当适用违反安全保障义务的侵权责任的规定。医疗损害责任是否构成医疗事故,对于患者及其近亲属的侵权损害赔偿请求权不发生影响。是否构成医疗事故,只是涉及医疗行政法律责任及刑事责任的问题。

一、相关法律条文

1.《中华人民共和国执业医师法》(2009年8月27日修正)

第二条　依法取得执业医师资格或者执业助理医师资格,经注册在医疗、预防、保健机构中执业的专业医务人员,适用本法。

本法所称医师,包括执业医师和执业助理医师。

第三十九条　未经批准擅自开办医疗机构行医或者非医师行医的,由县级以上人民政府卫生行政部门予以取缔,没收其违法所得及其药品、器械,并处十万元以下的罚款;对医师吊销其执业证书;给患者造成损害的,依法承担赔偿责任;构成犯罪的,依法追究刑事责任。

2.《中华人民共和国精神卫生法》(2018年4月27日修正)

第二十五条　开展精神障碍诊断、治疗活动,应当具备下列条件,并依照医疗机构的管理规定办理有关手续:

(一)有与从事的精神障碍诊断、治疗相适应的精神科执业医师、护士;

(二)有满足开展精神障碍诊断、治疗需要的设施和设备;

(三)有完善的精神障碍诊断、治疗管理制度和质量监控制度。

从事精神障碍诊断、治疗的专科医疗机构还应当配备从事心理治疗的人员。

3.《全国人民代表大会常务委员会关于司法鉴定管理问题的决定》(2015年4月24日修正)

一、司法鉴定是指在诉讼活动中鉴定人运用科学技术或者专门知识对诉讼涉及的专门性问题进行鉴别和判断并提供鉴定意见的活动。

二、国家对从事下列司法鉴定业务的鉴定人和鉴定机构实行登记管理制度:

(一)法医类鉴定;

(二)物证类鉴定;

(三)声像资料鉴定;

(四)根据诉讼需要由国务院司法行政部门商最高人民法院、最高人民检察院确定的其他应当对鉴定人和鉴定机构实行登记管理的鉴定事项。

法律对前款规定事项的鉴定人和鉴定机构的管理另有规定的,从其规定。

三、国务院司法行政部门主管全国鉴定人和鉴定机构的登记管理工作。省级人民政府司法行政部门依照本决定的规定,负责对鉴定人和鉴定机构的登记、名册编制和公告。

四、具备下列条件之一的人员,可以申请登记从事司法鉴定业务:

(一)具有与所申请从事的司法鉴定业务相关的高级专业技术职称;

(二)具有与所申请从事的司法鉴定业务相关的专业执业资格或者高等院校相关专业本科以上学历,从事相关工作五年以上;

(三)具有与所申请从事的司法鉴定业务相关工作十年以上经历,具有较强的专业技能。

因故意犯罪或者职务过失犯罪受过刑事处罚的,受过开除公职处分的,以及被撤销鉴定人登记的人员,不得从事司法鉴定业务。

五、法人或者其他组织申请从事司法鉴定业务的,应当具备下列条件:

(一)有明确的业务范围;

(二)有在业务范围内进行司法鉴定所必需的仪器、设备;

(三)有在业务范围内进行司法鉴定所必需的依法通过计量认证或者实验室认可的检测实验室;

(四)每项司法鉴定业务有三名以上鉴定人。

六、申请从事司法鉴定业务的个人、法人或者其他组织，由省级人民政府司法行政部门审核，对符合条件的予以登记，编入鉴定人和鉴定机构名册并公告。

省级人民政府司法行政部门应当根据鉴定人或者鉴定机构的增加和撤销登记情况，定期更新所编制的鉴定人和鉴定机构名册并公告。

七、侦查机关根据侦查工作的需要设立的鉴定机构，不得面向社会接受委托从事司法鉴定业务。

人民法院和司法行政部门不得设立鉴定机构。

八、各鉴定机构之间没有隶属关系；鉴定机构接受委托从事司法鉴定业务，不受地域范围的限制。

鉴定人应当在一个鉴定机构中从事司法鉴定业务。

九、在诉讼中，对本决定第二条所规定的鉴定事项发生争议，需要鉴定的，应当委托列入鉴定人名册的鉴定人进行鉴定。鉴定人从事司法鉴定业务，由所在的鉴定机构统一接受委托。

鉴定人和鉴定机构应当在鉴定人和鉴定机构名册注明的业务范围内从事司法鉴定业务。

鉴定人应当依照诉讼法律规定实行回避。

十、司法鉴定实行鉴定人负责制度。鉴定人应当独立进行鉴定，对鉴定意见负责并在鉴定书上签名或者盖章。多人参加的鉴定，对鉴定意见有不同意见的，应当注明。

十一、在诉讼中，当事人对鉴定意见有异议的，经人民法院依法通知，鉴定人应当出庭作证。

十二、鉴定人和鉴定机构从事司法鉴定业务，应当遵守法律、法规，遵守职业道德和职业纪律，尊重科学，遵守技术操作规范。

十七、本决定下列用语的含义是：

（一）法医类鉴定，包括法医病理鉴定、法医临床鉴定、法医精神病鉴定、法医物证鉴定和法医毒物鉴定。

（二）物证类鉴定，包括文书鉴定、痕迹鉴定和微量鉴定。

（三）声像资料鉴定，包括对录音带、录像带、磁盘、光盘、图片等载体上记录的声音、图像信息的真实性、完整性及其所反映的情况过程进行的鉴定和对记录的声音、图像中的语言、人体、物体作出种类或者同一认定。

二、相关行政法规

1.《医疗机构管理条例》(2016 年 2 月 6 日修订)

第二条 本条例适用于从事疾病诊断、治疗活动的医院、卫生院、疗养院、门诊部、诊所、卫生所(室)以及急救站等医疗机构。

第十五条 医疗机构执业,必须进行登记,领取《医疗机构执业许可证》。

第二十四条 任何单位或者个人,未取得《医疗机构执业许可证》,不得开展诊疗活动。

第三十四条 医疗机构发生医疗事故,按照国家有关规定处理。

2.《护士条例》(2020 年 3 月 27 日修订)

第二条 本条例所称护士,是指经执业注册取得护士执业证书,依照本条例规定从事护理活动,履行保护生命、减轻痛苦、增进健康职责的卫生技术人员。

第七条 护士执业,应当经执业注册取得护士执业证书。

申请护士执业注册,应当具备下列条件:

(一)具有完全民事行为能力;

(二)在中等职业学校、高等学校完成国务院教育主管部门和国务院卫生主管部门规定的普通全日制 3 年以上的护理、助产专业课程学习,包括在教学、综合医院完成 8 个月以上护理临床实习,并取得相应学历证书;

(三)通过国务院卫生主管部门组织的护士执业资格考试;

(四)符合国务院卫生主管部门规定的健康标准。

护士执业注册申请,应当自通过护士执业资格考试之日起 3 年内提出;逾期提出申请的,除应当具备前款第(一)项、第(二)项和第(四)项规定条件外,还应当在符合国务院卫生主管部门规定条件的医疗卫生机构接受 3 个月临床护理培训并考核合格。

护士执业资格考试办法由国务院卫生主管部门会同国务院人事部门制定。

3.《医疗纠纷预防和处理条例》(2018 年 10 月 1 日起施行)

第一条 为了预防和妥善处理医疗纠纷,保护医患双方的合法权益,维护医疗秩序,保障医疗安全,制定本条例。

第二条 本条例所称医疗纠纷,是指医患双方因诊疗活动引发的争议。

第二十二条　发生医疗纠纷，医患双方可以通过下列途径解决：

（一）双方自愿协商；

（二）申请人民调解；

（三）申请行政调解；

（四）向人民法院提起诉讼；

（五）法律、法规规定的其他途径。

第二十三条　发生医疗纠纷，医疗机构应当告知患者或者其近亲属下列事项：

（一）解决医疗纠纷的合法途径；

（二）有关病历资料、现场实物封存和启封的规定；

（三）有关病历资料查阅、复制的规定。

患者死亡的，还应当告知其近亲属有关尸检的规定。

第二十四条　发生医疗纠纷需要封存、启封病历资料的，应当在医患双方在场的情况下进行。封存的病历资料可以是原件，也可以是复制件，由医疗机构保管。病历尚未完成需要封存的，对已完成病历先行封存；病历按照规定完成后，再对后续完成部分进行封存。医疗机构应当对封存的病历开列封存清单，由医患双方签字或者盖章，各执一份。

病历资料封存后医疗纠纷已经解决，或者患者在病历资料封存满3年未再提出解决医疗纠纷要求的，医疗机构可以自行启封。

第二十五条　疑似输液、输血、注射、用药等引起不良后果的，医患双方应当共同对现场实物进行封存、启封，封存的现场实物由医疗机构保管。需要检验的，应当由双方共同委托依法具有检验资格的检验机构进行检验；双方无法共同委托的，由医疗机构所在地县级人民政府卫生主管部门指定。

疑似输血引起不良后果，需要对血液进行封存保留的，医疗机构应当通知提供该血液的血站派员到场。

现场实物封存后医疗纠纷已经解决，或者患者在现场实物封存满3年未再提出解决医疗纠纷要求的，医疗机构可以自行启封。

第二十六条　患者死亡，医患双方对死因有异议的，应当在患者死亡后48小时内进行尸检；具备尸体冻存条件的，可以延长至7日。尸检应当经死者近亲属同意并签字，拒绝签字的，视为死者近亲属不同意进行尸检。不同意或者拖延尸检，超过规定时间，影响对死因判定的，由不同意或者拖延的一方承担责任。

尸检应当由按照国家有关规定取得相应资格的机构和专业技术人员进行。

医患双方可以委派代表观察尸检过程。

第二十七条 患者在医疗机构内死亡的，尸体应当立即移放太平间或者指定的场所，死者尸体存放时间一般不得超过14日。逾期不处理的尸体，由医疗机构在向所在地县级人民政府卫生主管部门和公安机关报告后，按照规定处理。

第二十八条 发生重大医疗纠纷的，医疗机构应当按照规定向所在地县级以上地方人民政府卫生主管部门报告。卫生主管部门接到报告后，应当及时了解掌握情况，引导医患双方通过合法途径解决纠纷。

第二十九条 医患双方应当依法维护医疗秩序。任何单位和个人不得实施危害患者和医务人员人身安全、扰乱医疗秩序的行为。

医疗纠纷中发生涉嫌违反治安管理行为或者犯罪行为的，医疗机构应当立即向所在地公安机关报案。公安机关应当及时采取措施，依法处置，维护医疗秩序。

第三十条 医患双方选择协商解决医疗纠纷的，应当在专门场所协商，不得影响正常医疗秩序。医患双方人数较多的，应当推举代表进行协商，每方代表人数不超过5人。

协商解决医疗纠纷应当坚持自愿、合法、平等的原则，尊重当事人的权利，尊重客观事实。医患双方应当文明、理性表达意见和要求，不得有违法行为。

协商确定赔付金额应当以事实为依据，防止畸高或者畸低。对分歧较大或者索赔数额较高的医疗纠纷，鼓励医患双方通过人民调解的途径解决。

医患双方经协商达成一致的，应当签署书面和解协议书。

第三十一条 申请医疗纠纷人民调解的，由医患双方共同向医疗纠纷人民调解委员会提出申请；一方申请调解的，医疗纠纷人民调解委员会在征得另一方同意后进行调解。

申请人可以以书面或者口头形式申请调解。书面申请的，申请书应当载明申请人的基本情况、申请调解的争议事项和理由等；口头申请的，医疗纠纷人民调解员应当当场记录申请人的基本情况、申请调解的争议事项和理由等，并经申请人签字确认。

医疗纠纷人民调解委员会获悉医疗机构内发生重大医疗纠纷，可以主动开展工作，引导医患双方申请调解。

当事人已经向人民法院提起诉讼并且已被受理，或者已经申请卫生主管部门调解并且已被受理的，医疗纠纷人民调解委员会不予受理；已经受理的，终止调解。

第三十二条 设立医疗纠纷人民调解委员会，应当遵守《中华人民共和国人民调解法》的规定，并符合本地区实际需要。医疗纠纷人民调解委员会应当自设立之日起30个工作日内向所在地县级以上地方人民政府司法行政部门备案。

医疗纠纷人民调解委员会应当根据具体情况，聘任一定数量的具有医学、法学等专业知识且热心调解工作的人员担任专（兼）职医疗纠纷人民调解员。

医疗纠纷人民调解委员会调解医疗纠纷，不得收取费用。医疗纠纷人民调解工作所需经费按照国务院财政、司法行政部门的有关规定执行。

第三十三条 医疗纠纷人民调解委员会调解医疗纠纷时，可以根据需要咨询专家，并可以从本条例第三十五条规定的专家库中选取专家。

第三十四条 医疗纠纷人民调解委员会调解医疗纠纷，需要进行医疗损害鉴定以明确责任的，由医患双方共同委托医学会或者司法鉴定机构进行鉴定，也可以经医患双方同意，由医疗纠纷人民调解委员会委托鉴定。

医学会或者司法鉴定机构接受委托从事医疗损害鉴定，应当由鉴定事项所涉专业的临床医学、法医学等专业人员进行鉴定；医学会或者司法鉴定机构没有相关专业人员的，应当从本条例第三十五条规定的专家库中抽取相关专业专家进行鉴定。

医学会或者司法鉴定机构开展医疗损害鉴定，应当执行规定的标准和程序，尊重科学，恪守职业道德，对出具的医疗损害鉴定意见负责，不得出具虚假鉴定意见。医疗损害鉴定的具体管理办法由国务院卫生、司法行政部门共同制定。

鉴定费预先向医患双方收取，最终按照责任比例承担。

第三十五条 医疗损害鉴定专家库由设区的市级以上人民政府卫生、司法行政部门共同设立。专家库应当包含医学、法学、法医学等领域的专家。聘请专家进入专家库，不受行政区域的限制。

第三十六条 医学会、司法鉴定机构作出的医疗损害鉴定意见应当载明并详细论述下列内容：

(一)是否存在医疗损害以及损害程度；

(二)是否存在医疗过错；

(三)医疗过错与医疗损害是否存在因果关系；

(四)医疗过错在医疗损害中的责任程度。

第三十七条 咨询专家、鉴定人员有下列情形之一的，应当回避，当事人也可以以口头或者书面形式申请其回避：

(一)是医疗纠纷当事人或者当事人的近亲属；

(二)与医疗纠纷有利害关系；

(三)与医疗纠纷当事人有其他关系，可能影响医疗纠纷公正处理。

第三十八条 医疗纠纷人民调解委员会应当自受理之日起30个工作日内完成调解。需要鉴定的，鉴定时间不计入调解期限。因特殊情况需要延长调解期限的，医疗纠纷人民调解委员会和医患双方可以约定延长调解期限。超过调解期限未达成调解协议的，视为调解不成。

第三十九条 医患双方经人民调解达成一致的，医疗纠纷人民调解委员会应当制作调解协议书。调解协议书经医患双方签字或者盖章，人民调解员签字并加盖医疗纠纷人民调解委员会印章后生效。

达成调解协议的，医疗纠纷人民调解委员会应当告知医患双方可以依法向人民法院申请司法确认。

第四十条 医患双方申请医疗纠纷行政调解的，应当参照本条例第三十一条第一款、第二款的规定向医疗纠纷发生地县级人民政府卫生主管部门提出申请。

卫生主管部门应当自收到申请之日起5个工作日内作出是否受理的决定。当事人已经向人民法院提起诉讼并且已被受理，或者已经申请医疗纠纷人民调解委员会调解并且已被受理的，卫生主管部门不予受理；已经受理的，终止调解。

卫生主管部门应当自受理之日起30个工作日内完成调解。需要鉴定的，鉴定时间不计入调解期限。超过调解期限未达成调解协议的，视为调解不成。

第四十一条 卫生主管部门调解医疗纠纷需要进行专家咨询的，可以从本条例第三十五条规定的专家库中抽取专家；医患双方认为需要进行医疗损害鉴定以明确责任的，参照本条例第三十四条的规定进行鉴定。

医患双方经卫生主管部门调解达成一致的，应当签署调解协议书。

第四十二条 医疗纠纷人民调解委员会及其人民调解员、卫生主管部门及其工作人员应当对医患双方的个人隐私等事项予以保密。

未经医患双方同意，医疗纠纷人民调解委员会、卫生主管部门不得公开进行调解，也不得公开调解协议的内容。

第四十三条 发生医疗纠纷，当事人协商、调解不成的，可以依法向人民法院提起诉讼。当事人也可以直接向人民法院提起诉讼。

第四十四条 发生医疗纠纷，需要赔偿的，赔付金额依照法律的规定确定。

第五十四条 军队医疗机构的医疗纠纷预防和处理办法，由中央军委机关有关部门会同国务院卫生主管部门依据本条例制定。

第五十五条 对诊疗活动中医疗事故的行政调查处理，依照《医疗事故处理条例》的相关规定执行。

4.《医疗事故处理条例》(2002年9月1日起施行)

第二条 本条例所称医疗事故，是指医疗机构及其医务人员在医疗活动中，违反医疗卫生管理法律、行政法规、部门规章和诊疗护理规范、常规，过失造成患者人身损害的事故。

第四条 根据对患者人身造成的损害程度，医疗事故分为四级：

一级医疗事故：造成患者死亡、重度残疾的；

二级医疗事故：造成患者中度残疾、器官组织损伤导致严重功能障碍的；

三级医疗事故：造成患者轻度残疾、器官组织损伤导致一般功能障碍的；

四级医疗事故：造成患者明显人身损害的其他后果的。

具体分级标准由国务院卫生行政部门制定。

第十三条 医务人员在医疗活动中发生或者发现医疗事故、可能引起医疗事故的医疗过失行为或者发生医疗事故争议的，应当立即向所在科室负责人报告，科室负责人应当及时向本医疗机构负责医疗服务质量监控的部门或者专(兼)职人员报告；负责医疗服务质量监控的部门或者专(兼)职人员接到报告后，应当立即进行调查、核实，将有关情况如实向本医疗机构的负责人报告，并向患者通报、解释。

第十四条 发生医疗事故的，医疗机构应当按照规定向所在地卫生行政部门报告。

发生下列重大医疗过失行为的，医疗机构应当在12小时内向所在地卫生行政部门报告：

（一）导致患者死亡或者可能为二级以上的医疗事故；

（二）导致3人以上人身损害后果；

（三）国务院卫生行政部门和省、自治区、直辖市人民政府卫生行政部门规定的其他情形。

第十五条 发生或者发现医疗过失行为，医疗机构及其医务人员应当立即采取有效措施，避免或者减轻对患者身体健康的损害，防止损害扩大。

第十六条 发生医疗事故争议时，死亡病例讨论记录、疑难病例讨论记录、上级医师查房记录、会诊意见、病程记录应当在医患双方在场的情况下封存和启封。封存的病历资料可以是复印件，由医疗机构保管。

第十七条 疑似输液、输血、注射、药物等引起不良后果的，医患双方应当共同对现场实物进行封存和启封，封存的现场实物由医疗机构保管；需要检验的，应当由双方共同指定的、依法具有检验资格的检验机构进行检验；双方无法共同指定时，由卫生行政部门指定。

疑似输血引起不良后果，需要对血液进行封存保留的，医疗机构应当通知提供该血液的采供血机构派员到场。

第十八条 患者死亡，医患双方当事人不能确定死因或者对死因有异议的，应当在患者死亡后48小时内进行尸检；具备尸体冻存条件的，可以延长至7日。尸检应当经死者近亲属同意并签字。

尸检应当由按照国家有关规定取得相应资格的机构和病理解剖专业技术人员进行。承担尸检任务的机构和病理解剖专业技术人员有进行尸检的义务。

医疗事故争议双方当事人可以请法医病理学人员参加尸检，也可以委派代表观察尸检过程。拒绝或者拖延尸检，超过规定时间，影响对死因判定的，由拒绝或者拖延的一方承担责任。

第十九条 患者在医疗机构内死亡的，尸体应当立即移放太平间。死者尸体存放时间一般不得超过2周。逾期不处理的尸体，经医疗机构所在地卫生行政部门批准，并报经同级公安部门备案后，由医疗机构按照规定进行处理。

第二十条 卫生行政部门接到医疗机构关于重大医疗过失行为的

报告或者医疗事故争议当事人要求处理医疗事故争议的申请后，对需要进行医疗事故技术鉴定的，应当交由负责医疗事故技术鉴定工作的医学会组织鉴定；医患双方协商解决医疗事故争议，需要进行医疗事故技术鉴定的，由双方当事人共同委托负责医疗事故技术鉴定工作的医学会组织鉴定。

第二十一条 设区的市级地方医学会和省、自治区、直辖市直接管辖的县（市）地方医学会负责组织首次医疗事故技术鉴定工作。省、自治区、直辖市地方医学会负责组织再次鉴定工作。

必要时，中华医学会可以组织疑难、复杂并在全国有重大影响的医疗事故争议的技术鉴定工作。

第二十二条 当事人对首次医疗事故技术鉴定结论不服的，可以自收到首次鉴定结论之日起15日内向医疗机构所在地卫生行政部门提出再次鉴定的申请。

第二十三条 负责组织医疗事故技术鉴定工作的医学会应当建立专家库。

专家库由具备下列条件的医疗卫生专业技术人员组成：

（一）有良好的业务素质和执业品德；

（二）受聘于医疗卫生机构或者医学教学、科研机构并担任相应专业高级技术职务3年以上。

符合前款第（一）项规定条件并具备高级技术任职资格的法医可以受聘进入专家库。

负责组织医疗事故技术鉴定工作的医学会依照本条例规定聘请医疗卫生专业技术人员和法医进入专家库，可以不受行政区域的限制。

第二十四条 医疗事故技术鉴定，由负责组织医疗事故技术鉴定工作的医学会组织专家鉴定组进行。

参加医疗事故技术鉴定的相关专业的专家，由医患双方在医学会主持下从专家库中随机抽取。在特殊情况下，医学会根据医疗事故技术鉴定工作的需要，可以组织医患双方在其他医学会建立的专家库中随机抽取相关专业的专家参加鉴定或者函件咨询。

符合本条例第二十三条规定条件的医疗卫生专业技术人员和法医有义务受聘进入专家库，并承担医疗事故技术鉴定工作。

第二十五条 专家鉴定组进行医疗事故技术鉴定，实行合议制。

专家鉴定组人数为单数，涉及的主要学科的专家一般不得少于鉴定组成员的二分之一;涉及死因、伤残等级鉴定的,并应当从专家库中随机抽取法医参加专家鉴定组。

第二十六条　专家鉴定组成员有下列情形之一的,应当回避,当事人也可以以口头或者书面的方式申请其回避:

(一)是医疗事故争议当事人或者当事人的近亲属的;

(二)与医疗事故争议有利害关系的;

(三)与医疗事故争议当事人有其他关系,可能影响公正鉴定的。

第二十七条　专家鉴定组依照医疗卫生管理法律、行政法规、部门规章和诊疗护理规范、常规,运用医学科学原理和专业知识,独立进行医疗事故技术鉴定,对医疗事故进行鉴别和判定,为处理医疗事故争议提供医学依据。

任何单位或者个人不得干扰医疗事故技术鉴定工作,不得威胁、利诱、辱骂、殴打专家鉴定组成员。

专家鉴定组成员不得接受双方当事人的财物或者其他利益。

第二十八条　负责组织医疗事故技术鉴定工作的医学会应当自受理医疗事故技术鉴定之日起5日内通知医疗事故争议双方当事人提交进行医疗事故技术鉴定所需的材料。

当事人应当自收到医学会的通知之日起10日内提交有关医疗事故技术鉴定的材料、书面陈述及答辩。医疗机构提交的有关医疗事故技术鉴定的材料应当包括下列内容:

(一)住院患者的病程记录、死亡病例讨论记录、疑难病例讨论记录、会诊意见、上级医师查房记录等病历资料原件;

(二)住院患者的住院志、体温单、医嘱单、化验单(检验报告)、医学影像检查资料、特殊检查同意书、手术同意书、手术及麻醉记录单、病理资料、护理记录等病历资料原件;

(三)抢救急危患者,在规定时间内补记的病历资料原件;

(四)封存保留的输液、注射用物品和血液、药物等实物,或者依法具有检验资格的检验机构对这些物品、实物作出的检验报告;

(五)与医疗事故技术鉴定有关的其他材料。

在医疗机构建有病历档案的门诊、急诊患者,其病历资料由医疗机构提供;没有在医疗机构建立病历档案的,由患者提供。

医患双方应当依照本条例的规定提交相关材料。医疗机构无正当理由未依照本条例的规定如实提供相关材料,导致医疗事故技术鉴定不能进行的，应当承担责任。

第二十九条 负责组织医疗事故技术鉴定工作的医学会应当自接到当事人提交的有关医疗事故技术鉴定的材料、书面陈述及答辩之日起45日内组织鉴定并出具医疗事故技术鉴定书。

负责组织医疗事故技术鉴定工作的医学会可以向双方当事人调查取证。

第三十条 专家鉴定组应当认真审查双方当事人提交的材料，听取双方当事人的陈述及答辩并进行核实。

双方当事人应当按照本条例的规定如实提交进行医疗事故技术鉴定所需要的材料，并积极配合调查。当事人任何一方不予配合，影响医疗事故技术鉴定的，由不予配合的一方承担责任。

第三十一条 专家鉴定组应当在事实清楚、证据确凿的基础上，综合分析患者的病情和个体差异，作出鉴定结论，并制作医疗事故技术鉴定书。鉴定结论以专家鉴定组成员的过半数通过。鉴定过程应当如实记载。

医疗事故技术鉴定书应当包括下列主要内容：

（一）双方当事人的基本情况及要求；

（二）当事人提交的材料和负责组织医疗事故技术鉴定工作的医学会的调查材料；

（三）对鉴定过程的说明；

（四）医疗行为是否违反医疗卫生管理法律、行政法规、部门规章和诊疗护理规范、常规；

（五）医疗过失行为与人身损害后果之间是否存在因果关系；

（六）医疗过失行为在医疗事故损害后果中的责任程度；

（七）医疗事故等级；

（八）对医疗事故患者的医疗护理医学建议。

第三十二条 医疗事故技术鉴定办法由国务院卫生行政部门制定。

第三十三条 有下列情形之一的，不属于医疗事故：

（一）在紧急情况下为抢救垂危患者生命而采取紧急医学措施造成不良后果的；

（二）在医疗活动中由于患者病情异常或者患者体质特殊而发生医疗意外的；

（三）在现有医学科学技术条件下，发生无法预料或者不能防范的不良后果的；

（四）无过错输血感染造成不良后果的；

（五）因患方原因延误诊疗导致不良后果的；

（六）因不可抗力造成不良后果的。

第三十四条 医疗事故技术鉴定，可以收取鉴定费用。经鉴定，属于医疗事故的，鉴定费用由医疗机构支付；不属于医疗事故的，鉴定费用由提出医疗事故处理申请的一方支付。鉴定费用标准由省、自治区、直辖市人民政府价格主管部门会同同级财政部门、卫生行政部门规定。

第四十六条 发生医疗事故的赔偿等民事责任争议，医患双方可以协商解决；不愿意协商或者协商不成的，当事人可以向卫生行政部门提出调解申请，也可以直接向人民法院提起民事诉讼。

第四十七条 双方当事人协商解决医疗事故的赔偿等民事责任争议的，应当制作协议书。协议书应当载明双方当事人的基本情况和医疗事故的原因、双方当事人共同认定的医疗事故等级以及协商确定的赔偿数额等，并由双方当事人在协议书上签名。

第四十八条 已确定为医疗事故的，卫生行政部门应医疗事故争议双方当事人请求，可以进行医疗事故赔偿调解。调解时，应当遵循当事人双方自愿原则，并应当依据本条例的规定计算赔偿数额。

经调解，双方当事人就赔偿数额达成协议的，制作调解书，双方当事人应当履行；调解不成或者经调解达成协议后一方反悔的，卫生行政部门不再调解。

第四十九条 医疗事故赔偿，应当考虑下列因素，确定具体赔偿数额：

（一）医疗事故等级；

（二）医疗过失行为在医疗事故损害后果中的责任程度；

（三）医疗事故损害后果与患者原有疾病状况之间的关系。

不属于医疗事故的，医疗机构不承担赔偿责任。

第五十条 医疗事故赔偿，按照下列项目和标准计算：

（一）医疗费：按照医疗事故对患者造成的人身损害进行治疗所发生的医疗费用计算，凭据支付，但不包括原发病医疗费用。结案后确实需要继续治疗的，按照基本医疗费用支付。

（二）误工费：患者有固定收入的，按照本人因误工减少的固定收入计算,对收入高于医疗事故发生地上一年度职工年平均工资3倍以上的,按照3倍计算;无固定收入的,按照医疗事故发生地上一年度职工年平均工资计算。

(三)住院伙食补助费:按照医疗事故发生地国家机关一般工作人员的出差伙食补助标准计算。

(四)陪护费:患者住院期间需要专人陪护的,按照医疗事故发生地上一年度职工年平均工资计算。

(五)残疾生活补助费:根据伤残等级,按照医疗事故发生地居民年平均生活费计算,自定残之月起最长赔偿30年;但是,60周岁以上的,不超过15年;70周岁以上的,不超过5年。

(六)残疾用具费:因残疾需要配置补偿功能器具的,凭医疗机构证明,按照普及型器具的费用计算。

(七)丧葬费:按照医疗事故发生地规定的丧葬费补助标准计算。

(八)被扶养人生活费:以死者生前或者残疾者丧失劳动能力前实际扶养且没有劳动能力的人为限,按照其户籍所在地或者居所地居民最低生活保障标准计算。对不满16周岁的,抚养到16周岁。对年满16周岁但无劳动能力的,扶养20年;但是,60周岁以上的,不超过15年;70周岁以上的,不超过5年。

(九)交通费:按照患者实际必需的交通费用计算,凭据支付。

(十)住宿费:按照医疗事故发生地国家机关一般工作人员的出差住宿补助标准计算,凭据支付。

(十一)精神损害抚慰金:按照医疗事故发生地居民年平均生活费计算。造成患者死亡的,赔偿年限最长不超过6年;造成患者残疾的,赔偿年限最长不超过3年。

第五十一条　参加医疗事故处理的患者近亲属所需交通费、误工费、住宿费,参照本条例第五十条的有关规定计算,计算费用的人数不超过2人。

医疗事故造成患者死亡的,参加丧葬活动的患者的配偶和直系亲属所需交通费、误工费、住宿费,参照本条例第五十条的有关规定计算,计算费用的人数不超过2人。

第五十二条　医疗事故赔偿费用,实行一次性结算,由承担医疗事故责任的医疗机构支付。

三、相关司法解释规定

《最高人民法院关于审理医疗损害责任纠纷案件适用法律若干问题的解释》(法释〔2017〕20号)(2020年12月23日修正)

第一条 患者以在诊疗活动中受到人身或者财产损害为由请求医疗机构,医疗产品的生产者、销售者、药品上市许可持有人或者血液提供机构承担侵权责任的案件,适用本解释。

患者以在美容医疗机构或者开设医疗美容科室的医疗机构实施的医疗美容活动中受到人身或者财产损害为由提起的侵权纠纷案件,适用本解释。

当事人提起的医疗服务合同纠纷案件,不适用本解释。

第二条 患者因同一伤病在多个医疗机构接受诊疗受到损害,起诉部分或者全部就诊的医疗机构的,应予受理。

患者起诉部分就诊的医疗机构后,当事人依法申请追加其他就诊的医疗机构为共同被告或者第三人的,应予准许。必要时,人民法院可以依法追加相关当事人参加诉讼。

第四条 患者依据民法典第一千二百一十八条规定主张医疗机构承担赔偿责任的,应当提交到该医疗机构就诊、受到损害的证据。

患者无法提交医疗机构或者其医务人员有过错、诊疗行为与损害之间具有因果关系的证据,依法提出医疗损害鉴定申请的,人民法院应予准许。

医疗机构主张不承担责任的,应当就民法典第一千二百二十四条第一款规定情形等抗辩事由承担举证证明责任。

第八条 当事人依法申请对医疗损害责任纠纷中的专门性问题进行鉴定的,人民法院应予准许。

当事人未申请鉴定,人民法院对前款规定的专门性问题认为需要鉴定的,应当依职权委托鉴定。

第九条 当事人申请医疗损害鉴定的,由双方当事人协商确定鉴定人。

当事人就鉴定人无法达成一致意见,人民法院提出确定鉴定人的方法,当事人同意的,按照该方法确定;当事人不同意的,由人民法院指定。

鉴定人应当从具备相应鉴定能力、符合鉴定要求的专家中确定。

第十条 委托医疗损害鉴定的,当事人应当按照要求提交真实、完整、充分的鉴定材料。提交的鉴定材料不符合要求的,人民法院应当通知当事人更换或者补充相应材料。

在委托鉴定前，人民法院应当组织当事人对鉴定材料进行质证。

第十一条　委托鉴定书，应当有明确的鉴定事项和鉴定要求。鉴定人应当按照委托鉴定的事项和要求进行鉴定。

下列专门性问题可以作为申请医疗损害鉴定的事项：

（一）实施诊疗行为有无过错；

（二）诊疗行为与损害后果之间是否存在因果关系以及原因力大小；

（三）医疗机构是否尽到了说明义务、取得患者或者患者近亲属明确同意的义务；

（四）医疗产品是否有缺陷、该缺陷与损害后果之间是否存在因果关系以及原因力的大小；

（五）患者损伤残疾程度；

（六）患者的护理期、休息期、营养期；

（七）其他专门性问题。

鉴定要求包括鉴定人的资质、鉴定人的组成、鉴定程序、鉴定意见、鉴定期限等。

第十二条　鉴定意见可以按照导致患者损害的全部原因、主要原因、同等原因、次要原因、轻微原因或者与患者损害无因果关系，表述诊疗行为或者医疗产品等造成患者损害的原因力大小。

第十三条　鉴定意见应当经当事人质证。

当事人申请鉴定人出庭作证，经人民法院审查同意，或者人民法院认为鉴定人有必要出庭的，应当通知鉴定人出庭作证。双方当事人同意鉴定人通过书面说明、视听传输技术或者视听资料等方式作证的，可以准许。

鉴定人因健康原因、自然灾害等不可抗力或者其他正当理由不能按期出庭的，可以延期开庭；经人民法院许可，也可以通过书面说明、视听传输技术或者视听资料等方式作证。

无前款规定理由，鉴定人拒绝出庭作证，当事人对鉴定意见又不认可的，对该鉴定意见不予采信。

第十四条　当事人申请通知一至二名具有医学专门知识的人出庭，对鉴定意见或者案件的其他专门性事实问题提出意见，人民法院准许的，应当通知具有医学专门知识的人出庭。

前款规定的具有医学专门知识的人提出的意见，视为当事人的陈述，经质证可以作为认定案件事实的根据。

第十五条 当事人自行委托鉴定人作出的医疗损害鉴定意见，其他当事人认可的，可予采信。

当事人共同委托鉴定人作出的医疗损害鉴定意见，一方当事人不认可的，应当提出明确的异议内容和理由。经审查，有证据足以证明异议成立的，对鉴定意见不予采信；异议不成立的，应予采信。

第十九条 两个以上医疗机构的诊疗行为造成患者同一损害，患者请求医疗机构承担赔偿责任的，应当区分不同情况，依照民法典第一千一百六十八条、第一千一百七十一条或者第一千一百七十二条的规定，确定各医疗机构承担的赔偿责任。

第二十条 医疗机构邀请本单位以外的医务人员对患者进行诊疗，因受邀医务人员的过错造成患者损害的，由邀请医疗机构承担赔偿责任。

四、相关部门规章

《医疗机构管理条例实施细则》(2017 年 2 月 21 日修订)

第二条 条例及本细则所称医疗机构，是指依据条例和本细则的规定，经登记取得《医疗机构执业许可证》的机构。

第三条 医疗机构的类别：

(一)综合医院、中医医院、中西医结合医院、民族医医院、专科医院、康复医院；

(二)妇幼保健院、妇幼保健计划生育服务中心；

(三)社区卫生服务中心、社区卫生服务站；

(四)中心卫生院、乡(镇)卫生院、街道卫生院；

(五)疗养院；

(六)综合门诊部、专科门诊部、中医门诊部、中西医结合门诊部、民族医门诊部；

(七)诊所、中医诊所、民族医诊所、卫生所、医务室、卫生保健所、卫生站；

(八)村卫生室(所)；

(九)急救中心、急救站；

(十)临床检验中心；

(十一)专科疾病防治院、专科疾病防治所、专科疾病防治站；

(十二)护理院、护理站；

(十三)医学检验实验室、病理诊断中心、医学影像诊断中心、血液透析中心、安宁疗护中心；

(十四)其他诊疗机构。

第四条 卫生防疫、国境卫生检疫、医学科研和教学等机构在本机构业务范围之外开展诊疗活动以及美容服务机构开展医疗美容业务的,必须依据条例及本细则,申请设置相应类别的医疗机构。

第五条 中国人民解放军和中国人民武装警察部队编制外的医疗机构,由地方卫生行政部门按照条例和本细则管理。

中国人民解放军后勤卫生主管部门负责向地方卫生计生行政部门提供军队编制外医疗机构的外称和地址。

第四十条 医疗机构的名称由识别名称和通用名称依次组成。

医疗机构的通用名称为:医院、中心卫生院、卫生院、疗养院、妇幼保健院、门诊部、诊所、卫生所、卫生站、卫生室、医务室、卫生保健所、急救中心、急救站、临床检验中心、防治院、防治所、防治站、护理院、护理站、中心以及国家卫生计生委规定或者认可的其他名称。

医疗机构可以下列名称作为识别名称:地名、单位名称、个人姓名、医学学科名称、医学专业和专科名称、诊疗科目名称和核准机关批准使用的名称。

第八十八条 条例及本细则中下列用语的含义:

诊疗活动:是指通过各种检查,使用药物、器械及手术等方法,对疾病作出判断和消除疾病、缓解病情、减轻痛苦、改善功能、延长生命、帮助患者恢复健康的活动。

医疗美容:是指使用药物以及手术、物理和其他损伤性或者侵入性手段进行的美容。

特殊检查、特殊治疗:是指具有下列情形之一的诊断、治疗活动:

(一)有一定危险性,可能产生不良后果的检查和治疗;

(二)由于患者体质特殊或者病情危笃,可能对患者产生不良后果和危险的检查和治疗;

(三)临床试验性检查和治疗;

(四)收费可能对患者造成较大经济负担的检查和治疗。

卫生技术人员:是指按照国家有关法律、法规和规章的规定取得卫生技术人员资格或者职称的人员。

技术规范:是指由国家卫生计生委、国家中医药管理局制定或者认可的与诊疗活动有关的技术标准、操作规程等规范性文件。

军队的医疗机构:是指中国人民解放军和中国人民武装警察部队编制内的医疗机构。

五、相关文件规定

《全国人大法工委关于对法医类鉴定与医疗事故技术鉴定关系问题的意见》(法工委复字〔2005〕29号)

卫生部：

你部2005年4月18日(卫政法函〔2005〕75号)来函收悉。经研究,交换意见如下：

关于司法鉴定管理问题的决定第二条规定,国家对从事法医类鉴定的鉴定人和鉴定机构实行登记管理制度。医疗事故技术鉴定的组织方式与一般的法医类鉴定有很大区别,医疗事故技术鉴定的内容也不都属于法医类鉴定。但医疗事故技术鉴定中涉及的有关问题,如尸检、伤残鉴定等,属于法医类鉴定范围。对此类鉴定事项,在进行医疗事故技术鉴定时,由已列入鉴定人名册的法医参加鉴定为宜。

第一千二百一十九条 【患者的知情同意权】医务人员在诊疗活动中应当向患者说明病情和医疗措施。需要实施手术、特殊检查、特殊治疗的,医务人员应当及时向患者具体说明医疗风险、替代医疗方案等情况,并取得其明确同意;不能或者不宜向患者说明的,应当向患者的近亲属说明,并取得其明确同意。

医务人员未尽到前款义务,造成患者损害的,医疗机构应当承担赔偿责任。

法条评释：本条是对患者知情同意权的规定。与原《侵权责任法》第55条相比,主要修改了以下几处：首先,要求医务人员向患者“具体”说明医疗风险、替代医疗方案等情况。其次,只要求取得患者或者患者的近亲属的明确同意即可,不要求一定是书面同意。最后,增加了不能向患者说明而需要向患者的近亲属说明的情形,例如,患者已经处于昏迷状态,不能向其说明,只能向其近亲属说明。尽管医疗活动是一种非常专业的活动,但基于以下理由,医务人员仍向患者或其近亲属负有说明并取得同意之义务。首先,在现代社会,医患双方处于平等的地位,二者之间存在高度的信赖关系。在医疗领域,医务人员是专家,具有自主判断的权利,但仍应充分尊重患者或其近亲属的自主决定的权利。其次,在诊疗活动中,有一些要直接侵害患者的身体权、健康权(如切除某一病变之器官),还有一些诊疗活动具有高度的风险性或者会给患者带来极大的经济负担(如器官移植)。此时,若医务人员不及时向患者或其近亲属加以说明并取得同意,那么患者的身体权、健康权就可能受到侵害,同时,患者或其近亲属也有权拒绝接受这些具有高风险或造成极大经济负担的诊疗活动。因此,依据本条第1款医务人员应当履行告知并取得明确同意的义务,如果未履行该义务而造成患者损害的,即便该损害原本属于正常的医疗风险,医疗机构仍然需要承担赔偿责任。当然,如果医务人员没有履行告知并取得明确同意的义务,又未给患者造成损害,则医疗机构无须承担赔偿责任。对此,本条第2款有明确的规定。

一、相关法律条文

1.《中华人民共和国执业医师法》(2009年8月27日修正)

第二十六条　医师应当如实向患者或者其家属介绍病情,但应注意避免对患者产生不利后果。医师进行实验性临床医疗,应当经医院批准并征得患者本人或者其家属同意。

2.《中华人民共和国精神卫生法》(2018年4月27日修正)

第四十三条　医疗机构对精神障碍患者实施下列治疗措施,应当向患者或者其监护人告知医疗风险、替代医疗方案等情况,并取得患者的书面同意;无法取得患者意见的,应当取得其监护人的书面同意,并经本医疗机构伦理委员会批准:

(一)导致人体器官丧失功能的外科手术;

(二)与精神障碍治疗有关的实验性临床医疗。

实施前款第一项治疗措施,因情况紧急查找不到监护人的,应当取得本医疗机构负责人和伦理委员会批准。

禁止对精神障碍患者实施与治疗其精神障碍无关的实验性临床医疗。

3.《中华人民共和国基本医疗卫生与健康促进法》(2020年6月1日起施行)

第三十二条　公民接受医疗卫生服务,对病情、诊疗方案、医疗风险、医疗费用等事项依法享有知情同意的权利。

需要实施手术、特殊检查、特殊治疗的，医疗卫生人员应当及时向患者说明医疗风险、替代医疗方案等情况，并取得其同意；不能或者不宜向患者说明的，应当向患者的近亲属说明，并取得其同意。法律另有规定的，依照其规定。

开展药物、医疗器械临床试验和其他医学研究应当遵守医学伦理规范，依法通过伦理审查，取得知情同意。

二、相关行政法规

1.《医疗机构管理条例》(2016 年 2 月 6 日修订)

第三十三条 医疗机构施行手术、特殊检查或者特殊治疗时，必须征得患者同意，并应当取得其家属或者关系人同意并签字；无法取得患者意见时，应当取得家属或者关系人同意并签字；无法取得患者意见又无家属或者关系人在场，或者遇到其他特殊情况时，经治医师应当提出医疗处置方案，在取得医疗机构负责人或者被授权负责人员的批准后实施。

2.《医疗纠纷预防和处理条例》(2018 年 10 月 1 日起施行)

第十三条 医务人员在诊疗活动中应当向患者说明病情和医疗措施。需要实施手术，或者开展临床试验等存在一定危险性、可能产生不良后果的特殊检查、特殊治疗的，医务人员应当及时向患者说明医疗风险、替代医疗方案等情况，并取得其书面同意；在患者处于昏迷等无法自主作出决定的状态或者病情不宜向患者说明等情形下，应当向患者的近亲属说明，并取得其书面同意。

紧急情况下不能取得患者或者其近亲属意见的，经医疗机构负责人或者授权的负责人批准，可以立即实施相应的医疗措施。

第十四条 开展手术、特殊检查、特殊治疗等具有较高医疗风险的诊疗活动，医疗机构应当提前预备应对方案，主动防范突发风险。

3.《医疗事故处理条例》(2002 年 9 月 1 日起施行)

第十一条 在医疗活动中，医疗机构及其医务人员应当将患者的病情、医疗措施、医疗风险等如实告知患者，及时解答其咨询；但是，应当避免对患者产生不利后果。

4.《人体器官移植条例》(2007 年 5 月 1 日起施行)

第十九条 从事人体器官移植的医疗机构及其医务人员摘取活体器官前，应当履行下列义务：

（一）向活体器官捐献人说明器官摘取手术的风险、术后注意事项、可能发生的并发症及其预防措施等，并与活体器官捐献人签署知情同意书；

（二）查验活体器官捐献人同意捐献其器官的书面意愿、活体器官捐献人与接受人存在本条例第十条规定关系的证明材料；

（三）确认除摘取器官产生的直接后果外不会损害活体器官捐献人其他正常的生理功能。

从事人体器官移植的医疗机构应当保存活体器官捐献人的医学资料，并进行随访。

三、相关司法解释规定

《最高人民法院关于审理医疗损害责任纠纷案件适用法律若干问题的解释》（法释〔2017〕20号）（2020年12月23日修正）

第四条　患者依据民法典第一千二百一十八条规定主张医疗机构承担赔偿责任的，应当提交到该医疗机构就诊、受到损害的证据。

患者无法提交医疗机构或者其医务人员有过错、诊疗行为与损害之间具有因果关系的证据，依法提出医疗损害鉴定申请的，人民法院应予准许。

医疗机构主张不承担责任的，应当就民法典第一千二百二十四条第一款规定情形等抗辩事由承担举证证明责任。

第五条　患者依据民法典第一千二百一十九条规定主张医疗机构承担赔偿责任的，应当按照前条第一款规定提交证据。

实施手术、特殊检查、特殊治疗的，医疗机构应当承担说明义务并取得患者或者患者近亲属明确同意，但属于民法典第一千二百二十条规定情形的除外。医疗机构提交患者或者患者近亲属明确同意证据的，人民法院可以认定医疗机构尽到说明义务，但患者有相反证据足以反驳的除外。

第十七条　医务人员违反民法典第一千二百一十九条第一款规定义务，但未造成患者人身损害，患者请求医疗机构承担损害赔偿责任的，不予支持。

四、相关部门规章

1.《医疗机构管理条例实施细则》（2017年2月21日修正）

第六十二条　医疗机构应当尊重患者对自己的病情、诊断、治疗的知情权利。在实施手术、特殊检查、特殊治疗时，应当向患者作必要的解释。因实施保护性医疗措施不宜向患者说明情况的，应当将有关情况通知患者家属。

第八十八条 条例及本细则中下列用语的含义：

诊疗活动：是指通过各种检查，使用药物、器械及手术等方法，对疾病作出判断和消除疾病、缓解病情、减轻痛苦、改善功能、延长生命、帮助患者恢复健康的活动。

医疗美容：是指使用药物以及手术、物理和其他损伤性或者侵入性手段进行的美容。

特殊检查、特殊治疗：是指具有下列情形之一的诊断、治疗活动：

（一）有一定危险性，可能产生不良后果的检查和治疗；

（二）由于患者体质特殊或者病情危笃，可能对患者产生不良后果和危险的检查和治疗；

（三）临床试验性检查和治疗；

（四）收费可能对患者造成较大经济负担的检查和治疗。

……

2.《血站管理办法》（2017年12月26日修正）

第二十四条 血站采集血液应当遵循自愿和知情同意的原则，并对献血者履行规定的告知义务。

血站应当建立献血者信息保密制度，为献血者保密。

3.《医疗机构临床用血管理办法》（2019年2月28日修订）

第二十一条 在输血治疗前，医师应当向患者或者其近亲属说明输血目的、方式和风险，并签署临床输血治疗知情同意书。

因抢救生命垂危的患者需要紧急输血，且不能取得患者或者其近亲属意见的，经医疗机构负责人或者授权的负责人批准后，可以立即实施输血治疗。

4.《医疗美容服务管理办法》（2016年1月19日修正）

第十九条 执业医师对就医者实施治疗前，必须向就医者本人或亲属书面告知治疗的适应症、禁忌症、医疗风险和注意事项等，并取得就医者本人或监护人的签字同意。未经监护人同意，不得为无行为能力或者限制行为能力人实施医疗美容项目。

五、相关裁判摘要

• **2004年第2期《中华人民共和国最高人民法院公报》**刊登的“**方金凯诉同安医院医疗损害赔偿纠纷案**”判决就医疗机构履行告知说明义务的问题进行了分析。相关裁判摘要如下：

第一次手术中清创不彻底与伤口感染并发骨髓炎之间存在因果关系，这是显而易见的事实。判断同安医院应否对此承担责任，不仅要看二者之间的因果关系，更要看导致同安医院不能履行彻底清创职责的原因是什么。正如多名医学专家分析的，方金凯的伤情决定了如果要保住这条腿，客观上难以一次彻底清创。“两害相权取其轻、两利相权取其重”，是人们面临两难问题时理智的选择。保住这条腿，既是医院更是患者的共同期望，因此当同安医院预告手术后可能出现的并发症时，方金凯及其亲属仍签字同意手术。当预料的风险出现后，方金凯闭口不谈自己事先愿意承担这个风险，只想以彻底清创是医院的职责为由追究医院的责任，这样的诉讼理由是不正当的。

从以上引述的手术记录可以看到，被上诉人同安医院对上诉人方金凯行植骨术时，除手术医师外，还有正副助手各一名、护士一名、麻醉人员一名，记录的手术全过程流畅、真实，符合操作规范，并无不当。方金凯没有任何其他根据，仅以其在术后X光片中未发现植入新骨为由怀疑同安医院的植骨术，申请切开活体进行探查，这样的鉴定没有必要，该申请不予采纳。正如专家所言，骨髓炎并发骨头坏死以及手术后过度运动造成的再次骨折，是使方金凯左下肢因骨头重叠而短缩的原因。植骨术植入的新骨，只能加固骨折处的愈合，无法撑开骨折处的重叠。植骨术与腿短缩之间不存在因果关系，同安医院不能因此承担医疗事故责任。

综上，当上诉人方金凯提起本案医疗损害赔偿的诉讼后，被上诉人同安医院已经以充分的证据证明了事实真相，完成了举证责任。一审认定的事实清楚，适用法律正确，判处适当，应当维持。方金凯的上诉理由不能成立，应予驳回。

第一千二百二十条 【紧急医疗措施】因抢救生命垂危的患者等紧急情况，不能取得患者或者其近亲属意见的，经医疗机构负责人或者授权的负责人批准，可以立即实施相应的医疗措施。

法条评释：本条是对医务人员告知并取得同意义务的例外性规定。现实生活中，经常发生这样的情况，交通事故等侵权行为的受害人已是生命垂危，本人已无法表达意志，又无法联系或查明其近亲属。此时，倘若不及时采取相应的医疗措施，患者可能立即死亡或遭受严重的伤害。为了维护患者的生命、健康，故此有本条之规定。不过，对于所谓"不能取得患者或者其近亲属意见"究竟如何理解，曾有很大的争议，尤其是在患者近亲属拒绝同意或者意见不一致的情形下，能否适用本条采取紧急医疗措施挽救患者的生命，更是莫衷一是。对此，《最高人民法院关于审理医疗损害责任纠纷案件适用法律若干问题的解释》作出了具体的规定。

一、相关行政法规

《医疗机构管理条例》(2016年2月6日修订)

第三十三条 医疗机构施行手术、特殊检查或者特殊治疗时，必须征得患者同意，并应当取得其家属或者关系人同意并签字；无法取得患者意见时，应当取得家属或者关系人同意并签字；无法取得患者意见又无家属或者关系人在场，或者遇到其他特殊情况时，经治医师应当提出医疗处置方案，在取得医疗机构负责人或者被授权负责人员的批准后实施。

二、相关司法解释规定

《最高人民法院关于审理医疗损害责任纠纷案件适用法律若干问题的解释》(法释〔2017〕20号)(2020年12月23日修正)

第五条 患者依据民法典第一千二百一十九条规定主张医疗机构承担赔偿责任的，应当按照前条第一款规定提交证据。

实施手术、特殊检查、特殊治疗的，医疗机构应当承担说明义务并取得患者或者患者近亲属明确同意，但属于民法典第一千二百二十条规定情形的除外。医疗机构提交患者或者患者近亲属明确同意证据的，人民法院可以认定医疗机构尽到说明义务，但患者有相反证据足以反驳的除外。

第十八条 因抢救生命垂危的患者等紧急情况且不能取得患者意见时，下列情形可以认定为民法典第一千二百二十条规定的不能取得患者近亲属意见：

(一)近亲属不明的；

(二)不能及时联系到近亲属的；

（三）近亲属拒绝发表意见的；

（四）近亲属达不成一致意见的；

（五）法律、法规规定的其他情形。

前款情形，医务人员经医疗机构负责人或者授权的负责人批准立即实施相应医疗措施，患者因此请求医疗机构承担赔偿责任的，不予支持；医疗机构及其医务人员怠于实施相应医疗措施造成损害，患者请求医疗机构承担赔偿责任的，应予支持。

三、相关部门规章

1.《医疗机构临床用血管理办法》（2019 年 2 月 28 日修订）

第二十一条　在输血治疗前，医师应当向患者或者其近亲属说明输血目的、方式和风险，并签署临床输血治疗知情同意书。

因抢救生命垂危的患者需要紧急输血，且不能取得患者或者其近亲属意见的，经医疗机构负责人或者授权的负责人批准后，可以立即实施输血治疗。

2.《抗菌药物临床应用管理办法》（2012 年 8 月 1 日起施行）

第二十八条　因抢救生命垂危的患者等紧急情况，医师可以越级使用抗菌药物。越级使用抗菌药物应当详细记录用药指证，并应当于 24 小时内补办越级使用抗菌药物的必要手续。

第一千二百二十一条　【医疗过失的认定】医务人员在诊疗活动中未尽到与当时的医疗水平相应的诊疗义务，造成患者损害的，医疗机构应当承担赔偿责任。

法条评释：本条与原《侵权责任法》第 57 条完全相同，没有修改。本条是对医疗过失即诊疗过失判断标准的规定。诊疗活动属于专业性活动，且医疗科学水平不断发展，为了平衡患者合法权益的维护与医疗卫生事业的发展的关系，本条采取的判断标准是“当时的医疗水平相应的诊疗义务”。所谓“当时”，是指针对患者从事诊疗活动之时，而非医疗赔偿诉讼提出之时。当初在起草《侵权责任法》时就曾就是否要考虑地点的因素进行了讨论。《侵权责任法（第二次审议稿）》第 57 条第 2 款曾提出一些参考因素，即“应当适当考虑地区、医疗机构资质、医务人员资质等因素”。但是，基于以下理由，该规定最终被删除：

其一,以地区、医疗机构资质、医务人员资质等因素来决定医务人员的注意义务,有差别对待个体的生命健康权的嫌疑,而且从实践来看,也无法具体衡量。其二,实践中医务人员所遵从的诊疗规范是一致的,并没有地区差别,医务人员的注意义务也不应有区别。然而,《最高人民法院关于审理医疗损害责任纠纷案件适用法律若干问题的解释》第16条却规定,在认定医疗过错时候要"综合考虑患者病情的紧急程度、患者个体差异、当地的医疗水平、医疗机构与医务人员资质等因素"。

一、相关法律条文

1.《中华人民共和国执业医师法》(2009年8月27日修正)

第二十二条 医师在执业活动中履行下列义务:

(一)遵守法律、法规,遵守技术操作规范;

(二)树立敬业精神,遵守职业道德,履行医师职责,尽职尽责为患者服务;

(三)关心、爱护、尊重患者,保护患者的隐私;

(四)努力钻研业务,更新知识,提高专业技术水平;

(五)宣传卫生保健知识,对患者进行健康教育。

第二十四条 对急危患者,医师应当采取紧急措施进行诊治;不得拒绝急救处置。

第二十五条 医师应当使用经国家有关部门批准使用的药品、消毒药剂和医疗器械。除正当诊断治疗外,不得使用麻醉药品、医疗用毒性药品、精神药品和放射性药品。

第二十九条 医师发生医疗事故或者发现传染病疫情时,应当按照有关规定及时向所在机构或者卫生行政部门报告。

医师发现患者涉嫌伤害事件或者非正常死亡时,应当按照有关规定向有关部门报告。

第三十条 执业助理医师应当在执业医师的指导下,在医疗、预防、保健机构中按照其执业类别执业。在乡、民族乡、镇的医疗、预防、保健机构中工作的执业助理医师,可以根据医疗诊治的情况和需要,独立从事一般的执业活动。

2.《中华人民共和国基本医疗卫生与健康促进法》(2020年6月1日起施行)

第五十四条 医疗卫生人员应当遵循医学科学规律,遵守有关临床诊疗技术规范和各项操作规范以及医学伦理规范，使用适宜技术和药物，合理诊疗，因病施治，不得对患者实施过度医疗。

医疗卫生人员不得利用职务之便索要、非法收受财物或者牟取其他不正当利益。

3.《中华人民共和国精神卫生法》（2018年4月27日修正）

第二十六条 精神障碍的诊断、治疗，应当遵循维护患者合法权益、尊重患者人格尊严的原则，保障患者在现有条件下获得良好的精神卫生服务。

精神障碍分类、诊断标准和治疗规范，由国务院卫生行政部门组织制定。

第二十七条 精神障碍的诊断应当以精神健康状况为依据。

除法律另有规定外，不得违背本人意志进行确定其是否患有精神障碍的医学检查。

第二十八条 除个人自行到医疗机构进行精神障碍诊断外，疑似精神障碍患者的近亲属可以将其送往医疗机构进行精神障碍诊断。对查找不到近亲属的流浪乞讨疑似精神障碍患者，由当地民政等有关部门按照职责分工，帮助送往医疗机构进行精神障碍诊断。

疑似精神障碍患者发生伤害自身、危害他人安全的行为，或者有伤害自身、危害他人安全的危险的，其近亲属、所在单位、当地公安机关应当立即采取措施予以制止，并将其送往医疗机构进行精神障碍诊断。

医疗机构接到送诊的疑似精神障碍患者，不得拒绝为其作出诊断。

第二十九条 精神障碍的诊断应当由精神科执业医师作出。

医疗机构接到依照本法第二十八条第二款规定送诊的疑似精神障碍患者，应当将其留院，立即指派精神科执业医师进行诊断，并及时出具诊断结论。

第三十条 精神障碍的住院治疗实行自愿原则。

诊断结论、病情评估表明，就诊者为严重精神障碍患者并有下列情形之一的，应当对其实施住院治疗：

（一）已经发生伤害自身的行为，或者有伤害自身的危险的；

（二）已经发生危害他人安全的行为，或者有危害他人安全的危险的。

第三十一条 精神障碍患者有本法第三十条第二款第一项情形的，经其监护人同意，医疗机构应当对患者实施住院治疗；监护人不同意的，医疗机构不得对患者实施住院治疗。监护人应当对在家居住的患者做好看护管理。

第三十二条 精神障碍患者有本法第三十条第二款第二项情形，患者或者其监护人对需要住院治疗的诊断结论有异议，不同意对患者实施住院治疗的，可以要求再次诊断和鉴定。

依照前款规定要求再次诊断的，应当自收到诊断结论之日起三日内向原医疗机构或者其他具有合法资质的医疗机构提出。承担再次诊断的医疗机构应当在接到再次诊断要求后指派二名初次诊断医师以外的精神科执业医师进行再次诊断，并及时出具再次诊断结论。承担再次诊断的执业医师应当到收治患者的医疗机构面见、询问患者，该医疗机构应当予以配合。

对再次诊断结论有异议的，可以自主委托依法取得执业资质的鉴定机构进行精神障碍医学鉴定；医疗机构应当公示经公告的鉴定机构名单和联系方式。接受委托的鉴定机构应当指定本机构具有该鉴定事项执业资格的二名以上鉴定人共同进行鉴定，并及时出具鉴定报告。

第三十三条 鉴定人应当到收治精神障碍患者的医疗机构面见、询问患者，该医疗机构应当予以配合。

鉴定人本人或者其近亲属与鉴定事项有利害关系，可能影响其独立、客观、公正进行鉴定的，应当回避。

第三十四条 鉴定机构、鉴定人应当遵守有关法律、法规、规章的规定，尊重科学，恪守职业道德，按照精神障碍鉴定的实施程序、技术方法和操作规范，依法独立进行鉴定，出具客观、公正的鉴定报告。

鉴定人应当对鉴定过程进行实时记录并签名。记录的内容应当真实、客观、准确、完整，记录的文本或者声像载体应当妥善保存。

第三十五条 再次诊断结论或者鉴定报告表明，不能确定就诊者为严重精神障碍患者，或者患者不需要住院治疗的，医疗机构不得对其实施住院治疗。

再次诊断结论或者鉴定报告表明，精神障碍患者有本法第三十条第二款第二项情形的，其监护人应当同意对患者实施住院治疗。监护人阻碍实施住院治疗或者患者擅自脱离住院治疗的，可以由公安机关协助医疗机构采取措施对患者实施住院治疗。

在相关机构出具再次诊断结论、鉴定报告前，收治精神障碍患者的医疗机构应当按照诊疗规范的要求对患者实施住院治疗。

第三十六条　诊断结论表明需要住院治疗的精神障碍患者，本人没有能力办理住院手续的，由其监护人办理住院手续；患者属于查找不到监护人的流浪乞讨人员的，由送诊的有关部门办理住院手续。

精神障碍患者有本法第三十条第二款第二项情形，其监护人不办理住院手续的，由患者所在单位、村民委员会或者居民委员会办理住院手续，并由医疗机构在患者病历中予以记录。

第三十七条　医疗机构及其医务人员应当将精神障碍患者在诊断、治疗过程中享有的权利，告知患者或者其监护人。

第三十八条　医疗机构应当配备适宜的设施、设备，保护就诊和住院治疗的精神障碍患者的人身安全，防止其受到伤害，并为住院患者创造尽可能接近正常生活的环境和条件。

第三十九条　医疗机构及其医务人员应当遵循精神障碍诊断标准和治疗规范，制定治疗方案，并向精神障碍患者或者其监护人告知治疗方案和治疗方法、目的以及可能产生的后果。

第四十条　精神障碍患者在医疗机构内发生或者将要发生伤害自身、危害他人安全、扰乱医疗秩序的行为，医疗机构及其医务人员在没有其他可替代措施的情况下，可以实施约束、隔离等保护性医疗措施。实施保护性医疗措施应当遵循诊断标准和治疗规范，并在实施后告知患者的监护人。

禁止利用约束、隔离等保护性医疗措施惩罚精神障碍患者。

第四十一条　对精神障碍患者使用药物，应当以诊断和治疗为目的，使用安全、有效的药物，不得为诊断或者治疗以外的目的使用药物。

医疗机构不得强迫精神障碍患者从事生产劳动。

第四十二条　禁止对依照本法第三十条第二款规定实施住院治疗的精神障碍患者实施以治疗精神障碍为目的的外科手术。

第四十三条　医疗机构对精神障碍患者实施下列治疗措施，应当向患者或者其监护人告知医疗风险、替代医疗方案等情况，并取得患者的书面同意；无法取得患者意见的，应当取得其监护人的书面同意，并经本医疗机构伦理委员会批准：

（一）导致人体器官丧失功能的外科手术；

（二）与精神障碍治疗有关的实验性临床医疗。

实施前款第一项治疗措施，因情况紧急查找不到监护人的，应当取得本医疗机构负责人和伦理委员会批准。

禁止对精神障碍患者实施与治疗其精神障碍无关的实验性临床医疗。

第四十四条 自愿住院治疗的精神障碍患者可以随时要求出院，医疗机构应当同意。

对有本法第三十条第二款第一项情形的精神障碍患者实施住院治疗的，监护人可以随时要求患者出院，医疗机构应当同意。

医疗机构认为前两款规定的精神障碍患者不宜出院的，应当告知不宜出院的理由；患者或者其监护人仍要求出院的，执业医师应当在病历资料中详细记录告知的过程，同时提出出院后的医学建议，患者或者其监护人应当签字确认。

对有本法第三十条第二款第二项情形的精神障碍患者实施住院治疗，医疗机构认为患者可以出院的，应当立即告知患者及其监护人。

医疗机构应当根据精神障碍患者病情，及时组织精神科执业医师对依照本法第三十条第二款规定实施住院治疗的患者进行检查评估。评估结果表明患者不需要继续住院治疗的，医疗机构应当立即通知患者及其监护人。

第四十八条 医疗机构不得因就诊者是精神障碍患者，推诿或者拒绝为其治疗属于本医疗机构诊疗范围的其他疾病。

4.《中华人民共和国传染病防治法》(2013 年 6 月 29 日修正)

第二十一条 医疗机构必须严格执行国务院卫生行政部门规定的管理制度、操作规范，防止传染病的医源性感染和医院感染。

医疗机构应当确定专门的部门或者人员，承担传染病疫情报告、本单位的传染病预防、控制以及责任区域内的传染病预防工作；承担医疗活动中与医院感染有关的危险因素监测、安全防护、消毒、隔离和医疗废物处置工作。

疾病预防控制机构应当指定专门人员负责对医疗机构内传染病预防工作进行指导、考核，开展流行病学调查。

第二十二条 疾病预防控制机构、医疗机构的实验室和从事病原微生物实验的单位，应当符合国家规定的条件和技术标准，建立严格的监督管理制度，对传染病病原体样本按照规定的措施实行严格监督管理，严防传染病病原体的实验室感染和病原微生物的扩散。

第三十九条 医疗机构发现甲类传染病时，应当及时采取下列措施：

（一）对病人、病原携带者，予以隔离治疗，隔离期限根据医学检查结果确定；

（二）对疑似病人，确诊前在指定场所单独隔离治疗；

（三）对医疗机构内的病人、病原携带者、疑似病人的密切接触者，在指定场所进行医学观察和采取其他必要的预防措施。

拒绝隔离治疗或者隔离期未满擅自脱离隔离治疗的，可以由公安机关协助医疗机构采取强制隔离治疗措施。

医疗机构发现乙类或者丙类传染病病人，应当根据病情采取必要的治疗和控制传播措施。

医疗机构对本单位内被传染病病原体污染的场所、物品以及医疗废物，必须依照法律、法规的规定实施消毒和无害化处置。

第五十一条　医疗机构的基本标准、建筑设计和服务流程，应当符合预防传染病医院感染的要求。

医疗机构应当按照规定对使用的医疗器械进行消毒；对按照规定一次使用的医疗器具，应当在使用后予以销毁。

医疗机构应当按照国务院卫生行政部门规定的传染病诊断标准和治疗要求，采取相应措施，提高传染病医疗救治能力。

第五十二条　医疗机构应当对传染病病人或者疑似传染病病人提供医疗救护、现场救援和接诊治疗，书写病历记录以及其他有关资料，并妥善保管。

医疗机构应当实行传染病预检、分诊制度；对传染病病人、疑似传染病病人，应当引导至相对隔离的分诊点进行初诊。医疗机构不具备相应救治能力的，应当将患者及其病历记录复印件一并转至具备相应救治能力的医疗机构。具体办法由国务院卫生行政部门规定。

二、相关行政法规

1.《医疗机构管理条例》（2016年2月6日修订）

第二十五条　医疗机构执业，必须遵守有关法律、法规和医疗技术规范。

第二十六条　医疗机构必须将《医疗机构执业许可证》、诊疗科目、诊疗时间和收费标准悬挂于明显处所。

第二十七条　医疗机构必须按照核准登记的诊疗科目开展诊疗活动。

第二十八条 医疗机构不得使用非卫生技术人员从事医疗卫生技术工作。

第二十九条 医疗机构应当加强对医务人员的医德教育。

第三十条 医疗机构工作人员上岗工作,必须佩带载有本人姓名、职务或者职称的标牌。

第三十一条 医疗机构对危重病人应当立即抢救。对限于设备或者技术条件不能诊治的病人,应当及时转诊。

第三十五条 医疗机构对传染病、精神病、职业病等患者的特殊诊治和处理,应当按照国家有关法律、法规的规定办理。

第三十六条 医疗机构必须按照有关药品管理的法律、法规,加强药品管理。

第三十七条 医疗机构必须按照人民政府或者物价部门的有关规定收取医疗费用,详列细项,并出具收据。

2.《医疗纠纷预防和处理条例》(2018年10月1日起施行)

第九条 医疗机构及其医务人员在诊疗活动中应当以患者为中心,加强人文关怀,严格遵守医疗卫生法律、法规、规章和诊疗相关规范、常规,恪守职业道德。

医疗机构应当对其医务人员进行医疗卫生法律、法规、规章和诊疗相关规范、常规的培训,并加强职业道德教育。

第十条 医疗机构应当制定并实施医疗质量安全管理制度,设置医疗服务质量监控部门或者配备专(兼)职人员,加强对诊断、治疗、护理、药事、检查等工作的规范化管理,优化服务流程,提高服务水平。

医疗机构应当加强医疗风险管理,完善医疗风险的识别、评估和防控措施,定期检查措施落实情况,及时消除隐患。

第十一条 医疗机构应当按照国务院卫生主管部门制定的医疗技术临床应用管理规定,开展与其技术能力相适应的医疗技术服务,保障临床应用安全,降低医疗风险;采用医疗新技术的,应当开展技术评估和伦理审查,确保安全有效、符合伦理。

第十二条 医疗机构应当依照有关法律、法规的规定,严格执行药品、医疗器械、消毒药剂、血液等的进货查验、保管等制度。禁止使用无合格证明文件、过期等不合格的药品、医疗器械、消毒药剂、血液等。

第十三条 医务人员在诊疗活动中应当向患者说明病情和医疗措施。需要实施手术,或者开展临床试验等存在一定危险性、可能产生不良后果的特殊检查、特殊治疗的，医务人员应当及时向患者说明医疗风险、替代医疗方案等情况，并取得其书面同意；在患者处于昏迷等无法自主作出决定的状态或者病情不宜向患者说明等情形下，应当向患者的近亲属说明，并取得其书面同意。

紧急情况下不能取得患者或者其近亲属意见的，经医疗机构负责人或者授权的负责人批准，可以立即实施相应的医疗措施。

第十四条 开展手术、特殊检查、特殊治疗等具有较高医疗风险的诊疗活动，医疗机构应当提前预备应对方案，主动防范突发风险。

第十五条 医疗机构及其医务人员应当按照国务院卫生主管部门的规定，填写并妥善保管病历资料。

因紧急抢救未能及时填写病历的，医务人员应当在抢救结束后6小时内据实补记，并加以注明。

任何单位和个人不得篡改、伪造、隐匿、毁灭或者抢夺病历资料。

第十六条 患者有权查阅、复制其门诊病历、住院志、体温单、医嘱单、化验单(检验报告)、医学影像检查资料、特殊检查同意书、手术同意书、手术及麻醉记录、病理资料、护理记录、医疗费用以及国务院卫生主管部门规定的其他属于病历的全部资料。

患者要求复制病历资料的，医疗机构应当提供复制服务，并在复制的病历资料上加盖证明印记。复制病历资料时，应当有患者或者其近亲属在场。医疗机构应患者的要求为其复制病历资料，可以收取工本费，收费标准应当公开。

患者死亡的，其近亲属可以依照本条例的规定，查阅、复制病历资料。

第十七条 医疗机构应当建立健全医患沟通机制，对患者在诊疗过程中提出的咨询、意见和建议，应当耐心解释、说明，并按照规定进行处理；对患者就诊疗行为提出的疑问，应当及时予以核实、自查，并指定有关人员与患者或者其近亲属沟通，如实说明情况。

第十八条 医疗机构应当建立健全投诉接待制度，设置统一的投诉管理部门或者配备专(兼)职人员，在医疗机构显著位置公布医疗纠纷解决途径、程序和联系方式等，方便患者投诉或者咨询。

第十九条 卫生主管部门应当督促医疗机构落实医疗质量安全管理制度，组织开展医疗质量安全评估，分析医疗质量安全信息，针对发现的风险制定防范措施。

3.《医疗事故处理条例》(2002 年 9 月 1 日起施行)

第五条 医疗机构及其医务人员在医疗活动中,必须严格遵守医疗卫生管理法律、行政法规、部门规章和诊疗护理规范、常规,恪守医疗服务职业道德。

第十五条 发生或者发现医疗过失行为,医疗机构及其医务人员应当立即采取有效措施,避免或者减轻对患者身体健康的损害,防止损害扩大。

4.《护士条例》(2020 年 3 月 27 日修订)

第十六条 护士执业,应当遵守法律、法规、规章和诊疗技术规范的规定。

第十七条 护士在执业活动中,发现患者病情危急,应当立即通知医师;在紧急情况下为抢救垂危患者生命,应当先行实施必要的紧急救护。

护士发现医嘱违反法律、法规、规章或者诊疗技术规范规定的,应当及时向开具医嘱的医师提出;必要时,应当向该医师所在科室的负责人或者医疗卫生机构负责医疗服务管理的人员报告。

第二十条 医疗卫生机构配备护士的数量不得低于国务院卫生主管部门规定的护士配备标准。

第二十一条 医疗卫生机构不得允许下列人员在本机构从事诊疗技术规范规定的护理活动:

(一)未取得护士执业证书的人员;

(二)未依照本条例第九条的规定办理执业地点变更手续的护士;

(三)护士执业注册有效期届满未延续执业注册的护士。

在教学、综合医院进行护理临床实习的人员应当在护士指导下开展有关工作。

5.《乡村医生从业管理条例》(2004 年 1 月 1 日起施行)

第二条 本条例适用于尚未取得执业医师资格或者执业助理医师资格,经注册在村医疗卫生机构从事预防、保健和一般医疗服务的乡村医生。

村医疗卫生机构中的执业医师或者执业助理医师,依照执业医师法的规定管理,不适用本条例。

第二十四条 乡村医生在执业活动中应当履行下列义务:

(一)遵守法律、法规、规章和诊疗护理技术规范、常规;

（二）树立敬业精神，遵守职业道德，履行乡村医生职责，为村民健康服务；

（三）关心、爱护、尊重患者，保护患者的隐私；

（四）努力钻研业务，更新知识，提高专业技术水平；

（五）向村民宣传卫生保健知识，对患者进行健康教育。

第二十六条　乡村医生在执业活动中，不得重复使用一次性医疗器械和卫生材料。对使用过的一次性医疗器械和卫生材料，应当按照规定处置。

第二十七条　乡村医生应当如实向患者或者其家属介绍病情，对超出一般医疗服务范围或者限于医疗条件和技术水平不能诊治的病人，应当及时转诊；情况紧急不能转诊的，应当先行抢救并及时向有抢救条件的医疗卫生机构求助。

第二十八条　乡村医生不得出具与执业范围无关或者与执业范围不相符的医学证明，不得进行实验性临床医疗活动。

第四十一条　以不正当手段取得乡村医生执业证书的，由发证部门收缴乡村医生执业证书；造成患者人身损害的，依法承担民事赔偿责任；构成犯罪的，依法追究刑事责任。

第四十二条　未经注册在村医疗卫生机构从事医疗活动的，由县级以上地方人民政府卫生行政主管部门予以取缔，没收其违法所得以及药品、医疗器械，违法所得5000元以上的，并处违法所得1倍以上3倍以下的罚款；没有违法所得或者违法所得不足5000元的，并处1000元以上3000元以下的罚款；造成患者人身损害的，依法承担民事赔偿责任；构成犯罪的，依法追究刑事责任。

三、相关司法解释规定

《最高人民法院关于审理医疗损害责任纠纷案件适用法律若干问题的解释》（法释〔2017〕20号）（2020年12月23日修正）

第十六条　对医疗机构或者其医务人员的过错，应当依据法律、行政法规、规章以及其他有关诊疗规范进行认定，可以综合考虑患者病情的紧急程度、患者个体差异、当地的医疗水平、医疗机构与医务人员资质等因素。

四、相关部门规章

1.《处方管理办法》(2007年5月1日起施行)

第二条 本办法所称处方,是指由注册的执业医师和执业助理医师(以下简称医师)在诊疗活动中为患者开具的、由取得药学专业技术职务任职资格的药学专业技术人员(以下简称药师)审核、调配、核对,并作为患者用药凭证的医疗文书。处方包括医疗机构病区用药医嘱单。

本办法适用于与处方开具、调剂、保管相关的医疗机构及其人员。

第四条 医师开具处方和药师调剂处方应当遵循安全、有效、经济的原则。

处方药应当凭医师处方销售、调剂和使用。

第八条 经注册的执业医师在执业地点取得相应的处方权。

经注册的执业助理医师在医疗机构开具的处方,应当经所在执业地点执业医师签名或加盖专用签章后方有效。

第九条 经注册的执业助理医师在乡、民族乡、镇、村的医疗机构独立从事一般的执业活动,可以在注册的执业地点取得相应的处方权。

第十条 医师应当在注册的医疗机构签名留样或者专用签章备案后,方可开具处方。

第十一条 医疗机构应当按照有关规定,对本机构执业医师和药师进行麻醉药品和精神药品使用知识和规范化管理的培训。执业医师经考核合格后取得麻醉药品和第一类精神药品的处方权,药师经考核合格后取得麻醉药品和第一类精神药品调剂资格。

医师取得麻醉药品和第一类精神药品处方权后,方可在本机构开具麻醉药品和第一类精神药品处方,但不得为自己开具该类药品处方。药师取得麻醉药品和第一类精神药品调剂资格后,方可在本机构调剂麻醉药品和第一类精神药品。

第十二条 试用期人员开具处方,应当经所在医疗机构有处方权的执业医师审核、并签名或加盖专用签章后方有效。

第十三条 进修医师由接收进修的医疗机构对其胜任本专业工作的实际情况进行认定后授予相应的处方权。

第十四条 医师应当根据医疗、预防、保健需要,按照诊疗规范、药品说明书中的药品适应证、药理作用、用法、用量、禁忌、不良反应和注意事项等开具处方。

开具医疗用毒性药品、放射性药品的处方应当严格遵守有关法律、法规和规章的规定。

第十五条　医疗机构应当根据本机构性质、功能、任务，制定药品处方集。

第十六条　医疗机构应当按照经药品监督管理部门批准并公布的药品通用名称购进药品。同一通用名称药品的品种，注射剂型和口服剂型各不得超过2种，处方组成类同的复方制剂1～2种。因特殊诊疗需要使用其他剂型和剂量规格药品的情况除外。

第十七条　医师开具处方应当使用经药品监督管理部门批准并公布的药品通用名称、新活性化合物的专利药品名称和复方制剂药品名称。

医师开具院内制剂处方时应当使用经省级卫生行政部门审核、药品监督管理部门批准的名称。

医师可以使用由卫生部公布的药品习惯名称开具处方。

第十八条　处方开具当日有效。特殊情况下需延长有效期的，由开具处方的医师注明有效期限，但有效期最长不得超过3天。

第十九条　处方一般不得超过7日用量；急诊处方一般不得超过3日用量；对于某些慢性病、老年病或特殊情况，处方用量可适当延长，但医师应当注明理由。

医疗用毒性药品、放射性药品的处方用量应当严格按照国家有关规定执行。

第二十条　医师应当按照卫生部制定的麻醉药品和精神药品临床应用指导原则，开具麻醉药品、第一类精神药品处方。

第二十一条　门(急)诊癌症疼痛患者和中、重度慢性疼痛患者需长期使用麻醉药品和第一类精神药品的，首诊医师应当亲自诊查患者，建立相应的病历，要求其签署《知情同意书》。

病历中应当留存下列材料复印件：

(一)二级以上医院开具的诊断证明；

(二)患者户籍簿、身份证或者其他相关有效身份证明文件；

(三)为患者代办人员身份证明文件。

第二十二条　除需长期使用麻醉药品和第一类精神药品的门(急)诊癌症疼痛患者和中、重度慢性疼痛患者外，麻醉药品注射剂仅限于医疗机构内使用。

第二十三条 为门(急)诊患者开具的麻醉药品注射剂,每张处方为一次常用量;控缓释制剂,每张处方不得超过7日常用量;其他剂型,每张处方不得超过3日常用量。

第一类精神药品注射剂,每张处方为一次常用量;控缓释制剂,每张处方不得超过7日常用量;其他剂型,每张处方不得超过3日常用量。哌醋甲酯用于治疗儿童多动症时,每张处方不得超过15日常用量。

第二类精神药品一般每张处方不得超过7日常用量;对于慢性病或某些特殊情况的患者,处方用量可以适当延长,医师应当注明理由。

第二十四条 为门(急)诊癌症疼痛患者和中、重度慢性疼痛患者开具的麻醉药品、第一类精神药品注射剂,每张处方不得超过3日常用量;控缓释制剂,每张处方不得超过15日常用量;其他剂型,每张处方不得超过7日常用量。

第二十五条 为住院患者开具的麻醉药品和第一类精神药品处方应当逐日开具,每张处方为1日常用量。

第二十六条 对于需要特别加强管制的麻醉药品,盐酸二氢埃托啡处方为一次常用量,仅限于二级以上医院内使用;盐酸哌替啶处方为一次常用量,仅限于医疗机构内使用。

第二十七条 医疗机构应当要求长期使用麻醉药品和第一类精神药品的门(急)诊癌症患者和中、重度慢性疼痛患者,每3个月复诊或者随诊一次。

第二十八条 医师利用计算机开具、传递普通处方时,应当同时打印出纸质处方,其格式与手写处方一致;打印的纸质处方经签名或者加盖签章后有效。药师核发药品时,应当核对打印的纸质处方,无误后发给药品,并将打印的纸质处方与计算机传递处方同时收存备查。

第二十九条 取得药学专业技术职务任职资格的人员方可从事处方调剂工作。

第三十条 药师在执业的医疗机构取得处方调剂资格。药师签名或者专用签章式样应当在本机构留样备查。

第三十一条 具有药师以上专业技术职务任职资格的人员负责处方审核、评估、核对、发药以及安全用药指导;药士从事处方调配工作。

第三十二条 药师应当凭医师处方调剂处方药品,非经医师处方不得调剂。

第三十三条 药师应当按照操作规程调剂处方药品：认真审核处方，准确调配药品，正确书写药袋或粘贴标签，注明患者姓名和药品名称、用法、用量，包装；向患者交付药品时，按照药品说明书或者处方用法，进行用药交待与指导，包括每种药品的用法、用量、注意事项等。

第三十四条 药师应当认真逐项检查处方前记、正文和后记书写是否清晰、完整，并确认处方的合法性。

第三十五条 药师应当对处方用药适宜性进行审核，审核内容包括：

（一）规定必须做皮试的药品，处方医师是否注明过敏试验及结果的判定；

（二）处方用药与临床诊断的相符性；

（三）剂量、用法的正确性；

（四）选用剂型与给药途径的合理性；

（五）是否有重复给药现象；

（六）是否有潜在临床意义的药物相互作用和配伍禁忌；

（七）其它用药不适宜情况。

第三十六条 药师经处方审核后，认为存在用药不适宜时，应当告知处方医师，请其确认或者重新开具处方。

药师发现严重不合理用药或者用药错误，应当拒绝调剂，及时告知处方医师，并应当记录，按照有关规定报告。

第三十七条 药师调剂处方时必须做到"四查十对"：查处方，对科别、姓名、年龄；查药品，对药名、剂型、规格、数量；查配伍禁忌，对药品性状、用法用量；查用药合理性，对临床诊断。

第三十八条 药师在完成处方调剂后，应当在处方上签名或者加盖专用签章。

第三十九条 药师应当对麻醉药品和第一类精神药品处方，按年月日逐日编制顺序号。

第四十条 药师对于不规范处方或者不能判定其合法性的处方，不得调剂。

第四十一条 医疗机构应当将本机构基本用药供应目录内同类药品相关信息告知患者。

第四十二条 除麻醉药品、精神药品、医疗用毒性药品和儿科处方外，医疗机构不得限制门诊就诊人员持处方到药品零售企业购药。

第四十七条 未取得处方权的人员及被取消处方权的医师不得开具处方。未取得麻醉药品和第一类精神药品处方资格的医师不得开具麻醉药品和第一类精神药品处方。

第四十八条 除治疗需要外，医师不得开具麻醉药品、精神药品、医疗用毒性药品和放射性药品处方。

第四十九条 未取得药学专业技术职务任职资格的人员不得从事处方调剂工作。

第六十一条 本办法所称药学专业技术人员，是指按照卫生部《卫生技术人员职务试行条例》规定，取得药学专业技术职务任职资格人员，包括主任药师、副主任药师、主管药师、药师、药士。

第六十二条 本办法所称医疗机构，是指按照《医疗机构管理条例》批准登记的从事疾病诊断、治疗活动的医院、社区卫生服务中心（站）、妇幼保健院、卫生院、疗养院、门诊部、诊所、卫生室（所）、急救中心（站）、专科疾病防治院（所、站）以及护理院（站）等医疗机构。

2.《医疗美容服务管理办法》（2016 年 1 月 19 日修正）

第二条 本办法所称医疗美容，是指运用手术、药物、医疗器械以及其他具有创伤性或者侵入性的医学技术方法对人的容貌和人体各部位形态进行的修复与再塑。

本办法所称美容医疗机构，是指以开展医疗美容诊疗业务为主的医疗机构。

本办法所称主诊医师是指具备本办法第十一条规定条件，负责实施医疗美容项目的执业医师。

医疗美容科为一级科目，美容外科、美容牙科、美容皮肤科和美容中医科为二级科目。

根据医疗美容项目的技术难度、可能发生的医疗风险程度，对医疗美容项目实行分级准入管理。《医疗美容项目分级管理目录》由卫生部另行规定。

第十五条 实施医疗美容项目必须在相应的美容医疗机构或开设医疗美容科室的医疗机构中进行。

第十六条 美容医疗机构和医疗美容科室应根据自身条件和能力在卫生行政部门核定的诊疗科目范围内开展医疗服务，未经批准不得擅自扩大诊疗范围。

> 美容医疗机构及开设医疗美容科室的医疗机构不得开展未向登记机关备案的医疗美容项目。
>
> **第十七条**　美容医疗机构执业人员要严格执行有关法律、法规和规章,遵守医疗美容技术操作规程。
>
> 美容医疗机构使用的医用材料须经有关部门批准。
>
> **第十八条**　医疗美容服务实行主诊医师负责制。医疗美容项目必须由主诊医师负责或在其指导下实施。
>
> **第二十九条**　外科、口腔科、眼科、皮肤科、中医科等相关临床学科在疾病治疗过程中涉及的相关医疗美容活动不受本办法调整。

第一千二百二十二条　【医疗过错的推定】患者在诊疗活动中受到损害,有下列情形之一的,推定医疗机构有过错:

(一)违反法律、行政法规、规章以及其他有关诊疗规范的规定;

(二)隐匿或者拒绝提供与纠纷有关的病历资料;

(三)遗失、伪造、篡改或者违法销毁病历资料。

法条评释:本条来自原《侵权责任法》第58条,但是修改了三处:其一,明确了对医疗机构的过错推定是建立在患者在诊疗活动中受到损害的情形,否则不能依据本条列举的三种情形推定医疗机构的过错。其二,增加了遗失病历资料可以推定医疗机构过错的情形。其三,规定了只有医疗机构违法销毁病历资料而非任何销毁病历资料的情形都可以推定医疗机构的过错。

需要注意的是,医疗机构"违反法律、行政法规、规章以及其他有关诊疗规范的规定"在很多时候本身就是医疗过失,但也并非全都如此,因为在某些抢救危重患者的时候可能需要超出常规的诊疗规范进行治疗。此外,本条第2、3项规定,医疗机构隐匿或者拒绝提供与纠纷有关的病历资料或者遗失、伪造、篡改或非法销毁病历资料时,推定其有过错,这主要是为了通过此种过错推定来遏制医疗机构从事此等违法行为,避免法院在处理医疗损害责任时无法查明案情,分清责任。

相关司法解释规定

《最高人民法院关于审理医疗损害责任纠纷案件适用法律若干问题的解释》(法释〔2017〕20号)(2020年12月23日修正)

第六条　民法典第一千二百二十二条规定的病历资料包括医疗机构保管的门诊病历、住院志、体温单、医嘱单、检验报告、医学影像检查资料、特殊检查(治疗)同意书、手术同意书、手术及麻醉记录、病理资料、护理记录、出院记录以及国务院卫生行政主管部门规定的其他病历资料。

患者依法向人民法院申请医疗机构提交由其保管的与纠纷有关的病历资料等，医疗机构未在人民法院指定期限内提交的，人民法院可以依照民法典第一千二百二十二条第二项规定推定医疗机构有过错，但是因不可抗力等客观原因无法提交的除外。

第一千二百二十三条　【药品等缺陷及不合格血液致害责任】因药品、消毒产品、医疗器械的缺陷，或者输入不合格的血液造成患者损害的，患者可以向药品上市许可持有人、生产者、血液提供机构请求赔偿，也可以向医疗机构请求赔偿。患者向医疗机构请求赔偿的，医疗机构赔偿后，有权向负有责任的药品上市许可持有人、生产者、血液提供机构追偿。

法条评释：本条来自原《侵权责任法》第59条，修改了两处：其一，将“消毒药剂”修改为“消毒产品”，所谓消毒产品范围更广，包括消毒剂、消毒器械(含生物指示物、化学指示物和灭菌物品包装物)、卫生用品和一次性使用医疗用品。其二，增加了药品上市许可持有人作为责任主体。依据2019年修订后的《药品管理法》第30条，药品上市许可持有人，是指取得药品注册证书的企业或者药品研制机构等。药品上市许可持有人应当依照《药品管理法》的规定，对药品的非临床研究、临床试验、生产经营、上市后研究、不良反应监测及报告与处理等承担责任。其他从事药品研制、生产、经营、储存、运输、使用等活动的单位和个人依法承担相应责任。药品上市许可持有人的法定代表人、主要负责人对药品质量全面负责。

药品、消毒产品、医疗器械的缺陷，或者输入不合格的血液造成患者损害的，性质上属于产品责任，本应规定在“产品责任”一章当中。

但是，由于这些产品非常特殊，而且通常只有在诊疗活动中才能造成损害，涉及医疗机构，故此《民法典》侵权责任编将其规定在“医疗损害责任”一章。当存在缺陷的药品、消毒产品、医疗器械或者不合格的血液造成患者损害时，药品上市许可持有人、生产者、血液提供机构以及医疗机构均应承担无过错责任。

一、相关法律条文

1.《中华人民共和国药品管理法》(2019 年 8 月 26 日修订)

第二条 在中华人民共和国境内从事药品研制、生产、经营、使用和监督管理活动，适用本法。

本法所称药品，是指用于预防、治疗、诊断人的疾病，有目的地调节人的生理机能并规定有适应症或者功能主治、用法和用量的物质，包括中药、化学药和生物制品等。

第三十条 药品上市许可持有人是指取得药品注册证书的企业或者药品研制机构等。

药品上市许可持有人应当依照本法规定，对药品的非临床研究、临床试验、生产经营、上市后研究、不良反应监测及报告与处理等承担责任。其他从事药品研制、生产、经营、储存、运输、使用等活动的单位和个人依法承担相应责任。

药品上市许可持有人的法定代表人、主要负责人对药品质量全面负责。

第三十一条 药品上市许可持有人应当建立药品质量保证体系，配备专门人员独立负责药品质量管理。

药品上市许可持有人应当对受托药品生产企业、药品经营企业的质量管理体系进行定期审核，监督其持续具备质量保证和控制能力。

第三十二条 药品上市许可持有人可以自行生产药品，也可以委托药品生产企业生产。

药品上市许可持有人自行生产药品的，应当依照本法规定取得药品生产许可证；委托生产的，应当委托符合条件的药品生产企业。药品上市许可持有人和受托生产企业应当签订委托协议和质量协议，并严格履行协议约定的义务。

国务院药品监督管理部门制定药品委托生产质量协议指南，指导、监督药品上市许可持有人和受托生产企业履行药品质量保证义务。

血液制品、麻醉药品、精神药品、医疗用毒性药品、药品类易制毒化学品不得委托生产;但是,国务院药品监督管理部门另有规定的除外。

第三十三条 药品上市许可持有人应当建立药品上市放行规程,对药品生产企业出厂放行的药品进行审核,经质量受权人签字后方可放行。不符合国家药品标准的,不得放行。

第三十四条 药品上市许可持有人可以自行销售其取得药品注册证书的药品,也可以委托药品经营企业销售。药品上市许可持有人从事药品零售活动的,应当取得药品经营许可证。

药品上市许可持有人自行销售药品的,应当具备本法第五十二条规定的条件;委托销售的,应当委托符合条件的药品经营企业。药品上市许可持有人和受托经营企业应当签订委托协议,并严格履行协议约定的义务。

第三十五条 药品上市许可持有人、药品生产企业、药品经营企业委托储存、运输药品的,应当对受托方的质量保证能力和风险管理能力进行评估,与其签订委托协议,约定药品质量责任、操作规程等内容,并对受托方进行监督。

第三十六条 药品上市许可持有人、药品生产企业、药品经营企业和医疗机构应当建立并实施药品追溯制度,按照规定提供追溯信息,保证药品可追溯。

第三十七条 药品上市许可持有人应当建立年度报告制度,每年将药品生产销售、上市后研究、风险管理等情况按照规定向省、自治区、直辖市人民政府药品监督管理部门报告。

第三十八条 药品上市许可持有人为境外企业的,应当由其指定的在中国境内的企业法人履行药品上市许可持有人义务,与药品上市许可持有人承担连带责任。

第三十九条 中药饮片生产企业履行药品上市许可持有人的相关义务,对中药饮片生产、销售实行全过程管理,建立中药饮片追溯体系,保证中药饮片安全、有效、可追溯。

第四十条 经国务院药品监督管理部门批准,药品上市许可持有人可以转让药品上市许可。受让方应当具备保障药品安全性、有效性和质量可控性的质量管理、风险防控和责任赔偿等能力,履行药品上市许可持有人义务。

第四十一条 从事药品生产活动,应当经所在地省、自治区、直辖市人民政府药品监督管理部门批准,取得药品生产许可证。无药品生产许可证的，不得生产药品。

药品生产许可证应当标明有效期和生产范围，到期重新审查发证。

第四十二条　从事药品生产活动，应当具备以下条件：

（一）有依法经过资格认定的药学技术人员、工程技术人员及相应的技术工人；

（二）有与药品生产相适应的厂房、设施和卫生环境；

（三）有能对所生产药品进行质量管理和质量检验的机构、人员及必要的仪器设备；

（四）有保证药品质量的规章制度，并符合国务院药品监督管理部门依据本法制定的药品生产质量管理规范要求。

第四十三条　从事药品生产活动，应当遵守药品生产质量管理规范，建立健全药品生产质量管理体系，保证药品生产全过程持续符合法定要求。

药品生产企业的法定代表人、主要负责人对本企业的药品生产活动全面负责。

第四十四条　药品应当按照国家药品标准和经药品监督管理部门核准的生产工艺进行生产。生产、检验记录应当完整准确，不得编造。

中药饮片应当按照国家药品标准炮制；国家药品标准没有规定的，应当按照省、自治区、直辖市人民政府药品监督管理部门制定的炮制规范炮制。省、自治区、直辖市人民政府药品监督管理部门制定的炮制规范应当报国务院药品监督管理部门备案。不符合国家药品标准或者不按照省、自治区、直辖市人民政府药品监督管理部门制定的炮制规范炮制的，不得出厂、销售。

第四十五条　生产药品所需的原料、辅料，应当符合药用要求、药品生产质量管理规范的有关要求。

生产药品，应当按照规定对供应原料、辅料等的供应商进行审核，保证购进、使用的原料、辅料等符合前款规定要求。

第四十六条　直接接触药品的包装材料和容器，应当符合药用要求，符合保障人体健康、安全的标准。

对不合格的直接接触药品的包装材料和容器，由药品监督管理部门责令停止使用。

第四十七条　药品生产企业应当对药品进行质量检验。不符合国家药品标准的，不得出厂。

药品生产企业应当建立药品出厂放行规程，明确出厂放行的标准、条件。符合标准、条件的，经质量受权人签字后方可放行。

第四十八条 药品包装应当适合药品质量的要求，方便储存、运输和医疗使用。

发运中药材应当有包装。在每件包装上，应当注明品名、产地、日期、供货单位，并附有质量合格的标志。

第四十九条 药品包装应当按照规定印有或者贴有标签并附有说明书。

标签或者说明书应当注明药品的通用名称、成份、规格、上市许可持有人及其地址、生产企业及其地址、批准文号、产品批号、生产日期、有效期、适应症或者功能主治、用法、用量、禁忌、不良反应和注意事项。标签、说明书中的文字应当清晰，生产日期、有效期等事项应当显著标注，容易辨识。

麻醉药品、精神药品、医疗用毒性药品、放射性药品、外用药品和非处方药的标签、说明书，应当印有规定的标志。

第五十条 药品上市许可持有人、药品生产企业、药品经营企业和医疗机构中直接接触药品的工作人员，应当每年进行健康检查。患有传染病或者其他可能污染药品的疾病的，不得从事直接接触药品的工作。

第六十九条 医疗机构应当配备依法经过资格认定的药师或者其他药学技术人员，负责本单位的药品管理、处方审核和调配、合理用药指导等工作。非药学技术人员不得直接从事药剂技术工作。

第七十条 医疗机构购进药品，应当建立并执行进货检查验收制度，验明药品合格证明和其他标识；不符合规定要求的，不得购进和使用。

第七十一条 医疗机构应当有与所使用药品相适应的场所、设备、仓储设施和卫生环境，制定和执行药品保管制度，采取必要的冷藏、防冻、防潮、防虫、防鼠等措施，保证药品质量。

第七十二条 医疗机构应当坚持安全有效、经济合理的用药原则，遵循药品临床应用指导原则、临床诊疗指南和药品说明书等合理用药，对医师处方、用药医嘱的适宜性进行审核。

医疗机构以外的其他药品使用单位，应当遵守本法有关医疗机构使用药品的规定。

第七十三条 依法经过资格认定的药师或者其他药学技术人员调配处方，应当进行核对，对处方所列药品不得擅自更改或者代用。对有配伍禁忌或者超剂量的处方,应当拒绝调配;必要时,经处方医师更正或者重新签字,方可调配。

第七十四条 医疗机构配制制剂,应当经所在地省、自治区、直辖市人民政府药品监督管理部门批准,取得医疗机构制剂许可证。无医疗机构制剂许可证的,不得配制制剂。

医疗机构制剂许可证应当标明有效期,到期重新审查发证。

第七十五条 医疗机构配制制剂,应当有能够保证制剂质量的设施、管理制度、检验仪器和卫生环境。

医疗机构配制制剂,应当按照经核准的工艺进行,所需的原料、辅料和包装材料等应当符合药用要求。

第七十六条 医疗机构配制的制剂,应当是本单位临床需要而市场上没有供应的品种,并应当经所在地省、自治区、直辖市人民政府药品监督管理部门批准;但是,法律对配制中药制剂另有规定的除外。

医疗机构配制的制剂应当按照规定进行质量检验;合格的,凭医师处方在本单位使用。经国务院药品监督管理部门或者省、自治区、直辖市人民政府药品监督管理部门批准,医疗机构配制的制剂可以在指定的医疗机构之间调剂使用。

医疗机构配制的制剂不得在市场上销售。

2.《中华人民共和国献血法》(1998 年 10 月 1 日起施行)

第八条 血站是采集、提供临床用血的机构,是不以营利为目的的公益性组织。设立血站向公民采集血液,必须经国务院卫生行政部门或者省、自治区、直辖市人民政府卫生行政部门批准。血站应当为献血者提供各种安全、卫生、便利的条件。血站的设立条件和管理办法由国务院卫生行政部门制定。

第九条 血站对献血者必须免费进行必要的健康检查;身体状况不符合献血条件的,血站应当向其说明情况,不得采集血液。献血者的身体健康条件由国务院卫生行政部门规定。

血站对献血者每次采集血液量一般为二百毫升,最多不得超过四百毫升,两次采集间隔期不少于六个月。

严格禁止血站违反前款规定对献血者超量、频繁采集血液。

第十条 血站采集血液必须严格遵守有关操作规程和制度,采血必须由具有采血资格的医务人员进行,一次性采血器材用后必须销毁,确保献血者的身体健康。

血站应当根据国务院卫生行政部门制定的标准，保证血液质量。

血站对采集的血液必须进行检测；未经检测或者检测不合格的血液，不得向医疗机构提供。

第十一条 无偿献血的血液必须用于临床，不得买卖。血站、医疗机构不得将无偿献血的血液出售给单采血浆站或者血液制品生产单位。

第十二条 临床用血的包装、储存、运输，必须符合国家规定的卫生标准和要求。

第十三条 医疗机构对临床用血必须进行核查，不得将不符合国家规定标准的血液用于临床。

第二十二条 医疗机构的医务人员违反本法规定，将不符合国家规定标准的血液用于患者的，由县级以上地方人民政府卫生行政部门责令改正；给患者健康造成损害的，应当依法赔偿，对直接负责的主管人员和其他直接责任人员，依法给予行政处分；构成犯罪的，依法追究刑事责任。

3.《中华人民共和国传染病防治法》(2013年6月29日修正)

第二十三条 采供血机构、生物制品生产单位必须严格执行国家有关规定，保证血液、血液制品的质量。禁止非法采集血液或者组织他人出卖血液。

疾病预防控制机构、医疗机构使用血液和血液制品，必须遵守国家有关规定，防止因输入血液、使用血液制品引起经血液传播疾病的发生。

二、相关行政法规

1.《麻醉药品和精神药品管理条例》(2016年2月6日修正)

第三条 本条例所称麻醉药品和精神药品，是指列入麻醉药品目录、精神药品目录（以下称目录）的药品和其他物质。精神药品分为第一类精神药品和第二类精神药品。

目录由国务院药品监督管理部门会同国务院公安部门、国务院卫生主管部门制定、调整并公布。

上市销售但尚未列入目录的药品和其他物质或者第二类精神药品发生滥用，已经造成或者可能造成严重社会危害的，国务院药品监督管理部门会同国务院公安部门、国务院卫生主管部门应当及时将该药品和该物质列入目录或者将该第二类精神药品调整为第一类精神药品。

第三十六条　医疗机构需要使用麻醉药品和第一类精神药品的，应当经所在地设区的市级人民政府卫生主管部门批准，取得麻醉药品、第一类精神药品购用印鉴卡（以下称印鉴卡）。医疗机构应当凭印鉴卡向本省、自治区、直辖市行政区域内的定点批发企业购买麻醉药品和第一类精神药品。

设区的市级人民政府卫生主管部门发给医疗机构印鉴卡时，应当将取得印鉴卡的医疗机构情况抄送所在地设区的市级药品监督管理部门，并报省、自治区、直辖市人民政府卫生主管部门备案。省、自治区、直辖市人民政府卫生主管部门应当将取得印鉴卡的医疗机构名单向本行政区域内的定点批发企业通报。

第三十七条　医疗机构取得印鉴卡应当具备下列条件：

（一）有专职的麻醉药品和第一类精神药品管理人员；

（二）有获得麻醉药品和第一类精神药品处方资格的执业医师；

（三）有保证麻醉药品和第一类精神药品安全储存的设施和管理制度。

第三十八条　医疗机构应当按照国务院卫生主管部门的规定，对本单位执业医师进行有关麻醉药品和精神药品使用知识的培训、考核，经考核合格的，授予麻醉药品和第一类精神药品处方资格。执业医师取得麻醉药品和第一类精神药品的处方资格后，方可在本医疗机构开具麻醉药品和第一类精神药品处方，但不得为自己开具该种处方。医疗机构应当将具有麻醉药品和第一类精神药品处方资格的执业医师名单及其变更情况，定期报送所在地设区的市级人民政府卫生主管部门，并抄送同级药品监督管理部门。医务人员应当根据国务院卫生主管部门制定的临床应用指导原则，使用麻醉药品和精神药品。

第三十九条　具有麻醉药品和第一类精神药品处方资格的执业医师，根据临床应用指导原则，对确需使用麻醉药品或者第一类精神药品的患者，应当满足其合理用药需求。在医疗机构就诊的癌症疼痛患者和其他危重患者得不到麻醉药品或者第一类精神药品时，患者或者其亲属可以向执业医师提出申请。具有麻醉药品和第一类精神药品处方资格的执业医师认为要求合理的，应当及时为患者提供所需麻醉药品或者第一类精神药品。

第四十条　执业医师应当使用专用处方开具麻醉药品和精神药品，单张处方的最大用量应当符合国务院卫生主管部门的规定。

对麻醉药品和第一类精神药品处方，处方的调配人、核对人应当仔细核对，签署姓名，并予以登记；对不符合本条例规定的，处方的调配人、核对人应当拒绝发药。

麻醉药品和精神药品专用处方的格式由国务院卫生主管部门规定。

第四十一条　医疗机构应当对麻醉药品和精神药品处方进行专册登记，加强管理。麻醉药品处方至少保存3年，精神药品处方至少保存2年。

第四十二条　医疗机构抢救病人急需麻醉药品和第一类精神药品而本医疗机构无法提供时，可以从其他医疗机构或者定点批发企业紧急借用；抢救工作结束后，应当及时将借用情况报所在地设区的市级药品监督管理部门和卫生主管部门备案。

第四十三条　对临床需要而市场无供应的麻醉药品和精神药品，持有医疗机构制剂许可证和印鉴卡的医疗机构需要配制制剂的，应当经所在地省、自治区、直辖市人民政府药品监督管理部门批准。医疗机构配制的麻醉药品和精神药品制剂只能在本医疗机构使用，不得对外销售。

第四十四条　因治疗疾病需要，个人凭医疗机构出具的医疗诊断书、本人身份证明，可以携带单张处方最大用量以内的麻醉药品和第一类精神药品；携带麻醉药品和第一类精神药品出入境的，由海关根据自用、合理的原则放行。

医务人员为了医疗需要携带少量麻醉药品和精神药品出入境的，应当持有省级以上人民政府药品监督管理部门发放的携带麻醉药品和精神药品证明。海关凭携带麻醉药品和精神药品证明放行。

第四十五条　医疗机构、戒毒机构以开展戒毒治疗为目的，可以使用美沙酮或者国家确定的其他用于戒毒治疗的麻醉药品和精神药品。具体管理办法由国务院药品监督管理部门、国务院公安部门和国务院卫生主管部门制定。

2.《医疗器械监督管理条例》（2021年2月9日修订）

第六条　医疗器械产品应当符合医疗器械强制性国家标准；尚无强制性国家标准的，应当符合医疗器械强制性行业标准。

一次性使用的医疗器械目录由国务院食品药品监督管理部门会同国务院卫生计生主管部门制定、调整并公布。重复使用可以保证安全、有效的医疗器械，不列入一次性使用的医疗器械目录。对因设计、生产工艺、消毒灭菌技术等改进后重复使用可以保证安全、有效的医疗器械，应当调整出一次性使用的医疗器械目录。

第三十四条 医疗器械使用单位应当有与在用医疗器械品种、数量相适应的贮存场所和条件。医疗器械使用单位应当加强对工作人员的技术培训，按照产品说明书、技术操作规范等要求使用医疗器械。

医疗器械使用单位配置大型医用设备，应当符合国务院卫生计生主管部门制定的大型医用设备配置规划，与其功能定位、临床服务需求相适应，具有相应的技术条件、配套设施和具备相应资质、能力的专业技术人员，并经省级以上人民政府卫生计生主管部门批准，取得大型医用设备配置许可证。

大型医用设备配置管理办法由国务院卫生计生主管部门会同国务院有关部门制定。大型医用设备目录由国务院卫生计生主管部门商国务院有关部门提出，报国务院批准后执行。

第三十五条 医疗器械使用单位对重复使用的医疗器械，应当按照国务院卫生计生主管部门制定的消毒和管理的规定进行处理。

一次性使用的医疗器械不得重复使用，对使用过的应当按照国家有关规定销毁并记录。

第三十六条 医疗器械使用单位对需要定期检查、检验、校准、保养、维护的医疗器械，应当按照产品说明书的要求进行检查、检验、校准、保养、维护并予以记录，及时进行分析、评估，确保医疗器械处于良好状态，保障使用质量；对使用期限长的大型医疗器械，应当逐台建立使用档案，记录其使用、维护、转让、实际使用时间等事项。记录保存期限不得少于医疗器械规定使用期限终止后5年。

第三十七条 医疗器械使用单位应当妥善保存购入第三类医疗器械的原始资料，并确保信息具有可追溯性。

使用大型医疗器械以及植入和介入类医疗器械的，应当将医疗器械的名称、关键性技术参数等信息以及与使用质量安全密切相关的必要信息记载到病历等相关记录中。

第三十八条 发现使用的医疗器械存在安全隐患的，医疗器械使用单位应当立即停止使用，并通知生产企业或者其他负责产品质量的机构进行检修；经检修仍不能达到使用安全标准的医疗器械，不得继续使用。

第四十条 医疗器械经营企业、使用单位不得经营、使用未依法注册、无合格证明文件以及过期、失效、淘汰的医疗器械。

第四十一条 医疗器械使用单位之间转让在用医疗器械，转让方应当确保所转让的医疗器械安全、有效，不得转让过期、失效、淘汰以及检验不合格的医疗器械。

第四十七条 医疗器械生产经营企业、使用单位应当对所生产经营或者使用的医疗器械开展不良事件监测；发现医疗器械不良事件或者可疑不良事件，应当按照国务院食品药品监督管理部门的规定，向医疗器械不良事件监测技术机构报告。

任何单位和个人发现医疗器械不良事件或者可疑不良事件，有权向食品药品监督管理部门或者医疗器械不良事件监测技术机构报告。

第七十六条 本条例下列用语的含义：

医疗器械，是指直接或者间接用于人体的仪器、设备、器具、体外诊断试剂及校准物、材料以及其他类似或者相关的物品，包括所需要的计算机软件；其效用主要通过物理等方式获得，不是通过药理学、免疫学或者代谢的方式获得，或者虽然有这些方式参与但是只起辅助作用；其目的是：

（一）疾病的诊断、预防、监护、治疗或者缓解；

（二）损伤的诊断、监护、治疗、缓解或者功能补偿；

（三）生理结构或者生理过程的检验、替代、调节或者支持；

（四）生命的支持或者维持；

（五）妊娠控制；

（六）通过对来自人体的样本进行检查，为医疗或者诊断目的提供信息。

医疗器械使用单位，是指使用医疗器械为他人提供医疗等技术服务的机构，包括取得医疗机构执业许可证的医疗机构，取得计划生育技术服务机构执业许可证的计划生育技术服务机构，以及依法不需要取得医疗机构执业许可证的血站、单采血浆站、康复辅助器具适配机构等。

大型医用设备，是指使用技术复杂、资金投入量大、运行成本高、对医疗费用影响大且纳入目录管理的大型医疗器械。

三、相关司法解释规定

《最高人民法院关于审理医疗损害责任纠纷案件适用法律若干问题的解释》(法释〔2017〕20号)(2020年12月23日修正)

第三条　患者因缺陷医疗产品受到损害,起诉部分或者全部医疗产品的生产者、销售者、药品上市许可持有人和医疗机构的,应予受理。

患者仅起诉医疗产品的生产者、销售者、药品上市许可持有人、医疗机构中部分主体,当事人依法申请追加其他主体为共同被告或者第三人的,应予准许。必要时,人民法院可以依法追加相关当事人参加诉讼。

患者因输入不合格的血液受到损害提起侵权诉讼的,参照适用前两款规定。

第七条　患者依据民法典第一千二百二十三条规定请求赔偿的,应当提交使用医疗产品或者输入血液、受到损害的证据。

患者无法提交使用医疗产品或者输入血液与损害之间具有因果关系的证据,依法申请鉴定的,人民法院应予准许。

医疗机构,医疗产品的生产者、销售者、药品上市许可持有人或者血液提供机构主张不承担责任的,应当对医疗产品不存在缺陷或者血液合格等抗辩事由承担举证证明责任。

第二十一条　因医疗产品的缺陷或者输入不合格血液受到损害,患者请求医疗机构,缺陷医疗产品的生产者、销售者、药品上市许可持有人或者血液提供机构承担赔偿责任的,应予支持。

医疗机构承担赔偿责任后,向缺陷医疗产品的生产者、销售者、药品上市许可持有人或者血液提供机构追偿的,应予支持。

因医疗机构的过错使医疗产品存在缺陷或者血液不合格,医疗产品的生产者、销售者、药品上市许可持有人或者血液提供机构承担赔偿责任后,向医疗机构追偿的,应予支持。

第二十二条　缺陷医疗产品与医疗机构的过错诊疗行为共同造成患者同一损害,患者请求医疗机构与医疗产品的生产者、销售者、药品上市许可持有人承担连带责任的,应予支持。

医疗机构或者医疗产品的生产者、销售者、药品上市许可持有人承担赔偿责任后,向其他责任主体追偿的,应当根据诊疗行为与缺陷医疗产品造成患者损害的原因力大小确定相应的数额。

输入不合格血液与医疗机构的过错诊疗行为共同造成患者同一损害的,参照适用前两款规定。

第二十五条 患者死亡后，其近亲属请求医疗损害赔偿的，适用本解释；支付患者医疗费、丧葬费等合理费用的人请求赔偿该费用的，适用本解释。

本解释所称的“医疗产品”包括药品、消毒产品、医疗器械等。

四、相关部门规章

1.《医疗机构药事管理规定》（卫医政发〔2011〕11号）

第十五条 药物临床应用管理是对医疗机构临床诊断、预防和治疗疾病用药全过程实施监督管理。医疗机构应当遵循安全、有效、经济的合理用药原则，尊重患者对药品使用的知情权和隐私权。

第十六条 医疗机构应当依据国家基本药物制度，抗菌药物临床应用指导原则和中成药临床应用指导原则，制定本机构基本药物临床应用管理办法，建立并落实抗菌药物临床应用分级管理制度。

第十七条 医疗机构应当建立由医师、临床药师和护士组成的临床治疗团队，开展临床合理用药工作。

第十八条 医疗机构应当遵循有关药物临床应用指导原则、临床路径、临床诊疗指南和药品说明书等合理使用药物；对医师处方、用药医嘱的适宜性进行审核。

第十九条 医疗机构应当配备临床药师。临床药师应当全职参与临床药物治疗工作，对患者进行用药教育，指导患者安全用药。

第二十条 医疗机构应当建立临床用药监测、评价和超常预警制度，对药物临床使用安全性、有效性和经济性进行监测、分析、评估，实施处方和用药医嘱点评与干预。

第二十一条 医疗机构应当建立药品不良反应、用药错误和药品损害事件监测报告制度。医疗机构临床科室发现药品不良反应、用药错误和药品损害事件后，应当积极救治患者，立即向药学部门报告，并做好观察与记录。医疗机构应当按照国家有关规定向相关部门报告药品不良反应，用药错误和药品损害事件应当立即向所在地县级卫生行政部门报告。

第二十二条 医疗机构应当结合临床和药物治疗，开展临床药学和药学研究工作，并提供必要的工作条件，制订相应管理制度，加强领导与管理。

第二十三条 医疗机构应当根据《国家基本药物目录》、《处方管理办法》、《国家处方集》、《药品采购供应质量管理规范》等制订本机构《药品处方集》和《基本用药供应目录》，编制药品采购计划，按规定购入药品。

第二十四条　医疗机构应当制订本机构药品采购工作流程；建立健全药品成本核算和账务管理制度；严格执行药品购入检查、验收制度；不得购入和使用不符合规定的药品。

第二十五条　医疗机构临床使用的药品应当由药学部门统一采购供应。经药事管理与药物治疗学委员会（组）审核同意，核医学科可以购用、调剂本专业所需的放射性药品。其他科室或者部门不得从事药品的采购、调剂活动，不得在临床使用非药学部门采购供应的药品。

第二十六条　医疗机构应当制订和执行药品保管制度，定期对库存药品进行养护与质量检查。药品库的仓储条件和管理应当符合药品采购供应质量管理规范的有关规定。

第二十七条　化学药品、生物制品、中成药和中药饮片应当分别储存，分类定位存放。易燃、易爆、强腐蚀性等危险性药品应当另设仓库单独储存，并设置必要的安全设施，制订相关的工作制度和应急预案。

麻醉药品、精神药品、医疗用毒性药品、放射性药品等特殊管理的药品，应当按照有关法律、法规、规章的相关规定进行管理和监督使用。

第二十八条　药学专业技术人员应当严格按照《药品管理法》、《处方管理办法》、药品调剂质量管理规范等法律、法规、规章制度和技术操作规程，认真审核处方或者用药医嘱，经适宜性审核后调剂配发药品。发出药品时应当告知患者用法用量和注意事项，指导患者合理用药。

为保障患者用药安全，除药品质量原因外，药品一经发出，不得退换。

第二十九条　医疗机构门急诊药品调剂室应当实行大窗口或者柜台式发药。住院（病房）药品调剂室对注射剂按日剂量配发，对口服制剂药品实行单剂量调剂配发。

肠外营养液、危害药品静脉用药应当实行集中调配供应。

第三十条　医疗机构根据临床需要建立静脉用药调配中心（室），实行集中调配供应。静脉用药调配中心（室）应当符合静脉用药集中调配质量管理规范，由所在地设区的市级以上卫生行政部门组织技术审核、验收，合格后方可集中调配静脉用药。在静脉用药调配中心（室）以外调配静脉用药，参照静脉用药集中调配质量管理规范执行。

医疗机构建立的静脉用药调配中心(室)应当报省级卫生行政部门备案。

第三十一条　医疗机构制剂管理按照《药品管理法》及其实施条例等有关法律、行政法规规定执行。

第四十三条　本规定中下列用语的含义:

临床药学:是指药学与临床相结合,直接面向患者,以病人为中心,研究与实践临床药物治疗,提高药物治疗水平的综合性应用学科。

临床药师:是指以系统药学专业知识为基础,并具有一定医学和相关专业基础知识与技能,直接参与临床用药,促进药物合理应用和保护患者用药安全的药学专业技术人员。

危害药品:是指能产生职业暴露危险或者危害的药品,即具有遗传毒性、致癌性、致畸性,或者对生育有损害作用以及在低剂量下可产生严重的器官或其他方面毒性的药品,包括肿瘤化疗药物和细胞毒药物。

药品损害:是指由于药品质量不符合国家药品标准造成的对患者的损害。

用药错误:是指合格药品在临床使用全过程中出现的、任何可以防范的用药不当。

2.《血站管理办法》(2017 年 12 月 26 日修正)

第二条　本办法所称血站是指不以营利为目的,采集、提供临床用血的公益性卫生机构。

第三条　血站分为一般血站和特殊血站。

一般血站包括血液中心、中心血站和中心血库。

特殊血站包括脐带血造血干细胞库和国家卫生计生委根据医学发展需要批准、设置的其他类型血库。

第四条　血液中心、中心血站和中心血库由地方人民政府设立。

血站的建设和发展纳入当地国民经济和社会发展计划。

第十九条　血站执业,应当遵守有关法律、行政法规、规章和技术规范。

第二十条　血站应当根据医疗机构临床用血需求,制定血液采集、制备、供应计划,保障临床用血安全、及时、有效。

第二十二条　血站应当按照国家有关规定对献血者进行健康检查和血液采集。

血站采血前应当对献血者身份进行核对并进行登记。

严禁采集冒名顶替者的血液。严禁超量、频繁采集血液。

血站不得采集血液制品生产用原料血浆。

第二十三条　献血者应当按照要求出示真实的身份证明。

任何单位和个人不得组织冒名顶替者献血。

第二十五条　血站应当建立对有易感染经血液传播疾病危险行为的献血者献血后的报告工作程序、献血屏蔽和淘汰制度。

第二十六条　血站开展采供血业务应当实行全面质量管理，严格遵守《中国输血技术操作规程》、《血站质量管理规范》和《血站实验室质量规范》等技术规范和标准。

血站应当建立人员岗位责任制度和采供血管理相关工作制度，并定期检查、考核各项规章制度和各级各类人员岗位责任制的执行和落实情况。

第二十七条　血站应当对血站工作人员进行岗位培训与考核。血站工作人员应当符合岗位执业资格的规定，并经岗位培训与考核合格后方可上岗。

血站工作人员每人每年应当接受不少于75学时的岗位继续教育。

省级人民政府卫生计生行政部门应当制定血站工作人员培训标准或指南，并对血站开展的岗位培训、考核工作进行指导和监督。

第二十八条　血站各业务岗位工作记录应当内容真实、项目完整、格式规范、字迹清楚、记录及时，有操作者签名。

记录内容需要更改时，应当保持原记录内容清晰可辨，注明更改内容、原因和日期，并在更改处签名。

献血、检测和供血的原始记录应当至少保存十年，法律、行政法规和国家卫生计生委另有规定的，依照有关规定执行。

第二十九条　血站应当保证所采集的血液由具有血液检测实验室资格的实验室进行检测。

对检测不合格或者报废的血液，血站应当严格按照有关规定处理。

第三十条　血站应当制定实验室室内质控与室间质评制度，确保试剂、卫生器材、仪器、设备在使用过程中能达到预期效果。

血站的实验室应当配备必要的生物安全设备和设施，并对工作人员进行生物安全知识培训。

第三十一条　血液标本的保存期为全血或成分血使用后二年。

第三十二条　血站应当加强消毒、隔离工作管理，预防和控制感染性疾病的传播。

血站产生的医疗废物应当按《医疗废物管理条例》规定处理，做好记录与签字，避免交叉感染。

第三十三条 血站及其执行职务的人员发现法定传染病疫情时，应当按照《传染病防治法》和国家卫生计生委的规定向有关部门报告。

第三十四条 血液的包装、储存、运输应当符合《血站质量管理规范》的要求。血液包装袋上应当标明：

（一）血站的名称及其许可证号；

（二）献血编号或者条形码；

（三）血型；

（四）血液品种；

（五）采血日期及时间或者制备日期及时间；

（六）有效日期及时间；

（七）储存条件。

第三十五条 血站应当保证发出的血液质量符合国家有关标准，其品种、规格、数量、活性、血型无差错；未经检测或者检测不合格的血液，不得向医疗机构提供。

第三十六条 血站应当建立质量投诉、不良反应监测和血液收回制度。

第三十七条 血站应当加强对其所设储血点的质量监督，确保储存条件，保证血液储存质量；按照临床需要进行血液储存和调换。

第三十八条 血站使用的药品、体外诊断试剂、一次性卫生器材应当符合国家有关规定。

第四十二条 无偿献血的血液必须用于临床，不得买卖。

血站剩余成分血浆由省、自治区、直辖市人民政府卫生行政部门协调血液制品生产单位解决。

第四十三条 血站必须严格执行国家有关报废血处理和有易感染经血液传播疾病危险行为的献血者献血后保密性弃血处理的规定。

第四十四条 血站剩余成分血浆以及因科研或者特殊需要用血而进行的调配所得的收入，全部用于无偿献血者用血返还费用，血站不得挪作他用。

第四十九条 脐带血造血干细胞库等特殊血站执业除应当遵守本办法第二章第二节一般血站的执业要求外，还应当遵守以下规定：

（一）按照国家卫生计生委规定的脐带血造血干细胞库等特殊血站的基本标准、技术规范等执业；

（二）脐带血等特殊血液成分的采集必须符合医学伦理的有关要求，并遵循自愿和知情同意的原则。脐带血造血干细胞库必须与捐献者签署经执业登记机关审核的知情同意书；

（三）脐带血造血干细胞库等特殊血站只能向有造血干细胞移植经验和基础，并装备有造血干细胞移植所需的无菌病房和其它必须设施的医疗机构提供脐带血造血干细胞；

（四）脐带血等特殊血液成分必须用于临床。

第六十五条　本办法下列用语的含义：

血液，是指全血、血液成分和特殊血液成分。

脐带血，是指与孕妇和新生儿血容量和血循环无关的，由新生儿脐带扎断后的远端所采集的胎盘血。

脐带血造血干细胞库，是指以人体造血干细胞移植为目的，具有采集、处理、保存和提供造血干细胞的能力，并具有相当研究实力的特殊血站。

3.《医疗机构临床用血管理办法》（2019年2月28日修订）

第十二条　医疗机构应当加强临床用血管理，建立并完善管理制度和工作规范，并保证落实。

第十三条　医疗机构应当使用卫生行政部门指定血站提供的血液。

医疗机构科研用血由所在地省级卫生行政部门负责核准。

医疗机构应当配合血站建立血液库存动态预警机制，保障临床用血需求和正常医疗秩序。

第十四条　医疗机构应当科学制订临床用血计划，建立临床合理用血的评价制度，提高临床合理用血水平。

第十五条　医疗机构应当对血液预订、接收、入库、储存、出库及库存预警等进行管理，保证血液储存、运送符合国家有关标准和要求。

第十六条　医疗机构接收血站发送的血液后，应当对血袋标签进行核对。符合国家有关标准和要求的血液入库，做好登记；并按不同品种、血型和采血日期（或有效期），分别有序存放于专用储藏设施内。

血袋标签核对的主要内容是：

（一）血站的名称；

（二）献血编号或者条形码、血型；

(三)血液品种;

(四)采血日期及时间或者制备日期及时间;

(五)有效期及时间;

(六)储存条件。

禁止将血袋标签不合格的血液入库。

第十七条 医疗机构应当在血液发放和输血时进行核对,并指定医务人员负责血液的收领、发放工作。

第十八条 医疗机构的储血设施应当保证运行有效,全血、红细胞的储藏温度应当控制在2~6℃,血小板的储藏温度应当控制在20~24℃。储血保管人员应当做好血液储藏温度的24小时监测记录。储血环境应当符合卫生标准和要求。

第十九条 医务人员应当认真执行临床输血技术规范,严格掌握临床输血适应证,根据患者病情和实验室检测指标,对输血指证进行综合评估,制订输血治疗方案。

第二十条 医疗机构应当建立临床用血申请管理制度。

同一患者一天申请备血量少于800毫升的,由具有中级以上专业技术职务任职资格的医师提出申请,上级医师核准签发后,方可备血。

同一患者一天申请备血量在800毫升至1600毫升的,由具有中级以上专业技术职务任职资格的医师提出申请,经上级医师审核,科室主任核准签发后,方可备血。

同一患者一天申请备血量达到或超过1600毫升的,由具有中级以上专业技术职务任职资格的医师提出申请,科室主任核准签发后,报医务部门批准,方可备血。

以上第二款、第三款和第四款规定不适用于急救用血。

第二十一条 在输血治疗前,医师应当向患者或者其近亲属说明输血目的、方式和风险,并签署临床输血治疗知情同意书。

因抢救生命垂危的患者需要紧急输血,且不能取得患者或者其近亲属意见的,经医疗机构负责人或者授权的负责人批准后,可以立即实施输血治疗。

第二十二条 医疗机构应当积极推行节约用血的新型医疗技术。

三级医院、有条件的二级医院和妇幼保健院应当开展自体输血技术,建立并完善管理制度和技术规范,提高合理用血水平,保证医疗质量和安全。

医疗机构应当动员符合条件的患者接受自体输血技术，提高输血治疗效果和安全性。

第二十三条　医疗机构应当积极推行成分输血，保证医疗质量和安全。

第二十七条　省、自治区、直辖市人民政府卫生行政部门应当加强边远地区医疗机构临床用血保障工作，科学规划和建设中心血库与储血点。

医疗机构应当制订应急用血工作预案。为保证应急用血，医疗机构可以临时采集血液，但必须同时符合以下条件：

（一）危及患者生命，急需输血；

（二）所在地血站无法及时提供血液，且无法及时从其他医疗机构调剂血液，而其他医疗措施不能替代输血治疗；

（三）具备开展交叉配血及乙型肝炎病毒表面抗原、丙型肝炎病毒抗体、艾滋病病毒抗体和梅毒螺旋体抗体的检测能力；

（四）遵守采供血相关操作规程和技术标准。

医疗机构应当在临时采集血液后10日内将情况报告县级以上人民政府卫生行政部门。

第二十八条　医疗机构应当建立临床用血医学文书管理制度，确保临床用血信息客观真实、完整、可追溯。医师应当将患者输血适应证的评估、输血过程和输血后疗效评价情况记入病历；临床输血治疗知情同意书、输血记录单等随病历保存。

4.《消毒管理办法》（2017年12月26日修订）

第二条　本办法适用于医疗卫生机构、消毒服务机构以及从事消毒产品生产、经营活动的单位和个人。

其他需要消毒的场所和物品管理也适用于本办法。

第四条　医疗卫生机构应当建立消毒管理组织，制定消毒管理制度，执行国家有关规范、标准和规定，定期开展消毒与灭菌效果检测工作。

第五条　医疗卫生机构工作人员应当接受消毒技术培训、掌握消毒知识，并按规定严格执行消毒隔离制度。

第六条　医疗卫生机构使用的进入人体组织或无菌器官的医疗用品必须达到灭菌要求。各种注射、穿刺、采血器具应当一人一用一灭菌。凡接触皮肤、粘膜的器械和用品必须达到消毒要求。

医疗卫生机构使用的一次性使用医疗用品用后应当及时进行无害化处理。

第七条 医疗卫生机构购进消毒产品必须建立并执行进货检查验收制度。

第八条 医疗卫生机构的环境、物品应当符合国家有关规范、标准和规定。排放废弃的污水、污物应当按照国家有关规定进行无害化处理。运送传染病病人及其污染物品的车辆、工具必须随时进行消毒处理。

第九条 医疗卫生机构发生感染性疾病暴发、流行时,应当及时报告当地卫生计生行政部门,并采取有效消毒措施。

第十八条 消毒产品应当符合国家有关规范、标准和规定。

第十九条 消毒产品的生产应当符合国家有关规范、标准和规定,对生产的消毒产品应当进行检验,不合格者不得出厂。

第二十条 消毒剂、消毒器械和卫生用品生产企业取得工商行政管理部门颁发的营业执照后,还应当取得所在地省级卫生计生行政部门发放的卫生许可证,方可从事消毒产品的生产。

第二十三条 消毒产品生产企业卫生许可证有效期为四年。

消毒产品生产企业卫生许可证有效期满三十日前,生产企业应当向原发证机关申请延续。经审查符合要求的,予以延续,换发新证。新证延用原卫生许可证编号。

第三十条 经营者采购消毒产品时,应当索取下列有效证件:

(一)生产企业卫生许可证复印件;

(二)产品卫生安全评价报告或者新消毒产品卫生许可批件复印件。

有效证件的复印件应当加盖原件持有者的印章。

第三十一条 消毒产品的命名、标签(含说明书)应当符合国家卫生计生委的有关规定。

消毒产品的标签(含说明书)和宣传内容必须真实,不得出现或暗示对疾病的治疗效果。

第三十二条 禁止生产经营下列消毒产品:

(一)无生产企业卫生许可证或新消毒产品卫生许可批准文件的;

(二)产品卫生安全评价不合格或产品卫生质量不符合要求的。

第四十五条 本办法下列用语的含义:

感染性疾病:由微生物引起的疾病。

消毒产品:包括消毒剂、消毒器械(含生物指示物、化学指示物和灭菌物品包装物)、卫生用品和一次性使用医疗用品。

消毒服务机构：指为社会提供可能被污染的物品及场所、卫生用品和一次性使用医疗用品等进行消毒与灭菌服务的单位。

医疗卫生机构：指医疗保健、疾病控制、采供血机构及与上述机构业务活动相同的单位。

第一千二百二十四条 【医疗机构的免责事由】患者在诊疗活动中受到损害，有下列情形之一的，医疗机构不承担赔偿责任：

（一）患者或者其近亲属不配合医疗机构进行符合诊疗规范的诊疗；

（二）医务人员在抢救生命垂危的患者等紧急情况下已经尽到合理诊疗义务；

（三）限于当时的医疗水平难以诊疗。

前款第一项情形中，医疗机构或者其医务人员也有过错的，应当承担相应的赔偿责任。

法条评释：本条是对医疗机构免责事由的规定，对此医疗机构负有举证责任。需要注意的是，依据本条第1款第1项，即使患者或者其近亲属不配合医疗机构进行符合诊疗规范的诊疗，但如果医疗机构及其医务人员存在过错，如没有清楚地向患者说明不配合治疗的后果与风险等，此时该过错行为对于损害的发生也具有一定的原因力，医疗机构仍要承担相应的责任。

一、相关法律条文

《中华人民共和国执业医师法》（2009年8月27日修正）

第二十四条 对急危患者，医师应当采取紧急措施进行诊治；不得拒绝急救处置。

二、相关行政法规

1.《医疗事故处理条例》（2002年9月1日起施行）

第三十三条 有下列情形之一的，不属于医疗事故：

（一）在紧急情况下为抢救垂危患者生命而采取紧急医学措施造成不良后果的；

（二）在医疗活动中由于患者病情异常或者患者体质特殊而发生医疗意外的；

（三）在现有医学科学技术条件下，发生无法预料或者不能防范的不良后果的；

（四）无过错输血感染造成不良后果的；

（五）因患方原因延误诊疗导致不良后果的；

（六）因不可抗力造成不良后果的。

2.《医疗机构管理条例》（2016年2月6日修订）

第三十一条 医疗机构对危重病人应当立即抢救。对限于设备或者技术条件不能诊治的病人，应当及时转诊。

3.《护士条例》（2020年3月27日修订）

第十七条 护士在执业活动中，发现患者病情危急，应当立即通知医师；在紧急情况下为抢救垂危患者生命，应当先行实施必要的紧急救护。

护士发现医嘱违反法律、法规、规章或者诊疗技术规范规定的，应当及时向开具医嘱的医师提出；必要时，应当向该医师所在科室的负责人或者医疗卫生机构负责医疗服务管理的人员报告。

三、相关司法解释规定

《最高人民法院关于审理医疗损害责任纠纷案件适用法律若干问题的解释》（法释〔2017〕20号）（2020年12月23日修正）

第四条 患者依据民法典第一千二百一十八条规定主张医疗机构承担赔偿责任的，应当提交到该医疗机构就诊、受到损害的证据。

患者无法提交医疗机构或者其医务人员有过错、诊疗行为与损害之间具有因果关系的证据，依法提出医疗损害鉴定申请的，人民法院应予准许。

医疗机构主张不承担责任的，应当就民法典第一千二百二十四条第一款规定情形等抗辩事由承担举证证明责任。

第一千二百二十五条 【病历资料的制作保管与查阅复制】 医疗机构及其医务人员应当按照规定填写并妥善保管住院志、医嘱单、检验报告、手术及麻醉记录、病理资料、护理记录等病历资料。

患者要求查阅、复制前款规定的病历资料的，医疗机构应当及时提供。

法条评释： 本条来自原《侵权责任法》第61条，鉴于医疗费用资料属于患者为获取医疗服务而支付对价的证明并非病历资料，故此将其从病历资料的列举中删除。本条规定的是医疗机构及其医务人员对病历资料的制作和保管义务，以及患者查阅复制病历资料的权利。就其性质而言，本条规定在医疗卫生行政管理性法律中更加合适。

一、相关法律条文

1.《中华人民共和国执业医师法》(2009年8月27日修正)

第二十三条　医师实施医疗、预防、保健措施，签署有关医学证明文件，必须亲自诊查、调查，并按照规定及时填写医学文书，不得隐匿、伪造或者销毁医学文书及有关资料。医师不得出具与自己执业范围无关或者与执业类别不相符的医学证明文件。

2.《中华人民共和国精神卫生法》(2018年4月27日修正)

第四十七条　医疗机构及其医务人员应当在病历资料中如实记录精神障碍患者的病情、治疗措施、用药情况、实施约束、隔离措施等内容，并如实告知患者或者其监护人。患者及其监护人可以查阅、复制病历资料；但是，患者查阅、复制病历资料可能对其治疗产生不利影响的除外。病历资料保存期限不得少于三十年。

二、相关行政法规

1.《医疗纠纷预防和处理条例》(2018年10月1日起施行)

第十五条　医疗机构及其医务人员应当按照国务院卫生主管部门的规定，填写并妥善保管病历资料。

因紧急抢救未能及时填写病历的，医务人员应当在抢救结束后6小时内据实补记，并加以注明。

任何单位和个人不得篡改、伪造、隐匿、毁灭或者抢夺病历资料。

第十六条　患者有权查阅、复制其门诊病历、住院志、体温单、医嘱单、化验单(检验报告)、医学影像检查资料、特殊检查同意书、手术同意书、手术及麻醉记录、病理资料、护理记录、医疗费用以及国务院卫生主管部门规定的其他属于病历的全部资料。

患者要求复制病历资料的，医疗机构应当提供复制服务，并在复制的病历资料上加盖证明印记。复制病历资料时，应当有患者或者其近亲属在场。医疗机构应患者的要求为其复制病历资料，可以收取工本费，收费标准应当公开。

患者死亡的，其近亲属可以依照本条例的规定，查阅、复制病历资料。

2.《医疗事故处理条例》(2002年9月1日起施行)

第八条 医疗机构应当按照国务院卫生行政部门规定的要求，书写并妥善保管病历资料。

因抢救急危患者，未能及时书写病历的，有关医务人员应当在抢救结束后6小时内据实补记，并加以注明。

第九条 严禁涂改、伪造、隐匿、销毁或者抢夺病历资料。

第十条 患者有权复印或者复制其门诊病历、住院志、体温单、医嘱单、化验单(检验报告)、医学影像检查资料、特殊检查同意书、手术同意书、手术及麻醉记录单、病理资料、护理记录以及国务院卫生行政部门规定的其他病历资料。

患者依照前款规定要求复印或者复制病历资料的，医疗机构应当提供复印或者复制服务并在复印或者复制的病历资料上加盖证明印记。复印或者复制病历资料时，应当有患者在场。

医疗机构应患者的要求，为其复印或者复制病历资料，可以按照规定收取工本费。具体收费标准由省、自治区、直辖市人民政府价格主管部门会同同级卫生行政部门规定。

三、相关司法解释规定

《最高人民法院关于审理医疗损害责任纠纷案件适用法律若干问题的解释》(法释〔2017〕20号)(2020年12月23日修正)

第六条 民法典第一千二百二十二条规定的病历资料包括医疗机构保管的门诊病历、住院志、体温单、医嘱单、检验报告、医学影像检查资料、特殊检查(治疗)同意书、手术同意书、手术及麻醉记录、病理资料、护理记录、出院记录以及国务院卫生行政主管部门规定的其他病历资料。

患者依法向人民法院申请医疗机构提交由其保管的与纠纷有关的病历资料等，医疗机构未在人民法院指定期限内提交的，人民法院可以依照民法典第一千二百二十二条第二项规定推定医疗机构有过错，但是因不可抗力等客观原因无法提交的除外。

四、相关部门规章

《医疗机构管理条例实施细则》(2017 年 2 月 21 日修正)

第五十三条　医疗机构的门诊病历的保存期不得少于十五年;住院病历的保存期不得少于三十年。

第五十四条　标有医疗机构标识的票据和病历本册以及处方笺、各种检查的申请单、报告单、证明文书单、药品分装袋、制剂标签等不得买卖、出借和转让。

医疗机构不得冒用标有其他医疗机构标识的票据和病历本册以及处方笺、各种检查的申请单、报告单、证明文书单、药品分装袋、制剂标签等。

五、相关文件规定

1.《医疗机构病历管理规定》(国卫医发〔2013〕31 号)

第二条　病历是指医务人员在医疗活动过程中形成的文字、符号、图表、影像、切片等资料的总和,包括门(急)诊病历和住院病历。病历归档以后形成病案。

第三条　本规定适用于各级各类医疗机构对病历的管理。

第四条　按照病历记录形式不同,可区分为纸质病历和电子病历。电子病历与纸质病历具有同等效力。

第五条　医疗机构应当建立健全病历管理制度,设置病案管理部门或者配备专(兼)职人员,负责病历和病案管理工作。

医疗机构应当建立病历质量定期检查、评估与反馈制度。医疗机构医务部门负责病历的质量管理。

第六条　医疗机构及其医务人员应当严格保护患者隐私,禁止以非医疗、教学、研究目的泄露患者的病历资料。

第七条　医疗机构应当建立门(急)诊病历和住院病历编号制度,为同一患者建立唯一的标识号码。已建立电子病历的医疗机构,应当将病历标识号码与患者身份证明编号相关联,使用标识号码和身份证明编号均能对病历进行检索。

门(急)诊病历和住院病历应当标注页码或者电子页码。

第八条　医务人员应当按照《病历书写基本规范》、《中医病历书写基本规范》、《电子病历基本规范(试行)》和《中医电子病历基本规范(试行)》要求书写病历。

第九条 住院病历应当按照以下顺序排序:体温单、医嘱单、入院记录、病程记录、术前讨论记录、手术同意书、麻醉同意书、麻醉术前访视记录、手术安全核查记录、手术清点记录、麻醉记录、手术记录、麻醉术后访视记录、术后病程记录、病重(病危)患者护理记录、出院记录、死亡记录、输血治疗知情同意书、特殊检查(特殊治疗)同意书、会诊记录、病危(重)通知书、病理资料、辅助检查报告单、医学影像检查资料。

病案应当按照以下顺序装订保存:住院病案首页、入院记录、病程记录、术前讨论记录、手术同意书、麻醉同意书、麻醉术前访视记录、手术安全核查记录、手术清点记录、麻醉记录、手术记录、麻醉术后访视记录、术后病程记录、出院记录、死亡记录、死亡病例讨论记录、输血治疗知情同意书、特殊检查(特殊治疗)同意书、会诊记录、病危(重)通知书、病理资料、辅助检查报告单、医学影像检查资料、体温单、医嘱单、病重(病危)患者护理记录。

第十条 门(急)诊病历原则上由患者负责保管。医疗机构建有门(急)诊病历档案室或者已建立门(急)诊电子病历的,经患者或者其法定代理人同意,其门(急)诊病历可以由医疗机构负责保管。

住院病历由医疗机构负责保管。

第十一条 门(急)诊病历由患者保管的,医疗机构应当将检查检验结果及时交由患者保管。

第十二条 门(急)诊病历由医疗机构保管的,医疗机构应当在收到检查检验结果后24小时内,将检查检验结果归入或者录入门(急)诊病历,并在每次诊疗活动结束后首个工作日内将门(急)诊病历归档。

第十三条 患者住院期间,住院病历由所在病区统一保管。因医疗活动或者工作需要,须将住院病历带离病区时,应当由病区指定的专门人员负责携带和保管。

医疗机构应当在收到住院患者检查检验结果和相关资料后24小时内归入或者录入住院病历。

患者出院后,住院病历由病案管理部门或者专(兼)职人员统一保存、管理。

第十四条 医疗机构应当严格病历管理,任何人不得随意涂改病历,严禁伪造、隐匿、销毁、抢夺、窃取病历。

第十五条 除为患者提供诊疗服务的医务人员,以及经卫生计生行政部门、中医药管理部门或者医疗机构授权的负责病案管理、医疗管理的部门或者人员外，其他任何机构和个人不得擅自查阅患者病历。

第十六条　其他医疗机构及医务人员因科研、教学需要查阅、借阅病历的，应当向患者就诊医疗机构提出申请，经同意并办理相应手续后方可查阅、借阅。查阅后应当立即归还，借阅病历应当在3个工作日内归还。查阅的病历资料不得带离患者就诊医疗机构。

第十七条　医疗机构应当受理下列人员和机构复制或者查阅病历资料的申请，并依规定提供病历复制或者查阅服务：

（一）患者本人或者其委托代理人；

（二）死亡患者法定继承人或者其代理人。

第十八条　医疗机构应当指定部门或者专（兼）职人员负责受理复制病历资料的申请。受理申请时，应当要求申请人提供有关证明材料，并对申请材料的形式进行审核。

（一）申请人为患者本人的，应当提供其有效身份证明；

（二）申请人为患者代理人的，应当提供患者及其代理人的有效身份证明，以及代理人与患者代理关系的法定证明材料和授权委托书；

（三）申请人为死亡患者法定继承人的，应当提供患者死亡证明、死亡患者法定继承人的有效身份证明，死亡患者与法定继承人关系的法定证明材料；

（四）申请人为死亡患者法定继承人代理人的，应当提供患者死亡证明、死亡患者法定继承人及其代理人的有效身份证明，死亡患者与法定继承人关系的法定证明材料，代理人与法定继承人代理关系的法定证明材料及授权委托书。

第十九条　医疗机构可以为申请人复制门（急）诊病历和住院病历中的体温单、医嘱单、住院志（入院记录）、手术同意书、麻醉同意书、麻醉记录、手术记录、病重（病危）患者护理记录、出院记录、输血治疗知情同意书、特殊检查（特殊治疗）同意书、病理报告、检验报告等辅助检查报告单、医学影像检查资料等病历资料。

第二十条　公安、司法、人力资源社会保障、保险以及负责医疗事故技术鉴定的部门，因办理案件、依法实施专业技术鉴定、医疗保险审核或仲裁、商业保险审核等需要，提出审核、查阅或者复制病历资料要求的，经办人员提供以下证明材料后，医疗机构可以根据需要提供患者部分或全部病历：

（一）该行政机关、司法机关、保险或者负责医疗事故技术鉴定部门出具的调取病历的法定证明；

（二）经办人本人有效身份证明；

（三）经办人本人有效工作证明（需与该行政机关、司法机关、保险或者负责医疗事故技术鉴定部门一致）。

保险机构因商业保险审核等需要，提出审核、查阅或者复制病历资料要求的，还应当提供保险合同复印件、患者本人或者其代理人同意的法定证明材料；患者死亡的，应当提供保险合同复印件、死亡患者法定继承人或者其代理人同意的法定证明材料。合同或者法律另有规定的除外。

第二十一条 按照《病历书写基本规范》和《中医病历书写基本规范》要求，病历尚未完成，申请人要求复制病历时，可以对已完成病历先行复制，在医务人员按照规定完成病历后，再对新完成部分进行复制。

第二十二条 医疗机构受理复制病历资料申请后，由指定部门或者专（兼）职人员通知病案管理部门或专（兼）职人员，在规定时间内将需要复制的病历资料送至指定地点，并在申请人在场的情况下复制；复制的病历资料经申请人和医疗机构双方确认无误后，加盖医疗机构证明印记。

第二十三条 医疗机构复制病历资料，可以按照规定收取工本费。

第二十四条 依法需要封存病历时，应当在医疗机构或者其委托代理人、患者或者其代理人在场的情况下，对病历共同进行确认，签封病历复制件。

医疗机构申请封存病历时，医疗机构应当告知患者或者其代理人共同实施病历封存；但患者或者其代理人拒绝或者放弃实施病历封存的，医疗机构可以在公证机构公证的情况下，对病历进行确认，由公证机构签封病历复制件。

第二十五条 医疗机构负责封存病历复制件的保管。

第二十六条 封存后病历的原件可以继续记录和使用。

按照《病历书写基本规范》和《中医病历书写基本规范》要求，病历尚未完成，需要封存病历时，可以对已完成病历先行封存，当医师按照规定完成病历后，再对新完成部分进行封存。

第二十七条 开启封存病历应当在签封各方在场的情况下实施。

第二十八条 医疗机构可以采用符合档案管理要求的缩微技术等对纸质病历进行处理后保存。

第二十九条　门(急)诊病历由医疗机构保管的，保存时间自患者最后一次就诊之日起不少于15年；住院病历保存时间自患者最后一次住院出院之日起不少于30年。

第三十条　医疗机构变更名称时，所保管的病历应当由变更后医疗机构继续保管。

医疗机构撤销后，所保管的病历可以由省级卫生计生行政部门、中医药管理部门或者省级卫生计生行政部门、中医药管理部门指定的机构按照规定妥善保管。

2. 关于病历和电子病历的书写规范，相关部门颁布了以下文件(具体内容略)

(1)《病历书写基本规范》(卫医政发〔2010〕11号)

(2)《中医病历书写基本规范》(国中医药医政发〔2010〕29号)

3.《处方管理办法》(2007年5月1日起施行)

第二条　本办法所称处方，是指由注册的执业医师和执业助理医师(以下简称医师)在诊疗活动中为患者开具的、由取得药学专业技术职务任职资格的药学专业技术人员(以下简称药师)审核、调配、核对，并作为患者用药凭证的医疗文书。处方包括医疗机构病区用药医嘱单。

本办法适用于与处方开具、调剂、保管相关的医疗机构及其人员。

第四条　医师开具处方和药师调剂处方应当遵循安全、有效、经济的原则。

处方药应当凭医师处方销售、调剂和使用。

第六条　处方书写应当符合下列规则：

(一)患者一般情况、临床诊断填写清晰、完整，并与病历记载相一致。

(二)每张处方限于一名患者的用药。

(三)字迹清楚，不得涂改；如需修改，应当在修改处签名并注明修改日期。

(四)药品名称应当使用规范的中文名称书写，没有中文名称的可以使用规范的英文名称书写；医疗机构或者医师、药师不得自行编制药品缩写名称或者使用代号；书写药品名称、剂量、规格、用法、用量要准确规范，药品用法可用规范的中文、英文、拉丁文或者缩写体书写，但不得使用"遵医嘱"、"自用"等含糊不清字句。

（五）患者年龄应当填写实足年龄，新生儿、婴幼儿写日、月龄，必要时要注明体重。

（六）西药和中成药可以分别开具处方，也可以开具一张处方，中药饮片应当单独开具处方。

（七）开具西药、中成药处方，每一种药品应当另起一行，每张处方不得超过5种药品。

（八）中药饮片处方的书写，一般应当按照“君、臣、佐、使”的顺序排列；调剂、煎煮的特殊要求注明在药品右上方，并加括号，如布包、先煎、后下等；对饮片的产地、炮制有特殊要求的，应当在药品名称之前写明。

（九）药品用法用量应当按照药品说明书规定的常规用法用量使用，特殊情况需要超剂量使用时，应当注明原因并再次签名。

（十）除特殊情况外，应当注明临床诊断。

（十一）开具处方后的空白处划一斜线以示处方完毕。

（十二）处方医师的签名式样和专用签章应当与院内药学部门留样备查的式样相一致，不得任意改动，否则应当重新登记留样备案。

第七条 药品剂量与数量用阿拉伯数字书写。剂量应当使用法定剂量单位：重量以克（g）、毫克（mg）、微克（μg）、纳克（ng）为单位；容量以升（L）、毫升（ml）为单位；国际单位（IU）、单位（U）；中药饮片以克（g）为单位。

片剂、丸剂、胶囊剂、颗粒剂分别以片、丸、粒、袋为单位；溶液剂以支、瓶为单位；软膏及乳膏剂以支、盒为单位；注射剂以支、瓶为单位，应当注明含量；中药饮片以剂为单位。

第五十条 处方由调剂处方药品的医疗机构妥善保存。普通处方、急诊处方、儿科处方保存期限为1年，医疗用毒性药品、第二类精神药品处方保存期限为2年，麻醉药品和第一类精神药品处方保存期限为3年。

处方保存期满后，经医疗机构主要负责人批准、登记备案，方可销毁。

第五十一条 医疗机构应当根据麻醉药品和精神药品处方开具情况，按照麻醉药品和精神药品品种、规格对其消耗量进行专册登记，登记内容包括发药日期、患者姓名、用药数量。专册保存期限为3年。

第六十二条　医疗机构及其医务人员应当对患者的隐私保密。泄露患者隐私或者未经患者同意公开其病历资料，造成患者损害的，应当承担侵权责任。

第一千二百二十六条　【患者隐私与个人信息的保护】医疗机构及其医务人员应当对患者的隐私和个人信息保密。泄露患者的隐私和个人信息，或者未经患者同意公开其病历资料的，应当承担侵权责任。

法条评释：病历资料等医疗信息是对患者而言非常重要的隐私和个人信息，受到隐私权和个人信息保护制度的保护，《民法典》第1034条也将“健康信息”纳入个人信息的范畴。故此，本条特别明确医疗机构及其医务人员对患者的隐私和个人信息负有保密的义务，违反该义务的，应当承担侵权责任。

一、相关法律条文

1.《中华人民共和国执业医师法》(2009年8月27日修正)

第二十二条　医师在执业活动中履行下列义务：

(一)遵守法律、法规，遵守技术操作规范；

(二)树立敬业精神，遵守职业道德，履行医师职责，尽职尽责为患者服务；

(三)关心、爱护、尊重患者，保护患者的隐私；

(四)努力钻研业务，更新知识，提高专业技术水平；

(五)宣传卫生保健知识，对患者进行健康教育。

2.《中华人民共和国传染病防治法》(2013年6月29日修正)

第十二条　在中华人民共和国领域内的一切单位和个人，必须接受疾病预防控制机构、医疗机构有关传染病的调查、检验、采集样本、隔离治疗等预防、控制措施，如实提供有关情况。疾病预防控制机构、医疗机构不得泄露涉及个人隐私的有关信息、资料。

卫生行政部门以及其他有关部门、疾病预防控制机构和医疗机构因违法实施行政管理或者预防、控制措施，侵犯单位和个人合法权益的，有关单位和个人可以依法申请行政复议或者提起诉讼。

3.《中华人民共和国基本医疗卫生与健康促进法》(2020 年 6 月 1 日起施行)

第三十三条 公民接受医疗卫生服务,应当受到尊重。医疗卫生机构、医疗卫生人员应当关心爱护、平等对待患者,尊重患者人格尊严,保护患者隐私。

公民接受医疗卫生服务,应当遵守诊疗制度和医疗卫生服务秩序,尊重医疗卫生人员。

4.《中华人民共和国精神卫生法》(2018 年 4 月 27 日修正)

第四条 精神障碍患者的人格尊严、人身和财产安全不受侵犯。

精神障碍患者的教育、劳动、医疗以及从国家和社会获得物质帮助等方面的合法权益受法律保护。

有关单位和个人应当对精神障碍患者的姓名、肖像、住址、工作单位、病历资料以及其他可能推断出其身份的信息予以保密;但是,依法履行职责需要公开的除外。

二、相关行政法规

1.《护士条例》(2020 年 3 月 27 日修订)

第十八条 护士应当尊重、关心、爱护患者,保护患者的隐私。

2.《乡村医生从业管理条例》(2004 年 1 月 1 日起施行)

第二十四条 乡村医生在执业活动中应当履行下列义务:

(一)遵守法律、法规、规章和诊疗护理技术规范、常规;

(二)树立敬业精神,遵守职业道德,履行乡村医生职责,为村民健康服务;

(三)关心、爱护、尊重患者,保护患者的隐私;

(四)努力钻研业务,更新知识,提高专业技术水平;

(五)向村民宣传卫生保健知识,对患者进行健康教育。

三、相关部门规章

1.《血站管理办法》(2017 年 12 月 26 日修正)

第二十四条 血站采集血液应当遵循自愿和知情同意的原则,并对献血者履行规定的告知义务。

血站应当建立献血者信息保密制度,为献血者保密。

2.《医疗美容服务管理办法》(2016年1月19日修正)

第二十条　美容医疗机构和医疗美容科室的从业人员要尊重就医者的隐私权,未经就医者本人或监护人同意,不得向第三方披露就医者病情及病历资料。

第一千二百二十七条　【禁止过度检查】医疗机构及其医务人员不得违反诊疗规范实施不必要的检查。

法条评释:本条来自原《侵权责任法》第63条,未作修改。本条明确了医疗机构及其医务人员不得实施不必要检查的义务,如果医疗机构及其医务人员违反该规定,给患者造成人身损害的,应当承担侵权责任。即便没有造成人身损害,患者也可以基于医疗服务合同要求医疗机构返还因不必要的检查而支付的费用。

第一千二百二十八条　【医疗机构及其医务人员合法权益的保护】医疗机构及其医务人员的合法权益受法律保护。

干扰医疗秩序,妨碍医务人员工作、生活,侵害医务人员合法权益的,应当依法承担法律责任。

法条评释:本条属于宣示性规定。

一、相关法律条文

1.《中华人民共和国执业医师法》(2009年8月27日修正)

第二十一条　医师在执业活动中享有下列权利:

(一)在注册的执业范围内,进行医学诊查、疾病调查、医学处置、出具相应的医学证明文件,选择合理的医疗、预防、保健方案;

(二)按照国务院卫生行政部门规定的标准,获得与本人执业活动相当的医疗设备基本条件;

(三)从事医学研究、学术交流,参加专业学术团体;

(四)参加专业培训,接受继续医学教育;

(五)在执业活动中,人格尊严、人身安全不受侵犯;

(六)获取工资报酬和津贴,享受国家规定的福利待遇;

(七)对所在机构的医疗、预防、保健工作和卫生行政部门的工作提出意见和建议,依法参与所在机构的民主管理。

2.《中华人民共和国治安管理处罚法》(2012年10月26日修正)

第二十三条 有下列行为之一的，处警告或者二百元以下罚款；情节较重的，处五日以上十日以下拘留，可以并处五百元以下罚款：

(一)扰乱机关、团体、企业、事业单位秩序，致使工作、生产、营业、医疗、教学、科研不能正常进行，尚未造成严重损失的；

(二)扰乱车站、港口、码头、机场、商场、公园、展览馆或者其他公共场所秩序的；

(三)扰乱公共汽车、电车、火车、船舶、航空器或者其他公共交通工具上的秩序的；

(四)非法拦截或者强登、扒乘机动车、船舶、航空器以及其他交通工具，影响交通工具正常行驶的；

(五)破坏依法进行的选举秩序的。

聚众实施前款行为的，对首要分子处十日以上十五日以下拘留，可以并处一千元以下罚款。

3.《中华人民共和国刑法》(1997年10月1日起施行)

第二百九十条 聚众扰乱社会秩序，情节严重，致使工作、生产、营业和教学、科研、医疗无法进行，造成严重损失的，对首要分子，处三年以上七年以下有期徒刑；对其他积极参加的，处三年以下有期徒刑、拘役、管制或者剥夺政治权利。

聚众冲击国家机关，致使国家机关工作无法进行，造成严重损失的，对首要分子，处五年以上十年以下有期徒刑；对其他积极参加的，处五年以下有期徒刑、拘役、管制或者剥夺政治权利。

多次扰乱国家机关工作秩序，经行政处罚后仍不改正，造成严重后果的，处三年以下有期徒刑、拘役或者管制。

多次组织、资助他人非法聚集，扰乱社会秩序，情节严重的，依照前款的规定处罚。

二、相关行政法规

1.《护士条例》(2020年3月27日修订)

第三条 护士人格尊严、人身安全不受侵犯。护士依法履行职责，受法律保护。

全社会应当尊重护士。

> **2.《乡村医生从业管理条例》(2004年1月1日起施行)**
>
> **第二十三条**　乡村医生在执业活动中享有下列权利:
>
> (一)进行一般医学处置,出具相应的医学证明;
>
> (二)参与医学经验交流,参加专业学术团体;
>
> (三)参加业务培训和教育;
>
> (四)在执业活动中,人格尊严、人身安全不受侵犯;
>
> (五)获取报酬;
>
> (六)对当地的预防、保健、医疗工作和卫生行政主管部门的工作提出意见和建议。

第七章　环境污染和生态破坏责任

第一千二百二十九条　【环境污染和生态破坏责任的归责原则】 因污染环境、破坏生态造成他人损害的,侵权人应当承担侵权责任。

法条评释: 本条来自原《侵权责任法》第65条,但进行了重要的补充完善,即在原来仅规定环境污染损害责任的基础上,增加了生态破坏责任。在《民法典》编纂过程中,为了增加关于生态破坏责任的规定,《民法典》侵权责任编第7章的章名也历经了反复的修改,从侵权责任编的第一次审议稿使用的"生态环境损害责任",到第二次审议稿的"损害生态环境责任",再到第三次审议稿的"环境污染和生态破坏责任",最终才确定下来。

2013年11月12日中国共产党十八届三中全会审议通过的《中共中央关于全面深化改革若干重大问题的决定》明确提出:"建设生态文明,必须建立系统完整的生态文明制度体系,实行最严格的源头保护制度、损害赔偿制度、责任追究制度,完善环境治理和生态修复制度,用制度保护生态环境。"中国共产党十九大报告进一步提出要"要加大生态系统保护力度"的决策部署。2014年修订后的《环境保护法》第64条明确规定:"因污染环境和破坏生态造成损害的,应当依照《中华人民共和国侵权责任法》的有关规定承担侵权责任。"为了贯彻落实中央文件的要求,更好地保护生态环境,建设生态文明,我国《民法典》编纂时专门在侵权责任编关于环境污染责任规定的基础上，增加了生态破坏责任，不仅对环境污染造成他人损害的责任，也对破坏生态造成他人损害以及生态环境损害责任作出了细致的规定。

环境污染（environmental pollution）有广、狭义之分。狭义的环境污染即“公害”，也称“特殊的环境污染”，是指因产业活动或其他人为活动而破坏大气、水、土壤、海洋、安静稳定等自然环境，从而给不特定多数人的生命、身体、健康、财产或者其他民事权益造成损害的行为。破坏生态，也称生态破坏（ecology destroying），是指人类社会活动引起的生态退化及由此衍生的环境效应，导致了环境结构和功能的变化，对人类生存发展以及环境本身发展产生不利影响的现象。生态破坏的类型主要包括：水土流失、沙漠化、荒漠化、森林锐减、土地退化、生物多样性的减少、湖泊的富营养化、地下水漏斗、地面下沉等。本条明确了环境污染和生态破坏责任属于无过错责任，即无论侵权人有无过错，只要污染环境、破坏生态造成他人损害的，就应当承担侵权责任。

一、相关法律条文

1.《中华人民共和国环境保护法》（2014年4月24日修订）

第二条 本法所称环境，是指影响人类生存和发展的各种天然的和经过人工改造的自然因素的总体，包括大气、水、海洋、土地、矿藏、森林、草原、湿地、野生生物、自然遗迹、人文遗迹、自然保护区、风景名胜区、城市和乡村等。

第十六条 国务院环境保护主管部门根据国家环境质量标准和国家经济、技术条件，制定国家污染物排放标准。

省、自治区、直辖市人民政府对国家污染物排放标准中未作规定的项目，可以制定地方污染物排放标准；对国家污染物排放标准中已作规定的项目，可以制定严于国家污染物排放标准的地方污染物排放标准。地方污染物排放标准应当报国务院环境保护主管部门备案。

第五十八条 对污染环境、破坏生态，损害社会公共利益的行为，符合下列条件的社会组织可以向人民法院提起诉讼：

（一）依法在设区的市级以上人民政府民政部门登记；

（二）专门从事环境保护公益活动连续五年以上且无违法记录。

符合前款规定的社会组织向人民法院提起诉讼,人民法院应当依法受理。

提起诉讼的社会组织不得通过诉讼牟取经济利益。

第六十四条 因污染环境和破坏生态造成损害的,应当依照《中华人民共和国侵权责任法》的有关规定承担侵权责任。

第六十五条 环境影响评价机构、环境监测机构以及从事环境监测设备和防治污染设施维护、运营的机构,在有关环境服务活动中弄虚作假,对造成的环境污染和生态破坏负有责任的,除依照有关法律法规规定予以处罚外,还应当与造成环境污染和生态破坏的其他责任者承担连带责任。

第六十六条 提起环境损害赔偿诉讼的时效期间为三年,从当事人知道或者应当知道其受到损害时起计算。

2.《中华人民共和国海洋环境保护法》(2017 年 11 月 4 日修正)

第二条 本法适用于中华人民共和国内水、领海、毗连区、专属经济区、大陆架以及中华人民共和国管辖的其他海域。

在中华人民共和国管辖海域内从事航行、勘探、开发、生产、旅游、科学研究及其他活动,或者在沿海陆域内从事影响海洋环境活动的任何单位和个人,都必须遵守本法。

在中华人民共和国管辖海域以外,造成中华人民共和国管辖海域污染的,也适用本法。

第十一条 国家和地方水污染物排放标准的制定,应当将国家和地方海洋环境质量标准作为重要依据之一。在国家建立并实施排污总量控制制度的重点海域,水污染物排放标准的制定,还应当将主要污染物排海总量控制指标作为重要依据。

排污单位在执行国家和地方水污染物排放标准的同时,应当遵守分解落实到本单位的主要污染物排海总量控制指标。

对超过主要污染物排海总量控制指标的重点海域和未完成海洋环境保护目标、任务的海域,省级以上人民政府环境保护行政主管部门、海洋行政主管部门,根据职责分工暂停审批新增相应种类污染物排放总量的建设项目环境影响报告书(表)。

第十二条 直接向海洋排放污染物的单位和个人,必须按照国家规定缴纳排污费。依照法律规定缴纳环境保护税的,不再缴纳排污费。

向海洋倾倒废弃物,必须按照国家规定缴纳倾倒费。

根据本法规定征收的排污费、倾倒费,必须用于海洋环境污染的整治,不得挪作他用。具体办法由国务院规定。

第八十九条 造成海洋环境污染损害的责任者,应当排除危害,并赔偿损失;完全由于第三者的故意或者过失,造成海洋环境污染损害的,由第三者排除危害,并承担赔偿责任。

对破坏海洋生态、海洋水产资源、海洋保护区,给国家造成重大损失的,由依照本法规定行使海洋环境监督管理权的部门代表国家对责任者提出损害赔偿要求。

第九十一条 完全属于下列情形之一,经过及时采取合理措施,仍然不能避免对海洋环境造成污染损害的,造成污染损害的有关责任者免予承担责任:

(一)战争;

(二)不可抗拒的自然灾害;

(三)负责灯塔或者其他助航设备的主管部门,在执行职责时的疏忽,或者其他过失行为。

3.《中华人民共和国大气污染防治法》(2018年10月26日修正)

第八条 国务院生态环境主管部门或者省、自治区、直辖市人民政府制定大气环境质量标准,应当以保障公众健康和保护生态环境为宗旨,与经济社会发展相适应,做到科学合理。

第九条 国务院生态环境主管部门或者省、自治区、直辖市人民政府制定大气污染物排放标准,应当以大气环境质量标准和国家经济、技术条件为依据。

第十条 制定大气环境质量标准、大气污染物排放标准,应当组织专家进行审查和论证,并征求有关部门、行业协会、企业事业单位和公众等方面的意见。

第十一条 省级以上人民政府生态环境主管部门应当在其网站上公布大气环境质量标准、大气污染物排放标准,供公众免费查阅、下载。

第十二条 大气环境质量标准、大气污染物排放标准的执行情况应当定期进行评估,根据评估结果对标准适时进行修订。

第十三条 制定燃煤、石油焦、生物质燃料、涂料等含挥发性有机物的产品、烟花爆竹以及锅炉等产品的质量标准,应当明确大气环境保护要求。

制定燃油质量标准,应当符合国家大气污染物控制要求,并与国家机动车船、非道路移动机械大气污染物排放标准相互衔接，同步实施。

前款所称非道路移动机械，是指装配有发动机的移动机械和可运输工业设备。

第十四条　未达到国家大气环境质量标准城市的人民政府应当及时编制大气环境质量限期达标规划，采取措施，按照国务院或者省级人民政府规定的期限达到大气环境质量标准。

编制城市大气环境质量限期达标规划，应当征求有关行业协会、企业事业单位、专家和公众等方面的意见。

第一百二十五条　排放大气污染物造成损害的，应当依法承担侵权责任。

4.《中华人民共和国水污染防治法》(2017年6月27日修正)

第二条　本法适用于中华人民共和国领域内的江河、湖泊、运河、渠道、水库等地表水体以及地下水体的污染防治。

海洋污染防治适用《中华人民共和国海洋环境保护法》。

第九十六条　因水污染受到损害的当事人，有权要求排污方排除危害和赔偿损失。

由于不可抗力造成水污染损害的，排污方不承担赔偿责任；法律另有规定的除外。

水污染损害是由受害人故意造成的，排污方不承担赔偿责任。水污染损害是由受害人重大过失造成的，可以减轻排污方的赔偿责任。

水污染损害是由第三人造成的，排污方承担赔偿责任后，有权向第三人追偿。

第九十七条　因水污染引起的损害赔偿责任和赔偿金额的纠纷，可以根据当事人的请求，由环境保护主管部门或者海事管理机构、渔业主管部门按照职责分工调解处理；调解不成的，当事人可以向人民法院提起诉讼。当事人也可以直接向人民法院提起诉讼。

第九十八条　因水污染引起的损害赔偿诉讼，由排污方就法律规定的免责事由及其行为与损害结果之间不存在因果关系承担举证责任。

第九十九条　因水污染受到损害的当事人人数众多的，可以依法由当事人推选代表人进行共同诉讼。

环境保护主管部门和有关社会团体可以依法支持因水污染受到损害的当事人向人民法院提起诉讼。

国家鼓励法律服务机构和律师为水污染损害诉讼中的受害人提供法律援助。

第一百条 因水污染引起的损害赔偿责任和赔偿金额的纠纷，当事人可以委托环境监测机构提供监测数据。环境监测机构应当接受委托，如实提供有关监测数据。

5.《中华人民共和国固体废物污染环境防治法》(2020 年 4 月 29 日修订)

第一百二十一条 固体废物污染环境、破坏生态，损害国家利益、社会公共利益的，有关机关和组织可以依照《中华人民共和国环境保护法》、《中华人民共和国民事诉讼法》、《中华人民共和国行政诉讼法》等法律的规定向人民法院提起诉讼。

第一百二十二条 固体废物污染环境、破坏生态给国家造成重大损失的，由设区的市级以上地方人民政府或者其指定的部门、机构组织与造成环境污染和生态破坏的单位和其他生产经营者进行磋商，要求其承担损害赔偿责任；磋商未达成一致的，可以向人民法院提起诉讼。

对于执法过程中查获的无法确定责任人或者无法退运的固体废物，由所在地县级以上地方人民政府组织处理。

第一百二十四条 本法下列用语的含义：

(一)固体废物，是指在生产、生活和其他活动中产生的丧失原有利用价值或者虽未丧失利用价值但被抛弃或者放弃的固态、半固态和置于容器中的气态的物品、物质以及法律、行政法规规定纳入固体废物管理的物品、物质。经无害化加工处理，并且符合强制性国家产品质量标准，不会危害公众健康和生态安全，或者根据固体废物鉴别标准和鉴别程序认定为不属于固体废物的除外。

(二)工业固体废物，是指在工业生产活动中产生的固体废物。

(三)生活垃圾，是指在日常生活中或者为日常生活提供服务的活动中产生的固体废物，以及法律、行政法规规定视为生活垃圾的固体废物。

(四)建筑垃圾，是指建设单位、施工单位新建、改建、扩建和拆除各类建筑物、构筑物、管网等，以及居民装饰装修房屋过程中产生的弃土、弃料和其他固体废物。

(五)农业固体废物，是指在农业生产活动中产生的固体废物。

(六)危险废物，是指列入国家危险废物名录或者根据国家规定的危险废物鉴别标准和鉴别方法认定的具有危险特性的固体废物。

（七）贮存，是指将固体废物临时置于特定设施或者场所中的活动。

（八）利用，是指从固体废物中提取物质作为原材料或者燃料的活动。

（九）处置，是指将固体废物焚烧和用其他改变固体废物的物理、化学、生物特性的方法，达到减少已产生的固体废物数量、缩小固体废物体积、减少或者消除其危险成分的活动，或者将固体废物最终置于符合环境保护规定要求的填埋场的活动。

6.《中华人民共和国环境噪声污染防治法》（2018年12月29日修正）

第二条 本法所称环境噪声，是指在工业生产、建筑施工、交通运输和社会生活中所产生的干扰周围生活环境的声音。

本法所称环境噪声污染，是指所产生的环境噪声超过国家规定的环境噪声排放标准，并干扰他人正常生活、工作和学习的现象。

第三条 本法适用于中华人民共和国领域内环境噪声污染的防治。

因从事本职生产、经营工作受到噪声危害的防治，不适用本法。

第六十一条 受到环境噪声污染危害的单位和个人，有权要求加害人排除危害；造成损失的，依法赔偿损失。

赔偿责任和赔偿金额的纠纷，可以根据当事人的请求，由生态环境主管部门或者其他环境噪声污染防治工作的监督管理部门、机构调解处理；调解不成的，当事人可以向人民法院起诉。当事人也可以直接向人民法院起诉。

第六十三条 本法中下列用语的含义是：

（一）"噪声排放"是指噪声源向周围生活环境辐射噪声。

（二）"噪声敏感建筑物"是指医院、学校、机关、科研单位、住宅等需要保持安静的建筑物。

（三）"噪声敏感建筑物集中区域"是指医疗区、文教科研区和以机关或者居民住宅为主的区域。

（四）"夜间"是指晚二十二点至晨六点之间的期间。

（五）"机动车辆"是指汽车和摩托车。

7.《中华人民共和国土壤污染防治法》（2019年1月1日起施行）

第二条 在中华人民共和国领域及管辖的其他海域从事土壤污染防治及相关活动，适用本法。

本法所称土壤污染，是指因人为因素导致某种物质进入陆地表层土壤，引起土壤化学、物理、生物等方面特性的改变，影响土壤功能和有效利用，危害公众健康或者破坏生态环境的现象。

第九十六条　污染土壤造成他人人身或者财产损害的，应当依法承担侵权责任。

土壤污染责任人无法认定，土地使用权人未依照本法规定履行土壤污染风险管控和修复义务，造成他人人身或者财产损害的，应当依法承担侵权责任。

土壤污染引起的民事纠纷，当事人可以向地方人民政府生态环境等主管部门申请调解处理，也可以向人民法院提起诉讼。

第九十七条　污染土壤损害国家利益、社会公共利益的，有关机关和组织可以依照《中华人民共和国环境保护法》《中华人民共和国民事诉讼法》《中华人民共和国行政诉讼法》等法律的规定向人民法院提起诉讼。

8.《中华人民共和国放射性污染防治法》(2003 年 10 月 1 日起施行)

第二条　本法适用于中华人民共和国领域和管辖的其他海域在核设施选址、建造、运行、退役和核技术、铀(钍)矿、伴生放射性矿开发利用过程中发生的放射性污染的防治活动。

第九条　国家放射性污染防治标准由国务院环境保护行政主管部门根据环境安全要求、国家经济技术条件制定。国家放射性污染防治标准由国务院环境保护行政主管部门和国务院标准化行政主管部门联合发布。

第十条　国家建立放射性污染监测制度。国务院环境保护行政主管部门会同国务院其他有关部门组织环境监测网络，对放射性污染实施监测管理。

第五十九条　因放射性污染造成他人损害的，应当依法承担民事责任。

第六十二条　本法中下列用语的含义：

(一)放射性污染，是指由于人类活动造成物料、人体、场所、环境介质表面或者内部出现超过国家标准的放射性物质或者射线。

(二)核设施，是指核动力厂(核电厂、核热电厂、核供汽供热厂等)和其他反应堆(研究堆、实验堆、临界装置等)；核燃料生产、加工、贮存和后处理设施；放射性废物的处理和处置设施等。

（三）核技术利用，是指密封放射源、非密封放射源和射线装置在医疗、工业、农业、地质调查、科学研究和教学等领域中的使用。

（四）放射性同位素，是指某种发生放射性衰变的元素中具有相同原子序数但质量不同的核素。

（五）放射源，是指除研究堆和动力堆核燃料循环范畴的材料以外，永久密封在容器中或者有严密包层并呈固态的放射性材料。

（六）射线装置，是指X线机、加速器、中子发生器以及含放射源的装置。

（七）伴生放射性矿，是指含有较高水平天然放射性核素浓度的非铀矿（如稀土矿和磷酸盐矿等）。

（八）放射性废物，是指含有放射性核素或者被放射性核素污染，其浓度或者比活度大于国家确定的清洁解控水平，预期不再使用的废弃物。

9.《中华人民共和国民事诉讼法》（2017年6月27日修正）

第五十五条 对污染环境、侵害众多消费者合法权益等损害社会公共利益的行为，法律规定的机关和有关组织可以向人民法院提起诉讼。

……

二、相关司法解释规定

1.《最高人民法院关于审理环境侵权责任纠纷案件适用法律若干问题的解释》（法释〔2015〕12号）（2020年12月23日修正）

第一条 因污染环境、破坏生态造成他人损害，不论侵权人有无过错，侵权人应当承担侵权责任。

侵权人以排污符合国家或者地方污染物排放标准为由主张不承担责任的，人民法院不予支持。

侵权人不承担责任或者减轻责任的情形，适用海洋环境保护法、水污染防治法、大气污染防治法等环境保护单行法的规定；相关环境保护单行法没有规定的，适用民法典的规定。

第六条 被侵权人根据民法典第七编第七章的规定请求赔偿的，应当提供证明以下事实的证据材料：

（一）侵权人排放了污染物或者破坏了生态；

（二）被侵权人的损害；

（三）侵权人排放的污染物或者其次生污染物、破坏生态行为与损害之间具有关联性。

第八条 对查明环境污染、生态破坏案件事实的专门性问题，可以委托具备相关资格的司法鉴定机构出具鉴定意见或者由负有环境资源保护监督管理职责的部门推荐的机构出具检验报告、检测报告、评估报告或者监测数据。

第九条 当事人申请通知一至两名具有专门知识的人出庭，就鉴定意见或者污染物认定、损害结果、因果关系、修复措施等专业问题提出意见的，人民法院可以准许。当事人未申请，人民法院认为有必要的，可以进行释明。

具有专门知识的人在法庭上提出的意见，经当事人质证，可以作为认定案件事实的根据。

第十条 负有环境资源保护监督管理职责的部门或者其委托的机构出具的环境污染、生态破坏事件调查报告、检验报告、检测报告、评估报告或者监测数据等，经当事人质证，可以作为认定案件事实的根据。

第十一条 对于突发性或者持续时间较短的环境污染、生态破坏行为，在证据可能灭失或者以后难以取得的情况下，当事人或者利害关系人根据民事诉讼法第八十一条规定申请证据保全的，人民法院应当准许。

第十二条 被申请人具有环境保护法第六十三条规定情形之一，当事人或者利害关系人根据民事诉讼法第一百条或者第一百零一条规定申请保全的，人民法院可以裁定责令被申请人立即停止侵害行为或者采取防治措施。

第十三条 人民法院应当根据被侵权人的诉讼请求以及具体案情，合理判定侵权人承担停止侵害、排除妨碍、消除危险、修复生态环境、赔礼道歉、赔偿损失等民事责任。

第十四条 被侵权人请求修复生态环境的，人民法院可以依法裁判侵权人承担环境修复责任，并同时确定其不履行环境修复义务时应当承担的环境修复费用。

侵权人在生效裁判确定的期限内未履行环境修复义务的，人民法院可以委托其他人进行环境修复，所需费用由侵权人承担。

第十五条 被侵权人起诉请求侵权人赔偿因污染环境、破坏生态造成的财产损失、人身损害以及为防止损害发生和扩大、清除污染、修复生态环境而采取必要措施所支出的合理费用的，人民法院应予支持。

第十六条　下列情形之一，应当认定为环境保护法第六十五条规定的弄虚作假：

（一）环境影响评价机构明知委托人提供的材料虚假而出具严重失实的评价文件的；

（二）环境监测机构或者从事环境监测设备维护、运营的机构故意隐瞒委托人超过污染物排放标准或者超过重点污染物排放总量控制指标的事实的；

（三）从事防治污染设施维护、运营的机构故意不运行或者不正常运行环境监测设备或者防治污染设施的；

（四）有关机构在环境服务活动中其他弄虚作假的情形。

第十七条　本解释适用于审理因污染环境、破坏生态造成损害的民事案件，但法律和司法解释对环境民事公益诉讼案件另有规定的除外。

相邻污染侵害纠纷、劳动者在职业活动中因受污染损害发生的纠纷，不适用本解释。

第十八条　本解释施行后，人民法院尚未审结的一审、二审案件适用本解释规定。本解释施行前已经作出生效裁判的案件，本解释施行后依法再审的，不适用本解释。

本解释施行后，最高人民法院以前颁布的司法解释与本解释不一致的，不再适用。

2.《最高人民法院关于审理环境民事公益诉讼案件适用法律若干问题的解释》（法释〔2015〕1号）（2020年12月23日修正）

第一条　法律规定的机关和有关组织依据民事诉讼法第五十五条、环境保护法第五十八条等法律的规定，对已经损害社会公共利益或者具有损害社会公共利益重大风险的污染环境、破坏生态的行为提起诉讼，符合民事诉讼法第一百一十九条第二项、第三项、第四项规定的，人民法院应予受理。

第二条　依照法律、法规的规定，在设区的市级以上人民政府民政部门登记的社会团体、基金会以及社会服务机构等，可以认定为环境保护法第五十八条规定的社会组织。

第三条　设区的市，自治州、盟、地区，不设区的地级市，直辖市的区以上人民政府民政部门，可以认定为环境保护法第五十八条规定的“设区的市级以上人民政府民政部门”。

第四条 社会组织章程确定的宗旨和主要业务范围是维护社会公共利益，且从事环境保护公益活动的，可以认定为环境保护法第五十八条规定的"专门从事环境保护公益活动"。

社会组织提起的诉讼所涉及的社会公共利益，应与其宗旨和业务范围具有关联性。

第五条 社会组织在提起诉讼前五年内未因从事业务活动违反法律、法规的规定受过行政、刑事处罚的，可以认定为环境保护法第五十八条规定的"无违法记录"。

第六条 第一审环境民事公益诉讼案件由污染环境、破坏生态行为发生地、损害结果地或者被告住所地的中级以上人民法院管辖。

中级人民法院认为确有必要的，可以在报请高级人民法院批准后，裁定将本院管辖的第一审环境民事公益诉讼案件交由基层人民法院审理。

同一原告或者不同原告对同一污染环境、破坏生态行为分别向两个以上有管辖权的人民法院提起环境民事公益诉讼的，由最先立案的人民法院管辖，必要时由共同上级人民法院指定管辖。

第七条 经最高人民法院批准，高级人民法院可以根据本辖区环境和生态保护的实际情况，在辖区内确定部分中级人民法院受理第一审环境民事公益诉讼案件。

中级人民法院管辖环境民事公益诉讼案件的区域由高级人民法院确定。

第八条 提起环境民事公益诉讼应当提交下列材料：

（一）符合民事诉讼法第一百二十一条规定的起诉状，并按照被告人数提出副本；

（二）被告的行为已经损害社会公共利益或者具有损害社会公共利益重大风险的初步证明材料；

（三）社会组织提起诉讼的，应当提交社会组织登记证书、章程、起诉前连续五年的年度工作报告书或者年检报告书，以及由其法定代表人或者负责人签字并加盖公章的无违法记录的声明。

第九条 人民法院认为原告提出的诉讼请求不足以保护社会公共利益的，可以向其释明变更或者增加停止侵害、修复生态环境等诉讼请求。

第十条 人民法院受理环境民事公益诉讼后，应当在立案之日起五日内将起诉状副本发送被告，并公告案件受理情况。

有权提起诉讼的其他机关和社会组织在公告之日起三十日内申请参加诉讼，经审查符合法定条件的，人民法院应当将其列为共同原告；逾期申请的，不予准许。

公民、法人和其他组织以人身、财产受到损害为由申请参加诉讼的，告知其另行起诉。

第十一条　检察机关、负有环境资源保护监督管理职责的部门及其他机关、社会组织、企业事业单位依据民事诉讼法第十五条的规定，可以通过提供法律咨询、提交书面意见、协助调查取证等方式支持社会组织依法提起环境民事公益诉讼。

第十二条　人民法院受理环境民事公益诉讼后，应当在十日内告知对被告行为负有环境资源保护监督管理职责的部门。

第十三条　原告请求被告提供其排放的主要污染物名称、排放方式、排放浓度和总量、超标排放情况以及防治污染设施的建设和运行情况等环境信息，法律、法规、规章规定被告应当持有或者有证据证明被告持有而拒不提供，如果原告主张相关事实不利于被告的，人民法院可以推定该主张成立。

第十四条　对于审理环境民事公益诉讼案件需要的证据，人民法院认为必要的，应当调查收集。

对于应当由原告承担举证责任且为维护社会公共利益所必要的专门性问题，人民法院可以委托具备资格的鉴定人进行鉴定。

第十五条　当事人申请通知有专门知识的人出庭，就鉴定人作出的鉴定意见或者就因果关系、生态环境修复方式、生态环境修复费用以及生态环境受到损害至修复完成期间服务功能丧失导致的损失等专门性问题提出意见的，人民法院可以准许。

前款规定的专家意见经质证，可以作为认定事实的根据。

第十六条　原告在诉讼过程中承认的对己方不利的事实和认可的证据，人民法院认为损害社会公共利益的，应当不予确认。

第十七条　环境民事公益诉讼案件审理过程中，被告以反诉方式提出诉讼请求的，人民法院不予受理。

第十八条　对污染环境、破坏生态，已经损害社会公共利益或者具有损害社会公共利益重大风险的行为，原告可以请求被告承担停止侵害、排除妨碍、消除危险、修复生态环境、赔偿损失、赔礼道歉等民事责任。

第十九条 原告为防止生态环境损害的发生和扩大,请求被告停止侵害、排除妨碍、消除危险的,人民法院可以依法予以支持。

原告为停止侵害、排除妨碍、消除危险采取合理预防、处置措施而发生的费用,请求被告承担的,人民法院可以依法予以支持。

第二十条 原告请求修复生态环境的,人民法院可以依法判决被告将生态环境修复到损害发生之前的状态和功能。无法完全修复的,可以准许采用替代性修复方式。

人民法院可以在判决被告修复生态环境的同时,确定被告不履行修复义务时应承担的生态环境修复费用;也可以直接判决被告承担生态环境修复费用。

生态环境修复费用包括制定、实施修复方案的费用,修复期间的监测、监管费用,以及修复完成后的验收费用、修复效果后评估费用等。

第二十一条 原告请求被告赔偿生态环境受到损害至修复完成期间服务功能丧失导致的损失、生态环境功能永久性损害造成的损失的,人民法院可以依法予以支持。

第二十二条 生态环境修复费用难以确定或者确定具体数额所需鉴定费用明显过高的,人民法院可以结合污染环境、破坏生态的范围和程度,生态环境的稀缺性,生态环境恢复的难易程度,防治污染设备的运行成本,被告因侵害行为所获得的利益以及过错程度等因素,并可以参考负有环境资源保护监督管理职责的部门的意见、专家意见等,予以合理确定。

第二十四条 人民法院判决被告承担的生态环境修复费用、生态环境受到损害至修复完成期间服务功能丧失导致的损失、生态环境功能永久性损害造成的损失等款项,应当用于修复被损害的生态环境。

其他环境民事公益诉讼中败诉原告所需承担的调查取证、专家咨询、检验、鉴定等必要费用,可以酌情从上述款项中支付。

第二十五条 环境民事公益诉讼当事人达成调解协议或者自行达成和解协议后,人民法院应当将协议内容公告,公告期间不少于三十日。

公告期满后,人民法院审查认为调解协议或者和解协议的内容不损害社会公共利益的,应当出具调解书。当事人以达成和解协议为由申请撤诉的,不予准许。

调解书应当写明诉讼请求、案件的基本事实和协议内容,并应当公开。

第二十六条 负有环境资源保护监督管理职责的部门依法履行监管职责而使原告诉讼请求全部实现，原告申请撤诉的，人民法院应予准许。

第二十七条 法庭辩论终结后，原告申请撤诉的，人民法院不予准许，但本解释第二十六条规定的情形除外。

第二十八条 环境民事公益诉讼案件的裁判生效后，有权提起诉讼的其他机关和社会组织就同一污染环境、破坏生态行为另行起诉，有下列情形之一的，人民法院应予受理：

（一）前案原告的起诉被裁定驳回的；

（二）前案原告申请撤诉被裁定准许的，但本解释第二十六条规定的情形除外。

环境民事公益诉讼案件的裁判生效后，有证据证明存在前案审理时未发现的损害，有权提起诉讼的机关和社会组织另行起诉的，人民法院应予受理。

第二十九条 法律规定的机关和社会组织提起环境民事公益诉讼的，不影响因同一污染环境、破坏生态行为受到人身、财产损害的公民、法人和其他组织依据民事诉讼法第一百一十九条的规定提起诉讼。

第三十条 已为环境民事公益诉讼生效裁判认定的事实，因同一污染环境、破坏生态行为依据民事诉讼法第一百一十九条规定提起诉讼的原告、被告均无需举证证明，但原告对该事实有异议并有相反证据足以推翻的除外。

对于环境民事公益诉讼生效裁判就被告是否存在法律规定的不承担责任或者减轻责任的情形、行为与损害之间是否存在因果关系、被告承担责任的大小等所作的认定，因同一污染环境、破坏生态行为依据民事诉讼法第一百一十九条规定提起诉讼的原告主张适用的，人民法院应予支持，但被告有相反证据足以推翻的除外。被告主张直接适用对其有利的认定的，人民法院不予支持，被告仍应举证证明。

第三十一条 被告因污染环境、破坏生态在环境民事公益诉讼和其他民事诉讼中均承担责任，其财产不足以履行全部义务的，应当先履行其他民事诉讼生效裁判所确定的义务，但法律另有规定的除外。

第三十二条 发生法律效力的环境民事公益诉讼案件的裁判，需要采取强制执行措施的，应当移送执行。

第三十三条 原告交纳诉讼费用确有困难，依法申请缓交的，人民法院应予准许。

败诉或者部分败诉的原告申请减交或者免交诉讼费用的,人民法院应当依照《诉讼费用交纳办法》的规定,视原告的经济状况和案件的审理情况决定是否准许。

3.《最高人民法院关于适用〈中华人民共和国民事诉讼法〉的解释》(法释〔2015〕5号)(2020年12月23日修正)

第二百八十四条 环境保护法、消费者权益保护法等法律规定的机关和有关组织对污染环境、侵害众多消费者合法权益等损害社会公共利益的行为,根据民事诉讼法第五十五条规定提起公益诉讼,符合下列条件的,人民法院应当受理:

(一)有明确的被告;

(二)有具体的诉讼请求;

(三)有社会公共利益受到损害的初步证据;

(四)属于人民法院受理民事诉讼的范围和受诉人民法院管辖。

第二百八十五条 公益诉讼案件由侵权行为地或者被告住所地中级人民法院管辖,但法律、司法解释另有规定的除外。

因污染海洋环境提起的公益诉讼,由污染发生地、损害结果地或者采取预防污染措施地海事法院管辖。

对同一侵权行为分别向两个以上人民法院提起公益诉讼的,由最先立案的人民法院管辖,必要时由它们的共同上级人民法院指定管辖。

第二百八十六条 人民法院受理公益诉讼案件后,应当在十日内书面告知相关行政主管部门。

第二百八十七条 人民法院受理公益诉讼案件后,依法可以提起诉讼的其他机关和有关组织,可以在开庭前向人民法院申请参加诉讼。人民法院准许参加诉讼的,列为共同原告。

第二百八十八条 人民法院受理公益诉讼案件,不影响同一侵权行为的受害人根据民事诉讼法第一百一十九条规定提起诉讼。

第二百八十九条 对公益诉讼案件,当事人可以和解,人民法院可以调解。

当事人达成和解或者调解协议后,人民法院应当将和解或者调解协议进行公告。公告期间不得少于三十日。

公告期满后,人民法院经审查,和解或者调解协议不违反社会公共利益的,应当出具调解书;和解或者调解协议违反社会公共利益的,不予出具调解书,继续对案件进行审理并依法作出裁判。

第二百九十条 公益诉讼案件的原告在法庭辩论终结后申请撤诉的，人民法院不予准许。

第二百九十一条 公益诉讼案件的裁判发生法律效力后，其他依法具有原告资格的机关和有关组织就同一侵权行为另行提起公益诉讼的，人民法院裁定不予受理，但法律、司法解释另有规定的除外。

三、相关指导案例

1. 第75号指导案例“中国生物多样性保护与绿色发展基金会诉宁夏瑞泰科技股份有限公司环境污染公益诉讼案”（最高人民法院审判委员会讨论通过；2016年12月28日发布），就如何认定“专门从事环境保护公益活动的社会组织”进行了分析。相关裁判要点如下：

1. 社会组织的章程虽未载明维护环境公共利益，但工作内容属于保护环境要素及生态系统的，应认定符合《最高人民法院关于审理环境民事公益诉讼案件适用法律若干问题的解释》（以下简称《解释》）第四条关于“社会组织章程确定的宗旨和主要业务范围是维护社会公共利益”的规定。

2.《解释》第四条规定的“环境保护公益活动”，既包括直接改善生态环境的行为，也包括与环境保护相关的有利于完善环境治理体系、提高环境治理能力、促进全社会形成环境保护广泛共识的活动。

3. 社会组织起诉的事项与其宗旨和业务范围具有对应关系，或者与其所保护的环境要素及生态系统具有一定联系的，应认定符合《解释》第四条关于“与其宗旨和业务范围具有关联性”的规定。

2. 第128号指导案例“李劲诉华润置地（重庆）有限公司环境污染责任纠纷案”（最高人民法院审判委员会讨论通过；2019年12月26日发布）对光污染侵权责任进行了分析。相关裁判摘要如下：

环境污染侵权责任属特殊侵权责任，其构成要件包括以下三个方面：一是污染者有污染环境的行为；二是被侵权人有损害事实；三是污染者污染环境的行为与被侵权人的损害之间有因果关系。

一、关于被告是否有污染环境的行为

被告华润置地（重庆）有限公司作为万象城购物中心的建设方和经营管理方，其在正对原告住宅的购物中心外墙上设置LED显示屏播放广告、宣传资料等，产生的强光直射进入原告的住宅居室。根据原告提供的照片、视频资料等证据，以及组织双方当事人到现场查看的情况，可以认定被告使用 LED 显屏播放广告、宣传资料等所产生的强光已超出了一般公众普遍可容忍的范围，就大众的认知规律和切身感受而言，该强光会严重影响相邻人群的正常工作和学习，干扰周围居民正常生活和休息，已构成由强光引起的光污染。被告使用 LED 显示屏播放广告、宣传资料等造成光污染的行为已构成污染环境的行为。

二、关于被侵权人的损害事实

环境污染的损害事实主要包含了污染环境的行为致使当事人的财产、人身受到损害以及环境受到损害的事实。环境污染侵权的损害后果不同于一般侵权的损害后果，不仅包括症状明显并可计量的损害结果，还包括那些症状不明显或者暂时无症状且暂时无法用计量方法反映的损害结果。本案系光污染纠纷，光污染对人身的伤害具有潜在性和隐蔽性等特点，被侵权人往往在开始受害时显露不出明显的受损害症状，其所遭受的损害往往暂时无法用精确的计量方法来反映。但随着时间的推移，损害会逐渐显露。参考本案专家意见，光污染对人的影响除了能够感知的对视觉的影响外，太强的光辐射会造成人生物钟紊乱，短时间看不出影响，但长期会带来影响。本案中，被告使用 LED 显示屏播放广告、宣传资料等所产生的强光，已超出了一般人可容忍的程度，影响了相邻居住的原告等居民的正常生活和休息。根据日常生活经验法则，被告运行 LED 显示屏产生的光污染势必会给原告等人的身心健康造成损害，这也为公众普遍认可。综上，被告运行 LED 显示屏产生的光污染已致使原告居住的环境权益受损，并导致原告的身心健康受到损害。

三、被告是否应承担污染环境的侵权责任

《中华人民共和国侵权责任法》第六十六条规定："因污染环境发生纠纷，污染者应当就法律规定的不承担责任或者减轻责任的情形及其行为与损害之间不存在因果关系承担举证责任。"本案中，原告已举证证明被告有污染环境的行为及原告的损害事实。被告需对其在本案中存在法律规定的不承担责任或者减轻责任的情形，或被告污染行为与损害之间不存在因果关系承担举证责任。但被告并未提交证据对前述情形予以证实，对此被告应承担举证不能的不利后果，应承担污染环境的侵权责任。根据《最高人民法院关于审理环境侵权责任纠纷案件适用法律若干问题的解释》第十三条规定："人民法院应当根据被侵权人的诉讼请求以及具体案情，合理判定污染者承担停止侵害、排除妨碍、消除危险、恢复原状、赔礼道歉、赔偿损失等民事责任。”环境侵权的损害不同于一般的人身损害和财产损害，对侵权行为人承担的侵权责任有其独特的要求。由于环境侵权是通过环境这一媒介侵害到一定地区不特定的多数人的人身、财产权益，而且一旦出现可用计量方法反映的损害，其后果往往已无法弥补和消除。因此在环境侵权中，侵权行为人实施了污染环境的行为，即使还未出现可计量的损害后果，即应承担相应的侵权责任。本案中，从市民的投诉反映看，被告作为万象城购物中心的经营管理者，其在生产经营过程中，理应认识到使用LED显示屏播放广告、宣传资料等发出的强光会对居住在对面以及周围住宅小区的原告等人造成影响，并负有采取必要措施以减少对原告等人影响的义务。但被告仍然一直使用LED显示屏播放广告、宣传资料等，其产生的强光明显超出了一般人可容忍的程度，构成光污染，严重干扰了周边人群的正常生活，对原告等人的环境权益造成损害，进而损害了原告等人的身心健康。因此即使原告尚未出现明显症状，其生活受到光污染侵扰、环境权益受到损害也是客观存在的事实，故被告应承担停止侵害、排除妨碍等民事责任。

四、相关裁判摘要

• **2005年第5期《中华人民共和国最高人民法院公报》**刊登的“**陆耀东诉永达公司环境污染损害赔偿纠纷案**”判决对光污染侵权责任进行了分析。相关裁判摘要如下：

……环境既然是影响人类生存和发展的各种天然的和经过人工改造的自然因素的总体，路灯灯光当然被涵盖在其中。被告永达公司在自己的经营场所设置路灯，为自己的经营场所外部环境提供照明，本无过错。但由于永达公司的经营场所与周边居民小区距离甚近，中间无任何物件遮挡，永达公司路灯的外溢光、杂散光能射入周边居民的居室内，数量足以改变居室内人们夜间休息时通常习惯的暗光环境，且超出了一般公众普遍可忍受的范围。因此永达公司设置的路灯，其外溢光、杂散光确实达到了《城市环境装饰照明规范》所指的障害光程度，已构成由强光引起的光污染，遭受污染的居民有权进行控告。

被告永达公司辩称，涉案路灯用于其经营场所的正常环境照明，是经营所需的必要装置。经查，涉案路灯不属于车站、机场、公路等公共场所为公众提供服务而必须设置的照明、装饰用灯，只是永达公司为自己公司的经营便利而设置的路灯。永达公司完全有条件以其他形式为自己经营场所的外部环境提供照明，或者通过采取遮挡等必要的措施来避免自己设置的路灯侵害他人合法权益。永达公司的此项辩解理由，不能成为其侵权行为的合理免责事由，故不予采纳。

被告永达公司辩称，涉案灯光没有对原告陆耀东造成实际的损害结果。环境污染对人体健康造成的实际损害结果，不仅包括那些症状明显并可用计量方法反映的损害结果，还包括那些症状不明显且暂时无法用计量方法反映的损害结果。光污染对人体健康可能造成的损害，目前已为公众普遍认识。夜间，人们通常习惯于在暗光环境下休息。永达公司设置的路灯，其射入周边居民居室内的外溢光、杂散光，数量足以改变人们夜间休息时通常习惯的暗光环境，且超出一般公众普遍可忍受的范围，光污染程度较为明显。在此情况下，陆耀东诉称涉案灯光使其难以安睡，为此出现了失眠、烦躁不安等症状，这就是涉案灯光对陆耀东的实际损害。陆耀东诉称的这些实际损害，符合日常生活经验法则，根据最高人民法院《关于民事诉讼证据的若干规定》第九条的规定，陆耀东无需举证证明，应推定属实。永达公司否认光污染对陆耀东造成了实际损害，应当举证反驳。永达公司不能举出涉案灯光对陆耀东身体健康没有产生危害的证据，该辩解理由亦不予采纳。

……被告永达公司开启的涉案路灯灯光，已对原告陆耀东的正常居住环境和健康生活造成了损害，构成环境污染。永达公司不能举证证明该侵害行为具有合理的免责事由，故应承担排除危害的法律责任。永达公司已于诉讼期间实际停止了开启涉案路灯，并承诺今后不再使用，于法无悖，应予支持。因永达公司的侵权行为没有给陆耀东造成不良的社会影响，故对陆耀东关于永达公司公开赔礼道歉的诉讼请求，不予支持。尽管陆耀东只主张永达公司赔偿其损失 1 元，但因陆耀东不能举证证明光污染对其造成的实际损失数额，故对该项诉讼请求亦不予支持。

第一千二百三十条 【因果关系的推定与证明责任】因污染环境、破坏生态发生纠纷，行为人应当就法律规定的不承担责任或者减轻责任的情形及其行为与损害之间不存在因果关系承担举证责任。

法条评释：本条是对环境污染和生态破坏责任中因果关系的推定的规定。之所以采取因果关系推定，主要是考虑到，环境污染、破坏生态的侵权行为具有长期性、潜伏性、持续性、广泛性的特点，且其造成损害的过程非常复杂，往往要经历一系列中间环节才能最终造成损害。通常，只有借助现代科学知识并利用相应的科学仪器才能确认环境污染、生态破坏的行为与损害之间的因果关系。即便在现有科学技术的条件下，有时也可能尚无法认定其中的因果关系。如果要求受害人必须确切地证明环境污染、生态破坏行为与损害的因果关系，显然是强人所难。为了减轻受害人的举证负担，更加迅速地救济受害人，我国法律上采取了因果关系推定的规则。

一、相关法律条文

《中华人民共和国水污染防治法》(2017 年 6 月 27 日修正)

第九十八条　因水污染引起的损害赔偿诉讼，由排污方就法律规定的免责事由及其行为与损害结果之间不存在因果关系承担举证责任。

二、相关司法解释规定

1.《最高人民法院关于审理环境侵权责任纠纷案件适用法律若干问题的解释》(法释〔2015〕12 号)(2020 年 12 月 23 日修正)

第六条　被侵权人根据民法典第七编第七章的规定请求赔偿的，应当提供证明以下事实的证据材料：

(一)侵权人排放了污染物或者破坏了生态；

(二)被侵权人的损害；

(三)侵权人排放的污染物或者其次生污染物、破坏生态行为与损害之间具有关联性。

第七条　侵权人举证证明下列情形之一的，人民法院应当认定其污染环境、破坏生态行为与损害之间不存在因果关系：

(一)排放污染物、破坏生态的行为没有造成该损害可能的；

(二)排放的可造成该损害的污染物未到达该损害发生地的；

(三)该损害于排放污染物、破坏生态行为实施之前已发生的；

（四）其他可以认定污染环境、破坏生态行为与损害之间不存在因果关系的情形。

2.《最高人民法院关于审理生态环境损害赔偿案件的若干规定（试行）》（法释〔2019〕8号）（2020年12月23日修正）

第六条 原告主张被告承担生态环境损害赔偿责任的，应当就以下事实承担举证责任：

（一）被告实施了污染环境、破坏生态的行为或者具有其他应当依法承担责任的情形；

（二）生态环境受到损害，以及所需修复费用、损害赔偿等具体数额；

（三）被告污染环境、破坏生态的行为与生态环境损害之间具有关联性。

第七条 被告反驳原告主张的，应当提供证据加以证明。被告主张具有法律规定的不承担责任或者减轻责任情形的，应当承担举证责任。

第八条 已为发生法律效力的刑事裁判所确认的事实，当事人在生态环境损害赔偿诉讼案件中无须举证证明，但有相反证据足以推翻的除外。

对刑事裁判未予确认的事实，当事人提供的证据达到民事诉讼证明标准的，人民法院应当予以认定。

第九条 负有相关环境资源保护监督管理职责的部门或者其委托的机构在行政执法过程中形成的事件调查报告、检验报告、检测报告、评估报告、监测数据等，经当事人质证并符合证据标准的，可以作为认定案件事实的根据。

第十条 当事人在诉前委托具备环境司法鉴定资质的鉴定机构出具的鉴定意见，以及委托国务院环境资源保护监督管理相关主管部门推荐的机构出具的检验报告、检测报告、评估报告、监测数据等，经当事人质证并符合证据标准的，可以作为认定案件事实的根据。

三、相关指导案例

第127号指导案例“吕金奎等79人诉山海关船舶重工有限责任公司海上污染损害责任纠纷案”（最高人民法院审判委员会讨论通过；

2019年12月26日发布)就环境污染侵权责任中的证明责任等问题进行了分析。相关裁判摘要如下:

《中华人民共和国侵权责任法》第六十六条规定,因污染环境发生纠纷,污染者应当就法律规定的不承担责任或者减轻责任的情形及其行为与损害之间不存在因果关系承担举证责任。吕金奎等79人应当就山船重工公司实施了污染行为、该行为使自己受到了损害之事实承担举证责任,并提交污染行为和损害之间可能存在因果关系的初步证据;山船重工公司应当就法律规定的不承担责任或者减轻责任的情形及行为与损害之间不存在因果关系承担举证责任。

关于山船重工公司是否实施污染行为。吕金奎等79人为证明污染事实发生,提交了《鉴定意见》《分析报告》《监测报告》以及秦皇岛市环境保护局出具的函件等予以证明。关于上述证据对涉案污染事实的证明力,原审法院依据吕金奎等79人的申请委托司法鉴定中心进行鉴定,该司法鉴定中心业务范围包含海事类司法鉴定,三位鉴定人均具有相应的鉴定资质,对鉴定单位和鉴定人的资质予以确认。而且,《分析报告》能够与秦皇岛市山海关区在《询问笔录》中的陈述以及秦皇岛市环境保护局出具的函件相互佐证,上述证据可以证实秦皇岛山海关老龙头海域在2010年8月2日发生污染的事实。《中华人民共和国海洋环境保护法》第九十五条第一项规定:“海洋环境污染损害,是指直接或者间接地把物质或者能量引入海洋环境,产生损害海洋生物资源、危害人体健康、妨害渔业和海上其他合法活动、损害海水使用素质和减损环境质量等有害影响。”《鉴定意见》根据污染海水异常区灰度值比周围海水稍低的现象,排除海洋赤潮的可能;通过山海关老龙头海域无油井平台以及2010年8月2日未发生大型船舶碰撞、触礁搁浅等事实,排除海洋溢油的可能;进而,根据《监测报告》中海水呈红褐色、浑浊,铁含量为13.1mg/L的监测结果,得出涉案污染事故系严重污水排放或泄漏导致的推论。同时,根据山船重工公司为山海关老龙头附近临海唯一大型企业以及公司的主营业务为船舶修造的事实,得出污染系山船重工公司在修造大型船舶过程中泄漏含铁量较高的刨锈污水导致的结论。山船重工公司虽不认可《鉴定意见》的上述结论,但未能提出足以反驳的相反证据和理由,故对《鉴定意见》中关于污染源分析部分的证明力予以确认,并据此认定山船重工公司实施了向海水中泄漏含铁量较高污水的污染行为。

关于吕金奎等79人是否受到损害。《鉴定意见》中海域污染鉴定部分在确定了王丽荣等21人养殖区域的基础上，进一步通过将养殖区地理坐标与污染海水区地理坐标一起显示在电子海图上的方式，得出污染海水区全部覆盖养殖区的结论。据此，认定王丽荣等21人从事养殖且养殖区域受到了污染。

关于污染行为和损害之间的因果关系。王丽荣等21人在完成上述证明责任的基础上，还应提交证明污染行为和损害之间可能存在因果关系的初步证据。《鉴定意见》对山海关老龙头海域水质进行分析，其依据秦皇岛市环境保护局出具的《监测报告》将该海域水质评价为悬浮物、铁物质及石油含量较高，污染最严重的因子为铁，对渔业和养殖水域危害程度较大。至此，王丽荣等21人已完成海上污染损害赔偿纠纷案件的证明责任。山船重工公司主张其非侵权行为人，应就法律规定的不承担责任或者减轻责任的情形及行为与损害之间不存在因果关系承担举证责任。山船重工公司主张因《鉴定意见》采用的评价标准中不存在对海水中铁含量的规定和限制，故铁不是评价海水水质的标准；且即使铁含量是标准之一，其达到多少才能构成污染损害亦无相关指标。对此，人民法院认为：第一，《中华人民共和国海洋环境保护法》明确规定，只要行为人将物质或者能量引入海洋造成损害，即视为污染；《中华人民共和国侵权责任法》第六十五条亦未将环境污染责任限定为排污超过国家标准或者地方标准。故无论国家或地方标准中是否规定了某类物质的排放控制要求，或排污是否符合国家或地方规定的标准，只要能够确定污染行为造成环境损害，行为人就须承担赔偿责任。第二，我国现行有效评价海水水质的《渔业水质标准》和《海水水质标准》实施后长期未进行修订，其中列举的项目已不足以涵盖当今可能造成污染的全部物质。据此，《渔业水质标准》和《海水水质标准》并非判断某类物质是否造成污染损害的唯一依据。第三，秦皇岛市环境保护局亦在《秦皇岛市环保局复核意见》中表示，因国家对海水中铁物质含量未明确规定污染物排放标准，故是否影响海水养殖需相关部门专家进一步论证。本案中，出具《鉴定意见》的鉴定人具备海洋污染鉴定的专业知识，其通过对相关背景资料进行分析判断，作出涉案海域水质中铁物质对渔业和养殖水域危害程度较大的评价，具有科学性，应当作为认定涉案海域被铁物质污染的依据。

四、相关裁判摘要

● **2019年第11期《中华人民共和国最高人民法院公报》**刊登的“**重庆市人民政府、重庆两江志愿服务发展中心诉重庆藏金阁物业管理有限公司、重庆首旭环保科技有限公司环境污染责任纠纷案**”判决就环境污染行为的认定和证明责任问题进行了分析。相关裁判摘要如下:

关于生效刑事判决、行政判决所确认的事实与本案关联性的问题

首先,从证据效力来看,生效刑事判决、行政判决所确认的事实可以直接作为本案事实加以确认,无须再在本案中举证证明。《最高人民法院关于适用〈中华人民共和国民事诉讼法〉的解释》第九十三条规定,“下列事实,当事人无须举证证明:……(五)已为人民法院发生法律效力的裁判所确认的事实……前款第二项至第四项规定的事实,当事人有相反证据足以反驳的除外;第五项至第七项规定的事实,当事人有相反证据足以推翻的除外。”(2016)渝0112行初324号行政判决和(2016)渝0112刑初1615号刑事判决均为生效判决,其所确认的事实具有既判力,无需再在本案中举证证明,除非被告提出相反证据足以推翻原判决,而本案中被告并未举示证据,故对于相关事实直接予以采信。而且,由于(2016)渝0112行初324号行政判决确认了重庆市环境监察总队作出的渝环监罚(2016)269号行政处罚决定、重庆市环境保护局作出的渝环法(2016)29号行政复议决定的合法性,故上述行政决定也具有既定力。

其次,本案在性质上属于环境侵权民事案件,其与刑事犯罪、行政违法案件所要求的证明标准和责任标准存在差异,故最终认定的案件事实在不存在矛盾的前提条件下,可以不同于刑事案件和行政案件认定的事实。刑事案件的证明标准和责任标准明显高于民事案件,环境污染犯罪行为造成损害后果的,固然应当承担相应赔偿责任,但未被认定为犯罪的污染行为,不等于不构成民事侵权,本案中依法应承担赔偿责任的环境污染行为包括但不限于(2016)渝0112刑初1615号刑事判决所认定的环境污染犯罪行为,故被告提出应当仅以生效刑事判决所认定的污染物种类即总铬和六价铬为准的异议不成立,不予支持。就生效行政判决认定的事实而言,环保部门对环境污染行为进行行政处罚时,依据的主要是国家和地方规定的污染物排放标准,违反了国家和地方的强制性标准,便应当受到相应的行政处罚,而违反强制性标准当然也是污染行为人承担侵权责任的依据。然而,虽然因违反强制性标准而受到行政处罚的污染行为必然属于环境侵权行为,但符合强制性标准的排污行为却不

一定不构成民事侵权。《最高人民法院关于审理环境侵权责任纠纷案件适用法律若干问题的解释》第一条第一款规定,“因污染环境造成损害,不论污染者有无过错,污染者应当承担侵权责任。污染者以排污符合国家或者地方污染物排放标准为由主张不承担责任的,人民法院不予支持。”该条规定表明,污染者不得以合乎强制性标准进行抗辩免除民事责任,亦即对环境污染行为承担民事责任的范围可以大于进行行政处罚的范围。但是本案中,由于原告起诉的事实与生效行政判决确认的事实相同,其并未主张超出行政违法范围的环境侵权行为,故(2016)渝0112行初324号行政判决所确认的违法排污事实可以用于认定本案环境侵权事实,只是本案会从环境侵权的角度来对构成要件、责任主体等加以考量。

第三,结合生效刑事判决和行政判决确认的事实,可以认定被告首旭公司直接实施了本案所诉环境侵权行为。原因在于,一是前述生效行政判决和刑事判决均确认,被告藏金阁公司通过与首旭公司签订《委托运行协议》,将全部排污作业交由首旭公司处理,首旭公司在运营该项目的过程中,实施了利用暗管违法排污的行为;二是由于首旭公司是受托排污,藏金阁公司持有排污许可证,且是排污设备所有人,故环保部门认定的排污单位即行政相对人为藏金阁公司,并据此对藏金阁公司进行了行政处罚,尽管行政处罚的对象是藏金阁公司,但行政处罚决定和行政判决并未否定首旭公司实施排污行为的事实,首旭公司亦作为第三人参加了行政诉讼,而且正是由于首旭公司直接实施了排污行为,因此刑事判决对首旭公司及其直接责任人进行了定罪处罚;三是对于生效行政判决和刑事判决所认定的排污单位和直接行为人,藏金阁公司和首旭公司均无异议。综上,可以认定,首旭公司实施的环境侵权行为即是生效行政判决所确认的违法排污事实。

● **2016年第5期《中华人民共和国最高人民法院公报》**刊登的“**泰州市环保联合会与泰兴锦汇化工有限公司等环境污染侵权赔偿纠纷案**”的最高人民法院(2015)民申字第1366号民事裁定书对环境污染侵权责任中的因果关系进行了分析。相关裁判摘要如下:

锦汇公司与江中公司签订《工矿产品购销合同》,约定锦汇公司向江中公司出售副产酸,每月800吨,价格随行就市。根据姚雪元、戴卫国在公安机关的讯问笔录以及锦汇公司副总经理杨军、安全生产部长戴建东在公安机关的询问笔录可知,锦汇公司在副产酸交易市场低迷的情况下，为了尽快处置副产酸，实际出售副产酸价格为 1 元/吨，同时每吨补贴江中公司 20 元运输费用，并以江中公司实际运出的副产酸数量结账。出卖人交付货物，买受人支付相应价款系买卖合同的本质属性。锦汇公司作为出卖人出售副产酸，买受人江中公司仅支付 1 元/吨的价款，锦汇公司反而支付 20 元/吨的运输费用或者其他补贴给江中公司，此种补贴出售行为明显不符合买卖合同的基本特征。

副产酸属于危险化学品，其生产、出售、运输、储存和处置有专门的规范。《中华人民共和国水污染防治法》第二十九条第一款规定，禁止向水体排放油类、酸液、碱液或者剧毒废液。副产酸作为企业生产化工产品过程中产生的副产品，在无法进入市场的情况下，应当按照国家法律、法规的规定由有资质处理危险废物的机构进行处置。作为危险化学品和化工产品生产企业，需要全面了解其主营产品和主营产品生产过程中产生的副产品是否具有高度危险性，是否会造成环境污染；需要使其主营产品的生产、出售、运输、储存和处置符合相关法律条文，亦需使其副产品的生产、出售、运输、储存和处置符合相关法律条文，避免对生态环境造成损害或者产生造成生态环境损害的重大风险。锦汇公司生产经营过程中产生的副产酸属于危险化学品，其生产、出售、运输、储存和处置有专门的规范，锦汇公司应对副产酸的处置具有较高的注意义务。从实施倾倒行为的戴卫国、姚雪元等人在公安机关的讯问笔录及杨军、戴建东在公安机关的询问笔录看，锦汇公司明知戴卫国、姚雪元等人将副产酸倾倒入河而未加阻止。虽然锦汇公司并未直接实施倾倒行为，但其在明知副产酸市场低迷，对其进行无害化处理需花费高昂处理费用的情况下，采用补贴运输费用等方式将副产酸交给不具备处置资质的江中公司，并长期放任江中公司将副产酸倾倒入河，造成如泰运河、古马干河水体大面积污染，严重损害社会公共利益和公众环境权益，其行为与如泰运河、古马干河水体污染损害结果之间具有因果关系，应当承担侵权责任。

第一千二百三十一条　【环境污染和生态破坏责任中的数人侵权】 两个以上侵权人污染环境、破坏生态的，承担责任的大小，根据污染物的种类、浓度、排放量，破坏生态的方式、范围、程度，以及行为对损害后果所起的作用等因素确定。

法条评释： 本条来自原《侵权责任法》第 67 条，但进行了补充完善。首先，增加了“破坏生态”，明确了该条对破坏生态侵权责任的适用；其次，在确定承担责任大小的考虑因素中增加了污染物的“浓度”，“破坏生态的方式、范围、程度”，以及“行为对损害后果所起的作用”，更加全面细致。

相关司法解释规定

《最高人民法院关于审理环境侵权责任纠纷案件适用法律若干问题的解释》（法释〔2015〕12号）（2020年12月23日修正）

第二条 两个以上侵权人共同实施污染环境、破坏生态行为造成损害，被侵权人根据民法典第一千一百六十八条规定请求侵权人承担连带责任的，人民法院应予支持。

第三条 两个以上侵权人分别实施污染环境、破坏生态行为造成同一损害，每一个侵权人的污染环境、破坏生态行为都足以造成全部损害，被侵权人根据民法典第一千一百七十一条规定请求侵权人承担连带责任的，人民法院应予支持。

两个以上侵权人分别实施污染环境、破坏生态行为造成同一损害，每一个侵权人的污染环境、破坏生态行为都不足以造成全部损害，被侵权人根据民法典第一千一百七十二条规定请求侵权人承担责任的，人民法院应予支持。

两个以上侵权人分别实施污染环境、破坏生态行为造成同一损害，部分侵权人的污染环境、破坏生态行为足以造成全部损害，部分侵权人的污染环境、破坏生态行为只造成部分损害，被侵权人根据民法典第一千一百七十一条规定请求足以造成全部损害的侵权人与其他侵权人就共同造成的损害部分承担连带责任，并对全部损害承担责任的，人民法院应予支持。

第四条 两个以上侵权人污染环境、破坏生态，对侵权人承担责任的大小，人民法院应当根据污染物的种类、浓度、排放量、危害性，有无排污许可证、是否超过污染物排放标准、是否超过重点污染物排放总量控制指标，破坏生态的方式、范围、程度，以及行为对损害后果所起的作用等因素确定。

第一千二百三十二条 【环境污染和生态破坏的惩罚性赔偿】 侵权人违反法律规定故意污染环境、破坏生态造成严重后果的，被侵权人有权请求相应的惩罚性赔偿。

法条评释：本条是《民法典》新增加的条文，是对环境污染和生态破坏的惩罚性赔偿的规定。在《民法典》编纂的过程中，为了落实党的十八届三中全会提出的“对造成生态环境损害的责任者严格实行赔偿制度”要求，贯彻党的十九大报告提出的“要加大生态系统保护力度”的决策部署，专门增加了对环境污染和生态破坏的惩罚性赔偿的规定。结合2017年中共中央办公厅、国务院办公厅联合印发的《生态环境损害赔偿制度改革方案》，立法机关增加了环境污染和生态破坏的惩罚性赔偿的规定。

第一千二百三十三条　【第三人过错污染环境或破坏生态的赔偿责任】因第三人的过错污染环境、破坏生态的，被侵权人可以向侵权人请求赔偿，也可以向第三人请求赔偿。侵权人赔偿后，有权向第三人追偿。

法条评释：本条来自原《侵权责任法》第68条，但进行了补充完善，即增加了“破坏生态”，明确了该条对破坏生态侵权责任的适用。本条内容可以概括为：第一，即便是因第三人过错而导致污染环境、破坏生态，给被侵权人造成损害的，侵权人也不能以第三人过错为由主张免责。此时，被侵权人既可以要求侵权人赔偿，也可以要求第三人赔偿。第二，侵权人赔偿后，可以向第三人追偿。

一、相关法律条文

1.《中华人民共和国石油天然气管道保护法》(2010年10月1日起施行)

第四十条　管道泄漏的石油和因管道抢修排放的石油造成环境污染的，管道企业应当及时治理。因第三人的行为致使管道泄漏造成环境污染的，管道企业有权向第三人追偿治理费用。

环境污染损害的赔偿责任，适用《中华人民共和国侵权责任法》和防治环境污染的法律的有关规定。

2.《中华人民共和国水污染防治法》(2017年6月27日修正)

第九十六条　因水污染受到损害的当事人，有权要求排污方排除危害和赔偿损失。

由于不可抗力造成水污染损害的，排污方不承担赔偿责任；法律另有规定的除外。

水污染损害是由受害人故意造成的，排污方不承担赔偿责任。水污染损害是由受害人重大过失造成的，可以减轻排污方的赔偿责任。

水污染损害是由第三人造成的，排污方承担赔偿责任后，有权向第三人追偿。

3.《中华人民共和国海洋环境保护法》(2017 年 11 月 4 日修正)

第八十九条 造成海洋环境污染损害的责任者，应当排除危害，并赔偿损失；完全由于第三者的故意或者过失，造成海洋环境污染损害的，由第三者排除危害，并承担赔偿责任。

对破坏海洋生态、海洋水产资源、海洋保护区，给国家造成重大损失的，由依照本法规定行使海洋环境监督管理权的部门代表国家对责任者提出损害赔偿要求。

二、相关司法解释规定

《最高人民法院关于审理环境侵权责任纠纷案件适用法律若干问题的解释》(法释〔2015〕12 号)(2020 年 12 月 23 日修正)

第五条 被侵权人根据民法典第一千二百三十三条规定分别或者同时起诉侵权人、第三人的，人民法院应予受理。

被侵权人请求第三人承担赔偿责任的，人民法院应当根据第三人的过错程度确定其相应赔偿责任。

侵权人以第三人的过错污染环境、破坏生态造成损害为由主张不承担责任或者减轻责任的，人民法院不予支持。

第一千二百三十四条 【生态环境损害的修复责任】 违反国家规定造成生态环境损害，生态环境能够修复的，国家规定的机关或者法律规定的组织有权请求侵权人在合理期限内承担修复责任。侵权人在期限内未修复的，国家规定的机关或者法律规定的组织可以自行或者委托他人进行修复，所需费用由侵权人负担。

法条评释： 本条是《民法典》新增的条文，是对生态环境损害的修复责任的规定。本条内容可以概括为：在造成生态环境损害时，能够修复生态环境的，则国家规定机关或者法律规定的组织有权请求侵权人在合理期限内承担修复责任；如果在合理期限内侵权人不修复的，则国家规定的机关或法律规定的组织可以自行或委托他人修复，由此产生的修复费用由侵权人承担。

一、相关法律条文

1.《中华人民共和国环境保护法》(2014 年 4 月 24 日修订)

第五十八条　对污染环境、破坏生态,损害社会公共利益的行为,符合下列条件的社会组织可以向人民法院提起诉讼:

(一)依法在设区的市级以上人民政府民政部门登记;

(二)专门从事环境保护公益活动连续五年以上且无违法记录。

符合前款规定的社会组织向人民法院提起诉讼,人民法院应当依法受理。

提起诉讼的社会组织不得通过诉讼牟取经济利益。

2.《中华人民共和国海洋环境保护法》(2017 年 11 月 4 日修正)

第八十九条　造成海洋环境污染损害的责任者,应当排除危害,并赔偿损失;完全由于第三者的故意或者过失,造成海洋环境污染损害的,由第三者排除危害,并承担赔偿责任。

对破坏海洋生态、海洋水产资源、海洋保护区,给国家造成重大损失的,由依照本法规定行使海洋环境监督管理权的部门代表国家对责任者提出损害赔偿要求。

3.《中华人民共和国民事诉讼法》(2017 年 6 月 27 日修正)

第五十五条　对污染环境、侵害众多消费者合法权益等损害社会公共利益的行为,法律规定的机关和有关组织可以向人民法院提起诉讼。

人民检察院在履行职责中发现破坏生态环境和资源保护、食品药品安全领域侵害众多消费者合法权益等损害社会公共利益的行为,在没有前款规定的机关和组织或者前款规定的机关和组织不提起诉讼的情况下,可以向人民法院提起诉讼。前款规定的机关或者组织提起诉讼的,人民检察院可以支持起诉。

二、相关司法解释规定

1.《最高人民法院关于审理生态环境损害赔偿案件的若干规定(试行)》(法释〔2019〕8 号)(2020 年 12 月 23 日修正)

为正确审理生态环境损害赔偿案件,严格保护生态环境,依法追究损害生态环境责任者的赔偿责任,依据《中华人民共和国民法典》《中华人民共和国环境保护法》《中华人民共和国民事诉讼法》等法律的规定,结合审判工作实际,制定本规定。

第一条 具有下列情形之一,省级、市地级人民政府及其指定的相关部门、机构,或者受国务院委托行使全民所有自然资源资产所有权的部门,因与造成生态环境损害的自然人、法人或者其他组织经磋商未达成一致或者无法进行磋商的,可以作为原告提起生态环境损害赔偿诉讼:

(一)发生较大、重大、特别重大突发环境事件的;

(二)在国家和省级主体功能区规划中划定的重点生态功能区、禁止开发区发生环境污染、生态破坏事件的;

(三)发生其他严重影响生态环境后果的。

前款规定的市地级人民政府包括设区的市,自治州、盟、地区,不设区的地级市,直辖市的区、县人民政府。

第二条 下列情形不适用本规定:

(一)因污染环境、破坏生态造成人身损害、个人和集体财产损失要求赔偿的;

(二)因海洋生态环境损害要求赔偿的。

第三条 第一审生态环境损害赔偿诉讼案件由生态环境损害行为实施地、损害结果发生地或者被告住所地的中级以上人民法院管辖。

经最高人民法院批准,高级人民法院可以在辖区内确定部分中级人民法院集中管辖第一审生态环境损害赔偿诉讼案件。

中级人民法院认为确有必要的,可以在报请高级人民法院批准后,裁定将本院管辖的第一审生态环境损害赔偿诉讼案件交由具备审理条件的基层人民法院审理。

生态环境损害赔偿诉讼案件由人民法院环境资源审判庭或者指定的专门法庭审理。

第四条 人民法院审理第一审生态环境损害赔偿诉讼案件,应当由法官和人民陪审员组成合议庭进行。

第五条 原告提起生态环境损害赔偿诉讼,符合民事诉讼法和本规定并提交下列材料的,人民法院应当登记立案:

(一)证明具备提起生态环境损害赔偿诉讼原告资格的材料;

(二)符合本规定第一条规定情形之一的证明材料;

(三)与被告进行磋商但未达成一致或者因客观原因无法与被告进行磋商的说明;

(四)符合法律规定的起诉状,并按照被告人数提出副本。

第六条　原告主张被告承担生态环境损害赔偿责任的,应当就以下事实承担举证责任:

(一)被告实施了污染环境、破坏生态的行为或者具有其他应当依法承担责任的情形;

(二)生态环境受到损害,以及所需修复费用、损害赔偿等具体数额;

(三)被告污染环境、破坏生态的行为与生态环境损害之间具有关联性。

第七条　被告反驳原告主张的,应当提供证据加以证明。被告主张具有法律规定的不承担责任或者减轻责任情形的,应当承担举证责任。

第八条　已为发生法律效力的刑事裁判所确认的事实,当事人在生态环境损害赔偿诉讼案件中无须举证证明,但有相反证据足以推翻的除外。

对刑事裁判未予确认的事实,当事人提供的证据达到民事诉讼证明标准的,人民法院应当予以认定。

第九条　负有相关环境资源保护监督管理职责的部门或者其委托的机构在行政执法过程中形成的事件调查报告、检验报告、检测报告、评估报告、监测数据等,经当事人质证并符合证据标准的,可以作为认定案件事实的根据。

第十条　当事人在诉前委托具备环境司法鉴定资质的鉴定机构出具的鉴定意见,以及委托国务院环境资源保护监督管理相关主管部门推荐的机构出具的检验报告、检测报告、评估报告、监测数据等,经当事人质证并符合证据标准的,可以作为认定案件事实的根据。

第十一条　被告违反国家规定造成生态环境损害的,人民法院应当根据原告的诉讼请求以及具体案情,合理判决被告承担修复生态环境、赔偿损失、停止侵害、排除妨碍、消除危险、赔礼道歉等民事责任。

第十二条　受损生态环境能够修复的,人民法院应当依法判决被告承担修复责任,并同时确定被告不履行修复义务时应承担的生态环境修复费用。

生态环境修复费用包括制定、实施修复方案的费用,修复期间的监测、监管费用,以及修复完成后的验收费用、修复效果后评估费用等。

原告请求被告赔偿生态环境受到损害至修复完成期间服务功能损失的,人民法院根据具体案情予以判决。

第十三条 受损生态环境无法修复或者无法完全修复,原告请求被告赔偿生态环境功能永久性损害造成的损失的,人民法院根据具体案情予以判决。

第十四条 原告请求被告承担下列费用的,人民法院根据具体案情予以判决:

(一)实施应急方案、清除污染以及为防止损害的发生和扩大所支出的合理费用;

(二)为生态环境损害赔偿磋商和诉讼支出的调查、检验、鉴定、评估等费用;

(三)合理的律师费以及其他为诉讼支出的合理费用。

第十五条 人民法院判决被告承担的生态环境服务功能损失赔偿资金、生态环境功能永久性损害造成的损失赔偿资金,以及被告不履行生态环境修复义务时所应承担的修复费用,应当依照法律、法规、规章予以缴纳、管理和使用。

第十六条 在生态环境损害赔偿诉讼案件审理过程中,同一损害生态环境行为又被提起民事公益诉讼,符合起诉条件的,应当由受理生态环境损害赔偿诉讼案件的人民法院受理并由同一审判组织审理。

第十七条 人民法院受理因同一损害生态环境行为提起的生态环境损害赔偿诉讼案件和民事公益诉讼案件,应先中止民事公益诉讼案件的审理,待生态环境损害赔偿诉讼案件审理完毕后,就民事公益诉讼案件未被涵盖的诉讼请求依法作出裁判。

第十八条 生态环境损害赔偿诉讼案件的裁判生效后,有权提起民事公益诉讼的国家规定的机关或者法律规定的组织就同一损害生态环境行为有证据证明存在前案审理时未发现的损害,并提起民事公益诉讼的,人民法院应予受理。

民事公益诉讼案件的裁判生效后,有权提起生态环境损害赔偿诉讼的主体就同一损害生态环境行为有证据证明存在前案审理时未发现的损害,并提起生态环境损害赔偿诉讼的,人民法院应予受理。

第十九条 实际支出应急处置费用的机关提起诉讼主张该费用的,人民法院应予受理,但人民法院已经受理就同一损害生态环境行为提起的生态环境损害赔偿诉讼案件且该案原告已经主张应急处置费用的除外。

生态环境损害赔偿诉讼案件原告未主张应急处置费用，因同一损害生态环境行为实际支出应急处置费用的机关提起诉讼主张该费用的，由受理生态环境损害赔偿诉讼案件的人民法院受理并由同一审判组织审理。

第二十条　经磋商达成生态环境损害赔偿协议的，当事人可以向人民法院申请司法确认。

人民法院受理申请后，应当公告协议内容，公告期间不少于三十日。公告期满后，人民法院经审查认为协议的内容不违反法律法规强制性规定且不损害国家利益、社会公共利益的，裁定确认协议有效。裁定书应当写明案件的基本事实和协议内容，并向社会公开。

第二十一条　一方当事人在期限内未履行或者未全部履行发生法律效力的生态环境损害赔偿诉讼案件裁判或者经司法确认的生态环境损害赔偿协议的，对方当事人可以向人民法院申请强制执行。需要修复生态环境的，依法由省级、市地级人民政府及其指定的相关部门、机构组织实施。

第二十二条　人民法院审理生态环境损害赔偿案件，本规定没有规定的，参照适用《最高人民法院关于审理环境民事公益诉讼案件适用法律若干问题的解释》《最高人民法院关于审理环境侵权责任纠纷案件适用法律若干问题的解释》等相关司法解释的规定。

第二十三条　本规定自2019年6月5日起施行。

2.《最高人民法院关于审理海洋自然资源与生态环境损害赔偿纠纷案件若干问题的规定》(法释〔2017〕23号)

第一条　人民法院审理为请求赔偿海洋环境保护法第八十九条第二款规定的海洋自然资源与生态环境损害而提起的诉讼，适用本规定。

第二条　在海上或者沿海陆域内从事活动，对中华人民共和国管辖海域内海洋自然资源与生态环境造成损害，由此提起的海洋自然资源与生态环境损害赔偿诉讼，由损害行为发生地、损害结果地或者采取预防措施地海事法院管辖。

第三条　海洋环境保护法第五条规定的行使海洋环境监督管理权的机关，根据其职能分工提起海洋自然资源与生态环境损害赔偿诉讼，人民法院应予受理。

第四条　人民法院受理海洋自然资源与生态环境损害赔偿诉讼，应当在立案之日起五日内公告案件受理情况。

人民法院在审理中发现可能存在下列情形之一的,可以书面告知其他依法行使海洋环境监督管理权的机关:

(一)同一损害涉及不同区域或者不同部门;

(二)不同损害应由其他依法行使海洋环境监督管理权的机关索赔。

本规定所称不同损害,包括海洋自然资源与生态环境损害中不同种类和同种类但可以明确区分属不同机关索赔范围的损害。

第五条 在人民法院依照本规定第四条的规定发布公告之日起三十日内,或者书面告知之日起七日内,对同一损害有权提起诉讼的其他机关申请参加诉讼,经审查符合法定条件的,人民法院应当将其列为共同原告;逾期申请的,人民法院不予准许。裁判生效后另行起诉的,人民法院参照《最高人民法院关于审理环境民事公益诉讼案件适用法律若干问题的解释》第二十八条的规定处理。

对于不同损害,可以由各依法行使海洋环境监督管理权的机关分别提起诉讼;索赔人共同起诉或者在规定期限内申请参加诉讼的,人民法院依照民事诉讼法第五十二条第一款的规定决定是否按共同诉讼进行审理。

第六条 依法行使海洋环境监督管理权的机关请求造成海洋自然资源与生态环境损害的责任者承担停止侵害、排除妨碍、消除危险、恢复原状、赔礼道歉、赔偿损失等民事责任的,人民法院应当根据诉讼请求以及具体案情,合理判定责任者承担民事责任。

第七条 海洋自然资源与生态环境损失赔偿范围包括:

(一)预防措施费用,即为减轻或者防止海洋环境污染、生态恶化、自然资源减少所采取合理应急处置措施而发生的费用;

(二)恢复费用,即采取或者将要采取措施恢复或者部分恢复受损害海洋自然资源与生态环境功能所需费用;

(三)恢复期间损失,即受损害的海洋自然资源与生态环境功能部分或者完全恢复前的海洋自然资源损失、生态环境服务功能损失;

(四)调查评估费用,即调查、勘查、监测污染区域和评估污染等损害风险与实际损害所发生的费用。

第八条 恢复费用,限于现实修复实际发生和未来修复必然发生的合理费用,包括制定和实施修复方案和监测、监管产生的费用。

未来修复必然发生的合理费用和恢复期间损失,可以根据有资格的鉴定评估机构依据法律法规、国家主管部门颁布的鉴定评估技术规范作出的鉴定意见予以确定，但当事人有相反证据足以反驳的除外。

预防措施费用和调查评估费用，以实际发生和未来必然发生的合理费用计算。

责任者已经采取合理预防、恢复措施，其主张相应减少损失赔偿数额的，人民法院应予支持。

第九条 依照本规定第八条的规定难以确定恢复费用和恢复期间损失的，人民法院可以根据责任者因损害行为所获得的收益或者所减少支付的污染防治费用，合理确定损失赔偿数额。

前款规定的收益或者费用无法认定的，可以参照政府部门相关统计资料或者其他证据所证明的同区域同类生产经营者同期平均收入、同期平均污染防治费用，合理酌定。

第十条 人民法院判决责任者赔偿海洋自然资源与生态环境损失的，可以一并写明依法行使海洋环境监督管理权的机关受领赔款后向国库账户交纳。

发生法律效力的裁判需要采取强制执行措施的，应当移送执行。

第十一条 海洋自然资源与生态环境损害赔偿诉讼当事人达成调解协议或者自行达成和解协议的，人民法院依照《最高人民法院关于审理环境民事公益诉讼案件适用法律若干问题的解释》第二十五条的规定处理。

第十二条 人民法院审理海洋自然资源与生态环境损害赔偿纠纷案件，本规定没有规定的，适用《最高人民法院关于审理环境侵权责任纠纷案件适用法律若干问题的解释》《最高人民法院关于审理环境民事公益诉讼案件适用法律若干问题的解释》等相关司法解释的规定。

在海上或者沿海陆域内从事活动，对中华人民共和国管辖海域内海洋自然资源与生态环境形成损害威胁，人民法院审理由此引起的赔偿纠纷案件，参照适用本规定。

人民法院审理因船舶引起的海洋自然资源与生态环境损害赔偿纠纷案件，法律、行政法规、司法解释另有特别规定的，依照其规定。

3.《最高人民法院关于审理矿业权纠纷案件适用法律若干问题的解释》（法释〔2017〕12号）（2020年12月23日修正）

第二十一条 勘查开采矿产资源造成环境污染，或者导致地质灾害、植被毁损等生态破坏，国家规定的机关或者法律规定的组织提起环境公益诉讼的，人民法院应依法予以受理。

国家规定的机关或者法律规定的组织为保护国家利益、环境公共利益提起诉讼的，不影响因同一勘查开采行为受到人身、财产损害的自然人、法人和非法人组织依据民事诉讼法第一百一十九条的规定提起诉讼。

三、相关指导案例

1. 第136号指导案例“吉林省白山市人民检察院诉白山市江源区卫生和计划生育局、白山市江源区中医院环境公益诉讼案”（最高人民法院审判委员会讨论通过;2019年12月26日发布）。相关裁判要点如下:

人民法院在审理人民检察院提起的环境行政公益诉讼案件时，对人民检察院就同一污染环境行为提起的环境民事公益诉讼，可以参照行政诉讼法及其司法解释规定，采取分别立案、一并审理、分别判决的方式处理。

2. 第135号指导案例“江苏省徐州市人民检察院诉苏州其安工艺品有限公司等环境民事公益诉讼案”（最高人民法院审判委员会讨论通过;2019年12月26日发布）。相关裁判要点如下:

在环境民事公益诉讼中，原告有证据证明被告产生危险废物并实施了污染物处置行为，被告拒不提供其处置污染物情况等环境信息，导致无法查明污染物去向的，人民法院可以推定原告主张的环境污染事实成立。

3. 第134号指导案例“重庆市绿色志愿者联合会诉恩施自治州建始磺厂坪矿业有限责任公司水污染责任民事公益诉讼案”（最高人民法院审判委员会讨论通过;2019年12月26日发布）。相关裁判要点如下:

环境民事公益诉讼中，人民法院判令污染者停止侵害的，可以责令其重新进行环境影响评价，在环境影响评价文件经审查批准及配套建设的环境保护设施经验收合格之前，污染者不得恢复生产。

4. 第133号指导案例“山东省烟台市人民检察院诉王振殿、马群凯环境民事公益诉讼案”（最高人民法院审判委员会讨论通过;2019年12月26日发布）。相关裁判要点如下:

污染者违反国家规定向水域排污造成生态环境损害，以被污染水域有自净功能、水质得到恢复为由主张免除或者减轻生态环境修复责任的，人民法院不予支持。

5. 第132号指导案例“中国生物多样性保护与绿色发展基金会诉秦皇岛方圆包装玻璃有限公司大气污染责任民事公益诉讼案”（最高人

民法院审判委员会讨论通过;2019 年 12 月 26 日发布)。相关裁判要点如下:

在环境民事公益诉讼期间,污染者主动改进环保设施,有效降低环境风险的,人民法院可以综合考虑超标排污行为的违法性、过错程度、治理污染设施的运行成本以及防污采取的有效措施等因素,适当减轻污染者的赔偿责任。

6. 第 131 号指导案例"中华环保联合会诉德州晶华集团振华有限公司大气污染责任民事公益诉讼案"(最高人民法院审判委员会讨论通过;2019 年 12 月 26 日发布)。相关裁判要点如下:

企业事业单位和其他生产经营者多次超过污染物排放标准或者重点污染物排放总量控制指标排放污染物,环境保护行政管理部门作出行政处罚后仍未改正,原告依据《最高人民法院关于审理环境民事公益诉讼案件适用法律若干问题的解释》第一条规定的"具有损害社会公共利益重大风险的污染环境、破坏生态的行为"对其提起环境民事公益诉讼的,人民法院应予受理。

7. 第 130 号指导案例"重庆市人民政府、重庆两江志愿服务发展中心诉重庆藏金阁物业管理有限公司、重庆首旭环保科技有限公司生态环境损害赔偿、环境民事公益诉讼案"(最高人民法院审判委员会讨论通过;2019 年 12 月 26 日发布)。相关裁判要点如下:

取得排污许可证的企业,负有确保其排污处理设备正常运行且排放物达到国家和地方排放标准的法定义务,委托其他单位处理的,应当对受托单位履行监管义务;明知受托单位违法排污不予制止甚或提供便利的,应当对环境污染损害承担连带责任。污染者向水域排污造成生态环境损害,生态环境修复费用难以计算的,可以根据环境保护部门关于生态环境损害鉴定评估有关规定,采用虚拟治理成本法对损害后果进行量化,根据违法排污的污染物种类、排污量及污染源排他性等因素计算生态环境损害量化数额。

8. 第 129 号指导案例"江苏省人民政府诉安徽海德化工科技有限公司生态环境损害赔偿案"(最高人民法院审判委员会讨论通过;2019 年 12 月 26 日发布)。相关裁判要点如下:

企业事业单位和其他生产经营者将生产经营过程中产生的危险废物交由不具备危险废物处置资质的企业或者个人进行处置,造成环境污染的，应当承担生态环境损害责任。人民法院可以综合考虑企业事业单位和其他生产经营者的主观过错、经营状况等因素，在责任人提供有效担保后判决其分期支付赔偿费用。

第一千二百三十五条　【生态环境损害的赔偿范围】违反国家规定造成生态环境损害的，国家规定的机关或者法律规定的组织有权请求侵权人赔偿下列损失和费用：

（一）生态环境受到损害至修复完成期间服务功能丧失导致的损失；

（二）生态环境功能永久性损害造成的损失；

（三）生态环境损害调查、鉴定评估等费用；

（四）清除污染、修复生态环境费用；

（五）防止损害的发生和扩大所支出的合理费用。

法条评释：本条是《民法典》新增的条文，是对生态环境损害赔偿范围的规定。

相关司法解释规定

1.《最高人民法院关于审理生态环境损害赔偿案件的若干规定（试行）》（法释〔2019〕8号）（2020年12月23日修正）

第十一条　被告违反国家规定造成生态环境损害的，人民法院应当根据原告的诉讼请求以及具体案情，合理判决被告承担修复生态环境、赔偿损失、停止侵害、排除妨碍、消除危险、赔礼道歉等民事责任。

第十二条　受损生态环境能够修复的，人民法院应当依法判决被告承担修复责任，并同时确定被告不履行修复义务时应承担的生态环境修复费用。

生态环境修复费用包括制定、实施修复方案的费用，修复期间的监测、监管费用，以及修复完成后的验收费用、修复效果后评估费用等。

原告请求被告赔偿生态环境受到损害至修复完成期间服务功能损失的，人民法院根据具体案情予以判决。

第十三条　受损生态环境无法修复或者无法完全修复，原告请求被告赔偿生态环境功能永久性损害造成的损失的，人民法院根据具体案情予以判决。

第十四条　原告请求被告承担下列费用的，人民法院根据具体案情予以判决：

（一）实施应急方案、清除污染以及为防止损害的发生和扩大所支出的合理费用；

（二）为生态环境损害赔偿磋商和诉讼支出的调查、检验、鉴定、评估等费用；

（三）合理的律师费以及其他为诉讼支出的合理费用。

第十五条　人民法院判决被告承担的生态环境服务功能损失赔偿资金、生态环境功能永久性损害造成的损失赔偿资金，以及被告不履行生态环境修复义务时所应承担的修复费用，应当依照法律、法规、规章予以缴纳、管理和使用。

第十六条　在生态环境损害赔偿诉讼案件审理过程中，同一损害生态环境行为又被提起民事公益诉讼，符合起诉条件的，应当由受理生态环境损害赔偿诉讼案件的人民法院受理并由同一审判组织审理。

第十七条　人民法院受理因同一损害生态环境行为提起的生态环境损害赔偿诉讼案件和民事公益诉讼案件，应先中止民事公益诉讼案件的审理，待生态环境损害赔偿诉讼案件审理完毕后，就民事公益诉讼案件未被涵盖的诉讼请求依法作出裁判。

第十八条　生态环境损害赔偿诉讼案件的裁判生效后，有权提起民事公益诉讼的国家规定的机关或者法律规定的组织就同一损害生态环境行为有证据证明存在前案审理时未发现的损害，并提起民事公益诉讼的，人民法院应予受理。

民事公益诉讼案件的裁判生效后，有权提起生态环境损害赔偿诉讼的主体就同一损害生态环境行为有证据证明存在前案审理时未发现的损害，并提起生态环境损害赔偿诉讼的，人民法院应予受理。

第十九条　实际支出应急处置费用的机关提起诉讼主张该费用的，人民法院应予受理，但人民法院已经受理就同一损害生态环境行为提起的生态环境损害赔偿诉讼案件且该案原告已经主张应急处置费用的除外。

生态环境损害赔偿诉讼案件原告未主张应急处置费用，因同一损害生态环境行为实际支出应急处置费用的机关提起诉讼主张该费用的，由受理生态环境损害赔偿诉讼案件的人民法院受理并由同一审判组织审理。

第二十条 经磋商达成生态环境损害赔偿协议的，当事人可以向人民法院申请司法确认。

人民法院受理申请后，应当公告协议内容，公告期间不少于三十日。公告期满后，人民法院经审查认为协议的内容不违反法律法规强制性规定且不损害国家利益、社会公共利益的，裁定确认协议有效。裁定书应当写明案件的基本事实和协议内容，并向社会公开。

第二十一条 一方当事人在期限内未履行或者未全部履行发生法律效力的生态环境损害赔偿诉讼案件裁判或者经司法确认的生态环境损害赔偿协议的，对方当事人可以向人民法院申请强制执行。需要修复生态环境的，依法由省级、市地级人民政府及其指定的相关部门、机构组织实施。

2.《最高人民法院关于审理海洋自然资源与生态环境损害赔偿纠纷案件若干问题的规定》(法释〔2017〕23号)

第六条 依法行使海洋环境监督管理权的机关请求造成海洋自然资源与生态环境损害的责任者承担停止侵害、排除妨碍、消除危险、恢复原状、赔礼道歉、赔偿损失等民事责任的，人民法院应当根据诉讼请求以及具体案情，合理判定责任者承担民事责任。

第七条 海洋自然资源与生态环境损失赔偿范围包括：

(一)预防措施费用，即为减轻或者防止海洋环境污染、生态恶化、自然资源减少所采取合理应急处置措施而发生的费用；

(二)恢复费用，即采取或者将要采取措施恢复或者部分恢复受损害海洋自然资源与生态环境功能所需费用；

(三)恢复期间损失，即受损害的海洋自然资源与生态环境功能部分或者完全恢复前的海洋自然资源损失、生态环境服务功能损失；

(四)调查评估费用，即调查、勘查、监测污染区域和评估污染等损害风险与实际损害所发生的费用。

第八条 恢复费用，限于现实修复实际发生和未来修复必然发生的合理费用，包括制定和实施修复方案和监测、监管产生的费用。

未来修复必然发生的合理费用和恢复期间损失，可以根据有资格的鉴定评估机构依据法律法规、国家主管部门颁布的鉴定评估技术规范作出的鉴定意见予以确定，但当事人有相反证据足以反驳的除外。

预防措施费用和调查评估费用，以实际发生和未来必然发生的合理费用计算。

责任者已经采取合理预防、恢复措施，其主张相应减少损失赔偿数额的，人民法院应予支持。

第九条　依照本规定第八条的规定难以确定恢复费用和恢复期间损失的，人民法院可以根据责任者因损害行为所获得的收益或者所减少支付的污染防治费用，合理确定损失赔偿数额。

前款规定的收益或者费用无法认定的，可以参照政府部门相关统计资料或者其他证据所证明的同区域同类生产经营者同期平均收入、同期平均污染防治费用，合理酌定。

第十条　人民法院判决责任者赔偿海洋自然资源与生态环境损失的，可以一并写明依法行使海洋环境监督管理权的机关受领赔款后向国库账户交纳。

发生法律效力的裁判需要采取强制执行措施的，应当移送执行。

第八章　高度危险责任

第一千二百三十六条　【高度危险责任的一般条款】从事高度危险作业造成他人损害的，应当承担侵权责任。

法条评释：本条是对高度危险作业损害责任的规定，性质上属于高危危险责任的一般条款，即凡是无法纳入本章规定的高度危险作业具体类型中的侵权行为，只要属于高度危险作业，即可依据本条处理。由于高度危险作业责任属于无过错责任，而《民法典》第1166条明确规定了无过错责任必须有法律的规定，故此理论界对于是否有必要确立这样的一般条款存在不同的观点。

第一千二百三十七条　【核事故责任】民用核设施或者运入运出核设施的核材料发生核事故造成他人损害的，民用核设施的营运单位应当承担侵权责任；但是，能够证明损害是因战争、武装冲突、暴乱等情形或者受害人故意造成的，不承担责任。

法条评释：本条是对民用核事故责任的规定。民用核事故责任属于无过错责任，免责事由受到严格的限制。本条来自原《侵权责任法》

第70条,但有所修改。主要修改在于:首先,增加了"运入运出核设施的核材料"造成他人损害的情形。这是因为,《核安全法》第93条第1款将核事故界定为"核事故,是指核设施内的核燃料、放射性产物、放射性废物或者运入运出核设施的核材料所发生的放射性、毒害性、爆炸性或者其他危害性事故,或者一系列事故"。其次,将责任主体从"民用核设施的经营者"修改为"民用核设施的营运单位",这也是基于《核安全法》的规定而做的修改。最后,在免责事由中增加了列举项,即"武装冲突、暴乱"。《核安全法》第90条第1款规定:"因核事故造成他人人身伤亡、财产损失或者环境损害的,核设施营运单位应当按照国家核损害责任制度承担赔偿责任,但能够证明损害是因战争、武装冲突、暴乱等情形造成的除外。"故此,《民法典》本条也增加了"武装冲突、暴乱"这两类典型的免责事由。

一、相关法律条文

1.《中华人民共和国核安全法》(2018年1月1日起施行)

第二条 在中华人民共和国领域及管辖的其他海域内,对核设施、核材料及相关放射性废物采取充分的预防、保护、缓解和监管等安全措施,防止由于技术原因、人为原因或者自然灾害造成核事故,最大限度减轻核事故情况下的放射性后果的活动,适用本法。

核设施,是指:

(一)核电厂、核热电厂、核供汽供热厂等核动力厂及装置;

(二)核动力厂以外的研究堆、实验堆、临界装置等其他反应堆;

(三)核燃料生产、加工、贮存和后处理设施等核燃料循环设施;

(四)放射性废物的处理、贮存、处置设施。

核材料,是指:

(一)铀-235材料及其制品;

(二)铀-233材料及其制品;

(三)钚-239材料及其制品;

(四)法律、行政法规规定的其他需要管制的核材料。

放射性废物,是指核设施运行、退役产生的,含有放射性核素或者被放射性核素污染,其浓度或者比活度大于国家确定的清洁解控水平,预期不再使用的废弃物。

第五条　核设施营运单位对核安全负全面责任。

为核设施营运单位提供设备、工程以及服务等的单位，应当负相应责任。

第九十条　因核事故造成他人人身伤亡、财产损失或者环境损害的，核设施营运单位应当按照国家核损害责任制度承担赔偿责任，但能够证明损害是因战争、武装冲突、暴乱等情形造成的除外。

为核设施营运单位提供设备、工程以及服务等的单位不承担核损害赔偿责任。核设施营运单位与其有约定的，在承担赔偿责任后，可以按照约定追偿。

核设施营运单位应当通过投保责任保险、参加互助机制等方式，作出适当的财务保证安排，确保能够及时、有效履行核损害赔偿责任。

第九十三条　本法中下列用语的含义：

核事故，是指核设施内的核燃料、放射性产物、放射性废物或者运入运出核设施的核材料所发生的放射性、毒害性、爆炸性或者其他危害性事故，或者一系列事故。

纵深防御，是指通过设定一系列递进并且独立的防护、缓解措施或者实物屏障，防止核事故发生，减轻核事故后果。

核设施营运单位，是指在中华人民共和国境内，申请或者持有核设施安全许可证，可以经营和运行核设施的单位。

核安全设备，是指在核设施中使用的执行核安全功能的设备，包括核安全机械设备和核安全电气设备。

乏燃料，是指在反应堆堆芯内受过辐照并从堆芯永久卸出的核燃料。

停闭，是指核设施已经停止运行，并且不再启动。

退役，是指采取去污、拆除和清除等措施，使核设施不再使用的场所或者设备的辐射剂量满足国家相关标准的要求。

经验反馈，是指对核设施的事件、质量问题和良好实践等信息进行收集、筛选、评价、分析、处理和分发，总结推广良好实践经验，防止类似事件和问题重复发生。

托运人，是指在中华人民共和国境内，申请将托运货物提交运输并获得批准的单位。

2.《中华人民共和国放射性污染防治法》(2003年10月1日起施行)

第二条　本法适用于中华人民共和国领域和管辖的其他海域在核

设施选址、建造、运行、退役和核技术、铀(钍)矿、伴生放射性矿开发利用过程中发生的放射性污染的防治活动。

第五十九条 因放射性污染造成他人损害的,应当依法承担民事责任。

第六十二条 本法中下列用语的含义:

(一)放射性污染,是指由于人类活动造成物料、人体、场所、环境介质表面或者内部出现超过国家标准的放射性物质或者射线。

(二)核设施,是指核动力厂(核电厂、核热电厂、核供汽供热厂等)和其他反应堆(研究堆、实验堆、临界装置等);核燃料生产、加工、贮存和后处理设施;放射性废物的处理和处置设施等。

(三)核技术利用,是指密封放射源、非密封放射源和射线装置在医疗、工业、农业、地质调查、科学研究和教学等领域中的使用。

(四)放射性同位素,是指某种发生放射性衰变的元素中具有相同原子序数但质量不同的核素。

(五)放射源,是指除研究堆和动力堆核燃料循环范畴的材料以外,永久密封在容器中或者有严密包层并呈固态的放射性材料。

(六)射线装置,是指X线机、加速器、中子发生器以及含放射源的装置。

(七)伴生放射性矿,是指含有较高水平天然放射性核素浓度的非铀矿(如稀土矿和磷酸盐矿等)。

(八)放射性废物,是指含有放射性核素或者被放射性核素污染,其浓度或者比活度大于国家确定的清洁解控水平,预期不再使用的废弃物。

二、相关行政法规

《国务院关于核事故损害赔偿责任问题的批复》(国函〔2007〕64号)

国家原子能机构:

现对核事故损害赔偿责任问题批复如下:

一、中华人民共和国境内,依法取得法人资格,营运核电站、民用研究堆、民用工程实验反应堆的单位或者从事民用核燃料生产、运输和乏燃料贮存、运输、后处理且拥有核设施的单位,为该核电站或者核设施的营运者。

> 二、营运者应当对核事故造成的人身伤亡、财产损失或者环境受到的损害承担赔偿责任。营运者以外的其他人不承担赔偿责任。
>
> 三、对核事故造成的跨越中华人民共和国边境的核事故损害，依照中华人民共和国与相关国家签订的条约或者协定办理，没有签订条约或者协定的，按照对等原则处理。
>
> 四、同一营运者在同一场址所设数个核设施视为一个核设施。
>
> 五、核事故损害涉及2个以上营运者，且不能明确区分各营运者所应承担的责任的，相关营运者应当承担连带责任。
>
> 六、对直接由于武装冲突、敌对行动、战争或者暴乱所引起的核事故造成的核事故损害，营运者不承担赔偿责任。
>
> 七、核电站的营运者和乏燃料贮存、运输、后处理的营运者，对一次核事故所造成的核事故损害的最高赔偿额为3亿元人民币；其他营运者对一次核事故所造成的核事故损害的最高赔偿额为1亿元人民币。核事故损害的应赔总额超过规定的最高赔偿额的，国家提供最高限额为8亿元人民币的财政补偿。
>
> 对非常核事故造成的核事故损害赔偿，需要国家增加财政补偿金额的由国务院评估后决定。
>
> 八、营运者应当做出适当的财务保证安排，以确保发生核事故损害时能够及时、有效的履行核事故损害赔偿责任。
>
> 在核电站运行之前或者乏燃料贮存、运输、后处理之前，营运者必须购买足以履行其责任限额的保险。
>
> 九、营运者与他人签订的书面合同对追索权有约定的，营运者向受害人赔偿后，按照合同的约定对他人行使追索权。
>
> 核事故损害是由自然人的故意作为或者不作为造成的，营运者向受害人赔偿后，对该自然人行使追索权。
>
> 十、受到核事故损害的自然人、法人以及其他组织有权请求核事故损害赔偿。
>
> 在起草《中华人民共和国原子能法（草案）》时，对上述各项内容以及诉讼时效、法院管辖等应当做出明确规定。

第一千二百三十八条　【民用航空器致害责任】民用航空器造成他人损害的，民用航空器的经营者应当承担侵权责任；但是，能够证明损害是因受害人故意造成的，不承担责任。

法条评释：本条是对民用航空致害责任的规定，属于无过错责任，只有损害完全是因为受害人故意所致，方能免责。民用航空器，是指除用于执行军事、海关、警察飞行任务外的航空器。民用航空器致害责任的类型包括：其一，民用航空器对运输的旅客、货物造成损害时的侵权责任；其二，民用航空器对地面第三人造成损害时的侵权责任。

相关法律条文

《中华人民共和国民用航空法》(2021年4月29日修正)

第五条 本法所称民用航空器，是指除用于执行军事、海关、警察飞行任务外的航空器。

第一百二十四条 因发生在民用航空器上或者在旅客上、下民用航空器过程中的事件，造成旅客人身伤亡的，承运人应当承担责任；但是，旅客的人身伤亡完全是由于旅客本人的健康状况造成的，承运人不承担责任。

第一百二十五条 因发生在民用航空器上或者在旅客上、下民用航空器过程中的事件，造成旅客随身携带物品毁灭、遗失或者损坏的，承运人应当承担责任。因发生在航空运输期间的事件，造成旅客的托运行李毁灭、遗失或者损坏的，承运人应当承担责任。

旅客随身携带物品或者托运行李的毁灭、遗失或者损坏完全是由于行李本身的自然属性、质量或者缺陷造成的，承运人不承担责任。

本章所称行李，包括托运行李和旅客随身携带的物品。

因发生在航空运输期间的事件，造成货物毁灭、遗失或者损坏的，承运人应当承担责任；但是，承运人证明货物的毁灭、遗失或者损坏完全是由于下列原因之一造成的，不承担责任：

(一)货物本身的自然属性、质量或者缺陷；

(二)承运人或者其受雇人、代理人以外的人包装货物的，货物包装不良；

(三)战争或者武装冲突；

(四)政府有关部门实施的与货物入境、出境或者过境有关的行为。

本条所称航空运输期间，是指在机场内、民用航空器上或者机场外降落的任何地点，托运行李、货物处于承运人掌管之下的全部期间。

航空运输期间，不包括机场外的任何陆路运输、海上运输、内河运输过程；但是，此种陆路运输、海上运输、内河运输是为了履行航空运输合同而装载、交付或者转运，在没有相反证据的情况下，所发生的损失视为在航空运输期间发生的损失。

第一百二十六条　旅客、行李或者货物在航空运输中因延误造成的损失，承运人应当承担责任；但是，承运人证明本人或者其受雇人、代理人为了避免损失的发生，已经采取一切必要措施或者不可能采取此种措施的，不承担责任。

第一百二十七条　在旅客、行李运输中，经承运人证明，损失是由索赔人的过错造成或者促成的，应当根据造成或者促成此种损失的过错的程度，相应免除或者减轻承运人的责任。旅客以外的其他人就旅客死亡或者受伤提出赔偿请求时，经承运人证明，死亡或者受伤是旅客本人的过错造成或者促成的，同样应当根据造成或者促成此种损失的过错的程度，相应免除或者减轻承运人的责任。

在货物运输中，经承运人证明，损失是由索赔人或者代行权利人的过错造成或者促成的，应当根据造成或者促成此种损失的过错的程度，相应免除或者减轻承运人的责任。

第一百三十一条　有关航空运输中发生的损失的诉讼，不论其根据如何，只能依照本法规定的条件和赔偿责任限额提出，但是不妨碍谁有权提起诉讼以及他们各自的权利。

第一百三十二条　经证明，航空运输中的损失是由于承运人或者其受雇人、代理人的故意或者明知可能造成损失而轻率地作为或者不作为造成的，承运人无权援用本法第一百二十八条、第一百二十九条有关赔偿责任限制的规定；证明承运人的受雇人、代理人有此种作为或者不作为的，还应当证明该受雇人、代理人是在受雇、代理范围内行事。

第一百三十三条　就航空运输中的损失向承运人的受雇人、代理人提起诉讼时，该受雇人、代理人证明他是在受雇、代理范围内行事的，有权援用本法第一百二十八条、第一百二十九条有关赔偿责任限制的规定。

在前款规定情形下，承运人及其受雇人、代理人的赔偿总额不得超过法定的赔偿责任限额。

经证明，航空运输中的损失是由于承运人的受雇人、代理人的故意或者明知可能造成损失而轻率地作为或者不作为造成的,不适用本条第一款和第二款的规定。

第一百三十四条 旅客或者收货人收受托运行李或者货物而未提出异议,为托运行李或者货物已经完好交付并与运输凭证相符的初步证据。

托运行李或者货物发生损失的,旅客或者收货人应当在发现损失后向承运人提出异议。托运行李发生损失的,至迟应当自收到托运行李之日起七日内提出;货物发生损失的,至迟应当自收到货物之日起十四日内提出。托运行李或者货物发生延误的,至迟应当自托运行李或者货物交付旅客或者收货人处置之日起二十一日内提出。

任何异议均应当在前款规定的期间内写在运输凭证上或者另以书面提出。

除承运人有欺诈行为外,旅客或者收货人未在本条第二款规定的期间内提出异议的,不能向承运人提出索赔诉讼。

第一百三十五条 航空运输的诉讼时效期间为二年,自民用航空器到达目的地点、应当到达目的地点或者运输终止之日起计算。

第一百三十六条 由几个航空承运人办理的连续运输,接受旅客、行李或者货物的每一个承运人应当受本法规定的约束,并就其根据合同办理的运输区段作为运输合同的订约一方。

对前款规定的连续运输,除合同明文约定第一承运人应当对全程运输承担责任外,旅客或者其继承人只能对发生事故或者延误的运输区段的承运人提起诉讼。

托运行李或者货物的毁灭、遗失、损坏或者延误,旅客或者托运人有权对第一承运人提起诉讼,旅客或者收货人有权对最后承运人提起诉讼,旅客、托运人和收货人均可以对发生毁灭、遗失、损坏或者延误的运输区段的承运人提起诉讼。上述承运人应当对旅客、托运人或者收货人承担连带责任。

第一百五十七条 因飞行中的民用航空器或者从飞行中的民用航空器上落下的人或者物,造成地面(包括水面,下同)上的人身伤亡或者财产损害的,受害人有权获得赔偿;但是,所受损害并非造成损害的事故的直接后果,或者所受损害仅是民用航空器依照国家有关的空中交通规则在空中通过造成的,受害人无权要求赔偿。

前款所称飞行中,是指自民用航空器为实际起飞而使用动力时起至着陆冲程终了时止；就轻于空气的民用航空器而言，飞行中是指自其离开地面时起至其重新着地时止。

第一百五十八条 本法第一百五十七条规定的赔偿责任，由民用航空器的经营人承担。

前款所称经营人，是指损害发生时使用民用航空器的人。民用航空器的使用权已经直接或者间接地授予他人，本人保留对该民用航空器的航行控制权的，本人仍被视为经营人。

经营人的受雇人、代理人在受雇、代理过程中使用民用航空器，无论是否在其受雇、代理范围内行事，均视为经营人使用民用航空器。

民用航空器登记的所有人应当被视为经营人，并承担经营人的责任；除非在判定其责任的诉讼中，所有人证明经营人是他人，并在法律程序许可的范围内采取适当措施使该人成为诉讼当事人之一。

第一百五十九条 未经对民用航空器有航行控制权的人同意而使用民用航空器，对地面第三人造成损害的，有航行控制权的人除证明本人已经适当注意防止此种使用外，应当与该非法使用人承担连带责任。

第一百六十条 损害是武装冲突或者骚乱的直接后果，依照本章规定应当承担责任的人不承担责任。

依照本章规定应当承担责任的人对民用航空器的使用权业经国家机关依法剥夺的，不承担责任。

第一百六十一条 依照本章规定应当承担责任的人证明损害是完全由于受害人或者其受雇人、代理人的过错造成的，免除其赔偿责任；应当承担责任的人证明损害是部分由于受害人或者其受雇人、代理人的过错造成的，相应减轻其赔偿责任。但是，损害是由于受害人的受雇人、代理人的过错造成时，受害人证明其受雇人、代理人的行为超出其所授权的范围的，不免除或者不减轻应当承担责任的人的赔偿责任。

一人对另一人的死亡或者伤害提起诉讼，请求赔偿时，损害是该另一人或者其受雇人、代理人的过错造成的，适用前款规定。

第一百六十二条 两个以上的民用航空器在飞行中相撞或者相扰，造成本法第一百五十七条规定的应当赔偿的损害，或者两个以上的民用航空器共同造成此种损害的，各有关民用航空器均应当被认为已经造成此种损害，各有关民用航空器的经营人均应当承担责任。

第一百六十三条 本法第一百五十八条第四款和第一百五十九条规定的人，享有依照本章规定经营人所能援用的抗辩权。

第一百六十四条 除本章有明确规定外，经营人、所有人和本法第一百五十九条规定的应当承担责任的人，以及他们的受雇人、代理人，对于飞行中的民用航空器或者从飞行中的民用航空器上落下的人或者物造成的地面上的损害不承担责任，但是故意造成此种损害的人除外。

第一百六十五条 本章不妨碍依照本章规定应当对损害承担责任的人向他人追偿的权利。

第一百六十六条 民用航空器的经营人应当投保地面第三人责任险或者取得相应的责任担保。

第一百六十七条 保险人和担保人除享有与经营人相同的抗辩权，以及对伪造证件进行抗辩的权利外，对依照本章规定提出的赔偿请求只能进行下列抗辩：

（一）损害发生在保险或者担保终止有效后；然而保险或者担保在飞行中期满的，该项保险或者担保在飞行计划中所载下一次降落前继续有效，但是不得超过二十四小时；

（二）损害发生在保险或者担保所指定的地区范围外，除非飞行超出该范围是由于不可抗力、援助他人所必需，或者驾驶、航行或者领航上的差错造成的。

前款关于保险或者担保继续有效的规定，只在对受害人有利时适用。

第一百六十八条 仅在下列情形下，受害人可以直接对保险人或者担保人提起诉讼，但是不妨碍受害人根据有关保险合同或者担保合同的法律规定提起直接诉讼的权利：

（一）根据本法第一百六十七条第（一）项、第（二）项规定，保险或者担保继续有效的；

（二）经营人破产的。

除本法第一百六十七条第一款规定的抗辩权，保险人或者担保人对受害人依照本章规定提起的直接诉讼不得以保险或者担保的无效或者追溯力终止为由进行抗辩。

第一百六十九条 依照本法第一百六十六条规定提供的保险或者担保，应当被专门指定优先支付本章规定的赔偿。

第一百七十条 保险人应当支付给经营人的款项，在本章规定的第三人的赔偿请求未满足前，不受经营人的债权人的扣留和处理。

第一百七十一条　地面第三人损害赔偿的诉讼时效期间为二年，自损害发生之日起计算；但是，在任何情况下，时效期间不得超过自损害发生之日起三年。

第一百七十二条　本章规定不适用于下列损害：

（一）对飞行中的民用航空器或者对该航空器上的人或者物造成的损害；

（二）为受害人同经营人或者同发生损害时对民用航空器有使用权的人订立的合同所约束，或者为适用两方之间的劳动合同的法律有关职工赔偿的规定所约束的损害；

（三）核损害。

第一千二百三十九条　【高度危险物致害责任】占有或者使用易燃、易爆、剧毒、高放射性、强腐蚀性、高致病性等高度危险物造成他人损害的，占有人或者使用人应当承担侵权责任；但是，能够证明损害是因受害人故意或者不可抗力造成的，不承担责任。被侵权人对损害的发生有重大过失的，可以减轻占有人或者使用人的责任。

法条评释：本条来自原《侵权责任法》第72条，主要的修改有两处：其一，将"放射性"修改为"高放射性"，更准确，也更符合高度危险物的特征；其二，增加了两类高度危险物的列举，即"强腐蚀性"和"高致病性"的物质。本条是对高度危险物致害责任的规定，属于无过错责任。原则上，高度危险物的占有人、使用人是高度危险物致害责任的主体。但是，由于《民法典》第1242条对非法占有人的责任有特别之规定，因此本条中的占有人仅限于"合法占有人"。此外，由于在本条中占有人与使用人并列，而使用人必定要占有高度危险物方能使用。所以，本条中的占有人，是指"使用人之外的合法占有人"，包括所有权人以及基于运输、保管等非以使用为目的合同关系而生的债权占有高度危险物之人。本条中的使用人，是指基于借用、租赁等以使用为目的合同关系而有权占有高度危险物的人。

一、相关法律条文

《中华人民共和国核安全法》（2018年1月1日起施行）

第三十八条　核设施营运单位和其他有关单位持有核材料，应当按照规定的条件依法取得许可，并采取下列措施，防止核材料被盗、破坏、丢失、非法转让和使用，保障核材料的安全与合法利用：

（一）建立专职机构或者指定专人保管核材料；

（二）建立核材料衡算制度，保持核材料收支平衡；

（三）建立与核材料保护等级相适应的实物保护系统；

（四）建立信息保密制度，采取保密措施；

（五）法律、行政法规规定的其他措施。

第三十九条 产生、贮存、运输、后处理乏燃料的单位应当采取措施确保乏燃料的安全，并对持有的乏燃料承担核安全责任。

第四十条 放射性废物应当实行分类处置。

低、中水平放射性废物在国家规定的符合核安全要求的场所实行近地表或者中等深度处置。

高水平放射性废物实行集中深地质处置，由国务院指定的单位专营。

第四十一条 核设施营运单位、放射性废物处理处置单位应当对放射性废物进行减量化、无害化处理、处置，确保永久安全。

第四十二条 国务院核工业主管部门会同国务院有关部门和省、自治区、直辖市人民政府编制低、中水平放射性废物处置场所的选址规划，报国务院批准后组织实施。

国务院核工业主管部门会同国务院有关部门编制高水平放射性废物处置场所的选址规划，报国务院批准后组织实施。

放射性废物处置场所的建设应当与核能发展的要求相适应。

第四十三条 国家建立放射性废物管理许可制度。

专门从事放射性废物处理、贮存、处置的单位，应当向国务院核安全监督管理部门申请许可。

核设施营运单位利用与核设施配套建设的处理、贮存设施，处理、贮存本单位产生的放射性废物的，无需申请许可。

第四十四条 核设施营运单位应当对其产生的放射性固体废物和不能经净化排放的放射性废液进行处理，使其转变为稳定的、标准化的固体废物后，及时送交放射性废物处置单位处置。

核设施营运单位应当对其产生的放射性废气进行处理，达到国家放射性污染防治标准后，方可排放。

第四十五条 放射性废物处置单位应当按照国家放射性污染防治标准的要求，对其接收的放射性废物进行处置。

放射性废物处置单位应当建立放射性废物处置情况记录档案，如实记录处置的放射性废物的来源、数量、特征、存放位置等与处置活动有关的事项。记录档案应当永久保存。

第四十六条　国家建立放射性废物处置设施关闭制度。

放射性废物处置设施有下列情形之一的，应当依法办理关闭手续，并在划定的区域设置永久性标记：

（一）设计服役期届满；

（二）处置的放射性废物已经达到设计容量；

（三）所在地区的地质构造或者水文地质等条件发生重大变化，不适宜继续处置放射性废物；

（四）法律、行政法规规定的其他需要关闭的情形。

第四十七条　放射性废物处置设施关闭前，放射性废物处置单位应当编制放射性废物处置设施关闭安全监护计划，报国务院核安全监督管理部门批准。

安全监护计划应当包括下列主要内容：

（一）安全监护责任人及其责任；

（二）安全监护费用；

（三）安全监护措施；

（四）安全监护期限。

放射性废物处置设施关闭后，放射性废物处置单位应当按照经批准的安全监护计划进行安全监护；经国务院核安全监督管理部门会同国务院有关部门批准后，将其交由省、自治区、直辖市人民政府进行监护管理。

第五十二条　核材料、放射性废物的托运人应当在运输中采取有效的辐射防护和安全保卫措施，对运输中的核安全负责。

乏燃料、高水平放射性废物的托运人应当向国务院核安全监督管理部门提交有关核安全分析报告，经审查批准后方可开展运输活动。

核材料、放射性废物的承运人应当依法取得国家规定的运输资质。

第五十三条　通过公路、铁路、水路等运输核材料、放射性废物，本法没有规定的，适用相关法律、行政法规和规章关于放射性物品运输、危险货物运输的规定。

二、相关行政法规

1.《城镇燃气管理条例》(2016年2月6日修订)

第一条 为了加强城镇燃气管理,保障燃气供应,防止和减少燃气安全事故,保障公民生命、财产安全和公共安全,维护燃气经营者和燃气用户的合法权益,促进燃气事业健康发展,制定本条例。

第二条 城镇燃气发展规划与应急保障、燃气经营与服务、燃气使用、燃气设施保护、燃气安全事故预防与处理及相关管理活动,适用本条例。

天然气、液化石油气的生产和进口,城市门站以外的天然气管道输送,燃气作为工业生产原料的使用,沼气、秸秆气的生产和使用,不适用本条例。

本条例所称燃气,是指作为燃料使用并符合一定要求的气体燃料,包括天然气(含煤层气)、液化石油气和人工煤气等。

2.《民用爆炸物品安全管理条例》(2014年7月29日修订)

第二条 民用爆炸物品的生产、销售、购买、进出口、运输、爆破作业和储存以及硝酸铵的销售、购买,适用本条例。

本条例所称民用爆炸物品,是指用于非军事目的、列入民用爆炸物品品名表的各类火药、炸药及其制品和雷管、导火索等点火、起爆器材。

民用爆炸物品品名表,由国务院民用爆炸物品行业主管部门会同国务院公安部门制订、公布。

第三条 国家对民用爆炸物品的生产、销售、购买、运输和爆破作业实行许可证制度。

未经许可,任何单位或者个人不得生产、销售、购买、运输民用爆炸物品,不得从事爆破作业。

严禁转让、出借、转借、抵押、赠送、私藏或者非法持有民用爆炸物品。

3.《危险化学品安全管理条例》(2013年12月7日修订)

第三条 本条例所称危险化学品,是指具有毒害、腐蚀、爆炸、燃烧、助燃等性质,对人体、设施、环境具有危害的剧毒化学品和其他化学品。

危险化学品目录,由国务院安全生产监督管理部门会同国务院工业和信息化、公安、环境保护、卫生、质量监督检验检疫、交通运输、铁路、民用航空、农业主管部门,根据化学品危险特性的鉴别和分类标准确定、公布,并适时调整。

4.《放射性同位素与射线装置安全和防护条例》(2019 年 3 月 2 日修订)

第二条 在中华人民共和国境内生产、销售、使用放射性同位素和射线装置,以及转让、进出口放射性同位素的,应当遵守本条例。

本条例所称放射性同位素包括放射源和非密封放射性物质。

5.《放射性废物安全管理条例》(2012 年 3 月 1 日起施行)

第二条 本条例所称放射性废物,是指含有放射性核素或者被放射性核素污染,其放射性核素浓度或者比活度大于国家确定的清洁解控水平,预期不再使用的废弃物。

第三条 放射性废物的处理、贮存和处置及其监督管理等活动,适用本条例。

本条例所称处理,是指为了能够安全和经济地运输、贮存、处置放射性废物,通过净化、浓缩、固化、压缩和包装等手段,改变放射性废物的属性、形态和体积的活动。

本条例所称贮存,是指将废旧放射源和其他放射性固体废物临时放置于专门建造的设施内进行保管的活动。

本条例所称处置,是指将废旧放射源和其他放射性固体废物最终放置于专门建造的设施内并不再回取的活动。

第四条 放射性废物的安全管理,应当坚持减量化、无害化和妥善处置、永久安全的原则。

6.《放射性物品运输安全管理条例》(2010 年 1 月 1 日起施行)

第二条 放射性物品的运输和放射性物品运输容器的设计、制造等活动,适用本条例。

本条例所称放射性物品,是指含有放射性核素,并且其活度和比活度均高于国家规定的豁免值的物品。

第三条 根据放射性物品的特性及其对人体健康和环境的潜在危害程度,将放射性物品分为一类、二类和三类。

一类放射性物品,是指Ⅰ类放射源、高水平放射性废物、乏燃料等释放到环境后对人体健康和环境产生重大辐射影响的放射性物品。

二类放射性物品,是指Ⅱ类和Ⅲ类放射源、中等水平放射性废物等释放到环境后对人体健康和环境产生一般辐射影响的放射性物品。

三类放射性物品，是指Ⅳ类和Ⅴ类放射源、低水平放射性废物、放射性药品等释放到环境后对人体健康和环境产生较小辐射影响的放射性物品。

放射性物品的具体分类和名录，由国务院核安全监管部门会同国务院公安、卫生、海关、交通运输、铁路、民航、核工业行业主管部门制定。

第五条 运输放射性物品，应当使用专用的放射性物品运输包装容器（以下简称运输容器）。

放射性物品的运输和放射性物品运输容器的设计、制造，应当符合国家放射性物品运输安全标准。

国家放射性物品运输安全标准，由国务院核安全监管部门制定，由国务院核安全监管部门和国务院标准化主管部门联合发布。国务院核安全监管部门制定国家放射性物品运输安全标准，应当征求国务院公安、卫生、交通运输、铁路、民航、核工业行业主管部门的意见。

第一千二百四十条 【高度危险活动致害责任】从事高空、高压、地下挖掘活动或者使用高速轨道运输工具造成他人损害的，经营者应当承担侵权责任；但是，能够证明损害是因受害人故意或者不可抗力造成的，不承担责任。被侵权人对损害的发生有重大过失的，可以减轻经营者的责任。

法条评释：本条来自原《侵权责任法》第73条，除个别标点符号和表述的修改外，最重要的修改就是将“被侵权人对损害的发生有过失的”修改为“被侵权人对损害的发生有重大过失的”。这一修改将减责事由限定为被侵权人的重大过失，显然更符合严格责任的本意，有利于保护被侵权人的合法权益。本条是对高度危险活动致害责任的规定。高度危险活动致害责任，是指从事高空、高压、地下挖掘活动或者使用高速轨道运输工具造成他人损害时，经营者应承担的侵权责任。高度危险活动致害责任与高度危险物致害责任一样，适用的都是无过错责任。前者的高度危险性来自活动，后者的高度危险性来自物品本身。依据高度危险活动的类型不同，可将高度危险致害责任分为：高空作业致害责任、高压致害责任、地下挖掘活动致害责任以及高速轨道运输工具致害责任。

一、相关法律条文

1.《中华人民共和国电力法》(2018 年 12 月 29 日修正)

第六十条　因电力运行事故给用户或者第三人造成损害的,电力企业应当依法承担赔偿责任。

电力运行事故由下列原因之一造成的,电力企业不承担赔偿责任:

(一)不可抗力;

(二)用户自身的过错。

因用户或者第三人的过错给电力企业或者其他用户造成损害的,该用户或者第三人应当依法承担赔偿责任。

2.《中华人民共和国铁路法》(2015 年 4 月 24 日修正)

第二条　本法所称铁路,包括国家铁路、地方铁路、专用铁路和铁路专用线。

国家铁路是指由国务院铁路主管部门管理的铁路。

地方铁路是指由地方人民政府管理的铁路。

专用铁路是指由企业或者其他单位管理,专为本企业或者本单位内部提供运输服务的铁路。

铁路专用线是指由企业或者其他单位管理的与国家铁路或者其他铁路线路接轨的岔线。

第十七条　铁路运输企业应当对承运的货物、包裹、行李自接受承运时起到交付时止发生的灭失、短少、变质、污染或者损坏,承担赔偿责任:

(一)托运人或者旅客根据自愿申请办理保价运输的,按照实际损失赔偿,但最高不超过保价额。

(二)未按保价运输承运的,按照实际损失赔偿,但最高不超过国务院铁路主管部门规定的赔偿限额;如果损失是由于铁路运输企业的故意或者重大过失造成的,不适用赔偿限额的规定,按照实际损失赔偿。

托运人或者旅客根据自愿可以向保险公司办理货物运输保险,保险公司按照保险合同的约定承担赔偿责任。

托运人或者旅客根据自愿,可以办理保价运输,也可以办理货物运输保险;还可以既不办理保价运输,也不办理货物运输保险。不得以任何方式强迫办理保价运输或者货物运输保险。

第五十八条　因铁路行车事故及其他铁路运营事故造成人身伤亡

的，铁路运输企业应当承担赔偿责任；如果人身伤亡是因不可抗力或者由于受害人自身的原因造成的，铁路运输企业不承担赔偿责任。

违章通过平交道口或者人行过道，或者在铁路线路上行走、坐卧造成的人身伤亡，属于受害人自身的原因造成的人员伤亡。

二、相关行政法规

1.《铁路交通事故应急救援和调查处理条例》(2012 年 11 月 9 日修订)

第三十二条 事故造成人身伤亡的，铁路运输企业应当承担赔偿责任；但是人身伤亡是不可抗力或者受害人自身原因造成的，铁路运输企业不承担赔偿责任。

违章通过平交道口或者人行过道，或者在铁路线路上行走、坐卧造成的人身伤亡，属于受害人自身的原因造成的人身伤亡。

第三十四条 事故造成铁路运输企业承运的货物、包裹、行李损失的，铁路运输企业应当依照《中华人民共和国铁路法》的规定承担赔偿责任。

第三十五条 除本条例第三十三条、第三十四条的规定外，事故造成其他人身伤亡或者财产损失的，依照国家有关法律、行政法规的规定赔偿。

2.《铁路安全管理条例》(2014 年 1 月 1 日起施行)

第二十七条 铁路线路两侧应当设立铁路线路安全保护区。铁路线路安全保护区的范围，从铁路线路路堤坡脚、路堑坡顶或者铁路桥梁（含铁路、道路两用桥，下同）外侧起向外的距离分别为：

（一）城市市区高速铁路为 10 米，其他铁路为 8 米；

（二）城市郊区居民居住区高速铁路为 12 米，其他铁路为 10 米；

（三）村镇居民居住区高速铁路为 15 米，其他铁路为 12 米；

（四）其他地区高速铁路为 20 米，其他铁路为 15 米。

前款规定距离不能满足铁路运输安全保护需要的，由铁路建设单位或者铁路运输企业提出方案，铁路监督管理机构或者县级以上地方人民政府依照本条第三款规定程序划定。

在铁路用地范围内划定铁路线路安全保护区的，由铁路监督管理机构组织铁路建设单位或者铁路运输企业划定并公告。在铁路用地范围外划定铁路线路安全保护区的，由县级以上地方人民政府根据保障铁路运输安全和节约用地的原则，组织有关铁路监督管理机构、县级以上地方人民政府国土资源等部门划定并公告。

铁路线路安全保护区与公路建筑控制区、河道管理范围、水利工程管理和保护范围、航道保护范围或者石油、电力以及其他重要设施保护区重叠的，由县级以上地方人民政府组织有关部门依照法律、行政法规的规定协商划定并公告。

新建、改建铁路的铁路线路安全保护区范围，应当自铁路建设工程初步设计批准之日起30日内，由县级以上地方人民政府依照本条例的规定划定并公告。铁路建设单位或者铁路运输企业应当根据工程竣工资料进行勘界，绘制铁路线路安全保护区平面图，并根据平面图设立标桩。

第二十八条　设计开行时速120公里以上列车的铁路应当实行全封闭管理。铁路建设单位或者铁路运输企业应当按照国务院铁路行业监督管理部门的规定在铁路用地范围内设置封闭设施和警示标志。

第二十九条　禁止在铁路线路安全保护区内烧荒、放养牲畜、种植影响铁路线路安全和行车瞭望的树木等植物。

禁止向铁路线路安全保护区排污、倾倒垃圾以及其他危害铁路安全的物质。

第三十条　在铁路线路安全保护区内建造建筑物、构筑物等设施，取土、挖砂、挖沟、采空作业或者堆放、悬挂物品，应当征得铁路运输企业同意并签订安全协议，遵守保证铁路安全的国家标准、行业标准和施工安全规范，采取措施防止影响铁路运输安全。铁路运输企业应当派员对施工现场实行安全监督。

第三十一条　铁路线路安全保护区内既有的建筑物、构筑物危及铁路运输安全的，应当采取必要的安全防护措施；采取安全防护措施后仍不能保证安全的，依照有关法律的规定拆除。

拆除铁路线路安全保护区内的建筑物、构筑物，清理铁路线路安全保护区内的植物，或者对他人在铁路线路安全保护区内已依法取得的采矿权等合法权利予以限制，给他人造成损失的，应当依法给予补偿或者采取必要的补救措施。但是，拆除非法建设的建筑物、构筑物的除外。

第三十二条　在铁路线路安全保护区及其邻近区域建造或者设置的建筑物、构筑物、设备等，不得进入国家规定的铁路建筑限界。

第三十三条　在铁路线路两侧建造、设立生产、加工、储存或者销售易燃、易爆或者放射性物品等危险物品的场所、仓库，应当符合国家标准、行业标准规定的安全防护距离。

第三十四条 在铁路线路两侧从事采矿、采石或者爆破作业，应当遵守有关采矿和民用爆破的法律法规，符合国家标准、行业标准和铁路安全保护要求。

在铁路线路路堤坡脚、路堑坡顶、铁路桥梁外侧起向外各1000米范围内，以及在铁路隧道上方中心线两侧各1000米范围内，确需从事露天采矿、采石或者爆破作业的，应当与铁路运输企业协商一致，依照有关法律法规的规定报县级以上地方人民政府有关部门批准，采取安全防护措施后方可进行。

第三十五条 高速铁路线路路堤坡脚、路堑坡顶或者铁路桥梁外侧起向外各200米范围内禁止抽取地下水。

在前款规定范围外，高速铁路线路经过的区域属于地面沉降区域，抽取地下水危及高速铁路安全的，应当设置地下水禁止开采区或者限制开采区，具体范围由铁路监督管理机构会同县级以上地方人民政府水行政主管部门提出方案，报省、自治区、直辖市人民政府批准并公告。

第三十六条 在电气化铁路附近从事排放粉尘、烟尘及腐蚀性气体的生产活动，超过国家规定的排放标准，危及铁路运输安全的，由县级以上地方人民政府有关部门依法责令整改，消除安全隐患。

第三十七条 任何单位和个人不得擅自在铁路桥梁跨越处河道上下游各1000米范围内围垦造田、拦河筑坝、架设浮桥或者修建其他影响铁路桥梁安全的设施。

因特殊原因确需在前款规定的范围内进行围垦造田、拦河筑坝、架设浮桥等活动的，应当进行安全论证，负责审批的机关在批准前应当征求有关铁路运输企业的意见。

第三十八条 禁止在铁路桥梁跨越处河道上下游的下列范围内采砂、淘金：

（一）跨河桥长500米以上的铁路桥梁，河道上游500米，下游3000米；

（二）跨河桥长100米以上不足500米的铁路桥梁，河道上游500米，下游2000米；

（三）跨河桥长不足100米的铁路桥梁，河道上游500米，下游1000米。

有关部门依法在铁路桥梁跨越处河道上下游划定的禁采范围大于前款规定的禁采范围的，按照划定的禁采范围执行。

县级以上地方人民政府水行政主管部门、国土资源主管部门应当按照各自职责划定禁采区域、设置禁采标志,制止非法采砂、淘金行为。

第三十九条 在铁路桥梁跨越处河道上下游各500米范围内进行疏浚作业,应当进行安全技术评价,有关河道、航道管理部门应当征求铁路运输企业的意见,确认安全或者采取安全技术措施后,方可批准进行疏浚作业。但是,依法进行河道、航道日常养护、疏浚作业的除外。

第四十条 铁路、道路两用桥由所在地铁路运输企业和道路管理部门或者道路经营企业定期检查、共同维护,保证桥梁处于安全的技术状态。

铁路、道路两用桥的墩、梁等共用部分的检测、维修由铁路运输企业和道路管理部门或者道路经营企业共同负责,所需费用按照公平合理的原则分担。

第四十一条 铁路的重要桥梁和隧道按照国家有关规定由中国人民武装警察部队负责守卫。

第四十二条 船舶通过铁路桥梁应当符合桥梁的通航净空高度并遵守航行规则。

桥区航标中的桥梁航标、桥柱标、桥梁水尺标由铁路运输企业负责设置、维护,水面航标由铁路运输企业负责设置,航道管理部门负责维护。

第四十三条 下穿铁路桥梁、涵洞的道路应当按照国家标准设置车辆通过限高、限宽标志和限高防护架。城市道路的限高、限宽标志由当地人民政府指定的部门设置并维护,公路的限高、限宽标志由公路管理部门设置并维护。限高防护架在铁路桥梁、涵洞、道路建设时设置,由铁路运输企业负责维护。

机动车通过下穿铁路桥梁、涵洞的道路,应当遵守限高、限宽规定。

下穿铁路涵洞的管理单位负责涵洞的日常管理、维护,防止淤塞、积水。

第四十四条 铁路线路安全保护区内的道路和铁路线路路堑上的道路、跨越铁路线路的道路桥梁,应当按照国家有关规定设置防止车辆以及其他物体进入、坠入铁路线路的安全防护设施和警示标志,并由道路管理部门或者道路经营企业维护、管理。

第四十五条 架设、铺设铁路信号和通信线路、杆塔应当符合国家标准、行业标准和铁路安全防护要求。铁路运输企业、为铁路运输提供服务的电信企业应当加强对铁路信号和通信线路、杆塔的维护和管理。

第四十六条 设置或者拓宽铁路道口、铁路人行过道,应当征得铁路运输企业的同意。

第四十七条 铁路与道路交叉的无人看守道口应当按照国家标准设置警示标志;有人看守道口应当设置移动栏杆、列车接近报警装置、警示灯、警示标志、铁路道口路段标线等安全防护设施。

道口移动栏杆、列车接近报警装置、警示灯等安全防护设施由铁路运输企业设置、维护;警示标志、铁路道口路段标线由铁路道口所在地的道路管理部门设置、维护。

第四十八条 机动车或者非机动车在铁路道口内发生故障或者装载物掉落的,应当立即将故障车辆或者掉落的装载物移至铁路道口停止线以外或者铁路线路最外侧钢轨5米以外的安全地点。无法立即移至安全地点的,应当立即报告铁路道口看守人员;在无人看守道口,应当立即在道口两端采取措施拦停列车,并就近通知铁路车站或者公安机关。

第四十九条 履带车辆等可能损坏铁路设施设备的车辆、物体通过铁路道口,应当提前通知铁路道口管理单位,在其协助、指导下通过,并采取相应的安全防护措施。

第五十条 在下列地点,铁路运输企业应当按照国家标准、行业标准设置易于识别的警示、保护标志:

(一)铁路桥梁、隧道的两端;

(二)铁路信号、通信光(电)缆的埋设、铺设地点;

(三)电气化铁路接触网、自动闭塞供电线路和电力贯通线路等电力设施附近易发生危险的地点。

第五十一条 禁止毁坏铁路线路、站台等设施设备和铁路路基、护坡、排水沟、防护林木、护坡草坪、铁路线路封闭网及其他铁路防护设施。

第五十二条 禁止实施下列危及铁路通信、信号设施安全的行为:

(一)在埋有地下光(电)缆设施的地面上方进行钻探,堆放重物、垃圾,焚烧物品,倾倒腐蚀性物质;

(二)在地下光(电)缆两侧各1米的范围内建造、搭建建筑物、构筑物等设施;

(三)在地下光(电)缆两侧各1米的范围内挖砂、取土;

(四)在过河光(电)缆两侧各100米的范围内挖砂、抛锚或者进行其他危及光(电)缆安全的作业。

第五十三条　禁止实施下列危害电气化铁路设施的行为：

（一）向电气化铁路接触网抛掷物品；

（二）在铁路电力线路导线两侧各500米的范围内升放风筝、气球等低空飘浮物体；

（三）攀登铁路电力线路杆塔或者在杆塔上架设、安装其他设施设备；

（四）在铁路电力线路杆塔、拉线周围20米范围内取土、打桩、钻探或者倾倒有害化学物品；

（五）触碰电气化铁路接触网。

第五十五条　铁路运输企业应当对铁路线路、铁路防护设施和警示标志进行经常性巡查和维护；对巡查中发现的安全问题应当立即处理，不能立即处理的应当及时报告铁路监督管理机构。巡查和处理情况应当记录留存。

第一百零五条　违反本条例规定，给铁路运输企业或者其他单位、个人财产造成损失的，依法承担民事责任。

违反本条例规定，构成违反治安管理行为的，由公安机关依法给予治安管理处罚；构成犯罪的，依法追究刑事责任。

第一百零六条　专用铁路、铁路专用线的安全管理参照本条例的规定执行。

第一百零七条　本条例所称高速铁路，是指设计开行时速250公里以上（含预留），并且初期运营时速200公里以上的客运列车专线铁路。

三、相关司法解释规定

1.《最高人民法院关于审理铁路运输人身损害赔偿纠纷案件适用法律若干问题的解释》（法释〔2010〕5号）（2020年12月23日修正）

第一条　人民法院审理铁路行车事故及其他铁路运营事故造成的铁路运输人身损害赔偿纠纷案件，适用本解释。

与铁路运输企业建立劳动合同关系或者形成劳动关系的铁路职工在执行职务中发生的人身损害，依照有关调整劳动关系的法律规定及其他相关法律规定处理。

第二条　铁路运输人身损害的受害人、依法由受害人承担扶养义务的被扶养人以及死亡受害人的近亲属为赔偿权利人，有权请求赔偿。

第三条 赔偿权利人要求对方当事人承担侵权责任的,由事故发生地、列车最先到达地或者被告住所地铁路运输法院管辖;赔偿权利人依照民法典第三编要求承运人承担违约责任予以人身损害赔偿的,由运输始发地、目的地或者被告住所地铁路运输法院管辖。

第四条 铁路运输造成人身损害的,铁路运输企业应当承担赔偿责任;法律另有规定的,依照其规定。

第五条 铁路运输中发生人身损害,铁路运输企业举证证明有下列情形之一的,不承担赔偿责任:

(一)不可抗力造成的;

(二)受害人故意以卧轨、碰撞等方式造成的。

第六条 因受害人翻越、穿越、损毁、移动铁路线路两侧防护围墙、栅栏或者其他防护设施穿越铁路线路,偷乘货车,攀附行进中的列车,在未设置人行通道的铁路桥梁、隧道内通行,攀爬高架铁路线路,以及其他未经许可进入铁路线路、车站、货场等铁路作业区域的过错行为,造成人身损害的,应当根据受害人的过错程度适当减轻铁路运输企业的赔偿责任,并按照以下情形分别处理:

(一)铁路运输企业未充分履行安全防护、警示等义务,受害人有上述过错行为的,铁路运输企业应当在全部损失的百分之八十至百分之二十之间承担赔偿责任;

(二)铁路运输企业已充分履行安全防护、警示等义务,受害人仍施以上述过错行为的,铁路运输企业应当在全部损失的百分之二十至百分之十之间承担赔偿责任。

第七条 受害人横向穿越未封闭的铁路线路时存在过错,造成人身损害的,按照前条规定处理。

受害人不听从值守人员劝阻或者无视禁行警示信号、标志硬行通过铁路平交道口、人行过道,或者沿铁路线路纵向行走,或者在铁路线路上坐卧,造成人身损害,铁路运输企业举证证明已充分履行安全防护、警示等义务的,不承担赔偿责任。

第八条 铁路运输造成无民事行为能力人人身损害的,铁路运输企业应当承担赔偿责任;监护人有过错的,按照过错程度减轻铁路运输企业的赔偿责任,但铁路运输企业承担的赔偿责任应当不低于全部损失的百分之五十。

铁路运输造成限制民事行为能力人人身损害的,铁路运输企业应当承担赔偿责任；监护人及受害人自身有过错的，按照过错程度减轻铁路运输企业的赔偿责任，但铁路运输企业承担的赔偿责任应当不低于全部损失的百分之四十。

第九条　铁路机车车辆与机动车发生碰撞造成机动车驾驶人员以外的人人身损害的，由铁路运输企业与机动车一方对受害人承担连带赔偿责任。铁路运输企业与机动车一方之间，按照各自的过错分担责任；双方均无过错的，按照公平原则分担责任。对受害人实际承担赔偿责任超出应当承担份额的一方，有权向另一方追偿。

铁路机车车辆与机动车发生碰撞造成机动车驾驶人员人身损害的，按照本解释第四条至第七条的规定处理。

第十条　在非铁路运输企业实行监护的铁路无人看守道口发生事故造成人身损害的，由铁路运输企业按照本解释的有关规定承担赔偿责任。道口管理单位有过错的，铁路运输企业对赔偿权利人承担赔偿责任后，有权向道口管理单位追偿。

第十一条　对于铁路桥梁、涵洞等设施负有管理、维护等职责的单位，因未尽职责使该铁路桥梁、涵洞等设施不能正常使用，导致行人、车辆穿越铁路线路造成人身损害的，铁路运输企业按照本解释有关规定承担赔偿责任后，有权向该单位追偿。

第十二条　铁路旅客运送期间发生旅客人身损害，赔偿权利人要求铁路运输企业承担违约责任的，人民法院应当依照民法典第八百一十一条、第八百二十二条、第八百二十三条等规定，确定铁路运输企业是否承担责任及责任的大小；赔偿权利人要求铁路运输企业承担侵权赔偿责任的，人民法院应当依照有关侵权责任的法律规定，确定铁路运输企业是否承担赔偿责任及责任的大小。

第十三条　铁路旅客运送期间因第三人侵权造成旅客人身损害的，由实施侵权行为的第三人承担赔偿责任。铁路运输企业有过错的，应当在能够防止或者制止损害的范围内承担相应的补充赔偿责任。铁路运输企业承担赔偿责任后，有权向第三人追偿。

车外第三人投掷石块等击打列车造成车内旅客人身损害，赔偿权利人要求铁路运输企业先予赔偿的，人民法院应当予以支持。铁路运输企业赔付后，有权向第三人追偿。

第十四条　有权作出事故认定的组织依照《铁路交通事故应急救援和调查处理条例》等有关规定制作的事故认定书，经庭审质证，对于事故认定书所认定的事实，当事人没有相反证据和理由足以推翻的，人民法院应当作为认定事实的根据。

第十五条 在专用铁路及铁路专用线上因运输造成人身损害，依法应当由肇事工具或者设备的所有人、使用人或者管理人承担赔偿责任的，适用本解释。

第十六条 本院以前发布的司法解释与本解释不一致的，以本解释为准。

本解释施行前已经终审，本解释施行后当事人申请再审或者按照审判监督程序决定再审的案件，不适用本解释。

2.《最高人民法院关于审理铁路运输损害赔偿案件若干问题的解释》(法发〔1994〕25号)(2020年12月23日修正)

为了正确、及时地审理铁路运输损害赔偿案件，现就审判工作中遇到的一些问题，根据《中华人民共和国铁路法》(以下简称铁路法)和有关的法律规定，结合审判实践，作出如下解释，供在审判工作中执行。

一、实际损失的赔偿范围

铁路法第十七条中的“实际损失”，是指因灭失、短少、变质、污染、损坏导致货物、包裹、行李实际价值的损失。

铁路运输企业按照实际损失赔偿时，对灭失、短少的货物、包裹、行李，按照其实际价值赔偿；对变质、污染、损坏降低原有价值的货物、包裹、行李，可按照其受损前后实际价值的差额或者加工、修复费用赔偿。

货物、包裹、行李的赔偿价值按照托运时的实际价值计算。实际价值中未包含已支付的铁路运杂费、包装费、保险费、短途搬运费等费用的，按照损失部分的比例加算。

二、铁路运输企业的重大过失

铁路法第十七条中的“重大过失”是指铁路运输企业或者其受雇人、代理人对承运的货物、包裹、行李明知可能造成损失而轻率地作为或者不作为。

三、保价货物损失的赔偿

铁路法第十七条第一款(一)项中规定的“按照实际损失赔偿，但最高不超过保价额。”是指保价运输的货物、包裹、行李在运输中发生损失，无论托运人在办理保价运输时，保价额是否与货物、包裹、行李的实际价值相符，均应在保价额内按照损失部分的实际价值赔偿，实际损失超过保价额的部分不予赔偿。

如果损失是因铁路运输企业的故意或者重大过失造成的，比照铁路法第十七条第一款(二)项的规定，不受保价额的限制，按照实际损失赔偿。

四、保险货物损失的赔偿

投保货物运输险的货物在运输中发生损失，对不属于铁路运输企业免责范围的，适用铁路法第十七条第一款(二)项的规定，由铁路运输企业承担赔偿责任。

保险公司按照保险合同的约定向托运人或收货人先行赔付后，对于铁路运输企业应按货物实际损失承担赔偿责任的，保险公司按照支付的保险金额向铁路运输企业追偿，因不足额保险产生的实际损失与保险金的差额部分，由铁路运输企业赔偿；对于铁路运输企业应按限额承担赔偿责任的，在足额保险的情况下，保险公司向铁路运输企业的追偿额为铁路运输企业的赔偿限额，在不足额保险的情况下，保险公司向铁路运输企业的追偿额在铁路运输企业的赔偿限额内按照投保金额与货物实际价值的比例计算，因不足额保险产生的铁路运输企业的赔偿限额与保险公司在限额内追偿额的差额部分，由铁路运输企业赔偿。

五、保险保价货物损失的赔偿

既保险又保价的货物在运输中发生损失，对不属于铁路运输企业免责范围的，适用铁路法第十七条第一款(一)项的规定由铁路运输企业承担赔偿责任。对于保险公司先行赔付的，比照本解释第四条对保险货物损失的赔偿处理。

六、保险补偿制度的适用

《铁路货物运输实行保险与负责运输相结合的补偿制度的规定(试行)》(简称保险补偿制度)，适用于1991年5月1日铁路法实施以前已投保货物运输险的案件。铁路法实施后投保货物运输险的案件，适用铁路法第十七条第一款的规定，保险补偿制度中有关保险补偿的规定不再适用。

七、逾期交付的责任

货物、包裹、行李逾期交付，如果是因铁路逾期运到造成的，由铁路运输企业支付逾期违约金；如果是因收货人或旅客逾期领取造成的，由收货人或旅客支付保管费；既因逾期运到又因收货人或旅客逾期领取造成的，由双方各自承担相应的责任。

铁路逾期运到并且发生损失时，铁路运输企业除支付逾期违约金外，还应当赔偿损失。对收货人或者旅客逾期领取，铁路运输企业在代保管期间因保管不当造成损失的，由铁路运输企业赔偿。

八、误交付的责任

货物、包裹、行李误交付（包括被第三者冒领造成的误交付），铁路运输企业查找超过运到期限的，由铁路运输企业支付逾期违约金。不能交付的，或者交付时有损失的，由铁路运输企业赔偿。铁路运输企业赔付后，再向有责任的第三者追偿。

九、赔偿后又找回原物的处理

铁路运输企业赔付后又找回丢失、被盗、冒领、逾期等按灭失处理的货物、包裹、行李的，在通知托运人，收货人或旅客退还赔款领回原物的期限届满后仍无人领取的，适用铁路法第二十二条按无主货物的规定处理。铁路运输企业未通知托运人，收货人或者旅客而自行处理找回的货物、包裹、行李的，由铁路运输企业赔偿实际损失与已付赔款差额。

十、代办运输货物损失的赔偿

代办运输的货物在铁路运输中发生损失，对代办运输企业接受托运人的委托以自己的名义与铁路运输企业签订运输合同托运或领取货物的，如委托人依据委托合同要求代办运输企业向铁路运输企业索赔的，应予支持。对代办运输企业未及时索赔而超过运输合同索赔时效的，代办运输企业应当赔偿。

十一、铁路旅客运送责任期间

铁路运输企业对旅客运送的责任期间自旅客持有效车票进站时起到旅客出站或者应当出站时止。不包括旅客在候车室内的期间。

十二、第三者责任造成旅客伤亡的赔偿

在铁路旅客运送期间因第三者责任造成旅客伤亡，旅客或者其继承人要求铁路运输企业先予赔偿的，应予支持。铁路运输企业赔付后，有权向有责任的第三者追偿。

四、相关文件规定

《最高人民法院关于从事高空高压对周围环境有高度危险作业造成他人损害的应适用〈民法通则〉还是〈电力法〉的复函》（〔2000〕法民字第5号）

黑龙江省高级人民法院：

你院《关于从事高空高压等对周围环境有高度危险作业造成他人

损害的应适用民法通则还是电力法》的请示收悉。经研究认为：民法通则规定，如能证明损害是由受害人故意造成的，电力部门不承担民事责任；电力法规定，由于不可抗力或用户自身的过错造成损害的，电力部门不承担赔偿责任。这两部法律对归责原则的规定是有所区别的。但电力法是民法通则颁布实施后对民事责任规范所作的特别规定，根据特别法优于普通法，后法优于前法的原则，你院所请示的案件应适用电力法。

五、相关裁判摘要

• **2009 年第 6 号《中华人民共和国最高人民检察院公报》**刊登的**"王言峰诉山东栖霞市电业局等人身损害赔偿纠纷抗诉案"**的最高人民法院判决对高压电致害责任及多因一果情形下的责任承担进行了分析。相关裁判摘要如下：

《中华人民共和国民法通则》第一百二十三条规定，"从事高空、高压、易燃、易爆、剧毒、放射性、高速运输工具等对周围环境有高度危险的作业造成他人损害的，应当承担民事责任；如果能够证明损害是由受害人故意造成的，不承担民事责任。"王言峰发生触电事故时未满十周岁，导致王言峰人身损害的变压器属于高压电力设施，对周围环境具有高度危险，根据民法通则上述规定，在该设施上作业的人应当对王言峰所受到的损害承担民事责任。最高人民法院《关于审理触电人身损害赔偿案件若干问题的解释》第二条规定："因高压造成人身损害的案件，由电力设施产权人依照《中华人民共和国民法通则》第一百二十三条的规定承担民事责任。但对因高压电引起的人身损害是由多个原因造成的，按照致害人的行为与损害后果之间的原因力确定各自的责任。致害人的行为是损害后果发生的主要原因，应当承担主要责任；致害人的行为是损害后果发生的非主要原因，则承担相应的责任。"本案中，王言峰的人身损害系由多个原因所致。塑料厂作为涉案变压器产权人，应对王言峰的人身损害承担赔偿责任，电业局从事高压电作业，对电力设施的选址、安装等负有检验和监督管理的义务，该局对涉案变压器房所存在的安全隐患未尽监督整改之责，对王言峰所遭受的损害亦应承担相应的赔偿责任。原审认定电业局没有与塑料厂签订代管协议，没有法定或约定的代管义务，不应承担民事赔偿责任，适用法律有误，应予纠正。王言峰的监护人没有尽到监护责任，原审判决其承担 20% 的责任适当，法院予以维持。

> • **1999年第3期《中华人民共和国最高人民法院公报》**刊登的“**刘有祥诉洛阳铁路分局洛阳列车段、长沙铁路总公司郴州车务段铁路旅客运输人身伤亡赔偿纠纷案**”判决就铁路运输企业的免责事由进行了分析。相关裁判摘要如下：
>
> 《中华人民共和国铁路法》第五十八条第一款规定：“因铁路行车事故及其他铁路运营事故造成人身伤亡的，铁路运输企业应当承担赔偿责任；如果人身伤亡是因不可抗力或者由于受害人自身的原因造成的，铁路运输企业不承担赔偿责任。”原告刘有祥提供的证据表明，根据证人自述的住址和姓名，查找不到相符的人。被告洛阳列车段是根据证人李桂枝、王建奎的证明，认定刘丰民“自己跳车”死亡。由于这两个证人来历不明，该证据不具有法律效力，不予采信。根据目前所掌握的情况，刘丰民“自己跳车”死亡一说不能成立，只能推定其坠车死亡。洛阳列车段在不能有效证实刘丰民是自身原因死亡的情况下，应当依照铁路法第五十八条第一款的规定，承担赔偿责任。

第一千二百四十一条 【被遗失或抛弃的高度危险物的致害责任】遗失、抛弃高度危险物造成他人损害的，由所有人承担侵权责任。所有人将高度危险物交由他人管理的，由管理人承担侵权责任；所有人有过错的，与管理人承担连带责任。

法条评释：本条来自原《侵权责任法》第74条，没有变化。所有人在遗失、抛弃高度危险物的情况下，如果该高度危险物给他人造成了损害，所有人应当承担无过错责任。因为所有人依法对高度危险物的保管负有高度之注意义务。倘因保管不善而致高度危险物遗失，所有人难辞其咎。至于所有人将高度危险物交给他人管理的，由于所有人对高度危险物没有管理控制力，故此因高度危险物造成他人损害时，由管理人承担侵权责任。所有人将高度危险物交由他人管理的情形，主要是指所有人将高度危险物交由他人保管、运输、储存等情形。所有人如果在指示、选任、监督等方面存在过错的，则需要与管理人承担连带责任，例如，所有人没有选择具有法定资格的管理人来管理高度危险物的情形；没有依法采取相应的管理、防护措施的情形；未依法如实向管理人说明高度危险物的名称、性质、数量、危害以及应急措施等需要注意的事项等。

第一千二百四十二条　【被非法占有的高度危险的致害责任】 非法占有高度危险物造成他人损害的，由非法占有人承担侵权责任。所有人、管理人不能证明对防止非法占有尽到高度注意义务的，与非法占有人承担连带责任。

法条评释： 本条来自原《侵权责任法》第75条，只是有一个小的修改，即将原条文中的“防止他人非法占有”修改为“防止非法占有”，其余内容没有变化。所谓非法占有，是指通过盗窃、抢劫、抢夺等方法违背所有人或管理人的意志而取得对高度危险物的占有。当非占有人占有的高度危险物造成他人损失时，首先要由非法占有人承担侵权责任。同时，所有人、管理人原则上也要负连带责任。但如果所有人、管理人能够证明“对防止他人非法占有尽到高度注意义务的”，仅由非法占有人承担侵权责任。“高度注意义务”的要求高于善良管理人注意义务的要求，高度注意义务意味着：所有人、管理人在避免他人非法占有上符合了法律的全部要求（如按照法律的规定采取安全保卫措施），尽到了自己应尽的全部注意义务，即便如此，仍不能避免他人对高度危险物之非法占有。例如，某恐怖组织采取武装抢夺的方法，打死某剧毒化学品厂的安保人员后抢走了一批剧毒化学品，并将之投放到水库，造成了巨大的损害。对于这种恐怖组织的武装抢劫，该化学品厂显然是尽到了高度注意义务的。

相关法律条文

《中华人民共和国核安全法》（2018年1月1日起施行）

第三十八条　核设施营运单位和其他有关单位持有核材料，应当按照规定的条件依法取得许可，并采取下列措施，防止核材料被盗、破坏、丢失、非法转让和使用，保障核材料的安全与合法利用：

（一）建立专职机构或者指定专人保管核材料；

（二）建立核材料衡算制度，保持核材料收支平衡；

（三）建立与核材料保护等级相适应的实物保护系统；

（四）建立信息保密制度，采取保密措施；

（五）法律、行政法规规定的其他措施。

第一千二百四十三条　【高度危险区域内的损害责任】 未经许可

进入高度危险活动区域或者高度危险物存放区域受到损害,管理人能够证明已经采取足够安全措施并尽到充分警示义务的,可以减轻或者不承担责任。

法条评释: 本条是对高度危险区域致害责任的规定,来自原《侵权责任法》第76条,主要的修改是,将"管理人已经采取安全措施并尽到警示义务的"修改为"管理人能够证明已经采取足够安全措施并尽到充分警示义务的"。这一修改意味着,管理人不是一般性的证明采取了安全措施并尽到警示义务即可减责或免责,而必须证明已经采取"足够"安全措施并尽到"充分"警示义务,才能减轻或免除责任。这就意味着高度危险活动区域或者高度危险物存放区域的管理人必须尽到更高度的注意义务,这也与高度危险责任的法理是一致的。

高度危险区域包括高度危险活动区域与高度危险物存放区域,前者是指从事高度危险活动的特定地方如机场跑道、高速公路,后者是指存放高度危险物品的区域,如存放炸药、剧毒化学物品,存放放射性物质的仓库。

一、相关法律条文

1.《中华人民共和国铁路法》(2015年4月24日修正)

第五十一条 禁止在铁路线路上行走、坐卧。对在铁路线路上行走、坐卧的,铁路职工有权制止。

2.《中华人民共和国道路交通安全法》(2021年4月29日修正)

第六十七条 行人、非机动车、拖拉机、轮式专用机械车、铰接式客车、全挂拖斗车以及其他设计最高时速低于七十公里的机动车,不得进入高速公路。高速公路限速标志标明的最高时速不得超过一百二十公里。

二、相关行政法规

1.《中华人民共和国民用航空安全保卫条例》(2011年1月8日修正)

第十一条 机场控制区应当根据安全保卫的需要,划定为候机隔离区、行李分检装卸区、航空器活动区和维修区、货物存放区等,并分别设置安全防护设施和明显标志。

第十二条 机场控制区应当有严密的安全保卫措施,实行封闭式分区管理。具体管理办法由国务院民用航空主管部门制定。

第十三条 人员与车辆进入机场控制区,必须佩带机场控制区通行证并接受警卫人员的检查。

机场控制区通行证,由民航公安机关按照国务院民用航空主管部门的有关规定制发和管理。

第十六条 机场内禁止下列行为:

(一)攀(钻)越、损毁机场防护围栏及其他安全防护设施;

(二)在机场控制区内狩猎、放牧、晾晒谷物、教练驾驶车辆;

(三)无机场控制区通行证进入机场控制区;

(四)随意穿越航空器跑道、滑行道;

(五)强行登、占航空器;

(六)谎报险情,制造混乱;

(七)扰乱机场秩序的其他行为。

第三十九条 本条例下列用语的含义:

"机场控制区",是指根据安全需要在机场内划定的进出受到限制的区域。

"候机隔离区",是指根据安全需要在候机楼(室)内划定的供已经安全检查的出港旅客等待登机的区域及登机通道、摆渡车。

"航空器活动区",是指机场内用于航空器起飞、着陆以及与此有关的地面活动区域,包括跑道、滑行道、联络道、客机坪。

2.《危险化学品安全管理条例》(2013年12月7日修订)

第二十条 生产、储存危险化学品的单位,应当根据其生产、储存的危险化学品的种类和危险特性,在作业场所设置相应的监测、监控、通风、防晒、调温、防火、灭火、防爆、泄压、防毒、中和、防潮、防雷、防静电、防腐、防泄漏以及防护围堤或者隔离操作等安全设施、设备,并按照国家标准、行业标准或者国家有关规定对安全设施、设备进行经常性维护、保养,保证安全设施、设备的正常使用。

生产、储存危险化学品的单位,应当在其作业场所和安全设施、设备上设置明显的安全警示标志。

第二十一条 生产、储存危险化学品的单位,应当在其作业场所设置通信、报警装置,并保证处于适用状态。

第二十四条 危险化学品应当储存在专用仓库、专用场地或者专用储存室(以下统称专用仓库)内,并由专人负责管理;剧毒化学品以及储存数量构成重大危险源的其他危险化学品,应当在专用仓库内单独存放,并实行双人收发、双人保管制度。

危险化学品的储存方式、方法以及储存数量应当符合国家标准或者国家有关规定。

3.《城镇燃气管理条例》(2016年2月6日修订)

第三十五条 燃气经营者应当按照国家有关工程建设标准和安全生产管理的规定,设置燃气设施防腐、绝缘、防雷、降压、隔离等保护装置和安全警示标志,定期进行巡查、检测、维修和维护,确保燃气设施的安全运行。

三、相关司法解释规定

《最高人民法院关于审理道路交通事故损害赔偿案件适用法律若干问题的解释》(法释〔2012〕19号)(2020年12月23日修正)

第七条 因道路管理维护缺陷导致机动车发生交通事故造成损害,当事人请求道路管理者承担相应赔偿责任的,人民法院应予支持。但道路管理者能够证明已经依照法律、法规、规章的规定,或者按照国家标准、行业标准、地方标准的要求尽到安全防护、警示等管理维护义务的除外。

依法不得进入高速公路的车辆、行人,进入高速公路发生交通事故造成自身损害,当事人请求高速公路管理者承担赔偿责任的,适用民法典第一千二百四十三条的规定。

四、相关部门规章

《高速铁路安全防护管理办法》(2020年7月1日起施行)

第二十六条 高速铁路应当实行全封闭管理,范围包括线路、车站、动车存放场所、隧道斜井和竖井的出入口,以及其他与运行相关的附属设备设施处所。铁路建设单位或者铁路运输企业应当按照国家铁路局的规定在铁路用地范围内设置封闭设施和警示标志。

高速铁路与普速铁路共用车站的并行地段,在高速铁路线路与普速铁路线路间设置物理隔离;区间的并行地段,在普速铁路外侧依照高速铁路线路标准进行封闭。

高速铁路高架桥下的铁路用地，应当根据周边生产、生活环境情况，按照确保高速铁路设备设施安全的要求，实行封闭管理或者保护性利用管理。

铁路运输企业应当建立进出高速铁路线路作业门的管理制度。

第二十七条 铁路运输企业应当在客运车站广场、售票厅、进出站口、安检区、直梯及电扶梯、候车区、站台、通道、车厢、动车存放场所等重要场所和其他人员密集的场所，以及高速铁路桥梁、隧道、重要设备设施处所和路基重要区段等重点部位配备、安装监控系统。监控系统应当符合相关国家标准、行业标准，与当地公共安全视频监控系统实现图像资源共享。

客运车站以及动车存放场所周界应当设置实体围墙。车站广场应当设置防冲撞设施，有条件的设置硬隔离设施。

第二十八条 铁路运输企业应当在高速铁路沿线桥头、隧道口、路基地段等易进入重点区段安装、设置周界入侵报警系统。站台两端应当安装、设置警示标志和封闭设施，防止无关人员进入高速铁路线路。高速铁路周界入侵报警系统应当符合相关国家标准、行业标准。

高速铁路沿线视频监控建设应当纳入当地公共安全视频监控建设联网应用工作体系，并充分利用公共通信杆塔等资源，减少重复建设。

第二十九条 铁路运输企业应当根据沿线的自然灾害、地质条件、线路环境等情况，建立必要的灾害监测系统。

第三十条 高速铁路长大隧道、高架桥、旅客聚集区等重点区域，应当按照国家有关规定设置紧急情况下的应急疏散逃生通道并保证畅通，同时安装、设置指示标识。高速铁路长大隧道的照明设施设备、消防设施应当保持状态良好。

第三十一条 在下列地点，应当按照国家有关规定安装、设置防止车辆以及其他物体进入、坠入高速铁路线路的安全防护设施和警示标志：

（一）高速铁路路堑上的道路；

（二）位于高速铁路线路安全保护区内的道路；

（三）跨越高速铁路线路的道路桥梁及其他建筑物、构筑物。

第三十二条 船舶通过高速铁路桥梁应当符合桥梁的通航净空高度并遵守航行规则。桥区航标中的桥梁航标、桥柱标、桥梁水尺标由铁路运输企业负责设置、维护,水面航标由铁路运输企业负责设置,航道管理部门负责维护。

建设跨越通航水域的高速铁路桥梁,应当根据有关规定同步设计、同步建设桥梁防撞设施。铁路运输企业或者铁路桥梁产权单位负责防撞设施的维护管理。

第三十三条 铁路建设单位应当按照相关法律法规和国家标准、行业标准,在建设高速铁路客运站和直接为其运营服务的段、厂、调度指挥中心、到发中转货场、仓库时,确保相关安全防护设备设施同时设计、同时施工、同时投入生产和使用。

五、相关裁判摘要

2019 年第 10 期《中华人民共和国最高人民法院公报》刊登的**"杨本波、侯章素与中国铁路上海局集团有限公司、中国铁路上海局集团有限公司南京站铁路运输人身损害责任纠纷案"**判决对高度危险区域的管理人是否尽到相应的义务进行了分析。相关裁判摘要如下:

《中华人民共和国侵权责任法》第七十六条规定,未经许可进入高度危险活动区域或者高度危险物存放区域受到损害,管理人已经采取安全措施并尽到警示义务的,可以减轻或者不承担责任。《中华人民共和国铁路法》第五十八条规定,因铁路行车事故及其他铁路运营事故造成人身伤亡的,铁路运输企业应当承担赔偿责任;如果人身伤亡是因不可抗力或者由于受害人自身的原因造成的,铁路运输企业不承担赔偿责任。违章通过平交道口或者人行过道,或者在铁路线路上行走、坐卧造成的人身伤亡,属于受害人自身的原因造成的人身伤亡。法律之所以如此规定,是基于铁路运输系高度危险作业,铁路线路给人们的正常通行带来了不便,严格的责任规定可以促使铁路企业在提供优质高效运输服务的同时,主动采取有效措施,避免和减少事故发生。但是,任何权利与义务都是对等的。承担严格责任的情况下,法律仍然赋予了责任人依法提出减轻责任甚至免责抗辩的权利,这也是均衡保护公平与效率理念的具体体现:一方面通过补偿受害人实现社会公正,维护和保障弱势群体的权益;但同时另一方面,对各方当事人的行为给予指引和制约,规范各参与方的行为,兼顾公平与效率,维护和保障高度危险责任人及其所属行业的发展,从而有效降低高度危险行业损害事故的发生。

社会高速发展,参与主体多,运行节奏快,树立规则意识尤为重要。规则是一种约束,也是一种保护。遵守高铁交通规则,文明出行,是公民的义务,更是一份责任。杨尧正值青春,遭遇不幸,殊可哀悯。奋斗的青春,应坚守规则,不可心存侥幸,更不能无视铁路安全警示规定。其跃下站台,横穿线路,最终酿成悲剧,不仅严重影响了铁路公共交通正常运行,还危及自身性命,给父母亲人造成巨大打击,教训惨痛,发人深省。规则意识发自于内心,实践于行为,"不逾矩"是每个人"从心所欲"的前提。遵守规则,珍爱宝贵的生命,对家人负责,应是所有社会主体的共同追求。综上,杨尧在二被告已经采取安全措施并尽到警示义务情况下,未经许可进入高度危险活动区域受到损害,属自身原因造成铁路交通运输事故。故二原告要求二被告承担侵权责任,赔偿损失821,056.40元的诉讼请求无事实和法律依据,法院不予支持。

第一千二百四十四条 【高度危险责任的赔偿限额】 承担高度危险责任,法律规定赔偿限额的,依照其规定,但是行为人有故意或者重大过失的除外。

法条评释: 本条是对高度危险责任的赔偿限额的规定,来自原《侵权责任法》第77条,主要的修改是增加了一段话,即"但是行为人有故意或者重大过失的除外"。依据本条,只有法律才能规定高度危险责任的赔偿限额,至于行政法规、地方性法规、司法解释和政府规章均无权加以规定。需要注意的是,依据本条最后一句的规定,所谓赔偿限额只是在适用无过错责任时才具有作用,如果被侵权人能够证明应当承担高度危险责任的侵权人具有故意或者重大过失的,那么就超出赔偿限额的部分,依然有权依据过错责任要求侵权人继续赔偿。

一、相关法律条文

1.《中华人民共和国民用航空法》(2021年4月29日修正)

第一百二十八条 国内航空运输承运人的赔偿责任限额由国务院民用航空主管部门制定,报国务院批准后公布执行。

旅客或者托运人在交运托运行李或者货物时,特别声明在目的地点交付时的利益,并在必要时支付附加费的,除承运人证明旅客或者托运人声明的金额高于托运行李或者货物在目的地点交付时的实际利益外,承运人应当在声明金额范围内承担责任;本法第一百二十九条的其他规定，除赔偿责任限额外，适用于国内航空运输。

第一百二十九条 国际航空运输承运人的赔偿责任限额按照下列规定执行：

（一）对每名旅客的赔偿责任限额为16600计算单位；但是，旅客可以同承运人书面约定高于本项规定的赔偿责任限额。

（二）对托运行李或者货物的赔偿责任限额，每公斤为17计算单位。旅客或者托运人在交运托运行李或者货物时，特别声明在目的地点交付时的利益，并在必要时支付附加费的，除承运人证明旅客或者托运人声明的金额高于托运行李或者货物在目的地点交付时的实际利益外，承运人应当在声明金额范围内承担责任。

托运行李或者货物的一部分或者托运行李、货物中的任何物件毁灭、遗失、损坏或者延误的，用以确定承运人赔偿责任限额的重量，仅为该一包件或者数包件的总重量；但是，因托运行李或者货物的一部分或者托运行李、货物中的任何物件的毁灭、遗失、损坏或者延误，影响同一份行李票或者同一份航空货运单所列其他包件的价值的，确定承运人的赔偿责任限额时，此种包件的总重量也应当考虑在内。

（三）对每名旅客随身携带的物品的赔偿责任限额为332计算单位。

第一百三十条 任何旨在免除本法规定的承运人责任或者降低本法规定的赔偿责任限额的条款，均属无效；但是，此种条款的无效，不影响整个航空运输合同的效力。

2.《中华人民共和国海商法》（1993年7月1日起施行）

第一百一十六条 承运人对旅客的货币、金银、珠宝、有价证券或者其他贵重物品所发生的灭失、损坏，不负赔偿责任。

旅客与承运人约定将前款规定的物品交由承运人保管的，承运人应当依照本法第一百一十七条的规定负赔偿责任；双方以书面约定的赔偿限额高于本法第一百一十七条的规定的，承运人应当按照约定的数额负赔偿责任。

第一百一十七条 除本条第四款规定的情形外，承运人在每次海上旅客运输中的赔偿责任限额，依照下列规定执行：

（一）旅客人身伤亡的，每名旅客不超过46666计算单位；

（二）旅客自带行李灭失或者损坏的，每名旅客不超过833计算单位；

（三）旅客车辆包括该车辆所载行李灭失或者损坏的，每一车辆不超过3333计算单位；

（四）本款第（二）、（三）项以外的旅客其他行李灭失或者损坏的，每名旅客不超过1200计算单位。

承运人和旅客可以约定，承运人对旅客车辆和旅客车辆以外的其他行李损失的免赔额。但是，对每一车辆损失的免赔额不得超过117计算单位，对每名旅客的车辆以外的其他行李损失的免赔额不得超过13计算单位。在计算每一车辆或者每名旅客的车辆以外的其他行李的损失赔偿数额时，应当扣除约定的承运人免赔额。

承运人和旅客可以书面约定高于本条第一款规定的赔偿责任限额。

中华人民共和国港口之间的海上旅客运输，承运人的赔偿责任限额，由国务院交通主管部门制订，报国务院批准后施行。

第一百一十八条　经证明，旅客的人身伤亡或者行李的灭失、损坏，是由于承运人的故意或者明知可能造成损害而轻率地作为或者不作为造成的，承运人不得援用本法第一百一十六条和第一百一十七条限制赔偿责任的规定。

经证明，旅客的人身伤亡或者行李的灭失、损坏，是由于承运人的受雇人、代理人的故意或者明知可能造成损害而轻率地作为或者不作为造成的，承运人的受雇人、代理人不得援用本法第一百一十六条和第一百一十七条限制赔偿责任的规定。

第一百二十条　向承运人的受雇人、代理人提出的赔偿请求，受雇人或者代理人证明其行为是在受雇或者受委托的范围内的，有权援用本法第一百一十五条、第一百一十六条和第一百一十七条的抗辩理由和赔偿责任限制的规定。

第一百二十四条　就旅客的人身伤亡或者行李的灭失、损坏，分别向承运人、实际承运人以及他们的受雇人、代理人提出赔偿请求，赔偿总额不得超过本法第一百一十七条规定的限额。

第二百零四条　船舶所有人、救助人，对本法第二百零七条所列海事赔偿请求，可以依照本章规定限制赔偿责任。

前款所称的船舶所有人，包括船舶承租人和船舶经营人。

第二百零五条　本法第二百零七条所列海事赔偿请求，不是向船舶所有人、救助人本人提出，而是向他们对其行为、过失负有责任的人员提出的，这些人员可以依照本章规定限制赔偿责任。

第二百零六条 被保险人依照本章规定可以限制赔偿责任的，对该海事赔偿请求承担责任的保险人，有权依照本章规定享受相同的赔偿责任限制。

第二百零七条 下列海事赔偿请求，除本法第二百零八条和第二百零九条另有规定外，无论赔偿责任的基础有何不同，责任人均可以依照本章规定限制赔偿责任：

(一)在船上发生的或者与船舶营运、救助作业直接相关的人身伤亡或者财产的灭失、损坏，包括对港口工程、港池、航道和助航设施造成的损坏，以及由此引起的相应损失的赔偿请求；

(二)海上货物运输因迟延交付或者旅客及其行李运输因迟延到达造成损失的赔偿请求；

(三)与船舶营运或者救助作业直接相关的，侵犯非合同权利的行为造成其他损失的赔偿请求；

(四)责任人以外的其他人，为避免或者减少责任人依照本章规定可以限制赔偿责任的损失而采取措施的赔偿请求，以及因此项措施造成进一步损失的赔偿请求。

前款所列赔偿请求，无论提出的方式有何不同，均可以限制赔偿责任。但是，第(四)项涉及责任人以合同约定支付的报酬，责任人的支付责任不得援用本条赔偿责任限制的规定。

第二百零八条 本章规定不适用于下列各项：

(一)对救助款项或者共同海损分摊的请求；

(二)中华人民共和国参加的国际油污损害民事责任公约规定的油污损害的赔偿请求；

(三)中华人民共和国参加的国际核能损害责任限制公约规定的核能损害的赔偿请求；

(四)核动力船舶造成的核能损害的赔偿请求；

(五)船舶所有人或者救助人的受雇人提出的赔偿请求，根据调整劳务合同的法律，船舶所有人或者救助人对该类赔偿请求无权限制赔偿责任，或者该项法律作了高于本章规定的赔偿限额的规定。

第二百零九条 经证明，引起赔偿请求的损失是由于责任人的故意或者明知可能造成损失而轻率地作为或者不作为造成的，责任人无权依照本章规定限制赔偿责任。

第二百一十条 除本法第二百一十一条另有规定外，海事赔偿责任限制，依照下列规定计算赔偿限额：

（一）关于人身伤亡的赔偿请求

1. 总吨位 300 吨至 500 吨的船舶，赔偿限额为 333000 计算单位；

2. 总吨位超过 500 吨的船舶，500 吨以下部分适用本项第 1 目的规定，500 吨以上的部分，应当增加下列数额：

501 吨至 3000 吨的部分，每吨增加 500 计算单位；

3001 吨至 30000 吨的部分，每吨增加 333 计算单位；

30001 吨至 70000 吨的部分，每吨增加 250 计算单位；

超过 70000 吨的部分，每吨增加 167 计算单位。

（二）关于非人身伤亡的赔偿请求

1. 总吨位 300 吨至 500 吨的船舶，赔偿限额为 167000 计算单位；

2. 总吨位超过 500 吨的船舶，500 吨以下部分适用本项第 1 目的规定，500 吨以上的部分，应当增加下列数额：

501 吨至 30000 吨的部分，每吨增加 167 计算单位；

30001 吨至 70000 吨的部分，每吨增加 125 计算单位；

超过 70000 吨的部分，每吨增加 83 计算单位。

（三）依照第（一）项规定的限额，不足以支付全部人身伤亡的赔偿请求的，其差额应当与非人身伤亡的赔偿请求并列，从第（二）项数额中按照比例受偿。

（四）在不影响第（三）项关于人身伤亡赔偿请求的情况下，就港口工程、港池、航道和助航设施的损害提出的赔偿请求，应当较第（二）项中的其他赔偿请求优先受偿。

（五）不以船舶进行救助作业或者在被救船舶上进行救助作业的救助人，其责任限额按照总吨位为 1500 吨的船舶计算。

总吨位不满 300 吨的船舶，从事中华人民共和国港口之间的运输的船舶，以及从事沿海作业的船舶，其赔偿限额由国务院交通主管部门制定，报国务院批准后施行。

第二百一十一条　海上旅客运输的旅客人身伤亡赔偿责任限制，按照 46666 计算单位乘以船舶证书规定的载客定额计算赔偿限额，但是最高不超过 25000000 计算单位。

中华人民共和国港口之间海上旅客运输的旅客人身伤亡，赔偿限额由国务院交通主管部门制定，报国务院批准后施行。

第二百一十二条　本法第二百一十条和第二百一十一条规定的赔

偿限额,适用于特定场合发生的事故引起的,向船舶所有人、救助人本人和他们对其行为、过失负有责任的人员提出的请求的总额。

第二百一十三条 责任人要求依照本法规定限制赔偿责任的,可以在有管辖权的法院设立责任限制基金。基金数额分别为本法第二百一十条、第二百一十一条规定的限额,加上自责任产生之日起至基金设立之日止的相应利息。

第二百一十四条 责任人设立责任限制基金后,向责任人提出请求的任何人,不得对责任人的任何财产行使任何权利;已设立责任限制基金的责任人的船舶或者其他财产已经被扣押,或者基金设立人已经提交抵押物的,法院应当及时下令释放或者责令退还。

第二百一十五条 享受本章规定的责任限制的人,就同一事故向请求人提出反请求的,双方的请求金额应当相互抵销,本章规定的赔偿限额仅适用于两个请求金额之间的差额。

二、相关行政法规

1.《国务院关于核事故损害赔偿责任问题的批复》(国函〔2007〕64号)

七、核电站的营运者和乏燃料贮存、运输、后处理的营运者,对一次核事故所造成的核事故损害的最高赔偿额为3亿元人民币;其他营运者对一次核事故所造成的核事故损害的最高赔偿额为1亿元人民币。核事故损害的应赔总额超过规定的最高赔偿额的,国家提供最高限额为8亿元人民币的财政补偿。

对非常核事故造成的核事故损害赔偿,需要国家增加财政补偿金额的由国务院评估后决定。

八、营运者应当做出适当的财务保证安排,以确保发生核事故损害时能够及时、有效的履行核事故损害赔偿责任。

在核电站运行之前或者乏燃料贮存、运输、后处理之前,营运者必须购买足以履行其责任限额的保险。

2.《防治船舶污染海洋环境管理条例》(2018年3月19日修订)

第五十条 船舶污染事故的赔偿限额依照《中华人民共和国海商法》关于海事赔偿责任限制的规定执行。但是,船舶载运的散装持久性油类物质造成中华人民共和国管辖海域污染的,赔偿限额依照中华人民共和国缔结或者参加的有关国际条约的规定执行。

前款所称持久性油类物质,是指任何持久性烃类矿物油。

三、相关司法解释规定

《最高人民法院关于审理船舶油污损害赔偿纠纷案件若干问题的规定》(法释〔2011〕14号)

第十九条 对油轮装载的非持久性燃油、非油轮装载的燃油造成油污损害的赔偿请求,适用海商法关于海事赔偿责任限制的规定。

同一海事事故造成前款规定的油污损害和海商法第二百零七条规定的可以限制赔偿责任的其他损害,船舶所有人依照海商法第十一章的规定主张在同一赔偿限额内限制赔偿责任的,人民法院应予支持。

第二十条 为避免油轮装载的非持久性燃油、非油轮装载的燃油造成油污损害,对沉没、搁浅、遇难船舶采取起浮、清除或者使之无害措施,船舶所有人对由此发生的费用主张依照海商法第十一章的规定限制赔偿责任的,人民法院不予支持。

第二十一条 对油轮装载持久性油类造成的油污损害,船舶所有人,或者船舶油污责任保险人、财务保证人主张责任限制的,应当设立油污损害赔偿责任限制基金。

油污损害赔偿责任限制基金以现金方式设立的,基金数额为《防治船舶污染海洋环境管理条例》、《1992年国际油污损害民事责任公约》规定的赔偿限额。以担保方式设立基金的,担保数额为基金数额及其在基金设立期间的利息。

第二十二条 船舶所有人、船舶油污损害责任保险人或者财务保证人申请设立油污损害赔偿责任限制基金,利害关系人对船舶所有人主张限制赔偿责任有异议的,应当在海事诉讼特别程序法第一百零六条第一款规定的异议期内以书面形式提出,但提出该异议不影响基金的设立。

第二十三条 对油轮装载持久性油类造成的油污损害,利害关系人没有在异议期内对船舶所有人主张限制赔偿责任提出异议,油污损害赔偿责任限制基金设立后,海事法院应当解除对船舶所有人的财产采取的保全措施或者发还为解除保全措施而提供的担保。

第二十四条 对油轮装载持久性油类造成的油污损害,利害关系人在异议期内对船舶所有人主张限制赔偿责任提出异议的,人民法院在认定船舶所有人有权限制赔偿责任的裁决生效后,应当解除对船舶所有人的财产采取的保全措施或者发还为解除保全措施而提供的担保。

第二十五条 对油轮装载持久性油类造成的油污损害,受损害人提起诉讼时主张船舶所有人无权限制赔偿责任的,海事法院对船舶所有人是否有权限制赔偿责任的争议,可以先行审理并作出判决。

第二十六条 对油轮装载持久性油类造成的油污损害,受损害人没有在规定的债权登记期间申请债权登记的,视为放弃在油污损害赔偿责任限制基金中受偿的权利。

第二十七条 油污损害赔偿责任限制基金不足以清偿有关油污损害的,应根据确认的赔偿数额依法按比例分配。

四、相关部门规章

1.《国内航空运输承运人赔偿责任限额规定》(2006 年 3 月 28 日起施行)

第一条 为了维护国内航空运输各方当事人的合法权益,根据《中华人民共和国民用航空法》(以下简称《民用航空法》)第一百二十八条,制定本规定。

第二条 本规定适用于中华人民共和国国内航空运输中发生的损害赔偿。

第三条 国内航空运输承运人(以下简称承运人)应当在下列规定的赔偿责任限额内按照实际损害承担赔偿责任,但是《民用航空法》另有规定的除外:

(一)对每名旅客的赔偿责任限额为人民币 40 万元;

(二)对每名旅客随身携带物品的赔偿责任限额为人民币 3000 元;

(三)对旅客托运的行李和对运输的货物的赔偿责任限额,为每公斤人民币 100 元。

第四条 本规定第三条所确定的赔偿责任限额的调整,由国务院民用航空主管部门制定,报国务院批准后公布执行。

第五条 旅客自行向保险公司投保航空旅客人身意外保险的,此项保险金额的给付,不免除或者减少承运人应当承担的赔偿责任。

2.《中华人民共和国港口间海上旅客运输赔偿责任限额规定》(1994 年 1 月 1 日起施行)

第一条 根据《中华人民共和国海商法》第一百一十七条、第二百一十一条的规定,制定本规定。

第二条 本规定适用于中华人民共和国港口之间海上旅客运输。

第三条 承运人在每次海上旅客运输中的赔偿责任限额，按照下列规定执行：

（一）旅客人身伤亡的，每名旅客不超过4万元人民币；

（二）旅客自带行李灭失或者损坏的，每名旅客不超过800元人民币；

（三）旅客车辆包括该车辆所载行李灭失或者损坏的，每一车辆不超过3200元人民币；

（四）本款第（二）项、第（三）项以外的旅客其他行李灭失或者损坏的，每千克不超过20元人民币。

承运人和旅客可以书面约定高于本条第一款规定的赔偿责任限额。

第四条 海上旅客运输的旅客人身伤亡赔偿责任限制，按照4万元人民币乘以船舶证书规定的载客定额计算赔偿限额，但是最高不超过2100万元人民币。

第九章 饲养动物损害责任

第一千二百四十五条 【饲养动物损害责任的一般规定】 饲养的动物造成他人损害的，动物饲养人或者管理人应当承担侵权责任；但是，能够证明损害是因被侵权人故意或者重大过失造成的，可以不承担或者减轻责任。

法条评释： 本条是关于饲养动物致害的一般性规定，来自原《侵权责任法》第78条，基本上没有变化，仅做了个别文字和标点符号的调整。依据本条，饲养动物致害责任属于无过错责任，而承担责任的主体是动物的饲养人或者管理人。首先，之所以将动物致害责任限制为“饲养”的动物致害责任，是因为完全天然状态下存在的动物，既无饲养人，也无管理人。此等动物导致他人损害时，因没有侵权人，故不发生侵权责任的问题。除非该野生动物属于《野生动物保护法》规定的“珍贵、濒危”的野生动物，才由国家对受害人给予补偿。其次，动物的饲养人通常是动物的所有权人，包括单独所有人或共有人。动物的管理人，是指动物所有人之外的对动物进行实际的控制与管理的人，既包括依法负有管理动物的职责的人(如国家设立的动物园),也包括其他有权占有动物之人,如依借用合同、保管合同的约定而负有管理动物职责之人。动物的管理人可以是直接占有人,也可以是间接占有人。但如果某人是依据用人单位的指令或者接受劳务方的要求而照顾动物的,则动物的管理人是该用人单位或接受劳务的人。

一、相关法律条文

《中华人民共和国野生动物保护法》(2018 年 10 月 26 日修正)

第二条 在中华人民共和国领域及管辖的其他海域,从事野生动物保护及相关活动,适用本法。

本法规定保护的野生动物,是指珍贵、濒危的陆生、水生野生动物和有重要生态、科学、社会价值的陆生野生动物。

本法规定的野生动物及其制品,是指野生动物的整体(含卵、蛋)、部分及其衍生物。

珍贵、濒危的水生野生动物以外的其他水生野生动物的保护,适用《中华人民共和国渔业法》等有关法律的规定。

第十九条 因保护本法规定保护的野生动物,造成人员伤亡、农作物或者其他财产损失的,由当地人民政府给予补偿。具体办法由省、自治区、直辖市人民政府制定。有关地方人民政府可以推动保险机构开展野生动物致害赔偿保险业务。

有关地方人民政府采取预防、控制国家重点保护野生动物造成危害的措施以及实行补偿所需经费,由中央财政按照国家有关规定予以补助。

二、相关裁判摘要

- **2019 年第 10 期《中华人民共和国最高人民法院公报》**刊登的**“欧丽珍诉高燕饲养动物损害责任纠纷案”**判决对于饲养动物致害责任的构成要件问题进行了分析。相关裁判摘要如下:

根据《中华人民共和国侵权责任法》第七十八条“饲养的动物造成他人损害的,动物饲养人或者管理人应当承担侵权责任,但有证据证明损害是因被侵权人故意或者重大过失造成的,可以不承担或者减轻责任”以及第七十九条“违反管理规定,未对动物采取安全措施造成他人损害的,动物饲养人或者管理人应当承担侵权责任”的规定,动物饲养人或者管理人有义务按规定饲养或者管理动物,并对动物采取安全措施,如其所饲养或管理的动物造成他人损害的,动物饲养人或者管理人应承担侵权责任,仅在被侵权人故意或者重大过失的情形下,才能减轻动物饲养人或者管理人的责任。本案中,2017年8月13日19时20分20秒,上诉人欧丽珍在丈夫陪同下徒步经台山市台城舜德路2号前面宽敞公共人行道时,即旭诚驾培信息咨询服务中心与聚鲜楼邻接处,遇到一只由上诉人高燕饲养的正趴在台阶上休息的"泰迪犬",该"泰迪犬"见欧丽珍夫妻接近,站立起来向欧丽珍方向走了两步,欧丽珍见"泰迪犬"靠近,往其左侧避让时摔倒受伤导致本案涉案损失产生。高燕上诉称其饲养的"泰迪犬"并无"追赶、扑倒、撕咬、吠叫"等情形,系欧丽珍自行摔倒,故其不应承担赔偿责任。欧丽珍则主张系高燕对其所饲养的犬只未拴狗绳以及进行任何约束,系涉案犬只的攻击行为导致欧丽珍摔倒进而引发涉案的损失。对于双方争议的问题,二审法院分析如下:首先,高燕未有证据证明其所饲养的"泰迪犬"有取得《犬类准养证》,其饲养涉案犬只违反了《广东省犬类管理规定》第四条"县以上城市(含县城镇、近郊)、工矿、港口、机场、游览区及其3公里以内的地区,经济开发区、各类有对外经济合作的乡镇政府所在地,均列为犬类禁养区。上述地区的机关单位、外国驻粤机构、外籍人士等,因特殊情况需要养犬者,须经当地公安部门批准,领取《犬类准养证》并对犬只进行免疫注射后方可圈(栓)"的规定。其次,涉案的犬只虽未对人实施如"抓伤、扑倒、撕咬"等直接接触人体的动作,一般人在陌生犬只尤其是未被约束的犬只进入到在自身安全界线内的时候,本能会产生恐惧的心理,故欧丽珍在看到未被采取任何约束措施的涉案犬只突然起立并向其逼近的时候,因本能的恐惧而避让进而摔倒,并致欧丽珍受伤。虽然犬只与人体不存在实际接触,但该伤害与犬只之间具备了引起与被引起的关系,故二者具备因果关系,动物饲养人或者管理人对此亦应当承担侵权责任。再次,高燕主张欧丽珍的摔倒可能系石头绊倒,或者被其他动物的攻击所致,但其并未提供相应证据证实其主张,亦未有证据证明欧丽珍在受伤害过程中存有主动挑逗、投打、追赶等故意或者重大过失等情形。据此可认定,欧丽珍本案所涉的损失系高燕未规范饲养动物导致,本案中亦无证据证明高燕存在能减轻其责任的情形,故高燕应对欧丽珍的涉案损失承担全部赔偿责任。一审法院认定欧丽珍由于过度惊慌导致摔倒受伤,本身存在重大过失,并认定欧丽珍自身承担70%的责任,法律适用有误,二审法院予以纠正。

第一千二百四十六条 【因违反管理规定的饲养动物致害责任】 违反管理规定，未对动物采取安全措施造成他人损害的，动物饲养人或者管理人应当承担侵权责任；但是，能够证明损害是因被侵权人故意造成的，可以减轻责任。

法条评释： 本条来自原《侵权责任法》第79条，主要的变化是增加了对减责事由的规定，即"能够证明损害是因被侵权人故意造成的，可以减轻责任"。本条规定的内容可以概括如下：第一，因违反管理规定，未对动物采取安全措施造成他人损害的，动物饲养人或者管理人应当承担的是无过错责任，即无论饲养人或管理人有无过错，均应承担侵权责任；第二，此种无过错责任是非常严格的，只有在损害是因被侵权人故意造成的，才能减轻责任。

为防止饲养的动物造成他人损害，法律、法规和规章等对于饲养动物有严格的管理性规定。例如，不少地方性法规和规章都明确规定：禁止携带犬只进入医院、机关、学校、幼儿园、疗养院、少年儿童活动场所、体育场馆、博物馆、图书馆、影剧院、宾馆、饭店、商场、室内农贸市场、金融经营场所以及设有犬只禁入标识的公园、风景名胜区等公共场所；携犬乘坐客运出租汽车，须征得驾驶人同意，并为犬只戴嘴套或者将犬只装入犬袋（笼）；携犬乘坐电梯的，应当避开人们乘坐电梯的高峰时间。因此，动物的饲养人或者管理人须遵守这些规定，采取相应的安全措施，避免损害他人。饲养人或者管理人违反规定，不采取安全措施，造成他人损害的，因其具有严重过错，即便受害人对于损害的发生具有重大过失，也不能减轻饲养人或管理人的责任。只有饲养人或者管理人能够证明损害是因被侵权人故意造成的，才可以减轻责任。

第一千二百四十七条 【禁止饲养的危险动物致害责任】 禁止饲养的烈性犬等危险动物造成他人损害的，动物饲养人或者管理人应当承担侵权责任。

法条评释： 本条是对禁止饲养的危险动物致害责任的规定，来自原《侵权责任法》第80条，没有变化。本条规定的内容可以概括如下：只要是禁止饲养的危险动物造成他人损害，那么动物的饲养人或者管理人就要承担绝对责任，该责任既没有免责事由，也不存在减责事由。

《民法典》本条之所以如此规定，就是考虑到烈性犬等危险动物比一般的饲养的动物的危险性更高，而且本身法律法规或相关规定已经禁止人们饲养这些危险动物，而动物的饲养人或管理人知法犯法，主观恶性更为严重，故此，立法机关认为对于此种禁止饲养的危险动物致害责任，不应当赋予饲养人或管理人任何免责事由或减责事由。故此，本条并未规定任何减责事由和免责事由，也就是说，即便是受害人故意造成损害的，也不能减轻更不能免除侵权责任。

第一千二百四十八条　【动物园动物的致害责任】动物园的动物造成他人损害的，动物园应当承担侵权责任；但是，能够证明尽到管理职责的，不承担侵权责任。

法条评释：动物园的动物造成他人损害的，依本条规定，动物园承担的是过错推定责任。动物园的过错是被法律推定的，其只有证明"尽到管理职责"后才能免责，否则就应当承担责任。动物园包括综合性动物园（水族馆）、专类性动物园、野生动物园、城市公园的动物展区、珍稀濒危动物饲养繁殖研究场所。对于动物园的管理职责，我国相关法律和规章有相应的规定。

一、相关部门规章

《城市动物园管理规定》（2011年1月26日修正）

第二条　本规定适用于综合性动物园（水族馆）、专类性动物园、野生动物园、城市公园的动物展区、珍稀濒危动物饲养繁殖研究场所。

从事城市动物园（以下简称动物园）的规划、建设、管理和动物保护必须遵守本规定。

第十五条　动物园管理机构应当加强动物园的科学化管理，建立健全必要的职能部门，配备相应的人员，建立和完善各项规章制度。科技人员应达到规定的比例。

第十六条　动物园管理机构应当严格执行建设部颁发的《动物园动物管理技术规程》标准。

第十七条　动物园管理机构应当备有卫生防疫、医疗救护、麻醉保定设施，定时进行防疫和消毒。有条件的动物园要设有动物疾病检疫隔离场。

第二十一条 动物园管理机构应当完善各项安全设施，加强安全管理，确保游人、管理人员和动物的安全。

动物园管理机构应当加强对游人的管理，严禁游人在动物展区内惊扰动物和大声喧哗，闭园后禁止在动物展区进行干扰动物的各种活动。

二、相关裁判摘要

• **2013年第8期《中华人民共和国最高人民法院公报》**刊登的“**谢叶阳诉上海动物园饲养动物致人损害纠纷案**”判决认为，动物园作为饲养管理动物的专业机构，依法负有注意和管理义务，其安全设施应充分考虑到未成年人的特殊安全需要，最大限度杜绝危害后果发生。相关裁判摘要如下：

饲养的动物造成他人损害的，动物饲养人或者管理人应当承担侵权责任，但能够证明损害是因被侵权人故意或者重大过失造成的，可以不承担或减轻责任。根据本案查明的事实，事发地点灵长馆的笼舍系铁网状的封闭性笼舍，在笼舍外还另有金属隔离护栏，笼舍上也悬挂了“禁止跨越栏杆”等的警示牌。金属隔离护栏与铁质笼舍一样，都是起到防止灵长类动物伤及游客的防护作用。游园时不可穿越隔离护栏对每一个具有民事行为能力的人来说都应是明知的。上诉人谢叶阳这一4岁男童，正是活泼好动而又缺乏危险意识的时期，谢叶阳的监护人在对谢叶阳进行文明游园安全教育的同时，更应严格监管防止发生意外，然谢叶阳监护人却让谢脱离了监护人监护，发生了自行穿越防护栏并喂食猴子的行为，导致本案伤害的发生，因此，谢叶阳的监护人存在重大过失。谢叶阳一方上诉认为其对于本案不应承担任何责任的观点，法院不予采信。对上诉人上海动物园而言，其作为专门饲养管理动物的机构较一般动物饲养人有着更高的注意和管理义务。金属隔离护栏除警示的作用外亦应负担着一定的隔离作用，而护栏之间15厘米的间距，存在着不能杜绝幼童钻入的可能性。另外，本案事发时上海动物园无工作人员在场。事发后，上海动物园又缺乏有效的紧急联系方式供需要帮助的游客与园方取得联络，致使谢叶阳一方不能及时进行手指被咬伤后的紧急善后处理，只能自行至医院求治。基于以上原因，原审法院认为上海动物园未尽到管理职责，并无不当。上海动物园关于其已尽到管理职责，不应承担赔偿责任的上诉观点，法院亦不予采信。综合本案双方过错情况，原审法院酌定谢叶阳的法定代理人对谢叶阳的受伤承担60%的责任，上海动物园承担40%的责任，尚属合理，法院予以维持。

第一千二百四十九条　【遗弃、逃逸动物的致害责任】遗弃、逃逸的动物在遗弃、逃逸期间造成他人损害的，由动物原饲养人或者管理人承担侵权责任。

法条评释：动物脱离了饲养人或管理人的占有处于逃逸的状态，或者动物的饲养人或管理人遗弃了动物时，依据本条，该动物致人损害时的责任主体仍为原饲养人或管理人。这是为了加强动物的饲养人或管理人对动物的管理职责，以免危害公众安全而作出的特别规定。

第一千二百五十条　【因第三人过错导致的动物致害责任】因第三人的过错致使动物造成他人损害的，被侵权人可以向动物饲养人或者管理人请求赔偿，也可以向第三人请求赔偿。动物饲养人或者管理人赔偿后，有权向第三人追偿。

法条评释：依据本条，即便是因为第三人的过错致使动物造成他人损害的，动物饲养人或者管理人也不得免责，被侵权人可以向动物饲养人或者管理人请求赔偿，也可以向第三人请求赔偿。动物饲养人或者管理人赔偿后，有权向第三人追偿。所谓“因第三人的过错致使动物造成他人损害的”包括两层含义：首先，动物的饲养人、管理人以及受害人之外的第三人从事了有过错的行为。例如，甲拿石头砸丙饲养的A犬，致使A犬发怒挣脱缰绳，将路人乙咬伤。乙既可以请求A犬的饲养人丙承担侵权责任，也可以请求甲承担侵权责任。其次，受害人的损害完全是由于第三人有过错的行为所致，动物的饲养人或管理人不存在任何过错。如果动物的饲养人或者管理人也存在过错，依据《侵权责任法》第12条，应各自承担相应的赔偿责任；难以确定责任大小的，平均承担赔偿责任。

第一千二百五十一条　【饲养动物者的行为规范】饲养动物应当遵守法律法规，尊重社会公德，不得妨碍他人生活。

法条评释：本条属于倡导性规范。

第十章 建筑物和物件损害责任

第一千二百五十二条 【建筑物等倒塌、坍塌致害责任】 建筑物、构筑物或者其他设施倒塌、塌陷造成他人损害的，由建设单位与施工单位承担连带责任，但是建设单位与施工单位能够证明不存在质量缺陷的除外。建设单位、施工单位赔偿后，有其他责任人的，有权向其他责任人追偿。

因所有人、管理人、使用人或者第三人的原因，建筑物、构筑物或者其他设施倒塌、塌陷造成他人损害的，由所有人、管理人、使用人或者第三人承担侵权责任。

法条评释：本条是对建筑物等倒塌致害责任的规定，来自原《侵权责任法》第86条，但做了不少修改：首先，本条第1款第1句明确了建设单位、施工单位的免责事由，即通过证明不存在质量缺陷而免责；其次，本条第2款明确了因所有人、管理人、使用人或者第三人的原因，建筑物、构筑物或者其他设施倒塌、塌陷造成他人损害的，由所有人、管理人、使用人或者第三人承担侵权责任。

本条规定的内容可以概括如下：首先，建筑物、构筑物或者其他设施倒塌造成他人损害的，建设单位与施工单位应当承担无过错责任，而且二者要向被侵权人承担连带责任。其次，建设单位与施工单位可以通过证明倒塌的建筑物、构筑物或者其他设施并不存在质量缺陷而免责。此种情形下，倒塌的原因要么是因为不可抗力，要么是因为所有人、管理人、使用人或者第三人的原因。如果是不可抗力，则建设单位与施工单位可以免责；如果是由于所有人、管理人、使用人或者第三人的原因导致的，则他们应当承担侵权责任。最后，建设单位与施工单位承担连带责任后，如果存在其他责任人的，如设计单位的设计存在问题而造成房屋倒塌的，那么建设单位、施工单位赔偿后有权向这些其他的责任人进行追偿。

一、相关法律条文

1.《中华人民共和国建筑法》(2019年4月23日修正)

第三条　建筑活动应当确保建筑工程质量和安全,符合国家的建筑工程安全标准。

第三十条　国家推行建筑工程监理制度。

国务院可以规定实行强制监理的建筑工程的范围。

第五十二条　建筑工程勘察、设计、施工的质量必须符合国家有关建筑工程安全标准的要求,具体管理办法由国务院规定。

有关建筑工程安全的国家标准不能适应确保建筑安全的要求时,应当及时修订。

第五十三条　国家对从事建筑活动的单位推行质量体系认证制度。从事建筑活动的单位根据自愿原则可以向国务院产品质量监督管理部门或者国务院产品质量监督管理部门授权的部门认可的认证机构申请质量体系认证。经认证合格的,由认证机构颁发质量体系认证证书。

第五十四条　建设单位不得以任何理由,要求建筑设计单位或者建筑施工企业在工程设计或者施工作业中,违反法律、行政法规和建筑工程质量、安全标准,降低工程质量。

建筑设计单位和建筑施工企业对建设单位违反前款规定提出的降低工程质量的要求,应当予以拒绝。

第五十五条　建筑工程实行总承包的,工程质量由工程总承包单位负责,总承包单位将建筑工程分包给其他单位的,应当对分包工程的质量与分包单位承担连带责任。分包单位应当接受总承包单位的质量管理。

第五十六条　建筑工程的勘察、设计单位必须对其勘察、设计的质量负责。勘察、设计文件应当符合有关法律、行政法规的规定和建筑工程质量、安全标准、建筑工程勘察、设计技术规范以及合同的约定。设计文件选用的建筑材料、建筑构配件和设备,应当注明其规格、型号、性能等技术指标,其质量要求必须符合国家规定的标准。

第五十七条　建筑设计单位对设计文件选用的建筑材料、建筑构配件和设备,不得指定生产厂、供应商。

第五十八条　建筑施工企业对工程的施工质量负责。

建筑施工企业必须按照工程设计图纸和施工技术标准施工，不得偷工减料。工程设计的修改由原设计单位负责，建筑施工企业不得擅自修改工程设计。

第五十九条 建筑施工企业必须按照工程设计要求、施工技术标准和合同的约定，对建筑材料、建筑构配件和设备进行检验，不合格的不得使用。

第六十条 建筑物在合理使用寿命内，必须确保地基基础工程和主体结构的质量。

建筑工程竣工时，屋顶、墙面不得留有渗漏、开裂等质量缺陷；对已发现的质量缺陷，建筑施工企业应当修复。

第六十一条 交付竣工验收的建筑工程，必须符合规定的建筑工程质量标准，有完整的工程技术经济资料和经签署的工程保修书，并具备国家规定的其他竣工条件。

建筑工程竣工经验收合格后，方可交付使用；未经验收或者验收不合格的，不得交付使用。

第六十二条 建筑工程实行质量保修制度。

建筑工程的保修范围应当包括地基基础工程、主体结构工程、屋面防水工程和其他土建工程，以及电气管线、上下水管线的安装工程，供热、供冷系统工程等项目；保修的期限应当按照保证建筑物合理寿命年限内正常使用，维护使用者合法权益的原则确定。具体的保修范围和最低保修期限由国务院规定。

第六十三条 任何单位和个人对建筑工程的质量事故、质量缺陷都有权向建设行政主管部门或者其他有关部门进行检举、控告、投诉。

第八十条 在建筑物的合理使用寿命内，因建筑工程质量不合格受到损害的，有权向责任者要求赔偿。

2.《中华人民共和国城市房地产管理法》(2019年8月26日修正)

第二十七条 房地产开发项目的设计、施工，必须符合国家的有关标准和规范。

房地产开发项目竣工，经验收合格后，方可交付使用。

二、相关行政法规

1.《建设工程质量管理条例》(2019年4月23日修订)

第一条 为了加强对建设工程质量的管理，保证建设工程质量，保护人民生命和财产安全，根据《中华人民共和国建筑法》，制定本条例。

第二条　凡在中华人民共和国境内从事建设工程的新建、扩建、改建等有关活动及实施对建设工程质量监督管理的，必须遵守本条例。

本条例所称建设工程，是指土木工程、建筑工程、线路管道和设备安装工程及装修工程。

第三条　建设单位、勘察单位、设计单位、施工单位、工程监理单位依法对建设工程质量负责。

第四条　县级以上人民政府建设行政主管部门和其他有关部门应当加强对建设工程质量的监督管理。

第五条　从事建设工程活动，必须严格执行基本建设程序，坚持先勘察、后设计、再施工的原则。

县级以上人民政府及其有关部门不得超越权限审批建设项目或者擅自简化基本建设程序。

第六条　国家鼓励采用先进的科学技术和管理方法，提高建设工程质量。

第七条　建设单位应当将工程发包给具有相应资质等级的单位。

建设单位不得将建设工程肢解发包。

第八条　建设单位应当依法对工程建设项目的勘察、设计、施工、监理以及与工程建设有关的重要设备、材料等的采购进行招标。

第九条　建设单位必须向有关的勘察、设计、施工、工程监理等单位提供与建设工程有关的原始资料。

原始资料必须真实、准确、齐全。

第十条　建设工程发包单位不得迫使承包方以低于成本的价格竞标，不得任意压缩合理工期。

建设单位不得明示或者暗示设计单位或者施工单位违反工程建设强制性标准，降低建设工程质量。

第十一条　施工图设计文件审查的具体办法，由国务院建设行政主管部门、国务院其他有关部门制定。

施工图设计文件未经审查批准的，不得使用。

第十二条　实行监理的建设工程，建设单位应当委托具有相应资质等级的工程监理单位进行监理，也可以委托具有工程监理相应资质等级并与被监理工程的施工承包单位没有隶属关系或者其他利害关系的该工程的设计单位进行监理。

下列建设工程必须实行监理：

（一）国家重点建设工程；

（二）大中型公用事业工程；

（三）成片开发建设的住宅小区工程；

（四）利用外国政府或者国际组织贷款、援助资金的工程；

（五）国家规定必须实行监理的其他工程。

第十三条 建设单位在开工前，应当按照国家有关规定办理工程质量监督手续，工程质量监督手续可以与施工许可证或者开工报告合并办理。

第十四条 按照合同约定，由建设单位采购建筑材料、建筑构配件和设备的，建设单位应当保证建筑材料、建筑构配件和设备符合设计文件和合同要求。

建设单位不得明示或者暗示施工单位使用不合格的建筑材料、建筑构配件和设备。

第十五条 涉及建筑主体和承重结构变动的装修工程，建设单位应当在施工前委托原设计单位或者具有相应资质等级的设计单位提出设计方案；没有设计方案的，不得施工。

房屋建筑使用者在装修过程中，不得擅自变动房屋建筑主体和承重结构。

第十六条 建设单位收到建设工程竣工报告后，应当组织设计、施工、工程监理等有关单位进行竣工验收。

建设工程竣工验收应当具备下列条件：

（一）完成建设工程设计和合同约定的各项内容；

（二）有完整的技术档案和施工管理资料；

（三）有工程使用的主要建筑材料、建筑构配件和设备的进场试验报告；

（四）有勘察、设计、施工、工程监理等单位分别签署的质量合格文件；

（五）有施工单位签署的工程保修书。

建设工程经验收合格的，方可交付使用。

第十七条 建设单位应当严格按照国家有关档案管理的规定，及时收集、整理建设项目各环节的文件资料，建立、健全建设项目档案，并在建设工程竣工验收后，及时向建设行政主管部门或者其他有关部门移交建设项目档案。

第十八条 从事建设工程勘察、设计的单位应当依法取得相应等级的资质证书,并在其资质等级许可的范围内承揽工程。

禁止勘察、设计单位超越其资质等级许可的范围或者以其他勘察、设计单位的名义承揽工程。禁止勘察、设计单位允许其他单位或者个人以本单位的名义承揽工程。

勘察、设计单位不得转包或者违法分包所承揽的工程。

第十九条 勘察、设计单位必须按照工程建设强制性标准进行勘察、设计,并对其勘察、设计的质量负责。

注册建筑师、注册结构工程师等注册执业人员应当在设计文件上签字,对设计文件负责。

第二十条 勘察单位提供的地质、测量、水文等勘察成果必须真实、准确。

第二十一条 设计单位应当根据勘察成果文件进行建设工程设计。

设计文件应当符合国家规定的设计深度要求,注明工程合理使用年限。

第二十二条 设计单位在设计文件中选用的建筑材料、建筑构配件和设备,应当注明规格、型号、性能等技术指标,其质量要求必须符合国家规定的标准。

除有特殊要求的建筑材料、专用设备、工艺生产线等外,设计单位不得指定生产厂、供应商。

第二十三条 设计单位应当就审查合格的施工图设计文件向施工单位作出详细说明。

第二十四条 设计单位应当参与建设工程质量事故分析,并对因设计造成的质量事故,提出相应的技术处理方案。

第二十五条 施工单位应当依法取得相应等级的资质证书,并在其资质等级许可的范围内承揽工程。

禁止施工单位超越本单位资质等级许可的业务范围或者以其他施工单位的名义承揽工程。禁止施工单位允许其他单位或者个人以本单位的名义承揽工程。

施工单位不得转包或者违法分包工程。

第二十六条 施工单位对建设工程的施工质量负责。

施工单位应当建立质量责任制,确定工程项目的项目经理、技术负责人和施工管理负责人。

建设工程实行总承包的，总承包单位应当对全部建设工程质量负责；建设工程勘察、设计、施工、设备采购的一项或者多项实行总承包的，总承包单位应当对其承包的建设工程或者采购的设备的质量负责。

第二十七条 总承包单位依法将建设工程分包给其他单位的，分包单位应当按照分包合同的约定对其分包工程的质量向总承包单位负责，总承包单位与分包单位对分包工程的质量承担连带责任。

第二十八条 施工单位必须按照工程设计图纸和施工技术标准施工，不得擅自修改工程设计，不得偷工减料。

施工单位在施工过程中发现设计文件和图纸有差错的，应当及时提出意见和建议。

第二十九条 施工单位必须按照工程设计要求、施工技术标准和合同约定，对建筑材料、建筑构配件、设备和商品混凝土进行检验，检验应当有书面记录和专人签字；未经检验或者检验不合格的，不得使用。

第三十条 施工单位必须建立、健全施工质量的检验制度，严格工序管理，作好隐蔽工程的质量检查和记录。隐蔽工程在隐蔽前，施工单位应当通知建设单位和建设工程质量监督机构。

第三十一条 施工人员对涉及结构安全的试块、试件以及有关材料，应当在建设单位或者工程监理单位监督下现场取样，并送具有相应资质等级的质量检测单位进行检测。

第三十二条 施工单位对施工中出现质量问题的建设工程或者竣工验收不合格的建设工程，应当负责返修。

第三十三条 施工单位应当建立、健全教育培训制度，加强对职工的教育培训；未经教育培训或者考核不合格的人员，不得上岗作业。

第三十四条 工程监理单位应当依法取得相应等级的资质证书，并在其资质等级许可的范围内承担工程监理业务。

禁止工程监理单位超越本单位资质等级许可的范围或者以其他工程监理单位的名义承担工程监理业务。禁止工程监理单位允许其他单位或者个人以本单位的名义承担工程监理业务。

工程监理单位不得转让工程监理业务。

第三十五条 工程监理单位与被监理工程的施工承包单位以及建筑材料、建筑构配件和设备供应单位有隶属关系或者其他利害关系的，不得承担该项建设工程的监理业务。

第三十六条　工程监理单位应当依照法律、法规以及有关技术标准、设计文件和建设工程承包合同，代表建设单位对施工质量实施监理，并对施工质量承担监理责任。

第三十七条　工程监理单位应当选派具备相应资格的总监理工程师和监理工程师进驻施工现场。

未经监理工程师签字，建筑材料、建筑构配件和设备不得在工程上使用或者安装，施工单位不得进行下一道工序的施工。未经总监理工程师签字，建设单位不拨付工程款，不进行竣工验收。

第三十八条　监理工程师应当按照工程监理规范的要求，采取旁站、巡视和平行检验等形式，对建设工程实施监理。

第三十九条　建设工程实行质量保修制度。

建设工程承包单位在向建设单位提交工程竣工验收报告时，应当向建设单位出具质量保修书。质量保修书中应当明确建设工程的保修范围、保修期限和保修责任等。

第四十条　在正常使用条件下，建设工程的最低保修期限为：

（一）基础设施工程、房屋建筑的地基基础工程和主体结构工程，为设计文件规定的该工程的合理使用年限；

（二）屋面防水工程、有防水要求的卫生间、房间和外墙面的防渗漏，为5年；

（三）供热与供冷系统，为2个采暖期、供冷期；

（四）电气管线、给排水管道、设备安装和装修工程，为2年。

其他项目的保修期限由发包方与承包方约定。

建设工程的保修期，自竣工验收合格之日起计算。

第四十一条　建设工程在保修范围和保修期限内发生质量问题的，施工单位应当履行保修义务，并对造成的损失承担赔偿责任。

第四十二条　建设工程在超过合理使用年限后需要继续使用的，产权所有人应当委托具有相应资质等级的勘察、设计单位鉴定，并根据鉴定结果采取加固、维修等措施，重新界定使用期。

第四十三条　国家实行建设工程质量监督管理制度。

国务院建设行政主管部门对全国的建设工程质量实施统一监督管理。国务院铁路、交通、水利等有关部门按照国务院规定的职责分工，负责对全国的有关专业建设工程质量的监督管理。

县级以上地方人民政府建设行政主管部门对本行政区域内的建设

工程质量实施监督管理。县级以上地方人民政府交通、水利等有关部门在各自的职责范围内,负责对本行政区域内的专业建设工程质量的监督管理。

第四十四条 国务院建设行政主管部门和国务院铁路、交通、水利等有关部门应当加强对有关建设工程质量的法律、法规和强制性标准执行情况的监督检查。

第四十六条 建设工程质量监督管理,可以由建设行政主管部门或者其他有关部门委托的建设工程质量监督机构具体实施。

从事房屋建筑工程和市政基础设施工程质量监督的机构,必须按照国家有关规定经国务院建设行政主管部门或者省、自治区、直辖市人民政府建设行政主管部门考核;从事专业建设工程质量监督的机构,必须按照国家有关规定经国务院有关部门或者省、自治区、直辖市人民政府有关部门考核。经考核合格后,方可实施质量监督。

第四十九条 建设单位应当自建设工程竣工验收合格之日起15日内,将建设工程竣工验收报告和规划、公安消防、环保等部门出具的认可文件或者准许使用文件报建设行政主管部门或者其他有关部门备案。

建设行政主管部门或者其他有关部门发现建设单位在竣工验收过程中有违反国家有关建设工程质量管理规定行为的,责令停止使用,重新组织竣工验收。

第五十二条 建设工程发生质量事故,有关单位应当在24小时内向当地建设行政主管部门和其他有关部门报告。对重大质量事故,事故发生地的建设行政主管部门和其他有关部门应当按照事故类别和等级向当地人民政府和上级建设行政主管部门和其他有关部门报告。

特别重大质量事故的调查程序按照国务院有关规定办理。

第五十三条 任何单位和个人对建设工程的质量事故、质量缺陷都有权检举、控告、投诉。

第六十九条 违反本条例规定,涉及建筑主体或者承重结构变动的装修工程,没有设计方案擅自施工的,责令改正,处50万元以上100万元以下的罚款;房屋建筑使用者在装修过程中擅自变动房屋建筑主体和承重结构的,责令改正,处5万元以上10万元以下的罚款。

有前款所列行为,造成损失的,依法承担赔偿责任。

第七十八条 本条例所称肢解发包,是指建设单位将应当由一个承包单位完成的建设工程分解成若干部分发包给不同的承包单位的行为。

本条例所称违法分包,是指下列行为:

(一)总承包单位将建设工程分包给不具备相应资质条件的单位的;

(二)建设工程总承包合同中未有约定,又未经建设单位认可,承包单位将其承包的部分建设工程交由其他单位完成的;

(三)施工总承包单位将建设工程主体结构的施工分包给其他单位的;

(四)分包单位将其承包的建设工程再分包的。

本条例所称转包,是指承包单位承包建设工程后,不履行合同约定的责任和义务,将其承包的全部建设工程转给他人或者将其承包的全部建设工程肢解以后以分包的名义分别转给其他单位承包的行为。

第八十条 抢险救灾及其他临时性房屋建筑和农民自建低层住宅的建设活动,不适用本条例。

第八十一条 军事建设工程的管理,按照中央军事委员会的有关规定执行。

2.《城市房地产开发经营管理条例》(2020年11月29日修订)

第十六条 房地产开发企业开发建设的房地产项目,应当符合有关法律、法规的规定和建筑工程质量、安全标准、建筑工程勘察、设计、施工的技术规范以及合同的约定。

房地产开发企业应当对其开发建设的房地产开发项目的质量承担责任。

勘察、设计、施工、监理等单位应当依照有关法律、法规的规定或者合同的约定,承担相应的责任。

第十七条 房地产开发项目竣工,依照《建设工程质量管理条例》的规定验收合格后,方可交付使用。

三、相关司法解释规定

《最高人民法院关于处理涉及汶川地震相关案件适用法律问题的意见(二)》(法发〔2009〕17号)

八、因地震灾害引起房屋垮塌、建筑物或者其他设施以及建筑物上的搁置物、悬挂物发生倒塌、脱落、坠落造成他人损害的,所有人或者管理人不承担民事责任。

第一千二百五十三条 【建筑物等脱落坠落致害责任】建筑物、构筑物或者其他设施及其搁置物、悬挂物发生脱落、坠落造成他人损害，所有人、管理人或者使用人不能证明自己没有过错的，应当承担侵权责任。所有人、管理人或者使用人赔偿后，有其他责任人的，有权向其他责任人追偿。

法条评释：本条来自原《侵权责任法》第85条，没有变化。本条规定的内容可以概括如下：第一，建筑物、构筑物或者其他设施及其搁置物、悬挂物发生脱落、坠落造成他人损害的，所有人、管理人或者使用人应当承担过错推定责任，即除非其能够证明自己没有过错，否则就应当承担侵权责任。第二，在所有人、管理人或者使用人承担赔偿后，发现有其他责任人的，有权向其他责任人追偿。

所有人，是指建筑物、构筑物或者其他设施的所有权人。管理人是比较宽泛的概念，是指虽非建筑物等不动产的所有人，但依法或依约定享有管理权限的民事主体。依法享有管理权限的民事主体如市政管理部门对城市公路、桥梁等享有管理的权限。使用人，是指基于债权关系或物权关系而对建筑物、构筑物或者其他设施享有使用权的民事主体，即所有人之外的有权占有并使用该不动产的人，如房屋的承租人、借用人。

相关司法解释规定

《最高人民法院关于处理涉及汶川地震相关案件适用法律问题的意见(二)》(法发〔2009〕17号)

八、因地震灾害引起房屋垮塌、建筑物或者其他设施以及建筑物上的搁置物、悬挂物发生倒塌、脱落、坠落造成他人损害的，所有人或者管理人不承担民事责任。

第一千二百五十四条 【抛掷物、坠落物致害责任】禁止从建筑物中抛掷物品。从建筑物中抛掷物品或者从建筑物上坠落的物品造成他人损害的，由侵权人依法承担侵权责任；经调查难以确定具体侵权人的，除能够证明自己不是侵权人的外，由可能加害的建筑物使用人给予补偿。可能加害的建筑物使用人补偿后，有权向侵权人追偿。

物业服务企业等建筑物管理人应当采取必要的安全保障措施防止前款规定情形的发生;未采取必要的安全保障措施的,应当依法承担未履行安全保障义务的侵权责任。

发生本条第一款规定的情形的,公安等机关应当依法及时调查,查清责任人。

法条评释:本条是《民法典》编纂中极受关注的规定。近年来,在我国各地先后发生多起建筑物中抛掷或坠落的物品造成他人损害的案件。由于无法查明具体的加害人为谁,故对此类案件的处理,司法实践中存在很大的分歧。在缺乏明确法律规定的情形下,法院对此类案件的处理各不相同,甚至同一法院的不同法官之间,也存在分歧。这就使法院的裁判难以服众,引发当事人的上访或不断申请再审,使纠纷长期难以解决,不利于促进社会的和谐稳定。为统一审判依据,填补被侵权人的损失,实现社会公平正义,合理分散损失,促进社会和谐稳定,维护社会秩序,原《侵权责任法》第87条规定:"从建筑物中抛掷物品或者从建筑物上坠落的物品造成他人损害,难以确定具体侵权人的,除能够证明自己不是侵权人的外,由可能加害的建筑物使用人给予补偿。"可以说,《侵权责任法》的这一规定填补了法律的空白,解决了困扰司法实践的难题,体现了《侵权责任法》"促进社会和谐稳定"的立法目的。然而,在《民法典》编纂时,围绕该条产生了很大的争议,一些人批评该条属于株连性规定,很不公平。民法典草案审议过程中,"有的常委委员、部门和社会公众提出,本条规定在实践中争议较大,执行难度也较大,建议删除或者修改该条规定"。经过反复研究论证,立法机关认为:近一段时间以来,"高空抛物坠物"造成他人损害的事件频发,"头顶上的安全"引发社会关注。"要从根本上解决这一问题,需要综合施策。对于造成损害后果的,公安机关应当依法立案调查,对责任人依法给予治安管理处罚;构成犯罪的,应当依法追究刑事责任。同时,还需要明确建筑物管理人、施工者、作业者的责任,做到多管齐下,共同发力。从民法典编纂来看,关于民事、行政和刑事三种法律责任的关系,民法总则在第一百八十七条中已经作了规定:民事主体因同一行为应当承担民事责任、行政责任和刑事责任的,承担行政责任或者刑事责任不影响承担民事责任。这一规定将编入民法典总则编中。因此,关于'高空抛物坠物'行为应当承担行政责任和刑事责任问题，在侵权责任编中可不必再作规定。”

据此，本条从多个角度对“高空抛物坠物”问题作出了规范。首先，禁止从建筑物中抛掷物品（第1款第1句）。这就是在法律上明确了任何单位或者个人都不得从建筑物中抛掷物品的义务，确立了追究违反行为的行为人的法律责任的前提。

其次，基于自己责任原则，明确规定从建筑物中抛掷物品或者从建筑物上坠落的物品造成他人损害的，由侵权人依法承担侵权责任（第1款第2句）。也就是说，应当是谁抛掷物品或者谁的物品坠落造成他人损害的，就应当由谁承担责任，这是侵权法的自己责任原则的基本要求。然而，实践中，受害人往往难以查明究竟是谁抛掷物品或谁的物品坠落给其造成损害的，因此，有关机关尤其是公安机关对于此种因抛掷物或坠落物造成他人损害的违法甚至是犯罪行为，不能懈怠，而应当依法履行职责，及时调查，查清责任人，这样不仅可以使受害人要求加害人承担侵权责任，也有利于追究加害人的行政法律责任以及刑事责任。故此，第1254条第3款特别规定：“发生本条第一款规定的情形的，公安等有关机关应当依法及时调查，查清责任人。”

再次，不少情况下，虽然经过公安等有关机关努力调查，依然无法查清责任人，此时受害人遭受了人身财产损失，不能给予相应的弥补。故此，第1254条第1款第3、4句明确规定，经调查难以确定具体侵权人的，除能够证明自己不是侵权人的外，由可能加害的建筑物使用人给予补偿。可能加害的建筑物使用人补偿后，有权向侵权人追偿。

最后，明确规定，物业服务企业等建筑物管理人应当采取必要的安全保障措施防止高空抛物坠物情形发生，如果未采取必要的安全保障措施的，应当依法承担未履行安全保障义务的侵权责任（第1254条第2款）。

相关文件规定

1.《最高人民法院关于适用〈中华人民共和国民法典〉时间效力的若干规定》（法释〔2020〕15号）

第十九条 民法典施行前，从建筑物中抛掷物品或者从建筑物上坠落的物品造成他人损害引起的民事纠纷案件，适用民法典第一千二百五十四条的规定。

2.《最高人民法院关于依法妥善审理高空抛物、坠物案件的意见》(法发〔2019〕25号)

近年来,高空抛物、坠物事件不断发生,严重危害公共安全,侵害人民群众合法权益,影响社会和谐稳定。为充分发挥司法审判的惩罚、规范和预防功能,依法妥善审理高空抛物、坠物案件,切实维护人民群众"头顶上的安全",保障人民安居乐业,维护社会公平正义,依据《中华人民共和国刑法》《中华人民共和国侵权责任法》等相关法律,提出如下意见。

一、加强源头治理,监督支持依法行政,有效预防和惩治高空抛物、坠物行为

1. 树立预防和惩治高空抛物、坠物行为的基本理念。人民法院要切实贯彻以人民为中心的发展理念,将预防和惩治高空抛物、坠物行为作为当前和今后一段时期的重要任务,充分发挥司法职能作用,保护人民群众生命财产安全。要积极推动预防和惩治高空抛物、坠物行为的综合治理、协同治理工作,及时排查整治安全隐患,确保人民群众"头顶上的安全",不断增强人民群众的幸福感、安全感。要努力实现依法制裁、救济损害与维护公共安全、保障人民群众安居乐业的有机统一,促进社会和谐稳定。

2. 积极推动将高空抛物、坠物行为的预防与惩治纳入诉源治理机制建设。切实发挥人民法院在诉源治理中的参与、推动、规范和保障作用,加强与公安、基层组织等的联动,积极推动和助力有关部门完善防范高空抛物、坠物的工作举措,形成有效合力。注重发挥司法建议作用,对在审理高空抛物、坠物案件中发现行政机关、基层组织、物业服务企业等有关单位存在的工作疏漏、隐患风险等问题,及时提出司法建议,督促整改。

3. 充分发挥行政审判促进依法行政的职能作用。注重发挥行政审判对预防和惩治高空抛物、坠物行为的积极作用,切实保护受害人依法申请行政机关履行保护其人身权、财产权等合法权益法定职责的权利,监督行政机关依法行使行政职权、履行相应职责。受害人等行政相对方对行政机关在履职过程中违法行使职权或者不作为提起行政诉讼的,人民法院应当依法及时受理。

二、依法惩处构成犯罪的高空抛物、坠物行为,切实维护人民群众生命财产安全

4. 充分认识高空抛物、坠物行为的社会危害性。高空抛物、坠物行为损害人民群众人身、财产安全,极易造成人身伤亡和财产损失,引发社会矛盾纠纷。人民法院要高度重视高空抛物、坠物行为的现实危害,深刻认识运用刑罚手段惩治情节和后果严重的高空抛物、坠物行为的必要性和重要性,依法惩治此类犯罪行为,有效防范、坚决遏制此类行为发生。

5. 准确认定高空抛物犯罪。对于高空抛物行为,应当根据行为人的动机、抛物场所、抛掷物的情况以及造成的后果等因素,全面考量行为的社会危害程度,准确判断行为性质,正确适用罪名,准确裁量刑罚。

故意从高空抛弃物品,尚未造成严重后果,但足以危害公共安全的,依照刑法第一百一十四条规定的以危险方法危害公共安全罪定罪处罚;致人重伤、死亡或者使公私财产遭受重大损失的,依照刑法第一百一十五条第一款的规定处罚。为伤害、杀害特定人员实施上述行为的,依照故意伤害罪、故意杀人罪定罪处罚。

6. 依法从重惩治高空抛物犯罪。具有下列情形之一的,应当从重处罚,一般不得适用缓刑:(1) 多次实施的;(2) 经劝阻仍继续实施的;(3) 受过刑事处罚或者行政处罚后又实施的;(4) 在人员密集场所实施的;(5) 其他情节严重的情形。

7. 准确认定高空坠物犯罪。过失导致物品从高空坠落,致人死亡、重伤,符合刑法第二百三十三条、第二百三十五条规定的,依照过失致人死亡罪、过失致人重伤罪定罪处罚。在生产、作业中违反有关安全管理规定,从高空坠落物品,发生重大伤亡事故或者造成其他严重后果的,依照刑法第一百三十四条第一款的规定,以重大责任事故罪定罪处罚。

三、坚持司法为民、公正司法,依法妥善审理高空抛物、坠物民事案件

8. 加强高空抛物、坠物民事案件的审判工作。人民法院在处理高空抛物、坠物民事案件时,要充分认识此类案件中侵权行为给人民群众生命、健康、财产造成的严重损害,把维护人民群众合法权益放在首位。针对此类案件直接侵权人查找难、影响面广、处理难度大等特点,要创新审判方式,坚持多措并举,依法严惩高空抛物行为人,充分保护受害人。

9. 做好诉讼服务与立案释明工作。人民法院对高空抛物、坠物案件,要坚持有案必立、有诉必理,为受害人线上线下立案提供方便。在受理从建筑物中抛掷物品、坠落物品造成他人损害的纠纷案件时，要向当事人释明尽量提供具体明确的侵权人，尽量限缩“可能加害的建筑物使用人”范围，减轻当事人诉累。对侵权人不明又不能依法追加其他责任人的，引导当事人通过多元化纠纷解决机制化解矛盾、补偿损失。

10.综合运用民事诉讼证据规则。人民法院在适用侵权责任法第八十七条裁判案件时，对能够证明自己不是侵权人的“可能加害的建筑物使用人”，依法予以免责。要加大依职权调查取证力度，积极主动向物业服务企业、周边群众、技术专家等询问查证，加强与公安部门、基层组织等沟通协调，充分运用日常生活经验法则，最大限度查找确定直接侵权人并依法判决其承担侵权责任。

11.区分坠落物、抛掷物的不同法律适用规则。建筑物及其搁置物、悬挂物发生脱落、坠落造成他人损害的，所有人、管理人或者使用人不能证明自己没有过错的，人民法院应当适用侵权责任法第八十五条的规定，依法判决其承担侵权责任；有其他责任人的，所有人、管理人或者使用人赔偿后向其他责任人主张追偿权的，人民法院应予支持。从建筑物中抛掷物品造成他人损害的，应当尽量查明直接侵权人，并依法判决其承担侵权责任。

12.依法确定物业服务企业的责任。物业服务企业不履行或者不完全履行物业服务合同约定或者法律法规规定、相关行业规范确定的维修、养护、管理和维护义务，造成建筑物及其搁置物、悬挂物发生脱落、坠落致使他人损害的，人民法院依法判决其承担侵权责任。有其他责任人的，物业服务企业承担责任后，向其他责任人行使追偿权的，人民法院应予支持。物业服务企业隐匿、销毁、篡改或者拒不向人民法院提供相应证据，导致案件事实难以认定的，应当承担相应的不利后果。

13.完善相关的审判程序机制。人民法院在审理疑难复杂或社会影响较大的高空抛物、坠物民事案件时，要充分运用人民陪审员、合议庭、主审法官会议等机制，充分发挥院、庭长的监督职责。涉及侵权责任法第八十七条适用的，可以提交院审判委员会讨论决定。

四、注重多元化解，坚持多措并举，不断完善预防和调处高空抛物、坠物纠纷的工作机制

14.充分发挥多元解纷机制的作用。人民法院应当将高空抛物、坠物民事案件的处理纳入到建设一站式多元解纷机制的整体工作中，加强诉前、诉中调解工作，有效化解矛盾纠纷，努力实现法律效果与社会效果相统一。要根据每一个高空抛物、坠物案件的具体特点，带着对受害人的真挚感情，为当事人解难题、办实事，尽力做好调解工作，力促案结事了人和。

15. 推动完善社会救助工作。要充分运用诉讼费缓减免和司法救助制度，依法及时对经济上确有困难的高空抛物、坠物案件受害人给予救济。通过案件裁判、规则指引积极引导当事人参加社会保险转移风险、分担损失。支持各级政府有关部门探索建立高空抛物事故社会救助基金或者进行试点工作，对受害人损害进行合理分担。

16. 积极完善工作举措。要通过多种形式特别是人民群众喜闻乐见的方式加强法治宣传，持续强化以案释法工作，充分发挥司法裁判规范、指导、评价、引领社会价值的重要作用，大力弘扬社会主义核心价值观，形成良好社会风尚。要深入调研高空抛物、坠物案件的司法适用疑难问题，认真总结审判经验。对审理高空抛物、坠物案件中发现的新情况、新问题，及时层报最高人民法院。

第一千二百五十五条　【堆放物倒塌等致害责任】堆放物倒塌、滚落或者滑落造成他人损害，堆放人不能证明自己没有过错的，应当承担侵权责任。

法条评释：本条规定的是堆放物致害责任，适用的是过错推定责任。只有堆放人证明自己没有过错的，才可以免于承担侵权责任。堆放物属于动产，不仅包括堆放在土地上的各种物品，如砖头、水泥、钢材、木材、石块、煤块等，还包括堆放在其他物品上的物，如堆放在汽车上的家具。但是，堆放在公共道路上的物，不属于本条的堆放物，此类堆放物的致害责任，应适用《民法典》第1256条。至于堆放在建筑物、构筑物或其他设施上的物品，脱落、坠落造成他人损害的，也不适用本条，而适用《民法典》第1253条。

本条规定的责任主体为“堆放人”。堆放人并非指从事堆放行为之人，而应理解为堆放物品的所有人或者管理人。

相关司法解释规定

《最高人民法院关于处理涉及汶川地震相关案件适用法律问题的意见(二)》(法发〔2009〕17号)

九、因地震灾害致使堆放物品倒塌、滚落、滑落或者树木倾倒、折断或者果实坠落致人损害的,所有人或者管理人不承担赔偿责任。

第一千二百五十六条　【妨害通行的物品的侵权责任】 在公共道路上堆放、倾倒、遗撒妨碍通行的物品造成他人损害的,由行为人承担侵权责任。公共道路管理人不能证明已经尽到清理、防护、警示等义务的,应当承担相应的责任。

法条评释: 本条是对妨害通行的侵权责任的规定,来自原《侵权责任法》第89条,主要的修改有二:其一,将原条文中的"有关单位或者个人"明确为行为人、公共道路管理人,并分别规定它们各自的侵权责任;其二,将公共道路管理人的责任明确规定为过错推定责任。妨碍通行的物品是指在公共道路上堆放、倾倒或遗撒的妨害公众通行的物品,如堆放在路上的沙石、砖块、谷子;倾倒在路上垃圾;从车上遗撒下来的土块、石头、石油等。公共道路是供不特定的公众通行之用的,倘若任由行为人在公共道路上堆放、倾倒、遗撒妨碍通行的物品,势必对公众的人身和财产安全造成极大的威胁。为保障公众通行安全,本条对妨碍通行的物品造成损害的侵权责任作出了特别规定。

本条规定的内容可以概括如下:第一,在公共道路上堆放、倾倒、遗撒妨碍通行的物品造成他人损害的,应当由从事此等行为之人承担侵权责任。第二,公共道路的管理人也应当对该损害承担相应的责任,但该责任属于过错推定责任,即能够证明已经尽到清理、防护、警示等义务的,无须承担责任。

一、相关法律条文

《中华人民共和国公路法》(2017年11月4日修正)

第三十五条　公路管理机构应当按照国务院交通主管部门规定的技术规范和操作规程对公路进行养护,保证公路经常处于良好的技术状态。

第三十九条 为保障公路养护人员的人身安全，公路养护人员进行养护作业时，应当穿着统一的安全标志服；利用车辆进行养护作业时，应当在公路作业车辆上设置明显的作业标志。

公路养护车辆进行作业时，在不影响过往车辆通行的前提下，其行驶路线和方向不受公路标志、标线限制；过往车辆对公路养护车辆和人员应当注意避让。

公路养护工程施工影响车辆、行人通行时，施工单位应当依照本法第三十二条的规定办理。

第四十条 因严重自然灾害致使国道、省道交通中断，公路管理机构应当及时修复；公路管理机构难以及时修复时，县级以上地方人民政府应当及时组织当地机关、团体、企业事业单位、城乡居民进行抢修，并可以请求当地驻军支援，尽快恢复交通。

第四十一条 公路用地范围内的山坡、荒地，由公路管理机构负责水土保持。

第四十二条 公路绿化工作，由公路管理机构按照公路工程技术标准组织实施。

公路用地上的树木，不得任意砍伐；需要更新砍伐的，应当经县级以上地方人民政府交通主管部门同意后，依照《中华人民共和国森林法》的规定办理审批手续，并完成更新补种任务。

二、相关行政法规

1.《收费公路管理条例》（2004年11月1日起施行）

第二十六条 收费公路经营管理者应当按照国家规定的标准和规范，对收费公路及沿线设施进行日常检查、维护，保证收费公路处于良好的技术状态，为通行车辆及人员提供优质服务。

收费公路的养护应当严格按照工期施工、竣工，不得拖延工期，不得影响车辆安全通行。

2.《城市道路管理条例》（2019年3月24日修订）

第二条 本条例所称城市道路，是指城市供车辆、行人通行的，具备一定技术条件的道路、桥梁及其附属设施。

第二十一条 承担城市道路养护、维修的单位，应当严格执行城市道路养护、维修的技术规范，定期对城市道路进行养护、维修，确保养护、维修工程的质量。

市政工程行政主管部门负责对养护、维修工程的质量进行监督检查，保障城市道路完好。

第二十二条 市政工程行政主管部门组织建设和管理的道路，由其委托的城市道路养护、维修单位负责养护、维修。单位投资建设和管理的道路，由投资建设的单位或者其委托的单位负责养护、维修。城市住宅小区、开发区内的道路，由建设单位或者其委托的单位负责养护、维修。

第二十三条 设在城市道路上的各类管线的检查井、箱盖或者城市道路附属设施，应当符合城市道路养护规范。因缺损影响交通和安全时，有关产权单位应当及时补缺或者修复。

第二十四条 城市道路的养护、维修工程应当按照规定的期限修复竣工，并在养护、维修工程施工现场设置明显标志和安全防围设施，保障行人和交通车辆安全。

第二十五条 城市道路养护、维修的专用车辆应当使用统一标志；执行任务时，在保证交通安全畅通的情况下，不受行驶路线和行驶方向的限制。

3.《公路安全保护条例》(2011年7月1日起施行)

第四十三条 车辆应当规范装载，装载物不得触地拖行。车辆装载物易掉落、遗洒或者飘散的，应当采取厢式密闭等有效防护措施方可在公路上行驶。

公路上行驶车辆的装载物掉落、遗洒或者飘散的，车辆驾驶人、押运人员应当及时采取措施处理；无法处理的，应当在掉落、遗洒或者飘散物来车方向适当距离外设置警示标志，并迅速报告公路管理机构或者公安机关交通管理部门。其他人员发现公路上有影响交通安全的障碍物的，也应当及时报告公路管理机构或者公安机关交通管理部门。

公安机关交通管理部门应当责令改正车辆装载物掉落、遗洒、飘散等违法行为；公路管理机构、公路经营企业应当及时清除掉落、遗洒、飘散在公路上的障碍物。

车辆装载物掉落、遗洒、飘散后，车辆驾驶人、押运人员未及时采取措施处理，造成他人人身、财产损害的，道路运输企业、车辆驾驶人应当依法承担赔偿责任。

第四十四条 公路管理机构、公路经营企业应当加强公路养护，保证公路经常处于良好技术状态。

前款所称良好技术状态,是指公路自身的物理状态符合有关技术标准的要求,包括路面平整,路肩、边坡平顺,有关设施完好。

第四十八条 公路管理机构、公路经营企业应当定期对公路、公路桥梁、公路隧道进行检测和评定,保证其技术状态符合有关技术标准;对经检测发现不符合车辆通行安全要求的,应当进行维修,及时向社会公告,并通知公安机关交通管理部门。

第四十九条 公路管理机构、公路经营企业应当定期检查公路隧道的排水、通风、照明、监控、报警、消防、救助等设施,保持设施处于完好状态。

三、相关裁判摘要

- **2016年第10期《中华人民共和国最高人民法院公报》**刊登的**"丁启章诉江苏京沪高速公路有限公司等人身损害赔偿纠纷案"**判决对高速公路公司对高速公路遗撒物品导致他人损害的侵权责任构成要件进行了详细分析。相关裁判摘要如下:

上诉人江苏京沪高速公司为本案适格主体并应承担相应赔偿责任,具体分析如下:

1. 高速公路是由专门机构管理的具备高速、封闭、机动车专用等特点的道路。在高速公路上,直接引发事故的因素往往除了机动车(含事故车和其他违章车辆)驾驶人员外,还可能包括非机动车因素,如不应进入高速公路的人或物,以及其他车辆的抛洒、散落物体等。在此情况下事故赔偿主体应当不限于导致事故发生的人或物的支配者,也可能包括未尽相关管理义务的高速公路的经营者。

2. 本案系侵权之诉,上诉人江苏京沪高速公司是否构成侵权主体及是否应当承担赔偿责任,关键看其是否已尽管理义务。车辆进入高速公路系通过付费方式以获得运行高效的保障,高速公路管理者应保证道路的畅通安全,如果未尽管理义务或管理有瑕疵,应当承担相应的赔偿责任。《最高人民法院关于审理人身损害赔偿案件适用法律若干问题的解释》第十六条载明"道路、桥梁、隧道等人工建造的构筑物因维护、管理瑕疵致人损害的,由所有人或管理人承担赔偿责任,但能够证明自己没有过错的除外。"根据该规定,高速公路管理者如想减免己方责任,其前提是须证明已尽到了及时巡视和清障的义务,否则将因自身的不作为而承担相应的赔偿责任。

3. 本案中，一审被告弓金秋与上诉人江苏京沪高速公司系有偿使用高速公路的民事合同关系，上诉人收取车辆通行费用，即应当保障弓金秋、丁启章等司乘人员在通过高速公路时的安全、畅通。现上诉人未举证证明其已尽及时巡查义务，更不能证明已达到保障公路安全通行的目的，据此可认定其存在疏于管理的不作为。上诉人怠于巡查和清障的不作为，与事故的发生有相当因果关系，其依法应对被上诉人丁启章的损失承担主要的赔偿责任。原审将上诉人列为被告并判令其承担80%的赔偿责任符合法律规定。上诉人辩称只有在收到清障信息后，其才有清障义务，该辩称缺乏法律依据，过度限缩了高速公路经营管理者的法律义务，法院对该理由不予采纳。弓金秋在高速公路上驾驶机动车，未尽充分的安全谨慎义务，未及时发现障碍物，对事故的发生也存在一定过错，原审认定其承担20%的赔偿责任并无不妥。

• **2015年第1期《中华人民共和国最高人民法院公报》**刊登的“**姚友民与东台市城市管理局、东台市环境卫生管理处公共道路妨碍通行责任纠纷案**”判决认为，在公共交通道路上堆放、倾倒、遗撒妨碍他人通行的物品，无法确定具体行为人时，环卫机构作为具体负责道路清扫的责任单位，应当履行清理、保洁的义务，保障安全通行，否则对他人因此遭受的损害应承担相应的赔偿责任。相关裁判摘要如下：

本案的争议焦点是：一、上诉人环卫处和城管局是否应当对案涉事故承担损害赔偿责任。二、上诉人姚友民自身应承担的责任比例以及可以获得赔偿数额应如何确定。

关于第一个争议焦点，上诉人姚友民在一审中为证明其跌倒受伤的原因，向一审法院提供东台市公安局交通巡逻警察大队的证明以及事故现场的照片，从现场照片反映的情况看，路面油污痕迹明显、洒水痕迹未干，姚友民本人蹲坐在事故现场。上诉人环卫处对姚友民跌倒是否是因为路面遗有油污且有水提出质疑，但除其口头提出的异议外，未能提供其他有效证据推翻姚友民提出的证据，因此一审认定姚友民驾驶电动自行车滑倒受伤系道路上存在油污引起有事实依据。根据《江苏省城市市容和环境卫生管理条例》第十三条之规定，道路出现毁损、污染的，所有权人或者维护管理单位应当及时维修、更换或清洗。从本案的诉讼主体看，环卫处应是直接的维护管理单位。事故发生地的道路保洁等级为二级，属于应当巡回保洁的路段。环卫处在本案审理过程中未能提供具体的巡回保洁制度,未能提供事发当天进行巡回保洁的具体记录,不能够证明其已经按照城市道路的日常清洁标准及频率来清洁事故路面。现场照片也已经证明环卫处未能根据要求履行保洁义务。因此,环卫处应当承担相应的赔偿责任。城管局并非道路清洁的直接维护管理单位,在本案中不应承担责任。

关于争议焦点二,作为承担路面巡回清洁义务的环卫处应当根据路面的实际状况制定相应的巡查频率及保洁制度。从事故发生的地点看,该路段保洁等级为二级,属于人流量较多路段;从事故发生的时间看,上午9点属于路面人流量较多的时间段;从本案现场照片反映的情况看,油污面积非常明显且在道路交叉路口,因此,一审判令环卫处承担20%的责任,姚友民承担80%的责任,责任比例分配明显不当。据此,法院将责任比例调整为环卫处承担40%的责任,姚友民自身承担60%的责任。

……

综上,上诉人姚友民因路面油污致其在驾驶电动车时滑倒受伤,上诉人环卫处作为直接承担道路清洁义务的维护管理单位应当根据其过错承担相应的责任,环卫处认为其不应承担责任的上诉理由不能成立。姚友民要求被上诉人城管局承担责任的上诉理由亦不能成立,依法不予支持。一审对案涉纠纷责任比例分配不当,依法予以改判。根据本案的实际情况,法院依法判令环卫处承担40%的赔偿责任,其赔偿数额为84,450.24元×40%=33,780元(精确到个位数)。

• **2000年第1期《中华人民共和国最高人民法院公报》**刊登的"**江宁县东山镇副业公司与江苏省南京机场高速公路管理处损害赔偿纠纷上诉案**"判决对高速公路管理者保障通行安全的义务进行了分析。相关裁判摘要如下:

上诉人高速公路管理处作为事业法人,根据江苏省交通厅的委托授权和事业单位法人登记证核准的范围,不仅有在南京机场高速公路上代行路政管理和规费征收的行政权力,也有为解决自己经营活动所需经费向过往车辆收取车辆通行费的权利。根据权利与义务一致的原则,高速公路管理处在享有上述权利的同时,有依照《中华人民共和国公路法》第四十三条的规定履行保障公路完好、安全、畅通的职责和义务。被上诉人副业公司履行了交纳车辆通行费的义务以后,即享有使用高速公路并安全通行的权利。高速公路管理处与副业公司之间因收支费用的行为而形成了有偿使用高速公路的民事合同关系。依照《中华人民共和国民法通则》第四条的规定，民事活动应当遵循公平、等价有偿的原则。高速公路管理处在收取费用后不能及时清除路上障碍物，致使副业公司的车辆在通过时发生事故，既是不作为的侵权行为，也是不履行保障公路安全畅通义务的违约行为。原审以违反合同义务处理，并无不当。副业公司对此次事故给自己造成的损失，要求高速公路管理处赔偿，符合《中华人民共和国民法通则》第一百一十一条的规定；高速公路管理处应当对自己的违约行为承担民事责任。原审法院据此判决高速公路管理处给副业公司赔偿损失，是正确的。

……

养护公路、对公路进行巡查并清除路上障碍物，是上诉人高速公路管理处应尽的职责和义务，以南京机场高速公路的现代化条件，足以保证高速公路管理处能够对路面异常情况及时发现并清除。南京机场高速公路车流大、速度快，高速公路管理处在这样的区域内只有勤勉而谨慎地巡查，才能保障公路安全通行。高速公路管理处虽然举证证明其已按路政管理制度履行了巡查义务，但不能据此证明已达到保障公路安全通行的目的。此次事故的发生，足以证明高速公路管理处疏于巡查。高速公路管理处上诉称"原审认定上诉人疏于巡查，没有证据"的理由，不能成立。

交通警察对此次事故的认定，仅解决了被上诉人副业公司及其乘车人在此次事故中有无违章过错的问题，并未涉及高速公路管理处的原因和责任。上诉人高速公路管理处上诉称"交警部门的交通事故责任认定书中，并未指出上诉人对此次事故的发生有过错，上诉人不应对此事故负责"的理由不能成立，交通事故责任认定书不能作为其免除责任的依据。

对成为路上障碍物的防雨布是由第三人失落的，双方当事人没有异议。至于第三人对失落防雨布造成的交通事故损失应当承担的民事责任，只有在高速公路管理处追查出第三人以后才有条件解决。在第三人没有被追查出来的情况下，副业公司根据合同相对性原则起诉高速公路管理处，主张由没有尽到保障公路完好、安全、畅通义务的高速公路管理处先行赔偿，是合法的。高速公路管理处先行赔偿后，有向第三人追偿的权利。高速公路管理处在第三人没有被追查出来的情况下，上诉称"被上诉人不去起诉抛弃雨布的责任人，却起诉上诉人，没有法律依据"，其理由不能成立。

第一千二百五十七条 【林木折断致害责任】因林木折断、倾倒或者果实坠落等造成他人损害，林木的所有人或者管理人不能证明自己没有过错的，应当承担侵权责任。

法条评释：本条是对林木折断致害责任的规定，来自原《侵权责任法》第90条，除将原条文中的“因林木折断”修改为“因林木折断、倾倒或者果实坠落等”之外，其他内容没有变化。林木，是指种植在土地上的树木。如果是已经砍伐下来的木材造成他人损害的，不适用本条规定。林木致害责任适用过错推定责任，这是因为：林木折断、倾倒造成他人损害多因林木的所有人或者管理人之过错所致，即他们未尽到应有的管理、维护的职责，如及时清除干枯的树枝、砍伐已经枯死的树木、采摘成熟的果实。因此，在林木致害时，依据造成他人损害这一事实，就可以推定所有人或管理人存在过错。相反，如果所有人或管理人尽到维护、管理的职责，通常就不会造成他人的损害。即使仍然给他人造成损害，也往往是因为不可抗力或第三人的过错行为所致，此时所有人或者管理人因无过错，无须承担侵权责任。

林木折断等造成他人损害的，应当由林木的所有人或者管理人承担侵权责任。所有人即林木的所有权人。管理人，是指依据合同或法律规定对林木负有管理职责的民事主体，如公园管理者对公园内的树木负有管理职责，公路养护管理部门对种植在公路旁的护路树负有管理职责，物业公司对物业小区内的树木负有管理职责。

一、相关司法解释规定

《最高人民法院关于处理涉及汶川地震相关案件适用法律问题的意见（二）》（法发〔2009〕17号）

九、因地震灾害致使堆放物品倒塌、滚落、滑落或者树木倾倒、折断或者果实坠落致人损害的，所有人或者管理人不承担赔偿责任。

二、相关裁判摘要

- **1990年第2期《中华人民共和国最高人民法院公报》**刊登的“**王烈凤诉千阳县公路管理段人身损害赔偿案**”判决就树木倒塌的侵权责任进行了分析。相关裁判摘要如下：

参照交通部《公路养护管理暂行规定》，公路两旁的护路树属公路设施。千阳县公路管理段对这段公路及路旁护路树负有管理及保护的责任。护路树被虫害蛀朽已3年之久,直接威胁着公路上的车辆行人的安全。在上级批文决定采伐更新的1年多时间内,千阳县公路管理段不履行自己的职责,导致危害结果发生,是有过错的。依照《中华人民共和国民法通则》第一百二十六条关于"建筑物或者其他设施以及建筑物上的搁置物、悬挂物发生倒塌、脱落、坠落造成他人损害的,它的所有人或者管理人应当承担民事责任,但能够证明自己没有过错的除外"的规定,千阳县公路管理段对马学智的死亡提不出自己没有过错的证明,应当承担民事责任。

第一千二百五十八条 【地面施工与地下设施致害责任】 在公共场所或者道路上挖掘、修缮安装地下设施等造成他人损害,施工人不能证明已经设置明显标志和采取安全措施的,应当承担侵权责任。

窨井等地下设施造成他人损害,管理人不能证明尽到管理职责的,应当承担侵权责任。

法条评释: 本条是对地面施工与地下设施致害责任的规定,本条来自原《侵权责任法》第91条,主要的修改有两处:一是将原条文中的"挖坑"修改为"挖掘",主要是因为有人认为"挖坑"的表述不太文雅,且当今社会语境下,"挖坑"一词有了新的含义。二是明确了第1款的地面施工致害责任为过错推定责任,从而与第2款的过错推定责任统一起来。

本条第二款中的所谓地下设施,是指在地面以下以人力方式修建的窨井、水井、下水道、地下坑道等设施。窨井是指上下水道或其他地下管线工程时用于检查后疏通而建造的井状构造物。

一、相关法律条文

1.《中华人民共和国道路交通安全法》(2021年4月29日修正)

第一百零五条 道路施工作业或者道路出现损毁,未及时设置警示标志、未采取防护措施,或者应当设置交通信号灯、交通标志、交通标线而没有设置或者应当及时变更交通信号灯、交通标志、交通标线而没有及时变更，致使通行的人员、车辆及其他财产遭受损失的，负有相关职责的单位应当依法承担赔偿责任。

2.《中华人民共和国公路法》(2017年11月4日修正)

第三十二条 改建公路时，施工单位应当在施工路段两端设置明显的施工标志、安全标志。需要车辆绕行的，应当在绕行路口设置标志；不能绕行的，必须修建临时道路，保证车辆和行人通行。

二、相关行政法规

1.《中华人民共和国道路交通安全法实施条例》(2017年10月7日修订)

第三十五条 道路养护施工单位在道路上进行养护、维修时，应当按照规定设置规范的安全警示标志和安全防护设施。道路养护施工作业车辆、机械应当安装示警灯，喷涂明显的标志图案，作业时应当开启示警灯和危险报警闪光灯。对未中断交通的施工作业道路，公安机关交通管理部门应当加强交通安全监督检查。发生交通阻塞时，及时做好分流、疏导，维护交通秩序。

道路施工需要车辆绕行的，施工单位应当在绕行处设置标志；不能绕行的，应当修建临时通道，保证车辆和行人通行。需要封闭道路中断交通的，除紧急情况外，应当提前5日向社会公告。

2.《公路安全保护条例》(2011年7月1日起施行)

第四十四条 公路管理机构、公路经营企业应当加强公路养护，保证公路经常处于良好技术状态。

前款所称良好技术状态，是指公路自身的物理状态符合有关技术标准的要求，包括路面平整，路肩、边坡平顺，有关设施完好。

第五十条 公路管理机构应当统筹安排公路养护作业计划，避免集中进行公路养护作业造成交通堵塞。

在省、自治区、直辖市交界区域进行公路养护作业，可能造成交通堵塞的，有关公路管理机构、公安机关交通管理部门应当事先书面通报相邻的省、自治区、直辖市公路管理机构、公安机关交通管理部门，共同制定疏导预案，确定分流路线。

第五十一条 公路养护作业需要封闭公路的，或者占用半幅公路进行作业，作业路段长度在2公里以上，并且作业期限超过30日的，除紧急情况外，公路养护作业单位应当在作业开始之日前5日向社会公告,明确绕行路线,并在绕行处设置标志;不能绕行的,应当修建临时道路。

第五十二条　公路养护作业人员作业时,应当穿着统一的安全标志服。公路养护车辆、机械设备作业时,应当设置明显的作业标志,开启危险报警闪光灯。

3.《城市道路管理条例》(2019年3月24日修正)

第二十三条　设在城市道路上的各类管线的检查井、箱盖或者城市道路附属设施,应当符合城市道路养护规范。因缺损影响交通和安全时,有关产权单位应当及时补缺或者修复。

第二十四条　城市道路的养护、维修工程应当按照规定的期限修复竣工,并在养护、维修工程施工现场设置明显标志和安全防围设施,保障行人和交通车辆安全。

第二十五条　城市道路养护、维修的专用车辆应当使用统一标志;执行任务时,在保证交通安全畅通的情况下,不受行驶路线和行驶方向的限制。

4.《物业管理条例》(2018年3月19日修订)

第五十条　业主、物业服务企业不得擅自占用、挖掘物业管理区域内的道路、场地,损害业主的共同利益。

因维修物业或者公共利益,业主确需临时占用、挖掘道路、场地的,应当征得业主委员会和物业服务企业的同意;物业服务企业确需临时占用、挖掘道路、场地的,应当征得业主委员会的同意。

业主、物业服务企业应当将临时占用、挖掘的道路、场地,在约定期限内恢复原状。

第五十一条　供水、供电、供气、供热、通信、有线电视等单位,应当依法承担物业管理区域内相关管线和设施设备维修、养护的责任。

前款规定的单位因维修、养护等需要,临时占用、挖掘道路、场地的,应当及时恢复原状。